本书为作者主持的 2020 年国家社科基金重点项目
"商标注册审查制度改革研究"的阶段性成果
（项目编号：20AFX019）

商标法理论与实践

Theory and Practice of Trademark Law

王莲峰 ◎著

图书在版编目(CIP)数据

商标法理论与实践/王莲峰著. —北京:北京大学出版社,2023.8
ISBN 978-7-301-34081-3

Ⅰ.①商⋯　Ⅱ.①王⋯　Ⅲ.①商标法—研究—中国　Ⅳ.①D923.434

中国国家版本馆 CIP 数据核字(2023)第 100000 号

书　　　名	商标法理论与实践 SHANGBIAOFA LILUN YU SHIJIAN
著作责任者	王莲峰　著
责 任 编 辑	徐　音
标 准 书 号	ISBN 978-7-301-34081-3
出 版 发 行	北京大学出版社
地　　　址	北京市海淀区成府路 205 号　100871
网　　　址	http://www.pup.cn　新浪微博:@北京大学出版社
电 子 信 箱	zpup@pup.cn
电　　　话	邮购部 010-62752015　发行部 010-62750672　编辑部 021-62071998
印 刷 者	北京圣夫亚美印刷有限公司
经 销 者	新华书店 730 毫米×980 毫米　16 开本　31.5 印张　605 千字 2023 年 8 月第 1 版　2023 年 8 月第 1 次印刷
定　　　价	98.00 元

未经许可,不得以任何方式复制或抄袭本书之部分或全部内容。
版权所有,侵权必究
举报电话:010-62752024　电子信箱: fd@pup.cn
图书如有印装质量问题,请与出版部联系,电话:010-62756370

商标法具有惊人的欺骗性,看似一目了然,实则充满玄机。一般来说,人们对于商标法了解得越少,就越容易误认为其简单……任何人,只要认真研究过商标法,都会惊奇地发现,这一领域充满了知识产权的真正难题。商标法上的一些基本问题至今悬而未决,而且可能永无答案。就此而言,商标法与量子力学有许多共同点,两者本质上都存在不确定性。

　　　　　　　——〔英〕杰里米·菲利普斯教授(Jeremy Philips)

作者简介

王莲峰，女，法学博士，华东政法大学知识产权学院教授、博士生导师，商标法研究所所长。美国芝加哥肯特法学院访问学者、德国马克斯·普朗克知识产权、竞争法和税收法研究所访问学者。主要研究方向：知识产权法、商业标识法、商标法等。

担任国家知识产权战略专家库专家、中国商务部海外维权专家委员会成员、国家知识产权局商标局专家委员会成员、中企商标鉴定中心专家委员会委员、中国法学会知识产权法学研究会理事、福建省商标协会专家、民建上海市委法制研究委员会执行主任、上海市长宁区第十六届人大代表及法制委员会委员等；兼职律师，受聘担任万慧达知识产权特别顾问。

受聘担任教育部人文社会科学重点研究基地中南财经政法大学知识产权研究中心兼职研究员、上海知识产权研究所研究员、江苏省知识产权法（江南大学）研究中心专家咨询委员会委员、复旦大学知识产权研究中心兼职研究员、河南财经政法大学兼职教授，积极参加援疆工作并受聘担任喀什大学法政学院兼职教授等。

受邀参加国务院法制办、国家知识产权局关于商标法、奥林匹克标志保护立法、地理标志等立法和项目评审工作；受邀参加上海市高院、上海知识产权法院、广东省高院、深圳市中院有关知识产权疑难案件的研讨等工作；受邀参与相关省市和大型企业知识产权战略规划的制订等工作。

主持国家社科基金重点项目"商标注册审查制度改革研究"、国家社科基金重大项目子课题"互联网领域商标立法重大问题研究"、国家社科基金一般项目"我国商标注册原则的反思与改进研究"以及司法部等各级科研项目三十余项。主持国家知识产权局、北京市高级人民法院、中国（上海）自由贸易试验区临港新片区管理委员会等相关单位委托课题多项。

出版专著《商业标识立法体系化研究》《商标法通论》等，独著教材《商标法学》（国家级"十一五"规划教材，荣获"上海普通高校优秀教材奖"，入选"首批上海高等教育精品教材"，获推荐参评"首届全国教材建设奖"），主编《外国商标案例译评》《商标法案例教程》《商标资产运用及商标资产证券化》等专著和教材多部。在《法学》《政治与法律》《政法论丛》《知识产权》《中国知识产权报》等报刊公开发表论文百余篇，其中多篇论文被人大复印报刊资料《民商法学》全文转载。博士论文获得"湖北省优秀博士学位论文奖""佟柔民商法学优秀博士论文奖"。

主讲的商标法课程被评为"上海市教委重点课程"；策划并举办了首届上海高校"华政·汉盛杯"商标设计大赛和十七届"华东政法大学商标设计注册和演讲大赛"，大赛活动得到多方媒体关注并深受学生欢迎。先后获得"华东政法大学本科课程优秀主讲教师""汇业奖教金""三八红旗手"等荣誉称号。

指导的博士和硕士研究生先后获得国家奖学金、国家励志奖学金、上海市优秀毕业生、华东政法大学优秀博士和硕士学位论文奖、中华商标协会全国高校商标热点问题征文比赛一等奖、上海市优秀志愿者等荣誉称号。

创办"莲峰山庄"微信公众号，弘扬和宣传知识产权法，倡导温暖向学、团结友爱的学术氛围。

献给新中国商标法治 40 年（代前言）

今年恰逢《中华人民共和国商标法》（以下简称《商标法》）颁布 40 周年。在商标法治建设行进的过程中，伴随着立法、执法与修法的铿锵步伐，中国商标法律制度和体系不断健全和完善，不仅完成了促进市场经济发展、维护公平竞争秩序和保护商标专用权的使命担当，而且在《商标法》的四轮修改中，以理论创新引领实践创新，取得了丰富的理论成果和制度成果。法律的力量在于实施，通过商标执法和司法的实践及法律规则的适用，又会反哺和促进商标立法的完善和体系的臻美，由此也给商标法理论研究带来了源源不断的"活水"。特别是互联网和大数据时代的来临，也在加速催生商标法律制度的更新与构建。

回顾商标法走过的 40 个春秋，尽管在传统的知识产权法律体系中，我国商标法制相对成熟，但仍有很多理论问题争议不断，似难有共识。比如，商标立法宗旨、商标恶意注册的界定、商标侵权中类似商品或服务的判定、惩罚性条款的法律适用、反向混淆的侵权和赔偿认定、商标侵权抗辩中的在先使用规则的适用、注册商标和其他商业标识冲突和共存等问题，各说不一，存在巨大的研究空间。而这些问题的出现，也显示出商标法基本理论问题研究的薄弱。对此，笔者也常常在思考，社会为何需要商标？商标的功能和价值到底是什么？商标制度如何发挥其真正的作用？管理者在商标法中究竟应当占据何种地位？商标立法如何平衡商标所有人和相关消费者、使用者等各方利益？随着研究的不断深入，笔者逐渐发现，商标作为商品经济的产物，一旦被创立和使用，它就不再仅仅是商标所有人的私有财产；商标法也并不仅仅是为商标所有者而存在，它为社会的每个人而存在。商标把每个人联系起来，只要消费，商标就不离不弃。商标不仅是区分同类商品和服务来源的标记，也可以成为消费者对其生活方式的宣言。商标权作为一种私权，尽管愈发被尊重和保护，但也存在与公权的博弈。商标权产生于注册公示还是实际使用？如何实现两者利益的平衡？随着贸易全球化和网络技术发展带来的数据化，传统商标法律规则如何应对？例如，商标法的地域原则是否要突破？未注册驰名商标可否适用跨类保护规则？这些问题亟待立法作出调整和完善。为应对国内外经济形势的变化，国家知识产权局条法司已于 2020 年 6 月启动了新一轮商标法的全面修改工作。

鉴于对以上问题的思考和多年研究成果的积累，《商标法理论与实践》这本专著得以呈现在读者面前。记得著名教育家蔡元培先生讲过："学必借术以应用，术必以学为基本。"吴汉东教授在《我与知识产权四十年》一文中也谈道："知识产权的学术研究，既不能坐而论道，也不能就事论事，而应是学理研究和应用研究两者的结合。……知识产权的学理研究必须以应用为目标，如果纯粹理论探究而失去应用目的，就没有常青的学术生命活力；知识产权术用研究又要以一定的学理为指引，倘若应用研究缺乏深厚的学理，就没有可持续发展的学术生命基础。"① 笔者以为商标法的研究亦同此理，并以此理念构建本书的写作框架结构。

本书吸纳了我国商标法律法规和司法解释的最新成果，通过对法律规则研究解读及典型案例的分析阐释，力求全面和深入地研究商标法律制度，以丰富我国商标法的基本理论。全书共有六章：商标法基本理论、商标权的取得制度、商标权的灭失制度、商标侵权认定及民事救济、驰名商标认定和保护、商标侵权抗辩；每章下设导论和节，讨论和研究本章中的热点、难点问题并给出笔者的观点。余论"中国商标法制度的成就与发展方向"是笔者接受采访的内容，以帮助读者更好地了解我国商标法历次修改中取得的成绩以及商标法未来的发展态势。

在 2021 年世界知识产权日前夕的一次会议上，世界知识产权组织总干事邓鸿森先生讲道："有关知识产权的议题往往被专利所主导，但我认为商标才是知识产权世界的面包和黄油，这个群体应该为自己所做的事情感到自豪，因为那对企业家和企业而言是如此重要。"是的，笔者作为多年推进商标法制事业发展群体的一分子，为自己从事的商标法教学和研究工作深感骄傲和自豪！面对不断发展的商标法制和丰富的商标实践，笔者虽已全力以赴，但能力有限，仍感到诚惶诚恐，难免挂一漏万，书中的不当之处敬请读者批评指正。

今年是《商标法》颁布 40 周年。作为商标法的教学科研工作者，笔者不仅为自己从事这一工作而庆幸，还为我国商标法治建设在这 40 年中取得的成就及其为国家经济建设发挥的巨大作用而骄傲。

谨以此书献给新中国《商标法》颁布 40 周年！

王莲峰

2022 年 12 月 22 日

华东政法大学格致楼

---

① 吴汉东：《知识产权总论（第四版）》，中国人民大学出版社 2020 年版，总序，第 1—2 页。

目 录

第一章 商标法基本理论 //001
 第一节 商标的概念及功能 //003
  一、商标的概念 //003
  二、商标的本质属性 //006
  三、商标功能及其发展 //007
 第二节 商标与商誉及利益分配 //012
  一、商誉及其保护 //012
  二、商誉和商标等载体的关系 //014
  三、商标价值构成及利益分配 //016
  四、商标许可合同主体的权利义务 //018
 第三节 商标使用规则及其完善 //022
  一、商标使用的特点及方式 //022
  二、商标使用的认定 //026
  三、商标意图使用 //035
  四、完善商标使用的立法建议 //041
 第四节 商标法中诚实信用原则及其适用 //045
  一、诚实信用原则的确立及局限 //045
  二、诚实信用原则的适用 //046
  三、诚实信用原则的完善 //050
 第五节 商标恶意注册及法律规制 //050
  一、商标恶意注册的危害及成因 //051
  二、规制商标恶意注册的域外经验 //054
  三、规制商标恶意注册的立法建议 //061
  四、《商标法》第4条的解读及适用 //069
  五、构建和完善商标信用监管体系 //081
  六、设立商标恶意注册嫌疑人名单制度 //084

第二章　商标权的取得制度 //089

第一节　商标权取得模式及评析 //091
一、商标使用取得模式 //091
二、商标注册取得模式 //096
三、注册与使用融合的确权模式 //101

第二节　商标注册的申请和审核程序 //103
一、商标注册的申请程序 //104
二、商标注册的审核程序 //112
三、我国商标注册审查存在的问题及改革 //120

第三节　商标权取得的实质条件 //130
一、商标构成要素和标志本身的法定性 //130
二、标志的显著性 //135
三、三维标志申请注册的非功能性 //139
四、不得恶意申请 //146
五、不得与他人的注册商标相同或者近似 //147
六、不得与在先权利相冲突 //147

第四节　商标权与其他在先权利 //148
一、《商标法》第 32 条的理解及适用 //148
二、在先权利界定及范围 //149
三、在先权利扩张至在先法益 //152
四、已经使用并有一定影响的商标的保护 //156

第五节　商品通用名称及其认定 //158
一、商品通用名称的定义及分类 //158
二、不同类别的商品通用名称的认定 //159
三、商品通用名称认定的地域范围和时间节点 //161
四、注册商标被通用化的防范 //164

第三章　商标权的灭失制度 //169

第一节　商标权注销制度 //171
一、商标权注销的事由 //171
二、商标权注销的程序及效力 //172
三、主体消亡后注册商标之处分 //172

第二节　商标权撤销制度 //179
一、商标权撤销的事由 //179

二、商标权撤销的程序及后果 //185

　　三、商标权撤销制度现存问题及完善 //186

第三节　商标权无效制度 //191

　　一、商标权无效的理由 //191

　　二、商标权无效的程序及救济 //204

　　三、商标权无效的法律后果 //204

　　四、商标权无效制度现存问题及完善 //205

第四节　商标权灭失制度的现实问题及立法完善 //212

　　一、《商标法》第50条设置一年过渡期规定之反思 //212

　　二、商标授权确权纠纷的性质及裁判权归属 //215

　　三、闲置注册商标清理制度的设立 //218

第四章　商标侵权认定及民事救济 //223

第一节　商标侵权的混淆理论及其发展 //225

　　一、传统商标侵权的混淆理论 //225

　　二、商标侵权理论的发展：联想理论和淡化理论 //234

第二节　商标侵权行为的认定及侵权行为类型 //236

　　一、商标侵权行为的认定标准和考虑因素 //236

　　二、商标侵权行为的类型 //238

　　三、对《商标法》第57条商标侵权行为条款的思考 //251

第三节　商标侵权的损害赔偿及民事制裁 //257

　　一、商标侵权损害赔偿额的确定 //257

　　二、商标惩罚性赔偿条款及适用 //262

　　三、对假冒注册商标行为实施民事制裁 //272

第四节　商标侵权行为免予赔偿责任 //276

　　一、被控侵权人免予赔偿责任 //276

　　二、销售商免予承担民事和行政责任的条件 //283

第五节　商标反向混淆侵权认定及赔偿 //286

　　一、商标反向混淆理论的提出及其发展 //286

　　二、商标反向混淆造成的危害及禁止的必要性 //291

　　三、商标反向混淆侵权认定及构成条件 //293

　　四、商标反向混淆侵权赔偿 //299

第五章　驰名商标的认定和保护 //307

第一节　驰名商标特殊保护的理论基础 //309
一、驰名商标及其特殊性 //309
二、商标混淆理论对驰名商标保护的不足 //311
三、商标表彰功能及其保护规则 //312

第二节　驰名商标认定及法律适用 //313
一、驰名商标认定机构 //314
二、驰名商标认定原则和认定环节 //318
三、驰名商标认定应考虑的因素 //320

第三节　国际上对驰名商标的特殊保护 //328
一、驰名商标的跨类保护 //328
二、驰名商标的反淡化保护 //332

第四节　我国对驰名商标的特殊保护 //336
一、驰名商标的特殊保护 //336
二、驰名商标保护的边界 //362

第五节　完善我国驰名商标保护制度的建议 //367
一、明确驰名商标反淡化规则及适用 //367
二、强化对未注册驰名商标的保护及救济 //369
三、设立联合商标和防御商标制度 //377
四、完善驰名商标的刑事特别保护 //381

第六章　商标侵权抗辩 //385

第一节　商标正当使用抗辩 //387
一、商标正当使用抗辩的构成要件 //387
二、商标正当使用抗辩的事由 //391

第二节　三维标志的功能性抗辩 //405
一、商标法上的功能性界定 //405
二、立体商标的保护范围 //406

第三节　商标先用权抗辩 //407
一、商标先用权的性质 //408
二、商标先用权的构成要件 //408
三、商标先用权行使的限制 //412
四、先用权中的商标可延伸到其他商业标识 //415

第四节　商标权用尽和平行进口抗辩 //416
　　一、商标权用尽抗辩 //417
　　二、平行进口抗辩 //421
第五节　商标滑稽模仿抗辩 //429
　　一、商标滑稽模仿及其特点 //429
　　二、商标滑稽模仿与言论自由 //431
　　三、商标滑稽模仿侵权判断与抗辩 //433
第六节　在先权利和商标权无效的抗辩 //436
　　一、在先权利抗辩 //436
　　二、商标权无效的抗辩 //438

余　论　中国商标法律制度的成就与发展方向 //443

**附录一　关于《中华人民共和国商标法修订草案（征求意见稿）》
　　　　　的说明** //447

**附录二　《中华人民共和国商标法修订草案（征求意见稿）》
　　　　　修改对照表** //455

参考文献 //485

后记 //491

第一章

商标法基本理论

商标法基本理论，是商标法领域中的重大理论问题之一。商标法基本理论的研究不仅决定着商标法保护范围的界定，也引领着商标法未来的发展方向。本章包括商标的概念及功能、商标与商誉及利益分配、商标使用规则及其完善、商标法中诚实信用原则及其适用、商标恶意注册及法律规制五节。通过对上述问题的研究，试图揭示商标法基本理论之冰山一角。

第一节 商标的概念及功能

商标概念之界定,不仅是研究商标法律制度的起点,也是构建商标法律体系的基石。通过对商标概念的分析,可进一步探讨商标的本质属性,使人们更清晰地认识商标与其他商业标识的区别。商标的功能是商标法基本理论中的重要问题,商标的功能不仅决定着商标权的保护范围,还关乎商标侵权的认定和商标法基本任务的制定。保护商标,本质上就是保护商标的功能;随着市场经济的发展,商标的功能会不断丰富和拓展。

一、商标的概念

法律概念是整个法律体系的基石和基本组成要素,也是法律规则构建的基础。"如果我们试图完全摒弃概念,那么整个法律大厦就将化为灰烬。"[1] 商标的概念在整个商标法体系中十分重要,商标的概念揭示了商标的本质属性以及与其他事物的区别,是研究商标法律制度的起点。商标,是商标权保护的客体;商标法所有制度的构建,都围绕着商标这一客体进行。权利客体属性的不同,决定了法律制度具体设计的不同。随着人们对商标的认识,学界从符号学、信息学、经济学等不同角度对商标的概念进行分析解读,试图多方位对商标进行全面的解析。[2]

商标,英文表述为"trademark"或"brand",是世界通用的法律用语,但国际上对商标的表述不尽相同。《与贸易有关的知识产权协定》(以下简称TRIPS协定)对商标的表述为:"商标是指任何能够将一个企业的商品或服务区别于另一个企业的商品或服务的符号或符号的组合。"[3]《法国知识产权法典》将商标描述为:"商标或服务商标是指用以区别自然人或法人的商品或服务并可用书写描绘的标记。"[4]《英国商标法》对商标的定义为:"商标是指任何能够以图像表示的、能够将某一企业的商品或服务与其他企业的商品或服务

---

[1] 〔美〕E. 博登海默:《法理学:法律哲学与法律方法》,邓正来译,中国政法大学出版社1999年版,第165页。
[2] 例如,彭学龙教授在其著作《商标法的符号学分析》(法律出版社2007年版)中提出:商标是一种符号,是一种传递商品信息的符号,从而引导着消费者的购物,但商标法并不保护这种外在的符号,而是保护这种符号传递出来的信息。
[3] TRIPS协定第15条第1款。
[4] 《法国知识产权法典》第L. 711-1条。

区分开来的标记。"①《欧盟商标条例》将商标定义为："可以由任何标志构成，尤其是包括人名在内的文字、图案、字母、数字、颜色、商品及其包装的形状或者声音，只要这些标志能够将一个企业的商品或服务与其他企业的商品或服务区分开来；并且以使用主管当局和公众能够为权利人确立一个清晰、准确的保护客体的方式，呈现在欧盟商标登记册中。"② 这些商标的描述揭示了商标的特征，说明了人们对商标在认知上的共同性。

《中华人民共和国商标法》（以下简称《商标法》）第 8 条规定："任何能够将自然人、法人或者其他组织的商品与他人的商品区别开的标志，包括文字、图形、字母、数字、三维标志、颜色组合和声音等，以及上述要素的组合，均可以作为商标申请注册。"③ 可见，我国商标法对商标的描述基本上和 TRIPS 协定保持一致。

考察中外商标立法的规定，本书认为，商标的含义主要包括四个方面：第一，商标是一种符号或者标记；第二，商标是一种区别商品或者服务来源的标记；第三，商标是使用在商品或服务上的标记；第四，商标是通过文字、图形、字母、数字、三维标志、颜色组合和声音等要素表现出来的一种标记。以上四个方面，基本上涵盖了商标这一事物的内涵和外延。

运用逻辑学中对概念界定的基本原理，一个完整的概念由内涵和外延构成。内涵是指概念所反映的事物的本质属性，外延是指概念所反映的该事物的范围或特征。从上述对商标含义的四个方面的解读，可以看到，商标的内涵是指能够区分同类商品或者服务，而商标的外在构成要素和使用对象则说明了商标的范围及其表现形式，即只有使用在商品或服务上的符号才能称为商标。基于此，本书将商标界定为：商标是指商品的生产经营者在其商品或服务上使用的，由文字、图形、颜色、三维标志及声音等要素或其组合构成的，用于识别同类商品或服务来源的标记。

为对商标有全面的认识和了解，需要考察商标的产生及其发展的历史沿革，实际上也就是研究商标的定义是如何形成的，这将有益于加深人们对商标法律制度的理解。

商标作为商品的标记，是随着商品经济的发展而产生的。在自然经济条件下，自给自足是人们主要的生产生活方式，因此，没有商品交换，也就不可能

---

① 《英国商标法》第 1 条。
② 《欧盟商标条例》第 4 条。
③ 参见 2013 年 8 月 30 日第三次修改的《商标法》第 8 条和 2001 年 10 月 27 日第二次修改的《商标法》第 8 条，该条取消了"可视性"，增加了声音商标。

出现商品的标记。随着社会生产力的提高,有了剩余财产,商品交换有了可能,商品经济才开始出现。为了商业中交换的需要,人们开始在商品上使用标记。最初的标记,一般表现为生产者在其产品上标注一些不同的字母、符号或者姓名,以区分不同的制造者。比如,我国出土的西周时期的陶器上,就有工匠"郭彦"的署名。战国时期,商品经济有了进一步的发展,在一些固定的市场上,出现了"郑之刀""越之剑"等兵器。在西方,西班牙游牧部落为了和他人交换产品,把不同的烙印打在自己的牲畜上,以区别不同的所有者。所以,英语"brand"(烙印)一词,就含有标记的意思。可见,当时这些在商品上使用的标记,已经具有区别不同生产者的功能,商标便应运而生。但它们的作用很单一,不具有宣传产品和保证产品质量的功能。因此,还不能称之为现代意义上的商标。

我国的汉唐时期,经济文化比较发达。当时的首都长安,已成为世界贸易的中心,交通便利,和中亚、印度等国家或地区交易频繁,经济繁荣。这一时期的商品上出现了各种不同的花纹、图案以及文字,已达到美化商品和吸引顾客购买的目的。同时,在一些商品上也出现了一些赞扬商品的文句。如曹操《短歌行》中就有"何以解忧?唯有杜康"这样赞美杜康酒的词语。伴随着商品经济的发展,在商品上使用标记已经十分普遍。此时,也开始在商品上明码标价,标出了货名和产地等。这一时期的商品标记已具有宣传广告的功能。宋元时期,商品经济有了更进一步的发展,生产者和经销者为了使自己的产品区别于其他的同类产品,更多地使用商标标记,树立自己商品的信誉,便于购买者认牌购货。这时的商标也逐步完备起来,不仅有文字商标、图形商标,而且还出现了文字和图形的组合商标。明清时期,由于自然经济仍占据统治地位,商标的进步很缓慢。清朝虽出现了"同仁堂""六必居""泥人张"等商号,也不过是汉唐以来商业性标记的延续。清朝嘉庆年间,北京的六必居酱菜园,在其酱菜篓子外面贴有"六必居"的标签,其意义在于向购买者说明,如发现质量问题,六必居酱菜园负责调换或赔偿。该商标已具有质量保证和信誉保证的属性,同时兼具区别商品来源和广告宣传的功能。这种商标被认为是符合现代意义的商标。同一时期的西方国家,由于商品经济的快速发展,商标的使用更为广泛,商标的作用更为突出,商标的形式也更为完备,商标制度逐步建立。

从商标的发展历史来看,商标从最初的区分商品或服务来源的一种标记,进而具有广告宣传和品质保证的功能。现代商标出现于19世纪之后,与早期商标相比,现代商标具有以下特点:其一,商标不仅是一种区分商品或服务来源的标记,它已成为一种无形资产;其二,商标自身具有价值,可以转让买卖;其三,商标是一种工业产权,受到法律的保护。19世纪中叶,西欧国家率先对商标予以保护，将其纳入法律调整的范围。商标权作为一种专有权，在各国的商标法中得到确立。随着世界经济贸易的发展，商标的法律保护呈现国际化的趋势。自19世纪下半叶开始，先后缔结了保护商标的国际公约，并成立了相应的组织，商标进入了一个全面发展的时期。

二、商标的本质属性

考察商标的发展史就是为了更好地把握商标的本质属性，以建立和完善反映其本质特征的法律制度。商标从产生到发展的过程，也是商标含义逐渐形成的过程。随着经济发展，商标的内涵不断丰富，采用的形式不断增加，商标的本质属性和特征也逐步为人们所认识。比如，最初的商标只是为了表明该商品的生产者，起到区分同类商品来源的作用；而后又发现使用商标不仅可以表明商品的来源，而且可以进行广告宣传并作为商品品质的象征；商标不仅是生产经营者对自己的商品所作的标记，而且还逐渐成为一种权利和财产，受到法律的保护。研究商标的产生与发展，应当以唯物主义的眼光看待商标作用的变迁，认识其本质，从而才能充分发挥商标的作用，构建符合商标本质属性的法律制度。

上面谈到，商标是一种符号或者标识，但商标法并不保护单纯的符号本身。那么，法律保护商标的价值何在呢？这就需要进一步探讨商标的本质属性。对商标本质属性的研究，有利于我们更清晰地认识和界定商标以及商标与其他商业标识的区别。在司法实践中，了解商标的本质属性可以更好地保护商标权人的利益，否则，有可能造成商标权的扩张和滥用，影响市场自由竞争。

毋庸置疑，商标的外在形态表现为符号，比如，文字、图形、颜色或其组合，通过这些符号，引导消费者了解其所指代的商品或者服务，进而区别同类生产商，起到信息传递的作用。在同类商品丰富多样的时代，该符号还能为消费者降低购物搜索的时间成本。可见，商标不是一般的符号，而是一种蕴含着指代功能的符号，这个指代功能，就是指传递商品信息出处或者来源的功能，这也是商标在市场中的价值所在，或者说是商标的本质属性。

换言之，商标是一种有功能的符号，用来指代特定的商品或者服务；如果不与特定的商品或者服务相联系，符号指代出处的功能就无从发挥，该符号就不能称为商标。例如，最高人民法院在"东风"案再审判决中指出，不用于识别或区分来源的商标使用行为，一般来讲不构成商标法意义上的侵权行为。①再审判决回归到商标保护的初心，即强调商标的本质属性在于其识别性，商标保护在于避免导致相关公众的混淆误认，因此，要以商标的识别功能或区分功能作为侵权判断的基础。

三、商标功能及其发展

所谓商标的功能，是指商标在商品生产和销售或提供服务的过程中所具有的价值和发挥的作用。商标是商品经济发展的产物，在现代社会，商标已成为生产者积累信誉和开拓市场的重要工具，是生产者和消费者相互沟通的重要媒介，因此商标"被广泛视为降低信息和交易成本的工具"②。商标的功能是商标法中重要的理论问题；商标的功能不仅决定着商标权的保护范围，还关乎商标侵权的认定和商标法基本任务的制定。保护商标，本质上就是保护商标的功能，因此，在现实生活中，当商标的功能受到干扰时，商标法就需要介入并对此进行保护。

理论界对商标的功能有着不同的解读，并未达成一致意见。由此，不仅影响到司法实践中商标侵权的判定，也与商标注册及商标行政管理和保护密切相关。目前，理论界通常认为，商标的功能主要有识别来源的功能、品质保证功能、广告宣传功能等。③通过以上分析看到，符号或者标记成为商标源于其区分同类商品来源的作用；尽管商标的内涵逐渐丰富，产生了广告宣传和品质保证的功能，但这两种功能是在商标识别来源的基础上衍生的功能，商标最基本的功能还是识别功能，即商标的本质属性。随着经济的发展，商标的功能也在发生变化，出现了新的商标功能，即商标的表彰功能，下面将逐一分析。

(一) 识别来源功能

商标最基本的功能是识别商品或服务的来源，即指生产商通过商标，引导消费者认牌购物，选择其各自喜欢的商品，并通过商标把该商品和同类其他生产商的商品区别开来。现代社会中，商标的这一功能尤为重要。因为市场上有

---

① 参见最高人民法院（2016）最高法民再 339 号。
② Robert P. Merges, Peter S. Menell and Mark A. Lemley, Intellectual Property in the New Technological Age, 2nd ed., Aspen, 2000, p.557.
③ 参见刘春田主编：《知识产权法》，中国人民大学出版社 2000 年版，第 232—234 页；王迁：《知识产权法教程（第六版）》，中国人民大学出版社 2019 年版，第 392—394 页；张玉敏主编：《知识产权法学（第三版）》，法律出版社 2017 年版，第 291—292 页；宁立志主编：《知识产权法（第二版）》，武汉大学出版社 2011 年版，第 262 页。

许多相同的商品和服务,这些商品或服务来自不同的厂商和经营者,各厂家的生产条件、制作工艺、产品和服务质量及管理水平参差不齐,价格也会有所不同。企业要想在激烈的市场竞争中吸引住消费者的目光,使他们能够选择自己的商品,就必须在其商品上有一个醒目的商标,让消费者容易识别。通过不同的商标,消费者可以判断出商品或服务出自不同的企业,从而识别商品或服务的来源,作出自己满意的选择。一旦认定某个商标,消费者在每次购买该商标所指代的商品时,不用再费时费力查找商品来源等信息,从而可以降低购物搜寻的成本和时间。这也是商标识别功能在经济学上的体现。

从商标的发展历史来看,随着品牌的延伸扩展和商标许可理论的实践,商标的识别功能也在悄然发生变化。消费者从最初通过商标了解其指代的特定具体的商品生产来源,发展到只关心同一个商标,不问商品具体出处、生产厂家和使用的商品类别。当消费者看到同一商标使用在类似商品或者其他商品上时,也会视为同一出处,推定商标权人许可或者商标权人拓展其经营范围。在这种情形下,难免会造成消费者对来源混淆,引发误认误购。这种变化也引发了商标混淆理论及其保护规则的变革和丰富:从直接混淆到间接混淆、关联混淆,从售前混淆到售后混淆,从正向混淆到反向混淆等,从而使得商标混淆保护的范围逐渐扩大。这部分内容将在商标侵权认定一章中详细论述。

(二)品质保证功能

商标不仅标示了生产者或商人的来源,也表明了其一贯的质量水平。需要明确的是,此处的品质保证功能并不在于要求商标拥有者保证商品质量的高品质,而只是表明同一商标所指代的商品或服务具有同样的品质,即具有品质的统一性。换言之,商标的品质保证并不意味着商标就表明了一种高品质或服务,而是表明了一种品质水平。在同一标志下的商品具有同一性、可预期性。品质应为一个更加广泛的定义,其内涵包括质量、售后服务、外包装、宣传等,因此品质不能和质量画等号。

现实生活中,由于商标代表着不同的商品生产者和服务的提供者,即使同一种商品、同一项服务因生产者和服务者的不同,其质量也会高低不同。即使是同一商标的拥有者,也并不能保证其所生产和销售的商品都是高质量。作为消费者,通过商标识别商品来源后,在体验了对该商品或服务的购买和使用后,会将其感受反馈到该商品的商标之上,并会对该商标所代表的商品形成积极的或负面的评价。再次购买时,就会通过商标选择那些质量稳定和可靠的商品。从这个意义上说,商标也表明了其所代表的商品质量的好坏,而商品质量是决定商品信誉和商标信誉的关键。对生产经营者而言,只有不断提高和改进其产品质量和服务质量，以维护其商标的信誉，保证其生产的商品与提供的服务具有相同的质量标准，才能吸引消费者购买自己的商品。由此可看到，品质保证并非商标使用人依法承担的义务，而是企业由于使用商标而获得的激励。品质保证功能也并非独立的功能，而是商标识别功能的延伸，商品质量提高，最终体现在附着于商品之上的商标，使得消费者认牌购货，商标的识别功能得以发挥。或者说，商标的品质保证功能是商标识别功能运行的结果，其目的在于告诫企业使用同一商标的商品应当质量相同，否则该商标便无法起到区分商品或服务来源的作用；同时也提醒消费者，拥有相同质量的商品在使用同一商标时，商品来源是可靠的。[1]

如前所述，商标本身是一种符号，和商品质量的高低没有关系。即使是带有注册商标标记的商品，也并不意味着该商品是高质量的。附着在商品上的商标，只是表明该商品出自何处或是哪家企业生产的，并不是该商品的质量保证书。在法律意义上，商标并不能确保其所指代的商品或者服务的质量，而商品或服务质量的保证只能依赖于其提供者。出于成本等各种要素的考虑，生产商可能提供高质量的商品，也可能是劣质商品。当消费者购买到品质不好的商品时，可否依据商标法进行维权呢？换言之，消费者可否要求生产商保证同一商标的商品质量保持一致并为其承担质量责任呢？答案是否定的。因为消费者并不能依赖品质保证功能进行救济，从其理论基础来看，品质保证功能并不具有独立的地位。按照我国目前的法律体系，消费者发现所购买的商品有质量问题，只能根据产品质量法和消费者权益保护法来维权，即对商品质量的保障主要是由上述两部法律来调整和规范，商标法的主要任务和使命则是保护商标的识别功能，保障消费者认牌购货，保护商标权人的专用权。显然，商标的品质保证功能已经超出了商标法的任务和职能范围。回顾我国商标立法，由于对商标品质保证功能的误解，导致商标法的制定出现不当。比如，2001年《商标法》第45条规定："使用注册商标，其商品粗制滥造，以次充好，欺骗消费者的，由各级工商行政管理部门分别不同情况，责令限期改正，并可以予以通报或者处以罚款，或者由商标局撤销其注册商标。"该条文把保证商品质量作为商标权人的一项法定义务作了规定。从该条文分析，即使撤销该注册商标，也并不能阻止生产者继续制造质量有瑕疵的商品。何况我国有专门立法对产品质量进行规定。2013年我国《商标法》第三次修改时，在学界的推动下，立法机关认识到该问题的不当，删除了该条规定，但仍然存在一些问题。比如，修

---

[1] 参见邓卓：《如何理解商标的品质保证功能》，载《中国知识产权报》2015年11月6日。

正后的《商标法》第 1 条中，依旧保留了"促使生产、经营者保证商品和服务质量"的立法目的，从而赋予了《商标法》过多的任务。再比如，第 7 条第 2 款重申了"商标使用人应当对其使用商标的商品质量负责。各级工商行政管理部门应当通过商标管理，制止欺骗消费者的行为"。但在这部立法中并没有规定对不负责任者的惩戒措施，这样的规定不仅意义不大，也缺乏可操作性。

（三）广告宣传功能

商标广告宣传功能的出现和广告业的迅速崛起密切相关，商标逐渐成为一种重要的广告工具。因为通过广告宣传，可以刺激消费者的购买欲望，使得商标具有迅速打开商品销路的作用。基于此，商标被称为商品的无声推销员。商标广告功能的出现也与同类商品的极大丰富有关，企业为了把自己的商品和他人同类商品相区分，会利用自己的商标进行广告宣传，便于消费者认牌购货。毋庸置疑，一件商品进入市场，可以没有专利技术，也可以没有著作权，但是，不能没有商标。如果没有商标，企业无法指代自己的商品，从而无法和他人的同类商品相区别；如果没有商标，企业也无法借助广告宣传自己和推销自己的新商品。可见，商标在广告宣传中的作用和价值重大。特别是由于生活节奏的加快，人们的消费活动逐步以广告和商标为依据，通过商标了解商品或服务的来源和质量。"如果说我们依靠符号生活，则我们同样依靠符号购物。商标保护意味着法律对于符号心理功能的认可。"[1]

本书认为，商标的广告宣传功能源于商标的识别功能，或者说，广告宣传功能是商标识别功能进一步发展的结果，抑或是市场经济发展中，商标识别功能下衍生的一种商标功能。如果说识别功能是商标的基本功能，那么广告宣传功能则是商标基本功能的外在体现。通过广告宣传，商标成为家喻户晓的标志，消费者通过该商标标志记住了其所指代的商品或服务，同时，也进一步熟悉了该商标所指代的产品并了解市场信息。可见，商标的广告宣传功能对引导和刺激消费都起到了很好的效果。

那么，商标法如何体现商标的广告宣传功能呢？商标法和广告法有何联系吗？本书认为，商标法通过保护商标的识别来源功能，从而间接保护商标的广告宣传功能，防止消费者产生误认和混淆，两者是从内容到形式的统一，终极

---

[1] Mr. Justice Frankfurter, in Mishawaka Rubber & Woolen Manufacturing Company v. S. S. Kresge Company, 316 U. S. 203 (1942).

目标是一致的。可以说，商标的广告宣传功能并不是一种独立的功能，不可和识别功能同日而语。司法实践中，也鲜有法院以破坏商标广告宣传功能为裁判依据的案例。

商标法中与广告宣传有关的法条，表现为 2013 年《商标法》第 14 条第 5 款："生产、经营者不得将'驰名商标'字样用于商品、商品包装或者容器上，或者用于广告宣传、展览以及其他商业活动中。"该条规定的目的在于防止驰名商标被异化为一种荣誉称号和促销的手段，从而误导消费者，扰乱市场竞争秩序。驰名商标所有人违反该规定的，由地方工商行政管理部门责令改正，处 10 万元罚款。[①]

（四）驰名商标的表彰功能

随着经济的发展，商标尤其是驰名商标已逐渐演变成为企业重要的无形资产。商标由最初的识别商品来源的符号，成为现代社会中具有独立价值的商品。对消费者而言，驰名商标还具有表彰购买者身份地位、彰显个人偏好和气质的功能。而这种功能是传统的商标功能无法满足和替代的。本书认为，由于商标和社会经济的发展密切相关，商标的功能也不是一成不变的，商标从最初的识别商品来源功能、品质保证功能和广告宣传功能，逐步发展出一种新的功能，即表彰功能，当然，这种表彰功能指向的是驰名商标。

现代社会中，驰名商标成为企业的品牌形象，从幕后走到前台并大放异彩。企业通过对驰名商标的培育和宣传赋予更多的内涵，注入企业文化，塑造高品质的商标和独特的商标形象。驰名商标不仅代表着企业的信誉和对应特定商品和服务的美誉度，也与该驰名商标指代商品或者服务的唯一对应性相联系，以至于消费者看到该商标就和该商标所代表的生活品质、购买力、社会地位等相联系。

那么，商标法如何保护商标的表彰功能？比如，当市场上有企业把驰名商标使用在其他类别的商品上，或者贬低丑化这些独特的商标时，原有的商标法保护规则即混淆规则是无法提供保护的。因为消费者不会对这些商品的来源产生混淆，但这些行为确实会对这些驰名商标的拥有者造成损害，淡化其商标显著性、损害其美誉度，于是，在商标法的框架下，又出现了新的对驰名商标的保护规则——跨类保护规则和反淡化保护规则，这两种规则将在本书第五章第三节中介绍。

---

① 参见 2013 年《商标法》第 53 条。

第二节　商标与商誉及利益分配

商誉是一种能够为企业带来超额利润的无形资产，但对商誉及商誉权益的界定、商誉评估及商誉权益的保护、商誉和商标等商业标识的关系、商标价值构成及利益分配等问题，理论研究依然薄弱。随着王老吉与加多宝商标纠纷的出现，对上述问题的讨论开始深入。本书认为，商标是商誉的载体之一，但商标和商誉并不是表里关系，而是两个彼此相互独立的价值系统。商标和商誉可以分离；商标的价值由多种因素决定且具有多变的特点，商标利益的分配应按合同的约定。

一、商誉及其保护

（一）商誉的内涵

商誉的英文表述为"goodwill"或"business reputation"。尽管从 16 世纪即出现"商誉"一词，但目前还没有统一的定义。从经济学角度考察，学界通常认为，商誉是一种关系利益，是市场经营者在其生产、流通和与此直接联系的经济行为中经过长期交往而逐渐形成的社会对其生产、产品、销售、服务等方面的积极的综合性社会评价。商誉使企业在同行业中取得优越的地位，在客户中享有良好的信誉，具有获得超额收益的能力。[1] 从会计学角度分析，学界对商誉的认识可归纳为以下几点：第一，商誉是由个人或者企业创造的；第二，商誉总是与特定主体相联系，不能脱离主体而单独存在；第三，商誉具有可转让性；第四，商誉可以用货币来计量。由此，可将商誉定义为企业所拥有和控制的、能为企业未来获得超额利润、无法具体辨认的无形资产。[2] 从这个概念来看，商誉的本质应该是一种资产，一种能够为企业带来超额利润的无形资产。商誉不能独立存在，具有附着性特征，与企业的有形资产和企业的环境相联系。商誉既不能单独转让、出售，也不能以独立的一项资产作为投资，商誉的价值是通过企业整体收益水平来体现的。

本书认为，商誉的形成是一个长期过程，商誉作为商品经济和市场竞争的产物，其经济价值和对企业竞争力的影响是不容忽略的。从上述论述可知，商

---

[1] 参见王涛：《商誉淡化和反淡化保护之法律归位分析》，载《经营管理者》2009 年第 5 期。
[2] 参见《商誉概念的历史发展和企业商誉评估的思考》，http://doc.mbalib.com/view/30efa355689426f08fb953cd454e9896.html，2020 年 9 月 20 日访问。

誉利益与其他有形财产不同，并不体现为企业的既得利益，只是为企业提供了未来获利的机会利益。正因为商誉利益具有抽象性、复杂性、隐蔽性和相对不稳定性，使得商誉权法律保护制度的发展相对于其他法律制度来说显得非常缓慢。

（二）商誉权益及保护

从英国和美国的相关判例来看，商誉权益已正式作为企业的财产权益受到法律保护。比如，在英国斯塔工业有限公司诉雅基高一案中，法院认为：商誉作为财产权利，必须依附某企业而存在，没有独立存在的能力。①该案一方面明确了商誉权益的法律性质是财产权，另一方面也限定了商誉权的人身依附性，即企业主体的存在是商誉权受法律保护的前提。美国衡平法院在审理不正当竞争案件的时候主张：商业信誉及基于此信誉可能发生的期待是应当受到法律保护的财产权。该主张对商誉定义进行了双重定位，既肯定了商誉是客户能够直观感受到的商业信誉，同时也肯定了商誉权的法律性质是基于期待利益的财产权。②大陆法系多数国家则是通过制定相关法律确立商誉权的法律地位，利用侵权法理论适用反不正当竞争法实现对商誉权的保护。随着人们对商誉权的认识，有些国家也将商誉权纳入人格权领域加以保护，③有些国家则将商誉作为股东出资的一种形式使其获得公司法的保护。④

我国学界对商誉和商誉权的认识在近三十年的发展中，逐渐从投资意识上升到权利意识。经历了从最初的对商誉出资的保护，⑤到把商誉利益作为一种权利来研究，人们对商誉的经济价值和商誉权益有了更深刻和理性的认识。立法层面也相继出台了相关规定，肯定了商誉和商誉权在资产评估和权益保护方面的价值，比如财政部 2006 年 2 月 15 日公布的《企业会计准则第 6 号——无形资产》《企业会计准则第 8 号——资产减值》《企业会计准则第 20 号——企业合并》等。此外，还有 2007 年 3 月 16 日公布的《中华人民共和国企业所得税

---

① 参见种明钊主编：《竞争法》，法律出版社 1997 年版，第 271 页。
② 参见曾陈明汝：《专利商标法选论》，三民书局 1997 年版，第 178 页。
③ 1994 年《俄罗斯民法典》第 150 条、第 152 条把商誉权纳入人格权领域加以保护。
④ 如《法国公司法》规定，股东除了用货币、实物、工业产权、土地使用权等形式折价出资外，商誉权亦可以折价出资。
⑤ 1992 年 5 月 23 日，财政部与国家经济体制改革委员会联合公布的《股份制试点企业会计制度》第 37 条规定："无形资产包括专利权、商标权、专有技术、土地使用权、商誉等。"同年，财政部发布的《企业会计准则》和《企业财务通则》两个规范性文件均规定，无形资产是指企业长期使用而没有实物形态的资产，包括专利权、商标权、著作权、土地使用权、非专利技术、商誉等。这是国内正式以法律规范的形式确立商誉投资的合法形式。

法》和中国资产评估协会 2007 年 7 月 9 日公布的《资产评估业务信息报备管理办法》等规定，均考虑了经营者商誉的资产价值。但到目前为止，学界还缺乏对商誉权的法律地位、商誉权法律关系、商誉权侵权损害赔偿等系统的研究成果。

二、商誉和商标等载体的关系

商誉与商标联系紧密，但各不相同。主要表现为，其一，商誉价值的高低直接影响到商标使用许可和转让的价格，相应的，商誉价值越高，商标的许可和转让费用也会越高。其二，商标是商誉的载体之一，但商标并非商誉的唯一载体。由于商誉本身是一个抽象的概念，现实中只有依附于商标、商号、特有包装与装潢等商业标识的载体才能彰显其权利或者权益。[①] 其三，商标和商誉并不是表里关系，而是两个彼此相互独立的价值系统。比如，通过商标许可使用，会出现一个商标由多家企业共用的现象，但这些企业的商誉价值并不相同，不会因为共同使用同一个商标，就导致不同企业的商誉利益相同。再如，商标转让中即使一个企业因得到某驰名商标而带来商誉增值，但因其自身的经营历史，其增值后的商誉与商标出让人的商誉相比也可能会大相径庭。其四，商标和商誉可以分离。从商誉的发展历史分析，尽管商誉和商标联系紧密，但彼此是可以分离的。[②] 如目前大多数国家的商标法均规定，商标权实行自由转让原则，无须一并转让其营业活动和商誉；我国商标法也作了相同规定。[③] 无疑，这也是商标和商誉可以分离的一个例证。

在王老吉与加多宝商标纠纷案中，也涉及了两家企业的商誉之争。"王老吉"是广药集团一个百年凉茶品牌，但由于管理等各种原因，难以在当时的饮料行业出类拔萃。为改变这种局面，广药集团将"王老吉"商标授权许可给香港鸿道集团（加多宝母公司）使用。鸿道集团使用了"王老吉"的商标后，投入大量广告宣传费用，并推出了新的包装，使得"王老吉"迅速在国内走红，也让鸿道集团一时赚得盆满钵满，但是因为"王老吉"商标许可合同到期，引

[①] 对商誉的概念、表现形式等研究并非法学界独有，也有从经济学、会计学等角度论及的，本书此处主要从商业标识权的角度谈及商誉的价值及其表现。

[②] 参见徐聪颖：《论商誉与商标的法律关系——兼谈商标权的自由转让问题》，载《政法学刊》2010 年第 1 期。

[③] 我国《商标法》第 42 条规定："转让注册商标的，转让人和受让人应当签订转让协议，并共同向商标局提出申请。受让人应当保证使用该注册商标的商品质量。……转让注册商标经核准后，予以公告。受让人自公告之日起享有商标专用权。"

发了后续的"王老吉"商标之争等一系列纠纷,① 由此,也引发学界对商标和商誉的关系、商誉的转移及保护、商标许可中增值利益分配等问题的广泛讨论。

正是因为商誉呈现的经济利益以及与商标之间紧密的联系,引发出当时媒体热议的"王老吉"商标之争所提到的问题,即加多宝作为"王老吉"商誉的最大创造者,在合同期满后,是否可将"王老吉"商誉转移到自己的公司经营活动中?由此形成了三种不同意见:第一种意见认为,加多宝方的商誉移植行为,不但构成不正当竞争,也侵害了广药集团的"王老吉"注册商标权;第二种意见认为,上述加多宝方的商誉移植行为,虽没有侵害"王老吉"注册商标权,但已构成了不正当竞争;第三种意见认为,上述加多宝方的商誉移植行为,既没有侵害"王老吉"注册商标权,也没有构成不正当竞争。② 三种观点各抒己见,从不同角度论述了商誉与商标的关系。

本书认为,商誉作为一种资产是可以转移的,但须依附于相应的商业标识,如商标、商号等。对企业而言,商誉的载体应是多方面因素的组合,商标只是其中之一,还包括企业的商号、域名、广告语、产品外包装等商业标识。需要明确指出的是,商誉的转移应该只能发生在同一商标所有权的转移上。而针对商标许可使用,根据商标法的基本原理,合同期满后,如果没有特别约定,商标权人收回商标,包括其附加的商誉,自然无从谈起商誉转移他人的问题。在"王老吉"商标和商誉利益纷争中,针对媒体所称的加多宝方所谓的"商誉移植行为",加多宝方在"王老吉"商标许可使用合同到期后,作为使用者无疑应当归还"王老吉"商标权,但是,在合同期满后,为求得更多的市场发展空间,加多宝公司凭借其自身已经拥有的"加多宝"注册商标、商号、独特的广告用语等商业标识,利用市场营销和广告宣传等正当手段,不断经营自己的商标,并同时创造自己的"加多宝"品牌商誉,这些正常的企业经营行为,不能认为是对"王老吉"商誉的转移,更谈不上对其侵权。因为,加多宝方是在宣传和打造自己的商标和品牌,积累商誉无可厚非。而加多宝方使用多年的特有的商品包装和装潢受法律保护,这也是其独有的商业标识——"加多宝"商誉的载体之一。

---

① "王老吉"商标之争历经数年,因商标价值逾千亿元而被称为"中国商标第一案"。"王老吉"案的争议焦点值得我们对商誉权利与商标权利之间的法律关系进行深思。

② 参见陶鑫良、张冬梅:《"王老吉"商誉移至"加多宝"是否正当?》,载《中国知识产权报》2012年6月29日。

三、商标价值构成及利益分配

在"王老吉"商标纠纷案中,各界热议的一些主要问题还包括:在商标许可使用合同期间,加多宝集团作为商标使用者,为"王老吉"品牌的打造投入了巨大的精力与财力,使得"王老吉"商标从价值寥寥飙升至千亿之巨,其增值部分如何确定和分配?广药集团作为"王老吉"商标的所有人,是否可以无条件收回商标许可?如果将此部分巨额增值价值归于商标所有人,是否会造成不公平?等等。这些问题,涉及商标的基本理论问题,比如,商标的价值及评估、商标许可合同中双方权利义务行使等。

(一) 商标价值的构成及变化

从经济学的角度讲,商标是企业一项十分重要的无形资产,其价值构成是由多种因素决定的,主要包括:商标设计及广告宣传、商标自身的注册保护和知名度、商标所代表的商品的质量、企业的盈利能力及商品市场占有率、商标和产品的营销策略、产品的售后服务等内部因素。[1] 除此之外,商标价值还会受到外部环境如相关产业政策、财税政策等宏观经济因素的影响。所以,商标的价值是企业内外因素相互作用的结果。

另外,对企业而言,不同的发展时期商标的价值也是不一样的,有其自身的发展规律。企业一般会经历创立时期、发展时期、成熟时期和衰退时期,[2] 而商标的价值在企业的成熟时期会达到最大化。商标价值是由上述诸多内外因素综合形成的,会随着市场和企业内外因素的变化而变化,这也是其作为无形资产的特点之一,由此,也会给商标价值的评估带来很大的困难和变数。即使今天评估出某商标品牌的价值,也不能保证其不会发生变化。典型的实例莫如"三鹿"商标价值的巨大变迁。"三鹿"商标曾集驰名商标、免检产品、中国名牌等众多荣誉于一身,在其鼎盛时期,曾被评估价值超过 100 亿元。三聚氰胺事件发生后,"三鹿"品牌遭受重创。据报道,2011 年 5 月 12 日河北省石家庄市中级人民法院审判庭拍卖三鹿公司的部分破产财产,最受关注的"三鹿"牌及相关保护性商标以整体打包的方式售出,成交价仅为 730 万元。

在"王老吉"商标纠纷案中,许可使用合同期间,因商标使用者的努力使得商标增值,其增值部分如何确定和分配?加多宝集团为"王老吉"品牌的打

---

[1] 参见丁丁、文平:《商标价值形成的动因及其评估》,载《金融经济(学术版)》2011 年第 11 期。

[2] 参见张斗胜等:《自创商誉价值形成要素及其计量的分析》,载《特区经济》2006 年第 7 期。

造投入了巨大的精力与财力,这个事实是毋庸置疑的。对此,有人撰文提出问题:加多宝集团是"王老吉"商标的被许可人,经过其十多年的精心培育与营销,"王老吉"商标飙升全千亿之巨,此时,广药集团作为"王老吉"商标的所有人,是否可以无条件收回商标许可?如果将此部分巨额增值价值归于商标所有人,则势必造成极大的不公平,商标所有人无论如何都不能避免有借鸡生蛋、坐收渔利之嫌;而如果将增值价值部分归于被许可人,在我国目前的法律框架下似乎很难找到相应依据。结论为:商标在许可期间因被许可人的宣传推广所产生的增值价值,应当在商标所有人与被许可人之间进行合理的分割,否则有违市场之公平原则。① 无疑,这是该作者理想主义的呐喊,正如其所言,对此并无法律依据。如何确定和评估商标的价值?又怎样对获得的商标利益进行合理的分割呢?就"王老吉"商标价值而言,尽管在2010年评估时市值为1080.15亿元,但时过境迁,市场环境已经发生了很大变化,比如,"王老吉"商标实际生产者的更替、广药集团与加多宝集团因利益之争引发的口水战和相互攻击、消费者的厌倦等等,诸多因素也会给商标的商誉带来影响。如果现在评估"王老吉"商标,或许就是不同的数字了。可见,商标价值具有难以确定和时常变化的特点。

(二) 商标价值创造者与权利所有者利益的分配

在"王老吉"商标纠纷案中,媒体热议的另一个问题是:合同期满后,商标价值的创造者与权利所有者的利益如何分配?可否分割?对此,有人认为:若广药集团收回"王老吉"商标许可使用权,或许可以根据"王老吉"商标的现在评估价值减去1997年时的评估价值,得出许可使用期间的商标增值价值,然后双方再根据上述具体情况对"王老吉"商标价值增值部分进行合理的划分,并通过折价补偿的方式进行收回。② 姑且不论这仅是该作者的一种美好愿望和一厢情愿,实践中是否有成功的实例和法律依据呢?如果要分割合同期满后商标的增值部分,将面临两个难题:一是如何评估现在的商标价值?二是如何对该商标增值部分进行公平的利益分配?

毋庸讳言,商标价值构成及评估十分复杂,不仅涉及商品知名度、商标是否注册、商标所依附的商品或服务类别等商标法的规定,③ 也涉及经济学、会计学等领域的专业知识。尽管有相关的无形资产评估的法律规范,但实践中操作很难,皆与构成商标价值的诸多内外因素的不断变化有关。而对于商标许可

---

① 参见李伟华:《"王老吉"商标纷争的是是非非》,载《电子知识产权》2011年第9期。
② 同上。
③ 参见王莲峰主编:《商标资产运用及商标资产证券化》,法律出版社2018年版,第99页。

期间因被许可人的宣传推广所产生的商标增值价值的处理,目前也没有明确的规定和先例。结合"王老吉"商标纠纷案,客观地讲,该案争执的双方均对其商标价值的不断增值做出了贡献,因为在加多宝集团使用"王老吉"商标期间,生产经营王老吉凉茶的仅有广药集团与加多宝集团两家,并无其他主体,尽管加多宝集团对"王老吉"商标的宣传投入了巨额的广告费用,起了主要的推广作用,但广药集团也对"王老吉"商标进行了宣传,只不过双方的贡献大小不同,在双方之间进行"公平"的利益分配恐怕难以实现。本书认为,商事活动皆是其主体自由意志的体现,有些问题法律并不能够强行规范,而且也不是法律规定能够解决的;法律已经给经营者预留了空间,即通过双方签订合同自由协商。在这种背景下,企业最好的办法便是通过协议的方式对相关问题作出明确的约定。针对商标许可使用合同,双方可以约定由商标许可人负责许可期间的宣传与推广,也可协商由被许可人负责许可期间的宣传活动和费用,同时,可对商标增值的利益和分割问题在合同中明确约定。

四、商标许可合同主体的权利义务

商标许可使用是商标法中专有的概念和法律制度,尽管早在19世纪中后期,西方各主要资本主义国家已制定专门的商标法,但该制度却是随着人们对商标使用许可的认识以及经济的发展而逐步形成的。实践中,商标注册人通过签订使用许可合同,允许他人使用其注册商标。根据合同,商标所有权仍属许可的一方,即商标注册人;被许可的一方即商标使用者,得到商标使用权;商标使用者只能在合同约定的时间和区域内使用该商标,并支付相应的使用费,未经权利人许可不得再许可他人使用;合同到期后,商标权人收回其注册商标。

(一)商标许可使用合同的要求

商标的使用许可是商标专用权的延伸,也是现代社会商标权人普遍采用的一种商标经营手段和营销策略。通过该制度的实施,双方均可受益:商标许可人通过运用许可合同,可迅速提高产品的市场占有率,扩张其声誉;而被许可人可借助他人的商标声誉推销自己的产品。商标许可使用的类型可以分为普通许可、独占许可、排他许可三类。独占使用许可,是指商标注册人在约定的期间、地域和以约定的方式,将该注册商标仅许可一个被许可人使用,商标注册人依约定不得使用该注册商标。排他使用许可,是指商标注册人在约定的期间、地域和以约定的方式,将该注册商标仅许可一个被许可人使用,商标注册人依约定可以使用该注册商标但不得另行许可他人使用该注册商标。普通使用许可，是指商标注册人在约定的期间、地域和以约定的方式，许可他人使用其注册商标，并可自行使用该注册商标和许可他人使用其注册商标。由此可见，无论在哪种许可方式中，商标所有人均需要在一定的地域和时间范围内让渡商标使用权，作为对价，被许可人应支付相应的使用费，否则即视为违约。商标所有人在期限届满时有权利收回该许可的商标，被许可人如果继续使用则可能同时构成合同违约与商标侵权。这也是商标许可不同于商标转让的主要特点。商标转让是指商标所有权的转移，其结果是商标主体的变更；而商标许可使用仅仅是商标注册人对其所有权中的使用权作一定程度的分离和让与。

各国商标法均对商标的使用许可制度作出了规定，要求商标许可人和使用人承担相应的义务：商标许可人应监督被许可人的商品质量，在合同期内，保持注册商标有效；使用人应保证商品质量，在使用该注册商标的商品上标明自己的名称和商品产地，维护商标信誉，并按合同规定交纳使用费等。我国商标法对商标许可使用制度也作出了明确规定。① 为便于商标局对全国商标使用许可情况进行管理，方便消费者选购商品，商标法还要求对商标使用许可合同进行备案和公告。② 国家工商行政管理局商标局1997年8月1日专门发布了《商标使用许可合同备案办法》，具体规定了备案的程序、应提交的文件及法律责任等。

通过以上分析可以看到，商标许可使用制度是一把双刃剑，商标权人如果对此管理和实施得当，则可以实现和使用者双赢的局面，双方皆有所获；但如果实施不当，也会给商标权人带来风险和损失。比如，商标权人对使用者的产品质量未尽到监督和管理的责任，导致产品质量下降；或者使用者产品粗制滥造，侵害了消费者的权益，致使商标被撤销等。在"王老吉"商标纠纷案中，作为"王老吉"商标权利人的广药集团一反常规，放手或任其使用者加多宝方对其商标及其对应的产品进行经营，不仅没有风险反而坐收丰厚红利，等合同

---

① 我国《商标法》第43条第1款、第2款规定："商标注册人可以通过签订商标使用许可合同，许可他人使用其注册商标。许可人应当监督被许可人使用其注册商标的商品质量。被许可人应当保证使用该注册商标的商品质量。经许可使用他人注册商标的，必须在使用该注册商标的商品上标明被许可人的名称和商品产地。"

② 我国《商标法》第43条第3款规定："许可他人使用其注册商标的，许可人应当将其商标使用许可报商标局备案，由商标局公告。商标使用许可未经备案不得对抗善意第三人。"《中华人民共和国商标法实施条例》（以下简称《商标法实施条例》）第69条规定："许可他人使用其注册商标的，许可人应当在许可合同有效期内向商标局备案并报送备案材料。备案材料应当说明注册商标使用许可人、被许可人、许可期限、许可使用的商品或者服务范围等事项。"

期满后又收回了"王老吉"商标。作为商标使用者加多宝方(媒体称之为品牌利益的创造者)到期不仅要归还商标使用权,而且不能分享该品牌的利益。因为按照商标法和合同法的要求,双方签订的商标许可使用合同到期后,作为"王老吉"商标权利人的广药集团当然可以收回"王老吉"商标。由此,本书同意中国国际经济贸易仲裁委的仲裁结论及随后北京市一中院的裁决。[①]

(二)商标法意义上的商标使用者的类型及其保护

商标使用者的利益应当如何保护?这是一个很好的话题,针对商标使用许可,目前,学界和业界关注较多的是合同中的许可人和使用者(被许可人)双方的义务以及许可人的风险问题,而对合同使用者即被许可人的权利和利益的保护问题鲜有论述,商标法也未对此予以明确规定。本书以为,在商标法的语境下,结合"王老吉"商标纠纷案,应首先对商标使用者的地位进行界定,因不同使用者的权利和构成要件不同,法律后果也会截然不同。根据商标权取得的前后不同,本书将其分为商标在先使用和商标在后使用两种类型。

1. 商标在先使用及其权利保护

因我国实行的是申请在先、注册确权制度,相对于已注册商标而言,如果是善意在先使用的商标已经和特定的商品或服务取得了唯一对应的联系和识别功能,则产生未注册商标的在先使用权益,也称为先用权。我国商标法对先用权保护的力度较弱,体现在《商标法》第32条禁止以不正当手段抢注他人已经使用并有一定影响的商标上。2013年《商标法》修改后,第59条第3款增加了商标在先使用抗辩规定,但要满足一定的条件。

2. 商标在后使用及其权利保护

相对于在先的商标权利人而言,针对同一商标的在后使用又可分为两种情形。一是未经许可的非法使用,则构成侵权。如在"iPad"商标纠纷中,美国苹果公司并未取得在中国的"iPad"商标权,尽管其投入了巨大的广告费用,培育了"iPad"商标的知名度,但最终还是因无权使用而赔付商标权人深圳唯冠公司6000万元人民币。[②] 二是合法被授权的使用,受法律保护但权利行使

[①] 2011年4月26日,广药集团正式向中国国际经济贸易仲裁委员会提出仲裁申请。2011年5月9日仲裁委作出仲裁裁决,裁定广药集团与加多宝母公司鸿道集团签订的"王老吉"商标许可两份补充协议无效;鸿道(集团)有限公司自当日起停止使用"王老吉"商标。2012年5月17日,加多宝集团向北京市第一中级人民法院提起撤销该裁决的申请,2012年7月13日法院驳回该申请。

[②] 参见《苹果支付6000万美元与唯冠和解》,http://tech.sina.com.cn/it/2012-07-03/13497341806.shtml,2012年9月11日访问。

受合同约束。如加多宝使用"王老吉"商标有授权许可合同,即属于此种情形。这种使用其实就是我们所说的商标许可使用。这两种在后使用的概念不同,各自权利义务不同,法律后果也不同,不可混为一谈。①

实践中商标许可使用的通常做法是:商标权人负责对产品质量进行监控,统一对产品进行策划和市场营销,负责商标和品牌的宣传及推广。被许可人承担的义务仅为表明商品的出处和保证商品质量。而"王老吉"商标纠纷案的特殊之处在于加多宝作为被许可人,在合同期间大量投入对"王老吉"商标的广告宣传费用,并对其标注"王老吉"商标的商品进行了较成功的市场营销策略,使得"王老吉"商标知名度在短短几年内迅速飙升,2010 年其品牌价值被评估为 1080.15 亿元,成为中国自有饮料业第一品牌。②而作为商标权人的广药集团"无为而治",放手任被许可人加多宝对其商标做大做强,其间还顺势推出了自己的绿色纸盒王老吉。对此,大部分媒体和学界直指广药集团,称其为"摘桃者",坐享他人创造的品牌价值和商誉利益。也有学者撰文认为,现有商标法制度并没有给予加多宝关怀,并且仅仅因为使用期限届满就剥夺了加多宝的商标使用权。③ 针对"王老吉"商标纠纷中加多宝的地位,本书认为,应该首先明确一个前提,即加多宝是在商标许可使用前提下的被许可使用者,不是一般意义上的商标使用者。双方根据签订的商标许可使用合同,各自履行义务;对于合同没有约定的其他义务,如加多宝对其没有所有权的"王老吉"商标的投入和培育,按照商标许可制度的原理和行业惯例,加多宝应预见到合同期满后所带来的后果和风险,不能因其自身的经营管理策略失误,等到合同期满后再索取自己多付出的部分,因为商标法已经对商标许可使用合同双方的权利义务作出了明确的规定,而且双方也有合同约定,由此造成的损失只能自己承担。由此,本书不同意上述论文的观点,并不能仅仅因为个案中的商标使用者自身的经营管理策略失误,从而质疑现行商标制度的合理性。

---

① 在一些新闻报道中,常常将 iPad 商标纠纷案中的美国苹果公司和"王老吉"商标纠纷案中的加多宝相提并论,称两者为商标的在后使用者,是两个商标的价值创造者,应该对其在后使用行为给予支持,并分享增值后的商标的利益等,本书并不同意此观点。

② 参见《聚焦王老吉商标之争》,http://finance.qq.com/zt2012/Kalwayslucky/index.htm,2012 年 9 月 10 日访问。

③ 参见杨延超:《加多宝对"王老吉"的贡献如何保护》,载《经济参考报》2012 年 5 月 29 日。

第三节　商标使用规则及其完善

商标的生命在于其使用，商标使用的理念和规则应贯穿于商标法的始终，从商标权的取得和终止到商标权的保护和抗辩等都和商标使用密切有关，故此，商标使用是商标法律制度中的一个十分重要的问题。本节主要论述商标使用的特点及方式，重点分析商标使用的认定、商标意图使用及对抗"撤三"的条件，并对完善商标使用规则提出建议。

一、商标使用的特点及方式

我国商标法对商标使用的规定，可追溯到 2002 年 8 月 3 日公布的《商标法实施条例》第 3 条："商标法和本条例所称商标的使用，包括将商标用于商品、商品包装或者容器以及商品交易文书上，或者将商标用于广告宣传、展览以及其他商业活动中。"该条例并未明确给出商标使用的定义，只是规定了商标使用的形式。

2013 年《商标法》第三次修改时吸收《商标法实施条例》有关商标使用的规定，在该法第 48 条对商标使用作了明确的规定："本法所称商标的使用，是指将商标用于商品、商品包装或者容器以及商品交易文书上，或者将商标用于广告宣传、展览以及其他商业活动中，用于识别商品来源的行为。"修改后的商标法不仅提升了商标使用的法律地位，而且第一次明确了商标使用的目的是"用于识别商品来源"，这对科学认识商标的本质属性有着积极的意义。

（一）商标使用的特点

根据上述对商标使用的定义，可以看到商标使用的特点表现为以下几点：

1. 在商业活动中使用

日常生活中，商标使用的场合多种多样，但只有在以交易为目的的商业活动中的使用才属于商标法意义上的使用。民事主体将商标使用在不对外公开的统计报表等文件材料上，或商标注册人对其注册商标专用权的声明、商标注册信息的公布等行为，不是以交易为目的，不属于商标法意义上的使用，由此排除了此类非商业目的的使用行为。TRIPS 协定对此加以肯定，在其第 16 条第 1 项中规定：禁止他人在商业活动中使用（use in commerce）相同或者近似商标。换言之，非商业活动中使用的标识未发挥识别商品来源的功能，不构成商标，自然也难谓商标使用，如在政治、外交等活动中使用的标识。当然，随着教育、医疗等行业的逐步社会化、市场化，传统的一些非营利性机构逐渐活跃于商业领域，开展商业活动，市场主体呈现多元化的趋势，不能仅以传统的非营利机构的主体属性排除其从事商业活动。

2. 连续使用

商标只有持续不断地使用和宣传，才能产生识别相同商品或服务来源的作用，让消费者对该商标和某种商品或服务形成唯一对应的联系。为此，多数国家商标法均规定了商标连续使用的年限，从三年到五年不等。如我国《商标法》第49条第2款规定，"没有正当理由连续三年不使用的，任何单位或者个人可以向商标局申请撤销该注册商标"。商标权人如果3年内未实际使用过该注册商标，在维权诉讼中，会存在丧失赔偿请求权的风险。①

3. 真实善意的使用

除了在商业活动中连续使用的规定外，立法还要求当事人的商标使用行为应当是在真实和善意的主观状态下进行的，而不能仅仅为了保留或维持商标权而进行"象征性"使用。比如，单独的广告、少量的销售商品、未实际履行的许可合同等行为，都不被认定为真实的商标使用。② 我国的司法实践对此也作了肯定。在"康王"商标撤销案中，北京市第一中级人民法院和北京市高级人民法院的判决均表达了同样的意见，即仅仅在广告中使用或者为了应付使用要求而象征性地使用，不能满足商标法对注册商标的使用要求，不足以维持商标注册。在商标授权确权纠纷中，法院认为仅仅在广告宣传中使用商标且未指定具体商品，不构成注册商标的使用。③ "仅是许可人或转让人与被许可人或受让人之间的行为，不具有面向消费者昭示商标的标识功能，因此商标权人对涉案商标的许可他人使用以及其后的转让行为均不属于商标的使用。"④ 因为通过这样的使用行为，商标的识别功能可能并未实现，所以，不能称之为商标的使用。

4. 以区分商品或服务来源为目的的使用

商标是由标识、指定使用商品及商品提供者来源信息组成的统一体。商标使用一般是针对特定商品而言，即没有脱离该商品并能识别商品来源的商标使用。通过商标使用行为发挥其识别来源功能，从而使得商标价值在识别商品来

---

① 参见我国《商标法》第64条第1款。
② 参见最高人民法院（2015）知行字第181号。
③ 参见北京市第一中级人民法院（2009）一中行初字第917号、北京市高级人民法院（2007）高行终字第78号。
④ 北京市高级人民法院（2007）高行终字第78号。

源过程中予以实现。换言之，只有在商业活动中将商标与特定商品联系起来，用于识别商品来源，或对商标识别商品来源的功能产生影响，才构成商标使用。

上述商标使用的特点均服务于一个共同的目标，即该商标与特定商品或服务形成唯一对应关系，从而使相关消费者看到和听到该商标就能联想到某种商品或服务，并通过该商标识别出同类商品或服务，以实现和达到区分相同商品或服务来源的目的。

（二）商标使用的方式

通过研究外国商标立法和实务，可以看到，商标使用的方式表现为多样化，并呈现出与时俱进的特点。分析商标使用的方式，有利于商标的管理并指导商标司法和执法实践。

1. 商标用于商品、商品包装、容器以及商品交易文书上

将商标用于商品、商品的包装或者容器上是商标使用的基本形式，也是最重要的形式。具体表现形式包括但不限于：（1）采取直接贴附、刻印、烙印或者编织等方式将商标附着在商品、商品包装、容器、标签等上，或者使用在商品附加标牌、产品说明书、介绍手册、价目表等上；（2）商标使用在与商品销售有联系的交易文书上，包括商品销售合同、发票、票据、收据、商品进出口检验检疫证明、报关单据等。①

实践中，如果对注册商标加以改变，并使用在商品上，是否构成对商标的使用？如果轻微的改变不影响注册商标的显著特征，商标的区分功能和商业性影响功能仍得以有效发挥，则在我国一般认定为商标的使用。《最高人民法院关于审理商标授权确权行政案件若干问题的规定》第26条第2款规定："实际使用的商标标志与核准注册的商标标志有细微差别，但未改变其显著特征的，可以视为注册商标的使用。"

2. 商标用于服务场所以及服务交易文书上

由于服务具有无形化的特点，通常相关公众需要在一定的服务场所接受服务，因此服务商标的使用形式与商品商标相比有所不同，有时无法像商品商标那样直观地体现出来。2020年6月15日国家知识产权局颁布了《商标侵权判断标准》，其中第5条总结并规定了服务商标的使用方式：商标用于服务场所以及服务交易文书上的具体表现形式包括但不限于：（1）商标直接使用于服务

---

① 参见《商标侵权判断标准》第4条。

场所，包括介绍手册、工作人员服饰、招贴、菜单、价目表、名片、奖券、办公文具、信笺以及其他提供服务所使用的相关物品上；(2) 商标使用于和服务有联系的文件资料上，如发票、票据、收据、汇款单据、服务协议、维修维护证明等。

3. 商标用于广告宣传、展览以及其他商业活动中

通过广告宣传和展览，消费者了解该商标及其所对应的商品或服务，也是商标使用的一种方式。具体表现形式包括但不限于：(1) 商标使用在广播、电视、电影、互联网等媒体中，或者使用在公开发行的出版物上，或者使用在广告牌、邮寄广告或者其他广告载体上；(2) 商标在展览会、博览会上使用，包括在展览会、博览会上提供的使用商标的印刷品、展台照片、参展证明及其他资料；(3) 商标使用在网站、即时通信工具、社交网络平台、应用程序等载体上；(4) 商标使用在二维码等信息载体上；(5) 商标使用在店铺招牌、店堂装饰装潢上。①

实践中，如果只将商标用在广告中，而没有实际将商标用于指定的商品上，这种行为是否构成对商标的使用？对此，关键要看广告宣传和展览等系列活动是否将注册商标这一特定符号与经营者提供的商品或服务联系起来。如果通过大量的广告宣传和展览，消费者看到该商标就与某种商品或服务相联系，产生了唯一对应的关系，商标的识别来源功能得以发挥，在这种情况下的使用就构成了对商标的使用。如果仅仅将该注册商标少量地投放广告，并没有使得特定的符号与特定的商品或服务联系起来，那么这种在广告中使用商标的行为，就不能视为对商标的使用。

网络的出现扩大了商标的使用范围，常见的使用方式主要表现为：将商标贴在经营者的网站上、将商标作超链接等。2001年9月世界知识产权组织成员国大会第三十六届系列会议上，通过了《关于在因特网上保护商标权以及各种标志的其他工业产权的规定的联合建议》。其第2条规定，只有在某一成员国中产生商业影响的情况下，标志在因特网上的使用方构成在该成员国中的使用。对于如何界定"产生商业影响"，该建议第3条规定，在确定某一标志在因特网上的使用是否在某一成员国中产生商业影响时，主管机关应考虑所有相关情况，这些情况包括：(1) 该标志的使用者正在该成员国中经营，或已制订重大计划在该成员国中经营，与因特网上使用该标志的商品或服务相同或类似

---

① 参见《商标侵权判断标准》第6条。

的商品或服务;(2)该使用者从事的商业活动的程度和性质如何;(3)在因特网上提供商品或服务与该成员国的关系;(4)该标志在因特网上的使用方式与该成员国的关系;(5)该标志在因特网上的使用与该成员国中该标志的权利的关系。当然以上因素是用来帮助主管机关确定标志的使用是否在某成员国中产生商业影响的指导方针,而非作出这一判断的前提条件。针对个案而言,将取决于该个案的具体情况。其实,网络环境下商标的使用与实体环境下商标的使用相同,二者都必须通过商标的使用来实现商标的区分功能和产生商业性影响。

4. 其他商业活动中的使用

因商业活动的范围十分宽泛,不可能逐一规定和细化,比如,商标附着商品的进出口、OEM(国内企业贴牌委托加工制造)等,如果使用商标的方式符合国内生产和经营者从事国际贸易的商业交易习惯,都应是商标的具体使用方式。随着经济和技术发展,还会出现一些新的商标使用方式。

二、商标使用的认定

商标使用的认定在实践中意义重大,因为这关系到注册商标满三年不使用是否被撤销的问题,由此也会影响到诉讼中对该案件性质的裁定。近年来,我国商标确权机构和人民法院也在不断探索,对商标使用的界定逐步达成共识。

(一)商标使用主体的认定

商标权人自行使用、他人经许可使用以及其他不违背商标权人意志的使用,均可认定为《商标法》第49条第2款所称的使用。[①]《商标法》第49条第2款规定的"连续三年不使用"中的"使用"主体,包括商标权人、被许可使用人以及其他不违背商标权人意志使用商标的人。商标权人已经对他人使用诉争商标的行为明确表示不予认可,在商标权撤销复审行政案件中又依据该他人的行为主张使用诉争商标的,不予支持。[②]

(二)许可或转让注册商标使用之认定

商标权人可以自己使用商标,也可以授权许可他人使用商标;商标转让是一种商标所有权转移的方式。在现代商业活动中,注册商标授权他人许可使用或转让的方式在市场活动中十分常见。但如果没有实际使用注册商标,仅有转

---

① 参见《最高人民法院关于审理商标授权确权行政案件若干问题的规定》第26条第1款。
② 参见《北京市高级人民法院商标授权确权行政案件审理指南》第19.6条。

让或许可行为，或者仅是公布商标注册信息、声明享有注册商标专用权的，不认定为实际使用了该注册商标。① 换言之，单纯的许可和转让行为属于一种象征性使用的表现形式，不构成"实际使用"。但需要说明的是，许可和转让行为并不必然导致象征性使用，被许可人和受让人一旦使用该注册商标，即把注册商标使用在核定的商品或服务类别上，投放市场并产生了识别来源的功能，可构成商标的使用。这样的许可和转让可被视为商标权人的使用行为。

（三）改变注册商标组合形式使用之认定

实际使用的商标标志与核准注册的商标标志有细微差别，但未改变其显著特征的，可以视为注册商标的使用。② 但注册商标实际使用时，仅单独使用其中一部分的，不能认为是使用注册商标。商标中有颜色，而且是其图样主要识别的特征，但实际使用其他颜色的，依一般社会消费者的认知，已实质改变其图样主要识别的特征，不能认为是在使用其注册商标。

（四）注册商标在类似商品或服务上使用之认定

注册商标实际使用的商品或服务，应与原注册指定的商品或服务一致。实践中，如果注册商标使用在类似的商品上，是否为商标使用呢？在"GNC"商标三年不使用撤销案中，商标局、商标评审委员会（以下简称"商评委"）以及一审法院、二审法院围绕着商标使用问题，得出两种完全对立的观点。二审法院认为，注册商标在类似的商品使用的，不应认为是商标的实际使用。该案基本案情如下：健康公司对物资集团公司受让的"GNC"商标向国家商标局提出三年不使用撤销，商标局裁定撤销该商标。物资集团公司向商评委提出复审，商评委裁定物资集团公司意图使用了涉案商标，对涉案商标予以维持。健康公司不服商评委的决定，向北京市第一中级人民法院提起行政诉讼。北京市一中院采信了商评委的主张，一审维持了其决定。健康公司上诉到北京市高院，北京市高院撤销了北京市一中院的行政判决，撤销商评委关于第1129187号"GNC"商标撤销复审决定书，并要求商评委就"GNC"商标作出予以撤销注册的裁定。该案穷尽了我国商标确权的行政和司法程序，其分歧的焦点在于物资集团公司对涉案商标是否进行了使用。北京市高院作出上述判决的一个主要理由是："物资集团公司在受让涉案商标后，委托他人制作了'GNC宣传单''GNC包装盒''GNC手拎袋'等宣传品。但是，由于印制有'GNC'标

---

① 参见《最高人民法院关于审理商标授权确权行政案件若干问题的规定》第26条第3款。
② 参见《最高人民法院关于审理商标授权确权行政案件若干问题的规定》第26条第2款。

识的包装盒、手拎袋均是在蜂蜜等蜂产品上的使用,并非在涉案商标核定商品非医用营养鱼油商品上的使用,因此不属于商标法意义上的使用。"显然,二审法院认为,注册商标在类似的商品上使用的,不应认为是商标的实际使用。我国《商标法》第56条规定,注册商标的专用权,以核准注册的商标和核定使用的商品为限。按照其文义理解,即商标注册人仅对其注册的商标使用在核定使用的商品上享有专用权。该条并无规定注册商标实际使用在与指定商品类似的商品上的,即可以推定属于在指定商品上的使用。本书同意二审法院判决,根据现行立法规定,商标管理部门和法院不能对商标实际使用的判定作扩大化理解。

2019年4月24日公布的《北京市高级人民法院商标授权确权行政案件审理指南》规定:仅在核定使用范围外的类似商品或者服务上使用诉争商标,当事人主张维持商标注册的,法院不予支持。因为在类似商品上使用诉争商标未起到在同类商品上发挥区分商品、服务来源的作用。但根据该指南的规定,如果"诉争商标在核定商品上构成使用的,可以维持与该商品类似的其他核定商品上的注册。认定前款所指的类似商品,应当严格按照商品的功能、用途、生产部门、消费渠道和消费群体进行判断,一般依据《类似商品和服务区分表》进行认定"。

针对区分表对"类似商品"判断的变化,该指南规定,诉争商标核准注册时,核定的未实际使用商品与已实际使用商品在《类似商品和服务区分表》中不属于类似商品,但因《类似商品和服务区分表》的变化,在案件审理时属于类似商品的,以案件审理时的事实状态为准,可以维持未实际使用商品的注册;诉争商标核准注册时,核定的未实际使用商品与已实际使用商品在《类似商品和服务区分表》中属于类似商品,但因《类似商品和服务区分表》的变化,在案件审理时不属于类似商品的,以核准注册时的事实状态为准,可以维持未实际使用商品的注册。

(五)注册商标在赠品上的使用行为之认定

在赠品上标示的商标是不是注册商标的使用,仍然可以商标使用的定义及其特点来加以判断。也就是说,使用人标示商标的行为在主观上是否以营销商品为目的,在商业交易过程中是否真实使用商标,而且使用商标的结果是否在客观上使相关消费者认知它是使用人所销售商品的商标。只是以赠品作为广告促销工具,不是为促销赠品商品,相关消费者也不会认为它是赠品商品的商标的,就不是赠品商品商标的使用。

（六）注册商标象征性使用行为之认定

上述指南规定，为了维持诉争商标注册进行象征性使用的，当事人主张维持商标注册的，不予支持。司法实践中，如何认定商标的象征性使用？

所谓"商标的象征性使用"，是和"商标的实际使用"相对立的一个概念，具体是指未将商标使用于商品或服务上，未能起到在商业活动中区分商品或服务来源的目的。比如，单纯的广告宣传、许可行为、订立合同的行为以及内部使用的行为，仅仅在商品上附带贴标的行为、生产部门为方便生产在单据上的印标行为，公布商标注册信息或者声明对其注册商标享有专有权等注册商标宣称行为等，均为未能表明商品实际进入流通领域，均不属于实际使用的范畴，属于典型的象征性使用行为，因为这些行为均未能实现商标识别商品或服务来源的功能要求。

商标象征性使用的特点主要表现为：第一，主观上不具有真实使用的意图，通常是以维持注册为主要目的。比如，仅有少量的广告宣传行为、单纯的许可和转让行为，没有生产出产品，也没有向市场中投放商品等。在商标诉讼中，抢注商标或者单纯以注册商标为目的的逐利行为，通常会被法院认定为不具有真实使用商标意图的行为。第二，客观上使用行为属非商业性使用，未能进入商品流通领域，未起到识别商品来源的作用。比如，企业内部使用的行为、仅在商品上贴标的行为，或者虽有销售行为但数量很少，而且在特定主体之间，没有进入市场等。商标的使用须与特定的商品或服务相结合，进入市场后，相关公众才可通过该商标标识识别或区分同类商品。

需要注意的是，如果商标权人因不可抗力、政策性限制、破产清算等客观事由，未能实际使用注册商标或停止使用，或者商标权人有真实使用商标的意图，并且有实际使用的必要准备，但因其他客观事由尚未实际使用注册商标的，均可成为商标象征性使用的抗辩理由。[1]

司法实践中，在"湾仔码头"商标撤销三年不使用诉讼案件中，二审法院对商标象征性使用作了一定阐释。"湾仔码头"是香港的一个地名，同时也是一个速冻食品的品牌，属于通用磨坊食品亚洲有限公司的注册商标。该公司发现成某受让的第1591629号"湾仔码头"商标，在过去三年内并未实际使用，遂提起撤销三年不使用诉讼。2009年，商标局支持了通用磨坊公司的撤销申请；之后，商评委维持了商标局的决定。但一审法院推翻了商标局及商评委的

---

[1] 参见樊慧东：《"湾仔码头"的"沉"与"浮"——浅析商标"撤三"案件中"象征性使用"的证据排除》，https://sohu.com/a/167829524_543493，2021年5月6日访问。

认定，认为成某对商标进行了真实的商业使用。二审北京市高院经审理后认为，根据通用磨坊公司提交的证据，成某注册了 50 余件与他人知名商标相同或近似的商标，难谓出于真实使用之意图。成某与某文化传媒公司签订广告代理合同、广告协议及其用于佐证履行情况的发票、《姑苏晚报》有关湾仔码头小吃部的招商广告，只能证明其制作了一个门头并刊登了一次招商广告，并不能证明门头的使用情况，相关合同及招商广告不能证明涉案商标进行了真实的商业使用。成某与某公司食堂签订的合作合同及其用于佐证履行情况的送货单、相关照片，并无相关发票佐证合同已经履行，送货单仅为内部开具，其真实性不能确定，相关照片未显示时间。成某提交的经公证的商标许可使用合同仅可证明相关合同的真实性，提交的数码喷绘制作合同单仅为内部开具，其真实性不能确定，仅有条幅广告照片，不足以证明涉案商标的真实使用。总之，成某提交的对涉案商标的使用证据多为意在维持涉案商标注册的单次、象征性使用，一审法院认为上述证据可以证明涉案商标在指定期间、在核定服务上进行了真实的商业使用是错误的。二审法院作出判决，认为成某在指定期间未进行真实的商业使用，遂撤销一审法院的判决。[①] 后成某向最高人民法院提起再审申请。最高法于 2015 年 12 月 31 日下发行政裁定书，认定其提交的证据不能佐证复审商标在指定期间进行了实际使用，最终驳回成某的再审请求。[②] 该案对商标的真实使用和象征性使用的认定进行了分析，并裁定象征性使用不能成为"撤三"案件的抗辩理由。

在"LAPONITE RD"商标撤销纠纷案中，诉争商标由网格公司于 2011 年 10 月 19 日提出注册申请，2012 年 12 月 14 日被核准注册使用在苯乙烯树脂漆、防臭涂料、防腐剂、陶瓷涂料、油漆等第 2 类商品上。2016 年 6 月 28 日，戴某针对诉争商标提出撤销申请，主张诉争商标于指定期间内连续三年没有使用应当予以撤销。商标评审程序中，网格公司提交了营业执照、产品资料制作合同及图纸样稿及相关发票、网格公司与上海攀登化工科技有限公司签订的购销合同及发票（其中发票显示有诉争商标，开票日期为 2015 年 9 月 8 日）、快递单、产品资料册等证据。戴某提交了攀登公司信用信息查询页，显示网格公司法定代表人许某敏系攀登公司的法定代表人及股东，同时担任攀登公司的总经理及执行董事职务。经审查，商评委决定对诉争商标在防腐剂商品上的注册予以撤销，在复审商品上的注册予以维持。戴某不服，随后向北京知识产权法院提起行政诉讼。法院经审理认为，网格公司提交的购销合同及发票

[①] 参见北京市高级人民法院（2014）高行终字第 1934 号。
[②] 参见最高人民法院（2015）知行字第 181 号。

具有对应关系，且明确显示了诉争商标，可以证明网格公司于指定期间内在保温防霉抗藻漆商品上实际使用了诉争商标，故诉争商标在油漆商品上的注册应当予以维持。同时，油漆与复审商品同属一个类似群组，属于相同或类似商品，故诉争商标在复审商品上的注册亦应当予以维持。据此，法院作出驳回戴某诉讼请求的一审判决。戴某向北京市高级人民法院提起上诉。北京市高级人民法院经审理认为，网格公司提交的其在指定期间内的销售证据仅为一份与攀登公司签订的购销合同及发票。考虑到许某敏同时为网格公司及攀登公司的法定代表人及股东并担任执行董事职务这一因素，在缺乏其他有效销售证据佐证的情况下，仅凭产品资料册及制作合同、发票等证据，不能证明使用诉争商标的商品已实际进入市场流通领域，前述孤立的销售行为应被认定为象征性使用。因此，在案证据不足以证明网格公司在指定期间内将诉争商标在核定商品上进行了真实、合法、有效的商业使用。综上，二审法院撤销一审判决及商评委所作决定，并判令国家知识产权局重新作出决定。

结合"LAPONITE RD"商标撤销纠纷案，可以看到，法院判断商标使用是否属于象征性使用一般考虑两个因素：第一，商品或者服务销售的数量；第二，商品或者服务的提供方和购买方之间是否有特殊关系。如果销售数量较少，提供方与购买方之间又有特殊关系，则认定象征性使用的可能性是非常大的。该案中，网格公司提供的使用证据非常少，而且涉案购销合同签订方的法定代表人为同一人，通过这种孤立的销售行为难以认定诉争商标已经进入市场并在相关公众中产生了识别商品来源的作用，属于典型的商标象征性使用。[1]

（七）单纯出口行为商标使用之认定

对于将在中国生产标注有注册商标的商品出口至其他国家，是否属于商标法意义上的使用行为，一直存在较大争议。本书在此分为两种情形：国内企业定牌加工出口行为和涉外定牌加工出口行为。下面分别予以分析。

1. 国内企业定牌加工出口行为

针对国内企业定牌加工出口行为是否属于商标使用行为，北京市高级人民法院在"HANA"商标撤销纠纷案中作出了明确回应。该案诉争商标由得利公司于2006年5月24日提交注册申请，2009年7月28日被核准注册使用在第16类的纸、复印纸（文具）、便条本、信封（文具）、纸张（文具）、文具、

---

[1] 参见王国浩：《如何判断象征性商标使用行为？》，载《中国知识产权报》2019年7月26日。

铅笔、文具或家用胶条、铅笔刀（以下称"涉案商品"）及卫生纸商品上。2012 年德国 HAMA 股份有限公司以诉争商标于 2009 年 8 月 2 日至 2012 年 8 月 1 日期间内在核定商品上连续三年停止使用为由，针对诉争商标向国家工商行政管理总局商标局提出撤销申请。在商标评审阶段，得利公司提交了其生产商泰源公司等出具的购销合同、发票、装箱单复印件及航运公司出具的提货单等证据，用以证明其于指定期间内将诉争商标在核定商品上进行了真实、公开、合法的使用。2013 年商标局作出决定，认为得利公司提供的商标使用证据无效，HAMA 公司申请撤销诉争商标的理由成立，对诉争商标予以撤销。得利公司于 2014 年向国家工商行政管理总局商标评审委员会提出复审申请。2015 年商评委作出复审决定，认为得利公司提交的证据可以证明其于指定期间内在中国生产的涉案商品上使用了诉争商标，属于中国商标法意义上的使用，但不足以证明其于指定期间内在核定的卫生纸商品上对诉争商标进行了商标法意义上的使用。据此，商评委决定对诉争商标在涉案商品上予以维持，在卫生纸商品上予以撤销。

　　HAMA 公司不服商评委作出的复审决定，随后向北京知识产权法院提起行政诉讼，法院一审判决驳回了其诉讼请求，HAMA 公司继而向北京市高级人民法院提起上诉，主张得利公司提交的证据虽然可以证明其委托中国生产商加工带有诉争商标的涉案商品并出口的事实，但定牌加工不应被视为商标在中国的使用，诉争商标应予撤销。北京市高级人民法院经审理认为，得利公司提交的证据能够形成完整的证据链以证明其通过泰源公司等于指定期间内生产标有诉争商标的涉案商品，并将涉案商品出口至新加坡等国家，这种商品生产、出口行为与涉外定牌加工模式并不相同，而是属于对诉争商标的积极使用行为，诉争商标发挥了区分商品来源的作用，该行为可以认定为维持商标注册的有效使用行为。因此，在案证据能够证明诉争商标于指定期间内在涉案商品上进行了真实、公开、有效的使用，诉争商标在涉案商品上的注册应予维持。综上，北京市高级人民法院认为 HAMA 公司的上诉理由不能成立，据此判决驳回上诉，维持一审判决。[①]

　　本案为国内企业定牌加工出口行为，该案中，得利公司的商业行为与中国生产商接受境外委托生产、出口委托方品牌商品的定牌模式相比有一定区别。首先，得利公司出口的商品中使用的是在中国注册的商标，并非销售地国家或

---

① 参见北京市高级人民法院（2019）京行终 4766 号。

地区核准注册的商标；其次，得利公司委托其他公司生产涉案商品后以该公司的名义出口，说明得利公司在中国已经对货物进行了交接，附带诉争商标的涉案商品已经发生了权利的转移，已经在中国市场中有了交易。在判断是否属于商标性使用时，关键在于权利人是否将商标投入中国市场、是否用于区分商品来源，二者缺一不可。如果只具有形式要件，但没有起到区分商品来源的作用，则不属于商标性使用。国内生产并出口的商业模式应该与涉外定牌加工的商业模式区别开来，不一定用于出口就不属于商标性使用，需要具体案件具体分析。① 2019年发布的《北京市高级人民法院商标授权确权行政案件审理指南》第19.16条规定："使用诉争商标的商品未在中国境内流通且直接出口的，诉争商标注册人主张维持注册的，可以予以支持。"

2. 涉外定牌加工出口行为

实践中，对于涉外贴牌加工行为是否构成商标法意义上的使用存在不同观点。一种观点认为，涉外贴牌加工的产品仅供出口，中国的企业只是进行生产，商品使用的是销售所在地国家或地区的商标，生产完毕之后不会在中国市场销售，而是直接运送至销售地国家或地区，相关商品没有进入中国市场，不能发挥识别商品来源的功能，因而不能视作商标法意义上的使用。另一种观点则认为，贴牌加工符合《商标法》有关"商标用于商品、商品包装或者容器以及商品交易文书上"的规定，贴牌加工的生产和运输过程中涉及的经营者也应属于贴牌加工产品的相关公众，贴牌加工的商品已经进入了流通领域。

在"MIRRO"商标权申请撤销纠纷案中，商评委认为，虽然申请人提交的证据表明申请人在涉案期间未在中国实际销售标有复审商标的商品，但以定牌加工的方式在中国进行了煎锅、喷漆煎锅、平底锅商品的生产活动，应属于对复审商标的有效使用。该案案情为：2012年10月11日，七·七株式会社以连续三年不使用为由对赛博股份有限公司的第684783号"MIRRO"商标提出撤销申请。赛博公司在"撤三"答辩中提交了被申请商标通过贴牌加工的形式在中国进行使用的相关证据。商标局审理后认定赛博公司提供的使用证据无效，决定撤销被申请商标的注册。赛博公司不服，向商评委提出复审申请，指出商标的贴牌加工使用应被认定为商标法意义上的使用。赛博公司在复审阶段提交了复审商标产品从下单到收货、付款的五次完整的贴牌加工作业过程中产生的所有文件，并积极进行了证据交换。2015年1月19日，商评委作出

---

① 参见王国浩：《仅在出口商品上使用，算不算商标性使用？》，载《中国知识产权报》2020年7月3日。

〔2015〕第0000005798号商标撤销复审决定书，指出："商标的使用是指商标的商业使用，包括将商标用于商品、商品包装或者容器以及商品交易文书上，或者将商标用于广告宣传、展览以及其他商业活动中。……修改前《商标法》关于连续三年停止使用的商标予以撤销的立法本意是引导、鼓励商标所有人真实、积极使用商标，充分发挥商标功能，避免商标资源的闲置浪费。虽然贴牌加工的成品并未实际进入中国市场流通领域，但是如果否认贴牌加工为商标法意义上的使用行为，必将限制贴牌加工行业的发展，且有悖于拓展对外贸易的政策。本案中，虽然申请人提交的证据表明申请人在涉案期间未在中国实际销售标有复审商标的商品，但以贴牌加工的方式在中国进行了煎锅、喷漆煎锅、平底锅商品的生产活动，应属于对复审商标有效使用。"因此，商评委最终裁定维持复审商标的注册。本案中，赛博公司提交了充分的证据证明其注册商标真实使用，使其商标注册得以维持。可见，贴牌加工中对商标的使用并未被排斥在商标法意义上的"商标使用"之外。只要贴牌加工中的商标使用证据完整充足，也会获得支持。

综上，在判断是否属于商标性使用时，关键在于权利人是否将商标投入中国市场、是否用于区分商品来源，二者缺一不可。如果只具有形式要件，但没有起到区分商品来源的作用，则不属于商标性使用。国内生产并出口的商业模式应该与涉外定牌加工的商业模式区别开来，不一定用于出口就不属于商标性使用，需要具体案件具体分析。本书认为，定牌加工中的商标使用的界定需要厘清几个问题。第一，分清定牌加工行为委托方的商标权所在的国别。根据行业惯例，定牌加工行为既有国内企业委托的定牌加工，也有国外企业委托国内企业的定牌加工，两种行为性质有所不同，对商标使用的界定也会不同。国内商标权人委托国内企业定牌加工，签订合同，不论产品是在国内销售还是出口，都属于商标使用行为，因为该行为属于对外公开的商业行为，产品进入流通领域，商标起到识别来源的作用。商标权人依此主张商标使用维持其注册商标效力，应该是无异议的。而国外商标权人委托国内企业定牌加工，即OEM（贴牌加工）行为中，国内企业贴标之后的产品全部交付给国外委托方，直接运送至销售地国家或地区，相关商品没有进入中国市场，未在中国境内产生商品来源混淆可能性，因此，一般不认为这种贴牌加工行为属于商标使用，也不会给国内商标权人造成损害和市场份额的减少；况且，如果发生侵权，苛责的是境内的贴牌加工方。因商标权地域性要求，在国外注册的商标权人，也无须通过这种方式证明其为商标使用以维持该商标注册效力。第二，分清"撤销"

和"商标侵权"不同语境下的商标使用的立法目的和价值取向。"撤销"的立法本意是避免商标资源的闲置浪费，引导和鼓励商标所有人积极使用商标，在没有充分证据的情况下，注册商标一般不会轻易被撤销。所以，在 2013 年《商标法》第 49 条第 2 款增加了有正当理由连续三年不使用不被撤销的规定。如果"商标权人有真实使用商标的意图，并且有实际使用的必要准备，但因其他客观原因尚未实际使用注册商标的，人民法院可以认定其有正当理由。"[1] 可见，立法和司法实践对商标撤销阶段中的商标使用要求的标准相对较低，只要举证说明对注册商标进行了使用，或者有真实使用商标的意图并且有实际使用的必要准备，即使没有实际使用，也可维持注册商标的有效性。而"商标侵权"语境下的商标使用应当是实际真实的使用，才会达到引起相关公众混淆可能性的后果，从而构成商标侵权。第三，廓清认识上的误区。不是所有的涉外定牌加工行为都构成商标侵权，要根据个案具体分析；商标使用也不是认定侵权的唯一要素，需要根据商标侵权认定标准和考虑因素综合认定；认定侵权与否的实质要件是看商标使用是否起到区分商品或服务来源的功能，是否造成相关公众产生混淆可能性的后果。

（八）违法使用之认定

商标使用行为明确违反商标法或者其他法律禁止性规定的，可以认定不构成商标使用。比如，违反诚实信用原则，实施欺骗行为取得商标注册行为；违反社会风俗，以赌博方式的使用等行为。

综上所述，衡量是否为商标法意义上的使用，关键要看是否符合上述商标使用的四个特点，即在商业活动中使用、连续使用、真实善意的使用、以区分商品或服务来源为目的的使用，符合以上特点的才可以认为是商标法意义上的使用。

三、商标意图使用

（一）商标意图使用及构成要件

商标意图使用，来自英文"intend to use"，是指商标在提交申请的时候还没有真正实际使用，但申请人有打算使用商标的真实意图。

在一些使用产生商标权的国家里有商标意图使用的相关规定。比如，美国 1988 年修订的商标法规定：法律允许申请人实际商业化使用商标之前就开始

---

[1] 《最高人民法院关于审理商标授权确权行政案件若干问题的规定》第 26 条第 4 款。

商标的申请程序，只要该申请人具有在日后对商标进行商业化使用的善意目的。美国的商标意图使用规则的诞生是为了克服实际使用确权而衍生出的一种不良现象——象征性使用（token use）。为了解决此问题，美国《兰哈姆法》修正案中提出了两个方面的要求：其一是增强商标申请人的使用义务，必须超过象征性使用的限度并达到商标法意义上的善意使用；其二是放宽了申请条件的限制，即不需要商标申请人在申请之时已有实际使用的现实发生，而只需要提供证据证明其在日后对该商标具有真诚使用的意图即可。但该修正案也并不允许使用意图申请者能够一劳永逸，其必须在合理时期内完成以下步骤中的一项：第一是提供该商标已经实际使用的充分证据，第二是将使用意图的申请变更为实际使用的申请。总而言之，无论选择哪一步骤，商标申请人欲取得注册仍然有赖于对商标真诚的实际使用。[①] 考虑到商标意图使用的价值，在实行注册确权的国家，如英国、意大利、日本、韩国等也开始采用商标意图使用规则。[②]

分析上述国家立法对商标意图使用的规定，可以看到，该规则的构成要件有三：第一，意图使用的申请人主观真诚和善意，而非出于阻碍其他在先使用人的权益等不正当目的；第二，意图使用者要提交客观证据。申请人需要提供其未来会使用该注册商标可能性的相关书面文件，以证明申请人具有使用的意图以及未来使用该商标的可能性；第三，如果意图使用的商标通过审查后，从下发核准注册通知书起一定期限（美国是三年）内必须提交商标在该国实际使用的声明，否则商标会被撤销。

（二）我国商标法有关商标意图使用的规定及实践

我国商标法采用注册取得商标权原则，商标注册本身与商标实际使用并无必然关系。尽管如此，本书认为，我国商标法的立法宗旨、原则及商标注册制度中蕴含了商标注册应具备真诚使用意图的合理性和正当性。

《商标法》第 4 条规定，生产经营的商品或者服务上使用的商标需要取得商标专用权的，应当向商标局申请商标注册。分析该条款可以得出两层含义：其一，本条是对商标申请人合法有效主体资格的规定，如自然人在提出商标注册申请时，应提交其从事生产经营活动或服务的主体资格证明，未提交个体工商户营业执照等资格证明的，不予受理。其二，该条款实际上也蕴含了商标注

---

① 参见李想：《商标使用意图制度之新塑》，载《北京化工大学学报（社会科学版）》2020 年第 1 期。
② 参见《英国商标法》第 32 条第 3 款：申请人提交注册申请的同时，应当书面声明商标已被使用在指定的商品或者服务上，或者具有真诚的使用意图。亦可参见《意大利商标法》第 22 条第 1 款、《日本商标法》第 3 条第 1 款、《韩国商标法》第 3 条。

册申请应以满足自身的商标使用需要为目的,对申请行为的合理性或正当性提出了要求,申请人不能囤积商标资源。而且,合法有效的主体资格和为生产经营的需要两者相辅相成,在商标注册申请人提交相应合法有效主体资格证明的情况下,一般可推定其具有真诚使用意图;相反,商标注册申请主体资格丧失,又未办理主体变更手续的,不仅不具备主体资格要件,也表明商标注册申请欠缺商标真诚使用意图。①

《最高人民法院关于审理商标授权确权行政案件若干问题的规定》第 26 条第 4 款指出:"商标权人有真实使用商标的意图,并且有实际使用的必要准备,但因其他客观原因尚未实际使用注册商标的,人民法院可以认定其有正当理由。"可见,意图使用规则在我国司法实践中已经确立。

1. 商标意图使用可作为阻却"撤三"的正当理由

注册商标没有正当理由连续三年不使用的,任何单位或者个人可以向商标局申请撤销该注册商标。② 可见,正当理由也可成为"撤三"案件的抗辩事由。正当理由通常包括不可抗力、政府政策性限制、破产清算,以及其他不可归责于商标注册人的正当事由。③《最高人民法院关于审理商标授权确权行政案件若干问题的规定》又补充了一种意图使用规则。换言之,只要满足了主观上"真实使用商标的意图",并且客观上"有实际使用的必要准备"这两个条件,即可视为正当理由,不能撤销该注册商标。实践中,对此如何认定?下面分析几个案例。

诉争商标"兰博基尼"在中国获得领土延伸保护的专用期自 2008 年 8 月 5 日至 2018 年 8 月 5 日,核定使用在第 12 类的汽车及其零部件商品上。2016 年 11 月 18 日,芜湖澳彩公司以指定期间内连续三年不使用为由,向商标局提出撤销诉争商标的申请。商标局认为兰博基尼公司提交的指定期间内的商标使用证据有效,决定对诉争商标不予撤销。芜湖澳彩公司不服商标局所作决定,于 2017 年 8 月 28 日向商标评审委员会申请复审。商评委认为,兰博基尼公司提交的检索报告中虽然显示了诉争商标,但仅为报刊上相关报道中他人对"URUS"车的预期,并非兰博基尼公司针对该款车的市场推广进行的广告宣

---

① 如北京市高级人民法院认为,诉争商标的申请注册人亨氏教育公司于 2012 年 5 月 3 日被注销,其主体资格已经丧失,且在案证据亦不能证明亨氏教育公司在注销前办理了诉争商标申请人变更手续,故诉争商标在丧失了申请主体的情况下不应被核准注册。参见北京市高级人民法院(2016)京行终 4865 号、北京市高级人民法院(2016)京行终 5488 号等。

② 参见《商标法》第 49 条第 2 款。

③ 参见《商标法实施条例》第 67 条。

传，不能视为对诉争商标的商业使用，网络宣传报道截图也均不在指定期间内，在案证据无法形成证据链证明诉争商标于指定期间内在核定商品上进行了真实有效的商业使用。兰博基尼公司主张其未使用诉争商标是产品本身开发周期的客观规律等客观原因所造成，但并未提交证据证明其于指定期间为满足市场销售条件进行了相应的测试、检验及为符合相关政策规定申报相关审批文件等实际使用诉争商标的必要准备。综上，商评委于 2018 年 4 月 9 日作出对诉争商标予以撤销的复审决定。兰博基尼公司不服商评委作出的复审决定，向北京知识产权法院提起行政诉讼，并补充提交了国家图书馆检索报告文献，用以证明诉争商标已经投入真实的实际使用，而且汽车整车开发时间至少需要 43 个月的行业规律。

庭审中，兰博基尼公司自认诉争商标在指定期间内未实际进行商业使用，2018 年 1 月 6 日标有诉争商标的实车在北京完成了中国市场的首发，诉争商标自此在中国市场开始进行商业使用。北京知识产权法院经审理后认为，兰博基尼公司的主张具有一定的合理性和证明力，在指定期间内虽没有将使用诉争商标的商品投入市场，但确有证据能够证明其具有真实使用诉争商标的意图，并进行了必要准备，特别是诉争商标核定使用的车辆商品已在中国市场销售，指定期间之后的连续使用行为也可以用来佐证其具有真实使用意图，诉争商标在指定期间内的真正状态不符合连续三年不使用应予撤销的情形。据此一审判决撤销商评委所作复审决定，判令国家知识产权局重新作出决定。国家知识产权局不服一审判决，向北京市高级人民法院提起上诉。二审法院判决驳回上诉，维持一审判决。①

上述案情一波三折，在商标撤销初审阶段商标局维持了争议商标，但在复审阶段，因为兰博基尼公司未提交真实使用诉争商标的意图且进行了必要准备的相关证据，也未提交汽车产品开发周期长的相关证据，导致其争议商标被撤销。但在行政诉讼阶段，法院一审和二审均认定兰博基尼公司提交的相关证据可以认定其具有使用诉争商标的真实意图，并在持续为使用诉争商标进行准备，具有不使用的正当理由，因此，判令国家知识产权局重新作出决定。

2. 商标意图使用对抗"撤三"的条件

从上述裁判可以看到，商标意图使用成为"撤三"的正当理由需要满足的条件有：第一，主观上要有使用诉争商标的真实意图并举证说明，比如对该商标的宣传报道、网站使用等；第二，客观上存在持续为使用诉争商标进行准备

---

① 参见王晶：《产品开发周期长能否作为商标未使用的正当理由？》，载《中国知识产权报》2020 年 9 月 4 日。

的行为，比如在产品上贴附商标、与他人合作协议中有产品商标的声明等。结合本案，兰博基尼公司主张其未使用诉争商标是由于汽车产品本身开发周期长等客观原因造成的，但是，开发周期长并不能当然成为阻却注册商标连续三年不使用被撤销的正当理由。此时，如果商标权人能够提供证明其在产品开发期间内，具有真实使用该商标的意图且有实际使用的必要准备的相关证据，如在产品开发的模型或样品中贴附有诉争商标、在与第三方合作或市场拓展中明确提及待上市产品的商标并持续推进产品的研发与上市等工作，而且在标注诉争商标的汽车商品上市后持续使用了诉争商标，这些证据均可以佐证其具有真实使用商标的意图。只有当上述两个条件同时具备且相互印证时，才可以成为阻却"撤三"的正当理由。

在复审商标"ESAL及图""撤三"案件中，广州娇洋贸易公司于2007年12月29日申请注册了复审商标，核定使用在第28类射箭用器等商品上。经核准，该商标于2011年8月23日转让至林某名下，又于2016年12月13日转让至祥赫公司名下。商标专用期限至2022年10月6日，现注册人为上海某公司。2016年1月27日，李某以无正当理由连续三年不使用为由，向国家工商行政管理总局商标局申请撤销复审商标在全部核定商品上的注册。商标局经审理认为，复审商标在射箭用器等全部核定商品上未使用具有正当理由，决定驳回李某的撤销申请，复审商标不予撤销。李某不服该决定，于2016年10月31日向国家工商行政管理总局商标评审委员会提出复审申请。2017年9月27日，商评委作出决定，认为基于火灾这一不可抗力，林某具有不使用复审商标的正当事由。结合林某将复审商标进行转让的行为，也体现了其对复审商标的商标权进行积极处分的使用意图。据此，决定复审商标的注册予以维持。[①] 李某不服被诉决定，向北京知识产权法院提起行政诉讼，法院维持商评委裁定，北京市高院维持一审判决。[②]

本案中，商评委和两级法院均认为，在案证据能够证明复审商标在指定期间内停止使用具有正当理由。第一，复审商标在指定期间内的注册人系自然人而非企业，涉案火灾致使林某亲人丧生、公司财物烧毁，不论从物质层面还是精神层面均给其造成了巨大损失。因此，林某在指定期间内未能将复审商标投入商业使用亦符合情理。原审判决及被诉决定认定林某在指定期间内未使用复审商标具有正当理由的结论并无不当。第二，在案证据显示，林某在自身无法使用复审商标的情况下，将复审商标转让给上海某公司，体现了激活商标资

---

① 参见商评字〔2017〕第121544号。
② 参见北京市高级人民法院（2019）京行终57号。

源，清理闲置商标，强化商标使用功能的目的，符合商标设立"撤三"制度的立法本意。故此，李某的相关上诉主张不能成立。

3. 不具有意图使用被撤销

上述案件分析了具有正当理由可以对抗"撤三"的情形，现实中不构成正当使用导致商标被撤销的事由有哪些呢？下面结合一起案例进行分析。

诉争商标"百利机电"由天津百利机电公司于2009年6月15日向国家工商行政管理总局商标局提出注册申请，于2010年在第35类的广告、商业专业咨询、进出口代理、职业介绍所等服务上获准注册。2017年6月13日，经商标局核准诉争商标转让至天津百利机械公司。天津百利机械公司成立于2014年4月30日，由天津百利机电公司和天津汽车公司合并，同时注销天津百利机电公司和天津汽车公司。

2016年5月30日，广东百利公司针对诉争商标向商标局提出连续三年停止使用撤销申请。2017年2月21日，商标局作出决定，认为天津百利机电公司对诉争商标在广告等全部核定使用服务上不使用的正当理由成立，诉争商标不予撤销，驳回广东百利公司的撤销申请。[①] 广东百利公司不服商标局决定，于2017年3月23日向国家工商行政管理总局商标评审委员会申请复审。2017年11月15日，商评委作出决定，认为天津百利机械公司作为天津百利机电公司的权利义务承继人，负有使用其名下注册商标的义务，天津百利机电公司注销的事实并没有阻碍天津百利机械公司继续使用诉争商标。故天津百利机械公司提交的在案证据不能证明其在指定期间不使用诉争商标具有正当理由。商评委决定：诉争商标予以撤销。[②]

天津百利机械公司向北京知识产权法院起诉。北京知识产权法院认为，在案证据能够证明商标使用的数量较少。证据之一——2013年12月3日《中国工业报》刊登的广告"人与工具的创新"仅能证明天津百利机电公司在指定期间为其自身的经营活动进行了广告宣传，但并非向他人提供广告等服务；其他证据均为自制证据，证明力很弱，且均未体现复审服务，故天津百利机械公司提交的在案证据不足以证明在指定期间在复审服务上对诉争商标进行了公开、真实、合法的商业性使用。故判决：驳回天津百利机械公司的诉讼请求。二审北京市高级人民法院驳回上诉，维持原判，认为诉争商标应当予以撤销，商评委和原审法院对此认定正确。[③]

---

① 参见商标撤三字〔2017〕第Y001434号。
② 参见商评字〔2017〕第140282号。
③ 参见北京市高级人民法院（2019）京行终772号。

本案中，天津百利机械公司主张诉争商标的原权利人天津百利机电公司于2014年4月29日注销，诉争商标于2017年6月13日核准转让给天津百利机械公司，天津百利机械公司在指定期间因不享有诉争商标专用权而无法使用诉争商标，属于《商标法实施条例》第67条所规定的"其他不可归责于商标注册人的正当事由"。本书认为，判断商标权人连续三年停止使用诉争商标是否有正当理由，可以根据其是否因不可抗力、政策性限制、破产清算等不可归责于商标权人的客观事由而未能实际使用注册商标或者停止使用，或虽然有真实使用商标的意图，并且有实际使用的必要准备，但因其他客观事由尚未实际使用注册商标等情形予以认定。结合本案，根据法院查明的事实，在指定期间内，诉争商标的原权利人天津百利机电公司于2014年4月29日被注销。2014年4月30日，天津百利机械公司成立。诉争商标由天津百利机电公司转让至天津百利机械公司，由于商标局核准商标转让需要一定的时间，故在天津百利机电公司被注销之后直至2016年5月29日，诉争商标还未被核准转让至天津百利机械公司名下。法院认为，诉争商标转让程序未完成，并不能成为天津百利机械公司未使用诉争商标的正当理由，在案证据显示：2013年12月31日天津市国有资产监督管理委员会的文件中已经明确天津百利机械公司承继天津百利机电公司的资产和负债。天津百利机电公司注销的次日天津百利机械公司即成立。同时，根据《中华人民共和国民法通则》(以下简称《民法通则》)第44条第2款的规定，企业法人分立、合并，它的权利和义务由变更后的法人享有和承担。天津百利机械公司作为新设合并成立的主体，合并各方的权利义务由其承担。故此，本书同意法院的认定，即天津百利机械公司具有使用诉争商标的合法基础，即使诉争商标还未核准转让至其名下，也并不妨碍其将诉争商标予以使用，且天津百利机械公司作为诉争商标的受让人，更应积极使用诉争商标从而使得诉争商标避免因连续三年不使用而被撤销。根据《商标法实施条例》第66条第2款的规定，注册商标的使用，不仅限于商标注册人对注册商标的使用，还包括商标注册人许可他人对注册商标的使用，但天津百利机械公司并未通过其他方式积极发挥诉争商标的商标功能。基于上述分析，天津百利机电公司以及天津百利机械公司均不存在不使用诉争商标的正当理由。

四、完善商标使用的立法建议

毋庸置疑，商标的生命在于使用，通过使用，商标的识别功能才能实现。尽管2013年《商标法》第三次修改后引入了商标使用的概念和规则，但立法仍有完善的必要。

(一)进一步提高商标使用的法律地位

商标使用是商标法的核心,应贯穿于商标法的始终。而我国现行《商标法》仅将商标使用置于第六章"商标使用的管理"进行界定,显然无法统领整部商标法。为此,本书建议应对目前的立法体例作出调整,在商标法总则部分对商标使用加以规定,增加商标使用对商标注册、许可、转让、管理及保护等商标法律制度体系的统领性和普适性,进一步彰显商标使用在商标法中的重要地位。

域外立法中,比如日本、韩国均将商标使用置于各自商标法的总则部分,[①]以凸显其重要价值,并引领商标法分则中涉及的商标注册、续展、转让、撤销、无效宣告、侵权认定、救济和抗辩等过程。我国台湾地区有关商标的规定或条例中也有同样规定。[②]另外,从立法逻辑上分析,我国《商标法》总则中在没有对商标使用进行界定的情况下已经使用了"商标使用"的概念,直到第六章"商标使用的管理"中才对商标使用进行界定,这种先使用后界定的立法安排,也不符合逻辑。所以,从商标使用对商标功能的发挥、在商标法中的重要地位以及商标法律规范的逻辑关系来看,应当在《商标法》总则中对商标使用进行界定,以进一步提升商标使用的法律地位。

(二)完善商标使用的定义和方式

虽然现行立法基本说明了商标使用的内涵、目的和主要方式,但本书认为,可将商标使用的定义和使用方式分开加以表述,逻辑上会更加清晰和条理化;对商标使用方式采用列举式表述,也便于进行客观判断,目前对商标使用的表述方式是将使用的定义和方式糅杂一起,不太科学。[③]在商标使用的方式中,为适应快速发展的互联网技术,可借鉴我国台湾地区商标相关规定,[④]增加"在互联网、通信网络等电子媒体或者其他媒介上"使用的方式。另外,在商标使用概念的表述上,要突出商标使用的本质属性即识别功能的发挥,排除现实生活中存在的象征性使用行为,如单独的广告行为、少量销售商品行为

---

① 参见《日本商标法》第一章总则部分第2条第3款和第4款、《韩国商标法》第一章总则部分第2条。
② 参见我国台湾地区"商标法"第一章总则部分第5条。
③ 参见王莲峰:《论我国商标法使用条款之完善——以iPad商标纠纷案为视角》,载《知识产权》2012年第4期。
④ 我国台湾地区"商标法"第6条规定:本法所称商标之使用,指为行销之目的,将商标用于商品、服务或其有关之物件,或利用平面图像、数位影音、电子媒体或其他媒介物足以使相关消费者认识其为商标。

等，因为这些使用方式并不能构成商标法意义上的使用。本书建议将现行《商标法》第 48 条进一步完善，修改如下：

"本法所称商标的使用，是指以该商标得以区分商品或服务来源，在商业活动中公开、真实、善意地使用。下列为商标的使用方式：（一）使用在商品、商品包装或容器上；（二）使用在服务或者与服务有关的物品上；（三）使用在商品或服务交易文书上；（四）使用于广告宣传和展览；（五）使用在互联网、通信网络等电子媒体或者其他媒介上；（六）使用在其他商业活动中。"

（三）商标使用规则的立法体系化

鉴于现阶段存在大量恶意注册和囤积注册商标的现象，有必要对现行商标法中的使用规则进行反思。建议进一步强化注册商标使用义务，通过制度设计实现对商标使用的立法体系化，并贯穿商标法的整个过程。在商标使用具体制度的构建和完善方面，提出以下建议：

第一，在商标法总则中，规定商标使用的概念，提升商标使用的法律地位；进一步明确商标使用的目的和使用的方式。

第二，在申请注册阶段，引入商标意图使用规则；审查员可根据需要，要求申请人提交意图使用商标的证明材料，在源头上制止恶意抢注和囤积商标行为。

第三，增强注册商标异议和无效程序中的使用义务。为了使在先不使用的注册商标无法阻碍他人的在后注册，推动商标资源更为有效地配置和利用，建议我国参考欧盟、英、德等 WTO 成员方的做法，在注册商标异议程序中对在先注册商标权人设定使用要求，不满足使用条件的，则驳回其异议申请。具体立法建议为：

"如果在先商标在他人申请注册的商标初审公告之日前已注册满三年，在先注册商标权人对他人商标注册提出异议，应被异议人的要求，在先注册商标权人应当举证证明其在被异议商标注册初审公告前三年内已将注册商标在注册核定的商品或服务上投入了使用，或证明有不使用的正当理由。如缺乏此种证明，则其提出的异议应被驳回。如果在先注册商标仅在注册核定的部分商品或服务上使用的，则为了异议审查的目的，其将被视为仅在该部分商品或服务上注册。"

建议在宣告无效程序中对在先注册商标权人设定使用要求，防止其权利滥用，对无法提供使用证明的，其宣告无效的申请应被驳回。具体立法建议为：

"如果在先注册商标权人对他人的注册商标提出宣告无效申请，而该在先注册商标在提出无效申请前已注册满五年，应被申请人的要求，在先注册商标权人应当举证其在提出宣告无效申请日前五年内已将注册商标在注册核定的商品或服务上投入了使用，或证明有不使用的正当理由。如缺乏此种证明，则其提出的无效申请应被驳回。如果在先注册商标仅在注册核定的部分商品或服务上使用的，则为了无效审查的目的，其将被视为仅在该部分商品或服务上注册。"

上述商标使用要求的适用都以被申请人的请求为前提，而不是由审理机关主动提出，这既是对注册商标权人享有的商标权的尊重，反映了公权对私权介入的克制，也体现了使用要求制度中不同利益的平衡。

第四，增强注册商标续展中的使用义务。为清理闲置不用的商标，激活并充分利用有限的商标资源，我国商标法可考虑借鉴美国的商标使用宣誓书制度，在申请人提交续展申请时，一并提交商标使用的证明文件。具体立法建议如下：

"注册商标有效期满，需要继续使用的，商标注册人应当在期满前十二个月内按照规定办理续展手续；在此期间未能办理的，可以给予六个月的宽展期。每次续展注册的有效期为十年，自该商标上一届有效期满次日起计算。期满未办理续展手续的，注销其注册商标。申请人应当提交续展申请日前三年内实际使用该注册商标的证据。商标局应当对续展注册的商标予以公告。"

第五，增强注册商标撤销制度中的使用义务。在注册商标不使用撤销制度上，我国2013年修改后的《商标法》的规定比较成熟，但还有两个方面的问题需要立法更加明晰。其一，鉴于"正当理由"对商标权人权利的维持以及保障其他人合理诉求判断的重要性，应在商标法中明确规定注册商标不使用的正当理由并对其作出具体阐释，提高法律效力，以解决司法和执法操作上的困惑及不确定性。

建议在《商标法》第49条增加一款，作为第3款，规定注册商标三年不使用的正当理由。可采取概括＋列举式，将不使用的正当理由具体条文表述为：

"不可归责于注册商标权人且构成商标使用障碍的情形，应被视为注册商标不使用的正当理由，如不可抗力、政府政策性限制、破产清算、其他不可归责于商标注册人的正当事由。"

其二，对突击使用商标问题，建议参照欧盟、英、德等WTO成员方的商标立法规定，修改建议为：

"当注册商标在撤销申请提出之日前的三个月内被商标所有人或其同意的第三人使用，且申请人能够证明该注册商标的使用是在使用人意识到撤销申请即将被提起的情况下进行的，则该种使用不能使注册商标的撤销得以豁免。"

第六，增强注册商标侵权诉讼中的使用义务。在权利行使的使用要求上，我国商标法经历了从无到有的转变。从原来对注册商标权利救济不设任何使用要求，到 2013 年《商标法》规定在商标侵权诉讼中赔偿责任的承担要以注册商标权人满足使用要求为前提，这是一个可喜的进步。然而，对于其他责任方式的承担，商标法未设定使用要求。这意味着三年不使用的注册商标权人仍可以请求发布诉前禁令以及向实际使用人主张停止侵权、排除妨碍等民事责任的承担，如果说对于不使用的时间少于三年的注册商标，判令他人停止侵权是为了给其权利人预留今后使用空间的话，那么对于已经连续三年不使用本应被撤销的注册商标来说，这种预留使用空间的做法是不合适也是没有必要的。建议参照德国的立法规定，在我国注册商标权的保护中增设如下条款：

"注册商标专用权人请求侵权救济，被控侵权人以注册商标权人不使用注册商标提出抗辩的，人民法院应要求注册商标权人提供此前三年内实际使用该注册商标的证据。注册商标权人不能提供此类证据的，则被控侵权人不承担民事侵权责任。"

第四节　商标法中诚实信用原则及其适用

我国实行的是注册确权的制度，但因该制度源于注册授权，与商标的识别功能是在商业使用中产生和不断强化的原理不相符合，因而存在固有的缺陷，致使商标抢注、恶意异议、恶意撤销等不正当行为应运而生。对此，大部分实行注册确权的国家通过修法强化对商标的使用要求，以克服注册取得制的缺陷，谋求确权程序中利益分配的平衡。在这里，诚实信用原则发挥着重要的作用。[①] 无论是商标申请，还是商标使用，均应当遵循诚实信用原则，即自然人、法人和其他组织申请注册和使用商标，必须意图诚实、善意、讲信用，行使权利不侵害他人与社会的利益，履行义务信守承诺和法律规定。[②] 在商标法中如何理解适用和完善诚实信用原则，是本节所重点关注的问题。

一、诚实信用原则的确立及局限

诚实信用原则被誉为民商法领域的帝王原则，是人们在民商事活动中应当遵循的道德准则，要求参与市场交易的主体恪守信用，善意行使权利和履行义务。为有效遏制抢注他人商标的不诚信行为，2013 年《商标法》第三次修改

[①] 参见张玉敏：《诚实信用原则之于商标法》，载《知识产权》2012 年第 7 期。
[②] 参见何永坚主编：《新商标法条文解读与适用指南》，法律出版社 2013 年版，第 39 页。

过程中，引入了诚实信用原则，该法第 7 条第 1 款规定："申请注册和使用商标，应当遵循诚实信用原则。"作为法律原则，诚实信用被纳入商标法中，意味着不遵守该原则的行为，不仅在道德上可苛责，而且将受到否定性评价，承担不利的法律后果。诚实信用原则在商标法中的确立，对规范商标的申请注册和使用行为具有重要的现实意义。

尽管《商标法》总则中明确了诚实信用作为商标法基本原则的地位，但如果在申请注册和使用商标过程中发生纠纷，受理机关能否直接适用？如果申请注册和使用商标行为违反诚实信用原则，应该承担何种法律后果？对此，《商标法》及其实施条例和相关法规均无明确规定。商标执法机关及学界主流观点认为，《商标法》第 7 条第 1 款是一般原则性条款，[①] 缺少具体适用的条件。面对愈演愈烈的商标恶意注册和囤积现象，将作为民商事活动基本准则的诚实信用原则引入商标法十分必要，但存在法律适用的困难和局限。从该条立法语义上分析，诚实信用原则只规定在申请注册和使用商标环节，而不能作为提出商标异议、提出宣告注册商标无效或者撤销注册商标的具体依据；该原则也未能涵盖注册商标的续展、变更、转让、许可和保护等环节。为此，有必要进一步完善和细化诚实信用原则，并将该原则条款落到实处。

本书认为，诚实信用原则作为商标法总则中确立的原则，鉴于其重要的法律地位和立法精神，该原则的理念应该贯穿于商标权的取得、灭失、保护等过程。

二、诚实信用原则的适用

诚实信用原则作为法律原则，具有高度的抽象性和模糊性，其适用的边界难以确定，在商标法领域如何适用诚实信用原则仍然是一个值得研究的问题。毋庸置疑，当现实纠纷中缺乏对应的法律规则进行规制，也无法类推适用其他法律规则时，可以适用诚实信用原则，以弥补法律漏洞，解决法律规则无法调整的实践问题。

但在现行法律框架下，诚实信用原则既不是可直接援引的商标异议或无效条款，也不能作为独立的商标侵权认定规则。在适用时，可根据个案，配合具体商标法律规定进行适用。比如，商标恶意注册是违背诚实信用原则的典型表现，虽然《商标法》在第 4 条、第 15 条、第 32 条等条款中有规定，但仍然无法穷尽所有恶意注册的情形。此种情形下，可同时援引《商标法》第 7 条和第

---

① 参见冯术杰主编：《商标法原理与应用》，中国人民大学出版社 2017 年版，第 143 页。

30 条的规定。① 如，在非类似商品上抢注他人具有一定知名度但未达到驰名的商标。在"爱马仕 AIMAS"案、"美素佳儿"案中，商标局均适用《商标法》第 7 条，决定对此种恶意抢注的被异议商标不予注册。在商标局的异议裁定中，除了第 7 条之外，会同时引用第 30 条的内容："申请注册的商标，凡不符合本法有关规定或者……不予公告"。商标局根据"有关规定"，进而引用第 7 条或许是其在法律适用中所采取的逻辑。②

（一）诚实信用原则在申请商标时的适用

为进一步细化诚实信用原则的适用，2019 年 10 月 11 日国家市场监督管理总局发布了《规范商标申请注册行为若干规定》，其中第 3 条规定："申请商标注册应当遵循诚实信用原则。不得有下列行为：（一）属于商标法第四条规定的不以使用为目的恶意申请商标注册的；（二）属于商标法第十三条规定，复制、摹仿或者翻译他人驰名商标的；（三）属于商标法第十五条规定，代理人、代表人未经授权申请注册被代理人或者被代表人商标的；基于合同、业务往来关系或者其他关系明知他人在先使用的商标存在而申请注册该商标的；（四）属于商标法第三十二条规定，损害他人现有的在先权利或者以不正当手段抢先注册他人已经使用并有一定影响的商标的；（五）以欺骗或者其他不正当手段申请商标注册的；（六）其他违反诚实信用原则，违背公序良俗，或者有其他不良影响的。"

上述规定不仅明确了《商标法》第 4 条规定的"不以使用为目的的恶意商标注册申请"的行为，属于违背诚实信用原则；同时，还扩展至对驰名商标、在先权利的保护，以及违背公序良俗，或者有其他不良影响的公共领域的商标申请的保护，对代理人违背诚实信用原则恶意代理行为也作了界定。该规定不仅细化了商标法中诚实信用原则适用的具体类型，而且进一步明晰了诚实信用原则和《商标法》第 4 条的关系，为今后商标行政部门和司法机关援引诚实信用原则进行裁判提供了更具操作性的指引。

（二）诚实信用原则在侵权诉讼中的适用

司法实践中，人民法院也在积极探索诚实信用原则在侵权诉讼中的适用。早在 2014 年的"赛克思"案中，最高人民法院指出，"以违反诚实信用原则，恶意取得的注册商标专用权，对他人的正当使用行为提起的侵害商标权之诉，

---

① 参见刘庆辉、韩赤风：《商标授权确权程序中诚实信用原则的适用》，载《北京社会科学》2015 年第 11 期。

② 参见李运全：《商标局贯彻"诚实信用原则"，对商标抢注说"不"》，载"万慧达知识产权"微信公众号，2017 年 5 月 19 日。

不应得到法律的支持和保护"①。

2017年,在最高人民法院发布的指导案例82号——王某诉深圳歌力思服饰股份有限公司、杭州银泰世纪百货有限公司侵害商标权纠纷案(以下简称"歌力思"案)中,最高法再次明确指出,当事人违反诚实信用原则,损害他人合法权益,扰乱市场正当竞争秩序,恶意取得、行使商标权并主张他人侵权的,人民法院应当以构成权利滥用为由,判决对其诉讼请求不予支持。

"歌力思"案是一起典型的恶意抢注案例。一审原告王某是第7925873号"歌力思"商标的注册人,注册有效期自2011年6月21日至2021年6月20日,核定使用商品(第18类):仿皮;钱包;手提包;旅行包(箱);护照夹(皮革制);兽皮(动物皮);皮带(马具);背包;公文包。第4157840号商标的注册人亦为王某,注册有效期自2008年6月28日至2018年6月27日,核定使用商品(第18类):手提袋;钱包;公文包;公文箱;皮帽盒;卡片盒;(动物)皮;乐谱盒;背包。一审被告歌力思服饰股份有限公司由成立于1999年6月8日的深圳歌力思服装实业有限公司更名而来,深圳市歌力思服饰设计有限公司成立于1996年11月18日,2011年5月9日该公司更名为深圳市歌力思投资管理有限公司。深圳市歌力思服饰设计有限公司为本案被告歌力思公司的股东(发起人)之一。一审被告歌力思公司的第1348583号"歌力思"商标,核定使用商品(第25类):衬衣;服装;皮衣(服装);裤子;裙子;内衣;童装;大衣;睡衣;外套。注册有效期限自1999年12月28日至2009年12月27日。后再次续展有效期。第4225104号"ellassay"商标核定使用商品(第18类):(动物)皮;钱包;旅行包;文件夹(皮革制);皮制带子;裘皮;伞;手杖;手提包;购物袋。注册有效期限自2008年4月14日至2018年4月13日。

王某向杭州市中级人民法院提起诉讼称:王某长期从事女包生产和销售,一直使用"歌力思"作为女包的品牌。歌力思公司明知其拥有第4157840号商标、第7925873号"歌力思"商标,仍在女包等商品上使用上述注册商标,其侵权范围广、数量大,严重损害了其合法权益。杭州银泰公司销售了侵犯注册商标专用权的商品。综上,歌力思公司与杭州银泰公司的行为构成对其享有的第4157840号、第7925873号商标之商标权的侵害,诉请停止侵权、消除影响、赔偿经济损失600万元等。杭州一中院判决歌力思公司、杭州银泰公司立即停止侵害;歌力思公司赔偿王某经济损失及维权合理费用共计10万元;歌

---

① 最高人民法院(2014)民提字第168号。

力思公司在《中国企业报》刊登声明，消除影响等。歌力思公司不服一审判决，向浙江省高级人民法院提起上诉，浙江省高院二审判决驳回上诉，维持原判。歌力思公司和王某均不服二审判决，分别向最高人民法院申请了再审。

最高法判决认为，歌力思公司拥有合法的在先权利基础，其使用方式和行为性质均具有正当性，王某以非善意取得的商标权对歌力思公司的正当使用行为提起的侵权之诉，构成权利滥用，故撤销了一、二审的判决，驳回了王某的全部诉讼请求。①

最高法认为，诚实信用原则是一切市场活动参与者所应遵循的基本准则。民事诉讼活动同样应当遵循诚实信用原则。任何违背法律目的和精神，以损害他人正当权益为目的，恶意取得并行使权利、扰乱市场正当竞争秩序的行为均属于权利滥用，其相关权利主张不应得到法律的保护和支持。值得关注的是，最高法在"歌力思"案中直接判决作为被告的在先使用人不构成侵权，作为原告的抢注者构成权利滥用，由此撤销一、二审判决，通过对民事侵权抗辩的直接支持，实质性地否定了注册商标的效力。② 此判决充分阐释了歌力思公司使用的正当性及王某违反诚信恶意诉讼的权利滥用行为。案件虽以驳回诉请结束，但裁判昭示了明确的价值取向：违背诚实信用原则之恶意抢注和恶意诉讼行为属于权利滥用。

"歌力思"案之后的"优衣库"案中，指南针公司、中唯公司以不正当方式取得商标权后，目标明确指向优衣库公司等，意图将该商标高价转让，在未能成功转让该商标后，又分别以优衣库公司、迅销公司及其各自门店侵害商标专用权为由，以基本相同的事实提起系列诉讼，在每个案件中均以优衣库公司或迅销公司及作为其门店的一家分公司作为共同被告起诉，利用优衣库公司或迅销公司门店众多的特点，形成全国范围内的批量诉讼，请求法院判令优衣库公司或迅销公司及其众多门店停止使用商标并索取赔偿。在该案件的判决中，最高人民法院指出，指南针公司和中唯公司抢注他人商标并恶意诉讼，主观恶意明显，其行为明显违反诚实信用原则，对其借用司法资源以商标权牟取不正

---

① 参见最高人民法院（2014）民提字第24号。
② 参见卢结华：《歌力思案：面对恶意注册的侵权抗辩与确权救济》，载"万慧达知识产权"微信公众号，2017年3月23日。作者认为该案的裁判具有重大的程序价值：最高法对恶意抢注者构成权利滥用的定论，一定程度上直接否认了其注册商标权，对后续的行政撤销和无效程序会起到推动作用。本书同意该作者观点，违背诚实信用原则抢注的商标，缺乏正当的权利基础，民事判决若能起到实质意义上的撤销商标或宣告商标无效的效果，无疑更有效地协调和衔接民事程序和行政程序，提高确权的效率。

当利益之行为，依法不予保护，驳回了原告的全部诉讼请求。[①] 此案件的判决，再次沿用了指导案例"歌力思"案的判决思路。

最高法的上述判决不仅对遏制利用不正当手段恶意取得的商标权进行恶意诉讼具有典型意义，也对各级法院审理商标案件适用诚实信用原则具有重要的指导价值。

三、诚实信用原则的完善

针对商标恶意抢注行为，目前我国商标行政管理机关和人民法院相互配合，积极探索诚实信用原则的适用，在共同打击和遏制恶意注册方面取得了一定成效。但现行商标法对诚实信用原则规定的局限性，不利于该原则作用的发挥。

鉴于诚实信用原则重要的法律地位和立法精神，该原则应该贯穿于商标权的取得、灭失、利用和保护等过程。针对执法中的困惑，建议在立法中对诚实信用原则予以明确和具体化，增加该原则为商标异议和无效的理由，并将该原则拓展至商标使用、续展、转让、许可和保护等环节，实现有法可依。建议将《商标法》第7条第1款修改为：

"商标申请注册、使用、续展、转让、许可和保护商标等行为，应当遵循诚实信用原则，不得采用不正当手段，不得滥用商标专用权。"

如果《商标法》第7条第1款不变，可修改《商标法》第33条异议条款，增加"违反诚实信用原则"作为提出异议的事由。修改《商标法》第44条第1款，明确"违反诚实信用原则取得注册的"，可以作为提出无效宣告的事由。

第五节　商标恶意注册及法律规制

随着市场竞争的加剧，在商标领域中出现了商标的恶意抢注行为，且呈现愈演愈烈的态势，该行为不仅侵犯了在先商标使用人的权益，违反了诚实信用与公平竞争原则，而且严重扰乱了市场竞争秩序，对此，必须加以规制。导致商标恶意注册的成因，从制度层面分析，主要在于违法成本低、缺乏对恶意注册行为法律责任的承担机制。本节通过分析和借鉴域外规制商标恶意注册的经验，提出我国对规制商标恶意注册的立法建议；同时，探讨构建与之相协调的

---

① 参见最高人民法院（2018）民再396号。

配套管理体系。

一、商标恶意注册的危害及成因

商标恶意注册是指自然人、法人或其他组织明知或应知是他人享有权益的商业标识或在先权利，仍然将其以不正当手段抢先申请注册为商标的行为。

(一) 商标恶意注册的危害

现实中，抢注者在获得商标权之后往往高价转让商标以牟利或者以商标侵权为由索取巨额赔偿。这种恶意抢注商标行为的危害表现为以下两个方面：

1. 商标恶意注册会严重干扰市场竞争秩序

在商标注册确权原则下，在先注册者可能会和在先使用者发生争议，通常是注册商标权人与在先使用者协商谈判解决彼此的纠纷。不过，注册商标权人很可能采取行动，索要过高价款。在先的善意使用人在商标权人"停止使用"的威胁下，可能被迫接受注册商标权人远远高于普通商业标志市场价值的转让费或许可费要求。尽管2013年《商标法》修正后引入了在先使用规则，但该规则的适用需要满足诸多条件。从现实情况看，商标恶意注册人只是抢先注册并没有实质性投入，甚至没有实际使用注册商标，这就可能会出现在先使用者被在先注册商标挟持的情形。如果法律不提供救济机制，这种现象不仅会损害在先使用人利益，违背商标使用的本质属性，而且严重干扰市场竞争秩序，造成商业不公的后果。

2. 商标恶意注册会增加制度成本

恶意注册者通过转让注册商标可获得暴利或者通过侵权诉讼索求巨额赔偿，巨大经济利益会驱使申请人向商标局大量申请商标注册。我国注册商标申请量连续多年高速增长并保持世界第一，但商标注册审查工作却大量积压，在一定程度上也是利益驱使的恶意注册所带来的后果之一。恶意注册者利用商标法律制度的漏洞，将商标注册制度和权利救济制度功利化，以达到牟取超额费用之目的。这种行为破坏了商标制度的法治生态，侵蚀了商标使用之根基。同时，大量无使用意图的人抢注商标，对在后商标使用者的投资安全构成威胁。因为这些注册商标权人可能随时对使用在后（或注册在后）的商标提出侵权诉讼，而原本他们并不需要面对这样的威胁。在公众抢注的大潮下，原本就有使用意愿的企业也会增加自己的注册商标量，以避免将来受人威胁或无商标可用。更多的后来者因此也加入商标囤积的行列，于是形成恶性循环，即便是正常经营的企业也深陷其中而不能自拔。总之，恶意注册浪费了稀缺的商标审查和确权资源，增加了社会成本，也降低了商标注册的审查效率。

（二）商标恶意注册的成因

导致商标恶意注册的原因有很多，但从制度层面考察，主要在于恶意注册者的违法成本低廉、规制商标恶意注册的立法缺失和配套制度的不完善。

1. 恶意注册者的违法成本太低

众所周知，经济利益驱动是众多职业商标抢注人趋之若鹜的经济原因。恶意注册人可获得的经济利益包括：抢注与有影响力的商标相同或近似的商标，可以省去大笔广告宣传及品牌维护费用；借助恶意注册，进行恶意诉讼获利，或者阻止相关产品进入市场，"优衣库"商标侵权系列案件即是例证，抢注成功后，抢注者高价兜售商标，转卖获利；经销商恶意注册商标意图获得独家经销权，多表现为抢注外国知名商标。如果将商标恶意注册行为视为民事违法行为，则上述恶意注册人可观的经济利益构成其违法收益。现行《商标法》关于恶意注册的禁止性规定，主要是第 44 条第 1 款和第 45 条第 1 款，它们均属于商标法的无效条款，而违反这两条禁止性规定最严重的后果仅仅是商标被宣告无效和损失 300 元的商标注册费，可见，恶意注册的成本何其低廉！本书认为，在现行商标注册确权制度背景下，商标法针对恶意注册行为未明确规定其应承担的民事赔偿及其他法律责任，这是商标恶意注册行为不断扩张的重要原因。换言之，法律责任缺失导致恶意注册者违法成本过低，助长了商标恶意注册行为猖獗之势。

2. 规制商标恶意注册的法律规则缺失

我国《商标法》在 2013 年修改时，针对注册体制所导致的商标抢注现象作了一些有针对性的规定，包括在先使用具有一定影响的商标所有人提起异议、无效宣告，在侵权判定中主张在先使用抗辩的制度，商标权人主张损害赔偿须提供三年内使用的证据，以及注册后连续三年不使用可被撤销等，但这些规则还不足以有力规制商标恶意注册行为，需要进一步修改和完善我国商标法律制度。

目前存在的立法问题主要有：第一，申请注册时未明确真诚使用意图要求。在申请注册环节，我国《商标法》未要求注册申请人具有使用意图。如前所述，恶意注册增加了制度成本、降低了商标审查效率，主要就是因为大量的无使用意图的商标申请注册。这对在后的商标使用者的投资安全构成威胁，导致在后使用者极大地增加确权成本，还会导致很多原本无须申请商标的企业也被迫选择第一时间申请注册商标以降低企业经营的风险。这可能会在更大范围内增加企业的经营成本。因此，在申请注册环节，如果没有使用商标的意图要求，恶意注册会带来一系列的恶性连锁反应，从而会浪费商标审查行政资源和注册商标保护的司法资源，企业被裹挟在抢注大潮中被迫增加经营成本，大量申请无使用意图的商标注册，形成恶性循环，导致商标注册制度被异化。第二，缺失恶意注册行为承担法律责任的规定。我国《商标法》中对恶意注册行为未规定相应的法律责任条款。审视民事违法行为，其违法收益包括直接经济收益和潜在的市场交易机会等，而违法成本既包括行为人实际支出成本，也包括违法的风险成本，比如罚款、损害赔偿等。因此，作为理性的经济人，当违法收益大于违法成本时，行为人一般愿意承担违法的风险；当违法成本大于违法收益时，行为人会倾向于选择遵守法律。在制度设计和法律适用时运用经济学原理，最大限度地减少违法收益、增加违法成本，可以达到遏制违法行为的目的。倘若责任条款缺失则会让违法行为人有恃无恐。比如，商标法中的诚实信用原则在民法领域被誉为"帝王条款"，但是由于没有对应的法律责任，该原则也只是宣示性规定。以最高人民法院第82号指导案例"歌力思"案为例，最高法以王某违反诚实信用原则为由判其败诉，虽然遏制了商标抢注人的非法获利企图，但也仅仅是驳回其诉讼请求，并未有诸如判赔律师费、举证费等任何处罚，其结果只是让商标恶意注册人失去了其原本就不应享有的东西。原权利人由此蒙受的损失，如律师费、举证成本、商誉损失等应当由谁承担？是否应当由恶意注册人进行适当的赔偿？本书认为，商标恶意注册者损害被抢注人的合法权益，破坏了商标注册秩序和管理秩序，理应受到规制和惩处；而明晰和施加法律责任是增加商标恶意注册违法成本的有效措施。

3. 规制商标恶意注册的配套制度不足

商标恶意注册的规制，是一项系统工程，不仅需要立法规则的制定和完善，也需要管理机关建立相应的配套制度，双管齐下共同治理。本书认为，可以结合社会信用制度，建立恶意注册嫌疑人名单数据库。该制度不仅是互联网在商标管理领域的一次创新，也是法律运用互联网的技术来打击恶意注册行为的有效路径。鉴于此，商标管理机关有必要尽快构建此项制度，此外，商标管理机关还可设立与完善商标信用信息共享及公示平台，实现跨区域监管，并制定失信惩戒与信用损害赔偿制度等，以加强商标信用监管力度，推进商标监管规范化。

在商标注册收费方面，随着国家商标局2015年和2017年两次将受理商标注册费基础收费标准从800元降为600元，又进一步下调到300元，受理转让注册商标费等也相应降低。这一举措虽然受到普通的市场主体欢迎，但也刺激了以商标注册交易为业的投资人，甚至是民间资本有组织地进入商标投资领域，不惜动用经济手段，一次性注册几百上千个商标。过低的商标注册规费，不仅加剧了商标抢注现象，而且可能会产生大量的商标囤积现象。而如何制订合理的商标注册规费，也是需要商标管理机关进行研究的一个问题。

二、规制商标恶意注册的域外经验

对恶意商标注册行为的规范，是世界大多数国家、地区和组织完善商标法制进程中都极为关注和深入探讨的问题。欧盟及包括德国在内的成员国经过几十年的研究和磋商，建立起一套欧盟层面和成员国国内层面都相统一的商标恶意注册的法律规制。这套严格的法律制度采取了注册前不予获准、注册后无效宣告、诉讼中追究侵权行为的民事赔偿责任等机制和方式，对恶意的商标注册行为进行有力打击。本书通过分析阐述欧盟和德国在商标恶意注册法律规制方面的实践经验，对我国规制商标恶意注册条款的适用及立法完善提出建议。

（一）欧盟和德国对商标恶意注册的立法规制

1. 欧盟对规制商标恶意注册法律体系的构建

为了实现欧盟商标制度一体化，经过多年的磋商和会谈后，两套平行的商标制度被逐渐构建起来：在欧盟内统一且独立于所有成员国国内法的《欧盟商标条例》，以及用于调整各成员国国内商标立法制度的《欧盟商标指令》。通过这两套平行的法律规制，逐步达到欧盟法规和各成员国国内法律相统一的目标——消除欧盟范围内因法律差异所产生的消极影响，减少内部市场的交易成本，保障商品的自由流通，提高法律的确定性和稳定性。

商标恶意注册的法律规制在欧盟范围内并不属于新鲜之物。相反，早在欧盟商标制度确立之初，商标恶意注册规定就被写入相关法律制度中。商标恶意注册规定的确立并非一蹴而就，而是各成员国经历长期的实践最终建立起来的。荷兰于1978年提出了规制商标恶意注册的立法构想，即恶意的商标注册不予获准。1984年，德国提出了真诚使用意图的提案，即商标注册人应当具有在特定商品或服务上使用该注册商标的意图。随后，德国放弃真诚使用意图的路径，转而支持荷兰提出的规制商标恶意注册的建议。这主要是出于对现实情况的考虑，因为当时存在的大量注册商标以便待价而沽的不当行为严重扰乱了市场秩序。如果将恶意注册纳入阻碍商标注册的绝对理由，就好比装上安全阀，在授予拟制的商标权利之前，恶意申请就直接被排除在外。通过上述国家对商标恶意注册立法规制的努力，最终欧盟范围内初步建立起一套统一的商标保护标准。

2. 德国对商标恶意注册的立法规制及特色

1995年1月1日修改后生效的德国《商标和其他标志保护法》（以下简称《德国商标法》）是在当时商标法欧洲化的浪潮下，依据1988年欧洲理事会通过的《缩小成员国商标差异的理事会一号指令》转化而来的。但德国立法者对规制商标恶意注册的国内转化采取较为保守的态度，只是把"商标恶意申请"作为商标无效的理由之一：根据 1995 年《德国商标法》第 50 条第 1 款第 4 项，利害关系人有权对恶意注册的商标提起无效宣告。2004 年 6 月 1 日，德国立法者进一步加大对欧共体商标一号指令转化的步伐，在《德国商标法》第 8 条第 2 款绝对理由的具体情形中新增了第 10 项——恶意的商标申请，即将恶意商标申请纳入阻碍商标注册的绝对理由。此举有利于将这类不正当的商标申请行为扼杀在摇篮中，减少由此引发的无效宣告和诉讼，达到节约行政和司法资源以及保障法律稳定的目的。

值得关注的是，《德国反不正当竞争法》于 2015 年修订，其中，对该法第 3 条一般条款的拆分，实现了该法内部的竞争者保护与消费者保护的平衡。而竞争者的利益保护主要落于该法第 4 条，其第 4 项"阻碍竞争"是本条款内部的兜底条款。从《德国反不正当竞争法》第 4 条第 4 项禁止不正当地阻碍竞争者的条款分析，具体的阻碍竞争行为可包括散布谎言损害竞争对手的名誉等。而申请人恶意注册商标的不正当商业行为，意在侵害与之具有竞争者关系的其他标志所有人的正当利益，在无法受到《德国商标法》和《德国反不正当竞争法》其他具体条款规制的情况下，均可能落入"阻碍竞争"的范畴。对此，利害关系人可依照《德国反不正当竞争法》寻求司法救济，更有利于其维护自身的合法权益。

（二）欧盟和德国对规制商标恶意注册的执法实践

通过上述分析，可以看到欧盟和德国在立法层面对商标恶意注册行为设计了具体的规则，比如，将商标恶意注册作为禁止注册的绝对理由，相对人可以请求司法救济等，但对"恶意"的具体判定标准并无明确规定。值得肯定的是，欧盟法院以及德国法院在日后的具体判例中逐步明晰了"恶意"的内涵以及相关的认定标准，并对恶意注册行为给他人造成损害的，利害关系人还可以依法寻求救济手段等进行了有益的探索。

1. 德国法院对商标恶意注册的法律内涵的界定

对于"恶意"一词，《欧盟商标条例》《欧盟商标指令》和《德国商标法》均未给出明确的定义。德国联邦最高法院对"恶意"进行解释时，并没有创设新的法律含义，而是以现有成熟的法律标准作为依托，引入《德国反不正当竞争法》第 3 条第 1 款一般条款不正当性，以及《德国民法典》第 826 条违反公序良俗的内涵作为参考。这一解释不仅适用于 1995 年《德国商标法》第 50 条第 1 款第 4 项商标恶意注册的无效宣告，同时也适用于 2004 年的新增条款第 8

条第 2 款第 14 项之阻碍恶意商标注册的绝对理由。

德国联邦最高法院在"世界杯 2006"案中明确解释了"恶意"的法律含义。在本案中,德国专利商标局于 2002 年至 2003 年年初核准了国际足球联合会提出的在多个类别的产品和服务上,对"FUSSBALL WM 2006"和"WM 2006"的商标注册申请。而后,德国专利商标局收到大量的无效宣告请求。无效宣告请求书认为,该标志因"恶意申请"不得作为商标获得注册。据此绝对理由,德国专利商标局宣告商标"FUSSBALL WM 2006"和"WM 2006"无效。对于这两个标志是否具备商标注册的构成要件,各方争议不断。最终,德国联邦最高法院判定两个商标无效,其主要理由为:因为社会公众普遍认为这两个商标是对足球事件的客观描述,标志本身缺乏显著性。但德国联邦最高法院否认对"恶意注册"的适用,原因有二:其一,法院无法认定国际足球联合会在商标注册时就缺乏真诚使用该标志的意图;其二,同样无法证明的是,国际足球联合会对上述商标申请注册仅出于有悖公序良俗的目的。在本判决中,德国联邦最高法院指出:"商标注册人取得拟制的商标权,是以日后达到对第三方不正当或是违反公序良俗的阻碍为目的的,认定为恶意。"换言之,德国联邦最高法院认为,所谓恶意,是指申请注册商标是以阻碍第三方竞争或者违背公序良俗为目的,而非自己使用的行为。①

2. 德国专利商标局采用"明显恶意"的审查标准

需要注意的是,德国立法者不希望将不合理的调查责任强加给主管部门,加重其审查压力。因此,德国专利商标局在对《德国商标法》第 8 条第 2 款第 14 项进行绝对理由审查时,采取的是"明显恶意"的标准。《德国商标法》第 37 条第 3 款对此予以明确:"仅当欺骗的可能性或恶意明显时,才根据第 8 条第 2 款第 4 项或第 14 项驳回申请。"换言之,德国专利商标局一般推定商标注册人具有使用该注册商标的意图,但"明显恶意"的情况能推翻此推定。

《德国商标法》引入了"恶意商标申请"作为驳回注册申请的绝对理由,但考虑到主管部门的庞大审查压力,此处采取"明显恶意"的标准,这种折中的办法具有现实意义。而在商标获准注册前,在先权利人可根据《德国商标法》第 42 条在商标注册公布之日起三个月内对注册商标提起异议。

此外,部分申请虽然满足司法实践定义的"恶意",但这种"恶意"的显露很可能缺乏明显性,致使该商标申请仍获核准。对此,《德国商标法》第 50 条第 3 款和第 54 条第 1 款分别规定了恶意注册商标的无效宣告程序。依据

---

① 转引自王莲峰:《规制商标恶意注册的法律适用问题研究》,载《中州学刊》2020 年第 1 期。

《德国商标法》第 50 条第 3 款,德国专利商标局在商标核准注册之日起两年内,可主动宣告恶意注册的商标无效。依据《德国商标法》第 54 条第 1 款,任何人有权不受时间限制地向德国专利商标局提起无效宣告的请求,但申请人应提供具体的证明材料用以说明商标所有人具备第 8 条第 2 款第 14 项的"恶意"。德国主管部门和个人都可以对此类恶意注册的商标启动纠错程序,而且自然人的无效宣告请求不受时间限制,这足以说明德国立法者对此类不法行为的容忍度之低。但基于商标权的私权属性,德国立法者并没有设立对商标恶意注册的相关惩罚机制。

3. 欧盟法院对商标恶意注册之认定标准的指导性意见

欧盟法院在 2009 年的 Lindt & Sprüngli 诉 Franz Hauswirth 一案中对"明显恶意"的认定提出了具体的考量标准。在本案中,原告 Lindt & Sprüngli 股份公司是一家注册地在瑞士的巧克力和糖果公司。自 20 世纪 50 年代起,原告就生产一款与本案诉争商标相似的小金兔形巧克力。1994 年起,原告在奥地利销售此类巧克力,并于 2001 年将这款小金兔形巧克力的立体包装,即一只坐着的金色巧克力小兔,脖子系一条红色丝带和铃铛,且兔身标明棕色"Lindt 金兔"字母的立体标志,成功注册为欧盟范围内的三维商标。被告 Franz Hauswirth 有限责任公司为注册地在奥地利的巧克力糖果商,并于 1962 年起销售小金兔形巧克力。原告在注册该诉争商标前就以奥地利竞争法或奥地利工业产权法对与其小金兔形巧克力外形相同的巧克力生产商提起诉讼。成功注册该商标后,原告对与其小金兔形巧克力的外形易引起混淆可能的巧克力生产商提起诉讼。本案中,原告宣称被告生产和销售的小金兔形巧克力在外形上与原告的三维商标易引起混淆,认为被告侵害其商标权并要求被告停止在欧盟范围内的侵权行为。被告提起反诉,认为原告恶意注册此三维商标,并依据《欧共体商标条例》第 51 条第 1 款(b)[现为《欧盟商标条例》第 59 条第 1 款(b)]请求宣告原告的三维商标无效。对此,奥地利最高法院请求欧盟法院进行先行裁决。

欧盟法院在裁决中强调,各国法院应根据案件的具体情况进行具体分析,将商标申请人提交商标申请之时的所有相关因素都纳入考量的范围,特别是以下几点内容:第一,商标申请人知悉或应当知悉他人在相同或近似的商品或服务上在先使用与其注册商标相同或近似且存在混淆可能的商标的行为。需要注意的是,欧盟法院明确表示仅满足这一条件并不能直接推导出商标申请人的注册恶意。第二,依具体的客观情况推断出商标申请人具有阻碍意图。商标申请人的阻碍意图是商标恶意注册的考量关键,但阻碍意图作为主观要素,只能参照具体的客观情况进行评定。欧盟法院还特别强调,缺乏商标使用意图的商标注册行为，仅为阻碍第三方进入市场，应直接认定存在阻碍意图。在德国的司法实践中，恶意的商标申请主要存在以下两种情形：一是欧盟法院所强调的意图阻碍第三方进入市场而注册商标的行为，特别是"投机商标"的注册。"投机商标"指商标申请人在无使用意图的情况下注册商标，只为日后向他人收取注册商标的许可使用费。二是商标申请人在无正当理由的情况下，已知他人对某一标志存在受保护的利益，仍在与他人相同或相似的产品或服务上注册与他人相同或相似的标志，以达到阻碍他人行使在先权利或阻碍他人继续使用这一标志的目的，或将注册商标产生的排他性质作为其不正当竞争的手段。第三，考虑在先使用人和商标申请人的正当利益应受保护的程度，权衡双方利益。如果在先权利人具有正当利益，例如部分社会公众已将该注册商标理解为在先使用人的来源指示等，那么应当认定商标注册人存在注册在先权利人商标的恶意。欧盟法院在该先行裁决中的措辞方式是"考虑所有相关的因素，特别是以下几点"，这表明上述的几点评价标准具有指导性意义，但并不绝对。各国法院在判决案件时应注意做到具体情况具体分析，综合性地考量案件。为保证欧盟法律的统一适用，欧盟法院作出的这项先行裁决对各成员国都具有约束力。换言之，德国专利商标局和各级法院对商标恶意注册进行认定时必须参照此标准。

综上所述，欧盟和德国对商标恶意注册的认定标准和考虑因素，对我国《商标法》第4条中"不以使用为目的的恶意商标注册申请"内容的理解和适用具有重要的现实意义，不仅有助于执法机关对"恶意"的主观过错的认定，也量化了"恶意"的具体表现行为。

（三）德国反不正当竞争法对商标恶意注册的规制

《德国商标法》关于"恶意商标申请"的条款并不排除其他法律的适用。因此，若注册商标以排除和阻碍他人的商标使用为主要目的，适格的当事人可依据《德国反不正当竞争法》第4条第4项"阻碍竞争"提出停止侵害请求权，以寻求司法救济，比如，在"AKADEMIKS"商标纠纷案中，德国联邦最高法院认为，被告抢注他人商标的行为，可推定为具有阻碍意图，可能落入"阻碍竞争"的范畴。换言之，注册人注册商标的不正当商业行为，意在侵害与之具有竞争关系的其他标志所有人的正当利益，在无法受到《德国商标法》具体条款规制的情况下，利害关系人可以适用《德国反不正当竞争法》第4条第4项"阻碍竞争"条款维权，请求撤销已注册的商标。具体案情如下：

原告为成立于1999年的美国公司，专卖Hip Hop风格的服装，1999年4月4日在服装类别上申请注册了包括"AKADEMIKS"文字和图形商标，

2000年7月4日获得注册。原告经过广泛宣传，2000年春季该品牌服装已在美国和欧洲服装行业享有一定声誉。2002年6月25日，原告以"AKADEMIKS"文字和图形向欧共体市场协调局申请注册欧共体商标。被告是德国的纺织品零售批发商，于2000年9月8日成立，也售卖Hip Hop风格的服装。被告于2000年10月18日向德国专利商标局申请在服装和鞋帽商品上的"AKADEMIKS"文字商标，2001年3月1日获得注册。2003年2月，被告通过其被许可人警告原告在欧洲的特许经销商构成商标侵权。原告遂根据《德国反不正当竞争法》第4条第4项向法院起诉，认为被告属于恶意抢注并以阻碍竞争为目的，请求法院判决被告停止侵害，撤销抢注的"AKADEMIKS"商标。

德国联邦最高法院最终支持了原告的部分主张，其主要理由为：第一，根据商标权的地域性原则，只保护本国的商标注册权，但在特殊情形下，申请人因已知晓他人在先使用的商标可能导致其申请行为具有不正当性，此时的商标法地域性与反不正当竞争法的适用不相冲突。结合本案，原告没有可在德国受保护的商标法上的权益，因为原告既未证明在被告抢注时其已在德国使用，也未充分举证被告抢注其商标时其在德国有足够的知名度。但结合案情分析，被告作为申请人应该知道国外已有人在相同或类似的商品上注册了相同或近似的商标，而且已注册商标的商品可能进入德国境内，但被告依然申请注册与该商标相同的商标，此时可推断其申请行为具有不正当竞争性。第二，被告应当知晓原告的商标，但依然进行注册，主观上难谓善意。因为原告的商标是臆造词汇，而被告注册的商标与之完全相同；另外，原被告双方均从事时尚服装行业，被告应了解原告商标的知名度，被告行为具有"傍名牌"的嫌疑。第三，根据商业惯例，企业发展多数为先立足于国内，随后扩展至国外市场。结合本案，原告在2000年春季已在美国市场获得成功，其影响力已超出美国市场范围。尽管被告在德国市场也有较好的销售，但主要源于原告的商标和品牌在美国的影响力和成功。法院推定被告知晓原告将会进入德国市场进行销售。第四，被告具有阻碍竞争者的意图。尽管被告将注册商标用于自己的商品上，但其注册的商标和原告臆造的商标一样，还复制原告商品服装的设计和款式。同时，根据二审中提交的陈述意见，在被告与原告和解谈判时，被告要求独家销售权。根据以上事实，法院推定被告使用商标的目的不是为了自由竞争，而是为了将原告排除出德国市场，被告申请"AKADEMIKS"注册商标的行为具有不正当性，可以适用"阻碍竞争"条款进行规制。[①]

---

① Vgl. GRUR 2008, 621 Rn. 26-AKADEMIKS.

德国商标申请实践中主要存在两种商标恶意注册的情形，即"投机商标"和"阻碍商标"的注册。前者指注册人无使用意图地对商标进行注册，以便日后向他人收取注册商标的许可使用费等；后者则是对他人在先使用的标志进行注册，以达到阻碍他人继续使用这一标志的目的，比如上述"AKADEMIKS"案。此两种情形也是《德国反不正当竞争法》第4条第4项"阻碍竞争"的典型案例类型之一，即通过取得标志权阻碍竞争对手的不正当行为。德国法官审理此类案件时，一般进行两步检验：首先，考虑商标注册人是否存在阻碍或排挤竞争对手的主观意图；其次，考察竞争对手在开展商业活动时是否实际或可能受阻。同时，法官还会考虑双方当事人的商标相似度、商品包装装潢和样式的近似度、商标知名度、行业惯例等因素，并在衡量双方利益后作出判决。①

（四）域外其他国家和地区对商标恶意注册的规制

除了上述欧盟和德国外，多数国家和地区均通过立法对商标恶意注册进行规制，主要有以下几种规制措施：

1. 将恶意申请作为拒绝注册的绝对理由

将恶意申请商标行为作为注册审查的绝对理由，从而排除在注册之外。代表国家和地区除了德国和欧盟外，还有英国、中国香港和台湾地区等。比如，《英国商标法》第3条"驳回注册的绝对理由"第6款规定，"恶意提出申请的商标不得注册"。

2. 恶意注册商标可被撤销或被宣告无效

恶意注册商标行为可被归入商标撤销或无效宣告规则之中，代表国家和地区主要有美国、韩国、欧盟、中国香港和台湾地区等。比如，美国《兰哈姆法》第1064条"注册的撤销"第1款第3项规定，"对含有不道德、欺骗内容"的商标，应予撤销。其依据在于：第1051条"注册申请；证明"规定，申请注册商标应当提交"真实使用"或"有真正的使用意图"的证明。可见，所谓欺骗不仅是指在商标与商品服务之间的关系针对消费者，而且是指在申请注册时欺骗性地提出"真实使用"或"有真正的使用意图"证明。《韩国商标法》第23条第1款第3项规定，"商标代理人或代表人无正当理由而申请在相同或类似商品上与被代表人或代理人相同或相似的商标，不得注册"。虽然规定在驳回注册的条文之中，但是只能由他人提出，而非审查员主动审查。《欧盟商标条例》第59条第1款（b）规定，如果申请人在提交商标申请时存在恶意行为，商标应宣告无效。尽管在申请注册后的恶意行为本身并不能构成无效

---

① 转引自王莲峰：《规制商标恶意注册的法律适用问题研究》，载《中州学刊》2020年第1期。

事由，但其可以被当作证明申请人在提出申请时存在恶意动机的证据。所谓"恶意行为"，也即是"对不符合可接受的商业行为标准的不诚信申请行为"。换言之，申请人在进行商标注册申请时，对商标的使用应当符合诚实信用原则，进行善意真实的使用。我国香港地区《商标条例》第53条"注册无效的宣布"第7项规定，"如果注册商标不符合第13条'诚实的同时使用的情形'，则该注册商标应当宣布无效"。其中"诚实的同时使用的情形"，是指某商标和有关的在先商标曾经同时使用，且对于在后商标而言，同时使用符合真正、诚实的要求，因而如曾有诚实的同时使用的情况则将某商标注册是恰当的，不应阻止该商标的注册；否则便属于恶意注册，其注册因不真诚而应当无效。

3. 引用民法原则或反不正当竞争法规制恶意注册行为

有些国家的商标立法本身没有对恶意注册行为进行规制，实践中是通过引用民法的相关原则或反不正当竞争法对恶意注册行为进行规制。比如，《日本民法》第1条第3款禁止权利滥用的一般性规定，对于滥用商标权，特别是恶意注册的商标权进行规制，如果某人抢注第三人已使用并积累一定商誉的商标后，又向该第三人行使商标权，则诉请侵权赔偿的情形时可适用该规定进行规制。[①] 德国反不正当竞争法中的"阻碍竞争条款"规定，可根据当事人请求，撤销已经注册的商标。

三、规制商标恶意注册的立法建议

通过借鉴欧盟和德国及相关国家和地区的立法及司法实践经验，为了从根本上杜绝恶意注册行为，加大对商标恶意注册的法律规制，本书提出以下立法完善的建议。

（一）明确商标恶意注册的认定

1. 恶意的界定

通常认为，所谓恶意是指基于一定利害关系而明知申请注册商标的行为会造成在先权利人损害而希望或放任损害发生的主观状态。尽管我国的商标法中多处提到恶意一词[②]，但并未对恶意给出一个明确的界定，由此也给执法带来不确定性。

上述《德国商标法》和《欧盟商标指令》也未对"恶意"给出定义。但在德国联邦最高法院"世界杯2006"案的判决中，曾对恶意作出解释：商标注

---

① 《日本商标法》第3条"商标注册的要件"第1款规定了"商标申请需要基于使用意图"但没有进一步明确对恶意注册的规制，而是适用《日本民法》第1条第3款"禁止权利滥用"条款。

② 参见我国《商标法》第4条、第36条、第45条、第47条、第63条、第68条。

册人对申请注册的商标缺乏"来源指示"的使用意图,其取得拟制的商标权,是以日后达到对第三方不正当或是违反公序良俗的阻碍为目的的,可认定为恶意。在案件裁判中,欧盟法院强调"明显恶意"要根据案件的具体情况进行具体分析,并对此提出了以下几点考量标准:(1)商标申请人知悉他人在相同或近似的商品上在先使用与其注册商标相同或近似的商标的行为;(2)依具体的客观情况推断出商标注册人具有阻碍意图;(3)考虑在先使用人是否已具有正当保护利益;(4)存在以下两种情况时,一般排除商标注册人的恶意:商标注册行为是为了对抗他人的产品或商标模仿以及注册商标在交易范围内具有一定知名度,即考虑注册商标的特征。我国台湾地区有关商标的规定或条例将恶意注册人限定为与在先使用人和有一定利害关系的人,因其必然知悉在先使用人商标的存在情况,此时其越过在先使用人而径行提出注册申请的行为表明其在主观上存在恶意,客观上将会造成在先使用人权利的损害。

从上述分析可知,界定"恶意"的核心标准就是"是否存在真实使用商标意图"。如果不具备真实使用商标的意图,则其申请便具有欺骗性,其主观目的难谓善意。比如,阻碍他人注册商标,"待价而沽"等着他人"赎回"商标,或抢夺他人已经使用而产生商业价值的商标,从而攫取他人商业利益等行为,并非出于真正使用该商标进行来源指示的目的。

结合我国商标恶意注册的实际状况,本书建议在《商标法》中明确"恶意"的含义和认定。在第一章总则第4条第1款"不以使用为目的的恶意商标注册申请,应当予以驳回"的后面,再增加第2款规定:"所谓恶意,是指违反真实使用意图,明知申请注册商标的行为会造成在先权利人损害而希望或放任损害发生的主观状态。"①

2. 恶意的认定标准

相较于欧盟和德国的商标恶意注册的情况,我国目前正面临着申请数量更为庞大、恶意注册之风更为猖獗的严峻局面。因此,我国应采取比欧盟和德国的"明显恶意"更严格的标准,即"可能恶意"标准——要求可能存在恶意的申请人提供善意的使用或使用意图的证明文件。此处的"可能恶意"应理解为商标注册人可能具有阻碍他人正当使用商标的目的。

---

① 国家知识产权局2021年11月16日颁布了《商标审查审理指南》,其中,将"恶意"定义为:"恶意是指商标申请人或者商标代理机构在申请商标注册或者办理其他商标事宜时,通过一定行为表现出来的,明显违背诚实信用原则,明知或者应知其行为违反法律规定、有碍公序良俗、损害公共利益或侵犯他人权利,但为了牟取不正当利益,仍然实施相应行为,并追求或者放任其后果发生的主观心理状态。"笔者认为该定义不够精简。

具体而言，注册人明知或应当知道第三人已使用该标志，但仍进行抢先注册的，或注册人投机性地、批量地进行商标注册，皆可落入"可能恶意"的范畴。对"可能恶意"的考察可以吸纳欧盟法院对"明显恶意"的评定标准并在合理范围内将"明显性"过渡到"可能性"。第一，对于可能存在注册他人在先使用标志的行为，可以考虑以下两点：一是商标申请人知悉或应当知悉他人在相同或近似的商品或服务上在先使用与其注册商标相同或近似且存在混淆可能的标志的；二是依具体的客观情况推断出商标申请人可能存在阻碍意图，即以达到阻碍他人行使在先权利或阻碍他人继续使用这一标志为目的，或将注册商标产生的排他性质作为其不当竞争的手段的。第二，对于可能存在囤积注册商标的行为，可以依照客观情况对商标注册人的主观因素进行评定。注册人是否具有商标使用的意图，是否对一定数量的商标投机性地进行注册，是否存在以囤积注册的商标作为其牟利工具的目的等，都可以作为考量因素。

3. 恶意认定的考虑因素

综合分析国内外司法和执法实践，判定申请人是否属于恶意申请注册，可以综合考虑以下因素：（1）申请的商标是复制、模仿和翻译他人在先具有知名度或者显著性强的商标；（2）申请人无正当理由在多个类别上大量申请他人具有在先权利的商业标志；（3）申请人与在先使用人曾有贸易往来或者合作关系或劳动关系，知晓在先使用人的商标；（4）申请人与在先使用人共处相同地域或者双方的商品或服务有相同的销售渠道和地域范围，知晓在先使用人的商标；（5）申请人申请的商标曾有与他人注册商标近似或相同而被驳回或者异议的历史，或者因侵犯涉案商标权受到民事、行政或刑事处罚的记录；（6）申请商标具有阻碍他人合法使用的意图或者以牟取不当利益为目的；（7）申请人有采取不正当手段或欺骗手段等进行商标申请的行为；（8）其他可以认定为恶意的情形。

上述情形的共性是申请人违反诚实信用原则和申请商标的真实使用意图，要么侵犯他人在先权利，要么抢注在先使用人商标，要么采用虚假或欺骗手段，无正当理由和说明，主观表现为明知或者故意，恶意明显。当然，在具体的审查活动中，商标审查员要综合考虑申请人的经营范围、使用能力、商标申请的历史、名下申请注册商标数量、所申请商标的显著性、在先司法判决结果等因素，个案判断是否构成恶意注册。

（二）增加商标使用意图的规定

1. 在申请注册阶段明确要求商标使用意图及立法建议

所谓商标使用意图，是指申请人具有使用商标的计划，但基于各种原因还未开始真正使用该商标。根据我国《商标法》第 4 条的规定，只有在生产经营活动中对商品或服务需要取得商标专用权的主体，才应当申请商标注册。亦即商标注册申请人在申请时应具有商标使用的意图，否则其取得注册商标专用权就缺乏必要性。但我国商标法在商标注册阶段并没有明确设定意图使用要求，导致实践中很多商标注册并非为了生产经营中的实际使用，盲目注册、恶意注册等不良现象层出不穷，这不仅增加了商标注册机构的管理成本，也不当占用了有限的商标资源，背离了商标权取得的基础和第 4 条的立法本意。另外，《商标法》第 7 条第 1 款规定申请注册商标应当遵循诚实信用原则，也隐含着商标注册应当具有使用诚意，今后那些不具有使用意图的恶意注册、盲目注册可能将被认定为对诚信原则的违反。因此，在商标注册申请阶段，要求申请者提交真实的商标使用意图声明，具有现实的商标法立法基础，也体现了《商标法》第 4 条的立法本意。

使用意图规则在我国司法解释中已有规定。比如，2010 年 4 月 20 日最高人民法院公布了《关于审理商标授权确权行政案件若干问题的意见》（以下简称《授权确权意见》），该意见第 20 条首次对商标使用意图进行了明确规定："如果商标权人因不可抗力、政策性限制、破产清算等客观事由，未能实际使用注册商标或者停止使用，或者商标权人有真实使用商标的意图，并且有实际使用的必要准备，但因其他客观事由尚未实际使用注册商标的，均可认定有正当理由。"其中明确提到了"真实使用商标的意图"。2017 年 1 月 10 日最高人民法院又公布了《关于审理商标授权确权行政案件若干问题的规定》（2020 年 12 月 29 日修改，以下简称《授权确权规定》），该规定第 26 条第 4 款指出："商标权人有真实使用商标的意图，并且有实际使用的必要准备，但因其他客观原因尚未实际使用注册商标的，人民法院可以认定其有正当理由。"我国司法解释中有关使用意图规则的规定，为商标立法的修改和完善提供了司法上的支持。

在坚持注册制的前提下规定使用意图，要求申请人在商标注册申请时提交真实使用商标意图的声明，增强商标申请注册中的商标使用因素考察，既符合我国商标注册和管理体制，也能有效遏制商标的恶意注册与囤积现象。而且，增加意图使用申请可有效实现鼓励商标注册与遏制商标恶意注册、囤积之间的平衡，充分发挥有限的行政资源的作用，从而有利于提高商标注册申请的审查质量。

同为大陆法系的日本和韩国，在其商标法中也有规定：具有商标使用意图的，可申请商标。比如，日本在商标申请注册中非常注重审查申请者在获得该商标之后的使用可能性，以此防止商标注册人恶意注册、囤积商标。在日本申请注册商标，除了该标识必须具备显著性要件之外，还应具有"使用的意图"。

《日本商标法》第3条第1款规定,"与自己业务相关的商品或服务上使用的商标,除去下列所列商标之外,可以注册商标"。该条中的"使用的商标",学界通常称之为"使用意思或使用意图"要件。也即,一个商标可注册的前提是,申请人已在自己经营活动中实际使用,或有将来在业务中使用的意图。现行《日本商标法》制定时,法律修订审议会对"使用意图"作出说明,其意为"现在正在使用的,或具有将来使用的现实且真诚的意思的"①。"使用意图"要件并非仅属于申请文件中申请人自行表明的使用意图,商标审查机关以及法院在商标授权或争议过程中,有权全面审查申请人是否具备将来使用该商标的可能性或盖然性。②《韩国商标法》第1章总则第3条明确,"在韩国国内使用或意图使用商标的人享有注册商标的权利"。可见,韩国商标法在申请注册阶段,要求使用或意图使用商标的人才能申请注册,而非仅为维持注册而使用商标。③

以上分析说明了申请注册阶段明确商标使用意图的重要性,本书建议可借鉴相关国家规定,修改现行《商标法实施条例》第13条的规定,在商标注册申请中,除了要求提交《商标注册申请书》、商标图样等材料外,还应要求提交"申请者具有使用该商标的真实意图的声明",该申明应由申请者亲自签名或盖章。至于使用意图的认定,可以参考英、美商标注册申请实践中的认定规则:"使用意图"意味着一种真实的使用意图、一个已经确定的目的,而不是有问题的、不确定的可能性。具体立法建议是,将《商标法实施条例》第13条第1款修改如下:

"申请商标注册,应当按照公布的商品和服务分类表填报。每一件商标注册申请应当向商标局提交《商标注册申请书》一份、商标图样一份;以颜色组合或者着色图样申请商标注册的,应当提交着色图样,并提交黑白稿一份;不指定颜色的,应当提交黑白图样。申请者还应当向商标局提交该商标真实使用意图的申明,该申明应由申请者亲自签名或盖章。"

在商标立法中明确规定使用意图,对从审查源头上控制商标恶意注册具有重要的现实意义。商标法要求商标注册申请人提交意图使用声明,该声明看似申请人单方作出,却能够对商标申请人形成强有力的约束,如果申请人恶意注册他人有较高知名度的商标,或者提出明显超出其使用能力和使用范围、不具备识别商品来源真实使用意图的大批量商标注册申请,不仅反映出其在生产经

---

① 〔日〕小野昌延:《新商标法概说(第二版)》,青林书院2014年版,第106页。
② 参见〔日〕茶园成树:《商标法》,有斐阁2014年版,第37页。
③ 参见王莲峰、刘润涛:《无真诚使用意图商标注册的立法规制》,载《中华商标》2018年第9期。

营活动中没有在指定商品上取得商标专用权的需要，违反《商标法》第4条的立法精神和第7条诚实信用原则，而且也违背了其作出商标意图使用的声明，属于采用欺骗手段获得注册的情形。上述修改还可以克服《商标法》第32条抢先注册条款适用时"不正当手段"具体范围不清、不易证明而导致适用该条认定恶意注册的困难，有利于从商标审查程序的源头上控制商标恶意注册和囤积，从而可提高商标注册申请的质量，减轻主管机关的审查压力，节约行政和司法资源，维护商标注册和管理秩序。

2. 商标确权机构对疑似恶意注册的申请人可要求其提供使用意图的证明

除了在立法中增加商标注册申请人提交该商标真实使用意图的申明外，本书建议商标确权机构如商标局可依职权，对疑似恶意注册的申请人可要求其提供商标意图使用的证明。考察域外立法及实践，欧盟及德国将恶意注册的商标申请行为作为实质审查的绝对理由，能够有效遏制此类不当行为。我国《商标法》第4条第1款规定了对恶意商标注册申请应当予以驳回，赋予了商标局对商标恶意注册实施主动审查的职权。对疑似恶意注册的申请人，商标局可要求其提供善意的使用或使用意图的证明文件；申请人无法提供相关文件的，则不予注册。如此规定，立法授予商标局清晰的、主动驳回恶意注册商标的职权，从而构建了注册前驳回、避免事后纠正的新模式，不仅强化了审查机构职责，也有助于提高确权效率，减少行政和司法资源的浪费。

当申请人提交上述证明文件时，其"可能恶意"即可得到排除。一方面，商标局有权对可能恶意的商标申请实施主动审查，其职权范围得以扩大；另一方面，申请人可以通过提交相关文件以证明其注册的非恶意，保障自身权益。由于我国商标注册的申请量不断增长，商标局审查任务日趋繁重。若要求商标局对所有申请主体进行善意的使用或意图使用的审查，不仅会增大主管机关的审查压力，也和我国注册确权的原则相违背。因此，商标局进行使用或使用意图审查的对象应仅限于可能恶意的申请人，而非所有申请主体。

当商标局认为商标注册人存在"可能恶意"，其又无法提交相关证明文件时，注册人将不被获准授予商标权。主管部门主动承担这一排查任务能在一定程度上制止不法的恶意注册行为。当恶意的商标申请没有被实质审查阻挡在外时，根据《商标法》第33条，任何人得以在规定的时间内依据本法第4条第1款提出异议，或者根据《商标法》第44条第1款，由商标局宣告该注册商标无效或由其他单位或个人提起无效宣告。如此一来，打击商标恶意注册的立法规制就能毫无缝隙地穿插在各个环节：自商标申请受理后的实质审查，到公告阶段的异议程序，以及商标获准注册后的无效宣告救济，在时间维度上做到环环紧扣，让恶意注册无所遁形。

(三)构建商标恶意注册民事赔偿制度

我国商标法对于恶意注册行为只有宣示性和禁止性规定,没有具体责任承担的规定;从现有情况看,违反禁止性规定最严重的后果,也仅仅是商标被宣告无效和损失300元的商标注册费;即使提起诉讼,法院也仅仅是驳回其诉讼请求,并未有诸如判决恶意注册者承担律师费、举证费和赔偿责任等任何处罚。而对恶意注册者承担法律责任的缺失,导致其违法成本低,从而助长了商标恶意注册愈演愈烈之势。无疑,商标恶意注册不仅损害了被抢注人的合法权益,而且破坏了商标注册秩序和管理秩序,理应受到规制和惩处。在民事法律领域,施加赔偿责任是遏制商标恶意注册的有效路径。

1. 商标恶意注册符合侵权行为的构成要件

根据一般侵权行为的构成要件,第一,商标恶意注册行为具有违法性。商标恶意注册违反了《商标法》第7条诚实信用原则和第44、45条的禁止性规定。第二,商标恶意注册会给商标在先使用人和在先权利人造成损害。恶意注册与注册商标相同或近似的商标会使得消费者发生混淆,削弱商标的识别功能和质量保障功能;抢注名人姓名、商号、作品名称、节目名称等也会损害在先权利人的利益。此外,在先商标使用人和在先权利人在维权诉讼中,不论是向商评委请求宣告无效还是向人民法院起诉,均要承担举证费、律师费等损失。第三,商标恶意注册行为与在先商标使用人和在先权利人所遭受的损害之间存在因果关系。第四,商标恶意注册人存在主观过错,即明知或应知"他人享有商业标识或在先权利"而进行恶意注册。综上所述,商标恶意注册符合侵权责任法一般侵权行为的构成要件。通常认为,侵权责任法的目的是保护人们的财产利益并防止遭受他人破坏,因此,侵权法的经济学本质是,"以侵权责任来将高昂的交易谈判成本导致的外部效应内部化"。[①] 换言之,通过要求施害人对受害人承担赔偿责任,内部化其造成的损害成本,从而刺激他人在一个有效水平上安全投资。通过法律规定对商标恶意注册人科以赔偿等法律责任,可提高其违法成本,促使其放弃恶意注册商标的行为。

如前所述,德国法院一般适用《德国反不正当竞争法》第4条第4项"阻碍竞争"条款对商标恶意注册行为进行规制。反观我国的司法实践,在2019年修改《商标法》之前,人民法院一般援引《民法通则》《中华人民共和国侵权责任法》(以下简称《侵权责任法》)以及《中华人民共和国反不正当竞争

---

① 〔美〕罗伯特·考特、托马斯·尤伦:《法和经济学(第六版)》,史晋川、董雪兵等译,史晋川审校,格致出版社、上海三联书店、上海人民出版社2012年版,第248页。

法》(以下简称《反不正当竞争法》)为在先权利人提供侵权民事救济。比如,在 2017 年的科顺诉共利案中,绍兴市中级人民法院认为:"恶意提起知识产权损害赔偿责任纠纷本质上属于侵权责任纠纷的一种,但在知识产权领域侵权责任并非仅此一种情形,只要是滥用商标注册制度,恶意注册商标给他人造成损失的,均属于侵权责任法规制的范畴。"① 恶意注册人的不当行为致使他人遭受损失,恰好满足一般侵权的构成要件。因此,不正当的恶意注册行为具有侵权法上的可责性。该案中,一审和二审法院都援引了《民法通则》第 106 条第 2 款、《侵权责任法》第 6 条第 1 款判决恶意注册人承担损害赔偿责任。②

除此以外,我国《反不正当竞争法》也是规制此类不当行为的重要法律依据之一。但与德国司法实践不同的是,我国《反不正当竞争法》并不存在类似于《德国反不正当竞争法》"阻碍竞争"这样具体的竞争者保护条款。对此,我国法院一般援引《反不正当竞争法》的一般条款进行判决,"水宝宝"案便是这类法律适用的标志性案件之一。该案中,恶意注册人将拜耳集团旗下的防晒霜产品 Coppertone "水宝宝"的两个图案注册为商标,随后对拜耳集团发起一系列大规模的持续性投诉,导致拜耳集团遭受重大的声誉贬低及经济损失。杭州市余杭区人民法院依据《反不正当竞争法》第 2 条认定注册他人商标并进行恶意投诉的行为构成不正当竞争,判决恶意注册人赔偿拜耳公司 70 万元的经济损失。③ 该案件的裁判昭示其重要的价值取向,不仅将"职业商标抢注人"纳入《反不正当竞争法》的规制范围,而且指明了在无其他具体适用法条的情况下,单独适用《反不正当竞争法》第 2 条打击职业商标抢注者的可能性。"该案件的审理也为日后有类似境遇的其他企业在保护自身合法权益,打击恶意抢注、恶意投诉行为时提供了突破性的解决方案"④。恶意抢注者不仅会无利可图,而且会因其不正当的竞争行为和恶意诉讼承担更为严重的赔偿责任等法律后果和违法成本,从而消灭其通过商标恶意注册获得利益的动机。

2. 建立恶意注册民事赔偿规则具有可操作性

通过立法规定恶意注册行为应承担民事赔偿责任,能够提高恶意注册人的违法成本,在一定程度上遏制恶意注册。被抢注人可以对抢注者提起侵权之

---

① 2020 年 5 月 28 日,十三届全国人大三次会议表决通过了《中华人民共和国民法典》,自 2021 年 1 月 1 日起施行,《侵权责任法》同时废止。
② 浙江省绍兴市中级人民法院(2017)浙 06 民初 267 号。
③ 参见杭州市余杭区人民法院(2017)浙 0110 民初 18627 号。
④ 广东海法律师事务所:《还敢恶意抢注商标?职业商标抢注人首次被判不正当竞争!》,http://www.sohu.com/a/244524591_99901874,2020 年 1 月 3 日访问。

诉，请求其赔偿因商业标识被抢注所遭受的损失，包括为被抢注的商标所花费的诉讼费用和律师费，以及丧失商业机会的损失。

在操作层面上，根据《中华人民共和国行政诉讼法》第61条的规定，法院在认定抢注人具有恶意的前提下，可以根据被抢注人的请求，在行政诉讼程序中一并判令抢注人承担赔偿责任。当然，被抢注人也可以另行提起侵权诉讼。

民事诉讼中，抢注人往往没有将其商标实际投入使用，而仅仅是将商标作为一个索赔工具，在确定侵权和赔偿责任时，人民法院应当予以充分考虑商标使用状况。请求保护的注册商标未实际投入商业使用的，不会产生导致相关公众混淆的后果，确定民事责任时可将责令停止侵权行为作为主要方式，在确定赔偿责任时可以酌情考虑未实际使用的事实，除为维权而支出的合理费用外，确无实际损失和其他损害的，一般不根据被控侵权人的获利确定赔偿；注册人或者受让人并无实际使用意图，仅将注册商标作为索赔工具的，可以不予赔偿；注册商标已构成《商标法》规定的连续三年停止使用情形的，可以不支持其损害赔偿请求。

民事诉讼法中对诚实信用原则和滥用诉讼程序的规定，也能够为我国《商标法》中规定恶意注册民事赔偿制度提供有益借鉴。其中，民事诉讼诚实信用原则与第三人撤销之诉、证据失权、强制措施等制度一起编织了打击与防范诉讼欺诈与恶意诉讼的法律之网。可以说，我国民事诉讼法在根治恶意诉讼和虚假诉讼方面已经形成以诉讼诚信原则一般性条款为核心，以众多具体条款为辅助的制度体系。具体案件中，有些被告可能会提出原告不当起诉的主张，引导法院作出驳回诉讼请求的判决，但这只是对原告诉讼请求的一种防御方法，最多只能产生原告败诉的效果。如果被告想据此寻求损害赔偿，还需获得提起侵权损害赔偿之诉的权利。《商标法》第68条规定：对商标代理机构恶意申请商标注册的，根据情节给予警告、罚款等行政处罚；对恶意提起商标诉讼的，由人民法院依法给予处罚。该规定虽然是针对商标代理机构法律责任的承担，但可同样适用于恶意抢注者。因此，建议在《商标法》中构建恶意诉讼侵权制度，规定恶意诉讼者应承担相应的法律责任，如侵权的赔偿责任，以加大恶意诉讼者的违法成本，有效遏制恶意诉讼行为的发生。

四、《商标法》第4条的解读及适用

针对愈演愈烈的商标恶意注册行为，2019年4月23日我国第四次修改后的《商标法》公布①，该法第 4 条第 1 款新增"不以使用为目的的恶意商标注册申请，应当予以驳回"的规定，将商标恶意注册行为列入禁止注册绝对理由，实现了规制恶意申请注册的关口前移的制度设计安排。

对该条的理解和适用存在不同的观点。有学者认为，"不以使用为目的"的条款是中国特色的商标法规则，该条款是为了解决我国大量存在的不以使用为目的的囤积注册问题。"不以使用为目的"条款中的"恶意"要件，是为了排除虽然可能不以使用为目的，但却是合理的防御性注册。② 也有学者撰文认为：《商标法》新增条款只能涵盖商标囤积与一部分恶意抢注，无法全面规制恶意抢注行为。③ 2019 年 5 月 9 日国家知识产权局官网发布了《商标法修改相关问题解读》，文中提到"针对恶意申请行为，现行法律规定较为明确，近年来打击力度很大，使这类行为得到了有效遏制。但是在囤积注册行为的规制方面，法律中仅有原则性规定，缺乏直接的、明确的、可操作性的条款，导致实际操作中打击力度不够。本次修改是从源头上制止恶意申请注册行为，使商标申请注册回归以使用为目的的制度本源"④。分析以上内容，在逻辑上前后语义似乎有些矛盾，是要重点解决商标的恶意注册还是商标囤积行为？还是两者都要兼顾？国家知识产权局的解读似乎不太明晰。为配合新《商标法》的实施，北京市高级人民法院、国家市场监督管理总局分别于 2019 年 4 月 24 日、2019 年 10 月 11 日公布了《商标授权确权行政案件审理指南》（以下简称《授权确权指南》）和《关于规范商标申请注册行为的若干规定》（以下简称《商标申请规定》）。从《授权确权指南》和《商标申请规定》颁布的目的分析，其规制的行为既包括商标恶意注册也包含囤积行为，但两者均未对新《商标法》第 4 条新增"不以使用为目的的恶意商标注册申请，应当予以驳回"的规定进行释义。国家市场监督管理总局在其颁发的《商标申请规定》第 5 条中提到："对申请注册的商标，商标注册部门发现属于违反商标法第四条规定的不以使

---

① 本书此处主要研究《商标法》第四次修改后第 4 条第 1 款新增规定"不以使用为目的的恶意商标注册申请，应当予以驳回"的适用问题，为表述的方便，文中统一称为"新《商标法》"，以便与原《商标法》第 4 条相区别。另外，从立法技术层面考虑，本书认为，新《商标法》第 4 条第 1 款新增内容应作为单独一款进行规定，因新增的内容具有特殊含义和具体指向，不应与原第 4 条第 1 款混同在一起。并且，单独规定一款也便于理解和法律适用。

② 参见张伟君：《"不以使用为目的"条款的初心和使命》，载"君策 Justra"微信公众号，2019 年 8 月 31 日。

③ 参见戴文骐：《认真对待商标权：恶意抢注商标行为规制体系的修正》，载《知识产权》2019 年第 7 期。

④ 参见国家知识产权局：《商标法修改相关问题解读》，http://www.cnipa.gov.cn/art/2019/5/9/art_66_28400.htm，2022 年 8 月 18 日访问。

用为目的的恶意商标注册申请，应当依法驳回，不予公告。具体审查规程由商标注册部门根据商标法和商标法实施条例另行制定。"

从上述学者的不同观点和商标行政管理机关及司法机构发布的信息表明，对新《商标法》第 4 条新增规定的理解和定位存在较大的差异和不同认识。如此，不仅会影响到法律适用的统一性和权威性，减弱该条款入法的重大意义，也会给具体的商标行政管理机关和司法裁判对该条的适用带来不确定性，导致难以操作，影响执法严肃性。鉴于修正后的《商标法》已于 2019 年 11 月 1 日实施，对该法第 4 条新增规定的适用问题就显得尤为重要了。如何理解《商标法》第 4 条修改的立法意图，就该条新增"不以使用为目的"及"恶意"的要件如何认定与适用等，下面将逐一进行分析。

（一）新《商标法》第 4 条修改的意图

解读一部法律中个别条款的修改内容，不能仅仅从字面意义上分析修改后的法条本身，而应将该法条置于整部法律修改的背景和修法的目标中进行考察和研究，同时，还要从一部立法的体系化视角探究该法条的体系定位及其语境，才能全面认识和准确理解该条修改的意图目标及价值取向。

上面谈到，国家知识产权局 2019 年 5 月 9 日在其官网上发布的《商标法修改相关问题解读》中强调，本次修改是从源头上制止恶意申请注册行为，使商标申请注册回归以使用为目的的制度本源。在制度的设计上，将规制恶意注册行为贯穿于整个商标申请注册和保护程序，在责任主体方面既包括申请人和权利人也包括中介服务机构。具体而言，新《商标法》修改对于恶意注册行为的规制主要涉及以下三个方面：第一，增强商标使用义务，增加"不以使用为目的的恶意商标注册申请，应当予以驳回"的规定，首先在审查阶段予以适用，实现打击恶意注册的关口前移，并将其作为提出异议和请求宣告无效的事由，直接适用于异议程序和无效宣告程序中；第二，规范商标代理行为，规定商标代理机构知道或者应当知道委托人存在恶意注册行为的不得接受委托，一经发现，依法追究责任；第三，对申请人、商标代理机构的恶意申请商标注册、恶意诉讼行为规定了处罚措施。[①]

从上述国家知识产权局的解读可以看到，规制商标恶意注册是《商标法》第四次修改要解决的主要问题和目标所在。本书认为，新《商标法》第 4 条新增规定的定位应当非常明确，主要是针对商标的恶意注册行为，旗帜鲜明地制

---

① 参见国家知识产权局：《商标法修改相关问题解读》，http://www.cnipa.gov.cn/art/2019/5/9/art_66_28400.htm，2022 年 8 月 18 日访问。

止不以使用为目的的恶意注册申请。从立法设计来看，通过把第4条新增规定置于新《商标法》总则的体例安排，不仅呈现出在规制恶意注册上程序规范的体系化之美，也对商标法实体规范中相关规则的适用起到了引领和统一作用。为配合该条的实施，在该法的第19条、第33条、第44条、第68条分别作了规定，具体表现为：规制商标恶意注册的立法程序体系的完善，恶意注册申请不仅可作为驳回的绝对理由，也可作为提出异议和无效宣告的绝对理由；同时，将规制对象从申请人扩展到商标代理机构。对恶意申请商标注册的，商标行政管理部门可根据情节给予警告、罚款等行政处罚；对恶意提起商标诉讼的，由人民法院依法给予处罚。[①] 本书以为，新《商标法》通过在总则中对第4条的法律地位的确立和立法精神的指引，多方位多角度加大了对商标恶意注册的立法规制，不仅完善了商标确权程序，加强了对恶意注册行为在行政和司法保护程序中的打击力度，大大改善我国的营商环境，而且有助于提升商标注册质量，节约行政司法资源，提高效率，从而更好地实现新《商标法》规制商标恶意注册的修法目标。

对新《商标法》第4条新增规定的理解，本书认为，不仅应放在全面了解第四次修法的背景下去考量，同时，还应关注到该法第4条立法目的及其语境下的逻辑关系。新《商标法》第4条第1款规定："自然人、法人或者其他组织在生产经营活动中，对其商品或者服务需要取得商标专用权的，应当向商标局申请商标注册。不以使用为目的的恶意商标注册申请，应当予以驳回。"分析该法条，一方面，该条款是对商标申请人合法有效主体资格的规定，如自然人在提出商标注册申请时，应提交其从事生产经营活动或服务的主体资格证明，未提交个体工商户营业执照等资格证明的，不予受理；[②] 另一方面，该条实际上也蕴含了商标注册申请以满足自身的商标使用需要为目的，对申请行为的合理性或正当性提出了要求，禁止恶意抢注和囤积商标资源。[③] 特别是，新《商标法》中增加的"不以使用为目的的恶意商标注册申请"的规定，更加明确和强调了申请人对商标使用的正当性和主观善意状态的要求，即为生产经营活动所必需的商标使用申请可以注册，反之，如果不是以使用为目的，大量、重复或超出其营业范围等非正当性的申请，则不予通过。

综上所述，本书认为，规制商标的恶意注册行为，是《商标法》第四次修

---

① 《商标法》第68条新增第4款："对恶意申请商标注册的，根据情节给予警告、罚款等行政处罚；对恶意提起商标诉讼的，由人民法院依法给予处罚。"
② 参见北京市高级人民法院（2017）京行终83号。
③ 参见最高人民法院（2013）知行字第41号、最高人民法院（2013）知行字第42号等。

改的立法意图和解决的主要问题。围绕这一问题,在立法制度的设计中,将"不以使用为目的的恶意商标注册申请,应当予以驳回"的规定置于总则,以指导和引领分则中规制恶意注册的程序和实体规范及其适用;通过对新《商标法》第 4 条的分析和解读,该条所规制的对象和行为应该既包括商标抢注行为也包括商标囤积行为,而且主要是规制恶意抢注行为。如果把第 4 条新增规定理解为仅仅规范商标囤积行为,则将导致该条新增规定的意义无法体现出来,其法律效力将大打折扣,与本次修法的立法本意也不符了。故而,了解《商标法》第四次修改的任务以及对该法第 4 条的文本解读和立法宗旨进行全面分析,将对新《商标法》第 4 条的适用起到重要的现实意义。

(二)新《商标法》第 4 条适用的难点

对新《商标法》第 4 条中的"不以使用为目的"和"恶意"的认定及两者之间的关系,已成为商标行政管理机关和司法机关适用该法条的重点和难点问题。

新《商标法》在 2019 年 4 月颁布后,相关司法和行政执法机关积极予以回应。北京市高级人民法院于 2019 年 4 月 24 日公布的《授权确权指南》第 7.1 条【商标法第四条的适用】规定:"商标申请人明显缺乏真实使用意图,且具有下列情形之一的,可以认定违反商标法第四条的规定:(1)申请注册与不同主体具有一定知名度或者较强显著特征的商标相同或者近似的商标,且情节严重的;(2)申请注册与同一主体具有一定知名度或者较强显著特征的商标相同或者近似的商标,且情节严重的;(3)申请注册与他人除商标外的其他商业标识相同或者近似的商标,且情节严重的;(4)申请注册与具有一定知名度的地名、景点名称、建筑物名称等相同或者近似的商标,且情节严重的;(5)大量申请注册商标,且缺乏正当理由的。前述商标申请人主张具有真实使用意图,但未提交证据证明的,不予支持。"

国家市场监督管理总局为了规范商标申请注册行为,规制恶意商标申请,也于 2019 年 10 月 11 日公布了《商标申请规定》,其中第 8 条规定:"商标注册部门在判断商标注册申请是否属于违反商标法第四条规定时,可以综合考虑以下因素:(1)申请人或者与其存在关联关系的自然人、法人、其他组织申请注册商标数量、指定使用的类别、商标交易情况等;(2)申请人所在行业、经营状况等;(3)申请人被已生效的行政决定或者裁定、司法判决认定曾从事商标恶意注册行为、侵犯他人注册商标专用权行为的情况;(4)申请注册的商标与他人有一定知名度的商标相同或者近似的情况;(5)申请注册的商标与知名人物姓名、企业字号、企业名称简称或者其他商业标识等相同或者近似的情况;(6)商标注册部门认为应当考虑的其他因素。"

应当指出，上述北京市高级人民法院和国家市场监督管理总局作为司法和行政执法机关，在《商标法》修改实施前发布的这些对所属机构有一定约束力的规范文件，具有非常重要的积极作用。这些规范执法工作文件的发布，不仅彰显了执法机关对新《商标法》实施的高度重视，也有助于各不同机关从不同执法属性的角度更好地适用新《商标法》第4条的规定。同时，不同执法机关的这些规范文件的发布也从另一个侧面表明，新《商标法》第4条新增规范的适用，会面临新的执法情况和更高质量的执法要求，对此必须高度重视。

以严谨的科学态度认识新《商标法》第4条规范的含义，以高度的责任心审视执法机关发布的相关规范文件，我们可以发现这些文件中至少存在两个可商榷的问题：第一，对新《商标法》第4条规定的法律适用，不同执法机关的相关规定缺乏共识。虽然作为审判机关的人民法院与注册商标审批授权机关的执法属性有别，执法内容不同，甚至适用法律的思维也会有差异，但是，在适用法律对相关事实认定的标准方面，却应当是一致的，不然将会与法制的统一性原则不相吻合。第二，专门针对新《商标法》第4条的具体条款的适用及其释义，这两个规范文件都没有明确提及，既未区分"不以使用为目的"和"恶意"两个不同要件的内容及两者的关系，更缺乏针对"恶意"认定的操作规范。本书认为，要精准执法，高质量地正确理解和适用第4条规定，应当明晰"不以使用为目的"和"恶意"两个不同要件的内涵和认定标准及参考因素，并对两要件之间的关系进行梳理，是并列要件还是从属关系？尤其要准确认定"恶意"，防止淡化和忽略对"恶意"因素的专门考虑和准确认定。但对于上述内容现行《商标法》及其实施条例均未明确规定，由此可以看到，对新《商标法》第4条中的"不以使用为目的"和"恶意"的认定及两者之间的关系，已成为商标行政管理机关和司法机关适用该法条的重点和难点问题。

（三）新《商标法》第4条"恶意"的认定及适用

上述谈到，针对新《商标法》第4条新增"不以使用为目的的恶意商标注册申请，应当予以驳回"的规定，为便于统一适用，北京市高级人民法院和国家市场监督管理总局分别颁发了《授权确权指南》和《商标申请规定》，但这些文件呈现和规定的内容不尽相同，对该条中的"恶意"也未作出明确规定，由此也反映出司法和行政执法部门对新《商标法》第4条新增条款有不同的认识和判断要求。

第4条新增规定有两层含义：其一，是文本字面上的含义，如果申请人提起申请的注册商标，既不是以使用为目的，又具有恶意，就应当予以驳回，这是禁止性规范；其二，是隐含在文字里面的另一层含义，如果申请人提起的注册商标虽然不是以使用为目的，但没有恶意，则不能驳回，而应当予以认可，这是许可性规范。可见，这一规定包含了结果截然相反的两层意思，而关键要件是考虑申请人申请注册商标是否具有"恶意"。显而易见，审查、认定申请人的申请是否有"恶意"，对新《商标法》第 4 条规定的正确适用具有关键性意义。但对注册商标申请中的"恶意"应当如何认定，新《商标法》未作出明确的规定。

1. 我国商标确权机关对恶意的认定

在商标行政审查实践中，商标管理机关也在不断探索积累经验，依法针对恶意注册采取措施。针对大量申请明显侵犯他人在先权利，或者大量抢注公共资源的恶意注册行为，一律予以驳回。对缺乏真实使用意图，且明显超出正常经营活动需要申请注册的商标，依据《商标法》第 4 条和第 30 条，在审查阶段予以驳回，在异议阶段不予注册。同时，国家商标局集中处理了一批恶意囤积商标案件，作为对在后案件行为人主观恶意判断的参考。比如，威海某公司申请注册 300 余件商标，均完整包含他人在先注册、知名度较高的 KENZO、MOSCHINO 等商标；广州某信息科技有限公司申请 9000 余件商标，其中被不同权利人提出异议 210 件，商标局对其被异议的 39 件商标一并处理，予以驳回；上海某公司申请注册 500 余件商标，其中被不同权利人提出异议 77 件，商标局对其被异议的 13 件商标一并驳回。在上述案件中，商标局认为相关企业的商标申请注册行为有悖诚实信用原则，扰乱了正常的商标注册管理秩序，依据商标法有关规定作出对被异议人的多件商标不予注册的决定。① 此外，依据《商标法》的规定，在审查过程中，审查员认为申请人涉嫌恶意申请或者囤积注册的，可以要求其作出相关说明。

在判断是否构成"不以使用为目的的恶意"时，应综合考虑申请人所在的行业特点、经营范围、经营资质等基本情况，申请人提交的商标注册申请的数量、类别跨度和时间跨度等整体情况，提交的商标注册申请标志的具体构成、商标实际使用情况，以及申请人在先是否存在商标恶意注册及侵犯多个主体注册商标专用权等多方面因素，综合判断其申请是否明显不符合商业惯例、明显超出正当经营需要和实际经营能力以及明显具有牟取不正当利益和扰乱正常商标注册秩序的意图。上述谈到，新《商标法》第 4 条立法目的在于遏制不正当占用商标资源和扰乱商标注册秩序的商标囤积等恶意申请行为，行为人不以使用为目的大量申请商标和意欲借此牟利的意图，即属于此条款予以规制的"不

---

① 参见余颖：《恶意抢注搅浑了商标竞争这潭水》，http://www.ce.cn/cysc/newmain/yc/jsxw/201805/14/t20180514_29116084.shtml，2019 年 10 月 9 日访问。

以使用为目的"的"恶意"。基于此，实践中有两种情形不适用新《商标法》第 4 条：(1) 申请人基于防御目的申请与其注册商标标识相同或者近似的商标；(2) 申请人为具有现实预期的未来业务，预先适量申请商标。①

司法实践中，针对恶意的商标确权和授权案件，最高人民法院于 2017 年 1 月 10 日也发布了《授权确权规定》，其中第 25 条规定，"人民法院判断诉争商标申请人是否恶意注册他人驰名商标，应综合考虑引证商标的知名度、诉争商标申请人申请诉争商标的理由以及使用诉争商标的具体情形来判断其主观意图"。近年来，在注册商标无效宣告的行政案件中，法院针对大量囤积注册商标行为，也开始探索适用新《商标法》第 4 条规定。最高人民法院在 2018 年再审的"闪银"商标无效案中，②根据一审和二审法院认定的事实，认为武汉中郡公司在多个类别的商品和服务上申请注册了包括争议商标在内的一千余件商标，并非基于其生产经营活动的需要，而是无正当理由大量囤积商标，牟取不正当利益，违反了新《商标法》第 4 条的规定，最终维持了二审法院的判决。

2. 域外司法实践对"恶意"的认定

从世界范围来看，在立法规范中难觅对注册商标申请中"恶意"的明确规定，如《德国商标法》《欧盟商标指令》《日本商标法》等，都没有对"恶意"认定作出明确的规定。但是，这并不意味着这些国家的司法实践对申请人的恶意申请置之不理。相反，申请人的主观恶意状况往往是执法机关审查注册商标申请正当性的重要考虑因素。比如，2019 年 5 月 14 日，欧盟普通法院作出 T-795/17 号判决，维持了欧盟知识产权局认定"NEYMAR"商标注册无效的裁定。在该案中，Carlos Moreira 于 2012 年 12 月 17 日在欧盟申请注册"NEYMAR"商标，使用在第 25 类的商品上。著名足球明星 Neymar Da Silva Santos Junior（内马尔）于 2016 年以涉案商标为恶意申请为由提出无效异议，并得到支持，涉案的注册商标被撤销。Carlos Moreira 上诉到欧盟普通法院。欧

---

① 参见《商标审查审理指南》下编第 2 章第 3 条。

② 参见最高人民法院（2017）最高法行申 4191 号。本案中，武汉中郡公司申请的商标中包括大量与他人知名品牌相近似的商标，如在第 9 类上申请注册的"支付保闪银""徽信闪银"等商标，在第 14 类上申请注册的"周大庆""周大盛""周传福""周盛福"等商标，在第 36 类上申请注册的"五八有房""五八有车""五八有礼""五八有爱""五八有信""购付通""财聚通"等商标。而且，本案争议商标核定使用在第 36 类金融服务等服务上，而武汉中郡公司工商登记的经营范围并不涉及金融服务相关业务。最高法认为，该公司的行为不但扰乱了正常的商标注册秩序，而且不正当占用了公共资源，有损公平竞争的市场秩序，属于《商标法》第 44 条第 1 款规定的"其他不正当手段取得注册"的情形。因此，争议商标的注册违反了商标法的规定，原审法院对此认定正确。最高法最终维持了北京市高级人民法院（2017）京行终 4126 号行政判决。

盟普通法院经审理作出前述判决，维持了有关涉案商标为恶意注册的认定。法院认为，要审查主观上是否恶意，需要考虑本案的客观情况，比如标记的出处、申请人的商业逻辑以及一系列导致其提出商标申请的事件。涉案商标与内马尔的名字完全相同，而在商标申请之时，内马尔已经闻名欧洲。申请人也表示在申请时已经知道内马尔。在申请本案商标的同时，他还申请了与另一位著名足球明星伊戈尔·卡西利亚斯的名字相同的商标"IKER CASILLAS"。这说明本案商标的申请确属恶意，绝非偶然。再如，德国联邦最高法院在审理"世界杯2006"案的裁决中曾对"恶意"作出解释：商标注册人对申请注册的商标缺乏"来源指示"的使用意图，其取得拟制的商标权，是以日后达到对第三方不正当或是违反公序良俗的阻碍为目的的，可认定为恶意。①

综上所述，本书注意到，尽管国内外司法和行政执法实践中对相关"恶意"的认定是对已注册商标无效纠纷案件中的申请人主观状态的考虑，对在申请环节申请人的"恶意"认定与在已注册的商标无效审查环节的"恶意"认定，相关执法机关在审查具体证据材料或要求证明的具体事项方面会有所不同，但是，从本质上看，无论是在申请环节还是在对已注册商标无效审查或诉讼案件的审理环节，对当事人主观恶意的商标注册申请都是不能受到法律保护的。就此角度来看，恶意申请此类案件的本质属性是相同的，对主观过错的认定标准也存在相通的原理基础和基本理念。因此，国内外对"恶意"认定的相关执法实践，对我们探究注册商标申请时的"恶意"认定，具有积极的借鉴价值。

值得关注的是，2013年《商标法》将恶意注册规制的主体从申请人扩大到商标代理机构，2019年《商标法》第四次修改后，又加大了对商标代理机构恶意代理的处罚力度。根据现行《商标法》第19条和第68条的规定，"商标代理机构知道或者应当知道委托人申请注册的商标属于本法第四条、第十五条和第三十二条规定情形的，不得接受其委托"，对违反第4条规定的商标代理机构，"由工商行政管理部门记入信用档案；情节严重的，商标局、商标评审委员会并可以决定停止受理其办理商标代理业务，予以公告"，"对恶意申请商标注册的，根据情节给予警告、罚款等行政处罚；对恶意提起商标诉讼的，由人民法院依法给予处罚"。现行《商标法》强化了对商标代理机构的责任，对规制恶意商标申请也会起到一定的积极作用。

---

① 参见王莲峰、郑敏渝：《欧盟和德国商标恶意注册的规制及对中国的借鉴》，载2019年知识产权法南湖论坛论文集。

(四)新《商标法》第 4 条"不以使用为目的"的理解与适用

通过上述对恶意的认定总结，可以看到这些申请行为的共性是缺乏真实使用意图，即"不以使用为目的"。那么，如何理解新《商标法》第 4 条中的"不以使用为目的"的立法价值及适用该规定呢？下文将对此进行分析研究。

1."不以使用为目的"的立法理由及法理价值

近年来恶意抢注行为愈演愈烈，立法机关逐步认识到商标使用的价值和作用。特别是在我国《商标法》第三次修改中表现得尤为突出。为弥补我国商标注册确权制度的缺陷和不足，遏制商标恶意申请行为，2013 年第三次修改后的《商标法》中增加了商标使用的规定，并完善了商标使用的相关规则，比如，在第 48 条新增了商标使用的定义，明确了商标使用是"用于识别商品来源行为"，明晰了注册商标连续三年不使用的法律后果，吸纳了外国商标立法及司法的成功经验，对成为通用名称的注册商标因而丧失其显著性的，不能继续享有商标专有权，新增注册商标连续三年不使用不得请求赔偿救济。2013 年《商标法》还首次确立了商标的合理使用、功能性使用及在先使用的规则，对商标权人行使权利进行了限制。为规范商标的申请和使用，2013 年《商标法》在总则中还引入了诚实信用原则，并简化异议程序，限定提出异议的主体和理由等，对商标注册异议制度进行了改革和完善。2013 年《商标法》经过五年的实施，上述规定对规制商标恶意申请注册和囤积发挥了一定作用，但依然无法根治此种行为，特别是在商标的申请阶段，针对恶意申请行为，商标管理机关缺乏直接驳回该申请的立法依据。为进一步完善商标使用制度、优化营商环境、加大对知识产权保护，国家知识产权局于 2018 年 3 月启动对《商标法》的第四次修改工作。

从上述分析得知，规制商标恶意注册是《商标法》第四次修改的主要目标，为了弥补 2013 年《商标法》的不足，更加严厉地规制商标恶意申请行为，新《商标法》将规制恶意申请商标的关口前移，在第 4 条中新增"不以使用为目的的恶意商标注册申请，应当予以驳回"的条款，即申请人在申请环节符合了第 4 条规定的，商标审查员可直接予以驳回，并在商标的异议和无效程序中作了同样的规定。与 2013 年《商标法》相比，新《商标法》通过对第 4 条"不以使用为目的"不得申请商标注册的规定，不仅鲜明地向全社会昭示了申请商标的目的在于使用，并进一步倡导和强化商标使用的理念，防止"注而不用"，而且结合实践中企业的自保需要，为申请防御商标预留了空间，即将那些"不以使用为目的"的善意商标注册申请排除在外；同时，在制度的设计上完善了规制恶意商标注册的申请程序，将"不以使用为目的的恶意商标注册申请"作为禁止注册的绝对理由加以规定,并适用于异议和无效程序中,体现了立法的进步。如何理解和适用第4条"不以使用为目的"的规定?该要件和本条中的"恶意"要件之间是并列关系吗?下文将进行分析。

2. "不以使用为目的"条文的理解与适用

(1) "不以使用为目的"的认定

对新《商标法》第4条中新增"不以使用为目的"的条款,本书认为,其核心内涵应为申请商标是否为了使用,如果申请商标是为了使用,则满足了可获得注册的要件之一,同时具备了其他可注册的要件的,则有可能得到商标注册;如果申请商标的目的不是为了使用,则可予以驳回。那么,实践中如何认定"不以使用为目的"的商标申请行为呢?通过对最高人民法院《授权确权规定》、北京市高院《授权确权指南》和国家市场监督管理总局《商标申请规定》的综合分析,本书认为,可从以下几方面认定"不以使用为目的"的申请行为:① 申请人明显缺乏真实使用意图,无正当理由大量或重复申请商标的;② 申请与他人具有一定知名度或者较强显著性的商标或者和其他商业标志相同或近似的商标且情节严重的;③ 申请人在不相同或者不相类似商品或服务上申请他人已注册商标的;④ 申请人具有以牟取不当利益为目的,向商标在先使用人或者他人索要高额转让费、许可使用费或者侵权赔偿金等的;⑤ 申请人大量申请具有一定知名度的景点名称和建筑物名称等的;⑥ 其他可以认定为"不以使用为目的"的情形。上述行为的共性均是"不以使用为目的",要么是为攫取不当得利,要么是以商标作为竞争工具或以掠夺侵占公共资源为目的,这些行为严重破坏了正常的市场竞争秩序,扭曲了商标申请注册即为使用的本意。

(2) 意图使用可否视为"以使用为目的"

前文谈到,判定"恶意"核心的标准就是缺乏"真实使用商标意图"。何为"意图使用"?意图使用可否视为"以使用为目的"?对此问题,我国商标立法和行政法规均无明确界定。司法实践中法官们结合具体案例,通过对新《商标法》第4条的适用条件进行探索,对缺乏使用商标意图的注册申请行为进行规制。例如,在"海棠湾"商标撤销争议纠纷案中,最高人民法院援引新《商标法》第4条规定的精神,认为民事主体申请注册商标,应该有使用的真实意图,以满足自己的商标使用需求为目的,其申请注册商标的行为应具有合理性或正当性。不是为生产经营需要的商标注册,不具有正当性,并支持了商评委和两审法院根据新《商标法》有关"以其他不正当手段取得注册"的规定予以撤销的决定和判决。①

在 2010 年最高人民法院出台的《授权确权意见》中，首次对真实使用意图进行了明确规定："如果商标权人因不可抗力、政策性限制、破产清算等客观事由，未能实际使用注册商标或者停止使用，或者商标权人有真实使用商标的意图，并且有实际使用的必要准备，但因其他客观事由尚未实际使用注册商标的，均可认定有正当理由。"② 2017 年最高人民法院对上述意见进行了完善，出台了《授权确权规定》。该规定再一次明确了具有"真实使用商标的意图"，视为商标的使用，可免予被撤销。③ 最高人民法院副院长陶凯元在 2018 年全国知识产权审判工作会议上特别强调："根据商标注册应有真实使用意图的精神，探索适用商标法第四条制止申请人囤积商标。"

可见，商标真实使用意图规则在我国司法解释中已有规定，在满足相关要件时，意图使用也可视为"以使用为目的"的一种方式。在适用新《商标法》第 4 条时，只要申请人提供了真实使用商标的意图声明，则商标审查人可以不予驳回主观上非恶意的申请行为。将商标意图使用视为商标使用，也体现了新《商标法》第 4 条的立法本意。当然，申请人主张具有真实使用意图，应提交证据证明。④ "是否具有使用意图正在成为保证商标注册制度正常运转的最后一道屏障，离开使用，单纯地保护注册商标，就容易给企图滥用商标注册制度的人以可乘之机。"⑤

（五）新《商标法》第 4 条中的"恶意"与"不以使用为目的"的关系

新《商标法》第 4 条第 1 款新增"不以使用为目的的恶意商标注册申请，应当予以驳回"的规定，在适用该条时如何理解？是否需要同时满足"不以使用为目的"与"恶意"两个要件，才可以驳回商标申请？"不以使用为目的"与"恶意"是两个并列的要件，还是有主次之分？如果是并列要件，从文字上解读似乎有重合之处："不以使用为目的"的商标注册申请，主观上即含有恶意的成分；如果将"不以使用为目的"的注册行为指向商标抢注和商标囤积，其主观上也存在恶意，是否需要另行规定"恶意"的要件？另外，针对大规模"傍名牌"的抢注行为，即使是以使用为目的，其主观恶意也是显而易见的，

---

① 参见最高人民法院（2013）知行字第 42 号。
② 参见《最高人民法院关于审理商标授权确权行政案件若干问题的意见》第 20 条。
③ 参见《最高人民法院关于审理商标授权确权行政案件若干问题的规定》第 26 条第 4 款。
④ 参见王莲峰、刘润涛：《无真诚使用意图商标注册的立法规制》，载《中华商标》2018 年第 9 期。
⑤ 黄晖：《从中欧比较商标法的角度看"不以使用为目的"与"恶意"的关系》，载"知产力"微信公众号，2019 年 11 月 3 日。

此时"恶意"要件是否还有必要规定？那么，为何新《商标法》第 4 条第 1 款新增部分要规定"恶意"？其立法目的何在呢？

本书认为，从文本解释层面分析，"不以使用为目的"是作为"恶意"的定语或者修饰语，两者并非同等要件，申请人具有"恶意"才是商标申请予以驳回的主要理由。正如罗马法著名的法谚：欺诈毁灭一切！恶意即为违背诚实信用原则，构成商标禁止注册的绝对理由。这也吻合我国新《商标法》为规制商标恶意注册将关口前移的制度设计，在申请阶段初期，将恶意抢注和商标囤积行为挡在外面。但在商标审查环节，申请人主观恶意往往难以界定，需要借助申请的商标是否"以使用为目的"来判断，故而，在法条中，将"不以使用为目的"作为"恶意"的定语或者前提来说明。或者说，即使以使用为目的的申请，如果能证明是恶意的，商标管理机关也可将该申请予以驳回。换言之，在新《商标法》第 4 条的具体适用中，不能将该条理解为要同时满足"不以使用为目的"和"恶意"两个条件，那样反而会提高适用的门槛，而应当以恶意作为判定标准，以商标是否使用为目的作为考虑的主要因素。如此，既可以将正常的防御性商标申请注册排除在外，也可规范那些以使用为目的的"傍名牌"和"搭便车"等行为，防止他人规避法律。

五、构建和完善商标信用监管体系[①]

在"互联网＋"时代背景下构建和完善我国规制商标恶意注册的社会环境，首要措施是加强商标信用监管，推进商标监管规范化，探索实行"互联网＋监管"模式。以诚实信用为原则，构建与完善商标信用信息共享及公示平台，实现跨区域监管，并制定失信惩戒与信用损害赔偿制度，真正做到从严从快处理大规模恶意注册商标案件，创造诚实守信的商标注册社会环境。

（一）构建与完善商标信用信息共享及公示平台

构建商事主体信用监管体系，实施商事主体信用监管，是解决商标恶意注册行为监管问题的重要举措，其实现的基础是建设完善的商事主体信用信息共享及公示平台。加强商标信用监管，应将因商标侵权假冒、违法商标代理行为受到行政处罚等信息纳入国家企业信用信息公示系统，形成对商标失信行为的协同监管和联合惩戒。创新商标监管方式，充分利用大数据、云计算等现代信息化手段，探索实行"互联网＋监管"模式，打击网络侵权假冒行为，增强对

[①] 参见王莲峰主持的国家知识产权局重点课题"探索增强注册商标使用义务"（批准号：20180628）。

商标违法行为线索的发现、收集和甄别能力。

具体而言，可充分利用政务信息资源交换平台，改造升级全国企业信用信息公示系统，同步开发企业信息归集和协同监管平台以及数据处理平台，整合各政府部门企业信息公示系统，建设全国统一的企业信息公示平台，即国家企业信用信息公示系统。实现市场监管部门、审批部门、行业主管部门及其他部门之间的信息实时传递和无障碍交换，将各部门涉企信用信息记于企业名下并对外公示，形成覆盖企业、个体工商户、农民专业合作社等各类商事主体的全方位信息。通过各部门统一信息归集公示，加强协同监管，落实失信惩戒，为构建全国商事主体信用监管体系打下坚实基础。

(二) 制定失信惩戒制度

维护社会信用，除了正面激励，还需要对失信行为予以惩戒。商标恶意注册行为屡禁不止的一个重要原因在于违法成本过低，在某些情况下甚至出现维权成本高于违法成本的不合理现象。提高违法成本、强化违约惩罚，是巩固社会信用堤坝的重要一环。应加强法治建设，严厉打击商标恶意注册行为，通过完善法治清除信用问题的法律盲点；设置便利的信用维权端口，为信用维权提供多渠道社会支持和救助，降低维权成本；对于失信者，依托信息平台公布其失信记录，不仅对其施加社会舆论和道德压力，而且限制其经济社会能力。当然，相关信息的披露必须遵循法律规定，不能损害个人合法权益。应依托社会信用治理系统提高失信者在相应社会领域的准入门槛，对其行为进行限制，并建立合理的损害赔偿制度。比如，在一定年限内剥夺存在恶意注册行为的企业的从业资格，降低存在不良信用记录社会成员的商业贷款和社会救助额度，对企业进行罚款等等。

(三) 制定合理的商标注册规费制度

2015年10月9日，国家商标局根据《国家发展改革委、财政部关于降低住房转让手续费受理商标注册费等部分行政事业性收费标准的通知》（发改价格〔2015〕2136号）的要求发布《关于降低受理商标注册费的通知》，决定自2015年10月15日起，将受理商标注册费基础收费标准从800元降为600元。2017年3月10日，国家商标局根据财政部、国家发展改革委财税〔2017〕20号文件发布《关于调整商标注册收费标准的公告》，决定自2017年4月1日起，商标注册收费标准降低50%，受理商标注册费基础收费从原来的600元进一步下调到300元，受理转让注册商标费等也相应降低。这一系列举措不仅受到普通的市场主体欢迎，也刺激了以商标注册和交易为业的商标投资人，甚至是民间资本有组织地进入商标投资领域，不惜动用经济杠杆，一次性申请注册几百上千个商标。这不仅影响了市场主体正常的商标使用和生产经营，增加了企业商标维护成本，也加大了商标主管部门的审查压力，极大地浪费了行政和司法资源。

过低的商标注册规费会加剧商标恶意注册申请和囤积商标。随着商标便利化改革，优化注册程序，全面放开网上申请，降低商标注册规费，商标注册更加便利、成本更加低廉，在便利市场主体正常申请的同时，也刺激了商标申请和囤积注册。商标囤积人不以自己使用为目的，大量申请注册并将该类商标转让给有实际需求的市场主体使用。从事囤积商标的商标投资人，在整个商标供需的链条中先是自己交纳受理商标申请注册费，承担了商标注册的等待时间、商标被驳回以及注册商标无法变现等风险。过低的商标注册规费，降低了商标囤积者对注册成本支出的敏感性，加剧商标囤积注册和申请。因商标申请数量巨大，在先申请和在先注册使用在后商标注册申请的核准变得越来越困难。随着商标注册难度的加大，有一些企业不得不选择购买现成商标，从而催生专业从事商标囤积和投资商标交易平台的企业，形成恶性循环。而且，商标囤积者为了将商标注册风险和成本转嫁给有实际使用需求的购买者，商标转让费也水涨船高。

所以，合理确定商标注册规费标准，有利于充分发挥商标注册收费配套制度在遏制商标恶意注册申请和商标囤积中的作用。为此，建议将商标注册规费调整回 2017 年 4 月 1 日之前的标准，即受理商标注册费收费标准为 600 元。

（四）完善商标代理机构行业自律体系

商标恶意注册行为的一种情形即为商标代理机构抢注被代理人商标行为，为遏制这一现状，重整行业风气，建设诚实信用的行业环境，必须建立健全商标代理机构信用档案，完善执业信息披露制度，加强信用监管。发挥商标品牌服务行业组织作用，加强行业自律，制定服务标准，建立健全守信激励、失信惩戒工作机制。

1. 建立商标代理机构信用平台

按照商标法的规定，商标代理机构需要通过商标局备案才能从事商标代理活动。目前，中国商标网上有专门的"商标代理"板块，公众可以据此查询到相关商标代理机构的基本信息。但是，通过这种方式查询到的代理机构信息十分有限。因此，建设全国统一的商标代理机构诚信平台系统（作为全国信用信息公示系统的子系统），并出台商标代理行业信用管理办法，不失为一个良策。该平台的功能可以集法律法规宣传、商标代理机构备案信息公示、合同示范文本参考、违法违规代理行为记录、商标代理预警等于一体，褒扬诚信，惩戒失信，引导商标代理机构守法、规范经营，增加商标代理机构失信成本，方便公众查询代理机构信用信息。

2. 促进行业自律

基层市场监管部门要加强对辖区商标代理机构的行政指导，重点指导商标代理机构完善内部管理和服务制度，规范收费行为，进行信息公示。同时，商标代理行业组织应当遵守现行《商标法》第20条规定，严格执行吸纳会员的条件，对违反行业自律规范的会员实行惩戒，并将惩戒情况及时向社会公布。此外，要发挥社会监督作用，畅通投诉举报渠道，及时受理消费者投诉举报。

3. 强化失信惩戒

严执法才能促规范，宽进后必须严管。工商、市场监管部门要建立辖区商标代理机构档案，加强对商标代理机构的日常监管。比如，组织专项执法行动，深挖案源，严厉查处扰乱代理市场秩序、损害社会公众利益的不正当竞争行为，并及时记入信用档案，进行案件曝光；对商标代理机构违法行为情节严重的，建议商标局停止受理其办理的商标代理业务，实施"市场禁入"，有效打击、震慑、预防商标代理违法行为，努力营造公平有序的商标代理市场环境。

六、设立商标恶意注册嫌疑人名单制度

建立恶意注册嫌疑人名单数据库，一方面将有助于遏制商标恶意注册"惯犯"继续抢注商标，阻止其继续以抢注商标作为牟取不当利益的手段，减少恶意商标注册；另一方面，恶意注册嫌疑人名单的公示所产生的社会影响也能对进一步规范市场起到一定的作用，对恶意注册嫌疑人的惩处措施所产生的威慑力，将消除其他主体进行商标恶意注册的企图。恶意注册嫌疑人名单为商标注册提供有效的制度规范，其对商标恶意注册的规制作用，将增加商标的有效使用率，防范恶意注册。

对商标恶意注册嫌疑人名单制度的战略性建设而言，商标恶意注册嫌疑人名单的制定、审核、发布、修改应当由国家知识产权局商标局统一负责。并且，商标恶意注册嫌疑人名单系统应覆盖到全国各省市，任何申请注册商标的主体都必须通过嫌疑人名单系统的筛查，一旦发现有恶意注册的"前科"，或试图进行恶意注册的，证据确凿后应分情形选择永久禁止或在一定期限内禁止其申请注册商标，以示惩戒。

（一）建立商标恶意注册嫌疑人名单制度的必要性

目前，我国商标恶意注册的情况十分严峻。在商标行政案件中，商标恶意注册案件占据了较大的比例。在商评委发布的商标评审典型案例中有不少案例都与恶意注册相关，涉及抢注他人驰名商标、大量抢注他人在不同领域的知名商标、抢注他人在先使用并有一定影响的商标、抢注知名的电影名称、抢注知名的自然人姓名、抢注被代表人商标等。据统计，涉嫌恶意注册的案件在除驳回复审和撤销复审案件之外的其他商标行政案件中的比例在30%以上。

在众多恶意注册者中，更不乏一些以商标抢注为业，通过商标囤积牟取不正当利益的商标囤积者。这些大量抢注并囤积商标的主体，应当纳入恶意注册嫌疑人名单。这些商标囤积者往往不使用任何商标，而是利用注册机制霸占大量商标资源，阻碍了正常的商标注册取得和使用秩序。因此，基于目前我国商标恶意注册现象的泛滥，建立商标恶意注册嫌疑人名单将有助于对商标恶意注册的规制。一方面让行政机关和社会公众清楚地获悉商标恶意注册人的名单，提高对商标抢注案件的规制；另一方面，也让商标恶意注册曝光在阳光下，对商标抢注人形成威慑力。

（二）建立商标恶意注册嫌疑人名单制度的可行性

创建商标恶意注册嫌疑人名单，将进行了大量商标抢注、商标囤积的主体纳入一个标准化的名单之中，由国家知识产权局商标局直接拒绝由其提交的商标注册申请，在我国商标注册申请量日益增多的背景之下，无疑将提高商标注册审查的效率，避免将有限的行政资源浪费在具有恶意企图的申请人之上。同时，将商标恶意注册的行为进行量化，公布商标恶意注册嫌疑人名单，将对商标恶意注册嫌疑人产生威慑力，有利于保护具有真实使用意图的商标注册申请人，维护商标注册与使用的环境。

目前，我国的商标申请、注册等已经逐渐趋向电子化，商标的注册、转让情况等已进行了网络公布。此外，通过行政机关与互联网企业的合作，利用大数据手段，分析商标恶意注册的现象，追溯商标恶意注册嫌疑人，具有现实可操作性。因此，公布商标恶意注册嫌疑人名单具有技术上的可操作性。

（三）韩国恶意注册嫌疑人名单制度的可借鉴性

与中国一样，韩国也曾面临过严重的商标恶意注册问题，对此，韩国专利厅做了不少努力。例如，韩国关注商标中介人的商标抢注行为，早在2011年就启动了针对商标中介人的措施，为了鼓励群众举报商标中介人的恶意注册行为，韩国专利厅在其网站内部专设了举报栏目。此外，韩国还将商标中介人的名单进行公示，公众可以通过互联网查阅列入名单中的商标中介人。

通过多年的制度落实，韩国在 2016 年已经对商标中介人进行了较好的控制。韩国专利厅于 2017 年 3 月 30 日作出报告：由商标中介人申请的商标数量从 2014 年的 6293 件减少到 2016 年的 247 件，最终获得注册的商标也从 140 件减少到 24 件。（见图 1-1）[①]

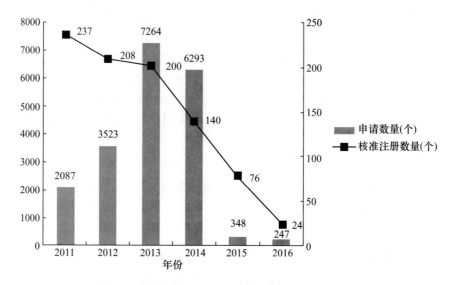

图 1-1　韩国商标中介人商标申请和核准注册情况

（四）商标恶意注册嫌疑人名单制度的构建

1. 商标恶意注册嫌疑人名单的制定

在建立商标恶意注册嫌疑人名单制度时，首先要明确的就是名单的要求，即何种商标注册申请人属于"商标恶意注册嫌疑人"。由于商标恶意注册嫌疑人名单将会被公示，并且其惩戒措施将禁止商标注册申请人申请注册商标，其所产生的直接和间接后果无疑将影响商标注册申请人的权益和信誉，因此，必须对"商标恶意注册嫌疑人"的认定设置一定门槛，只有符合特定条件的商标注册申请人才会被列入名单。

"商标恶意注册嫌疑人"的认定可以参照商标恶意注册的认定。商标恶意注册本质是对诚实信用原则的违反，目前对于"恶意注册"的认定要求商标注册申请人具有主观过错，即对其抢注行为明知或应知。例如，国家知识产权局《商标审查审理指南》规定了涉及恶意注册驰名商标的判定，系争商标申请人

[①] 参见王莲峰、沈一萍：《关于建立商标恶意注册黑名单制度的设想》，载《中华商标》2019 年第 6 期。

是否具有恶意可考虑下列因素：商标申请人与驰名商标所有人之间是否存在贸易往来或合作关系、内部人员关系往来、相同的销售渠道和地域范围、商标申请人对商标的使用行为等。最高人民法院《授权确权规定》第 25 条也规定："人民法院判断诉争商标申请人是否'恶意注册'他人驰名商标，应综合考虑引证商标的知名度、诉争商标申请人申请诉争商标的理由以及使用诉争商标的具体情形来判断其主观意图。引证商标知名度高、诉争商标申请人没有正当理由的，人民法院可以推定其注册构成商标法第四十五条第一款所指的'恶意注册'。"

其他国家和地区的行政机关也会借助客观因素辅助其判定商标抢注者是否具有主观恶意。例如，欧盟法院认为应当根据所有相关因素判断申请人在提交申请时是否具有恶意。商标注册申请人在提交申请时明知或应当知道他人已经在国外使用商标的主观状态与恶意认定相关，但是，仅仅具有明知或应当知道的条件是不充分的，为了认定恶意的存在，有必要进行整体评估，考虑在提交商标注册申请之时的全部相关因素。对于主观因素的认定必须利用案件中的客观因素加以分析考量，特别是：（1）申请人明知或应当知道第三人至少在一个成员国中，在相同或类似商品或服务上使用相同或近似的商业标识，申请人的注册目的是造成混淆；（2）申请人打算阻止该第三人继续使用此类商业标识；（3）第三人具有申请商标注册的计划和意图。韩国法院认为恶意是指为了获得不正当的利益、对特定人造成损害或具有其他非法目的的主观状态。认定恶意的因素包括：（1）在先使用商标的知名程度；（2）在先使用商标的显著性；（3）在先使用商标和争议商标之间的相似性；（4）申请人和在先使用商标所有人在市场竞争或经济关系上的类似性；（5）申请人和争议商标在先使用人之间的关系。

由于恶意是一种主观认定，建议通过各项客观因素对"恶意"进行推定，这些推定因素包括：（1）商标注册申请人的商标申请历史，其是否申请了大量商标，远超正常经营需求，其是否申请了各种类型、内容迥异的商标；（2）商标注册申请人是否有恶意诉讼、恶意投诉他人商标侵权的历史；（3）商标注册申请人是否抢注了与其地理位置相近、存在合作关系的主体的商标。并且，应当由商标注册申请人承担证明自己申请注册行为不具有恶意，而是善意的举证责任。

2. 商标恶意注册嫌疑人名单的公布与复核

国家知识产权局商标局应在其官方网站上专设商标恶意注册嫌疑人名单栏目，将恶意注册的个人或企业进行公开曝光，并建立不良记录档案。但是，为了保障商标恶意注册者的知情权和其他相关民事权益，建议商标局在公开商标抢注嫌疑人名单之前，事先告知列入名单的商标恶意注册嫌疑人，并在告知书中阐明，在一定期限内其可以对其商标恶意注册嫌疑人身份提出异议，且一并提交其商标注册申请行为不具有恶意的证据。在商标恶意注册嫌疑人未在异议期内提出异议，或其未提交证据，或其未能充分证明其商标注册申请行为是善意的情况下，商标局方可将商标恶意注册嫌疑人名单在网站上公布，确保被公示的商标恶意注册嫌疑人名单不存在任何差错。由于商标局是行政机关，因此，在审核商标恶意注册嫌疑人名单之时，可以借鉴行政法的告知与复核程序，并设立听证程序，便于商标注册者进行陈述、申辩。

3. 商标恶意注册嫌疑人名单的撤除

商标恶意注册嫌疑人名单是对商标注册申请人的一种官方权威评价，一旦被列入名单，那么嫌疑人在特定期间内都无法进行商标注册申请行为。但是，建立商标恶意注册嫌疑人名单的根本目的是贯彻诚实信用原则，净化商标注册和使用秩序，并非扼杀任何商标注册申请人。如果适度的惩戒作用足以对商标注册申请人产生威慑力，法律也应当允许嫌疑人"改过自新"，即如果被列入商标恶意注册嫌疑人名单的商标注册申请人之后有为期一年以上的实际经营行为，并使用特定商业标识以识别其商品或服务来源，那么应当在其提交使用证据，并保证不再实施商标抢注行为的情况下，由国家知识产权局商标局将其从商标恶意注册嫌疑人名单中撤除，并对撤除行为加以公示。

第二章

商标权的取得制度

商标权取得制度不仅涉及商标权的获得程序，还和商标权取得的实质条件相联系，比如，标识的法定性和显著性、形状的非功能性、不得与在先权利相冲突等要求。因各国历史文化和法律传统的差异，商标权的取得存在不同模式。我国《商标法》经过多次修改，对商标权取得制度作了修改和完善，但仍然有许多问题值得进一步探讨和研究。本章分为商标权取得模式及评析、商标注册的申请和审核程序、商标权取得的实质条件、商标权与其他在先权利以及商品通用名称及其认定等五节内容。本章吸纳了《中华人民共和国商标法修订草案（征求意见稿）》的最新成果，针对商标权取得的程序和实体存在的问题进行了分析，并提出了修改建议。

第一节　商标权取得模式及评析

当代各国主要存在三种商标权取得模式，一是商标使用取得，二是商标注册取得，三是商标使用与注册混合取得。本节主要考察三种模式下代表性国家商标立法的实践。

一、商标使用取得模式

商标使用取得源于假冒救济制度，是指商标权的取得必须通过商标的使用而获得，即在确定商标权的归属时，以商标是否实际使用作为获得商标权的基础和前提。使用取得模式有利于保护商标的在先使用人，相对于注册取得模式符合公平原则；但是一旦发生争议，不易查明谁是最早的使用人，而且容易造成商标权利状态不稳定。因为该模式存在的不足，目前国际上采用商标使用取得模式的国家较少，本书主要以美国为例分析。当然，在实行使用取得商标权的国家，也同时受理商标注册的申请。

（一）假冒救济制度对早期商标使用的保护

早期商标的使用属于生产者个体行为，在商品经济不发达的情况下，商标是作为证明某个商人商品的手段而出现的，如果该商品不出售，商标既不证明来源又不证明商品，就毫无意义。从法哲学角度来看，商标所有人在商标使用中投入的劳动是其对商标享有财产性权利的基础，商标保护符合洛克的财产权劳动理论。① 可以说，以使用作为取得商标权的原则，其根本用意在于维护商标所有人对商标使用形成的现实秩序。这种秩序包括两个方面：其一，是商标所有人因使用商标而凝结在商标所有示商品上的信誉为商标所有人带来合理商业利润的竞争秩序；其二，是购物者能通过商标辨识商品的不同来源，从而购买到商标所代表的真实厂家的产品的认购秩序。②

人类在其生产的产品上使用标记的历史非常悠久。早在中国的青铜时代，工匠们就在其制造的青铜器上打上自己的标记。在古代埃及，法律要求每个砖窑的主人，把自己的名字和实际制砖的奴隶的名字印在其所出售的砖上，以便确定质量不合格生产者的责任。到了中世纪，欧洲的行会要求其会员在生产的每一种产品上都贴上行会的显著标志，以追究劣等工艺会员的责任，保护公众

---

① 参见文学：《商标使用与商标保护研究》，法律出版社2008年版，第51页。
② 参见黄汇：《从欧洲诸国商标立法看商标法的保护基础》，载张玉敏主编：《中国欧盟知识产权法比较研究》，法律出版社2005年版，第206页。

不受混淆和欺骗。1266年，英国颁布了第一部面包师强制标志法，要求面包师必须把自己的适当标志标在他所制作和出售的每一块面包上。如果面包的质量出现了问题，就可以知道是谁该对此负责。1363年，英国又制定了要求银匠在其制造的银器上使用标记的法规。后来又模仿中国在瓷器上使用来源标记的做法，要求工匠在瓶子和瓷器上使用来源标记。可见，早期这种使用在商品上的标志，主要功能是通过表明商品来源来保证商品的质量。

历史上，英国是最早开始由传统农业社会向工业社会转型的国家。随着英国国内贸易的发展，使用与竞争对手相同或近似商标欺骗消费者获取利益的行为日益增多。最早的商标侵权案例发生在1618年的英格兰。[1] 在该案中，一家高质量布料的制造商起诉一家低质量布料的制造商，诉称被告在其低质量布料上使用了原告在高质量布料上使用的商标。在此情况下，英国的衡平法院"率先受理了对模仿行为的禁令请求，禁止混淆商品出处的行为"[2]，通过判例法对商标提供假冒（passing off）救济。这种保护意味着禁止以一个生产者的商品冒充另一个生产者的商品。但这种保护不是从保护商标独占性的角度出发，而是从禁止欺骗消费者以及商品来源上的混淆出发。由于禁止欺骗消费者和产品来源混淆是竞争法的理论基础，因此，通过假冒救济保护商标是在竞争法的理论背景下进行的，"早期的商标统统由反不正当竞争法予以保护"[3]。此时，构成假冒要求必须存在欺诈。而欺诈和虚假行为是传统的民事侵权行为的一种典型形式，因此，对商标的假冒救济实际上来源于普通法中传统的民事侵权法，是民事侵权行为的一种。[4]

从历史的角度看，人类社会对商标的保护最早是从保护未注册商标开始的。假冒救济的对象与其说是商标，不如说是通过商标使用建立起来的商业信誉。英国法院在许多判例中重申：在商标上不存在任何财产。其含义就是指假冒救济所保护的是借助商标培育起来的商业信誉，而不是商标本身。毋庸讳言，商业信誉是企业通过其经营活动并主要通过商标的使用表现出来的。因此，假冒救济对商业信誉的保护实际上是对商标使用结果的保护。也就是说，假冒救济对未注册商标的保护是以商标的使用并且通过使用建立起了商业信誉为条件的。假冒救济要求原告必须证明其享有商业信誉，仅有混淆是不够的。

---

[1] 参见郑成思：《知识产权法新世纪初的若干研究重点》，法律出版社2004年版，第152页。
[2] 王春燕：《商标保护法律框架的比较研究》，载《法商研究》2001年第4期。
[3] 李明德：《美国知识产权法》，法律出版社2003年版，第336页。
[4] 参见〔英〕蒂娜·哈特、琳达·法赞尼：《知识产权法（第二版）》，法律出版社2003年版，第109页。

如两人几乎同时使用相同或近似商标,虽然可能产生混淆,但两人可能都没有产生商业信誉,或者两人使用的商标的声誉实际上来自第三人,则不能获得假冒救济。受英国法律文化传统的影响,美国、澳大利亚、加拿大、新西兰等国家仍保留商标假冒救济制度。

(二)美国是使用取得商标权的典型国家

美国是将商标使用作为商标权产生方式的代表国家,这不仅受英国法律传统影响,也和美国体制紧密联系。美国在联邦制政体下,国会只有权依据宪法中的贸易条款来规范美国与外国、美国各州之间以及美国与印第安部落之间的贸易。不在贸易中使用的商标,不在国会的立法职权范围之内。[①] 这也是为什么现在大多数国家都已采用注册保护制度,而美国仍然坚持使用保护制度的原因之一。1946年,美国制定了《兰哈姆法》。该法仍然维持了以前法律中使用产生商标权的内容,注册仅仅作为"对所有权要求的推定通知"[②],不是产生商标权的法定条件。该法"只是对通过使用已经产生的普通法上的商标权予以制定法上的确认,而不是创设新的商标权取得途径"[③]。根据《兰哈姆法》的规定,申请人在申请书中应当写明"申请人第一次使用该商标的日期、申请人在商业上第一次使用该商标的日期",并证明"该商标确系正在商业中使用"[④]。1989年,美国对该法进行了修改,增加了"有真诚的意图在商业上使用商标的人"也可以申请商标注册的规定,但这种申请仍然要求申请人在专利商标局发出准许通知书之日起6个月内,[⑤] 提交一份"经证实的关于该商标在商业中使用的声明,说明申请人第一次在商业中使用该商标的日期"[⑥]。可见,美国《兰哈姆法》确立的是以使用产生商标权为基础的商标保护制度。

(三)法国早期商标法对商标使用的保护

纵观商标发展的历史长河,法国是最早通过商标法对商标使用进行保护的国家。1803年,法国制定了《关于工厂、制造场和作坊的法律》,该法律被认

---

① 参见黄晖:《商标法》,法律出版社2004年版,第293页。
② 15, U.S.C. §1072. 参见国家工商行政管理局商标局编:《中华人民共和国商标法律法规最新汇编(1994—1998)》,工商出版社1999年版,第872页。本书下面所引用的美国、欧盟、德国、英国、法国、日本、意大利、比荷卢等国家或地区现行商标法的有关条文均来自该书,以后不再一一注明。
③ Arthur R. Miller and Michael H. Davis, Intellectual Property, West Publishing Company, 1983, pp. 145, 149-150.
④ 15, U.S.C. §1051(a)。
⑤ 可以多次延期,但累计不得超过24个月。
⑥ 15, U.S.C. §1051(b)。

为是世界上最早的商标法。该法共 16 条,将假冒商标定为私自伪造文件罪。但是该法不是关于商标的专门法规,也未在全国统一实施。1804 年,法国颁布了《拿破仑民法典》,第一次肯定了商标权应与其他财产权同样受到保护。① 1857 年,法国又颁布了《关于以使用原则和不审查原则为内容的制造标记和商标的法律》,这是世界上最早的全国性的商标法。该法允许最先使用人或最先注册人取得商标专用权,不允许不同人使用相同商标;一旦发生冲突,则根据使用、注册的时间先后而定,如果使用与注册的时间相同,则最先使用人取得专用权。该法首次确立了主要以使用产生商标权的商标法律制度,在国内施行了一百多年。

到了 1964 年,法国制定了新的《工业、商业和服务业商标法》,废除了以使用产生商标权的内容,全面确立以注册产生商标权为基础的法律制度。从法国的商标发展史可以看出,使用确权原则并不是英美法系的专属,法国这样的典型大陆法系国家在一开始也采用了使用确权原则。只不过英美法系国家一开始是通过判例法来对商标使用进行保护,而大陆法系国家可能一开始就寻求通过成文法来对商标使用进行保护。因此,不能将使用确权原则与英美法系画等号,将注册确权原则与大陆法系画等号。

(四) 商标使用模式的优势

商标使用取得权利的模式从最初的假冒诉讼开始,反映了当时的社会经济发展状况,具有一定的合理性。

1. 符合公平原则

商标的主要作用是区别商品或者服务的来源,而商标的这一区别作用必须通过商标的实际使用才能体现出来。没有与商品或者服务联系起来使用的商标实际上不是商标,而是一种符号,② 不能起到商标区别商品来源的作用。商标法律制度产生的根本目的就是保护商标的区别作用,而这种对商标实际使用人利益的保护从财产权的角度讲也符合劳动价值论的基本原理,即通过商标使用人的劳动,使一个符号成为商标,法律应当对通过劳动形成的商标予以保护,制止不劳而获。同时,在先使用人通过使用商标,使该商标起到识别商品来源的作用,从而在相关公众中建立起了一定的商业信誉,在其商标上已经建立了一种经济秩序。这种商业信誉和经济秩序在市场经济中是需要法律予以保护的对象。因此,假冒救济以商标的实际使用作为商标权利产生的基础和

---

① 参见郑成思:《知识产权法新世纪初的若干研究重点》,法律出版社 2004 年版,第 152 页。
② 参见汪泽:《商标权之侵害及其民法保护方法研究》,中国人民大学 2004 年博士学位论文。

前提,① 这与商标的本质特征是一致的,较好地体现了法律的公平原则。

2. 有效避免注册模式下出现的"寻租现象"

注册确权模式通常采用申请在先原则,如此,一些并无真实使用意图的厂商或个人将具有较高价值的符号通过注册"囤积"起来。一方面,注册商标的"囤积"造成大量的垃圾商标充斥注册簿,使具有真正使用意图的厂商在商标申请时遭遇障碍;另一方面,注册人还可能通过转让未使用的注册商标获得利益。使用原则模式下,使用商标是提供商标保护的前提,受到保护的商标大多属于经过实际使用确立了商誉的商标,因此,基本不存在利用仅有注册证而未经使用的商标来"寻租"的问题。

(五)商标使用模式的弊端

随着经济发展和人们对商标认识的提高,商标使用模式的不足逐渐显现,以至于在多数国家使用取得权利的模式逐渐被商标注册模式所取代。商标使用模式的弊端主要表现为以下几点:

1. 商标权的行使及其保护范围有限

使用模式要求商标权与使用相关联,使得商标的转让或许可受到限制,不利于商标权所含的财产利益自由流转。早期商标所具有的主要功能是识别商品的来源,商标与生产者的商业信誉密不可分。如果商标单独转让,就脱离了其所代表的商业信誉。该商标就成为无源之水、无本之木。随着人们对商标功能认识的变化,商标不仅有识别商品来源的功能,而且有品质保证功能,才不再要求商标必须与营业一并转让。

通过使用产生的商标权也只能在该商标已经实际使用的地域范围内和商品范围内有效,超出实际使用的地域范围和商品范围则一般没有权利可言。或者说,假冒救济主要是在现有使用范围内对商标的保护,对没有使用或将要使用的地域或商品范围则不能主张权利,显然,该模式对商品的自由流通是不利的。针对商品交易,不仅在一国范围内商品可以自由流通,而且随着经济全球化的不断发展,也日益要求商品在全球范围内能自由流通。即在一地域范围内使用某商标的商品,也很有可能被销售到其他地方。由于商品在各地域范围内销售的时间不可避免会有差异,如果在某地域内经过使用获得的商标权在其他地方由于有在先使用的相同、近似商标而不能得到法律的保护甚至受到法律的禁止,则无疑有碍于商品的自由流通。同样,在经济日益发达的情况下,企业

---

① 假冒救济制度是一种纯粹的使用保护制度,美国联邦商标注册制度虽然也是以商标使用作为商标权产生的前提和基础,被世人认为是商标使用保护制度的典型,但这一制度已经吸收了很多注册保护制度的合理因素,并不是纯粹的商标使用保护制度。

扩展其经营范围也是非常普遍的，如果限定权利人只在已经使用的商品范围上拥有商标权，不仅不利于其拓展经营范围，更不利于全国性品牌的形成。这种以实际使用的区域为保护范围的制度已滞后于经济发展的一般要求。

2. 商标权利不稳定

根据假冒救济制度，一个商标只有在个案中才能得到保护，权利人必须举证证明其对某商标拥有权利。由于个案的情况千差万别，在一个案件中经证明拥有的商标权利，很可能在另一个案件中被其他证据所否定，因此，这种商标权利非常不稳定。另外，因为权利不稳定，有可能造成生产经营者不必要的损失。商标从创意设计到使用的准备，再到实际使用存在一定的周期。生产经营者已经在前期付出了一定的投入，做了相应的准备工作，而在商标真正投入使用之前，如果被其他的生产经营者抢先使用，其前期的投入将付诸东流。

二、商标注册取得模式

注册取得是指商标权必须通过注册方式才能获得。世界上多数国家的商标法都规定，商标必须经过注册才能取得商标权。采用注册取得的国家又分为两种情形：自愿注册和强制注册。多数国家实行自愿注册，少数国家采取强制注册，后者规定所有的商标必须依法申请注册，不注册的商标不许使用。实行注册取得，不仅有助于敦促商标所有人及时申请注册，防止他人抢注，而且有利于在发生权利纠纷时确定权利的归属，保护商标权人的合法利益。因此，注册原则为大多数国家所采用，我国商标法也实行商标注册原则。

考察商标制度的历史发展，可以发现，人们对商标性质的认识，经历了一个从防止假冒、保护消费者权利的工具，到有独立价值财产的变化过程。这种变化导致了商标权从一项禁止他人以混淆商品或服务来源的方式使用标记的权利转化为了一种完全的所有权，而商标注册制度的产生在这一过程中起到了举足轻重的作用。

(一) 商标注册确权模式的产生

上述谈到，法国 1857 年颁布了《关于以使用原则和不审查原则为内容的制造标记和商标的法律》后，商标注册制度萌芽开始出现，但这时的商标注册的作用主要是对通过使用确立的商标权进行宣告或者推定。随着经济的繁荣和发展，使用确权制度所带来的问题逐渐显现，这种仅起宣告或推定作用的注册制度逐步演变为注册可以直接产生商标权的制度，并为许多国家或地区所效仿。如我国香港地区在1873年直接从欧陆国家引进了商标注册制度，① 英国在1875年颁布了《英国商标法》，规定要获得商标保护，应当取得商标注册。② 日本在1884年制定了《商标条例》，③ 规定了商标注册制度。中国清政府在1904年制定了《商标注册试办章程》，该法确立的商标注册保护制度为后来的中国商标法所采用。目前，大多数国家或地区的商标立法都规定了商标权注册取得制度。④

如上所述，19世纪末20世纪初，许多国家或地区的商标保护制度已从使用产生权利逐渐转变为注册产生权利。商标注册制度的产生，究其原因，应该是多方面的。以英国为例，尽管当时国内商标使用的假冒救济依然有用，但原告必须证明其商标已经在相关公众中享有一定声誉，而这是非常费力费钱的。⑤ 随着资本主义经济的发展，国际贸易开始盛行。一国的商品越来越多地跨出国门，进入其他国家的市场。这样，不可避免地会在商品输入国出现大量假冒商品的情况。19世纪末，英国在世界各地都有殖民地，其工业产品行销世界各地。据说，当时普鲁士人和美国人大肆假冒英国的"Manchester"牌纺织品和"Sheffield"牌餐具，⑥ 使得英国商人的利益受到很大的损失。但限于商标保护的地域性原则，英国的假冒救济对这种发生在国外的侵权行为无能为力。在当时的情况下，英国的商标要在其他国家获得保护，出于对等的考虑，英国就必须保护其他国家的商标。而当时其他国家的商标要想在英国获得假冒救济的保护也是很困难的。于是，在英国商人的大力推动下，商标注册保护制度应运而生。根据该制度，申请保护的商标不必在请求保护国实际使用，更不要求经过使用产生商业信誉，只需提交申请并获准注册即可。根据对等原则，只有当英国通过注册制度保护了外国的商标，英国才可能要求外国也对其商标通过注册制度予以保护。因此，英国在1875年颁布了《英国商标法》，该法规

---

① 参见郑成思：《知识产权法新世纪初的若干研究重点》，法律出版社2004年版，第153页。
② See W. R. Cornish, Intellectual Property: Patents, Copyright, Trade Marks and Allied Rights, Sweet & Maxwell, 1981, p. 464.
③ 参见陆普舜主编：《各国商标法律与实务（修订版）》，中国工商出版社2006年版，第54页。
④ 根据陆普舜主编的《各国商标法律与实务（修订版）》一书的介绍，186个国家或地区中，有128个采用商标注册保护制度、52个采用使用保护制度、6个采用注册保护与使用保护并存的制度。在这些采用注册保护制度的国家或地区中，许多国家或地区同时对在先使用人的合法权益进行了保护，或者要求申请人已经实际使用或者有使用的真实意图。在采用使用保护制度的国家或地区中，许多国家或地区也兼顾了注册保护制度。
⑤ See W. R. Cornish, Intellectual Property: Patents, Copyright, Trade Marks and Allied Rights, Sweet & Maxwell, 1981, p. 462.
⑥ Ibid, p. 462.

定,要获得商标保护,应当取得商标注册,① 由此,英国产生了以注册产生权利为基础的商标法。再以中国为例,1904 年 8 月 4 日,清政府颁布《商标注册试办章程》及其施行细目。这是我国最早的商标立法,也由此显现我国在特定的历史背景下,一开始就采用了注册保护制度。

(二)国际公约对注册产生商标权的推动

1883 年签订的《保护工业产权巴黎公约》(以下简称《巴黎公约》),至今仍是各国保护商标权的法律渊源之一。为迎合国际贸易的迅速发展,《巴黎公约》对商标注册和保护的基本原则作出了明确的规定:在一国注册的商标与在其他国家注册的商标彼此之间相互独立,即所谓商标保护的独立性原则;同时,除了公约规定的特殊情况外,在一国获得注册的商标,也应当在其他国家获得保护,即所谓原样保护原则。② 由此也反映出 19 世纪末各国希望通过这一国际公约使本国的商标在其他国家获得保护的意图。目前,许多国家的商标法中仍然明确规定外国的商标申请可以基于其原属国注册而获得注册。1891 年签订的《商标国际注册马德里协定》,正式建立了商标的国际注册保护制度。根据该协定,一个商标在原属国获得注册后,注册人可以以该注册为基础,向世界知识产权组织国际局提出商标国际注册申请,并在其欲寻求保护的国家指定延伸保护,被指定的国家需要在 12 个月内作出是否予以保护的决定。通过这一协定,商标所有人只需提出一份申请,就可以在多个国家获得商标注册保护,这种注册保护模式省时省力省钱,极大方便了商标所有人的商标在其他国家获得保护。由此可见,商标注册保护制度是国际经济贸易发展到一定阶段的产物,是经济发展全球化的必然要求。

(三)商标注册确权模式的优势

与商标使用确权制度不同,商标注册保护制度是以商标获得主管机关的注册作为商标权利产生的基础,即注册产生权利。与使用产生商标权模式相比,注册确权模式具有如下优点:

1. 注册商标权是一种完整的财产权

通过商标注册,商标注册人在其申请注册的商品或服务上获得使用其注册商标的专有权利,任何人未经商标注册人同意,不得在相同或类似商品或服务

---

① See W. R. Cornish, Intellectual Property: Patents, Copyright, Trade Marks and Allied Rights, Sweet & Maxwell, 1981, p. 464.

② 参见《巴黎公约》第 6 条。

上使用与该商标相同或者近似的商标。这是采用注册保护制度国家商标法的普遍规定,通过立法赋予的商标专有权,与专利权、著作权等知识产权一样,是一种完整的财产权利,具有与物权等财产权利相同的财产权属性。注册商标权可以成为转让的标的,也可以成为担保物权的标的,如在商标权上可以设定质押。同时,这种财产权利既包括积极的权利,即商标注册人自己使用其商标或许可他人使用的权利,也包括消极的权利,即商标注册人禁止他人使用的权利。由此,可以看到,注册商标权是一种完整的财产权利,可以独立于企业的商誉单独转让和许可。[①] 这与前述通过使用产生的商标权有很大不同。

2. 注册商标权具有可确定性和稳定性

商标注册制度一般采用申请在先原则,申请人可以事先取得该商标权,以后在大规模使用商标时,就没有了后顾之忧,可以放心地增加投入,即具有事先确定性。注册商标权的这种确定性对申请人而言至关重要。一个诚实的企业使用商标,就是为了使自己的商品或者服务与他人的商品或者服务区别开来,希望通过该商标不断凝聚企业的信誉、文化等各种因素,借助商标的作用开拓市场,这就必然要求其对该商标拥有可预知和确定的权利。一旦商标注册成功,就会有十年的保护期,确保注册商标的稳定。如果该商标不事先确定,不能给予其稳定的预期,企业就不会针对该商标进行大量的投入,从而缺乏持续的市场竞争动力。

3. 商标权在全国范围内有效且进行公示

根据注册保护制度,商标一旦注册,就在全国范围内获得法律的保护,而不论该商标是否已经实际使用,或者是否在全国范围内实际使用。注册商标的这一特性对商标注册人而言是非常重要的。对一个企业而言,在其发展的起步阶段,可能无力将其产品销售到全国,但该企业必然希望今后能将其产品销售到全国。因此,该企业必然希望在起步阶段就将其商标在全国范围内获得保护。商标注册保护制度恰好能满足企业的这一合理要求,并获得今后发展的稳定预期。反观商标使用制度则无法起到这样的作用,因为根据使用保护制度,尤其是假冒救济制度,通过使用产生的商标权利只在该商标实际使用的范围内有效,而不是在全国范围内有效。因此,商标使用保护制度无法像商标注册保护制度那样给权利人在全国范围内有效的权利,无法给权利人今后发展的稳定预期。换言之,使用保护制度仅是对商标使用人既往使用成果的维护,而不能为其开拓市场提供有力的武器。如今,经济全球化的浪潮已经席卷每一个国

---

① See W. R. Cornish, Intellectual Property: Patents, Copyright, Trade Marks and Allied Rights, Sweet & Maxwell, 1981, p. 510.

家，特别是在互联网时代，企业的经营活动早已跨越地域限制，企业必然希望能在全国范围甚至在外国获得商标保护。可以说，注册确权模式满足了企业需求，也顺应了世界经济发展的潮流。

商标注册保护制度中，商标主管部门对商标申请进行审查，符合注册条件后予以公告。任何人都可通过商标公告知晓该商标的权利归属等情况，从而避免使用和再申请与该商标相同或者近似的商标。此外，注册商标权在转让、许可使用或设定质押时也必须进行登记公告，有利于社会公众知晓该商标的真实权利状态，从而预先规避风险，降低整个社会的交易成本。而商标使用制度中，公示的范围与实际使用的范围一致，不易为其他地域的人所知晓。因此，与使用公示相比，注册公告更有利于降低其他企业的查询成本，从而会降低整个社会的交易成本。

4. 注册商标权更加简便和经济

前面谈到，在假冒救济制度中，商标权人必须在个案中对其商标是否享有一定声誉进行举证，徒增了保护成本。而在商标注册和保护程序中，申请人无须就这些情况进行举证，[①] 因为已经拥有了注册的证明文件，从而大大简便了商标权的获得和保护程序。可以说，商标注册保护制度对商标权人来讲节省了时间和成本，更加方便快捷。

（四）商标注册确权模式的弊端

相对于使用确权，尽管注册确权模式有许多优势，但任何事物都有两面性，商标注册确权模式也存在如下不足之处：

1. 商标抢注和注而不用行为的产生

注册原则之下，会出现大量注册商标闲置不用的情况。实践证明，"注册原则不可避免地导致'商标囤积''商标垃圾'和'商标抢注'现象的发生"[②]。这些现象导致了行政和司法资源的极大浪费。

2. 未注册商标将不能获得有效保护

由于使用并不产生实体性权利，在先未注册商标的使用人即使投入了大量劳动，其成果也得不到保护，反而会因他人的在后商标注册行为而变成"非法"的使用。对这种抢先申请行为，如果能够证明恶意的存在，在先使用人尚可根据诚实信用原则予以制止，但对那些没有证据证明恶意的行为，在先使用

[①] 参见〔英〕蒂娜·哈特、琳达·法赞尼：《知识产权法（第二版）》，法律出版社2003年版，第97页。

[②] 王春燕：《商标保护法律框架的比较研究》，载《法商研究》2001年第4期；周详：《商标热的冷思考》，载《电子知识产权》2005年第3期。

人则不仅不能申请撤销他人的商标,甚至可能面临侵权诉讼而不能继续使用其商标的情况。在纯粹的注册保护制度中,在先使用人不享有任何权利,既不能基于在先使用申请撤销在后申请的商标,也不能在原有范围内继续使用其商标。可见,这种纯粹的商标注册保护制度对在先使用人权益的保护是不足的,有违公平原则。

3. 注册确权缺乏正当性

毋庸置疑,商标的价值在于使用。只有使用,商标的识别功能才能实现,凝结在商标上的商誉和价值才能体现。但在注册确权模式下,商标权的产生与使用无关,只要申请在先,未使用的商标也会被赋予权利。这种确权方式在经济学和法哲学上缺乏正当性。

三、注册与使用融合的确权模式

随着各国经济发展和商标保护制度的实践,注册确权与使用确权也在逐渐相互交融,取长补短,而并非单纯和绝对地采用单一的确权模式。在融合的过程中,又产生了两种确权的混合模式:一种是注册确权的制定法和使用确权的普通法并行模式,另一种是在成文法中融合注册和使用确权的模式。

(一)使用确权的普通法和注册确权的制定法并行模式

这种模式以英国为代表。英国是最早通过使用确权的国家,其假冒救济制度对世界许多国家的商标立法产生了深远的影响。许多英联邦国家如澳大利亚、加拿大的商标法大都仿效英国的商标法,这种情况到现在也没有完全改变。英国于1875年制定了《英国商标法》,是较早建立商标注册保护制度的国家,后来又分别在1883年、1905年、1938年和1994年,对其商标法进行了修改。目前的《英国商标法》采用注册确权模式。该法第2条第1款规定:"注册商标是依据本法通过商标注册而获得的一种财产权,注册商标的所有人拥有这些权利和本法所提供的救济。"可见,在英国,注册商标是一种财产权,这种财产权完全是通过商标注册获得的。

英国虽然采用了注册确权模式,但并没有废止其古老的假冒救济制度。《英国商标法》第2条第2款规定:"本法没有对未注册商标侵权作制止或赔偿的程序规定,但本法不得影响有关假冒的法律。"同时,该法第32条仍然要求申请人说明"该商标由申请人或经申请人同意正在使用于有关的商品或服务上,或该申请人有真实地使该商标得到使用的意图"。可见,要求申请人正在使用或者具有使用意图并不意味着一个国家仅仅采用使用确权方式,采用注册确权方式与要求商标实际使用并不矛盾。

英国这种注册与使用确权并行的模式一直沿用到了现在，形成了独特的双轨制模式。虽然英国的成文商标法采用的是注册原则，但英国的假冒诉讼并没有放弃对使用原则的坚持。在假冒诉讼中，原告须证明自己的商品具有商誉、被告进行了错误的标示以及实际损害或者损害之虞。而根据 1875 年到 1938 年的商标法，注册商标所有人就其注册商标享有财产权，可以通过侵权之诉禁止他人在注册商品上使用相同或近似商标。这样，原告在侵权诉讼中的举证责任要大大低于假冒诉讼。总之，英国采取的注册原则与使用原则并行的双轨制模式，较好地实现了注册商标保护和未注册商标保护之间的平衡。

（二）在成文法中融合注册和使用确权的模式

这种模式以德国为代表，还包括了丹麦、芬兰、瑞典等北欧国家。土耳其、叙利亚、泰国等国的商标法也明确规定注册与使用确权模式并行。

从历史角度分析，德国缺乏运用判例法保护商标的传统，其商标法律制度一开始就采用了注册原则。① 20 世纪之后，德国学界对商标保护的对象和商标权的实质进行了深入思考。1929 年，马克斯·普朗克研究所的创始主任欧根·乌尔默（Eugen Ulmer）指出，"在商标上的依赖于贸易价值的权利表现了保护的实际目标和保护的正当性。因此，依赖于注册的形式上的权利只是简单地具有培育实际商誉的附属功能。形式上的保护只被视为为该过程提供帮助的第一步"②。德国法院在司法实践中也逐渐承认商标即使没有注册，通过在市场上使用产生声誉也可以取得商标权。1934 年德国立法机关正式认可了使用产生权利原则。使用取得商标权要求使用达到公众将商标与使用者相联系的程度，没有得到公众承认的使用不足以产生实质性商标权。③ 经过修改后的《德国商标法》第 4 条规定了三种方式均可产生商标权：注册、使用和驰名。④可见，德国商标保护制度的鲜明特色就是，在成文法中既坚持注册原则，又糅合了使用原则的因素。德国放弃单纯注册原则的重要原因就在于，未经使用的

---

① 参见〔日〕纹谷畅男编：《商标法 50 讲》，魏启学译，法律出版社 1987 年版，第 109 页。
② 转引自王春燕：《商标保护法律框架的比较研究》，载《法商研究》2001 年第 4 期。
③ 参见〔德〕阿博莱特·克里格：《商标法律的理论和历史》，刘凤出译，载李继忠、董葆霖主编：《外国专家商标法律讲座》，工商出版社 1991 年版，第 12 页。
④ 《德国商标法》第 4 条规定："商标保护产生于：1. 一个标志在专利局设立的注册簿上作为商标注册；2. 通过在商业过程中使用，一个标志在相关商业范围内获得作为商标的第二含义；或者 3. 具有巴黎公约第六条之二意义上的驰名商标的知名度。"该法第 14 条第 1 款规定，"根据第 4 条获得商标保护的所有权人应拥有商标专用权"。

注册商标优先于经过大量使用的未注册商标，有违于上述一般法律原则。① 可以说，德国商标法对注册原则的修正，是法院通过判例适用竞争法普遍原则的结果。② 德国学者认为，德国的经验表明，任何制度忽视一种而偏向另一种取得商标权方式的，实际上都不能行之有效。③

综上所述，三种确权模式反映了国际上对商标权产生的理论和实践探索。但无论是采用使用确权还是注册确权的国家，或者采用两种模式并行的国家，均立足于本国法律传统和文化，根据需要及时调整和修正商标确权模式，逐步修改各自商标法，以实现效率与公平的统一。

随着人们对商标使用重要性的认识，采用注册确权的国家也开始对在先使用商标的行为进行合理的不同程度的保护，比如，《意大利商标法》规定，注册产生权利，商标权归在先申请人，但在先使用人可以在原有范围内继续使用。④《日本商标法》第32条和我国2013年《商标法》第59条第3款对此也有规定。但在有的国家，这种继续使用的权利只限于他人注册后一定期限内，如《乌拉圭商标法》规定："第一申请人有资格注册商标且对该商标拥有专用权，但是最先使用者可以自注册之日起两年内继续使用该商标。"在这些国家，对在先使用人权利的保护就更加有限了。

第二节　商标注册的申请和审核程序

商标法不仅是实体法，也是程序法。因多数国家商标权产生于商标注册，故而各国商标法均对商标注册的申请人、应具备的条件、申请的原则、申请和注册程序作出了规定。商标注册的程序通常分为必经程序和特别程序。商标注册的必经程序主要包括申请、审查、初审公告、异议、注册公告。商标注册的特别程序是指商标注册过程中发生冲突而采用的补救程序，主要包括驳回复审、异议、异议复审和争议。在商标注册的必经程序中，核准注册是申请人取

---

① 参见〔德〕阿博莱特·克里格：《商标法律的理论和历史》，刘凤出译，载李继忠、董葆霖主编：《外国专家商标法律讲座》，工商出版社1991年版，第17页。
② 参见颁行于1909年的《德国反不正当竞争法》。该法制定了竞争行为的总则，其第1条规定，在贸易过程中禁止一切违反诚实交易的行为。
③ 参见〔德〕阿博莱特·克里格：《商标法律的理论和历史》，刘凤出译，载李继忠、董葆霖主编：《外国专家商标法律讲座》，工商出版社1991年版，第15页。
④ 《意大利商标法》第9条规定："如并非驰名商标或仅具有地方知名度的未注册商标由他人在先使用，那么，该他人应有权继续使用商标，也有权在广告上使用商标，但须在同一地域，并不与商标注册相抵触。"

得商标专用权的决定性环节。

一、商标注册的申请程序

不同于著作权的自动产生,商标权产生需要经过申请程序,国家不会主动赋予某个商标专有权。因此,申请程序是商标获得权利的前提条件,而申请行为是商标权产生的基础行为。换言之,只有当事人提交申请后,才会启动商标注册的程序,商标授权机关才会对此申请内容进行审查,并决定是否授予商标权。

(一)商标申请的原则

根据我国法律规定,商标权的获得需要申请人的主动申请,经商标注册机关审查核准后才能取得商标权并受法律保护。未注册的商标,虽然可以使用,但使用者对其不享有专用权。在我国申请商标,应了解申请的基本原则。

1. 申请在先为主、使用在先为补充原则

申请在先原则是指以申请日期为依据,受理在先申请人的商标注册申请,驳回在后申请人的申请。这种规定在实践中容易操作,因此,实行注册制度的国家都采用申请在先的原则。我国《商标法》第31条规定:"两个或者两个以上的商标注册申请人,在同一种商品或者类似商品上,以相同或者近似的商标申请注册的,初步审定并公告申请在先的商标;同一天申请的,初步审定并公告使用在先的商标,驳回其他人的申请,不予公告。"由此可知,我国商标申请采用的是以申请在先原则为主,以使用在先原则为补充。

对申请在先原则的理解应注意几点:第一,申请日的确定。根据《商标法实施条例》第18条的规定,商标注册的申请日期以商标局收到申请文件的日期为准。如果是邮寄的,不是以邮戳的寄出日为准,这不同于专利法中对专利申请日的确定。申请手续齐备、按照规定填写申请文件并缴纳费用的,商标局予以受理并书面通知申请人;申请手续不齐备、未按照规定填写申请文件或者未缴纳费用的,商标局不予受理,书面通知申请人并说明理由。申请手续基本齐备或者申请文件基本符合规定,但是需要补正的,商标局通知申请人予以补正,限其自收到通知之日起30日内,按照指定内容补正并交回商标局。在规定期限内补正并交回商标局的,保留申请日期;期满未补正的或者不按照要求进行补正的,商标局不予受理并书面通知申请人。第二,使用在先的确定。针对同一天申请的,初步审定并公告使用在先的商标。《商标法实施条例》第19条规定:"两个或者两个以上的申请人,在同一种商品或者类似商品上,分别以相同或者近似的商标在同一天申请注册的,各申请人应当自收到商标局通知之日起 30 日内提交其申请注册前在先使用该商标的证据。同日使用或者均未使用的，各申请人可以自收到商标局通知之日起 30 日内自行协商，并将书面协议报送商标局；不愿协商或者协商不成的，商标局通知各申请人以抽签的方式确定一个申请人，驳回其他人的注册申请。商标局已经通知但申请人未参加抽签的，视为放弃申请，商标局应当书面通知未参加抽签的申请人。"

2. 自愿注册和强制注册相结合原则

自愿注册原则是指商标使用人根据需要，自行决定是否申请商标注册。因为商标权是一种私权，国家一般情况下不予干预，也不会主动保护某个商标。申请人可以根据各自的生产经营情况自愿选择是否申请商标注册。但根据我国商标法的规定，只有注册后的商标才受法律保护，享有商标专用权。未注册的商标也不得与他人的注册商标相冲突。

在实行商标自愿注册的同时，《商标法》第 6 条规定："法律、行政法规规定必须使用注册商标的商品，必须申请商标注册，未经核准注册的，不得在市场销售。"目前，只有烟草制品的商标必须申请注册。可见，我国商标法实行的是自愿注册和强制注册相结合的原则。这一方面尊重了商标使用人的意愿，可以根据各自的生产经营情况进行选择；另一方面对一些特殊商品要求必须注册，有利于促使生产企业保证商品质量，同时，便于商标管理机关进行监管。

3. 诚实信用和禁止权利滥用原则

诚实信用原则被誉为民商法领域的"帝王原则"，是人们在民商事活动中应当遵循的道德准则，要求参与市场交易的主体恪守信用，善意行使权利和履行义务。为有效遏制抢注他人商标的不诚信行为，2013 年《商标法》第三次修改过程中，引入了诚实信用原则，该法第 7 条第 1 款规定："申请注册和使用商标，应当遵循诚实信用原则。"诚实信用作为法律原则被纳入商标法中，意味着不遵守该原则的行为，不仅在道德上具有可苛责性，而且其行为和后果将受到否定性评价，承担不利的法律后果。民事主体申请注册商标，应当以满足商标使用需求为目的；如果为了牟取利益，大量申请注册商标，则有违诚实信用原则，商标确权机关会依职权驳回其注册申请。诚实信用原则在商标法中的确立，对规范商标的申请注册和使用行为具有重要的现实意义。

禁止权利滥用原则指一切民事权利的行使，均不得超过其正当界限，否则即构成权利的滥用，应当承担责任。《民法典》第 132 条规定："民事主体不得滥用民事权利损害国家利益、社会公共利益或者他人合法权益。"作为民事权利行使的一般原则，尽管该原则在学理中往往被认为是诚实信用原则的具体化,但它仍然具备一般条款的属性。① 商标注册后待价而沽、恶意诉讼或者阻挠他人正常经营活动的不正当竞争行为,不仅占用了有限的商标资源而且扰乱了商标注册秩序,属于滥用商标权利,应当结合诚实信用原则,对其行为或请求不予支持,给商标在先使用人造成损害的,应承担相应的法律责任。

4. 保护合法在先权利原则

合法在先权利,是指申请注册商标的申请日之前他人已经依法取得或者依法享有受法律保护的权利,既包括在先注册取得的商标权以及在先申请、在先实际使用的商标,也包括其他合法在先权利和应予保护的合法权益,如著作权、外观设计专利权、姓名权、肖像权、已登记使用并有一定影响的企业字号以及有一定影响的商品或者服务名称、包装、装潢等。② 申请人在申请商标注册时,既不得与他人合法在先权利相冲突,也不得损害他人现有的合法在先权利。这就要求申请人应做好申请前的商标检索工作,因为他人合法在先权利的存在可以成为商标注册的阻却事由,即使注册成功,日后也可以成为已注册商标的无效事由。保护合法在先权利,也是商标审查审理过程中的一个重要原则。

5. 标准执行一致与个案审查原则

标准执行一致原则指的是在商标注册申请、异议、驳回复审、宣告无效等各类商标案件的审查审理过程中,要在法律适用和标准执行上与结论正确的前案保持统一和一致,强调"相同情况相同处理"。标准执行一致原则实质上要求商标法的适用要有体系性和可预期性,避免出现"同案不同判"的现象。在遵循标准执行一致原则的基础上,商标审查审理亦应遵循个案审查原则。个案审查原则是指在商标审查审理过程中,不应对在先案例简单机械地套用标准,而应多因素综合考量。个案审查原则强调"不同情况不同处理",是平等保护商标当事人利益的要求和体现。由于不同的商标案件之间,各程序审查或审理时考量的因素、当事人提交的证据、案件情形的动态变化等因素也会有所不同,因此即使相同的商标在审查审理时适用标准一致,也可能得出不同的结论。标准执行一致原则与个案审查原则是在《商标审查审理指南》中特别强调的原则,两者均是商标审查审理所应遵循的重要原则。③

(二)商标申请的主体

商标申请的主体一般没有太多限制,主要包括以下几类:自然人、法人、

---

① 参见《商标审查审理指南》下编第一章第1.5条。
② 参见《商标审查审理指南》下编第一章第1.3条。
③ 参见《商标审查审理指南》下编第一章第1.4条。

共同申请人、其他组织和外国人或者外国企业。

1. 自然人

我国在 2013 年《商标法》修改前,对自然人作为商标的主体是有限制的,① 比如,只允许领有营业执照的个体工商户、个人合伙申请商标注册。这种规定带来诸多弊端:第一,如果这些自然人不再从事经营活动,就可能会丧失其商标权的主体资格。第二,因为有经营范围的限制,一般的自然人不能继承商标,从而剥夺了自然人对商标财产的继承权。第三,这种限制只适用于国内自然人,对于外国自然人并未限制,显然这是一种超国民待遇的表现。第四,随着我国市场经济的迅速发展,农村出现了很多的种植户、养殖户和经营承包户,城市中也有大量的自由职业者和下岗职工在从事一定的经营服务活动,而这些人大部分不需要进行登记。从世界范围来看,很多国家的商标法和有关国际公约对自然人作为商标权的权利主体没有过多要求。毋庸置疑,商标权是一种民事权利,商标权作为一种财产,应成为任何民事主体都有权拥有并可以自由流转的对象,而不论他们是否从事生产经营活动。为适应社会发展的需要,2013 年《商标法》取消了对自然人注册商标必须有经营资格的限制,从而使得自然人在我国均可申请注册商标。② 立法修改后,虽然对自然人在我国申请商标注册取消了必须具有从事生产经营的资格要求,但根据立法本意,只有在生产经营活动中有实际需要的,才可申请商标。特别是 2019 年《商标法》第四次修改后,在第 4 条中新增条款,要求必须是以使用为目的,才可以申请注册取得商标专用权。如果不是以使用为目的的恶意商标注册申请,商标局会予以驳回。③ 该规定对遏制恶意抢注商标和囤积行为起到了积极和有效的作用。申请商标注册的,申请人应当提交其身份证明文件。商标注册申请人的名义与所提交的证明文件应当一致。

2. 法人

申请注册商标的法人组织在我国主要包括:企业法人、机关法人、事业单位法人、社会团体法人等。

---

① 2001 年《商标法》第 4 条第 1 款规定:"自然人、法人或者其他组织对其生产、制造、加工、拣选或者经销的商品,需要取得商标专用权的,应当向商标局申请商品商标注册。"

② 2013 年《商标法》第 4 条第 1 款规定:"自然人、法人或者其他组织在生产经营活动中,对其商品或者服务需要取得商标专用权的,应当向商标局申请商标注册。"

③ 2019 年《商标法》第 4 条第 1 款规定:"自然人、法人或者其他组织在生产经营活动中,对其商品或者服务需要取得商标专用权的,应当向商标局申请商标注册。不以使用为目的的恶意商标注册申请,应当予以驳回。"

3. 共同申请人

《商标法》第 5 条规定："两个以上的自然人、法人或者其他组织可以共同向商标局申请注册同一商标，共同享有和行使该商标专用权。"该规定为解决我国由于历史问题而遗留的商标权争执提供了一个可供操作的方案。由于商标本身具有专有性的要求，商标共同申请通常是各方妥协的结果。对共同拥有的商标，共有方不仅应遵守财产共有的一般规定，同时针对商标的特性，还应注意一些特殊问题，如共有商标在转让、质押时，应征得每个共有人同意等。《商标法实施条例》第 16 条规定，共同申请注册同一商标的，应当在申请书中指定一个代表人；没有指定代表人的，以申请书中顺序排列的第一人为代表人。

4. 其他组织

其他组织是指不具备法人资格，但合法成立，具有一定组织机构和财产的组织。具体包括：私营独资企业、合伙组织、合伙型联营企业、中外合作经营企业、社会团体、依法设立并领取营业执照的法人的分支机构等。

5. 外国人或者外国企业

外国人或者外国企业在中国申请商标注册的，根据《商标法》第 17 条和第 18 条的规定，应当按照其所属国和中华人民共和国签订的协议或者共同参加的国际条约办理，或者按照对等原则办理。外国人或者外国企业在中国申请商标注册和办理其他商标事宜的，应当委托依法设立的商标代理机构办理。

（三）商标申请的条件

根据我国商标法的规定，申请注册的商标必须具备一定条件，才能获得核准，具体内容包括：申请的商标符合法定的构成要素、具有显著性、不得使用和注册法律禁止的标志、不得使用具有功能性的形状、不得与他人的在先权利相冲突或恶意抢注、不得与他人的注册商标相同或者近似。上述内容可参考本章第三节商标权取得的实质条件。

（四）商标申请文件及要求

商标申请注册，应当向商标局交送商标注册申请书、商标图样、黑白墨稿，附送有关证明文件并缴纳费用。申请商标注册要填写申请书，具体要求有：(1)一份申请一件商标。在一份申请书上只能填写一件商标，商标名称要与商标图样一致。一份申请书上可以包括若干个类别。对难以确定类别的商品和服务，应附加说明。(2)商品的名称应当按照商品分类表中的商品名称来填写。如果是新商品，应附加说明。(3)申请人的名称，应当与营业执照上的名称一致。(4)填写的地址，应当是申请人的实际的详细地址。(5)委托商标代理机构办理的，应当提交一份商标代理委托书。为适应互联网的快速发展，方便申请人申请商标，2013 年修改后的《商标法》第 22 条新增第 3 款规定："商标注册申请等有关文件，可以以书面方式或者数据电文方式提出。"此处所指的"数据电文方式"包括电子邮件等。在审查过程中，商标局认为商标注册申请内容需要说明或者修正的，可以要求申请人作出说明或者修正。申请人未作出说明或者修正的，不影响商标局作出审查决定。

在申请商标注册时，应提交的证明文件主要有：（1）商标法规定必须使用注册商标的商品以及一些特殊行业的商品所需要的证明文件。如烟草制品应附送相关部门批准的证明文件。（2）国内的报纸、杂志申请商标注册的，应当提交新闻出版部门发给的全国统一刊号（CN）的报刊登记证。申请注册的报纸、杂志名称，必须是经中共中央宣传部、科学技术部、中央军委政治工作部、新闻出版署，以及中共各省、自治区、直辖市委宣传部正式批准创办的报纸、杂志。内部发行的报纸、杂志名称，不作为商标申请注册专用。（3）申请办理证明商标和集体商标的，还应提交证明商标和集体商标的申请人主体资格证明和商标使用管理规则。（4）申请的商标为人物肖像的，应当提供肖像人的授权并经公证机关公证。

申请注册的商标，不仅要正确填写上述申请书，还要符合下列规定，才能取得注册：

1. 按照商品分类表填报

申请商标注册，应当按商品分类表填报使用商标的商品类别和商品名称。也就是指，申请人在填写申请书时，应当指定在哪一类别的哪些商品和服务项目上使用该注册商标；填报的依据是商品分类表。商品分类表，是划分商品和服务类别的文件，根据商品的性质、用途、原料以及不同的服务将其分为若干类，每类又分若干种。按照这种归类方式划分的商标注册使用表，称为"商标分类表"。它是商标管理中的重要法律文件，是划分商品和服务类别、确定商品名称的主要依据。世界上众多国家采用的商品分类表不尽相同，有的采用本国制定的商品分类表，有的采用国际商品分类表。

我国曾在 1963 年制定了《商品分类表》，该分类表是以原材料为标准进行的分类。随着经济的发展，新的商品没有相适应的类别，造成商标注册和管理的困难。为方便我国企业到国外申请注册，自 1988 年 11 月起，我国正式采用 1975 年 6 月 15 日在法国尼斯签订的《商标注册用商品和服务国际分类尼斯协定》（以下简称《尼斯协定》）中的分类表。《尼斯协定》的宗旨是建立一个共同的商标注册用商品和服务国际分类体系，并保证其实施。不仅所有尼斯联盟成员国都使用此分类表，而且非成员国也可以使用。所不同的是，尼斯联盟成员国可以参与分类表的修订，而非成员国则无权参与。目前，世界上已有130多个国家和地区采用此分类表。

我国于1994年8月9日加入了《尼斯协定》。从采用国际分类的情况看，这种分类方法是成功的，它不仅极大地方便了商标申请人，而且规范了商标主管机关的管理，并加强了与国际商标事务的联系。我国加入《尼斯协定》以来，积极参与对尼斯分类的修改与完善，已将多项有中国特色的商品加入尼斯分类中。商品与服务的国际分类，包括两个分类表：一是《商标注册用商品和服务国际分类表》，此分类共包括45类，其中商品项目34类、服务项目11类；二是按照字母顺序排列分类表，此分类共包含一万多个商品和服务项目。国际分类是在总结、吸收了许多国家商标注册管理经验的基础上逐渐完善起来的，它为各国商标的检索、申请和档案管理提供了统一工具，为实现商标国际注册创造了条件。了解商品分类的依据，有助于确定申请注册的商品范围，避免过宽或过窄。例如，几个商品同属一类，只要申请一个商标就可以了。如果每个商标只申请一种商品，不利于扩大使用，但申请范围过宽，又会因有些商标不能及时使用而带来麻烦。《尼斯协定》一般每5年修订一次，一是增加新的商品，二是将已列入分类表的商品按照新的观点进行调整，以求商品更具有内在的统一性。国际商品分类表自1987年印制成册后已作了多次修订。根据世界知识产权组织的要求，尼斯联盟各成员国于2021年1月1日起正式使用尼斯分类第十一版2021文本，中国也不例外。

2. 一标多类

《商标法》第22条第2款规定："商标注册申请人可以通过一份申请就多个类别的商品申请注册同一商标。"这就是俗称的"一标多类"，即申请人在一份申请书中，可就多个类别商品申请注册同一商标。该条规定不同于以往商标法要求的"一件商标一份申请"，即不再需要按商品分类提交多份申请材料。"一标多类"有利于企业扩大规模和跨类经营，方便使用人在多类商品上申请同一商标。

3. 注册商标需要在核定使用范围之外的商品上取得商标专用权的，应当另行提出注册申请[①]

商标经注册后产生的商标权，仅限于在商标局核准的商品范围内使用，如

---

① 参见《商标法》第23条。

果商标权人要扩大使用的商品范围，如扩大到同类的其他商品或服务上，应当重新提出注册申请，才能取得商标的专用权。

4. 注册商标需要改变其标识的，应当重新提出注册申请

商标一旦被注册，非经申请，在使用时不允许变更其构成要素；否则，不仅有可能丧失其商标权，而且有可能侵犯他人的商标专用权。

5. 注册商标需要变更注册人的名义、地址或者其他注册事项的，应当提出变更申请

这一规定有助于对注册商标进行管理和保护。商标注册人名义的变更，会影响到商标专用权的归属，如果不办理变更手续，则商标权还归原来的商标所有人；如果地址变更却不及时办理变更手续，商标管理机关就会失去与商标权人的联系。

6. 商标申报的事项和提供的材料应当真实、准确和完整

申请人应当如实填报各种事项，提供的材料应当准确和完整，不得弄虚作假。对药品商标的申请注册，应当附送卫生行政部门发给的"药品生产企业许可证"或"药品经营企业许可证"；申请卷烟、雪茄烟和有包装的烟丝的商标注册的，应当附送国家烟草主管机关批准生产的证明文件。

（五）商标申请的优先权

优先权是指《巴黎公约》成员国的国民，向一个缔约国首先提出申请后，可以在一定期限（发明和实用新型为12个月，外观设计和商标为6个月）内，向所有其他缔约国申请保护，并以第一次申请的日期作为其在后提出申请的日期。申请人第一次提出申请的日期为优先权日。

优先权是《巴黎公约》的一项重要原则，它主要体现在对工业产权保护的申请程序上有特别的规定。即申请人在一国第一次提出申请后，根据自己的经营情况，有充分的时间考虑是否还需要在公约的其他成员国进行申请。因为在这段时间内，他人不能再以相同的内容在他国申请，即使有人申请，也会因优先权原则而被排除在外。这样，就有利于保护第一次提出申请的人行使权利。

我国在1985年加入了《巴黎公约》。2001年修改的《商标法》增加了商标申请的优先权的内容。2013年修改的《商标法》第25条规定："商标注册申请人自其商标在外国第一次提出商标注册申请之日起六个月内，又在中国就相同商品以同一商标提出商标注册申请的，依照该外国同中国签订的协议或者共同参加的国际条约，或者按照相互承认优先权的原则，可以享有优先权。依照前款要求优先权的，应当在提出商标注册申请的时候提出书面声明。并且在

三个月内提交第一次提出的商标注册文件的副本；未提出书面声明或者逾期未提交商标注册申请文件副本的，视为未要求优先权。"

根据《商标法》的规定，要求商标优先权应当具备实质要件和形式要件。

商标优先权的实质要件是：（1）要在规定的优先权期限内提出，即在外国第一次提出商标注册申请之日起 6 个月内，超过 6 个月，就有可能丧失优先权。（2）必须是同一商标使用在相同商品上。如果申请时是同一商标，但用于不同的商品上，或者是不同的商标使用在相同的商品上，都不能申请优先权。（3）申请国应当是《巴黎公约》成员国或者同中国签订双边协议或按照互惠原则，才能申请优先权。

商标优先权的形式要件为：（1）向中国提出商标注册申请的时候要提交书面声明。（2）要在 3 个月内提交第一次提出的商标注册申请文件的副本。未提出书面声明或者逾期未提交商标注册申请文件副本的，视为未要求优先权。要求优先权的，申请人提交的第一次提出商标注册申请文件的副本应当经受理该申请的商标主管机关证明，并注明申请日期和申请号。

2001 年修改的《商标法》新增了一项内容，即第 25 条的规定："商标在中国政府主办的或者承认的国际展览会展出的商品上首次使用的，自该商品展出之日起六个月内，该商标的注册申请人可以享有优先权。依照前款要求优先权的，应当在提出商标注册申请的时候提出书面声明，并且在三个月内提交展出其商品的展览会名称、在展出商品上使用该商标的证据、展出日期等证明文件；未提出书面声明或者逾期未提交证明文件的，视为未要求优先权。"

二、商标注册的审核程序

对符合商标法规定的商标申请，商标局应予以受理并开始对其进行审查。对商标申请进行审查，是商标能否核准注册的关键。核准注册是申请人获得商标专用权的法律依据。商标注册的审查和核准的具体程序如下：

（一）商标注册的审查

世界各国对商标的审查主要采取两种方式：一种为不审查制，又称"形式审查制"；另一种为审查制，即不仅要进行形式审查，还要进行实质审查。目前，大多数国家采用审查制，我国商标法也采用审查制。

1. 商标注册的形式审查

形式审查是指对商标注册的申请进行审查，从而确定申请日。根据申请在先原则，申请日是确定商标权归属的依据。形式审查的内容有：(1) 申请人的资格和申请程序。如果申请人不具备主体资格或超越了法人行为能力范围，则不能办理商标注册申请。(2) 申请文件。审查申请人提交的文件是否齐全，所填写的内容是否符合要求，是否已缴纳了有关费用。(3) 申请是否符合商标申请的有关原则。审查申请人填写申请书时是否按照"一份申请一件商标"等原则进行申请。(4) 商标的申请日期，编写申请号。商标注册的申请日期以商标局收到申请文件的日期为准。

申请手续齐备并按照规定填写申请文件的，编写申请号，发给受理通知书；申请手续不齐备或者未按照规定填写申请文件的，予以退回，申请日期不予保留。申请手续基本齐备或者申请文件基本符合规定，但是需要补正的，商标局通知申请人予以补正，限其自收到通知之日起30日内，按照指定内容补正并交回商标局。在规定期限内补正并交回商标局的，保留申请日期；期满未补正的，视为放弃申请，商标局应当书面通知申请人。形式审查通过后，发放受理通知书，进入实质审查。

2. 商标注册的实质审查

商标注册的实质审查，是对标志的可注册性进行的审查。关于拒绝注册的理由，按照其性质不同，可分为绝对理由和相对理由两类。之所以作这样的区分，是因为绝对理由和相对理由在法律适用情形、相关程序、请求人主体资格、请求时效以及审查审理范围等方面有所不同。

拒绝注册的绝对理由通常是指商标的注册会破坏公共秩序、损害公共利益，因此绝对不可以注册。绝对理由一般涉及违反商标法上的显著性、非功能性以及公共利益，不考虑对特定权利人的影响，具体理由包括：《商标法》第4条规定的不以使用为目的的恶意商标注册申请、第10条规定的不得作为商标使用的标志、第11条规定的缺乏显著特征不得作为商标注册的标志、第12条规定的具有功能性不得注册的三维标志、第19条第4款规定的商标代理机构不得申请注册其代理服务以外的商标、第44条规定的以欺骗手段或者其他不正当手段取得注册的商标情形。① 此处的"绝对性"体现在：第一，商标局在受理注册申请后会主动审查是否存在此类不予注册的情形；第二，在商标被初审公布后，任何人发现存在此情形的，都可以向商标局提出异议；第三，即使取得商标注册权，商标局可自行宣告该注册商标无效；其他单位或个人可以

---

① 参见《商标审查审理指南》下编第一章第2.1.1条。

请求商标局负责评审的机构宣告该注册商标无效,且不受时间的限制。

拒绝注册的相对理由,通常涉及损害他人的在先商标权利、他人现有的其他在先权利等,因为损害的是特定主体的合法权益,具有相对性。不同于损害公共利益的绝对性理由,针对相对理由,商标注册部门只能依职权将他人在先商标权利(第30、31条)作为驳回事由,一般不能依职权主动审理相对理由,仅在异议或评审程序中,依当事人申请进行审查审理。相对理由包括:《商标法》第13条规定的他人的驰名商标、第15条规定的被代理人和被代表人商标或其他特定关系人的商标、第16条第1款规定的他人的地理标志、第30条规定的他人已经注册的或者初步审定的商标、第31条规定的他人注册申请在先的商标、第32条规定的他人现有的在先权利和已经使用并有一定影响的商标。[1]

我国商标注册实质审查的范围包括拒绝注册的绝对理由和部分相对理由,采用全面审查制。如果存在上述拒绝注册的绝对理由和部分相对理由(《商标法》第30条、第31条规定的与他人已经注册的或者初步审定的商标相同或近似、与他人注册申请在先的商标相同或近似的情形),审查机关将依职权主动予以驳回。至于其他相对事由,如涉及未注册驰名商标(第13条)、在先使用未注册商标(第15条)以及他人现有在先权利(第32条)的保护,因与私权有关,根据私权自治和处分原则,在他人未提出异议申请之前,商标确权机关不会主动对这些涉及私权范畴的事由进行审查。换言之,我国商标注册的实质审查不适用《商标法》第13、15、32条的规定;[2] 对这些权利的保护,通常需要由在先权利人或者利害关系人在异议、不予注册复审、请求无效宣告程序中,依法向商标注册部门提出申请,要有明确的请求、事实、理由和法律依据,并提供相应证据,商标注册部门才会对上述事由进行审查。

本书以为,在商标申请审查阶段,可取消对相对理由的审查。因为相对理由多为私人之间的权益纠纷,不同于绝对理由,商标行政管理机关应保持中立,不宜以职权主动介入,如对相对理由进行审查,则有悖商标的私权属性。况且,对相对理由的审查,实质上是在授权阶段对混淆可能性的认定,但在此阶段,审查员多是根据申请书进行文本认定、事先认定,无法听取在先权益所有人和利害关系人的意见,[3] 可能会有失公允。面对我国逐年增长的商标申请

---

[1] 参见《商标审查审理指南》下编第一章第2.1.2条。
[2] 参见《商标审查审理指南》下编第一章第2.2条。
[3] 参见吴汉东:《知识产权法》,法律出版社2021年版,第532页。

量，如果商标确权机关在初审阶段只审查禁止注册的绝对理由，取消相对理由的审查（在异议阶段审查相对理由），将会极大提高商标审查效率，符合我国商标审查注册便利化改革的目标。

（二）初步审定并公告

经商标局审查，凡是符合上述形式和实质条件的商标，商标局应当自收到商标注册申请文件之日起 9 个月内审查完毕，符合商标法有关规定的，予以初步审定并公告。《商标法》2013 年第三次修改后，对商标局审查的时限作了 9 个月的要求。①

初步审定是指商标局对申请注册的商标经过认真审查，符合商标法的有关规定，作出可以初步核准的审定。初步审定的商标尚不具有商标专用权，要先在《商标公告》上公布，广泛征求社会公众的意见。2013 年修改后的《商标法》中增加了审查意见书制度：在审查过程中，商标局认为商标注册申请内容需要说明或者修正的，可以向申请人发送审查意见书，要求其自收到审查意见书之日起 30 日内作出说明或者修正。申请人逾期未作出说明或者修正的，不影响商标局作出审查决定。② 该制度的设计尽量考虑到申请人的利益，对有瑕疵的申请书按照审查员意见进行修改，而不是直接予以驳回。

申请注册的商标，凡不符合商标法有关规定或者同他人在同一种商品或者类似商品上已经注册的或者初步审定的商标相同或者近似的，由商标局驳回申请，不予公告。两个或者两个以上的商标注册申请人，在同一种商品或者类似商品上，以相同或者近似的商标申请注册的，初步审定并公告申请在先的商标；同一天申请的，初步审定并公告使用在先的商标，驳回其他人的申请，不予公告。在同一天申请注册的，各申请人应当自收到商标局通知之日起 30 日内提交其申请注册前在先使用该商标的证据。同日使用或者均未使用的，各申请人可以自收到商标局通知之日起 30 日内自行协商，并将书面协议报送商标局；不愿协商或者协商不成的，商标局通知各申请人以抽签的方式确定一个申请人，驳回其他人的注册申请。商标局已经通知但申请人未参加抽签的，视为放弃申请，商标局应当书面通知未参加抽签的申请人。

（三）商标异议

对商标局初步审定公告的商标，自公告之日起 3 个月内，在先权利人、利

---

① 参见《商标法》第 28 条。
② 参见《商标法》第 29 条。

害关系人认为违反《商标法》第 13 条第 2 款和第 3 款、第 15 条、第 16 条第 1 款、第 30 条、第 31 条、第 32 条规定的，或者任何人认为违反《商标法》第 4 条、第 10 条、第 11 条、第 12 条、第 19 条第 4 款规定的，可以向商标局提出异议。这些条款也确定了异议审查审理的范围，商标注册部门根据异议人提出的异议理由和事实、被异议人答辩理由和事实，对被异议商标作出准予或不予注册的决定。

1. 异议程序及其功能

所谓异议，是指适格主体在法定期限内对商标注册申请人经商标注册部门初步审定并刊登公告的商标提出不同意见，商标注册部门调查核实后依法作出决定的制度。设定异议程序的目的在于提高商标审查工作的准确性，有助于发现问题，纠正初步审定可能发生的错误。

异议程序的功能主要有：第一，有利于保护商标在先注册人的利益以及商标初步审定人的在先申请权。《商标法》第 30 条规定："申请注册的商标，凡不符合本法有关规定或者同他人在同一种商品或者类似商品上已经注册的或者初步审定的商标相同或者近似的，由商标局驳回申请，不予公告。"当商标局将上述这些本应驳回的商标予以公告时，商标权人及其他人可以通过提出异议程序维护其合法利益。第二，防止申请人获得不应有的商标权。当初步审定的商标公告后，如果该商标违反了禁用条款或缺乏显著特征或非以使用为目的恶意注册的，任何人都可以提出异议，协助商标局把好关。

2. 申请异议的主体

2001 年《商标法》规定，商标注册申请初审公告后 3 个月内，任何人均可以任何理由提出异议；商标注册异议首先由商标局审查作出裁定，对商标局的裁定不服可以申请商标评审委员会复审，对复审决定不服可以提起诉讼，诉讼还可以经过一审和二审。[1] 由此可见，《商标法》对提出商标异议的主体和理由规定过于宽泛、程序过于复杂，影响了申请人及时获得商标注册。

由于现行立法对商标异议理由和异议人的资格未作出限制，实践中出现了商标申请过程中的恶意异议的现象。恶意异议通常表现为对他人的在先商标权利或者其他权利提出异议，妨碍初步审定商标获得注册，同时向被异议人索取高额撤销异议的费用等。恶意异议不仅损害了当事人权益，也扰乱了正常的商

---

[1] 2018 年 11 月 15 日《中央编办关于国家知识产权局所属事业单位机构编制的批复》（中央编办复字〔2018〕114 号）规定，将国家工商行政管理总局商标局、商标评审委员会、商标审查协作中心整合为国家知识产权局商标局，是国家知识产权局所属事业单位。

标注册秩序。相反，一些国家的商标法对异议人的异议理由和主体资格均有限制。例如，《德国商标法》将异议理由主要限于在先商标，异议人限于在先商标所有人及其利害关系人。① 英国则区分绝对理由和相对理由并对异议人的资格进行限定，对相对理由提出异议的主体资格限定为在先权利人或者利害关系人，对绝对理由的异议人资格不作限定。

为有效遏制恶意异议行为，简化异议程序，缩短商标注册周期，同时充分保障异议双方当事人权利，我国2013年修改的《商标法》借鉴域外立法经验，对现有的异议制度进行了完善。修改的内容之一是对提出异议的主体和理由作了限定和区分：（1）违反禁止注册的绝对理由，如第4条、第10条、第11条、第12条、第19条第4款规定的初步审定公告的商标，自公告之日起3个月内，任何人均可以向商标局提出异议。② （2）对违反禁止注册的相对理由，如第13条第2款和第3款、第15条、第16条第1款、第30条、第31条、第32条，只有在先权利人和利害关系人才可以向商标局提出异议。通过完善立法，有望降低商标异议的数量，缩短授权程序和时间。

3. 申请异议的程序及救济

2001年《商标法》第33条规定，对初审公告的商标提出异议的，商标局在听取异议人和被异议人的事实和理由并经调查核实后，作出裁定。当事人不服的，可以向商评委申请复审。对商评委的裁定不服的，可向法院起诉。2013年《商标法》对此部分的修改较大，简化了异议程序，主要表现为以下三点：第一，删除了商标局对商标异议进行审查并作出裁定的环节，规定商标局对商标注册异议进行审查后，可直接作出是否准予注册的决定，并书面通知异议人和被异议人。与2001年立法相比，一是规定商标局可直接决定该商标能否注册；二是在通知的形式上更加严谨，需要用书面方式告知双方当事人。第二，商标局认为异议不成立，作出准予注册决定的，发给被异议人商标注册证，并予以公告。异议人不服的，可以依照《商标法》的规定向商评委请求宣告该注册商标无效。该规定体现出商标申请注册的效率原则。据资料显示，从2007

---

① 《德国商标法》第42条规定：（1）在第41条所述商标的注册公告之日起3个月内，在先商标所有人可以对该商标的注册提出异议；（2）异议只可以基于以下可以撤销商标的理由提出：第9条第1款第1项或第2项所述的在先申请或在先注册的商标；第10条并与第9条第1款第1项或第2项相联系的在先驰名商标。

② 2019年《商标法》修改后，新增了第4条、第19条第4款。

年至 2012 年，申请异议成立的比例很低，大约为整个申请注册的 11.31%—17.95%。① 可见，实践中异议成立率并不高，但根据异议程序的要求，所有进入初审公告的商标都要等到期满 3 个月才能进入核准公告程序。为尽快确权，2013 年《商标法》修改为，商标局可以先授权，尽快使大部分无异议的商标得到商标权，如果异议人不服的，可再向商评委申请宣告无效。第三，商标局认为异议成立，作出不予注册决定的，被异议人可向商评委提出不予注册的复审申请。对商评委的复审决定或者无效宣告的决定不服的，还可依法提起诉讼。此规定对商标注册申请被驳回的被异议人，规定了相应的救济程序。

对初步审定公告的商标提出异议的，商标局应当听取异议人和被异议人陈述事实和理由，经调查核实后，自公告期满之日起 12 个月内作出是否准予注册的决定，并书面通知异议人和被异议人。有特殊情况需要延长的，经国务院工商行政管理部门批准，可以延长 6 个月。② 本条关于时间的规定也是《商标法》第三次修改增加的内容，目的在于敦促商标确权机关及时进行审查，同时也便于申请人了解相关信息配合其生产经营活动。

综上所述，2013 年《商标法》第三次修改后，在异议程序方面的一个重大变化是：商标申请初审公告后，针对异议人提出异议的，商标局经过核实后可直接作出准予注册决定，发给商标注册证，并予公告。在程序上取消了商标局的裁定和商标评审委员会的复审裁定环节。修改后的规定可以大大缩短商标申请的审批时间，减少核准的程序和环节，有利于申请人尽快取得商标注册。

4. 异议裁定的结果及后续程序

商标注册部门作出准予注册决定的，发给注册证并予以公告。如果异议人不服的，可以依照《商标法》第 44 条、第 45 条的规定向商标评审委员会请求宣告该注册商标无效。

针对现实中出现的利用异议程序阻挠他人商标注册的情形，根据《商标法》第 36 条第 2 款，经审查异议不成立而准予注册的商标，有两点值得注意：其一，明确了异议审查程序后的商标权取得时间，即自初步审定公告三个月期满之日起计算；其二，尽管在此期间他人的使用行为不构成侵权，但对恶意使

---

① 参见 2013 年 3 月 20 日由中国知识产权研究会主办的"商标法第三次修改暨驰名商标保护研讨会"（杭州会议），国家工商行政管理总局商标局法律事务处处长原琪在大会上的发言：《商标法第三次修改情况介绍》。

② 参见《商标法》第 35 条。2018 年国务院机构改革后，撤销国家工商行政管理总局，组建国家市场监督管理总局。

用该注册商标的损害赔偿责任作了规定,彰显了异议制度的权利救济功能。①

(四)商标复审程序

为了充分保护商标申请人的合法权益,加强商标确权工作的内部监督,《商标法》设置了商标争议的复审制度。所谓异议复审,是指商标注册部门对商标申请争议事宜再次进行审查的制度。复审也是商标审查制度的重要组成部分。

对驳回申请、不予公告的商标,商标局应当书面通知商标注册申请人。商标注册申请人不服的,可以自收到通知之日起15日内向商标评审委员会申请复审。商标评审委员会应当自收到申请之日起9个月内作出决定,并书面通知申请人。该条规定是第三次修改的《商标法》新增的内容,对商标评审委员会决定的时限作出了9个月的要求,但对有特殊情况需要延长的,经国务院工商行政管理部门批准,可以延长3个月。当事人对商标评审委员会的决定不服的,可以自收到通知之日起30日内向人民法院起诉。②

针对商标局作出不予注册的决定,被异议人不服的,可以自收到通知之日起15日内向商标评审委员会申请复审。商标评审委员会应当自收到申请之日起12个月内作出复审决定,并书面通知异议人和被异议人。有特殊情况需要延长的,经国务院工商行政管理部门批准,可以延长6个月。被异议人对商标评审委员会的决定不服的,可以自收到通知之日起30日内向人民法院起诉。人民法院应当通知异议人作为第三人参加诉讼。商标评审委员会在进行复审的过程中,所涉及的在先权利的确定必须以人民法院正在审理或者行政机关正在处理的另一案件的结果为依据的,可以中止审查。中止原因消除后,应当恢复审查程序。

(五)商标注册的核准

核准注册是申请人取得商标专用权的决定性环节。商标获准注册后,由商标局将核准的商标和核定使用的商品登记在商标注册簿上,并刊登在《商标公告》上,同时颁发商标注册证。自此注册商标受法律保护,注册人享有商标专用权。

---

① 《商标法》第36条第2款规定:"经审查异议不成立而准予注册的商标,商标注册申请人取得商标专用权的时间自初步审定公告三个月期满之日起计算。自该商标公告期满之日起至准予注册决定做出前,对他人在同一种或者类似商品上使用与该商标相同或者近似的标志的行为不具有追溯力;但是,因该使用人的恶意给商标注册人造成的损失,应当给予赔偿。"

② 参见《商标法》第34条。

对初步审定并公告的商标，法定期限届满后，当事人对商标局作出的驳回申请决定、不予注册决定不申请复审或者对商标评审委员会作出的复审决定不向人民法院起诉的，驳回申请决定、不予注册决定或者复审决定生效。经审查异议不成立而准予注册的商标，商标注册申请人取得商标专用权的时间自初步审定公告 3 个月期满之日起计算。

自商标公告期满之日起至准予注册决定作出前，对他人在同一种或者类似商品上使用与该商标相同或者近似的标志的行为不具有追溯力，因为商标权利还未产生，不具有排他效力；但是，因该使用人的恶意给商标注册人造成的损失，应当给予赔偿。该规定如何适用，如何认定恶意、损失的界定及赔偿的标准等，还有待于进一步研究。

三、我国商标注册审查存在的问题及改革

我国在商标注册审查程序上，将不予注册的绝对理由和相对理由全部囊括其中，实行全面审查。同时，采取异议前置以确保稳定的市场秩序，提升注册商标的质量。由于全面审查加异议前置必然需要足够的审查时间来保证审查结果的正确，因此审查的效率大大降低，难以满足市场主体的需求。为了落实国家知识产权局提出的商标注册便利化改革，提高我国注册商标的质量与效率，需要重新审视我国商标注册审查制度，针对存在的问题提出改革方案。

（一）我国商标注册审查制度存在的问题

1. 全面审查制的弊端：周期长、效率低

与绝对理由审查制相比，全面审查制是商标注册审查中工作量最大，也最容易与申请人发生纠纷的工作，同时也是导致商标注册周期过长的主要原因。在我国申请商标注册的过程中，商标局需要主动依职权对绝对理由与相对理由同时进行审查，而其中大量的审查工作来源于对相对理由的审查。首先，商标局难以获得相关证据以审查申请商标是否落入不予注册的相对理由中。在商标审查阶段，商标局依职权对上述相对理由进行审查，双方当事人很难参与审查程序并向商标局提供相关证据材料。在这样的情况下商标局仅能自行查找相关证据材料以审查商标申请是否符合相对理由的要求。在缺乏当事人提供证据的情况下，商标局自行查找证据的效率会降低，进而影响商标的审查期限。其次，商标局最主要也最擅长的工作在于处理商标（由于商标最主要的功能在于识别功能，故也可以说处理具有识别功能的标志）之间的纠纷，对于所申请的商标是否侵犯其他在先权利，商标局仅能进行有限的审查。与欧盟不同，我国

并没有将在先权利区分为识别性在先权利与非识别性在先权利,仅对在先权利进行笼统规定,而这必然导致商标局因本身职能的缺陷而无法有效审查申请商标是否与在先合法权利相冲突,进而使得商标审查的质量降低。最后,依职权主动审查相对理由可能会造成无效审查,即"死亡商标"成为商标注册障碍。在我国登记簿上注册的商标有部分因为不满足使用的要求实际上已经成为"死亡商标",不应给予保护。若审查员依该登记簿进行审查,则会浪费大量的行政资源与成本。

在全面审查制下,商标局对相对理由的审查意味着忽视了商标的私权属性,当事人的意思自治亦未得到充分尊重。商标注册是民事法律行为,审查机关对注册申请的审查应遵循意思自治原则。除涉及公共利益和秩序的问题外,公权力对当事人的行为不应主动加以干涉,只有在当事人请求公权力帮助时,公权力才可以介入民事主体之间的权益纠纷。而驳回注册的相对理由主要涉及的是商标申请人与其他在先权利人之间就私人利益发生的冲突,故商标局不应该越俎代庖。与欧盟商标行政机关的居中裁判角色相比,我国商标行政机关似乎发挥了更多的行政管理的职能。

同时,应注意的是,在先商标所有人或其他在先权利人是其商标或权利的最好守护者。在后申请商标是否与在先申请注册商标或在先权利相冲突,首先应当由在先商标所有人或其他在先权利人根据市场情况判断两者是否会引起混淆。一方面在于上述主体是切身的利益相关者,就某个商标是否与其商标相同或近似要比商标局清楚得多;另一方面在于上述主体可以在公告阶段提出异议,通过异议程序进行有针对性的商标审查。即便取消相对理由审查增加了在先商标权人以及其他在先权利人的注意义务,但与其享受的权利也是一致的,上述主体应当积极主动地维护自己的权益。

2. 异议程序因缺乏配套制度导致无法有效运行

我国商标法经过了多次修改,虽然区分了异议主体和异议理由、简化了异议处理和救济程序,并由此缩短了商标异议期限,但是,在具体的异议程序设置上依然缺乏相应的配套机制,影响到修法后异议程序作用的发挥。

第一,异议程序双方缺乏自我和解机制。根据现行《商标法》第35条,商标局在受理异议之后,应当听取异议人和被异议人陈述事实和理由,经过调查核实后,在规定的期限内作出是否予以注册的决定,并且书面通知异议人与被异议人。从该条文来看,在整个异议程序中,商标局对异议的处理起了主导作用,而与异议成立与否具有密切利益关系的异议方与被异议方在该程序中只充当陈述事实与理由的被动角色，很大程度上原因在于我国对异议程序的功能定位。我国规定异议程序的意义在于，给在先权利人、利害关系人以及社会公众提供对商标注册提出意见的机会，从而通过社会的力量保证商标注册审查工作的质量。换句话说，我国的异议程序主要发挥的是社会监督的功能，由此导致的结果便是对异议双方的意思自治的忽视，未充分尊重商标的私权属性，使得异议双方仅能根据商标局的主导而无法充分根据自己的意愿处理异议纠纷。除此之外，由于我国将异议程序的功能定位于社会监督功能，商标局并没有下设调解中心，无法帮助异议双方达成和解协议，解决争议。

据统计，2019 年，全国共计初步审定商标 6014216 件，其中，136436 件在异议期内被他人提出异议，在有如此庞大的异议数量的情况下，如果所有的异议都由商标局处理，势必会造成异议案件的积压，从而造成商标审查期限的延长。① 而如果在异议程序中设置异议双方自我解决纠纷的机制，使部分案件由异议双方自行或者在商标局的监督之下解决，则会缓解商标局的审查压力，缩短商标的审查期限。

第二，异议程序与撤销程序无法协调。事实上，异议程序与撤销程序无法协调的一个重要原因在于，在我国商标注册的异议程序中，缺乏真实使用抗辩的相关规定。

长期以来，我国商标以注册取得为主，客观上导致了我国存在大量不以使用为目的的商标注册行为和商标囤积的现象。为了遏制现实中闲置商标的堆积问题，我国商标法规定了"撤三"制度，即注册商标连续三年不使用且没有正当理由的，任何单位或者个人可向商标局申请撤销该注册商标。我国《商标法》第三次修改时虽然区分了异议主体与异议理由，规定在先权利人或利害关系人可以就相对理由提出异议，但是对在先权利中的在先注册商标并没有规定任何使用的要求，由此导致"死亡商标"权利人仍可以在异议程序中提出异议。并且由于我国现行《商标法》并未规定商标申请人在异议程序中可以就在先权利人与利害关系人援引的在先商标提出真实使用抗辩，因此，实践中商标申请人为了成功获得商标注册，避免"死亡商标"成为其商标注册的阻碍，一般只能另行提起商标"撤三"程序。换句话说，"撤三"程序往往是商标申请、驳回复审、商标异议、商标无效等程序中出于消除权利冲突而发起的，但目前

---

① 参见国家知识产权局商标局异议审查五处二级调研员强华在君策系列讲座上的演讲：《商标异议案件实质审查实务》，2020 年 4 月 23 日。

鉴于商标申请、驳回复审、商标异议、商标无效等程序的法定时间限制，主管机关或人民法院往往不会等待"撤三"程序的结果而径行作出相关裁定、决定或判决。这将极有可能导致针对同一商标，异议程序与撤销程序的审理结果并不一致。

（二）我国商标注册审查制度改革建议

为了解决上述问题，优化商标审查体系，提升商标注册便利化程度，我国在未来修改商标法的过程中，可借鉴欧盟及其他国家商标注册审查制度的优点，以提高我国商标注册审查的质量和效率。

1. 改全面审查为绝对理由审查

与全面审查制的弊端相对应，绝对理由审查制不仅充分尊重了商标的私权属性，也有助于缩短商标审查期限。因此在商标法的修改中，应将全面审查制转为绝对理由审查制。

反思我国商标保护制度，"加强商标管理"仍然是我国商标法的立法宗旨之一，[①] 由此导致了整个商标注册审查以及撤销、无效制度均体现了浓厚的行政管理色彩。而取消商标注册审查阶段的相对理由审查，则跳出了行政管理的思维模式，回归了商标的私权属性。

有学者认为取消相对理由审查将导致冲突案件增多，商标异议量将大增。理由是每一件商标异议的提出，商标局都需要用较长时间去认真审查确认，因此在整个商标申请注册阶段，商标局的工作量并没有减少，只是将前期的审查工作移到了后期来做，从而无法缩短商标注册的时间。[②] 然而在实际的商标审查工作中，取消相对理由审查并不一定会导致冲突案件增多，因为是否提起异议是商标权人自行决定的事。[③] 即便短期内可能出现异议案件增多的情况，但随着我国市场环境的健全和诚信环境的优化，商标的恶意注册将会减少，长此以往，短期内增加的异议量也会逐渐恢复正常水平。从长远来看，商标的注册审查周期也会缩短，这并没有与我国缩短商标注册周期，提高商标注册效率的

---

① 《商标法》第 1 条规定："为了加强商标管理，保护商标专用权，促使生产、经营者保证商品和服务质量，维护商标信誉，以保障消费者和生产、经营者的利益，促进社会主义市场经济的发展，特制定本法。"

② 参见吴习聪：《论保留"相对理由"审查制度》，载《郑州经济管理干部学院学报》2007 年第 9 期。

③ 事实上，在不进行相对理由审查的法国，2007 年到 2008 年的异议率仅有 5.8%，极低的异议率表明取消相对理由审查并非一定会造成异议量的急剧增加。参见杜颖：《商标异议程序改革研究结项报告》，2018 年，第 28 页。

目标相违背。

资料显示,商标局对相对理由的审查能力存在不足。一方面,商标局对商标公告前的相对理由审查仅限于在先商标权的审查;另一方面,据统计,2020年上半年平均异议成立率(包括部分成立)为50.14%。其中,适用《商标法》第30条异议成立的案件约70%,有效保护了在先注册商标权;适用《商标法》第7条、第13条、第15条、第32条等异议成立的案件约30%。[1]《商标法》第30条是在先商标的规定,说明商标局对在先商标权的审查能力存在不足。在这样的情况下,若仍将相对理由交由商标局进行审查,则无效审查将会增多,浪费有限的行政资源。

2. 设置第三方意见制度

为配合全面审查制度的改革,提高商标审查质量,在初审阶段,可借鉴欧盟经验,设立第三方意见制度。第三方意见制度是官方审查绝对理由的必要补充,该制度旨在促进整个商标登记制度的整体运行,并确保那些具有不予注册绝对理由的商标不被注册。第三方意见制度作为商标注册过程中的一个机制,其有效运行既可以弥补官方审查的不足,也可以提高官方审查绝对理由的效率。[2] 因此在将我国现行商标注册审查制度改为绝对理由审查与部分相对理由异议制度之后,第三方意见制度亦值得被借鉴。

商标公告前后提出的第三方意见制度与在先商标权人或其他在先权利人就相对理由提起异议是两个独立的程序。第三方意见的主要目的在于辅助商标行政机关对绝对理由的审查。由于现代科技的发展以及信息的日益丰富,在一些行业特别是医药、半导体或计算机等领域,商标审查员会因为自身知识的不足以及辅助工具无法提供帮助的盲区,对某些绝对理由的审查并不敏感。在此种情况下,审查员可以参考第三方提供的意见进行审查,从而提高绝对理由审查的效率及准确度。同时,通过允许社会公众就不予注册的绝对理由提出第三方意见可以让公众充分参与其中,从而使整个商标审查体系运行更加平稳有效。[3]

虽然在实践中,似乎很少有人提起第三方意见,同时也仅不足30%的第

---

[1] 参见《砥砺前行稳主业 提质增效强保护——商标局异议审查"提质增效"纪实》,http://sbj.cnipa.gov.cn/gzdt/202007/t20200703_319355.html,2021年2月18日访问。

[2] 《欧盟商标条例修改提案》(Report on the proposal for a regulation of the European Parliament and of the Council amending Council Regulation (EC) No 207/2009 on the Community Trade Mark) 指出,第三方意见制度不仅能够提高审查的透明度,还能加快审查速度。

[3] 参见陈飞:《欧盟商标"第三方意见"程序》,载《中华商标》2014年第2期。

三方意见使官方重启对绝对理由的审查,① 但却可能使这一部分的商标避免后续的无效程序,使其稳定性得到增强。可见,第三方意见制度的引入有助于提高商标注册质量。

3. 设立快速审查机制

快速审查机制与我国商标注册便利化的改革目标相一致,该机制的引入是缩短商标注册周期,提高商标注册效率的必然之举。通常情况下,在商标申请提交后,商标主管机关将按照申请时间的先后顺序依次进行审查,获得商标审查结果的时间主要取决于工作积压情况,申请人在提交商标注册申请后,只能被动地等待商标主管机关的审查结果。② 而在设有快速审查机制的国家,只要某些商标申请符合相关条件,商标行政机关会加快其从申请到公告的时间,尽可能使商标申请人尽早获得商标权。首先,通过设置快速审查机制,可以实现快速审查与常规审查的分流,进而提高商标注册审查的效率和质量。设置快速审查机制之后,商标行政机关根据申请人的申请材料与要求,将满足条件的商标申请通过快速审查机制加快其公告时间,将不满足条件的商标申请通过常规渠道进行审查。这不仅使得通过快速审查机制的商标申请的注册效率得到提高,还会提高通过常规渠道审查的商标申请的审查质量。因为商标审查员会将节省的时间和精力用来重点审查通过常规渠道注册的商标申请,从而提高该部分商标审查的质量。其次,从欧盟的快速审查机制的实际运行情况来看,快速审查机制确实提高了商标审查的效率。根据欧盟知识产权局发布的 2018 年年度报告,通过常规审查程序的申请,平均可以在申请后 21 天左右公告,在 5—6 个月内完成注册。通过快速审查程序的申请,平均可以在申请后 9 天左右公告,在 4—5 个月以内完成注册。从该数据可以看出,虽然欧盟商标的常规审查程序所需的时间已经很短,但是快速审查程序还能在此基础上进一步缩短商标审查注册的周期。③ 此外,欧盟知识产权局 2020 年年度报告显示,目前通过快速审查机制的欧盟商标申请占比逐年增加,已经由起初的 20% 左右

---

① 2020 年 1 月,欧盟知识产权局在其官网上发布了其最新一期新闻公报,就 2009 年至 2018 年期间的第三方意见的运行状况进行了数据分析。虽然第三方意见的提交数量整体呈增长趋势,但是却与商标申请量不成比例。自 2009 年以来,提交第三方意见的数量在商标申请中几乎一直只占 0.2% 的比例,即便在占比最高的 2011 年,也仅占到了 0.24% 的比例。参见欧盟知识产权局官网,https://euipo.europa.eu/tunnel-web/secure/webdav/guest/document_library/contentPdfs/about_euipo/alicante_news/alicantenews_december_2019_print_en.pdf,2021 年 1 月 21 日访问。

② 参见薛友飞:《商标海外注册快速审查制度探析》,载《中华商标》2019 年第 11 期。

③ 同上。

提高到了 50% 左右。① 由此可见，快速审查机制在欧盟商标申请人中广受欢迎。

为了改变我国商标注册周期长、注册效率不高的现状，近五年来，商标行政机关一直在探索商标注册便利化的路径，其中包括简化商标手续优化申请流程、简化部分商标申请材料和手续等等，而快速审查机制的设立有助于这一目标的实现。

4. 异议程序的改革和完善

根据域外的经验，现行绝对理由审查模式与异议程序主要有两种搭配，即绝对理由审查＋异议前置、绝对理由审查＋异议后置。前者的代表主要为欧盟和法国，后者的代表主要为德国。在我国现在的市场环境下，采用哪种模式更适合，还需要考察各自制度运行的绩效和后果、制度改造的成本等。鉴于该制度改革难度，此处尝试结合欧盟及相关国家经验，对我国现行异议制度提出一些完善建议。

第一，明确异议制度的功能定位。并非所有人均可以就不予注册的所有理由提出异议，否则一方面会违反商标的私权属性，另一方面也会延长商标审查的期限。应摆正异议制度的功能定位，即将异议功能由发挥社会监督和权利救济的双重功能转为权利救济功能，借鉴欧盟商标的部分相对理由异议前置制度。在欧盟，异议的目的在于对那些可能损害第三方权利的商标，第三方通过异议程序得以阻止其注册。至于是否阻止在后申请，由在先权利人自行决策。换句话说，欧盟商标异议程序发挥的主要功能在于对在先权利人的救济，而非社会监督功能。而在商标公告后发挥社会监督功能的主要是第三方意见制度。

第二，区分在先权利。在已确定相对理由异议前置的情况下，进一步区分在先权利，将其区分为识别性在先权利与非识别性在先权利。② 具体而言，只有识别性在先权利人可以提出异议，非识别性在先权利人只能在无效宣告程序中宣告注册商标无效。这样的设置充分考虑了商标行政审查机关的职能限制。首先，在先权利的冲突涉及的多为非技术性事项，比如恶意、使用事实等，并不是授权本身，因此不需要行政机关的专门知识。其次，在先权利的冲突实际

---

① See EUIPO Statistics in European Union Trade Marks 1996-01 to 2020-12 Evolution, at https：//euipo.europa.eu/tunnel-web/secure/webdav/guest/document_library/contentPdfs/about_euipo/the_office/statistics-of-european-union-trade-marks_en.pdf, Jan. 27, 2021.

② 根据《欧盟商标审查指南》，在先权利包括识别性在先权利与非识别性在先权利，其中非识别性在先权利包括名称权、肖像权、著作权和工业产权，此类非识别性在先权利仅能作为无效宣告的相对理由。

上是申请注册商标与其他在先权利的民事纠纷，是否存在损害以及是否造成混淆等问题，都不属于商标确权机关的专业范围。① 如若对在先权利不加以区分，则会造成商标行政机关因能力不足而无法判断，进而在处理此类纠纷时不可避免地导致审查周期的延长。虽然如此区分可能会造成权利歧视后果，但是该不利后果与其带来的利益相比是可以忽略的。即便注册商标侵犯了诸如著作权、外观设计权等非识别性在先权利人的权利，该损害程度也不大。商标与作品、外观设计在通常情况下并非同类型权利，故无竞争关系，因此上述权利人仍可以在法律框架内自由行使权利，消费者在一般情况下也不会对该两种权利产生混淆。

第三，在异议程序中设立冷静期制度。欧盟在其异议程序中设有冷静期的规定，给予争议双方在这一阶段自行协商解决纠纷的机会。冷静期制度是欧盟知识产权局解决商标异议的重要举措，在先权利人对商标提出异议之后，经异议人与被异议人协商，可申请延迟欧盟商标异议处的正式介入，而由异议双方在冷静期内单独评判或者互相协商，采取法定异议程序之外的方法来解决异议纠纷。② 从理论上看，冷静期制度的设置充分尊重了当事人的意思自治，尊重了商标的私权属性。在冷静期内申请人可以根据情况申请撤回商标申请或缩小指定的商品或服务的范围；申请人与异议人可以通过友好协商，让争议商标共存于市场中；申请人与异议人进行协商，在异议人意识到自己的异议申请缺乏足够理由的情况撤回异议申请；或者在双方进行协商之后，申请人与异议人申请结束冷静期，进入对抗阶段。商标行政机关在该期间并不主动干预争议双方，处于中立地位。从实践上来看，冷静期制度也取得了良好的效果。根据欧盟知识产权局发布的官方统计数据，自 2005 年至 2020 年，欧盟商标异议处理率为 97.7%，可见欧盟知识产权局的审查效率较高，积压案件较少。而欧盟商标异议处理率较高的原因在于绝大多数异议案件在异议程序开始前的冷静期，双方通过协商方式已经达成和解结案，只有少部分异议案件最终由异议处以官方裁决的方式作出异议决定。③ 具体而言，在实务中，大约有 75%—80%

---

① 参见卢爱媛、李明珍：《商标法之"在先权利"条款的法律适用——兼评商标法第三次修改中的商标异议制度》，载《电子知识产权》2011 年第 11 期。

② 参见刘蕴、王华：《私权语境下的商标异议制度反思》，载《北京邮电大学学报（社会科学版）》2015 年第 4 期。

③ See EUIPO Statistics in European Union Trade Marks 1996-01 to 2020-12 Evolution, at https://euipo.europa.eu/tunnel-web/secure/webdav/guest/document_library/contentPdfs/about_euipo/the_office/statistics-of-european-union-trade-marks_en.pdf, Jan. 27, 2021.

的欧盟商标异议在冷静期阶段以和解结案。①

　　冷静期制度的引进可充分尊重当事人意思自治，给双方自行解决纠纷提供了缓冲期；从欧盟冷静期制度的实际运行来看，大多数异议案件在冷静期阶段通过当事人协商的方式予以解决，实现了当事人自行解决与商标行政机关解决的分流，可以有效减少商标行政机关处理异议的压力，节约了行政成本。应注意的是，由于在冷静期内争议双方可以达成商标共存协议，对此，若我国引入了冷静期制度，则也应建立并完善商标共存的法律制度。

　　第四，在异议程序中设立真实使用抗辩规则。如前所述，我国商标注册采取以注册为主、使用为辅的原则，导致商标使用长期未受到重视。商标使用是商标的灵魂，应将其贯彻至商标从"出生"到"死亡"的各个阶段。现行商标法规定的使用规则仅仅体现在商标注册后的撤销、无效程序以及商标侵权和赔偿环节，而在商标注册前的异议阶段商标使用似乎并未完全发挥其相应功能。因此，建议在商标注册前的异议程序中规定真实使用抗辩规则，这既是"撤三"制度的逻辑要求，也有助于缩短商标审查周期，实现商标注册便利化改革目标。在异议程序中允许商标申请人提出真实使用抗辩而无须另行提起"撤三"程序。这一方面既是注重商标使用，使其发挥识别功能的体现；另一方面，异议程序与撤销程序也实现了协调，减少了商标行政机关就同一商标作出冲突处理结果的可能。

　　我国商标法规定的异议期限为12个月，特殊情况下还可以延长至18个月；而商标撤销程序的期限为9个月，特殊情况下可以延长至12个月。在规定真实使用抗辩制度的前提下，商标局对异议的处理期限最多为18个月。相反，若没有真实使用抗辩制度，商标申请人为成功注册商标，极有可能会在异议程序之外另行提起"撤三"程序，倘若商标局等待"撤三"程序结束之后再处理异议，则会带来异议处理期限的延长，进而导致整个周期变长。因此，在异议程序中规定商标真实使用抗辩制度是商标"撤三"制度的必要补充。建议我国在修法过程中借鉴欧盟商标真实使用的相关规定，设置真实使用抗辩制度，从而防止实质上已经"死亡"的商标成为商标注册的阻碍，提高商标注册效率。

---

　　① 参见王莲峰、张露：《欧盟商标审查制度的特色及借鉴》，载中国社会科学院知识产权中心、中国知识产权培训中心编：《面向高质量发展的知识产权制度建设》，知识产权出版社2021年版，第195页。

5. 在商标注册确权过程中设置调解机制

随着商标行政机关由管理角色转为居中裁判角色，冷静期制度的设置为在先权利人和商标申请人自行达成和解协议提供了便利条件，在商标确权阶段设立调解制度似乎是必然之举。商标行政机关通过为商标争议双方提供官方帮助，既可以提高商标争议解决的效率，同时也可以有效对商标争议双方进行监督，比如在商标申请人与异议人达成商标共存协议的情况下，要求双方就商标附加区别标志，划分市场等。

将调解机制写入商标确权制度之中有其必要性和可操作性。近年来我国商标授权确权行政诉讼案件的数量增长迅速，国家知识产权局和受理法院压力较大，建立调解制度无疑是缓解诉讼压力、解决纠纷的有效方式。调解机制引入后不仅可以节约诉讼成本和司法资源，也可以在合意的基础上高效、和谐地解决纠纷。目前我国已经有相关政策对调解机制入法提供了支撑，2014年修订的《商标评审规则》第8条和第33条对调解进行了相关规定，即在商标评审期间，当事人有权依法处分自己的商标权和与商标评审有关的权利。在不损害社会公共利益、第三方权利的前提下，当事人之间可以自行或者经调解以书面方式达成和解。当事人自行或者经调解达成和解协议，可以结案的，商标评审委员会应当中止评审、予以结案。从现实情况来看，上海经贸商事调解中心与欧盟知识产权局上诉委员会已经共同制定了聚焦于中欧商标、外观设计的知识产权联合调解规则，该规则已于2020年7月1日正式生效。① 该联合调解机制包含了一系列的规则，就调解的适用范围、调解程序、调解员的选任等进行了详细的规定。这一现实情况也为在商标法中建立调解制度提供了指引。

综上所述，在我国进行商标注册审查制度的改革中，为进一步提升商标注册便利化、优化商标审查体系，可以借鉴欧盟商标注册审查中的特色制度。同时，应转变我国商标行政机关的职能定位，将其由主动监管角色转变为居中裁判的中立地位，尊重商标的私权属性。建议将现行的全面审查与异议制度改为绝对理由审查与部分相对理由的异议制度；同时，应辅以其他配套制度，包括在商标申请至公告阶段建立快速审查机制、在商标公告至商标注册阶段设置第三方意见制度、在异议程序中设置冷静期制度以及确立真实使用抗辩规则，从而起到提高商标审查的质量、给予商标争议双方自行解决纠纷的机会，以达到

---

① 参见卢结华：《欧盟知识产权局调解中心：设立沿革、运行现状与未来展望》，https://mp.weixin.qq.com/s/3YAwdiA0VD2u2FMmeOzA9Q，2021年2月16日访问。

节约行政成本、协调异议程序与撤销程序的效果。并且，借鉴欧盟经验，通过在商标注册确权的各个阶段设置调解机制，为商标权属争议双方解决纠纷提供便利条件，促成双方及时化解纠纷。

第三节　商标权取得的实质条件

商标权的取得主要来自国家的授权，一般要经过申请、审查和注册诸多环节和程序，不仅要满足申请商标主体资格的要求，还有程序和实体条件的规定。本节重点论述商标权取得的实质条件，主要包括：商标构成要素和标志本身的法定性、显著性、非功能性、在先性、非相同或近似性等。

一、商标构成要素和标志本身的法定性

商标主要由文字和图形等标志构成，各国商标立法均对商标的构成要素和标志作了规定。

（一）商标构成要素的法定性

尽管 TRIPS 协定规定了任何起到识别来源的标志都可以申请注册，但各国在商标立法中均规定了商标的构成要素，只有符合这些要素才能作为商标申请注册。比如，我国《商标法》第 8 条规定："任何能够将自然人、法人或者其他组织的商品与他人的商品区别开的标志，包括文字、图形、字母、数字、三维标志、颜色组合和声音等，以及上述要素的组合，均可以作为商标申请注册。"根据该规定，我国商标的法定构成要素包括：文字、图形、字母、数字、三维标志、颜色组合和声音。其中，三维标志和颜色组合是根据我国参加的 TRIPS 协定的要求，在 2001 年《商标法》修改时增加的构成要素；2013 年《商标法》第三次修改后又增加了声音商标。根据我国现行《商标法》第 8 条的规定，目前我国立法排除单一颜色、味觉和位置等作为商标的构成要素，换言之，单色商标、气味商标和位置商标在我国无法申请注册。

（二）标志本身的法定性

各国立法基于本国法律文化传统，均规定了一些标志不得作为商标使用，更不能作为商标注册。比如，我国《商标法》第 10 条规定，下列标志不得作为商标使用：

(1) 国家和国际组织的名称和图形等标志

① 同中华人民共和国的国家名称、国旗、国徽、国歌、军旗、军徽、军

歌、勋章等相同或者近似的,以及同中央国家机关的名称、标志、所在地特定地点的名称或者标志性建筑物的名称、图形相同的;② 同外国的国家名称、国旗、国徽、军旗等相同或者近似的,但经该国政府同意的除外;③ 同政府间国际组织的名称、旗帜、徽记等相同或者近似的,但经该组织同意或者不易误导公众的除外;④ 与表明实施控制、予以保证的官方标志、检验印记相同或者近似的,但经授权的除外;⑤ 同"红十字""红新月"的名称、标志相同或者近似的。

(2) 带有民族歧视性的。

(3) 带有欺骗性,容易使公众对商品的质量等特点或者产地产生误认的。

(4) 有害于社会主义道德风尚或者有其他不良影响的。对于"其他不良影响"的理解,在实践中有所不同,具体分析见下文。

(5) 县级以上行政区划的地名或者公众知晓的外国地名,不得作为商标。但是,地名具有其他含义或者作为集体商标、证明商标组成部分的除外;已经注册的使用地名的商标继续有效。

上述标志,多为国家和军队的标志、特定的官方和国际组织的标志、歧视性的标志,以及对商品质量和产地容易产生误认的标志等,这些标志要么具有特定含义,属于公共资源,要么属于禁止性的规定,不能在商品上使用和申请注册。多数国家商标法将这些标志称为禁止注册的绝对理由,我国商标法也有规定,即使这些标志获得注册也会被商标局宣告无效,其他单位或者个人也可以请求商标评审委员会宣告该注册商标无效,[1] 而且启动无效的程序不受时间限制。

(三)"有其他不良影响"条款的理解

近年来,随着商标确权和授权案件的增加,我国《商标法》第 10 条第 1 款第 8 项"有其他不良影响"的规定及其适用引起社会各界的关注。下面结合几起案例,分析行政机关和司法裁判中对该条的理解和适用。

在"微信"商标确权纠纷中,商评委和一审法院均引用《商标法》第 10 条第 1 款第 8 项的规定,认为如果允许在先申请的"微信"商标注册,将会给社会造成不良影响,故此驳回了商标申请。具体案情是:2010 年 11 月 12 日,

---

[1] 我国《商标法》第 44 条规定:"已经注册的商标,违反本法第十条、第十一条、第十二条、第十九条第四款规定的,或者是以欺骗手段或者其他不正当手段取得注册的,由商标局宣告注册商标无效;其他单位或者个人可以请求商标评审委员会宣告该注册商标无效。"

创博亚太公司向国家商标局提出第 8840949 号 "微信" 商标的注册申请，指定使用在第 38 类 "信息传送、电话业务、电话通信、移动电话通信" 等服务上。2011 年 8 月 27 日，商标经商标局初步审定公告。异议期内，张某提出异议。2013 年 3 月 19 日，商标局作出裁定：被异议商标不予核准注册。创博亚太公司不服商标局裁定，于 2013 年 4 月 7 日向商评委申请复审。2014 年 10 月 22 日，商评委作出第 67139 号裁定，认为虽然创博亚太公司申请注册被异议商标时，腾讯公司的 "微信" 软件尚未正式对外推出，但是，张某提交的证据表明，腾讯公司在被异议商标初步审定公告前已正式推出了 "微信" 软件，且用户量持续迅猛增长，截至 2013 年 7 月腾讯公司的 "微信" 注册用户至少已经增长到 4 亿人，并且多地政府机关、法院、学校、银行等推出了微信公共服务，相关公众已经将 "微信" 与腾讯公司紧密地联系起来。如核准被异议商标注册，将会对多达 4 亿的微信注册用户以及广大公共服务微信的用户带来极大不便乃至损失，同时也可能使其对创博亚太公司提供的 "微信" 服务的性质和内容产生误认，从而可能对社会公共利益和公共秩序产生消极、负面的影响。因此，被异议商标已经构成《商标法》第 10 条第 1 款第 8 项所禁止的情形。综上，商评委裁定：被异议商标不予核准注册。

创博亚太公司不服商评委裁定，向北京知识产权法院起诉。法院认为：一方面是商标申请人基于申请行为产生的对特定符号的先占利益和未来对特定符号的使用可能产生的期待利益，另一方面是庞大的微信用户群体已经形成的稳定认知和改变这种稳定认知可能造成的较大社会成本，鉴于此，选择保护不特定多数公众的现实利益具有更大的合理性。因此，商评委认定被异议商标的申请注册构成《商标法》第 10 条第 1 款第 8 项所禁止的情形并无不当，维持了商评委的裁定。创博亚太公司上诉于北京市高院。

2016 年 4 月 20 日，北京市高院对 "微信" 商标案终审宣判，商评委不予核准注册的裁定被维持。北京市高院认为，审查判断有关标志是否构成 "有其他不良影响" 的情形时，应当考虑该标志或者其构成要素是否可能对我国政治、经济、文化、宗教、民族等社会公共利益和公共秩序产生消极、负面影响。如果有关标志的注册仅损害特定民事权益，由于商标法已经另行规定了救济方式和相应程序，不宜认定其属于具有其他不良影响的情形。由于具有其他不良影响属于商标注册的绝对禁止事项，一旦认定某一标志具有其他不良影响，即意味着不仅该标志在所有的商品和服务类别上都不得作为商标使用，更不得作为商标注册。而且在《商标法》第 10 条第 1 款第 8 项未作例外规定的情况下，任何主体均不得将具有其他不良影响的标志作为商标使用和注册。因此，对于某一标志是否具有其他不良影响，在认定时必须持相当慎重的态度。根据二审期间创博亚太公司提交的证据，"微信"商标已在其他多个商品或服务类别上由包括腾讯公司在内的多个主体加以申请并获准注册，这一事实也进一步印证了"微信"作为商标使用不具有其他不良影响。综上，本案被异议商标的申请注册，不属于《商标法》第10条第1款第8项规定的"有其他不良影响"的情形，原审判决及第67139号裁定的相关认定错误，本院予以纠正。虽然"微信"商标的申请注册并未违反《商标法》第10条第1款第8项的规定，但在指定使用服务上缺乏商标注册所必须具备的显著特征，其注册申请违反了《商标法》第11条第1款第2项的规定，依法不应予以核准注册。商评委的相关认定虽有不当，但裁定结论正确，原审判决裁判结论正确。①

结合"微信"商标案件，本书同意二审法院判决结果和理由及法律依据。"微信"二字作为商标使用不具有其他不良影响。本案被异议商标的申请注册，不属于《商标法》第10条第1款第8项规定的"有其他不良影响"的情形；上诉人的商标在指定使用服务上缺乏商标注册所必须具备的显著特征，违反了《商标法》第11条第1款第2项的规定，依法不应予以核准注册。从《商标法》第10条的立法本意来看，该条属于针对标志本身的禁止性规定，如果标志本身具有特定专属含义，或者属于具有贬低、歧视、反动、淫秽色情等文字和图形的标志，就不能作为商标使用，更不能作为商标申请注册。根据二审期间创博亚太公司提交的证据，"微信"商标已在其他多个商品或服务类别上由包括腾讯公司在内的多个主体加以申请并获准注册。如果"微信"图标具有其他不良影响的含义，那么这些已经注册的商标都要被宣告无效，因为《商标法》第10条规定的事由均属于禁止注册的绝对理由，落入了注册商标无效的范围，而且申请的时间没有限制。显然，事实绝非如此。北京市高院的判决对人们理解商标法第10条"有其他不良影响"的规定具有重要的现实意义。

在"唐僧"商标申请纠纷案中，商评委和一审法院均以诉争商标已构成《商标法》第10条第1款第8项所指的"其他不良影响"情形为由，驳回诉争商标的注册申请和诉讼请求。申请人向二审法院上诉，主要理由是：第一，诉争商标中所称的"唐僧"源于小说《西游记》中的主人公唐僧，与唐朝僧人玄奘不可等同。"唐僧"是小说中的形象，不是真实的宗教人物，不应适用《商

---

① 参见北京市高级人民法院（2015）高行（知）终字第1538号。

标法》第 10 条第 1 款第 8 项之规定；第二，商评委不应对诉争商标与其他获准注册的"唐僧"相关商标适用双重的审查标准，这损害了上诉人的信赖利益；第三，申请注册诉争商标，本意是弘扬"唐僧"锲而不舍的精神，并未诋毁佛教高僧玄奘的形象，不会伤害宗教人士感情；第四，"唐僧旅途网"商标经过长期使用，已经具有较强显著性，且未收到任何反对意见或权利主张。上诉人主张诉争商标应予核准注册。

二审法院针对上述理由，在判决书中指出：《商标法》第 10 条第 1 款第 8 项规定，有害于社会主义道德风尚或者有其他不良影响的标志不得作为商标使用。申请注册的商标是否属于"有害于社会主义道德风尚或者有其他不良影响的标志"，通常是指申请注册的商标标志本身是否有害于社会主义道德风尚或者有其他不良影响，一般不包括该标志作为商标使用时可能导致的混淆误认。在审查判断有关标志是否构成具有"其他不良影响"的情形时，应当考虑该标志或者其构成要素是否可能对我国政治、经济、文化、宗教、民族等社会公共利益和公共秩序产生消极、负面的影响。本案中，诉争商标由"唐僧旅途网 Tang seng lv tu wang 及图"组成，"唐僧"为中国四大名著之一《西游记》中的人物，其原型为唐玄奘。玄奘为唐朝著名的三藏法师，是汉传佛教历史上著名的高僧。《西游记》问世以来在民间广为流传，相关公众已将《西游记》中的"唐僧"与佛教高僧唐玄奘建立联系。因此，诉争商标将含有"唐僧"的标志申请注册在"住所代理、饭店"等相关服务上，有害于佛教信徒的宗教信仰和宗教感情，有违公序良俗，属于《商标法》第 10 条第 1 款第 8 项规定的"有其他不良影响"。

针对上诉人主张的第二、第三和第四项理由，法院认为，商标授权确权案件应当根据案件的具体情况坚持个案审查的原则，其他商标的审查情况不是本案诉争商标核准注册的当然理由。本案中，其他商标的申请情况不能成为诉争商标应予以核准注册的依据。因《商标法》第 10 条第 1 款第 8 项是有关商标禁止使用的绝对条件，诉争商标是否实际使用并不能改变上述条款作为商标禁用的条件。[①] 最终，二审法院驳回上诉，维持原判。

为指导司法裁判，统一法律适用，2019 年北京市高院发布了《北京市高级人民法院商标授权确权行政案件审理指南》，对第 10 条中的"其他不良影响"的判断因素、判断时间进行了规定：根据公众日常生活经验，或者辞典、

---

① 参见北京市高级人民法院（2016）京行终 3729 号。

工具书等官方文献，或者宗教等领域人士的通常认知，能够确定诉争商标标志或者其构成要素可能对我国社会公共利益和公共秩序产生消极、负面影响的，可以认定具有《商标法》第 10 条第 1 款第 8 项规定的"其他不良影响"。当事人的主观意图、使用方式、损害结果等可以作为认定是否具有"其他不良影响"的参考因素。在审查判断诉争商标标志或者其构成要素是否具有"其他不良影响"时，一般以诉争商标申请注册时的事实状态为准。核准注册时的事实状态发生变化的，以核准注册时的事实状态判断其是否具有"其他不良影响"。

在"南少林"商标案中，申请商标为"南少林"，申请注册在第 33 类米酒等商品上，在被商标局驳回后，案件进入复审。商评委认为，饮酒系佛教禁忌，申请商标为汉字组合"南少林"，使用在烧酒、白酒等商品上，可能伤害佛教徒的宗教感情，因此有不良影响，故对申请商标在复审商品上的注册申请予以驳回。①

上述案件进一步明确了《商标法》第 10 条第 1 款第 8 项"有其他不良影响"的适用，所谓"其他不良影响的标志"，就是指违反公序良俗原则的标志。该条属于针对标志本身的禁止性规定，如果标志本身或者其构成要素具有特定专属含义，或者具有贬低、歧视、反动、淫秽色情等文字和图形的标志，就不能作为商标使用，更不能作为商标申请注册，否则有可能对我国政治、经济、文化、宗教、民族等社会公共利益和公共秩序产生消极、负面影响。

二、标志的显著性

显著性，英文表述为"distinctive character"或"distinctiveness"，是指商标应具有的独特性质。我国《商标法》第 9 条规定，"申请注册的商标，应当有显著特征，便于识别"。显著性强的商标容易获得注册，比如，"SONY""Haier""P&G""百度""腾讯"等注册商标。商标的显著性地位重要，贯穿了商标权的产生、终止和保护整个过程。显著性并不是一成不变的，会根据不同因素发生变化可能从弱到强，也可能弱化或者退化，丧失显著性。

按照显著性的强弱不同，标志在理论上可以分为几种：（1）臆造标志（fanciful marks），是用现实社会没有的词汇作为商标，比如海尔集团的"海尔"商标、标准石油公司的"Exxon"商标，再如"雅虎""新浪""百度"商

---

① 参见商评委第 15647929 号商标驳回复审案，该案入选"2016 年商评委 20 起商标评审典型案例"。

标等。这类商标的命名本身没有描述任何事物,且无任何含义,大多数属于臆造词汇,从而获得较强显著性,申请容易注册,相应的保护力度也较大。(2)任意标志(arbitrary marks),是用社会生活中已经有的词汇作为商标,比如用"长城""凤凰""光明""大白兔"等现有词汇作为商标等。(3)暗示标志(suggestive marks),是用暗示商品或服务特点的词汇作为商标,如"幸福"奶糖、"雀巢"咖啡等。任意标志和暗示标志的显著性不强,实践中获得注册的不是很多。(4)叙述商标(descriptive marks),则是用直接描述商品或服务特点的词汇作为商标,如"永固"锁具、"永久"自行车、"桂花"陈酿等。这类商标缺乏显著性,一般不容易获得注册。但如果上述后三类标志经过使用取得了显著特征,并便于消费者识别的,则可以作为商标注册。[①](5)通用标志,一般是该商品或服务的通用名称或图形。比如,"氟利昂"是一种制冷剂的通用名称,"阿司匹林"是一种感冒退烧药剂,"UPS"是不间断电源的缩写等。这些标志一方面属于公共领域中的资源,不能申请注册商标,另一方面也缺乏显著特征,无法识别商品来源。

(一)显著性的取得及灭失

显著性的取得途径通常有两种,一是先天固有,二是后天通过使用产生。

所谓固有显著性,通常是指臆造或新造的词汇,非人们常见的词汇。如"新浪""海飞丝"等臆造标志,这类标志因其独特,显著性较强,容易获得注册。我国《商标法》第9条要求"申请注册的商标,应当有显著特征,便于识别"。有学者认为,该规定可以解释为固有显著性。[②]

所谓使用产生显著性,是指那些本身没有显著性的标志,比如,"苹果""联想""光明"等,经过长期使用后,与其附着的商品或者服务相联系,产生了唯一对应性和识别性,这时候该标志就具有显著性。如上述提到的任意标志、暗示标志、叙述标志等,都来自生活中人们了解、熟悉的词汇。我国《商标法》第11条第1款规定:"下列标志不得作为商标注册:(一)仅有本商品的通用名称、图形、型号的;(二)仅直接表示商品的质量、主要原料、功能、用途、重量、数量及其他特点的;(三)其他缺乏显著特征的。"以上三种情形所列标志因为不符合《商标法》第9条规定,缺乏显著性,无法获得商标注册。但《商标法》第11条第2款作了例外规定:"前款所列标志经过使用取得显著特

---

① 参见《商标法》第11条第2款。

② 参见王太平:《商标法:原理与案例》,北京大学出版社2015年版,第69页。

征，并便于识别的，可以作为商标注册。"我国立法和授权审查机关也承认使用获得显著性。比如，"两面针"牙膏、"六个核桃"果汁、"BEST BUY"办公用品、"American Standard"热水器等。

标志显著性并不是一成不变的，如果使用不当，会导致显著性退化直至灭失，成为商品或者服务的通用名称和图形，从而无法取得注册或者被撤销或宣告无效。比较典型的实例为："氟利昂"（原是制冷剂的商标）、"宅急送"（原是必胜客公司的快递服务标识）、"蓝牙"耳机、"U盘"等。

（二）显著性的认定

认定一个标志是否具有显著性，在商标的确权和侵权环节中具有十分重要的意义。通常而言，显著性的认定需要考虑以下因素：

1. 认定显著性的主体

在我国，商标显著性的认定工作通常由商标审查机关和人民法院承担。具体认定时，首先要从消费对象和群体即相关公众角度来考虑。因为商标本身只是一种符号，只有通过消费者的认知和了解，才能把某种符号与其对应的商品或者服务联系起来，从而产生购买和消费的欲望，这时商标的识别功能才能发挥，相关公众才能通过商标把同类商品区分开来。由此，可以认为判定显著性的主体应该是相关公众。关于"相关公众"的界定，《最高人民法院关于审理商标民事纠纷案件适用法律若干问题的解释》规定："商标法所称相关公众，是指与商标所标识的某类商品或者服务有关的消费者和与前述商品或者服务的营销有密切关系的其他经营者。"可以看到，相关公众包括消费者、经销商等。商标显著性的判定应当考虑商标指定使用商品的相关公众的认知习惯。毕竟，商品和服务是销售给特定的消费者的，他们才是商标显著性最有发言权的群体。域外立法和判例中，也有使用"购买者""顾客"之类的词汇代替消费者和相关公众的，但殊途同归，商标显著性认定的主体均是消费者和相关公众。

2. 结合商品进行认定

商标显著性是一个抽象的概念，在实际认定中，应当考虑该商标对应的商品或者服务加以判定。如果该商标与其附着的商品或服务的联系非常紧密，则显著性越弱；反之，则显著性越强。比如，"桂花"江米甜酒，里面有桂花的成分；"海尔"空调，则与空调没有联系，是一个杜撰的词汇。我国《商标法》第11条规定的"仅直接表示商品的质量、主要原料、功能、用途、重量、数量及其他特点的"标志不得作为商标注册，也是由于这些标志与其本身的商品联系紧密。《最高人民法院关于审理商标授权确权行政案件若干问题的意见》

指出:"如果某标志只是或者主要是描述、说明所使用商品的质量、主要原料、功能、用途、重量、数量、产地等特点,应当认定其不具有显著特征。标志或者其构成要素暗示商品的特点,但不影响其识别商品来源功能的,不属于上述情形。"比如,在"三星堆 SANXINGDUI 及图形"商标争议案中,二审法院明确指出,争议商标是否具有显著特征应与具体商品或者服务相联系。三星堆遗址是我国著名旅游景点和世界级文化遗产。争议商标核定使用的商品为金属纪念章、青铜制品和普通金属小雕像等,如果在这些商品上使用争议商标,则直接反映了商品所表现的内容,起不到标识应有的识别区分作用,缺乏显著性。① 本书认为,结合商品和服务自身性质的特点认定商标是否具有显著性更加具体和务实,而非单纯只考虑其标志本身的特点,从而可以排除一些申请者对社会公共资源符号的占有。

3. 标志整体认定

标志显著性的认定应从其组成的整体组合要素来考察,如果标志中的文字没有显著性,但通过颜色和变异等文字的组合表现出不同一般的特点,或者几个要素组合起来后从整体上考察具有识别功能,应当考虑具有显著性,不能简单地以其中某个要素无显著性而予以驳回其商标申请。《巴黎公约》第 6 条中对商标的整体认定作了规定,要求成员国对于在原属国注册的商标给予原样保护,除非该商标缺乏任何显著性,或者是由表示种类、数量、质量、用途、价值、产地或生产年代的符号或者标记组成,或者由在请求保护国的现代语言或商业惯例中成为常用符号或标记组成。我国现行《商标法》第 11 条的规定符合《巴黎公约》的最低要求,从其规定分析,只要申请的商标含有显著性部分,一般不得驳回其注册申请,除非是仅有本商品的通用名称、图形、型号,或者仅直接表示商品的质量、主要原料、功能、用途、重量、数量及其他特点的标志。2001 年《商标法》修改后,放低了显著性的门槛。②

在"中国劲酒"商标申请案中,商标局和商评委均认为:申请商标中含有的"中国"为我国国家名称,属于《商标法》第 10 条第 1 款第 1 项明确规定不得作为商标使用的标志,因此驳回申请商标的注册申请。一审、二审法院均判决撤销商评委决定。商评委不服,向最高人民法院申请再审。最高人民法院

---

① 参见北京市高级人民法院(2008)高行终字第 561 号。
② 1992 年《商标法》第 8 条规定,"商标不得使用下列文字、图形"。换言之,一个标志只要含有非显著性的要素就无法获得商标注册,无形中提高了对显著性的要求,导致很多商标申请被拒之门外。

再审认为：本案中，申请商标可清晰识别为"中国""劲""酒"三部分，虽然其中含有我国国家名称"中国"，但其整体上并未与我国国家名称相同或者近似，因此申请商标并未构成同中华人民共和国国家名称相同或者近似的标志，商评委关于申请商标属于《商标法》第10条第1款第1项规定的同我国国家名称相近似的标志，据此驳回申请商标的注册申请的观点不妥。故判决商评委重新作出复审决定。[①]

综上，商标显著特征的判定应当综合考虑构成商标的标志本身（含义、呼叫和外观构成）、商标指定使用商品、商标指定使用商品的相关公众的认知习惯、商标指定使用商品所属行业的实际使用情况等因素。

（三）《商标法》第11条的适用及改造

分析《商标法》第11条，有两个小问题还需要厘清。第一，缺乏显著性往往被作为禁止注册的绝对理由，该标志不仅不能注册也不能使用。但分析《商标法》第11条使用产生显著性的规定来看，这些标志只是不能注册，使用是不被禁止的，而且一旦通过使用获得了显著性，还可以申请注册获得保护。但根据《商标法》第44条注册商标无效宣告的规定，[②] 第11条依然属于禁止注册的绝对理由，可以由商标注册机关宣告其无效。立法体系的逻辑关系就有些问题了。本书认为，《商标法》第44条注册商标无效宣告的规定中可否删除"第十一条"，其他保留不变。第二，根据商标法的基本原理，商品的通用名称、图形、型号等标志，是不能通过申请注册获得独占权的，无论其是否获得了第二含义。但从现行《商标法》第11条中的第1款和第2款规定分析，显然法条之间是有些自相矛盾的。

三、三维标志申请注册的非功能性

多数国家商标立法对三维标志申请注册均有规定，一般要求不得具有功能性，但实际审查中对三维标志所具有的功能性理解不同。

（一）功能性含义及意义

所谓功能性，是指产品本身的设计带有实用价值，如飞机的机翼、吊扇的

[①] 参见最高人民法院（2010）行提字第4号。该案件因其典型性，入选《最高人民法院知识产权案件年度报告（2010）》，该案为含有国名的标志申请注册商标的审查判断提供了范例。

[②] 《商标法》第44条第1款规定："已经注册的商标，违反本法第十条、第十一条、第十二条规定的，或者是以欺骗手段或者其他不正当手段取得注册的，由商标局宣告该注册商标无效；其他单位或者个人可以请求商标评审委员会宣告该注册商标无效。"

三片形状、香水的喷嘴等。功能性原则是随着立体商标、气味商标、颜色商标等新型非传统商标的出现而产生的,其目的主要在于保持专利法和商标法的平衡,实现各自调整对象的任务。产品具有功能性因其技术特征可以申请专利保护,但不能就该具有功能性的形状申请注册商标,因为商标法保护的性质决定了一旦授予商标权就会永久独占该产品的形状,其后果将会抑制制造业的自由竞争,不利于产业发展。

非功能性原则主要运用在立体商标的授权审查,也就是说,产品一旦具有功能性则不能获得商标注册,因此,"非功能性被称为立体商标注册的安全阀"[①]。美国在1998年修改《兰哈姆法》时,明确要求申请商业外观保护者应证明其外观商品(商标法保护)具有非功能性,在司法实践中也拒绝保护具有功能性的商业外观。《欧盟商标条例》第7条第1款第e项明确排除由以下外形构成的标记:商品本身的性质所决定的;取得某种技术效果所必需的;赋予商品实质价值的。

借鉴美国和欧盟立法,我国《商标法》第12条规定,以三维标志申请注册商标的,仅由商品自身的性质产生的形状、为获得技术效果而需有的商品形状或者使商品具有实质性价值的形状,不得注册。根据该规定,立体商标会因为以下功能性类型无法获得注册。

(二)三维标志功能性的类型及其判断

1. 自身性质功能

商品自身性质功能,是指为实现商品固有的功能和用途所必须采用的或者通常采用的形状。例如书本的长方形形状、通用的电灯泡圆形形状、暖水瓶及其把手形状、飞机和汽车座椅上的安全扣形状等等,这些均是商品为实现自身需要的功能而必须具备的形状,因此不能获得注册。

2. 实用功能

实用功能,是指为使商品获得某种技术效果或者特定功能,所必须使用的形状。例如,切菜刀的形状使得刀刃锋利、飞机两翼的形状使得飞机保持平衡、三头剃须刀的形状使得使用者更容易修面等。再如乐扣水杯和盒子杯盖的形状,设计该外形是考虑到使用该商品便于储存和携带,具有防止漏水等功能。如果某个设计取得了实用新型专利,并披露了该设计的实用性,则间接说

---

① 凌宗亮:《论立体商标的非功能性——兼谈我国〈商标法〉第12条的完善》,载《电子知识产权》2010年第3期。

明该设计具有实用功能,不能获得立体商标注册;但如果某个设计属于外观设计专利,可说明该设计是非功能性,有可能不会被排除在商标保护之外。实践中,如果一项设计可以通过其他方法替代,也可说明其不具有实用功能。

3. 实质性价值功能

实质性价值功能又称为美学功能。顾名思义,美学功能是指物品的外形设计具有美学意义上的作用。英国法院在审理飞利浦三头剃须刀纠纷时,附带认为该剃须刀的外形不属于具有"实质价值",并指出"实质价值"主要应指美学方面的价值。[1]但对立体商标非功能性审查而言,相对于前两个功能,实质性价值功能(美学功能)是一个比较模糊的概念,在实践中也较难以判定。

美学功能性的理论起源于 1938 年《美国侵权法重述》,"如果消费者购买商品很大程度上是因为商品所具有的美学功能,那么,这些美学特征就具有功能性,因为它们促成了美学价值的产生,有助于实现商品所要达到的目标"[2]。但在美国司法实践中,一直对美学功能的正当性争论不休。随着人们认识的提高,法院也逐渐意识到商品的美学功能所带来的市场竞争优势和识别性。修改后的《美国反不正当竞争法重述》对美学功能性标准进行了限制,认为美学意义上的吸引力并不构成功能性,只有在它带来的一种实质利益(significant benefit)不能通过替代设计来实现的情况下,该项设计才具有功能性。[3]

在 Wallace 案[4]中,美国第二巡回法院肯定了地区法院认为原告的设计具有功能性而拒绝提供禁令救济的判决。原告为"豪华巴洛克式"银式餐具系列经典风格设计的所有人。被告以低廉的价格生产了含有所有巴洛克元素的一套银制器皿,虽然与原告的产品并非完全一样,但是被告承认其设计是受原告的启发。第二巡回法院认为:"某种装饰性元素授权为商标或获得商标法保护会限制替代性设计的范围而严重地影响竞争时,美学功能性条款不提供如此的保护。"原告所寻求专有权保护的并不是一种特殊装饰风格的表达,而是处于公有领域的一种风格所包含的基本元素。如果给予原告专有权保护,其他竞争者将不公平地受限于适当的替代性设计风格的范围。

第二巡回法院处理的另一个案例中涉及秋天主题的儿童毛衣的设计(秋叶

---

[1] 参见黄晖:《商标法(第二版)》,法律出版社 2016 年版,第 54 页。
[2] Restatement (Second) of Torts, § 742, comment a (1938).
[3] See Restatement (Third) of Unfair Competition, § 17, comment c (2002).
[4] See Wallace Int'l Silversmiths, Inc. v. Godinger Silver Art Co., 916 F. 2d 76, 80, 16 U. S. P. Q. 2d 1555 (2d Cir. 1990).

和松鼠),① 法院认为美学功能性的首要目的是对其设计给予商标法保护,因为大量的替代性设计存在,不会限制竞争者的竞争能力。而原告使用可以表现秋天主题的元素有很多,被告替代性设计的选择不会受到限制。因此,认定原告的设计不具有功能性。第九巡回法院在另一起案件中将设计分为两类:一种为"产品取得商业成功的重要因素",其具有功能性不受保护;另一种为"产品外观出于识别性和个性化的目的任意性选择的设计",其具有非功能性可受保护。第二巡回法院批判第九巡回法院的此种分类,认为此种分类挫败了"在先使用者和在后竞争者设计出具有吸引力的外观"的热情。② 由此可见,对于美学功能性的争论方兴未艾。

我国立体商标入法的时间不长,实践中以功能性为由驳回商标注册申请的案例比较少见。但在雀巢公司立体三维标志商标争议案中,一审法院就美学功能性问题发表了意见,这说明我国司法已开始关注美学功能性。具体案情如下:

雀巢公司在第30类商品"食用调味品"上申请注册了三维标志商标,专用权期限自2005年7月27日至2015年7月27日,争议商标指定颜色为棕色、黄色。在法定争议期内,味事达公司向商评委提出撤销申请,其主要理由为争议商标作为调味品的常用包装,其整体形状的美学功能远远大于识别功能,已成为代表中高端调味品的包装形状,属于使商品具有实质性价值的形状,根据《商标法》第12条的规定,争议商标应予以撤销。

一审法院认为,对三维标志美学功能性的认定应结合考虑"美感"与"实质性价值"两个要素。虽然商标所有人在设计其商标时通常会考虑其美感要素,但具有美感的三维标志只有在同时使该商品具有实质性价值时,才可以认定其具有《商标法》第12条中规定的美学功能性。因为商品的实质性价值通常由相关公众的购买行为实现,故对于实质性价值的判断应以购买者为判断主体。通常情况下,如果决定购买者是否购买该商品的因素在于该三维标志本身,而非该标志所指代的商品提供者,则该三维标志应被认定为对商品具有实质性价值。

---

① See Knitwaves, Inc. v. Lollytogs, Ltd., 71 F. 3d 996, 36 U.S.P.Q. 2d 1737 (2d Cir. 1995).

② See Wallace Int'l Silversmiths, Inc. v. Godinger Silver Art Co., 916 F.2d 76, 80, 16 U.S.P.Q. 2d 1555 (2d Cir. 1990). Christian Louboutin S. A. v. Yves St. Laurent Am. Holding, Inc., 696 F. 3d 206, 103 U.S.P.Q. 2d 1937 (2d Cir. 2012).

该案中，一审法院还进一步阐释说，具有美学功能性的三维标志之所以不能作为商标注册的主要原因在于适用商标法保护此类标志具有以下障碍：首先，这一保护缺乏商标法的利益基础。商标法保护的是商标的识别功能为商标所有人带来的利益，但对于具有美学功能性的标志而言，即便其该标志同时具有识别功能，决定购买者购买行为的仍然是该标志本身所具有的外观美感。此种情况下，如果商标法为此种标志提供保护必然意味着其客观上保护了该外观美感（而非识别功能）为所有人带来的利益，这显然超出了商标法的保护范围，缺乏商标法上的利益基础。其次，这一保护使著作权法、专利法的权利保护期限制度在相当程度上落空。因具有美学功能性的标志在很多情况下可能构成受著作权法保护的作品以及受专利法保护的外观设计专利，故在考虑其是否可以注册为商标时，亦要考虑不同法律之间具体法律制度的协调，权利保护期限制度之间的协调即为应考虑的问题之一。著作权法、专利法与商标法在保护期限制度设置上具有根本不同。著作权法、专利法均明确规定了权利的保护期，商标法虽规定了注册商标专用权期限，但因其同时还规定了续展制度，故这意味着只要商标权人进行续展，注册商标专用权实际上可以无限期地得到保护。在此情况下，如果商标法为具有美学功能性的三维标志提供保护，则不仅意味着客观上保护了商标法保护范围之外的外观美感，亦同时意味着该三维标志即便在已超过作品著作权或外观设计专利权保护期的情况下，亦可依据商标法的规定进行保护。这实际上使得著作权法、专利法中有关权利期限的制度在相当程度上落空，而这显然是立法者不愿意看到的。最后，这一保护使同业经营者处于不合理的竞争劣势。对于具有美学功能性的三维立体标志，考虑到该外观美感对购买行为的决定性影响，同业经营者很可能会希望在其商品上使用该外观以加强其竞争能力。因为外观美感并非商标法的保护对象，故如果具有美学功能性的三维立体标志已过了著作权法及专利法规定的保护期，则同业经营者理应有权利使用该标志。但如果商标法为其提供了注册商标的保护，则将意味着此种情况下同业经营者的使用行为可能会构成侵犯注册商标专用权的行为，这显然不合理地占用了公有资源，并使得同业经营者处于不合理的竞争劣势。

具体到本案，对于争议商标是否具有美学功能性，法院认为，争议商标为指定颜色的方形瓶，指定使用商品为食用调味品。因美学功能性应以购买者作为判断主体，故本案中如果购买者在决定购买哪种食用调味品时，主要考虑的是该商品的包装，则可以认定争议商标这一方形瓶设计具有美学功能性。但结合相关公众的一般认知可以看出,对于食用调味品这一类商品,购买者所关注的通常是其商品本身的质量、生产厂商等要素,至于其采用的包装本身虽然可能在一定程度上影响购买者的购买行为,但显然并非决定性因素。也就是说,整体而言,此类商品的购买者通常不会仅仅基于喜爱该类商品的包装而购买该商品。鉴于此,法院认为,争议商标并不具有美学功能性,未违反《商标法》第 12 条的规定。①

(三) 关于立体商标非功能性的判断

对于功能性的判断,我国并无明确的标准和清晰的范式可循。就连功能性的起源之处——美国的司法界也感叹,功能性是最不易理解的知识产权概念,在美国有多少个巡回法院就可能有多少种关于功能性的定义。②

《美国商标审查指南》对非功能性的审查作了规定:审查员必须确立申请注册的商品外观具备功能性的初步证据,然后举证责任转移到申请人。如果存在一项实用新型专利证明该产品设计的实用性质,申请人不能反驳举证,那么审查员可以实用性为由作出拒绝注册的决定。

结合上述案例和论述,本书尝试总结出立体商标非功能性的判断因素,具体可从以下几个方面认定:第一,商品形状是一种装饰风格的表达,不是自身形状的要求,也不具有实用和美学功能;第二,该商品形状不是唯一的设计或者是通用性的,有替代性设计可以选择;第三,该商品获得外观设计,可以作为该外形不具有功能性的初步证据(具有装饰效果而非实用功能);第四,非共有领域或通用的形状和颜色;第五,不会垄断市场,妨碍竞争。

(四) 立体商标功能性和显著性的关系

立体商标具有显著性,但同时具有功能性,可否获得注册呢?答案应该是否定的。非功能性和显著性是立体商标审查中的两把标尺,缺一不可。两者具有不同的价值判定,应分别进行审查。③ 本书认为,从商标法的立法逻辑推理,立体商标的审查首先应该是非功能性的审查,之后才是显著性的审查。换言之,两者应该有先后审查顺序,非功能性要件居于显著性之上,功能性先于显著性。即如果某个产品带有功能性,即使先天固有显著性或者通过使用产生显著性也不能获得立体商标注册。如果该产品具有功能性,就无须再审查其显

---

① 参见北京市第一中级人民法院 (2012) 一中知行初字第 269 号。
② See Vuitton et Fils S. A. v. J. Young Enters., Inc., 644 F. 2d 769 (9th Cir. 1981).
③ 参见陈锦川主编:《商标授权确权的司法审查》,中国法制出版社 2014 年版,第 125 页。

著性，即可驳回其立体商标申请；否则，商标法永久保护的特点容易造成对该产品形状的垄断。因为这些形状具有一定的功能性和技术特征，立法禁止通过注册方式获得对该技术特征的永久保护和专有。

申请注册立体商标的，申请人应当在申请书中予以声明。未声明的，视为平面商标。申请人应当提交能够确定三维形状的商标图样。立体商标实质审查包括不得违反《商标法》第12条的审查、立体商标显著特征的审查以及立体商标相同和近似的审查。总之，立体商标的申请必须克服显著性和非功能性的双重障碍才能获准注册。我国《商标法》第12条的规定仅限于商品形状，那么商品包装容器形状是否受功能性限制？按照我国反不正当竞争法的司法解释，具有功能性的形状也不能享受反不正当竞争法的保护。

"芬达"系可口可乐公司旗下知名品牌，因商评委不允许将"芬达"饮料瓶的设计注册为立体商标，可口可乐公司将商评委诉至北京市第一中级人民法院。可口可乐公司诉称，其申请注册的"芬达"饮料瓶商标图形为瓶形三维标志，与常见的通用瓶形相比，主要特征是瓶身下半部有密集的环绕棱纹。可口可乐公司认为，瓶身的下半部分往往是消费者视觉识别的主要部位和主要的接触部位，故该部分的棱纹设计产生了独特的效果，使其区别于一般瓶形。可口可乐公司长期使用这种瓶形盛装其生产的"芬达"饮料产品，深受中国广大消费者喜爱，在消费者中已形成特定联想，能够与普通瓶形相区别，而且瓶形立体商标已在多个国家获得注册，充分证明该商标具有显著性，应予核准注册。请求法院判决撤销商评委作出的驳回注册申请、不予初步审定公告的复审决定。商评委认为，"芬达"的饮料瓶设计比较简单，缺乏特色，不容易与其他饮料的瓶子相区分，并不能产生区别于其他普通瓶形的显著特征，整体缺乏显著性。就拿可口可乐公司强调的棱纹来说，目前在市场上有很多饮料在瓶子上也早采用了棱纹等防滑设计，可口可乐公司的瓶子没有独创性，不符合《商标法》第11条的规定。另外，根据商标确权与保护的地域原则，申请商标在别国获准注册的情况不能成为在中国必然获准注册的理由。因此决定对原告的申请商标予以驳回，不予初步审定公告。①

北京市一中院经审理认为，商标法规定，缺乏显著性的标志不得作为商标注册。"芬达"饮料瓶是在普通瓶形的基础上，在瓶身下部设计为棱纹，该设计虽然与普通瓶形的下部构成区别，但在二者整体设计基本相同的情况

---

① 参见商评字〔2010〕第5155号。

下,该区别带来的视觉效果差异不大。"芬达"饮料瓶身下部的棱纹不足以构成其与普通瓶形外观形状的明显改变,不易引起一般消费者的注意。所以申请商标整体缺乏显著性,不具有区别于其他商品的作用。商评委据此对申请商标予以驳回正确,法院应予维持。① 可口可乐公司上诉至北京市高级人民法院。

北京市高级人民法院在二审判决中强调:"以商品容器外形作为三维标志申请注册立体商标的,要求该容器外形应当具有区分商品或者服务来源的显著特征,而且显著特征的有无并不是因为容器本身设计的独特,而是因为这种设计能够起到区分商品的不同来源的作用。如果商品的容器本身虽能够与其他同种商品的容器相区别,但是不能从其本身识别该商品的提供者,则只有在该容器经使用能够让相关公众识别其来源后才具有显著特征。"因此,驳回上诉,维持原判。②

上述谈到,我国商标申请注册以功能性为由被驳回注册的较少,具体到个案申请中,多以缺乏显著性为由驳回申请。比如,在"芬达"饮料瓶外形商标驳回复审案件中,商标注册审查机关和法院都以缺乏显著性为由驳回注册申请。如果以功能性为由驳回是否更为合理呢?因为申请立体商标的纹路具有防滑的实用功能。对于如何在具体案件中审查判断诉争三维标志是否具有功能性和显著性,进而审查判断三维标志中的功能性和显著性的关系,以及两者之间是否有顺序的要求等问题,还有待于司法实践的进一步探索。

四、不得恶意申请

2019年《商标法》修改后,在第4条中新增"不以使用为目的的恶意商标注册申请,应当予以驳回"的规定,将恶意申请作为禁止注册的绝对理由。该规定对规制恶意注册起到了积极作用,有利于商标审查机关将规制恶意注册申请的关口前移,在申请阶段阻止恶意申请行为发生。同时,修改后的《商标法》还规定,对恶意申请的商标,任何人可以向商标局提出异议;③ 已经注册

---

① 参见北京市第一中级人民法院(2010)一中知行初字第2664号。
② 参见北京市高级人民法院(2011)高行终字第348号。
③ 《商标法》第33条规定:"对初步审定公告的商标,自公告之日起三个月内,在先权利人、利害关系人认为违反本法第十三条第二款和第三款、第十五条、第十六条第一款、第三十条、第三十一条、第三十二条规定的,或者任何人认为违反本法第四条、第十条、第十一条、第十二条、第十九条第四款规定的,可以向商标局提出异议。公告期满无异议的,予以核准注册,发给商标注册证,并予公告。"

的商标，违反本法第 4 条的，由商标局宣告该注册商标无效；其他单位或者个人可以请求商标评审委员会宣告该注册商标无效。① 关于"恶意申请"的认定，已在本书第一章第五节中有论述。

五、不得与他人的注册商标相同或者近似

申请注册的商标，与他人在同一种商品或者类似商品上已经注册的或者初步审定的商标相同或者近似的，由商标局驳回申请，不予公告。所谓"相同商标"，是指用于相同或类似商品上的商标，其文字、图形和读音相一致；所谓"近似商标"，是指在同一种或类似商品上，作为商标的文字、图形和读音等构成要素相似的商标。实践中，如何判断两个商标是否相同或者近似，关键是看它们是否用于同一种商品或类似商品上。如果两个商标相同或者近似，但它们不是用在同一种商品或者类似商品上，则不影响该商标的申请注册，但驰名商标例外。

六、不得与在先权利相冲突

申请注册的商标，除了具备上述条件外，还不得与他人在先权利相冲突。这部分内容十分丰富而且重要，涉及对《商标法》第 32 条的理解和适用问题，故此，本书将其作为本章的第四节单独加以分析研究。

综上所述，本书认为，在我国获得商标注册的实质性条件包括"三性、三不得"：商标构成要素和标识本身的法定性、标志的显著性、形状的非功能性、不得恶意申请、不得与他人的注册商标相同或者近似、不得与在先权利相冲突。这些条件在商标审查时缺一不可，为提高工作效率，审查人员可按照上述顺序，逐一排除，如果前一个条件没有满足，就无须再审查下一个条件。需要特别指出的是，《商标法》第 8 条构成要素的合法性应当先于显著性进行审查。但是，第 8 条规定目前在商标授权确权中还未引起足够重视，通常情况下，该条规定并没有作为一个审查理由被单独对待，而且审查优先顺序也未得到肯定，导致在商标确权过程中，法院无法主动直接引用第 8 条规定，担心"主动引入，进行审查并据此作出不利于商标申请注册人的结论，会剥夺其在行政程

---

① 《商标法》第 44 条第 1 款规定："已经注册的商标，违反本法第四条、第十条、第十一条、第十二条、第十九条第四款规定的，或者是以欺骗手段或者其他不正当手段取得注册的，由商标局宣告该注册商标无效；其他单位或者个人可以请求商标评审委员会宣告该注册商标无效。"

序中的利益"①。目前法律无明确规定，审理的法院和商标审查机关对此也未达成共识，导致在司法实践中，法院多以显著性缺乏为由未允许商标申请注册，结果是徒增审理案件的成本。这类案件多反映在非传统商标的申请中，比如位置商标的审查，典型案例如阿迪达斯申请的三条杠外形商标异议案②、爱马仕包组件商标驳回复审案③、喷漆枪把手外形商标驳回复审案④等等。如果申请人主张以位置商标申请注册，根据我国《商标法》第8条构成要素合法性的要求，审查机关可直接驳回其申请，因为我国目前立法中并不承认位置商标。申请人可根据我国立法规定的构成要素，选择其他商标进行申请注册。

第四节　商标权与其他在先权利

如果说上述第三节是商标申请注册的绝对条件，那么，本节主要讨论商标申请注册的相对条件，重点讨论《商标法》第32条的理解及其适用、在先权利的界定和范围等内容。

一、《商标法》第32条的理解及适用

《商标法》第32条规定："申请商标注册不得损害他人现有的在先权利，也不得以不正当手段抢先注册他人已经使用并有一定影响的商标。"这一条款前后之间的逻辑关系如何理解？前半句所指"在先权利"的范围如何界定？是否包含后半句尚未形成权利的未注册商标的权益？何谓"以不正当手段抢先注册"以及"他人已经使用并有一定影响的商标"？这些问题《商标法》及其实施条例并没有明确规定。

立法机关对于商标法上在先权利的解释为："他人现有的在先权利"是指在商标注册申请人提出商标注册申请之前，他人已经取得的权利，比如外观设计专利权、著作权、企业名称权等等。商标权容易与这些权利发生冲突，所以本条规定申请商标注册不应损害他人现有的在先权利，即不得将他人已获得权

---

① 陈锦川主编：《商标授权确权的司法审查》，中国法制出版社2014年版，第139页。
② 参见北京市第一中级人民法院（2010）一中知行初字第1827、1828号，北京市高级人民法院（2011）高行终字第288、387号，最高人民法院（2012）知行字第95号。
③ 参见北京市高级人民法院（2009）高行终字第635号、最高人民法院（2012）民审字第68号。
④ 参见商评字〔2008〕第30558号、北京市第一中级人民法院（2009）一中行初字第1716号、北京市高级人民法院（2010）高行终字第188号。

利的外观设计等作为商标申请注册。①

从商标法体系化的角度考虑，《商标法》第 32 条的适用保护对象不仅包括在先既存的合法权利，也应当包括具有"合法利益"的未注册商标。当然，对未注册商标的保护是有条件的，必须同时满足在先使用并有一定影响。该条设置的立法目的在于防止他人恶意抢注商标，破坏现有的申请秩序。不仅不得利用他人的在先权利，也不得借用他人已经产生商誉的标识去申请商标，因为任何权利的获得都应当是正当的。

本书认为，《商标法》第 32 条包含两层含义：前半句所指的在先权利，是一类独立存在的受其他法律保护的既存的权利和利益，对权利的保护毋庸置疑，也体现了商标法和其他法律的衔接和协调；后半句所指的是一类不同于其他权利的商业标识权益，基于诚实信用原则，禁止抢注他人已经使用并有一定影响的商业标识，其立法目的在于弥补和平衡我国商标注册原则所带来的弊端及不足。当然，对这种权益的保护要满足相关条件，不能与权利的保护力度同日而语。分析《商标法》第 32 条的立法目的，在于阻止利用他人现有的权利和已经取得的利益进行商标注册，禁止"不洁之手"的不劳而获和恶意抢注，保护正当权利。

需要说明的是，在审查确权时，商标局及法院并不能直接引用第 32 条拒绝申请人的注册。因为该条涉及的是在先权利和权益，属于私权范畴，是否主张权利由其权利人自定，审查机关不能主动审查和干预私权。在《商标法》第 45 条中也明确规定了第 32 条属于商标申请审查的相对理由，由在先权利人和利害关系人提出申请，由商评委宣告该注册商标无效。

二、在先权利界定及范围

申请商标注册不得侵害他人的在先权利，在《巴黎公约》第 6 条之 5 的例外规定中提到，TRIPS 协定第 16 条也规定了注册商标不得损害任何已有的在先权利。各国商标法中对此也有规定。我国 1993 年修改《中华人民共和国商标法实施细则》（以下简称《商标法实施细则》）时才正式引入"在先权利"的概念；在 2001 年修改后的《商标法》中明确作了规定，并指出，如违反该规定，在先权利的利害关系人可以申请撤销该注册商标；2013 年修改后的《商标法》第 32 条再次确认：申请商标注册不得损害他人现有的在先权利，也不得以不正当手段抢先注册他人已经使用并有一定影响的商标。面对日趋严重的

---

① 参见郎胜主编：《中华人民共和国商标法释义》，法律出版社 2013 年版，第 67 页。

商标抢注现象,《商标法》进一步规定了在先权利人和利害关系人可以引用该条款提出异议直至申请宣告商标无效。①

(一) 在先权利的范围

关于在先权利的范围,《法国知识产权法典》第 L.711-4 条规定:"侵犯在先权利的标记不得作为商标,尤其是侵犯:(1) 在先注册商标或巴黎公约第六条之二所称的驰名商标;(2) 公司名称或字号,如果在公众意识中有混淆的危险;(3) 全国范围内知名的厂商名称或标牌,如果在公众意识中有混淆的危险;(4) 受保护的原产地名称;(5) 著作权;(6) 受保护的工业品外观设计权;(7) 第三人的人身权,尤其是姓氏、假名或肖像权;(8) 地方行政单位的名称、形象或声誉。"《德国商标法》规定,在先注册商标、在先的未注册驰名商标、被代理人被抢注的商标以及通过使用获得的商标和商业标志可以成为在后标志注册为商标的障碍或者撤销后者的事由,② 而其中商业标志包括公司标志、作品标题(指印刷出版物、电影作品、音乐作品、戏剧作品或其他类似作品的名称或特殊标志③)。除此之外,其他在先权利也是能够阻却在后申请商标使用甚至使之被撤销的理由,这些在先的其他权利包括名称权、肖像权、著作权、植物品种名称、地理来源标志及其他工业产权。④ 由于德国对于商标和商业标志采取的是一体化的保护模式,尽管在《德国商标法》中,阻止在后商标申请的其他在先权利依然是"在先权利"这一短语,但是其对在先权利进行了界定和非穷尽式列举,即除了明确提到的"名称权、肖像权、著作权、植物品种名称、地理来源标志"之外,在先权利主要是商标权等工业产权。美国《兰哈姆法》规定,任何人确信某注册商标已经对其造成损害或将要造成损害的,可在申明其所依据的理由并缴纳规定的费用后,在该商标注册之日起五年内提出撤销该商标注册请求。也就是说,凡是即将或者已经给他人法律上所保护的利益造成损害的,均可以作为宣告商标无效的事由。而这个利益并不局限于法律所明确规定的权利。

---

① 《商标法》第 33 条规定:"对初步审定公告的商标,自公告之日起三个月内,在先权利人、利害关系人认为违反本法第十三条第二款和第三款、第十五条、第十六条第一款、第三十条、第三十一条、第三十二条规定的,或者任何人认为违反本法第四条、第十条、第十一条、第十二条、第十九条第四款规定的,可以向商标局提出异议。公告期满无异议的,予以核准注册,发给商标注册证,并予公告。"

② 参见《德国商标法》第 9 条、第 10 条、第 11 条、第 12 条。

③ 参见《德国商标法》第 5 条第 3 款。

④ 参见《德国商标法》第 13 条。

上述国家对在先权利作了范围上的划分。在查阅部分外国商标法后可知，还有很多的国家和地区对"在先权利"不作具体界定，比如日本。① 事实上，这与TRIPS协定第16条之1的规定是一致的："商标权不得损害任何已有的在先权，也不得影响成员依使用而确认权利的可能。"TRIPS协定虽然规定了商标权不得损害任何已有的在先权，但是关于在先权的范围、享有在先权的条件、在先权的法律效力等重要问题都没有作出详细规定，而是留给了各个成员自己解决。从比较法的角度看，与一些国家一样，我国《商标法》第32条并未穷尽列举"在先权利"的具体类型，也不对其施加定义。这对于法律的稳定性是有利的，但同时也给执法者留下了较大的解释空间和适用的难点。

为解决法律适用问题，最高人民法院2017年出台了《最高人民法院关于审理商标授权确权行政案件若干问题的规定》，其中第18条规定，"商标法第三十二条规定的在先权利，包括当事人在诉争商标申请日之前享有的民事权利或者其他应予保护的合法权益"。该条规定十分广泛，并未列明具体的权利。2019年北京市高级人民法院发布了《北京市高级人民法院商标授权确权行政案件审理指南》，其中第16.1条对在先权利范围作了规定，"当事人依据反不正当竞争法第六条主张在先合法权益的，可以适用商标法第三十二条进行审理"。但该指南并未明确在先权的类型。为解决商标审查中的问题，2021年国家知识产权局制定了《商标审查审理指南》，其第十四章"损害他人在先权利的审查审理"针对《商标法》第32条规定，作出释义："本条规定的在先权利是指在系争商标申请注册日之前已经取得的，除商标权以外的其他权利，包括字号权、著作权、外观设计专利权、姓名权、肖像权、地理标志以及应予保护的其他合法在先权益。'现有'是指系争商标申请注册日前已经享有并合法存续。系争商标核准注册时在先权利已不存在的，不影响系争商标的注册。"

参考上述规定和2015年最高法颁布的专利司法解释中提到的外观设计的在先权利的精神，本书认为，在先权利的范围不仅包括姓名权、肖像权、企业名称权、著作权、外观设计权、地理标志权、特殊标志权等现有立法规定的法定权利，也包括未成为权利的满足一定条件的商业标识，比如，有一定影响的商品（服务）名称、包装或装潢权益、企业名称（包括简称、字号等）、姓名、域名和角色名称权益等。这些权利将在下文分别介绍。随着经济的发展，实践中新型法益不断涌现，在此情况下，必须结合立法目的以及社会的需求对"在先权利"的内涵和外延进行合理的界定。

---

① 参见《日本商标法》第4条第8项。

（二）在先权利界定的时间点

在商标的申请注册过程中，会有两个重要的时间点，一是商标申请日，二是商标注册日。以哪个日期来界定是"在先"的权利，实践中意义重大。在商标确权的司法判决中，最高人民法院在相关案例中对此作出了明确表态，在审查判断诉争商标是否损害他人现有的在先权利时，一般以诉争商标申请日为准。《北京市高级人民法院商标授权确权行政案件审理指南》第16.2条规定，当事人主张诉争商标的申请注册损害"在先权利"的，应举证证明诉争商标申请日前该在先权利合法存在。以申请日来界定在先权利的时间基点比较合理公平，也便于操作和举证。因为从申请到注册公告可能时间会很长，中间会发生很多变数，注册日会变得无法确定。

三、在先权利扩张至在先法益

上面谈到了《商标法》第32条中的在先权利，是指现有的法定权利。但随着市场竞争的加剧，很多不属于法定权利的利益，比如企业名称、域名、角色名称等，因被他人作为商标名称申请注册，从而被当事人诉诸法院以侵犯《商标法》第32条规定的"在先权利"为由请求法律保护，其中有些诉求得到了法院的支持。

通过梳理相关案例发现，司法实践中，这些新型法益主要包括有一定影响的商品名称、包装、装潢、企业名称（包括简称、字号等）、姓名、域名和角色名称等。现实生活中，如果有人将他人有一定影响的商品名称、包装、装潢、域名和姓名等标志申请注册为商标，不仅会导致相关公众混淆，也会损害这些在先权利人的利益。因此，这些商业标识可以成为阻碍在后商标注册申请的障碍。当然，对这些在先权益的保护要满足相关条件，我国《反不正当竞争法》第6条对此作了明确规定。

1. 知名商品或服务的特有名称

在"小肥羊及图"商标行政诉讼案中，北京市一中院指出，《商标法》中"申请商标注册不得损害他人现有在先权利"规定的目的在于尽可能避免在同一标志上同时存在两个以上受到法律保护的权利，从而导致不同的权利在保护上存在冲突。无论是法定的民事权利，还是法律明确规定的民事权益，均同样受到民事法律的保护，因此，该规定中的"在先权利"应作广义理解，既包括法定权利，亦包括受法律保护的民事权益。在判断商标的注册是否构成对在先权利的"损害"时，应采用该在先权利的民事侵权或不正当竞争的认定原则。

即如果该商标在注册后的实际使用过程中,会造成对在先权利的侵犯或不正当竞争,则应认定该商标的注册损害了该在先权利。符合《反不正当竞争法》规定的知名服务的特有名称,属于受法律保护的民事权益。在《商标法》中的"在先权利"中亦包括受法律保护的民事权益的情况下,知名服务的特有名称这一民事权益属于《商标法》所规定的"在先权利"。对此观点,北京市高级人民法院也持认可态度:"《商标法》……规定,申请商标注册不得损害他人现有的在先权利。在审查判断诉争商标是否损害他人现有的在先权利时,对于《商标法》已有特别规定的在先权利,按照《商标法》的特别规定予以保护;《商标法》虽无特别规定,但根据《民法通则》和其他法律的规定属于应予保护的合法权益的,应当根据上述规定给予保护。"①

2. 商号和字号

商号和字号是企业名称中较具显著性的部分,具有一定的识别功能。最高人民法院认为,字号权益也是一种受法律保护的财产性权益。将在先使用而有一定市场知名度的企业字号申请注册为商标并予以使用,足以使相关公众对商品的来源产生误认的,侵犯在先的企业字号权益,构成不正当竞争,应承担停止使用该注册商标的民事责任。上海市二中院在一起案件判决理由中明确指出,具有相当市场知名度的商号构成"商号权",对于在后的与该商号相同的注册商标而言是一种在先权利。②

商号、字号虽然尚未成为我国法律明确规定的民事权利,但也应当作为受法律保护的其他权益从而适用《商标法》第32条。理由是:商号是表明企业名称的显著特征的文字、图案或其组合,是企业名称的一部分。但由于商号以极简洁的方式表明了企业名称中最具有特征性的部分,因此《巴黎公约》以及一些国家的国内法已经将其作为一种独立的知识产权加以保护,使其从名称权中独立出来。例如,依据《法国知识产权法典》第L.713-6条,就相同和近似的标记,先于商标注册使用的公司名称、厂商名称或牌匾,商标中注册人不能妨碍其使用;这种使用损害注册人权利的,注册人可要求限制或禁止其使用;依据《德国商标法》,公司标志和商标处于平等地位,在先的公司名称权不仅具有独立的法律地位,而且在一定条件下具有对抗在后注册取得的商标权。美

---

① 北京市高级人民法院(2010)高行终字第587号。
② 参见上海市第二中级人民法院(2011)沪二中民五(知)终字第73号。该判决书指出:"由于被上诉人强生集团取得企业名称(商号)权的时间先于上诉人申请、注册和使用'强生'商标的时间,且'强生'商号具有相当的市场知名度,因此被上诉人强生集团的'强生'商号依法构成相对于上诉人'强生'注册商标的在先权利。"

国《兰哈姆法》中不仅有对商号保护的规范,而且赋予商号和商标权平等的地位,可互为在先权利排斥对方权利。无论基于国际趋势,还是基于商号本身的权益价值,都应当采用扩张性解释,将《商标法》第32条"在先权利"的范围延及商号和字号。

3. 域名

域名被誉为"电子商标",但它和商标归属于不同的行政管理部门,现实生活中,将他人的在先商标申请为域名或者将他人在先域名申请为注册商标的现象时常发生。二者相比较而言,注册商标的权利属性决定了法律给予注册商标的保护要强于域名。因为注册商标受到商标法专门保护,即便是不知名的注册商标,也能够以在后域名可能导致混淆为由,阻碍在后域名的使用和注册。《最高人民法院关于审理涉及计算机网络域名民事纠纷案件适用法律若干问题的解释》第4条规定:"人民法院审理域名纠纷案件,对符合以下各项条件的,应当认定被告注册、使用域名等行为构成侵权或者不正当竞争:(一)原告请求保护的民事权益合法有效;(二)被告域名或其主要部分构成对原告驰名商标的复制、模仿、翻译或音译;或者与原告的注册商标、域名等相同或近似,足以造成相关公众的误认;……"此处合法有效的民事权益显然包括他人的注册商标、在先域名等。在该部司法解释中,最高人民法院将在先域名与注册商标专用权并列规定,使两者受到同样程度的保护。同时,根据我国互联网络域名注册管理机构中国互联网络信息中心(CNNIC)制定的《中国互联网络域名注册暂行管理办法》及其实施细则,域名命名"不得使用他人已在中国注册过的企业名称或者商标名称"。

司法实践中,法院通过案例认可了在先域名属于域名纠纷中法律保护的民事权益。例如,在许维翔与上海鼎茶实业有限公司侵害网络域名纠纷案中,上海市高级人民法院认为:"在商业环境下,域名类似于商标、商号,具有商业价值,因此域名是一种民事权益,应由相应的民事主体享有。原告作为网络域名注册人和网站的实际经营者对于 dingtea.com 域名享有合法的民事权益,应当受到法律保护。"[①]

4. 角色名称

要求以角色名称作为在先权利从而制止在后商标注册的诉求近年来也逐步增多,"邦德007 BOND"商标行政纠纷案是其中较为典型的案例。通过该案,北京市高院首次在判决理由中明确指出,知名的电影人物角色名称应当作为在先

---

① 上海市高级人民法院(2013)沪高民三(知)终字第28号。

权利得到保护：根据原告公司提交的证据可以认定在被异议商标申请注册之前，"007""JAMES BOND"作为该公司"007"系列电影人物的角色名称已经具有较高知名度，"007""JAMES BOND"作为"007"系列电影中的角色名称已为相关公众所了解，其知名度的取得是该公司创造性劳动的结晶，由此知名的角色名称所带来的商业价值和商业机会也是原告公司投入大量劳动和资本所获得的。因此，在先知名的电影人物角色名称应当作为在先权利得到保护。[①]

北京市一中院在"TEAM BEATLES 添·甲虫"商标行政纠纷案中，明确认可知名乐队名称所具有的商品化权益应纳入《商标法》第32条的保护范围。该案中，法院认为，苹果公司对于"The Beatles"乐队名称享有商品化权益，并适用了《商标法》第32条"在先权利"作为判决依据："苹果公司明确主张对'The Beatles'乐队名称享有商品化权。我国法律中并未明确规定以'商品化权'冠名的权利或权益类型，但这并不构成其不受法律保护的充分理由。判断其是否纳入法律保护的民事权益，应具体分析苹果公司主张的'商品化权'实质指向的权益内容是否属于合法民事权益且有无保护必要。……苹果公司主张的'The Beatles'知名乐队'商品化权'虽非法定权利，但存在着实质的权益内容，称为'商品化权益'更为贴切。"同时，法院还认为，"况且，乐队名称知名度带来的商业价值和商业机会并非凭空产生，而是来源于乐队长期音乐创作的智慧投入以及广告宣传等财产投入，理应得到尊重。他人耕种，不得己收。未经权利人允许，擅自将知名乐队名称作为商标使用的行为既损害了权利人的商业机会和商业价值，也违反了诚实信用原则，应当被法律禁止。因此，知名乐队的名称所附随的商品化权益既有实质权益内容，又属劳动所得。如果仅因不落入现行法定权利类型就逐于法外之地不加保护，放任他人滥用，显属与立法本意相悖。"[②]

5. 其他在先权利

在司法实践中，有法院将风景区名称权、药品商品名称纳入《商标法》第32条在先权利的保护范围。根据有关行政规章和行政规范性文件的规定，国家对药品商品名称的使用实行相应的行政管理制度，但除依照其他法律取得民事权利外，经药品行政管理部门批准使用的药品商品名称是否产生民事权益，取决于其实际使用情况，经实际使用并具有一定影响的药品商品名称，可作为民事权益受法律保护，即合法的在先权利。

---

① 参见北京市高级人民法院（2011）高行终字第374号。
② 北京市第一中级人民法院（2013）一中知行初字第1493号。

无论是风景区名称还是药品商品名称，在实际使用并具有一定影响后，均具有识别商品和服务来源的功能，这正是商业标识的本质功能。我国将商标与其他商业标识分开对待，仅对注册商标进行专门立法的做法，本质上是对商业标识体系内部的不适当割裂，造成了与商标一样具有识别性功能的其他商业标识得不到应有的法律保护。事实上，凡是具有财产属性的商业标识都应当受到法律的保护，应当制定统一的商业标识法来对这些权利和权益加以保护。[①] 在我国目前的立法框架内，考虑到没有统一的商业标识法，将在先商标以外的在先商业标识作为《商标法》第 32 条所规定的"在先权利"来处理其与在后商标申请之间的矛盾就显得更加有必要了。

毋庸置疑，权利和利益本身是可以转换的，随着社会发展和权利意识的增强，法院通过判例将原来的利益认定为权利，即将利益"权利化"的现象已经出现。实践中新型法益不断涌现，在此情况下，必须结合《商标法》第 32 条的立法目的以及社会的需求对"在先权利"的内涵和外延进行合理的界定。

综上所述，在申请商标时，申请人不得使用并应避让上述已经在先存在的民事权利，通过相应的查询和检索，保证申请的商标顺利获得注册。如果已注册的商标与他人的在先权利相冲突，法院在处理相关纠纷时，会根据权利在先原则对他人在先的权利进行保护。需要说明的是，《商标法》第 32 条规定的在先权利不同于《商标法》第 59 条第 3 款规定的在先使用抗辩，两个法条的立法目的不同，前者在于阻止不劳而获者利用他人劳动成果进行恶意抢先注册，后者则是对商标权人行使专用权的限制，是对在先使用的未注册商标的一种补充保护机制。

四、已经使用并有一定影响的商标的保护

解读《商标法》第 32 条后半句的规定，其立法目的主要在于规范恶意抢注行为，这里的"商标"是指"未注册商标"。认定诉争商标的申请注册是否属于"以不正当手段抢先注册他人在先使用并具有一定影响的商标"时，应同时具备下列条件：[②]

（1）未注册商标在诉争商标申请日之前已经使用并有一定影响。首先，判断未注册商标是否在先的时间点应该是诉争商标的申请日。其次，对"商标已

[①] 参见王莲峰：《商业标识立法体系化研究》，北京大学出版社 2009 年版，第 130 页。
[②] 参见《北京市高级人民法院商标授权确权行政案件审理指南》第 16 条和第 22 条。

经使用"的判断,应该是实际使用。比如,通过商业宣传和生产经营活动等,使商标发挥了识别商品来源的作用或者一般消费者会将该商标与特定产品或服务相联系。最后,判断是否"有一定影响",可参考《商标法》第 14 条认定驰名商标考虑的因素。比如,相关公众对该商标的知晓程度、商标使用和宣传的地域和范围等等,但知名的范围和程度只要求在一定区域即可。

(2)诉争商标与在先使用的未注册商标构成相同或近似商标。如果诉争商标与在先使用的未注册商标在构成要素上相差很大,则不属于此条规定情形。

(3)诉争商标指定使用的商品与在先使用的未注册商标所使用的商品构成相同或者类似商品,如果不是同一类别或者不构成类似的商品或服务,则不属于此条规定情形。

(4)诉争商标申请人明知或者应知他人在先使用商标。该条件所指为申请人的主观恶意,并有以不正当手段抢注的行为。比如:诉争商标申请人与在先商标使用人曾就商标许可、商标转让等进行联络;经相关机关认定,诉争商标申请人存在侵害商标权行为;诉争商标申请人与在先商标使用人属于同行业;在先商标显著性较强,诉争商标与其高度近似等情形。商标申请人没有利用在先使用商标商誉的恶意的,需要举证证明。

只有同时满足上述条件,在先商标使用人才能主张异议和无效在后的商标。毕竟,我国商标法保护的是注册商标,除非达到驰名程度,未注册商标一般不受商标法保护。但作为一种标识,如果起到了识别商品来源的作用,也可以作为一种未注册商标,他人不得将这种标识申请商标注册。

比如,在"阿里巴巴"域名行政纠纷案中,法院指出:"在争议商标申请日之前,'alibaba-online.com' 'alibabaonline.com'和'alibaba.com'网站已经开始经营,并且随着上述网站的经营活动,'alibaba'作为域名中最具有识别性的文字,'alibaba 阿里巴巴'作为网站的名称,使一般消费者能够与其他网站进行区别,起到了区分不同计算机网络服务来源的作用。'alibaba 阿里巴巴'通过使用,已经具有商标的功能和作用。依据本院(2002)高民终字第 93 号民事判决确认的事实,在争议商标申请日前'alibaba 阿里巴巴'网站页面浏览量已经具有一定的规模,加之新闻媒体的关注、报道以及网站自身宣传,已经使得'alibaba 阿里巴巴'为一定范围内相关公众所知晓,在计算机网络服务领域具有一定的影响或知名度,'alibaba 阿里巴巴'已构成已经使用并有一定影响的服务标识。"① 法院据此认定,在先的知名域名可以作为《商标法》第 32 条后半句所规定的"他人已经使用并有一定影响的"(服务)商标,阻碍在后商标的申请。

第五节　商品通用名称及其认定

商品通用名称、图形和型号是国家或某一行业或相关消费者所共用的,反映一类商品与另一类商品之间根本区别的规范化称谓或形状和型号,属于公共资源,不得为他人所垄断;因商品通用名称不具备显著特征故无法满足商标注册的条件。实践中,如果商标权人对其注册商标使用不当,也会逐渐丧失其显著性,演变为该类商品的通用名称,导致注册商标权人无权禁止他人正当使用。换言之,在商标侵权诉讼中,被告可以原告的注册商标已经成为通用名称为由进行抗辩。可见,通用名称涉及商标确权、维持、侵权和抗辩等环节,其法律地位如同商标显著性一样重要。

一、商品通用名称的定义及分类

《布莱克法律词典》将通用名称(generic name)定义为:一般性地描述某物而非指明该物的来源或生产者的名称。《巴黎公约》对通用名称的性质进行了界定:通用名称缺乏显著性,在要求予以保护的国家现代语言或商务实践中是惯用的,即完全表示商品或服务的种类、质量、数量等。《德国商标法》在"地理来源标志"部分第 126 条中对于认定"表示通用性质"进行了明确:该标志现已无法指明来源且被作为商品或服务的名称,或者用来表示商品或服务的种类、性质及型号等。《日本商标法》第 3 条(商标注册的要件)第 1 款(取得商标注册的除外情形)第 1 项规定,该商标仅含以普通方式表示其商品或服务通用名称的标志;第 2 项规定,该商品是其商品或服务上所惯用的。

我国法律没有明确规定通用名称的定义。国家工商行政管理总局曾在 1989 年《关于整顿酒类商标工作中几个问题的通知》中,对商品通用名称问题作了解释,商品通用名称是指为国家或某一行业所共用的,反映一类商品与另一类商品之间根本区别的规范化称谓。而后,在 2005 年《商标审查标准》中,再次提及商标法中通用名称的界定:商品通用名称是指国家标准、行业标

---

① 北京市高级人民法院(2006)高行终字第 393 号。

准规定的或者约定俗成的名称、图形、型号,其中名称包括全称、简称、缩写、俗称。

司法实践中,北京市高院在"子弹头"案中认为,通用名称能反映某一类商品或服务与其他种类商品或服务之间的根本区别,且为国家或者某一行业所共用,是一种"规范化称谓"。[1]《最高人民法院关于审理商标授权确权行政案件若干问题的规定》中明确指出:"诉争商标属于法定的商品名称或者约定俗成的商品名称的,人民法院应当认定其属于商标法第十一条第一款第(一)项所指的通用名称。依据法律规定或者国家标准、行业标准属于商品通用名称的,应当认定为通用名称。相关公众普遍认为某一名称能够指代一类商品的,应当认定为约定俗成的通用名称。被专业工具书、辞典等列为商品名称的,可以作为认定约定俗成的通用名称的参考。"

综合上述各种解释,可以初步得出"通用名称"的定义:商品通用名称是现代语言和商务实践中反映商品种类的区别性称谓,是行业生产者、经营者及相关消费者所共同使用的称谓。通用名称一般包括商品全称、简称、缩写、俗称。根据最高法的上述规定,通用名称可分为法定商品通用名称和约定俗成的商品通用名称两类:所谓法定商品通用名称,是指依据法律规定或者国家标准、行业标准属于商品通用名称;所谓约定俗成的商品通用名称,是指相关公众普遍认为某一名称能够指代一类商品。

二、不同类别的商品通用名称的认定

如上所述,通用名称分为法定的商品通用名称和约定俗成的商品通用名称两类,各自认定标准和考虑因素应该有所不同。

(一)法定商品通用名称的认定

司法实践中,在认定通用名称时,如果该标志被收录至法定标准中,则认定机关通常会根据最高法的上述规定直接作出属于通用名称的认定。这种认定的优点在于它们具备较强的稳定性和客观性,而且通常它们的制定过程十分严谨且规范,大多依靠国家行政部门以及行业协会得以有效落实,因此用语规范科学,且具有很强的权威性。缺陷在于,国家标准与行业标准是随着技术的发展、经济的发展、社会的发展而不断更新和变化的,但其制定者通常只关注技术标准而不在意相关公众的真实使用及认知情况。尽管标准对于自我更新的复

---

[1] 参见北京市高级人民法院(2006)高行终字第 188 号。

审周期控制在五年以下，但这也从侧面反映了国家或行业的标准是存在一定滞后性的。

（二）约定俗成的商品通用名称的认定

约定俗成通用名称的认定标准是指相关公众约定俗成。根据《最高人民法院关于审理商标授权确权行政案件若干问题的规定》第10条，相关公众普遍认为某一名称能够指代一类商品的，应当认定为约定俗成的通用名称。被专业工具书、辞典等列为商品名称的，可以作为认定约定俗成的通用名称的参考。约定俗成的通用名称一般以全国范围内相关公众的通常认识为判断标准。对于由于历史传统、风土人情、地理环境等原因形成的相关市场固定的商品，在该相关市场内通用的称谓，人民法院可以认定为通用名称。约定俗成标准是相关公众约定俗成，其出发点就是相关公众的认知，所以应当重视约定俗成标准，并且在法定标准与相关公众认知不符的情况下，以相关公众的认知为准，即以约定俗成标准为准，若法定标准与约定俗成标准冲突，则无法解决纠纷。

上述谈到，约定俗成标准是相关公众的约定俗成，但相关公众是一个很抽象的概念。司法实践中，对相关公众的认知主体存在两种意见，一种意见认为经营者应当作为相关公众中最重要的认知主体，另一种意见则认为只有消费者才是相关公众的认知主体。支持第一种意见的理由是：随着技术发展，高科技产品不断推陈出新，这些以高科技为依托的新产品在推出时是由经营者自行命名的，其中往往包含技术特征的词汇，对此从来没有接触过的消费者只能通过经营者的营销活动被动接受商品名称。在某些情况下，经营者与消费者对同一商品通用名称会存有不同的认知，且通常同业经营者要比相关消费者对特定商品更熟知。支持第二种意见的主要理由为：第一，只有消费者的认知才能最直接、最真实、最根本地反映争议标志的功能；第二，最高人民法院虽然在解释相关公众的范围时明确消费者和经营者二者同等重要，但在解释近似商标的判定方法和原则时却始终强调消费者的突出地位。

综上所述，相关公众应当包含消费者和经营者两个主体。这两者在多数情况下认知状况相差不大，有时也并不相同。如果从保护商标权人的利益角度分析，只有消费者对商品的质量越认同，这个商标才越有价值，商标权人也才能投入更多的精力来保证商品的质量，进而获得更大的竞争优势。因此，应当以消费者的认知为核心，经营者的认知只能作为辅助考虑对象。另外，具体认知主体也要结合个案来分析处理。

三、商品通用名称认定的地域范围和时间节点

在通用名称的认定中,不仅要考虑不同类型的通用名称的认定标准,还要兼顾到其地域范围和时间节点,综合加以判断。

(一)通用名称认定的地域范围

在认定通用名称的地域范围方面,目前较为一致的标准是,以境内全国市场为准,特殊情况下以相关局部地域为准。这是为了避免因为局部的通用化而撤销全国范围内的商标,保障法律的统一。而对于具有地域性特点的商品通用名称,判断其是否具有广泛性,应以特定产区及相关公众的接受程度为标准,而不应以是否在全国范围内广泛使用为标准;判断其是否具有规范性,应当以相关公众的一般认识及其指代是否明确为标准。对于约定俗成、已为相关公众认可的名称,即使其不尽符合相关科学原理,亦不影响将其认定为通用名称。

比如,在"稻花香"商标纠纷案中,最高法认为,基于历史传统、风土人情、地理环境等原因,某些商品所对应的相关市场相对固定,如果不加区分地仍以全国范围内相关公众的认知为标准,判断与此类商品有关的称谓是否已经通用化,则有违公平原则。但是,适用不同评判标准的前提是,当事人应首先举证证明此类商品属于相关市场较为固定的商品。否则,是否构成约定俗成的通用名称,仍应当以全国范围内相关公众的通常认知作为判断依据。本案中,被诉侵权产品销售范围并不局限于五常地区,而是销往全国各地,在福州米厂的所在地福建省福州市的超市内就有被诉侵权产品销售。在这种情况下,被诉侵权产品相关市场并非较为固定在五常市地域范围内,应以全国范围内相关公众的通常认识为标准判断"稻花香"是否属于约定俗成的通用名称。为证明"稻花香"属于约定俗成的通用名称,五常公司先后提交的证据多为五常市当地有关部门、稻农或育种人出具的证明材料,媒体报道数量有限。以全国范围内相关公众的通常认识为标准,现有证据不足以证明"稻花香"属于约定俗成的通用名称。二审判决认为"稻花香"属于五常地域范围内约定俗成的通用名称,未考虑被诉侵权产品已经销往全国,相关市场超出五常地域范围的实际情况,确有错误,本院予以纠正。福州米厂关于"稻花香"不属于约定俗成的通用名称的申请再审理由成立,最高法予以支持。①

---

① 参见最高人民法院(2016)最高法民再 374 号。

(二）商品通用名称认定的时间节点

人民法院审查判断诉争商标是否属于通用名称，一般以商标申请日时的事实状态为准。核准注册时事实状态发生变化的，以核准注册时的事实状态判断其是否属于通用名称。①

在"POWERPOINT"一案中，北京市高级人民法院认为：根据已经查明的事实，1999年微软公司在第9类计算机软件等商品上申请注册了"POWERPOINT"商标，该商标于2000年被商标局核准注册，目前仍处于有效状态。可见"POWERPOINT"至少在2000年尚不构成演示文稿软件的通用名称。2000年以后，虽然相关公众对于"POWERPOINT"演示文稿软件的知晓程度越来越高，但并未切断"POWERPOINT"在演示文稿软件商品上与微软公司的唯一对应关系，相反的，二者之间的联系更为紧密。同时，并无证据表明同行业其他经营者将"POWERPOINT"作为商品名称或者软件格式进行使用。目前相关商品上存在"KEYNOTE""SLIDE""WPS"等不同的注册商标。因此，在商评委未能举证的情况下，本院对其提出的"POWERPOINT"在演示文稿软件商品上为通用名称的主张，不予支持。本案诉争商标"POWERPOINT"在英文中无固定含义，具有独创性，在案证据不足以证明"POWERPOINT"已经成为软件的通用名称，因此诉争商标指定使用在计算机服务等项目上，能够起到识别服务来源的作用，具有显著特征。原审判决认定微软公司对"POWERPOINT"的使用已使得相关消费者通常会将其作为一种文件格式进行认知，而不会将其作为区分商品或服务来源的标志，依据不足，结论欠妥，本院予以纠正。②

商标显著性不是一成不变的，商标也会因为使用不当或其他原因，导致该商标成为该商品的通用名称，所以，在具体认定通用名称时，应以申请时或注册时的事实状态为准。在"金骏眉"商标权属纠纷中，此种情形表现得尤为突出。"金骏眉"商标由正山茶叶公司于2007年3月9日申请，指定使用商品为第30类3002类似群组的茶、冰茶、茶饮料、茶叶代用品。在公告期内桐木茶叶公司向商标局提出异议申请，商标局经审查作出裁定，对被异议商标予以核准注册。桐木茶叶公司不服商标局裁定，向商评委提起复审申请。2013年1月4日，商评委作出裁定认为："在案证据尚不足以证明'金骏眉'已成为本

---

① 参见《最高人民法院关于审理商标授权确权行政案件若干问题的规定》第10条第4款。
② 参见北京市高级人民法院（2016）京行终2609号。

商品的通用名称或仅仅直接表示商品主要原料的标志,故被异议商标的注册或使用未违反《商标法》第十一条第一款第(一)(二)项的规定,被异议商标不属于《商标法》第十条第一款第(八)项规定的情形。综上,依据《商标法》第三十三条、第三十四条的规定",裁定被异议商标予以核准注册。桐木茶叶公司不服商评委裁定,向北京市第一中级人民法院起诉。

北京市第一中级人民法院认为:"'金骏眉'不是茶叶的法定通用名称。桐木茶叶公司主张'金骏眉'属于约定俗成的茶叶名称的内容缺乏事实依据。至于其他茶企在产品外包装上使用'金骏眉'名称的情况,不能证明其他茶企使用他人的劳动成果后,'金骏眉'必然就成为茶叶的通用名称。因此,被异议商标'金骏眉'不违反商标法第十一条第一款第(二)项的规定。'金骏眉'文字本身并没有任何消极的含义,不违反商标法第十条第一款第(八)项的规定,驳回原告的诉讼请求。"桐木茶叶公司上诉至北京市高级人民法院,经审理二审法院判决如下:撤销一审判决,撤销第 53057 号裁定,由商评委重新作出裁定。

北京市高级人民法院认为:"根据在案证据不能认定在被异议商标申请注册时,'金骏眉'属于茶等商品的通用名称。但是,被异议商标是否构成其指定使用商品的通用名称、其申请注册是否违反了商标法第十一条第一款第(一)项的规定,亦应当考虑商标评审委员会作出第 53057 号裁定时的实际情况。综合正山茶叶公司和桐木茶叶公司提供的相关证据,足以证明在第 53057 号裁定作出时,'金骏眉'已作为一种红茶的商品名称为相关公众所识别和对待,成为特定种类的红茶商品约定俗成的通用名称。因此,基于第 53057 号裁定作出时的实际情况,应当认定被异议商标的申请注册违反了商标法第十一条第一款第(一)项的规定。"①

"金骏眉"商标从 2007 年 3 月 9 日申请,到 2013 年 1 月 4 日商评委作出裁定,又经过一审和二审法院裁判,历时近六年,这从侧面反映了商标权属纠纷的复杂和耗时漫长。本案中,双方争执的焦点问题在于"金骏眉"是否为茶叶类商品的通用名称。从双方举证材料分析,显然正山茶叶公司于 2007 年申请"金骏眉"商标时,该商标是有显著性的,且有特定含义。但因漫长的异议复审程序,加之正山茶叶公司使用该商标的过程中存在的诸多原因,导致其显著性逐渐丧失,至 2013 年商评委作出裁定时,市场上已经大量出现"金骏眉"

---

① 北京市高级人民法院 (2013) 高行终字第 1767 号。

茶叶。法院最终采信了桐木茶叶公司提供的证据，认为"金骏眉"已成为特定种类的红茶商品约定俗成的通用名称。此案反映出法院在具体认定通用名称时，通常是以申请时或注册时的事实状态为准。该案因其典型性，成为2013年中国法院十大知识产权案件之一。

四、注册商标被通用化的防范

现实中，有不少中外注册商标被通用化的实例。比如，德国制药巨头拜耳公司的商标"吗啡""阿司匹林"分别退化为麻醉品与解热镇痛药的通用名称；"正露丸"原是日本大幸药品的注册商标，后被日本最高法院判定为胃肠道用药品的通用名称；美国奥的斯电梯公司的电扶梯商标"Escalator"退化为电动扶梯的通用名称。又如，"木糖醇"变成甜味剂的代名词、"氟利昂"成为制冷剂的通用名称、"莱卡"商标退化为一种弹性布料的称谓、"席梦思"指代一种弹簧床垫。注册商标一旦被通用化，成为该商品或服务的通用名称和行业里的通用词汇，则该商标的显著性丧失。《商标法》第11条第1款第1项规定，仅有本商品的通用名称、图形、型号的，不得作为商标注册。通用化的注册商标名称成为社会的公共资源，依据《商标法》第44条、第49条和第59条，该注册商标不仅面临被撤销和被认定无效，丧失商标专有权的风险，在侵权案件中被告也可将此作为侵权的抗辩事由。因此，如何防范注册商标被通用化，成为业界关注的重要问题。

（一）商标要具有显著性

显著性分为固有显著性和通过使用产生显著性，贯穿商标法始终，在商标申请阶段尽量选择固有显著性即臆造性强的文字和图形，显著性强就容易获得注册。比如，"海飞丝""索尼（SONY）""柯达（KODAK）""埃克森（Xerox）""海尔 Haier""抖音""腾讯"等均为独创词汇。如果商标设计之初显著性低，就要通过后期的使用和广告宣传等方式产生显著性，即需要使该商标和对应商品产生唯一的对应性。如"两面针""小罐茶""优酸乳"等商标就是通过后天营销和大量宣传等使用产生了显著性。相比于固有显著性，后者举证成本较大。在商标维权阶段，显著性强的商标可获得对应的强保护，防止他人以正当使用（通用名称和叙述性文字表达）作为侵权的抗辩事由。比如，"百威"啤酒、"荣威"汽车等，商标显著性较强，他人如果在相同或类似商品上使用需要有正当理由，如果无法解释，则有可能构成商标侵权。

(二)权利人应正确使用其注册商标

商标获准注册后,在商品广告宣传和商标使用过程中,要正确区分商品名称和商标。不要用商标名称去命名商品,特别是新产品面世宣传时,要充分发挥商标作为识别同类商品来源的功能,避免因权利人自己的行为导致商标名称退化为通用名称,导致该商标丧失显著性从而面临被撤销和无效的风险。正确使用注册商标的实例如:日本小林制药打出了"认准'暖宝宝'品牌,温暖随行更保障"的宣传语,强调"暖宝宝"是其注册商标;美国克莱斯勒公司的广告语"不是所有的吉普都叫JEEP"也指出了"JEEP"是一个品牌,而不是一款车型。

权利人只有持续不断地正确使用其注册商标,才能逐渐夯实其商标的显著性,如果使用不当,也会导致其注册商标退化,沦为该商标或服务的通用名称。比如,"优盘"就是由于商标权利人的不当使用造成商标通用名称化的典型案例。第1509704号"优盘"商标争议案的承办审查员在办案札记中提到:"在朗科公司提交的商品包装盒及促销宣传材料上,'朗科优盘'或'优盘'文字后面并没有其他连用的商品名称。朗科公司在有关宣传材料中称:'启动型优盘,第三届中国高新技术交易会明星产品,全球第一款可彻底取代软盘软驱的USB移动存储盘''优盘,新一代存储盘''时尚优盘,价格心动、追求时尚、一马当先'等等。可见,朗科公司是将'优盘'作为商品名称加以使用的。"最终,朗科公司的注册商标"优盘"退化成为计算机存储器的通用名称。再如,前述"金骏眉"商标纠纷中,申请人指定使用在第30类"和茶有关的相关商品上",获得初步审定并且公告。但在异议期内。异议人声称"金骏眉"是福建武夷山所生产的一种红茶,属于武夷红茶的品种之一,属于茶类商品通用名称,直接表示了商品的原料和生产工艺,不具有显著性。在本案的商评委评审阶段和一审阶段,都认为"金骏眉"在申请注册的时候不是法定的通用名称,也不是约定俗成的通用名称。但在二审北京市高院审理期间,根据当时的证据,法院认定"金骏眉"是红茶的约定俗成的通用名称。由此可以看到,企业在推出新产品的时候,应重视商标的正确使用,避免商标被通用化。

(三)权利人针对他人的通用化应及时采取维权行动

在市场经营活动中,权利人若发现他人将其注册商标作为商品名称或其他描述性说明等行为,应当尽快启动维权行动,要求使用者立即停止不当的使用行为,避免因为不及时制止,导致注册商标被通用化成为既成事实,届时再亡羊补牢为时晚矣。比如,张裕葡萄酒公司的"解百纳"商标注册于2002年,是该公司的核心子品牌。围绕"解百纳"是否属于通用名称,"解百纳"商标曾陷入长达近十年波折的商标纷争中,最终经北京市高院终审判决,"解百纳"商标被维持注册。为了继续确保"解百纳"商标的合法地位,张裕葡萄酒公司对他人的对"解百纳"的不当使用提起多起诉讼,积极维权,防止"解百纳"商标显著性的退化。

但也有些注册商标因为没有及时维权和制止,导致注册商标被通用化。比如,"拍客"商标注册于2007年,在当时具有显著性,是一个臆造词汇,但随着时间的流逝,"拍客"一词逐渐成为摄影爱好人群的代名词,而该商标的所有权人并未及时采取措施,直到2014年开始维权。在该案中,北京市海淀区人民法院对"拍客"商标侵权案作出了一审判决,判定"拍客"已成为互联网行业摄影爱好者的通用词汇,商标权人不能禁止他人正常使用该词汇。由此,"拍客"商标丧失专有权,成为该行业通用词汇。

(四)权利人应关注字典、国家和行业相关标准及媒体报道

企业在经营活动中,商标权人要防止其注册商标作为商品名称被列入国家标准、行业标准、工具书、词典等文件中,防止商标成为某种商品的指代名词等通用化的情形。比如,美国《韦氏大学词典》将首字母小写的"google"定义成一个动词而收入该词典,解释为"使用Google搜索引擎,在国际互联网上获得信息"。把"google"商标与搜索引擎等同起来,会让人误认"google"就是指代搜索引擎,如同部分人将查询某词条称为"百度一下"。如果听任这种情况继续发展,该注册商标很可能被淡化,演变为该领域的通用名称。① 商标权人一旦发现应及时进行处理,阻止该类行为。另外,在利用媒体引导做好该注册商标品牌的宣传同时,也可申请注册防御商标,在该商标注册的类别以外的其他类别注册若干相同或近似商标,进行多元化发展,如Google无人驾驶汽车等。

如果商标被收入字典中,而并没有特别标注这是商标或者打上注册商标标记时,那么该商标就容易被读者认为是商品的通用名称,久而久之就会造成商标显著性退化。作为商标权人,可积极行使字典订正权,即要求出版社在字典中注明注册商标的标志。美国、瑞士、德国、欧盟等国家和地区的商标法均规

---

① 参见王风:《google是个动词》,http://news.sohu.com/20060709/n244166180.shtml,2022年10月8日访问。

定了商标权利人享有字典订正权,① 即如果某商标被作为商品或服务的通用名称收入字典,商标权利人有权要求出版社立即或者至少在再版时注明该标记为商标权利人的注册商标。日本的商标法中虽然没有类似的规定,但是如果有当事人的请求,一些权威出版社也不得不同意。例如,在"巨峰"商标争议事件中,日本权威工具辞典《广辞苑》就接受了注明"巨峰"作为商标标识的请求;还有前面提到的"JEEP"商标,旧版《广辞苑》中的解释为"四分之一吨位的全轮驱动小型汽车",后经商标权利人的请求,新版的《广辞苑》将其解释为"四轮驱动小型汽车、美国军用开发、商标名"。② 我国商标法没有字典订正权的相关规定,但在商标被收入字典而未注明是商标时,商标权利人应当积极与出版社沟通、协商,以避免因读者将商标误认为商品通用名称而导致商标成为通用名称。

---

① 参见《兰哈姆法》第32条、《瑞士商标法》第16条、《德国商标法》第16条、《欧盟商标条例》第12条。

② 参见刘璐璐:《注意,商标使用不当会削弱显著性!4招教您防止商标通用名称化!》,http://www.kangxin.com/html/1/173/174/355/12255.html,2022年11月10日访问。

第三章

商标权的灭失制度

商标权获得后，商标权人使用不当或者违法行为会导致商标权的灭失，该注册商标不再受法律的保护。商标权的灭失制度，是商标法设置的已获商标权的退出机制。该制度的设立，一方面是为了促使商标权人获得商标权后积极、规范、合法地使用商标；另一方面，有利于清除违反注册条件的商标，保障注册商标质量。同时，商标权灭失制度也为相关权利人维权提供了一种救济路径。商标权的灭失与商标权的取得同样都是商标法基本理论和实务中的重大问题，特别是我国《商标法》历经2013年和2019年修改后，商标权的灭失制度从体例、程序到实体内容均发生了较大的变化，其中的法律规则及其适用也存在较大争议，需要对此制度进行深入研究。商标权灭失的事由主要有注销、撤销和无效三种情形。

第一节　商标权注销制度

商标权的注销，是指商标权所有人自愿放弃注册商标而被商标局终止其商标权的一种形式。商标权是一种私权，法律允许商标注册人自由处分自己的权利。现实生活中，商标权人基于各种原因，不再使用或不再续展其注册商标，可向商标管理部门申请注销其注册商标，致使权利灭失。商标权的注销，是申请人的一种自愿行为，不同于导致商标权终止的其他行为，如被撤销和无效。

一、商标权注销的事由

根据我国法律的规定，导致商标权注销的事由有：自愿放弃商标权、商标权的主体消亡和商标权到期未续展。

（一）自愿放弃商标权

商标法尊重个人注销商标权的愿望，但需要履行相关程序。根据《商标法实施条例》第73条的规定，商标注册人申请注销其注册商标或者注销其商标在部分指定商品上的注册的，应当向商标局提交商标注销申请书，并交回原《商标注册证》，该注册商标专用权或者该注册商标专用权在该部分指定商品上的效力自商标局收到其注销申请之日起终止。

尽管商标权是一种私权，权利人可自由处分，但在与他人签订商标使用许可合同期间，不得申请注销其注册商标，以保持注册商标的有效性。如果因上述行为给被许可人造成损失的，许可人应承担相应的法律责任。

（二）商标权的主体消亡

为防止无主商标占用有限的商标资源，商标权的主体消亡后，如在法律规定的期限内无人要求继承注册商标的，商标局有权注销其注册商标。当然，商标权的主体消亡并不能必然导致商标权的消失，有关的自然人和法人在履行相应的法律手续后可以继受该商标。但如果没有及时办理继受手续，注册商标有可能被注销。2002年颁布的《商标法实施条例》第47条曾规定："商标注册人死亡或者终止，自死亡或者终止之日起1年期满，该注册商标没有办理移转手续的，任何人可以向商标局申请注销该注册商标。提出注销申请的，应当提交有关该商标注册人死亡或者终止的证据。注册商标因商标注册人死亡或者终止而被注销的，该注册商标专用权自商标注册人死亡或者终止之日起终止。"该条规定了申请注销的期限和权利终止的时间，但在实施过程中难以操作，比如，需要提供商标注册人死亡或者终止的证据，另外，该规定未考虑到"死亡商标"注册人的继承人或继受人以及可能存在的质押登记或者许可备案等情形。因此，在 2014 年修改后的《商标法实施条例》中删除了该条款。但修改后的条例未对主体灭失后的商标权注销问题作出明确规定，比如申请的具体期限、权利消失的时间等问题。

（三）商标权到期未续展

根据《商标法》的规定，注册商标的有效期为 10 年，自核准注册之日起计算。注册商标有效期满，需要继续使用的，商标注册人应当在期满前 12 个月内按照规定办理续展手续；在此期间未能办理的，可以给予 6 个月的宽展期。每次续展注册的有效期为 10 年，自该商标上一届有效期满次日起计算。期满未办理续展手续的，注销其注册商标。商标局应当对续展注册的商标予以公告。[①] 可见，商标权到期未续展被撤销，应理解为是在宽展期届满之后未办理续展手续的，才可以被注销。而商标注册人申请注销其注册商标或者注销其商标在部分指定商品上的注册，经商标局核准注销的，自商标局收到其注销申请之日起终止其商标权。[②]

二、商标权注销的程序及效力

商标权注销的程序相对简单，需要先提出申请并经商标局公告后权利消亡；商标权终止时间会因不同的注销事由有所区别。

商标注册人申请注销其注册商标或者注销其商标在部分指定商品上的注册的，应当向商标局提交商标注销申请书，并交回原商标注册证。在上述情形下，该注册商标专用权或者该注册商标专用权在该部分指定商品上的效力，自商标局收到其注销申请之日起终止。

如果注册商标被注销或者主体消亡无人继受，原商标注册证作废，由商标局予以公告；撤销该商标在部分指定商品上的注册的，或者商标注册人申请注销其商标在部分指定商品上的注册的，重新核发商标注册证，并予以公告。[③] 在上述情形下，其注册商标专用权的效力自公告之日起终止。

三、主体消亡后注册商标之处分

由于我国小微企业众多，生命周期短，往往出现商标注册程序尚未完成，而权利主体已消亡的现象；另外，由于注册商标的初始保护期为 10 年，因此，

---

① 参见《商标法》第 39 条和第 40 条。
② 参见《商标法实施条例》第 73 条。
③ 参见《商标法实施条例》第 74 条。

有些公司注销后，其存续期间申请注册的商标尚未到期，而其注销后又未对商标权利的状态及时进行处理，导致商标处于"无主"状态。

（一）无主商标处分的现状及问题

实务中将商标权人消亡后但无人继受的注册商标称为"无主商标"或"僵尸商标"，① 这些注册商标虽然权利人消亡，但商标权利状态仍然有效。当在后申请的类似商品上有相同或近似商标时，商标局会依据《商标法》第30条来引证这些"僵尸商标"以驳回在后申请。"僵尸商标"的存在会妨碍在后他人正常使用商标的授权，从而引发诉争。比如，在徐刚与国家工商行政管理总局商标评审委员会因商标驳回复审行政纠纷上诉案中，法院认为："虽然红星建材厂已于2003年9月1日被注销，但注册在红星建材厂名下的引证商标在该合伙企业终止后，仍应归某一个或某几个合伙人所有，或归所有合伙人共有。在没有证据证明红星建材厂各合伙人的主体资格均已消亡，或各合伙人均已明确放弃该商标权的情况下，引证商标不因红星建材厂的注销而当然失效。而且，我国商标法也未规定注册人主体资格的消亡必然导致注册商标的注销或失效。根据2002年《商标法实施条例》第47条的规定，商标注册人死亡或者终止，自死亡或者终止之日起一年期满，该注册商标没有办理移转手续的，任何人可以向商标局申请注销该注册商标。目前，该引证商标尚未被注销。因此，徐刚关于引证商标权人注销这一事实必然导致引证商标在其权利人消亡的同时一并归于撤销的上诉理由，于法无据，本院不予支持。"② 然而，遗憾的是2014年《商标法实施条例》修正后，删除了2002年《商标法实施条例》第47条，显然，立法者有意将权利主体消亡的情形从商标注销的法定事由中删除，由此导致在现行商标法中，注销的法定事由仅剩期满未续展和商标权人主动注销，缺少了对"僵尸商标"的处理规定。对于无人继承受让的无主商标，目前只能通过"撤三"程序进行处理，或等待注册期满未续展自动注销。由于我国申请商标主体众多，而针对无主商标的清理方式比较被动，导致无主商标数量巨大。这不仅会造成商标的闲置和资源浪费，也会对他人申请商标带来阻碍。

（二）无主商标处分的不同观点

司法实践中，因无明确的法律依据，使得法院在审理"僵尸商标"案件时

---

① 参见木庶：《关于"僵尸商标"的几点构想》，https://mp.weixin.qq.com/s/GStERYt17x_3KGPhHYRo4A，2020年8月10日访问。

② 参见北京市高级人民法院（2009）高行终字第1448号。

裁判不一。第一种观点认为，引证商标的权利人已被注销，作为法律主体的资格已经灭失，其未对该权利进行处理，若无证据表明该权利已由他人继受，则引证商标已无权利主体。商标的基本功能在于区分不同商品或者服务的来源，在商标专用权人已不存在的情况下，该商标区分商品或者服务来源的功能亦随之丧失，不再构成申请商标注册的权利障碍。① 比如，在国家工商行政管理总局商标评审委员会与北京钱粮科技有限公司行政纠纷案、国家工商行政管理总局商标评审委员会上诉星云智熵科技公司等案中，法院指出：商标法的目的是保护消费者、生产者、经营者的利益。相关公众通过商标区分商品来源，商标、商品与商品的生产者、经营者具有对应关系。如果商标注册人已不存在，则该商标区分商品来源的功能亦随之丧失。对于因商标权人已不存在而丧失商标应有功能的商标而言，其不能作为在先商标阻碍申请商标的注册。② 第二种观点则认为，在后申请人应先以引证商标连续三年不使用为由申请撤销，通过"撤三"程序将引证商标撤销后，才可申请注册商标。比如，在国家工商行政管理总局商标评审委员会与北京金山安全管理系统技术有限公司行政确权案中，商评委认为引证商标权人注销并不当然代表引证商标失效。而法院的判决理由也认为，引证商标失去权利基础的原因是其已经被撤销，而不是因为权利主体被注销。③ 但如此一来，当在后申请人的商标注册申请被驳回时，在后申请人若不放弃注册申请，则需要一边申请复审，一边申请撤销"僵尸商标"。这样就产生两个问题：第一，以引证商标连续三年不使用为由申请撤销审查的时间过长，而商标驳回复审的审查时间较之略短，商评委不等撤销的结果出来先行驳回决定，导致申请人不得不去进行商标驳回复审行政诉讼来拖延时间等撤销结果出来改判，从而使得申请人要花费多余的时间和费用，特别是律师费。第二，有的引证商标被核准注册尚未满三年，此时无法律依据对其提出"撤三"程序，只能采取复审、诉讼来保持在后商标的申请状态，等到引证商标满三年后再提撤销，待撤销结果出来后再初步审定公告该在后商标，这样申请人所耗的时间更长。④ 上述两种观点从不同视角对无主商标的权利基础及其处分等问题进行了阐述，反映出对此问题的认识存在差异。

为统一司法，2019年北京市高级人民法院发布的《商标授权确权行政案

---

① 参见北京市高级人民法院（2016）京行终4817号。
② 参见北京市高级人民法院（2016）京行终1682号。
③ 参见北京市高级人民法院（2017）京行终5051号。
④ 参见木庶：《关于"僵尸商标"的几点遐想》，https://mp.weixin.qq.com/s/GStERYt17x_3KGPhHYRo4A，2020年8月10日访问。

件审理指南》第 15.7 条规定:"商标行政案件中,引证商标权利人被注销且无证据证明存在权利义务承受主体的,可以认定引证商标与诉争商标不构成近似商标。"换言之,如果在先的商标权人主体资格被注销,并且无证据证明存在其他权利义务承受主体的（包括继承、移转等行为）,则该注册商标不能成为在后申请商标的障碍。该指南的颁布,一方面明确了无主商标处分的条件及结果,另一方面,较好地解决了实务中无主商标与《商标法》第 30 条的适用产生的矛盾,为无主商标的处分提供了一种新的路径和方法。但它并没有明确商标权利人被注销的事由、起算点、时间及期限,这也给该条规定的适用留下了空间。比如,在"艾克瑞斯"商标纠纷案中,虽然引证商标仍为有效商标且与诉争商标已构成近似商标,但法院在审理此案时,从商标的基本识别区分功能考虑,认为只有使用商标的商品进入流通领域,商标的识别功能才能发挥,如果商标注册人已不存在,则该商标无法进入流通领域,该商标区分商品和服务来源的功能亦随之丧失。因此,对于因商标权利人已不存在而丧失商标应有功能的商标而言,其因无法在市场上流通,则不会对相关公众造成该商标与其他商标的混淆误认。结合本案,法院认为,引证商标虽然仍为在先有效的申请商标,但是因其权利人已被注销,且无证据显示引证商标已由其他权利人继受,对于无权利人使用的引证商标而言,其将不会在市场上流通使用,不会与本案的诉争商标造成混淆误认,故引证商标已不再成为诉争商标获准注册的障碍。[1] 本案的特点之一是,从商标的识别功能和混淆理论出发,因注册商标权利主体已经注销,其使用的商标无法在市场上流通,不会对相关公众造成该商标与其他商标的混淆误认;突破在先申请以及近似判断的一般规则,在确认商标权利人已经注销且引证商标无其他权利人继受的情况下,直接判定引证商标不再构成诉争商标获准注册的障碍。特点之二是,法院在引证商标权利人注销未满一年的情况下作出判决,根据引证商标权利人的恶意抢注行为、主动注销商标行为以及剩余商标并未发生转让移转等行为进行综合判断。该案从注销视角为规制商标恶意注册提供了先例,换言之,如果在先商标存在恶意抢注行为或不以使用为目的的大量囤积行为,就不得阻却在后的商标注册,且时间不受限制。[2] 在随后北京知识产权法院和北京市高级人民法院审理的商标行政纠纷

---

[1] 参见北京知识产权法院（2017）京 73 行初 7167 号、北京市高级人民法院（2019）京行终 6917 号。

[2] 参见明星楠、鲁雪:《未发挥识别功能的"僵尸商标"不应成为他人注册的障碍》,载"万慧达知识产权"微信公众号,2019 年 7 月 1 日。

案中，法院均持有相同观点。① 法院通过认定权利人已注销，其注册商标无法在市场上流通，从而推定相关消费者不会产生混淆，进而认定在先商标不再构成在后商标注册的障碍。该认定思路和方法尽管有一定合理性，但认真分析，还是无法解决下列问题：第一，如商标注册人被注销，其名下商标仍可以被转让和承继。如受让或承继人对该在先注册商标进行使用，则会与在后核准注册商标造成混淆，损害公众利益。法院这一做法通过核准在后相同或近似商标的注册，排除了在先注册商标的禁用权。如在先商标之后被转让或承继，受让或承继人在行使在先商标禁用权时，还需要先通过行政程序对在后注册的商标进行无效确认。第二，如商标权人在注销前已签订了商标许可合同，且尚在商标许可期限内，被许可人也仍在使用该注册商标，允许在后的相同或近似商标注册并进入市场流通，则极有可能产生混淆。因我国商标许可备案采取登记对抗主义，商标许可自合同签订后并不需备案即生效。② 可见，法院目前的做法也有不全面之处，但毕竟对无主商标处分问题进行了大胆探索，提出了解决问题和纠纷的思路并践行，起到了定分止争的作用，立足商标识别功能和作用，旨在彰显公平正义的价值。随着案件增多，司法实践中会逐步完善无主商标的司法裁判规则。

　　国家知识产权局作为确权机构，对无主商标的处分也存在不同看法。从检索到的在先驳回复审决定来看，多数情况下，国家知识产权局认为主体注销，商标权并不当然灭失，引证商标仍构成在先权利障碍。比如，在商评字〔2022〕第0000293303号、商评字〔2021〕第0000115372号、商评字〔2020〕第0000244196号、商评字〔2019〕第0000002993号等案件里，申请人主张引证商标注册人已注销并提供了其企业信用信息公示报告，但国家知识产权局认为，商标权利主体消亡并不意味着其注册的商标当然无效。商标作为知识产权，属于企业的无形资产，并不能因其注册人的注销而消灭，该项权利仍可通过权利继受或转让等方式得以存续，且目前尚无充分证据表明引证商标注册人注销前未对其商标权进行处分，故引证商标注册人已注销不能成为申请商标应予初步审定的当然理由，在后商标申请被驳回。但在2019—2022年，每年均存在少数案件，国家知识产权局认可引证商标所有人注销且未对引证商标作出

---

① 参见北京市高级人民法院（2019）京行终7846号、北京知识产权法院（2020）京73行初15216号、北京市高级人民法院（2021）京行终9438号、北京市高级人民法院（2022）京行终2289号等。

② 参见尚杨杨、袁媛：《针对权利人注销后未处置商标的探讨》，载"知产力"微信公众号，2022年12月1日。

处分，可合理推定引证商标未实际使用，申请商标的注册与使用不致引起消费者混淆，从而初审公告在后申请商标。① 这部分案件的决定中，国家知识产权局判定引证商标所有人已被相关管理部门予以核准注销，其已不具备行使商标权利之主体资格，亦无证据显示引证商标已由其他权利人继受，故对于无权利人使用的引证商标而言，其将不会在市场上流通使用，不会与本案的申请商标造成混淆误认。因此，申请商标与引证商标未构成《商标法》第30条所规定之情形。② 国家知识产权局对无主商标的认定思路，立足于对商标注册取得制度的维护，只要是有效的注册商标即享有商标权，当然其中的财产属性也应得到尊重，更倾向于对商标法律秩序价值的确认。但该认定也有一定的局限性，比如，商标注册人已注销但注册商标未满三年的闲置商标无法处理，只能被动等待三年期满再进入"撤三"程序。

(三) 无主商标处分的建议

为了公平合理地利用商标资源并体现商标的使用价值，需要对主体消亡后的注册商标的处理设计合理的退出机制。本书建议通过立法明确规定商标注册主体消亡后商标权利的处分问题，及时清除商标登记簿上的"僵尸商标"，为具有真实善意使用商标意图的市场主体依法申请、注册和使用商标扫清障碍，促成真正需要商标权的主体获得注册商标专用权。

在国家知识产权局2023年1月13日发布的《中华人民共和国商标法修订草案（征求意见稿）》（以下简称《商标法修订征求意见稿》）中，新增第58条，将商标注销制度在商标法中予以固定："商标注册人申请注销其注册商标或者注销其商标在部分指定商品上的注册，经国务院知识产权行政部门核准注销的，予以公告；该注册商标专用权或者该注册商标专用权在该部分指定商品上的效力自公告之日起终止。"③ 但该条规定只是将《商标法实施条例》第73条内容修改后上升到《商标法》中，实质内容没有太多变化，对业界关注的无主商标的处分仍然未作出明确规定，对现实生活中存在的"僵尸商标"阻碍在后商标申请注册的现象也没有作出积极回应。商标法不仅是私法，保护注册商标权人利益，而且也具有维护商标秩序的公法职能，对"死亡商标"应当及时

---

① 参见商评字〔2019〕第0000307410号、商评字〔2020〕第0000158944号、商评字〔2021〕第0000163278号、商评字〔2022〕第0000280061号等。

② 参见尚杨杨、袁媛：《针对权利人注销后未处置商标的探讨》，载"知产力"微信公众号，2022年12月1日。

③ 《国家知识产权局关于〈中华人民共和国商标法修订草案（征求意见稿）〉公开征求意见的通知》，https://www.cnipa.gov.cn/art/2023/1/13/art_75_181410.html，2023年1月16日访问。

进行清理。在提高注册商标质量的同时，激活闲置商标。在制度设计上，申请注册部门可依当事人申请，将此类无主商标及时清除，避免成为在后申请者的障碍。

为解决无主商标给商标申请带来的阻碍，充分利用被闲置的商标资源，同时，统一法律适用，吸纳司法实践成果，本书建议《商标法修订征求意见稿》应对无主商标处分问题进行明确。考虑到商标不同于一般的动产或不动产，其所产生的财产价值源于商业活动使用中积累的商誉，同时，商标权不仅具有私权属性，也不应忽略商标作为符号的公共资源占有问题，因此有必要对已注销或消灭的商标注册人的名下商标进行转让或移转时设定一定的期限，[1] 在征求意见稿中新增的第58条基础上再增加一条，具体可表述为："商标注册主体死亡或者终止，且无证据证明存在其他权利人继受的情况下，自商标注册主体死亡或终止之日起一年期满，该注册商标没有办理移转手续的，任何人可以向商标局申请注销该注册商标。注册商标因商标注册主体死亡或者终止而被注销，该注册商标专用权自商标注册主体死亡或者终止之日起终止。"换言之，通过立法明确商标注册人应在注销前对其名下商标进行处置。注销前未处置的，视为放弃商标所有权。商标注册人在注销前，对其名下商标转让达成合意的，或因继承、企业合并、兼并或改制等其他事由或依法院判决发生商标专用权移转的，受让人或承继人应在商标注册人注销后一年内提交转让或移转申请，否则视为放弃该注册商标所有权。[2]

针对前述《北京市高级人民法院商标授权确权行政案件审理指南》第15.7条规定，建议修改为："商标行政案件中，引证商标权利人被注销且无证据证明存在权利义务承受主体的，可以判定引证商标不再构成诉争商标获准注册的障碍。"如此表述会更加明确和具体。

实务中，我国小微企业众多，一旦企业被注销或合并、分立或改制，其名下的注册商标该如何处理呢？通常而言，企业可通过商标转让的方式，转到个人或者其他公司的名下，也可移转给企业合并、分立或改制后的权利义务承继者。目前，尽管我国现行《商标法》未明文规定商标权人注销后对其注册商标转让的时间限制，但基于商标自身属性及"撤三"、续展等规定，企业在注销

---

[1] 2002年《商标法实施条例》第47条的合理之处应予以肯定。其规定："商标注册人死亡或者终止，自死亡或者终止之日起1年期满，该注册商标没有办理移转手续的，任何人可以向商标局申请注销该注册商标。提出注销申请的，应当提交有关该商标注册人死亡或者终止的证据。注册商标因商标注册人死亡或者终止而被注销的，该注册商标专用权自商标注册人死亡或者终止之日起终止。"

[2] 参见尚杨杨、袁媛：《针对权利人注销后未处置商标的探讨》，载"知产力"微信公众号，2022年12月1日。

前应采取相应的措施转让或转移商标，如果置之不理，企业注销后，其所拥有的注册商标有可能就会随着企业的注销一同灭失。

第二节　商标权撤销制度

商标权撤销，是指商标主管机关对违反商标法有关规定的行为给予处罚，终止其原注册商标权的一种行政制裁手段。该制度的设立在于引导商标权人持续、规范和合法使用注册商标，如果存在不使用或者使用不当等行为，该注册商标将可能被撤销。撤销不同于注销行为，后者是自愿放弃其商标权而被商标管理部门终止其权利。

一、商标权撤销的事由

商标注册人负有规范使用和连续使用注册商标并积极维护注册商标显著性的法定义务。根据《商标法》第49条的规定，商标注册人在使用注册商标的过程中，自行改变注册商标、注册人名义、地址或者其他注册事项的，由地方市场监督管理部门责令限期改正；① 期满不改正的，由商标局撤销其注册商标。注册商标成为其核定使用的商品的通用名称或者没有正当理由连续三年不使用的，任何单位或者个人可以向商标局申请撤销该注册商标。由此可见，导致商标权被撤销的事由有以下几种情形：

（一）自行改变注册商标、注册人名义、地址或者其他注册事项

自行改变注册商标，是指商标注册人或者被许可使用人在实际使用注册商标时，擅自改变该商标的文字、图形、字母、数字、立体形状、颜色组合等，导致原注册商标的主要部分和显著特征发生变化。改变后的标志同原注册商标相比，易被认为不具有同一性。大多数商标是由文字、图形或其组合构成的，一般情况下，不允许申请人在使用过程中自行改变其注册商标的构成。

国家商标局在1994年对印刷体注册商标的使用问题曾作出规定：第一，印刷体注册商标使用非印刷体，可不作为1993年《商标法》第44条第1项所属的行为，法律不予禁止。第二，由于汉字的行草隶篆等字体很多，特别是有人利用不规范的字体，故意模仿他人注册商标字体与字形，应予禁止。如果在同一种或类似商品上与他人注册商标产生相同或近似的，应按照商标侵权严肃查处。第三，在商标管理环节中，判定他人商标与其注册商标相同或近似，仍以其核准注册的印刷体商标为准。第四，为了加强商标管理，应告诫企业在使

---

① 2018年国务院机构改革后，撤销国家工商行政管理总局，组建国家市场监督管理总局。

用中最好不要改变其注册商标的原样。如需要使用其他字体的,最好申请注册,以免发生不必要的纠纷。例如,某企业在白酒等商品上申请了"泸抄"商标,字体为楷体,但该公司把实际使用的商标标识的字体改为草书,改变字体后的"泸抄"和"泸州"非常近似,消费者无法辨认,构成了侵犯他人注册商标专用权行为。

现实生活中,企业名称和地址有时根据经营需要,会发生一定变化和更改,如果没有及时到商标局备案相关信息导致注册商标被撤销,则有失公允。因此,在此情形下如果要撤销该注册商标需要一个前置程序,即地方市场监督管理部门责令商标注册人限期改正,如不改正的,才撤销该注册商标。① 商标权是一种私权,商标权人可以自由行使其权利,上述改变注册商标的注册人名义、地址或者其他注册事项的情形,并不会给社会公众带来危害和影响,只要是合法行使,公权不得随意干预,也不能随意作出行政处罚。如果因上述信息变更未及时登记而撤销注册商标,则理由既不合理也不充分。而正是考虑到商标权的私权属性,2013年《商标法》修改时,删除了原法中因自行转让注册商标被撤销的规定。

(二)注册商标成为其核定使用商品的通用名称

具有显著特征的注册商标在实际使用过程中,如果退化为其核定使用商品的通用名称则会丧失显著性。为了社会公众利益,法律不会为通用名称提供专用权的保护,任何人都可使用。该条款适用的难点在于判定系争商标是否属于商品的通用名称,及注册商标成为其核定使用商品的通用名称的时间点等。下面结合相关案件进行分析。

在"席梦思"商标纠纷案中,最高人民法院的裁判观点为:审查判断诉争商标是否属于通用名称,一般以商标申请日时的事实状态为准。核准注册时事实状态发生变化的,以核准注册时的事实状态判断其是否属于通用名称。结合本案,以商标申请日时的事实状态为准,相关公众普遍认为"席梦思"能够指代床垫商品,且《现代汉语词典》也将"席梦思"解释为弹簧床垫的商品名称,故商标评审委员会、一审、二审法院认定申请商标为通用名称并无不当。②

在"兰贵人"案中,北京市高院认为,在目前多家企业在其生产的添香加味拼配茶上不约而同地使用"兰贵人"名称的情况下,将"兰贵人"用来指代

---

① 参见《商标法》第49条第1款。
② 参见最高人民法院(2017)最高法行申2200号。

添香加味拼配茶基本符合规范性的要求，因此相关公众将添香加味拼配茶统称为"兰贵人"，实际上起到将添香加味拼配茶与其他再加工茶类相区分的作用，而非区分不同添香加味拼配茶的提供者的作用。如果某一名称作为代表本类商品的特定称谓在相对广泛的范围内被普遍认同和使用，则该名称无法起到区别不同商品来源的作用，即成为商标法所指的"本商品的通用名称"。约定俗成的通用名称如被相关典籍收录，即其性质可以进一步得到证明，如尚未被相关典籍收录，则仍应视其他证据显示的使用状态判断其是否为本商品通用名称。就目前情况而言，本院未看到对于这类茶品还有其他称谓的名称，证据指向均称之为"兰贵人"，这种称谓上的一致性代表了对于用这一工艺制作而成的茶品称谓的规范化趋势。其从无名到有名的形成过程基本同于中国传统类型知名茶叶茶品从无名到有名的形成过程。因此，可以确定"兰贵人"属于添香加味乌龙茶这一拼配茶品的称谓。①

在"六堡茶"注册商标撤销案中，广西某公司提供的证据材料"中华人民共和国国家标准 GB/T 32719.4—2016"显示六堡茶已被囊括进黑茶概念里，从 2017 年 1 月 1 日该国家标准施行之日起"六堡茶"即成为法定的商品通用名称；在案证据足以证明"六堡茶"商标在其核定使用的第 30 类"茶"部分核定使用商品上已成为通用名称，与《商标法》第 49 条规定的"成为其核定使用的商品的通用名称"之情形相符。②

针对具有特定历史渊源和地方文化特色的商标，法院在认定通用名称时，往往采取谨慎态度。比如，在"盲公饼"一案中，法院认为，盲公饼是一种有着两百多年历史的佛山特产，虽然香记公司主张"盲公饼"是通用名称，但未能举出证据证明在我国内地还有其他厂商生产"盲公饼"，从而形成多家主体共存的局面。虽然有些书籍介绍"盲公饼"的做法，我国港澳地区也有一些厂商生产各种品牌的"盲公饼"，这些客观事实有可能使得某些相关公众会认为"盲公饼"是一类产品的名称，但由于特定的历史起源、发展过程和长期唯一的提供主体以及客观的市场格局，我国内地的大多数相关公众会将"盲公饼"认知为某主体提供的某种产品。因此，在被诉侵权行为发生时，"盲公饼"仍保持着产品和品牌混合的属性，具有指示商品来源的意义，并没有通用化，不属于通用名称。法院裁判中还特别指出，针对这种拥有历史渊源和地方文化特色的商标名称，应给予其较强的保护，禁止别人未经许可使用，才能有利于保持产品的特点和文化传统，使得产品做大做强，消费者也能真正品尝到产品的

---

① 参见北京市高级人民法院（2009）高行终字第 330 号。
② 参见《商标审查审理指南》下编第 17 章第 6 条。

风味和背后的文化；相反，如果允许其他厂家生产制造"盲公饼"，一方面权利人的权益会受到损害，另一方面也可能切断了该产品所承载的历史、传统和文化，破坏了已有的市场秩序。①

综上所述，在判定注册商标成为其核定使用的商品的通用名称时，应注意把握以下几点：第一，时间点的认定。一般应以提出撤销注册商标申请时的事实状态为准，案件审查、审理时的事实状态可以作为参考。换言之，注册商标在获准注册之时尚未成为其核定使用的商品的通用名称，但在实际使用过程中，逐渐丧失了其识别商品来源的功能，在被提出撤销申请时，已退化为其核定使用的商品的通用名称。第二，注册商标的识别功能是否丧失，这是判断其是否演变为通用名称的关键要素。如果此时商标的主要功能不是区别同类商品或服务的来源，而是成为区分不同商品的一个名称，则应判定为通用名称。第三，认定依据。（1）依照法律规定或者国家标准、行业标准；（2）相关公众的认知中是否已约定俗成或普遍使用。一般以全国范围内相关公众的通常认识为判断标准。对于由于历史传统、风土人情、地理环境等原因形成的相关市场较为固定的商品或者服务，在该相关市场内通用的称谓、图形、型号，也可以认定为通用名称、图形、型号。（3）可以参考辞典、专用工具书、相关行业组织的证明、市场调查报告、市场上的宣传使用证据以及其他主体在同种商品上使用该商标标志的证据。第四，应当从商标标志整体上进行审查，且应当认定通用名称指向的具体商品，对与该商品类似的商品不予考虑。② 因为通用名称认定的难度较大，有时会涉及相关产业发展，因此，在个案中还要结合相关证据综合上述要素进行认真考量。

（三）没有正当理由连续三年不使用

商标的价值在于使用，如果某个注册商标连续三年不使用，不仅无法实现其识别功能，且其占用有限的商标资源，也会导致其商标权被撤销，但如果商标权人能够证明其有正当理由的除外。商标法设置连续三年不使用撤销规定的立法目的在于督促商标权人积极和规范地使用注册商标，使商标资源得以有效利用，同时也可将长期不使用的注册商标进行清理。现实中，只要商标权人进行了公开、真实、合法的连续性使用，就不应撤销一个合法获得注册的商标。此处值得关注的有两点，一是三年不使用的认定，二是正当理由的界定。

1. 三年不使用的认定及举证

连续三年不使用注册商标，是指一个注册商标在其有效期内不使用，且该

---

① 参见最高人民法院（2011）民提字第55号。
② 参见《商标审查审理指南》下编第17章第4条。

状态不间断地持续三年以上。时间的起算，应当自申请人向商标局申请撤销该注册商标之日起，向前推算三年。如何判定商标使用？需要结合商标使用的本质、形式，根据个案进行认定。

根据商标法的规定，商标的使用，是指将商标用于商品、商品包装或者容器以及商品交易文书上，或者将商标用于广告宣传、展览以及其他商业活动中，用于识别商品来源的行为。商标使用在指定商品上的具体表现形式有：（1）采取直接贴附、刻印、烙印或者编织等方式将商标附着在商品、商品包装、容器、标签等上，或者使用在商品附加标牌、产品说明书、介绍手册、价目表等上；（2）商标使用在与商品销售有联系的交易文书上，包括使用在商品销售合同、发票、票据、收据、商品进出口检验检疫证明、报关单据等上；（3）商标使用在广播、电视等媒体上，或者在公开发行的出版物中发布，以及以广告牌、邮寄广告或者其他广告方式为商标或者使用商标的商品进行的广告宣传；（4）商标在展览会、博览会上使用，包括在展览会、博览会上提供的使用该商标的印刷品以及其他资料；（5）其他符合法律规定的商标使用形式。商标使用在指定服务上的具体表现形式有：（1）商标直接使用于服务场所，包括使用于服务的介绍手册、服务场所招牌、店堂装饰、工作人员服饰、招贴、菜单、价目表、奖券、办公文具、信笺以及其他与指定服务相关的用品上；（2）商标使用于和服务有联系的文件资料上，如发票、汇款单据、提供服务协议、维修维护证明等；（3）商标使用在广播、电视等媒体上，或者在公开发行的出版物中发布，以及以广告牌、邮寄广告或者其他广告方式为商标或者使用商标的服务进行的广告宣传；（4）商标在展览会、博览会上使用，包括在展览会、博览会上提供的使用该商标的印刷品及其他资料；（5）其他符合法律规定的商标使用形式。

在"撤三"的商标案件中，系争商标不存在连续三年不使用情形的举证责任由系争商标注册人承担，其证明材料应当符合以下要求：第一，能够显示出使用的系争商标标识；第二，能够显示出系争商标使用在指定使用的商品或服务上；第三，能够显示出系争商标的使用人，既包括商标注册人自己，也包括商标注册人许可的他人，如许可他人使用的，应当能够证明许可使用关系的存在；第四，能够显示出系争商标的使用日期，且应当在自撤销申请之日起向前推算三年内；第五，能够证明系争商标在《商标法》效力所及地域范围内的使用。

2. 不视为商标法意义上的商标使用情形

现实中，如果权利人仅仅提交下列证据，不视为商标法意义上的使用，主要包括：商品销售合同或提供服务的协议、合同；书面证言；难以识别是否经过修改的物证、视听资料、网站信息等;商标注册信息的公布或者商标注册人关于对其注册商标享有专用权的声明;未在公开的商业领域使用;仅作为赠品使用;仅有转让或许可行为而没有实际使用;仅以维持商标注册为目的的象征性使用。

司法实践中,如果有下列行为的,也不能认定为注册商标的使用:其一,商标注册人提交的使用证据如果改变了注册商标的主要部分和显著特征,则不能认定为注册商标的使用。比如,在"ASC"商标确权案中,A 公司不服商评委作出的"ASC"商标撤销复审决定,向北京知识产权法院提起诉讼,认为 B 公司提交的证据无法形成完整的证据链证明复审商标在指定期间内在指定商品上存在公开、真实、合法的商业使用。北京知识产权法院经审理认定,复审商标由英文字母"ASC"组成,字母上部有一条较细的白线(见图 3-1)。B 公司提交的指定期间内的《办公耗材与配件》杂志中显示的使用标识为"ASC PREMIUM TONER"(见图 3-2),该标识已经完全改变了复审商标的图形和艺术设计等特征,且使用方式系在宣传材料上单独标注相关商标并加注了®或 TM 标志,说明其真实意图为使用改变了复审商标图形和艺术设计等特征的标识,并非因实际使用方式的客观条件限制而对商标标识进行了改变。在此情况下,法院认定上述证据不能证明复审商标在指定期间内在核定使用的商品上有公开、真实、合法的使用。最终,北京知识产权法院支持了 A 公司的诉讼请求,撤销了被诉决定。该案二审维持原判。①

图 3-1　　　　　　　　　图 3-2

其二,商标注册人在核定使用商品之外的类似商品上使用其注册商标,不能视为对其注册商标的使用。在"简悦"商标案中,上海新松公司申请"简悦"商标并被核准注册,在照明器械及装置、空气调节设备、水净化设备和机器、电暖气等第 11 类商品上使用。深圳市简悦生活有限公司针对涉案商标向国家工商行政管理总局商标局提出撤销申请,主张涉案商标于 2014 年 8 月 17 日至 2017 年 8 月 16 日期间连续三年不使用,请求撤销涉案商标。经商标局以

---

① 参见肖俊逸:《商标的价值在于使用——一份来自撤销连续三年不使用制度的提醒》,http://bjzcfy.chinacourt.gov.cn/article/detail/2019/03/id/3793259.shtml,2021 年 3 月 4 日访问。

及商评委审理后对诉争商标予以撤销,新松公司不服向法院起诉。一审法院驳回其诉讼请求。二审法院在判决中明确,在商标权撤销案件中,商标使用应该是在核定商品上使用,如果商标仅在与核定商品相类似的其他商品上进行了使用,则不能维持商标的注册。①

3. 正当理由的界定

为敦促权利人在商标注册后及时使用,多数国家的商标法均规定了对超过三年或五年以上不使用的注册商标予以撤销的制度。但为了保障商标权人的利益,TRIPS协定及部分国家法律规定,能够举证证明不使用的正当理由的,可免予被撤销。② 因为注册商标在法定期限内未使用的原因是多方面的,有注册人自身的原因,如企业破产、转产等,也有一些因注册人所不能控制的原因导致商标不能及时投入使用,如政府的进口管制、行政审批手续要求,以及战乱、严重自然灾害等不可抗力因素。撤销因注册人自身原因而长期闲置不用的注册商标是合理的,但如果是因为权利人不能控制的原因或商标不能实际使用有正当理由,撤销其商标注册则有失公平。可见,正当理由是注册商标所有人在一定期限内不使用注册商标的正当性根据,也是对抗注册商标被撤销的有效手段。我国现行《商标法实施条例》第67条对注册商标不使用的正当理由规定了下列情形:不可抗力、政府政策性限制、破产清算以及其他不可归责于商标注册人的正当事由。在近年来的司法实践中,最高人民法院也对注册商标不使用的正当理由作了补充解释,除了上述事由外,对于有真实使用商标的意图,并且有实际使用的必要准备的,可认定为有正当理由。③

二、商标权撤销的程序及后果

为保障相关权利人利益,商标法不仅规定了撤销的实质条件,还在商标撤销的受理机构、时间及证据等内容上进行了规定。根据《商标法》第49条第2款及《商标法实施条例》第65条、第66条的规定,注册商标成为其核定使

---

① 参见王国浩:《商标权撤销案件中,如何考量商标在类似商品上的使用?》,载《中国知识产权报》2020年6月12日。

② TRIPS协定第79条之1规定:如果要将使用作为维持注册的前提,则只有至少三年连续不使用,商标所有人又未出示妨碍使用的有效理由,方可撤销其注册。如果因不依赖商标所有人意愿的情况而构成使用商标的障碍,诸如进口限制或政府对该商标所标示的商品或服务的其他要求,则应承认其为"不使用"的有效理由。

③ 《最高人民法院关于审理商标授权确权行政案件若干问题的意见》第26条第4款规定:"商标权人有真实使用商标的意图,并且有实际使用的必要准备,但因其他客观原因尚未实际使用注册商标的,人民法院可以认定其有正当理由。"

用的商品通用名称、注册商标无正当理由连续三年不使用情形的，任何单位或者个人可以向商标局申请撤销该注册商标，并说明有关情况。

商标局应当自收到申请之日起九个月内作出决定。有特殊情况需要延长的，经国务院工商行政管理部门批准，可以延长三个月。商标局应当通知商标注册人，限其自收到通知之日起两个月内提交该商标在撤销申请提出前使用的证据材料或者说明不使用的正当理由；期满不提供使用的证据材料或者证据材料无效并没有正当理由的，由商标局撤销其注册商标。所使用的证据材料，包括商标注册人使用注册商标的证据材料和商标注册人许可他人使用注册商标的证据材料。

为防止受理机关的误判，保护双方当事人的权利行使，商标法还设置了撤销程序的救济制度。对商标局撤销或者不予撤销注册商标的决定，当事人不服的，可以自收到通知之日起15日内向商标评审委员会申请复审。商标评审委员会应当自收到申请之日起九个月内作出决定，并书面通知当事人。有特殊情况需要延长的，经国务院工商行政管理部门批准，可以延长三个月。当事人对商标评审委员会的决定不服的，可以自收到通知之日起30日内向人民法院起诉。法定期限届满，当事人对商标局作出的撤销注册商标的决定不申请复审或者对商标评审委员会作出的复审决定不向人民法院起诉的，撤销注册商标的决定、复审决定生效。被撤销的注册商标，由商标局予以公告，该注册商标专用权自公告之日起终止。撤销公告后意味着该商标权的消灭，但撤销公告前该商标权效力依然存在，由此产生的法律行为不受影响。因此，被撤销的注册商标不同于被宣告无效的注册商标，后者自始即不存在权利。为防止商标产生混淆，《商标法》第50条规定，注册商标被撤销、被宣告无效或者期满不再续展的，自撤销、宣告无效或者注销之日起一年内，商标局对与该商标相同或者近似的商标注册申请，不予核准。

三、商标权撤销制度现存问题及完善

（一）注册商标连续三年不使用可否作为异议案件的抗辩理由

注册商标连续三年未使用即成为"死亡商标"，这种情况下权利人不能阻止他人使用该商标。但在我国商标确权的异议程序中，当第三人提出该注册商标属于连续三年未使用应被撤销，并提出相应的抗辩理由时，商标局或法院就会告知第三人"应通过撤销程序另行处理"，即只有该注册商标被撤销后才能作为阻碍或撤销他人在后注册商标及在后商标使用人侵犯商标权的抗辩理由。这样的制度安排会导致一个严重问题，即本来已经"死亡"的、应被撤销的商标，却可以阻却他人注册和使用，此处立法设计的不合理性是显而易见的。

本书认为，为激活商标资源，强化注册商标权人的实际使用义务，防止囤积和单纯买卖商标，在完善对注册商标不使用处理的程序方面可以参考美欧等国做法，将注册商标连续三年不使用作为异议程序中的抗辩理由，以消除现行立法之弊。具体条文可表述为："在商标异议程序中，注册申请人可以要求提出异议申请的商标权人提交此前三年在中国实际使用的证据；不能提交使用证据且无正当理由的，商标局应驳回异议。"

（二）撤销制度中商标使用相关规定界定不明

现行《商标法》第 49 条设立了注册商标连续三年不使用撤销制度，对于注册商标连续三年不使用又没有不使用正当理由的，任何单位或者个人均可以向商标局申请撤销此商标。该制度对于解决商标注册主义原则所带来的弊端具有重要的意义，是规制恶意抢注行为的有效手段。但立法对"使用"和"正当理由"没有具体的规定，导致法条适用存在模糊性。具体问题表现为以下三点：（1）商标使用的主体范围不清；（2）商标使用的形式不明；（3）真实使用意图可否作为商标使用的一种方式？这些问题需要进一步研究。

1. 商标使用主体范围

商标的基本功能是识别功能，而基本功能的发挥依赖于商标权人在商业运营中在商品或服务上使用商标，商标权人是当然的商标使用主体。除了商标权人，其他主体对商标的使用行为是否可以构成商标使用呢？《最高人民法院关于审理商标授权确权行政案件若干问题的规定》第 26 条第 1 款指出：商标权人自行使用、他人经许可使用以及其他不违背商标权人意志的使用，均可认定属于实际使用的行为。商标权人自行使用与许可他人使用都是在商标使用前取得商标权人同意的行为，认定为商标使用行为理所应当，问题在于该如何解释"不违背商标权人意志的使用"。无权行为人对商标的无权使用行为能不能视为商标使用，包括被许可人超越许可范围的使用、侵权行为人的使用和其他未经许可的使用行为等。

目前，主流观点认为这些行为不能视为商标使用：第一，商标使用权本身就是商标权的积极权能，它必然要求行为的主体是主动的、有意识的目的行为，而不是无意识的、偶合的或者他人行为促动的行为。[①] 事后追认无疑是对商标使用权本身的一种否定。第二，无权使用者在商业活动中对注册商标的使用所产生的识别功能不一定能使消费者识别商品的真实来源，可能造成商标识别上的混淆，损害消费者利益，有违商标法防止混淆的立法精神，亦与注册商

---

① 参见李士林：《论商标使用与不使用的界定》，载《西部法学评论》2012 年第 4 期。

标不使用撤销制度鼓励、督促商标权人真实使用商标这一稀缺资源的初衷相悖。第三，商标使用须以商标权人有使用的意图为前提，在撤销程序启动时，该注册商标并无任何实际使用的事实，事后追认他人的无权使用不能视为商标权人对注册商标的使用。对注册商标的无权使用不仅仅是无权使用人与商标权人之间的事，还关系到消费者的利益与整个商标市场的秩序。如果赋予商标所有人事后追认的权利，那么既欺骗了消费者又损害了市场秩序及公共利益。因此，无权行为人对商标的使用行为不能视为商标权人的商标使用。

对于如何认定商标使用的主体，有学者提出应从使用的支配性角度来看，即要产生维持商标专用权的使用，必须是商标权人或相关当事人可以控制实施的行为。对不能控制实施的行为，不能产生维持商标专用权的效力。① 理由在于，作为一种社会公众和商标权人利益"对价"② 的条件，对注册商标的使用不仅仅是商标权人积极追求的结果，还应体现其意志力，必须是在其主观愿望支配之下，真实地反映了其试图通过商标的使用和消费者建立起联系的内心真意的行为。否则，使用行为虽符合商标使用的"形式"要件，但不属于商标权人意志力和控制力射程支配范围之情形的，若仍认为这种"使用"能产生维持商标专用权之效力，则不但容易助长"不使用者"占用商标资源，怠于对产业经济做出贡献的风气，而且，还容易带来司法实践中"诈害性"使用之情况，导致所谓的"借鸡生蛋"的问题。这不但会使三年不使用撤销制度的价值目标归于落空，还可能带来在注册维持上的使用"欺诈"，从而表现为对商标法领域诚实信用原则的异化。③ 因此，能产生维持商标专用权效力的使用，必然是商标权人或利害关系人得以控制实施的行为；反之，就不具有维持商标权的效力。④

在"太阳 SonnenWeisse 及图"商标撤销案⑤中，受让取得商标专有权的商标权人金种子公司提交了相关使用证据，但是这些证据的主体都显示是金太阳公司。经查，金太阳公司是金种子公司组建成立的公司。对此，北京市高级人民法院认为："金种子公司是金太阳公司的控股公司，二者具有密切关联关系，可以认定金种子公司与金太阳公司之间就复审商标存在事实上的许可使用

---

① 参见黄汇：《商标撤销制度中"使用"界定基本范畴研究》，载《知识产权》2013 年第 6 期。

② 徐瑄：《知识产权的正当性——论知识产权法中的对价与衡平》，载《电子知识产权》2003 年第 11 期。

③ 参见张玉敏：《商标法基本原则论纲》，中国法学会知识产权法研究会 2009 年会论文集，第 319 页。

④ 参见黄汇：《商标撤销制度中"使用"界定基本范畴研究》，载《知识产权》2013 年第 6 期。

⑤ 参见北京市高级人民法院（2009）高行终字第 1415 号。

关系。"法院将控股公司的商标使用问题视为构成事实的许可使用关系，也就是承认虽然商标权人未明示，但从其建立控股关系的行为可推定其对被控股公司使用其商标具有控制力，子公司的商标使用行为可以看成母公司的商标许可使用行为。显然，这种推定失之偏颇，事实上申请人自身并未对其注册商标进行真实使用。

2. 商标使用形式

根据现行《商标法》第 48 条的规定，商标使用的形式主要有：在商品或商品包装上使用，在商业文件、发票、说明书上使用，在商品的广告宣传、展览或其他业务活动中使用等。并且《商标法》强调了商标使用是"识别商品来源的行为"，因此这些使用行为都必须具有公开性，须是在市场上的使用，为消费者所知晓，而不是仅在企业、公司内部的使用。这一规定基本说明了商标使用的目的和内涵，具有进步意义，但是在法条表述上，未将商标使用的定义和使用方式分开来表示，在逻辑上不够清晰。同时，随着社会的发展，特别是互联网技术的发展带来的商业模式的变化，商标使用的方式也更加多样性，因此，为了更全面客观地规定商标使用的形式，可参照日本的立法模式，采用列举式的表述方式。建议对"商标使用"的条款作进一步调整，具体立法建议见本节第一章第三节。

3. 商标权人应具有真实使用意图

商标的使用对注册商标有重要的意义，现行《商标法》第 48 条对商标的使用进行了规定，但该条只规定了使用的形式，对使用意图的规定是不明确的。从司法实践来看，主流观点认为，构成商标法意义上的商业使用的前提是该商品必须真实合法流通于市场，并出于以商业经营为目的的真实使用意图，从而使该注册商标达到或发挥出区分商品来源的作用，不以区分商品来源为目的的使用不能认定为商标法意义上的商业使用。更进一步说，注册商标应附着在商品上从生产环节进入市场流通环节，并为不特定公众所知悉的商业使用状态，且应符合人们日常生活经验法则和行业销售交易惯例，仅有意在维持注册商标的单次、象征性使用，缺乏真实的商业使用意图，应予以撤销。[1]

在贵州某公司等诉商评委商标争议行政纠纷案[2]中，"汉武刘彻大帝"商标由闫某于 2009 年 2 月 25 日向商标局申请注册，于 2010 年 7 月 28 日核准注册，核定使用在第 33 类酒（饮料）等商品上。经商标局于 2013 年、2014 年两次核准转让给金华某公司，即本案申请人。被申请人贵州某公司于 2015 年

---

[1] 参见苏科：《复审商标仅有象征性使用应予以撤销》，载《中华商标》2017 年第 5 期。
[2] 参见北京市高级人民法院（2016）京行终 2857 号。

10 月 14 日对复审商标提出撤销三年不使用申请,商标局审查认为,申请人提交其在 2012 年 10 月 14 日至 2015 年 10 月 13 日期间复审商标的使用证据无效,决定予以撤销。申请人不服该决定,于 2016 年 8 月 8 日向商评委申请复审。商评委经审理认为:申请人在复审期间提交的三张销售发票所涉及商品数量、金额均较少,难以认定复审商标附着在商品上从生产环节进入流通环节,并为不特定公众所知悉的商业使用状态,且不符合一般销售惯例,有为规避法律规定而进行象征性使用之嫌。在案证据不足以证明复审商标在指定期间内在复审商品上进行了公开、合法、真实的使用,复审商标应予撤销。

商标权人对商标的使用必须是出于真诚使用的意图,而不是为了保留商标的目的进行的商标使用。建议在我国《商标法》修改时,应当将商标使用意图纳入商标使用定义或者作为使用的一种方式。

(三)缺少对商标连续三年不使用制度中正当理由的界定

现行《商标法》中虽然提及注册商标可因正当理由而不被撤销,但是并没有对正当理由进行明确且具体的说明,仅在《商标法实施条例》第 67 条中规定,阻却不使用撤销制度的事由有:不可抗力、政府政策性限制、破产清算以及其他不可归责于商标注册人的正当事由。在近年来的司法实践中,最高人民法院也对注册商标不使用的正当理由作了补充解释:对于有真实使用商标的意图,并且有实际使用的必要准备的,均可认定为有正当理由。[①] 该制度的主旨是为了将从未使用的注册商标重新投放回商业活动,最大化地利用社会资源。《商标法》作为《商标法实施条例》的上位法,是司法判决的主要依据,建议在《商标法》第 49 条中对正当理由的内涵和形式予以明确。

商标法规定注册商标不使用撤销制度的本意在于促使商标权人利用注册商标从事生产经营活动,发挥商标的识别功能。若商标权人经营困难,甚至到了破产清算的状态,就说明积聚在商标上的信誉已经消失,无法再促进产业的进步,没有再维持其排他性使用权的足够理由。因此,本书认为,现实生活中,如果是商标权人经营管理不善、破产清算等自身原因,不能成为对抗注册商标不使用而被撤销的正当理由。另外,并非存在不可抗力就一定成为正当理由,在出现不可抗力的情况下,应当结合实际情况考虑,商标权人是否仍然有使用注册商标的意图或者准备,同时还要注意不可抗力是否真正影响了注册商标的使用,在不可抗力结束后商标权人是否有使用注册商标的可能性。

---

① 《最高人民法院关于审理商标授权确权行政案件若干问题的规定》第 26 条第 4 款规定:"商标权人有真实使用商标的意图,并且有实际使用的必要准备,但因其他客观原因尚未实际使用注册商标的,人民法院可以认定其有正当理由。"

第三节 商标权无效制度

商标权无效制度，是指已经注册的商标，发生了导致商标权无效的事由，商标局根据职权宣告该注册商标无效，或者由商标评审委员会根据其他单位或者个人的请求宣告该注册商标无效的制度。通过无效宣告，使商标权回到自始即不存在的状态。商标权无效不同于商标权撤销，两种行为的法律后果不同。

我国1982年《商标法》中没有设置商标权无效制度，导致在实践中出现了一些权利相冲突的商标和注册不当的商标。1993年《商标法》修改时增加了商标注册无效的裁定程序。2001年《商标法》保留了此项制度，在第五章"注册商标争议的裁定"中对注册不当商标和已注册的不应注册的商标的撤销以及注册商标争议的裁定作了具体规定。2013年《商标法》对该章作了较大的修改，将第五章的章名改为"注册商标的无效宣告"，并对无效宣告的实体和程序内容作了相应的完善。至此，《商标法》将商标权撤销和无效两种行为作了区分。从商标法体系化的视角看，商标权无效宣告程序与申请商标异议程序相结合，不仅能够极大地提高注册商标的质量，减少注册商标权利的冲突，而且有利于维护在先商标权人和受让人的合法权益。

一、商标权无效的理由

因导致商标权无效的理由不同，申请人、时限及处理机关也不尽相同。根据我国商标法规定，本书将其分为绝对理由和相对理由的无效宣告。

（一）无效宣告的绝对理由

根据《商标法》第44条的规定，已经注册的商标，有下列情形之一的，由商标局宣告该注册商标无效，其他单位或者个人可以请求商标评审委员会宣告该注册商标无效（绝对理由提出申请的主体和时间均没有限制）：

1. 违反《商标法》第4条、第10条、第11条、第12条、第19条第4款规定的行为

2013年《商标法》仅规定了已注册商标违反第10条（合法性）、第11条（显著性）、第12条（非功能性）的规定，可导致该商标被宣告无效。2019年《商标法》第四次修改后，新增了第4条和第19条第4款，主要是针对申请人和商标代理机构恶意注册进行的规制。近年来，国家知识产权局针对恶意抢注行为予以遏制和严厉打击，通过适用《商标法》第4条和禁止以欺骗手段或者其他不正当手段取得商标注册的立法精神，使得暂时还不能通过驰名跨类寻求

保护或缺乏其他在先相对权利主张的商标所有人可以及时维权。

《商标法》第 4 条和第 44 条之规定在弥补相应在先注册或使用规制条款之外可能造成不公平后果的不足等方面，起到了重要作用。比如，国家知识产权局在"货拉拉"商标异议和无效宣告案中，引用《商标法》第 4 条、第 44 条第 1 款和第 3 款对恶意商标不予核准注册或宣布无效。成立于 2017 年 10 月 13 日的上海货拉拉搬家公司，经营范围包含"人工装卸服务，人工搬运服务，打包服务，国内货物运输代理"，与知名度较高的香港货拉拉商标权利人经营范围中的"物流代理服务，普通货物运输（搬家运输服务）；道路货物运输；国内快递"项目高度关联和重合。作为同行业经营者，上海货拉拉搬家公司于 2017 年年末开始（即其设立登记后不到两个月时间）便在第 45、36、39、17、16、20、12 类分别申请了"货拉拉""申城货拉拉""沪南货拉拉""货拉拉搬场""货拉拉搬家""货拉拉物流""货拉拉搬家 HLL""货啦啦搬家""货啦啦搬家"等共计 19 件商标。从其初时登记注册即含"货拉拉"字号，至相关类别反复围绕"货拉拉"申请注册商标，攀附恶意极其明显。国家知识产权局在裁定中认为：除本案争议商标之外，被申请人还在第 16 类、第 39 类、第 45 类等类别上申请注册了近 50 个商标，其中围绕"货拉拉"注册多件商标，被申请人还将多件同地域同行业经营者具有显著性的字号作为商标申请注册，如第 33227735 号"天天搬场"商标、第 37730036 号"华宇物流"商标、第 37716743 号"祥山钢琴"商标、第 33233915 号"强生搬场"商标、第 37717614 号"邦德物流"商标等。被申请人作为一家上海的搬运公司，对申请人及上海同行业经营者的商标理应知晓，但却未尽到合理避让的义务，且其亦未对注册多件商标的行为作出合理解释。被申请人注册多件与他人具有较强显著性或知名度标识相同或近似的商标，违背了诚实信用原则，有损公平竞争的市场秩序，其行为已构成《商标法》第 44 条第 1 款所指情形。

结合《商标法》第 11 条的规定，再来分析一起显著性的案例。在"陈麻花"商标纠纷中，陈麻花公司于 2013 年 11 月申请注册争议商标"陈麻花"，使用在第 30 类商品上。2017 年 11 月，"陈麻花"商标获得核准注册。自注册后先后被不同的第三方提起无效宣告请求，2019 年商评委就该诉争商标作出无效宣告请求裁定，认为"陈麻花"在重庆磁器口地区已成为一种麻花商品约定俗成的通用名称，争议商标在麻花商品上的注册应属于《商标法》第 11 条第 1 款第 1 项所禁止之情形。陈麻花公司不服提起行政诉讼，北京知识产权法院 2019 年 9 月作出一审判决，维持商评委原裁定结论。陈麻花公司不服一审判决，继续上诉至北京市高院。北京市高院在 2020 年 2 月 20 日作出的二审判决中撤销了一审判决及商评委裁定，判令国家知识产权局重作裁定。在这起案件中,二审判决认为"陈麻花"并非通用名称,其理由为:约定俗成的通用名称一般以全国范围内或相关市场相关公众的通常认识为判断标准,但历史传承、行业状况以及产品特点等都是影响相关公众认知水平的因素,在判断是否构成约定俗成的通用名称时应予考虑。诉争商标申请人明知或者应知其申请注册的商标为部分区域内约定俗成的商品名称的,人民法院可以视其申请注册的商标为通用名称。结合陈麻花公司提交的证据综合考虑,二审判决认为原审第三人提交的证据不足以证明"陈麻花"系规范化的商品名称,不足以证明"陈麻花"在诉争商标核准注册时成为通用名称。该案裁判对具有历史文化传统的商品名称的保护具有借鉴意义。

2. 以欺骗手段或者其他不正当手段取得注册的商标

以欺骗手段,指系争商标注册人在申请注册商标时,采取向商标注册部门虚构或者隐瞒事实真相、提交伪造的申请书件或者其他证明文件等手段骗取商标注册。该行为包括但不限于下列情形:(1)伪造申请书件签章的行为;(2)伪造、涂改申请人的身份证明文件的行为,包括使用虚假的身份证、营业执照等身份证明文件,或者涂改身份证、营业执照等身份证明文件上重要的登记事项等行为;(3)伪造其他证明文件的行为。①

同时具备下列情形的,可以认定属于《商标法》第44条第1款规定的以欺骗手段取得注册:(1)诉争商标申请人存在使商标行政机关因受到欺骗而陷入错误认知的主观意愿;(2)诉争商标申请人存在以弄虚作假的手段从商标行政机关取得商标注册的行为;(3)商标行政机关陷入错误认识而作出的行政行为系基于诉争商标申请人的行为所产生,二者之间具有直接的因果关系。②

以其他不正当手段取得商标注册的行为,是指确有充分证据证明系争商标注册人采用欺骗手段以外的扰乱商标注册秩序、损害公共利益、不正当占用公共资源或者以其他方式牟取不正当利益等其他不正当手段使诉争商标获准注册的行为,包括诉争商标申请人采取大批量、规模性抢注他人具有一定知名度的商标等手段的行为。这些行为违反了诚实信用原则,损害了公共利益。

以其他不正当手段取得注册的行为包括以下几种情形:③

第一,诉争商标申请人申请注册多件商标,且与他人具有较强显著性的商标或者较高知名度的商标构成相同或者近似,既包括对不同商标权人的商标在

---

① 参见《商标审查审理指南》下编第16章第3.1条。
② 参见《北京市高级人民法院商标授权确权行政案件审理指南》第17.1条。
③ 参见《北京市高级人民法院商标授权确权行政案件审理指南》第17.3条。

相同或类似商品、服务上申请注册的，也包括针对同一商标权人的商标在不相同或不相类似商品或者服务上申请注册的。比如，在"闪银"商标无效宣告案中，商评委经审理认为，被申请人先后在45个类别申请、注册了包括争议商标在内的共1049件商标，注册数量庞大。申请人提供的腾讯微博、新浪微博页面打印件等可以证明申请人在"金融服务"上在先使用了"闪银"商标，且争议商标与"闪银"完全相同，鉴于"闪银"并非现有固定搭配的词汇，被申请人的注册行为难谓正当，因此，除非被申请人可以合理解释争议商标的渊源，否则争议商标与申请人商标构成巧合的可能性很小。被申请人并未对争议商标的合理来源进行陈述并予以举证。综合考虑以上情形，商评委认为，被申请人以申请人商标特有表现形式申请注册在与申请人商标使用的"金融服务"具有一定相关性的"金融服务、基金投资、金融贷款、电子转账、信用卡服务"等服务上，具有不正当利用申请人商标营利的目的。被申请人的注册行为不仅会导致相关公众对服务来源产生误认，更扰乱了正常的商标注册管理秩序，并有损于公平竞争的市场环境，违反了诚实信用原则，不应鼓励和支持。因此，争议商标的申请注册构成了《商标法》第44条第1款规定的以其他不正当手段取得注册的情形，被宣告无效。①

第二，诉争商标申请人申请注册多件商标，且与他人字号、企业名称、社会组织及其他机构名称、有一定影响商品的名称、包装、装潢等商业标识构成相同或者近似标志的。比如，在"完美派"商标无效宣告案中，国家知识产权局认定：首先，申请人提交的证据可以证明在争议商标申请注册前，其商号"完美"经使用在化妆品、个人护理品、保洁用品等商品上已具有一定知名度；其次，争议商标显著识别文字部分"完美派"完整包含申请人商号"完美"，争议商标与申请人商号已构成相同或基本相同；最后，争议商标指定使用的商品与申请人实际经营的商品在功能、用途、消费群体及消费渠道等方面存在密切联系，被申请人申请注册与申请人商号基本相同的争议商标难谓巧合。综合考虑本案事实，争议商标的注册使用易使消费者将之与申请人商号相联系，进而损害申请人的商号权益。据此，争议商标已构成《商标法》第32条所指损害他人在先商号权的情形，对"完美派"注册商标宣告无效。②

第三，诉争商标申请人具有兜售商标，或者高价转让未果即向在先商标使用人提起侵权诉讼等行为的。在"领军台"商标无效宣告案件中，贵州省怀仁

---

① 参见《第13675000号闪银商标无效宣告案》，https://mp.weixin.qq.com/s/KOAT_8AJz5B2YKjJCAKAEA，2020年9月2日访问。
② 参见《第20期万慧达案件快讯》，载"万慧达知识产权"微信公众号，2021年2月3日。

市茅台镇领军酒业有限公司是著名的"领军"牌白酒研制生产商，始创于1996年，公司位于中国酒都茅台镇，"领军"作为其企业字号和品牌，经过其多年的辛苦打造，在我国白酒市场上已经具有较高知名度和影响力。领军酒业发现某公司于2018年4月18日在第33类酒水商品上申请注册了与其品牌高度近似的"领军台"商标，2019年3月7日被核准注册。2019年6月领军酒业向商标局对"领军台"商标提出无效宣告申请。商标局受理后发现，被申请人除了注册与"领军"商标高度近似的"领军台"商标之外，还大量申请注册243件商标，且诸多与市场其他品牌、商业标识近似，明显超出其使用的可能和需求，且被申请人还将其名下部分商标放在标库网上进行兜售，部分处于转让程序中。其注册商标并非以实际使用为目的，而是具有恶意囤积商标资源的故意，不正当利用商标资源进行营利。该类不正当注册行为扰乱了正常的商标注册管理秩序，有损于公平竞争的市场秩序，违反了诚实信用原则。最终，商标局裁定：申请人部分无效宣告理由成立，争议商标予以无效宣告。①

第四，系争商标申请人申请注册大量商标，且明显缺乏真实使用意图的。针对"明显缺乏真实使用意图"的判定，可结合个案，审查申请人是否有实际使用行为，或者准备使用行为；如果仅具有出于牟取不正当利益的目的，积极向他人兜售商标、胁迫他人与其进行贸易合作，或者向他人索要高额转让费、许可使用费、侵权赔偿金等行为的，即可认定明显缺乏真实使用意图。比如，在名创优品公司针对他人注册的第5类"名创优品"注册商标提出无效宣告的案件中，国家知识产权局认定，名创优品公司提交的在案证据可以证明其在争议商标日前已使用"名创优品"商标、字号，争议商标与名创优品公司具有较强显著性的商标、字号完全相同，难谓巧合；尤其考虑到，根据查明的事实，被申请人作为自然人，在第5、6、7、10、16、20、25等多个商品类别上共申请注册有20余件标识各不相同的商标，其中包含"绿中缘""卡饰斯""牧语者""曼尼陀""名典上品""ATEX""依纱贝拉""贝铭气模BEI MING"等多件与他人在先开设的网上商铺名称相同或高度近似的商标，且多件商标已被提出异议、无效宣告申请，主观难谓正当。被申请人在本案中并未提交其商标实际使用证据，亦未对其申请注册争议商标的意图以及相关商标的设计创作来源作出合理解释说明。综上，国家知识产权局认为，被申请人上述行为已明显超出正常的生产经营需要，具有借助他人知名品牌进行不正当竞争或牟取非法利益的意图，扰乱了正常的商标注册管理秩序，并有损于公平竞争的市场秩

---

① 参见合秀红：《〈商标法〉第四十四条"其他不正当手段"的适用分析——以"领军台"无效宣告案为例》，载"鼎宏知识产权服务集团"微信公众号，2020年10月20日。

序。因此，争议商标的申请注册已构成《商标法》第44条第1款规定的以其他不正当手段取得注册所指情形，第5类"名创优品"商标被宣告无效。①

第五，其他可以认定为以不正当手段取得注册的情形。在注册商标无效宣告的个案中，上述几种行为有时表现为单一的某种行为，比如大量注册，有时表现为多种不正当行为相交融，比如大量注册后无实际使用意图，主观恶意等等，一般情形下，均构成违反《商标法》第44条第1款规定的以其他不正当手段取得注册所指情形。

现实中，系争商标申请人以不正当手段取得注册的商标，不限于系争商标申请人本人申请注册的商标，也包括与系争商标申请人具有串通合谋行为或者具有特定身份关系或者其他特定联系的人申请注册的商标。② 比如"友阿"商标无效案，贺某于2014年1月24日申请注册"友阿"商标，于2016年8月28日核准注册。该商标的商标代理机构为华腾公司，该公司的法定代表人为贺某某，贺某与贺某某系父子关系。二审法院经审理后认为，2013年《商标法》第19条第4款规定，商标代理机构仅可以在"代理服务"上申请注册商标，在除此之外的其他商品或服务上则不得申请注册商标。无论商标代理机构是基于何种目的，只要在代理服务之外的商品或服务上申请注册商标，均属于该条款禁止的情形。本案中贺某在多个商品及服务上申请注册了80余件商标，除诉争商标外，还包括"奢韵""亲舒""禧贝""贝拉米""芯丝翠""辣有道""驴友""雅歌丹"等众多与他人知名商标相同或相近的商标。贺某与华腾公司法定代表人贺某某系父子，贺某某持有华腾公司99%的股份，贺某申请的商标又均由华腾公司代理注册，据此可以认定贺某、贺某某及其任法定代表人并绝对控股的华腾公司明显具有抢注他人商标的共同故意。诉争商标系商标代理机构假借其工作人员近亲属之名申请注册，以达到规避法律之目的。故视贺某的行为为商标代理机构的行为，诉争商标的注册违反2013年《商标法》第19条第4款的规定。据此，二审法院判决撤销原审判决及被诉裁定，由国家知识产权局重新作出裁定。同时，由于贺某在多个商品及服务上注册了80余件商标，故构成《商标法》第44条第1款所指情形，注册了多个商标且无使用意图，属于以不正当手段注册行为。③

对于只是损害特定民事权益的情形，比如，损害他人姓名权、肖像权、外观设计权等，则应适用《商标法》第45条及其他相关规定进行审查判断。

---

① 参见《第20期万慧达案件快讯》，载"万慧达知识产权"微信公众号，2021年2月3日。
② 参见《商标审查与审理指南》下编第16章3.2.3。
③ 参见北京市高级人民法院（2018）京行终5989号。

（二）无效宣告的相对理由

根据《商标法》第 45 条，已经注册的商标，违反《商标法》第 13 条第 2 款和第 3 款、第 15 条、第 16 条第 1 款、第 30 条、第 31 条、第 32 条规定的，自商标注册之日起五年内，在先权利人或者利害关系人可以请求商标评审委员会宣告该注册商标无效。对恶意注册的，驰名商标所有人不受五年的时间限制。本条内容丰富，在法律适用过程中也相对较为复杂。

与《商标法》第 44 条禁止注册的绝对理由不同，相对理由对宣告无效有以下几方面限制：第一，申请主体的限制。本规定只有在先权利人或者利害关系人可以提出。第二，时间限制。本规定有五年的时限，在这个时限内，申请人可以主张权利，一旦申请人怠于行使权利，过了期限就无权再申请。该规定一方面在于敦促申请人及时行使权利；另一方面，有利于保护已注册商标权人的利益，稳定市场竞争秩序。通过五年的时间节点，实现双方的利益平衡。第三，时间限制例外。为加大对驰名商标的保护，如果能证明已注册商标权人主观上恶意，则驰名商标权人不受五年时间的限制，依然可以请求商标评审委员会宣告该注册商标无效。

根据商标法的规定，无效宣告的相对理由具体表现为以下几类：

1. 复制、模仿或者翻译他人的驰名商标

解读《商标法》第 45 条规定，这里的"驰名商标"应该包括注册和未注册的驰名商标。只要存在复制、模仿或者翻译他人的驰名商标行为，自该商标注册之日起五年内，在先权利人或者利害关系人可以请求商标评审委员会宣告该注册商标无效。

如何判定"复制、模仿或者翻译他人驰名商标"？所谓复制是指与他人驰名商标完全相同；模仿是指完全抄袭他人驰名商标或者抄袭他人驰名商标的显著部分或者显著特征；翻译是指将他人驰名商标以不同的语言文字予以表达，且该语言文字已与他人驰名商标建立对应关系，并为相关公众广为知晓或者习惯使用。比如，争议商标为纯英文商标"FINDI"，与申请人主张驰名的"FENDI"商标几乎相同，即构成复制。

对恶意注册的，驰名商标所有人不受五年的时间限制。判断诉争商标申请人是否"恶意注册"他人驰名商标，应综合考虑引证商标的知名度、诉争商标申请人申请诉争商标的理由以及使用诉争商标的具体情形来判断其主观意图。[1] 认定《商标法》第 45 条第 1 款规定的"恶意注册"，可以综合下列因素：（1）诉争

---

[1] 参见《最高人民法院关于审理商标授权确权行政案件若干问题的规定》第 25 条。

商标与在先驰名商标近似程度较高；（2）在先驰名商标具有较强显著性和知名度；（3）诉争商标指定使用商品与在先驰名商标的商品关联程度较高；（4）诉争商标申请人与在先驰名商标所有人曾有贸易往来或者合作关系；（5）诉争商标申请人与在先驰名商标所有人营业地址临近；（6）诉争商标申请人与在先驰名商标所有人曾发生其他纠纷，足以知晓该驰名商标；（7）诉争商标申请人与在先驰名商标所有人曾有内部人员往来关系；（8）诉争商标申请人申请注册该商标后，具有攀附在先驰名商标商誉的行为；（9）诉争商标申请人大量注册他人具有较强显著性和知名度的商标。① 引证商标知名度高、诉争商标申请人没有正当理由的，人民法院可以推定其注册构成我国《商标法》第 45 条第 1 款规定中所指的"恶意注册"。比如，在"施華洛及图"商标权无效宣告请求纠纷案中，在先商标"施华洛世奇"与"SWAROVSKI"是具有较高知名度、为消费者熟知的商标。诉争商标"施華洛及图"的注册人具有以此注册商标攀附他人较高声誉商标、牟取不正当经济利益等明显恶意，故对诉争商标提出无效宣告不受五年期限的限制。② 《商标法》第 45 条第 1 款规定的"自商标注册之日起五年内"，是指自诉争商标注册公告之日的次日起五年内，该期间不适用中止、中断等情形。自诉争商标注册公告之日的次日起，方可依据《商标法》第 45 条第 1 款的规定提起商标权无效宣告申请。

2. 恶意抢注他人在先使用的未注册商标

为了保护被代理人或者被代表人的利益，制裁恶意注册他人商标的行为，2001 年《商标法》修改时在第 15 条增加了禁止代理人或者代表人以自己名义将被代理人或者被代表人的商标进行注册的规定；为防止抢注因合同、业务往来过程中明知他人已经使用在先的未注册商标，2013 年《商标法》修改时，在第 15 条第 2 款又作了禁止因具有特定关系而明知他人商标存在而抢注的规定，以平衡注册确权原则带来的弊端，维护在先使用的未注册商标人的利益。

针对《商标法》第 15 条的适用，应注意以下问题：第一，《商标法》第 15 条第 1 款的代理人或者代表人，不仅包括为被代理人或者被代表人办理商标事务的人，也包括办理生产加工、营销管理等活动的人。如果未经授权，代理人或者代表人以自己的名义将被代理人或者被代表人的商标进行注册，被代理人或者被代表人有权提出异议，授权部门不予注册并禁止使用；如果已经获得注册，自该商标注册之日起五年内，可以请求商标评审委员会宣告该注册商

---

① 参见《北京市高级人民法院商标授权确权行政案件审理指南》第 18.4 条。
② 参见王瑞鹏、陈少兰：《商标权无效宣告制度对驰名商标的保护》，载《中国知识产权报》2020 年 8 月 7 日。

标无效；如果恶意抢注，驰名商标所有人可不受五年时间限制。第二，《商标法》第 15 条第 2 款的适用条件：(1) 申请人与在先使用人的商标相同或近似、商品相同或类似，不相同或不相类似商品不在其列。(2) 明知他人商标存在，这是本款适用的关键条件。所谓明知，可以通过合同、业务往来、广告代理、商标许可、投资、加盟或其他关系（亲属关系、劳动关系、营业地址临近①等）等证明或表示其明知。(3) 在先使用的商标不要求具有一定影响和知名度，不同于《商标法》第 32 条（在先使用有一定影响商标）的规定。在满足上述条件下，该他人提出异议，不予注册；如果已经获得注册，自该商标注册之日起五年内，可以请求宣告该注册商标无效；如果恶意抢注，驰名商标所有人可不受五年时间限制。

为统一司法，最高人民法院 2021 年 8 月发布了一批指导案例，其中，第 162 号案例涉及对 2001 年《商标法》第 15 条的理解和适用问题。最高法通过对该案例的裁判，从实体和程序上给出了明确的指导意见。针对被代理人在先使用诉争商标的主张，最高法认为：首先，被代理人提供的证据不足以证明其在诉争商标申请日前使用了"江小白"商标。判决书不仅明确了在先使用的日期应为诉争商标申请日前，而且须被代理人实际使用了诉争商标。其次，针对被代理人和代理人两者之间签订合同所认定的知识产权的权利归属等问题作了分析，认为代理人新蓝图公司根据合同申请注册"江小白"商标未损害被代理人江津酒厂的权利。最后，针对诉争商标归属问题，法官通过相关证据认定"江小白"的名称及相关产品设计系由时任新蓝图公司的法定代表人陶石泉在先提出，并根据双方合同，认定诉争商标申请注册的权利属于代理人新蓝图公司所有；新蓝图公司对诉争商标的申请注册并未侵害江津酒厂的合法权益，未违反 2001 年《商标法》第 15 条规定。② 最高法对第 162 号案例的裁判，不仅有助于理顺现实生活中代理人和被代理人商标注册申请和归属的认定问题，也对进一步理解 2013 年修改的《商标法》第 15 条第 2 款的内容有着重要的现实意义。

3. 使用了误导公众的地理标志

已注册的商标中有商品或服务的地理标志，而该商品或服务并非来源于该标志所标识的地区，误导公众的，自该商标注册之日起五年内，在先权利人或者利害关系人可以请求商标评审委员会宣告该注册商标无效。

"西山焦枣"地理标志案较为典型。产于安徽省池州市的西山焦枣，采用

---

① 参见《最高人民法院关于审理商标授权确权行政案件若干问题的规定》第 16 条。
② 参见最高人民法院（2019）最高法行再 224 号。

传统的制作工艺，先蒸后烘，色、形、质、味俱全，备受消费者青睐。陈某为安徽省池州市人，于 2004 年 12 月提出第 4417386 号 "西山焦 xishanjiao" 商标的注册申请，2007 年 6 月被核准注册在第 29 类干枣、水果蜜饯等商品上。2009 年 10 月，当地的富硒焦枣协会提出第 7795912 号 "西山焦枣" 地理标志证明商标的注册申请，指定使用在第 29 类枣商品上。2011 年 12 月，该商标通过初审公告。2010 年 5 月，富硒焦枣协会针对 "西山焦 xishanjiao" 商标提出争议申请，其主要理由为：西山焦枣为安徽省传统地方名产，其特定商品品质是由其生产区域的人文因素和特定自然因素决定的。争议商标在干枣商品上的注册构成我国商标法所指的商标包含地理标志而该商品并非来源于该标志所标示地区，误导公众的情形；同时，陈某的 "西山焦" 牌干枣与地理标志证明商标 "西山焦枣" 文字近似，易使相关公众误认、混淆产源，并对 "西山焦枣" 商品的信誉产生不良影响，构成不当注册。陈某答辩称，争议商标早于地理标志证明商标 "西山焦枣" 申请注册，其注册与使用具有正当性。商评委经审理认为，争议商标 "西山焦 xishanjiao" 注册并使用在干枣商品上，包含了地理标志 "西山焦枣"。而陈某未提交证据证明使用争议商标的干枣商品来源于地理标志 "西山焦枣" 所标示的地区，争议商标的注册和使用容易误导公众。据此，商评委裁定争议商标在 "干枣" 商品上的注册予以撤销。① 陈某不服商评委裁定，随后向北京市第一中级人民法院提起行政诉讼。

一审法院经审理认为，若商标中包含地理标志，该商标使用的商品与地理标志所标识的商品构成相同商品，在此情形下，商标注册人需要提供证据证明其商标使用的商品来源于标志所标示的地区，且符合地理标志的相关条件。如若不能满足前述要件，该商标不能获准注册。同时，地理标志与普通商标不同，普通商标享有商标专用权的时间起点是其注册申请日，而地理标志是一种客观事实状态，对其保护并不以申请注册日或受保护日为权利保护的起点。该案中，争议商标包含了地理标志 "西山焦枣" 的主要认读部分，且争议商标与地理标志 "西山焦枣" 使用的商品构成相同。陈某并未提交证据证明争议商标使用的商品来源于地理标志 "西山焦枣" 所标示的区域。如若二者并存于市场，易导致相关公众误认为争议商标与地理标志 "西山焦枣" 间存在特定联系。据此，法院认为争议商标在干枣商品上的注册应予撤销，判决维持了商评委裁定。

二审中，法院特别指出：根据我国《商标法》第 16 条第 1 款，商标中包

---

① 2013 年修改后的《商标法》将此种情形改为宣告无效。

含商品的地理标志的,只有在该商品来源于该地理标志所标示的地区且不会误导公众的情形下,才可以注册并使用。同时,商标注册虽然不以商标已实际使用为前提条件,但我国商标法所鼓励和倡导的是真实、公开、合法的商标使用行为,避免因单纯注册而不加以实际使用的商标注册行为,造成商标资源的浪费以及对其他经营者造成商业标志使用上的障碍。该案中,在"西山焦枣"为干枣商品上的地理标志的情况下,作为争议商标的注册人,陈某虽然在诉讼过程中提交了相关商品的包装袋,但该包装袋上明确标明"非卖品",不属于争议商标发挥商品识别来源作用的商标使用行为,且仅凭该包装袋亦无法认定相关商品来源于"西山焦枣"地理标志所标示的地区,亦不足以证明争议商标的使用不会误导公众。综上,法院认定争议商标在干枣商品上的注册违反了我国《商标法》第16条第1款的规定,据此终审判决维持了原判。①

4. 损害了他人现有的在先权利

现有的在先权利包括商品的外观设计专利权、公民的肖像权、姓名权、著作权、厂商名称权、原产地名称权等。已注册的商标损害了他人现有的在先权利,自该商标注册之日起五年内,在先权利人或者利害关系人可以请求商标评审委员会宣告该注册商标无效。

在"乔丹"商标行政纠纷案中,最高人民法院认为:乔丹公司注册的第6020569号"乔丹"商标损害了迈克尔·杰弗里·乔丹就"乔丹"主张的姓名权,违反2001年《商标法》第31条关于"申请商标注册不得损害他人现有的在先权利"的规定,判令商评委对第6020569号"乔丹"商标重新作出裁定。

姓名权是自然人对其姓名享有的人身权,姓名权可以构成商标法规定的在先权利。外国自然人外文姓名的中文译名符合条件的,可以依法主张作为特定名称按照姓名权的有关规定予以保护。外国自然人就特定名称主张姓名权保护的,该特定名称应当符合以下三项条件:(1)该特定名称在我国具有一定的知名度,为相关公众所知悉;(2)相关公众使用该特定名称指代该自然人;(3)该特定名称已经与该自然人之间建立了稳定的对应关系。在乔丹案中,最高人民法院特别指出,使用是姓名权人享有的权利内容之一,并非姓名权人主张保护其姓名权的法定前提条件。特定名称按照姓名权受法律保护的,即使自然人并未主动使用,也不影响姓名权人按照商标法关于在先权利的规定主张权利。同时,对本案中乔丹公司的主张予以回应:违反诚实信用原则,恶意申请注册商

---

① 参见王国浩:《"西山焦"缘何不能"食"干枣?》,载《中国知识产权报》2015年8月14日。

标，侵犯他人现有在先权利的"商标权人"，以该商标的宣传、使用、获奖、被保护等情况形成了"市场秩序"或者"商业成功"为由，主张该注册商标合法有效的，人民法院不予支持。① 西方著名法谚云：欺诈毁灭一切。如果权利取得始于恶意和欺骗手段，将不会得到法律的保护，因为其权利取得的基础具有不正当性，不能因其后来做大做强而成为逃避法律制裁的盾牌。

2019年著名演员王宝强就争议商标向国家知识产权局提出无效宣告申请，请求对争议商标裁定宣告无效。国家知识产权局作出裁定，认为申请人提交的证据能够证明申请人"王宝强"姓名有较高知名度，为相关公众所熟知。争议商标"玉宝强"与申请人姓名"王宝强"在文字构成、视觉效果上相近，被申请人将与申请人姓名高度近似的文字申请注册为商标，容易误导公众，使相关公众误认为所购商品与申请人存在特定关联，从而对申请人姓名造成损害，构成对《商标法》第32条所指的"损害他人现有的在先权利"之情形，对争议商标裁定宣告无效，王宝强姓名获得保护。② 该案的典型意义在于姓名权保护的尺度包括了高度近似的文字。而在《商标审查审理指南》中仅规定"姓名具有一定的知名度，与自然人建立了稳定的对应关系，在相关公众的认知中，指向该姓名权人"③，但是这种"指向"关系是"易指向"，还是"唯一指向"，法律并无具体规定。由于现实生活中的重名，以及自然人的艺名、笔名等现象存在，姓名与自然人之间将无法形成唯一对应关系，因此不应以"唯一指向"对应作为姓名权保护的前提条件，否则不符合姓名权保护的立法价值取向，也不利于保护名人姓名权益。

司法实践中，针对《商标法》第32条"在先权利"的适用，法院也对在先权益进行保护，比如"王者荣耀"商标无效宣告案。腾讯公司于2015年10月22日游戏上线之时，就申请注册了第41类、第9类、第25类、第28类等11件"王者荣耀"商标，《王者荣耀》同年10月26日上线后的短时间内迅速成为最具人气的移动游戏之一，在苹果手机上推出当日就登上苹果应用商店免费游戏下载量首位，同年11月8日入选全国电子竞技公开赛，并达到了450万的日活跃玩家数，在相关公众间具有很高的知名度。腾讯公司在与诉争商标核定使用商品密切相关的领域和麦当劳、可口可乐进行了合作，游戏受众与酒精饮料等相关领域的受众高度重合。贵州某酒业公司于2015年11月19日申请第18379954号"王者荣耀"商标，核定使用在第33类商品上。腾讯公司对

---

① 参见最高人民法院（2016）最高法行再27号。
② 参见商评字〔2020〕第0000150274号。
③ 《商标审查审理指南》下编第14章第3.4.2条。

诉争商标提出无效宣告请求，国家知识产权局裁定诉争商标予以维持，腾讯公司不服，向北京知识产权法院提起行政诉讼。法院认为"王者荣耀"作为游戏的作品名称已为相关公众所熟知，且作品名称的知名度所及的范围能够及于日常生活领域。诉争商标核定使用的第 33 类"果酒（含酒精）、白酒、葡萄酒"等商品亦为日常生活领域的商品，该类商品受众与游戏受众的重合度较高，将其作为商标注册及使用在白酒等商品上容易导致相关公众误认为该白酒等商品是原告的商品或者与原告存在特定联系。第三人在销售诉争商标核定使用的商品时必定借用了在先作品名称"王者荣耀"所形成的市场声誉或不当损害了其商业利益，使相关公众对诉争商标核定使用的商品来源与在先作品名称的所有人产生混淆误认，从而挤占了在先作品名称所有人基于该在先作品名称而享有的市场优势地位和交易机会。从"王者荣耀"的知名度以及第三人申请注册多个带有"王者荣耀""王者"或"荣耀"字样的商标来看，第三人具有主观恶意。因此一审法院认定诉争商标的注册申请损害了原告的作品名称"王者荣耀"的在先权益，违反了《商标法》第 32 条的规定。国家知识产权局不服向北京市高院上诉，北京市高院审理后驳回上诉，维持原判。①

本案中腾讯公司主张《商标法》第 32 条规定的、其基于《王者荣耀》游戏而享有的"王者荣耀"作品名称相关在先权益。这一在先权益蕴含于《商标法》第 32 条规定之中，由《最高人民法院关于审理商标授权确权行政案件若干问题的规定》第 22 条明确，见诸部分在先案例，并在《北京市高级人民法院商标授权确权行政案件审理指南》中就具体适用有了进一步明确。作品名称相关在先权益的实质，是作品权利人基于作品本身的知名度进而获得的基于作品名称等作品的元素进行商业开发、获取相关商业利益的一种竞争法上的权益。在现代商业实践中，包括本案"游戏"这一类型在内，如文学作品、电影、电视剧等，由于这些作品的文化属性，因此相关受众（读者、观众、玩家）对于作品中的元素容易产生很强的移情作用，这使受众乐于购买、消费与作品名称、作品元素相关的合作商品、周边商品。作品的权利人也因而享有一种竞争优势，即上述法律给予保护的一种在先权益。

5. 以不正当手段抢先注册他人已经使用并有一定影响的商标

这种行为应具备以下要件：（1）已注册商标是以不正当手段抢注的；（2）被抢注商标是他人已经使用的商标；（3）被抢注的商标是有一定知名度的商标。对满足上述要件的已注册的商标，在先权利人或者利害关系人可以自该

---

① 参见邓思涵、祁竹轩：《"王者荣耀"游戏名称作为在先权益受到保护》，https://www.sohu.com/a/403902835_99902024，2021 年 3 月 10 日访问。

商标注册之日起五年内，请求商标评审委员会宣告该注册商标无效。

二、商标权无效的程序及救济

商标局作出宣告注册商标无效的决定，应当书面通知当事人。当事人对商标局的决定不服的，可以自收到通知之日起 15 日内向商标评审委员会申请复审。

商标评审委员会收到宣告注册商标无效的申请后，应当书面通知有关当事人，并限期提出答辩。商标评审委员会应当自收到申请之日起 12 个月内作出维持注册商标或者宣告注册商标无效的裁定，并书面通知当事人。有特殊情况需要延长的，经国务院工商行政管理部门批准，可以延长 6 个月。

当事人对商标评审委员会的裁定不服的，可以自收到通知之日起 30 日内向人民法院起诉。人民法院应当通知商标裁定程序的对方当事人作为第三人参加诉讼。

商标评审委员会在对无效宣告请求进行审查的过程中，所涉及的在先权利的确定必须以人民法院正在审理或者行政机关正在处理的另一案件的结果为依据的，可以中止审查。中止原因消除后，应当恢复审查程序。法定期限届满，当事人对商标局宣告注册商标无效的决定不申请复审或者对商标评审委员会的复审决定、维持注册商标或者宣告注册商标无效的裁定不向人民法院起诉的，商标局的决定或者商标评审委员会的复审决定、裁定生效。

三、商标权无效的法律后果

商标权被宣告无效后，该注册商标专用权视为自始即不存在。《商标法》第 47 条第 2、3 款规定："宣告注册商标无效的决定或者裁定，对宣告无效前人民法院做出并已执行的商标侵权案件的判决、裁定、调解书和工商行政管理部门做出并已执行的商标侵权案件的处理决定以及已经履行的商标转让或者使用许可合同不具有追溯力。但是，因商标注册人的恶意给他人造成的损失，应当给予赔偿。依照前述规定不返还商标侵权赔偿金、商标转让费、商标使用费，明显违反公平原则的，应当全部或者部分返还。"

本书认为，对《商标法》第 47 条规定的理解和适用应注意以下几个方面：

（一）宣告无效的注册商标的专用权视为自始即不存在

根据权利无效的原则，宣告注册商标专用权无效的决定或裁定具有溯及既往的效力，其商标专用权视为自始即不存在，原来商标权人所获得的利益应当返还或恢复原状。这不同于被撤销的注册商标，其注册商标专用权自公告之日起终止，公告日期前的商标权依然有效。显然，商标权被撤销和被宣告无效导致的法律后果是不同的。

(二)下列情形被宣告无效的注册商标的决定或裁定不具有追溯力

在实际生活中，商标被核准注册后，商标权人会依据当时合法享有的商标权，利用自己的商标，与他人签订商标使用许可合同或商标转让合同。如果发生侵权，商标权人会向人民法院或地方工商行政管理部门请求保护，人民法院或工商行政管理部门会依法作出判决或处理决定并且执行。那么，商标权无效对已经履行的商标使用许可合同或商标转让合同、已经作出并已执行了的判决或决定有无追溯力？对此，《商标法》第47条第2款作出了明确规定。显然，该条规定是立法者根据我国的国情，从当事人财产的稳定、社会交易的安全、行政执法部门和司法部门的威信以及法律的尊严等方面综合考虑后作出的，即对已经履行的商标使用许可合同或转让合同、已经作出并已执行的判决或决定，不再具有追溯力。但有例外情形，具体见下。

(三)因商标注册人的恶意给他人造成损失的应当予以赔偿

《商标法》第47条第3款作了但书规定，即因商标注册人的恶意给他人造成损失的，应当予以赔偿。例如，明知自己的商标权有可能被宣告无效，还有偿转让给他人的行为。另外，在商标侵权赔偿、商标使用许可和商标转让合同中，如明显违反公平原则，相关的费用、合同的使用费和转让费可以酌情退还部分或者全部。

四、商标权无效制度现存问题及完善

《商标法》实施过程中，在商标权无效领域逐渐显现了一些有待解决的问题，主要表现为以下几个方面：

(一)已获显著性的商品通用名称被宣告无效后应如何处理

显著性在商标注册和商标保护中具有基础性作用，商标丧失或缺乏显著性是商标权灭失的理论依据，在现行《商标法》中主要体现在三处：其一，第11条第1款规定，含有商品的通用名称的不能作为商标注册的情形；其二，第44条规定，违反本法第11条是无效宣告的绝对理由之一，即本商品的通用名称不得作为商标注册，若被不当注册，应予以无效宣告；其三，第49条第2款规定，商标退化为通用名称是注册商标被撤销的事由之一。然而，现行《商标法》第11条第2款又特别规定："前款所列标志经过使用取得显著特征，并便于识别的，可以作为商标注册。"即本商品的通用名称通过使用获得了显著性，便可申请注册商标。因为商标的显著性并非一成不变，而是不断变化

的，可能从不显著变为显著，也可能从显著变为不显著。那么便会产生一个问题，即本商品的通用名称能否通过使用获得显著性，如若本商品的通用名称被不当注册后，在被提起无效宣告申请前已经通过使用获得了显著性，是否还应予无效宣告？

在上海清美公司与国家工商行政管理总局商标评审委员会系列案中，[①] 上海清美公司就 A 公司获准注册的第 14402363 号"千页"商标、第 13715539 号"千页豆腐及图"商标向商评委提出无效宣告请求，认为"千页"及"千页豆腐"是商品通用名称，不具备区分商品来源的作用，违反了《商标法》第 11 条的规定，应予以无效宣告。商评委经过审理认为：通用名称是指国家标准、行业标准规定的或者约定俗成的名称。无证据表明"千页"是诉争商标指定使用的豆腐、豆腐制品商品的通用名称，清美公司提交的在案证据也不足以证明在诉争商标注册前"千页"已成为相关行业及消费者对豆腐、豆腐制品商品约定俗成的通用名称。"千页"及"千页豆腐"并未构成对商品品种和特点的直接表示。诉争商标具备商标应当具有的显著特征，故诉争商标并未构成《商标法》第 11 条第 1 款第 1、3 项规定的情形。综上，商评委依据《商标法》第 45 条第 2 款和第 46 条裁定对诉争商标予以维持。清美公司不服商评委的裁定，向北京知识产权法院提起诉讼。

北京知识产权法院审理认为，本案中，综合清美公司在商标评审阶段与本案审理阶段补充提交的证据，至迟在诉争商标核准注册前，从全国多家报社的新闻报道、餐饮食品类期刊和饮食类书籍中对于"千页豆腐"的描述使用来看，相关行业从业者与相关消费者普遍将"千页豆腐"作为指代一种豆腐类制品的通用化名称使用，并非将"千页"或"千页豆腐"特指 A 公司的产品。因此从相关公众的认知来看，仅凭"千页"已不能起到区别商品来源的作用。而且，现有证据显示，自诉争商标核准日之后，相关公众对于"千页豆腐"作为一种豆腐类制品的通用名称的认知也处于不断强化的过程。故本案诉争商标在"豆腐、豆腐制品"商品上已构成《商标法》第 11 条第 1 款第 1 项所规定之情形。对于 A 公司关于其公司经营规模大、诉争商标所获荣誉多，并持续使用诉争商标且积极维权之主张，北京知识产权法院认为，商标的基本功能在于识别商品来源。如果某一标志使用在指定商品上，相关公众无法将其作为商标认知，则该标志原则上不具有显著性，不能作为商标注册。因此，决定商标是否系商品通用名称而导致缺乏显著性的关键是相关公众对商品通用名称的普

[①] 参见北京知识产权法院（2017）京 73 行初 3483 号、北京知识产权法院（2017）京 73 行初 3485 号。

遍认知，与 A 公司的经营规模、所获荣誉及诉争商标的使用与维权记录等无直接关联，A 公司的证据不足以推翻诉争商标至迟在核准注册日前成为"豆腐、豆腐制品"商品上约定俗成的通用名称的事实。

此案中，如果 A 公司举证该注册商标经过使用产生了显著性和识别功能，是否还应被宣告无效呢？根据《商标法》第 11 条的规定，一个商标在核准注册之时，要么具有固有的显著性，要么具有获得的显著性。从体系化的角度而言，法律条文的规定应是前后自洽的。《商标法》第 11 条第 2 款进行例外规定的目的，就是强调商标使用的意义。本身无显著性的通用名称通过使用获得了显著性，具有识别来源功能，便可获得注册；换言之，商标经使用产生了显著性，弥补了注册条件的欠缺，就不应该再宣告其注册无效。"如果无视这种嗣后取得的显著性，以注册时的事实状态为依据宣告该注册无效，就是对通过诚实劳动建立起来的商标使用秩序的肆意践踏"①。换一个角度看，若在被提起无效宣告申请前已经通过使用获得了显著性，此时仍将该商标宣告无效，则申请人在该商标被宣告无效后再次向商标局申请注册该商标，因此时该商标已因使用获得了显著性，商标局理应核准注册该商标。但如此一来，不仅浪费了权利人的时间和金钱，也浪费了行政资源。

（二）第 45 条请求商标无效宣告的时间限制规定不合理

按照现行《商标法》第 45 条的规定，基于驳回商标注册的相对理由申请宣告商标注册无效，须在自商标注册之日起五年内提出，对恶意注册的，驰名商标所有人不受五年的时间限制。在先商标权人或其他在先权利人没有在五年内提出无效申请的，除法律特别规定的情况外，其申请权消灭，在后商标注册确定有效，他人不能再以在先权利为由申请宣告在后注册商标无效。这一规定的立法目的是稳定商标注册和使用秩序，进而稳定经济秩序。一件商标即使注册时存在瑕疵，经过五年的使用，也已经在市场上产生了一定的影响，形成了相对稳定的商标使用秩序。这种秩序，是整体市场交易秩序的一部分，为了公共利益，该秩序应当得到承认和尊重。② 该规定与《巴黎公约》第 6 条之 2 的规定一致。但本书认为，既然是为了体现诚实信用原则，对恶意注册的情形，五年时间限制的例外就不应仅仅是驰名商标，而应该包括被恶意抢注的普通注册商标。另一个原因则是考虑到我国目前商标恶意抢注的严重性，不能仅仅限于驰名商标所有人对恶意注册提出无效宣告请求不受五年时间限制，对所有违

---

① 曹博：《商标注册无效制度的体系化研究》，载《知识产权》2015 年第 4 期。
② 参见张玉敏：《商标注册与确权程序改革研究》，知识产权出版社 2016 年版，第 122 页。

反诚实信用原则的注册,在先权利人提出无效宣告请求均应不受五年限制,法定期限仅仅构成在后善意注册情况下对在先权利人的限制。这样规定才能够与《商标法》第 7 条对商标注册和使用中应遵守的诚实信用原则相互呼应。①

另外,法律规定五年时间的起算点为"商标注册之日",未考虑在先权利人是否"知道"的情况,如果根本不知道被侵权就丧失了请求权,于理不通。虽然本条规定侧重规制在先权利人为谋取更多赔偿而息于行使救济权的情况,但在实践中,对于不畅销或未广泛销售的产品,在先权利人往往不能迅速、及时地发现权利被侵犯,等发现时却已过了五年,只能承受在后注册商标侵害自身合法在先权利,这明显是不具公正、公平和合理性的。②

(三)对商标无效宣告制度的完善建议

通过以上分析,本书对我国现行商标无效宣告制度存在的问题提出完善的建议。

1. 获得显著性的商品通用名称不应被宣告无效

商标无显著性是请求宣告商标注册无效的事由之一。由于显著性的判断是一项非常复杂的事情,审查员的主观认识和审查对象的客观状态有时很难达到完全一致,发生判断失误难以避免。如果某一商标在注册时不具备显著性却获准注册,但在注册之后经过使用取得了显著性,是否仍要宣告无效?我国商标法未作明确规定。对此问题,可参考其他国家和地区的做法。比如,《欧盟商标条例》第 59 条第 2 款(c)项规定:"欧盟商标的注册违反了第 7 条第 1 款(b)项、(c)项或(d)项之规定,但注册后因使用行为使得该商标就其注册的商品或服务取得显著性的,可以不被宣布无效。"《德国商标法》第 50 条之 2 明确规定,只有在作出裁决时仍然存在驳回注册的事由的,才可以宣布商标注册无效。显然,欧盟和德国的规定具有合理性,符合商标的本质和功能。商标已经具备显著性,能够起到指示商品或服务来源的作用,又不涉及公共利益的,没有理由不承认其合法性;在注册审查阶段,应当核准其注册,在无效阶段,则不应宣告其无效。如果将一个通过使用取得显著性的商标强行宣布无效,就是对既有的商标使用秩序的践踏,是对注册人辛苦经营建立起来的商业信用的无理剥夺,而社会并不会因此获得任何利益。③

司法实践中,《最高人民法院关于审理商标授权确权行政案件若干问题的

---

① 参见叶赟葆:《论商标权限制体系中的权利丧失——兼评我国新商标法第 45 条》,载《理论探讨》2014 年第 3 期。
② 参见张玉敏:《商标注册与确权程序改革研究》,知识产权出版社 2016 年版,第 123 页。
③ 同上书,第 124 页。

规定》第10条第4款明确指出："人民法院审查判断诉争商标是否属于通用名称，一般以商标申请日时的事实状态为准。核准注册时事实状态发生变化的，以核准注册时的事实状态判断其是否属于通用名称。"该规定虽然是针对通用名称的，但其精神可以适用于其他显著性发生变化的情况。而且，现行《商标法》第11条在规定缺乏显著性的标志不得作为商标注册之后，又特别规定"前款所列标志经过使用取得显著特征，并便于识别的，可以作为商标注册"。这是法律对事实的认可与尊重。因此，本书建议，在无效宣告中明确规定，商标注册时缺乏显著性，但是注册后经过使用已经取得显著性的，不得宣告该商标注册无效。

为保持法律一致性，可将现行《商标法》第11条第2款的规定类推适用于无效程序中，① 建议将现行《商标法》第44条第1款调整为："已经注册的商标，违反本法第十条、第十一条、第十二条规定的，或者是以欺骗手段或者其他不正当手段取得注册的，由商标局宣告该注册商标无效；其他单位或者个人可以请求商标评审委员会宣告该注册商标无效。对于以缺乏显著性为由提起的无效请求，如果注册商标通过使用已经在注册的商品或服务上取得了显著性，则不得宣告该商标注册无效。"

2. 注册商标无效宣告事由的完善

上述提到，"僵尸商标"的存在严重阻碍了正常使用商标的授权，需要对"僵尸商标"作合理的处置。当前采用"撤三＋复审"的程序耗时长、花费大，申请人不能承受因此产生的成本。为促成真正需要商标权的主体获得注册商标专用权，应为"僵尸商标"的灭失在立法上寻找一条出路。由于第三次《商标法》修改时，立法者有意将权利主体消亡的情形从商标注销的法定事由中删除，因而，在现行《商标法》体系中，只能从撤销和无效制度中找到合适的处理方式。

"僵尸商标"的灭失在撤销制度中是否可行？答案是否定的。前文已经阐明了目前采用的"撤三＋复审"程序存在的弊端，而且在理论上也存有不妥。设置撤销三年不使用商标的本意在于鼓励商标的正当使用，在促进市场主体之间公平竞争的同时，清除商标注册簿中闲置不用的"死亡商标"，防止商标囤积、商标抢注等现象，为具有真实善意使用商标意图的市场主体依法申请注册和使用商标扫清障碍。然而，对于权利主体资格消灭这类情形而言，"预留市场使用的法律空间"变得毫无意义，与"无正当理由三年不使用"的撤销事由

---

① 参见曹博：《商标注册无效制度的体系化研究》，载《知识产权》2015年第4期。

有本质的区别。如果强制性地将前者纳入后者的调整范围内，不但增大了该类商标退出市场的难度，不利于及时有效地清理市场上的"死亡商标"，而且与现有商标撤销的法定事由不协调，因为其并不属于"使用不当"的情形，由此会造成商标撤销制度内在逻辑的紊乱。

"僵尸商标"的灭失在无效制度中是否可行呢？无效商标制度是基于商标本身瑕疵而被溯及地消灭。由于涉及权利的溯及消灭，对当事人的利益影响甚大，因此，法律规定了严格的条件，对他人商标提出无效宣告请求需要具有法定事由，符合法定条件。虽然权利主体先于商标核准注册之日消亡不属于法定的商标无效事由，但是，可考虑纳入商标无效的调整范围内。商标权主体在商标核准注册日之前已消亡，在理论上，主体在消亡之前可以处分其财产性权利，包括尚处于申请中的商标申请权，或者通过承继进行移转。然而，在主体未作任何处置的情况下，商标权的去留问题仍是有待讨论的。从权利的产生来看，商标权的产生是基于申请人的申请而由国家行政机关授予并确认权利的行为。授权、确权行为是基于申请人的申请行为，在申请人先于授权行为前消亡的情形，授权、确权行为已经失去行为基础及行为的对象，应为无效行为。因此，商标权实质上并未产生。从商标权的本质属性上看，商标权是一种独占性的专有权利，与其主体不可分离。我们知道，商标权属于知识产权的一种，尽管学界对何为"知识产权"没有统一的定义，但一般认为，知识产权是一种排他性的专有权利。知识产权必须具有特定的主体，知识产权的客体与其主体是不可分离的，与民法上的"物"不同，知识产权的客体不能独立存在，即不脱离于权利主体而独立存在。因此，在商标核准注册之日，权利主体已经消亡的情形下，商标权实质上并未产生，应视为自始即不存在。因此，对于该类商标，应该允许公众向商标局提起无效宣告，使其溯及地消灭，视为自始即不存在。

针对注册商标主体消亡而商标权仍然有效的情形，应属于"注册不当"的范畴，纳入商标无效事由中，可考虑增加到现行《商标法》第45条中，同时，此类情形的启动主体应为"任何单位或个人"，因其实质上影响的是公众对标识的选择自由，造成有限标识资源的浪费。因此，基于公共利益的考量，应当放开监督范围，不宜限制启动主体的范围。[①]

商标注册人死亡或者终止，自死亡或者终止之日起一个月内，该注册商标没有办理移转手续的，任何人可以请求商标评审委员会宣告该注册商标无效。

[①] 参见郭小丽：《对我国注册商标退出机制的思考》，载《湖南人文科技学院学报》2015年第6期。

提出无效宣告申请的,应当提交有关该商标注册人死亡或者终止的证据。商标评审委员会收到宣告注册商标无效的申请后,应当书面通知有关当事人,并限期提出答辩。商标评审委员会应当自收到申请之日起十二个月内作出维持注册商标或者宣告注册商标无效的裁定,并书面通知当事人。有特殊情况需要延长的,经国务院工商行政管理部门批准,可以延长六个月。当事人对商标评审委员会的裁定不服的,可以自收到通知之日起 30 日内向人民法院起诉。人民法院应当通知商标裁定程序的对方当事人作为第三人参加诉讼。商标评审委员会在依照前款规定对无效宣告请求进行审查的过程中,所涉及的在先权利的确定必须以人民法院正在审理或者行政机关正在处理的另一案件的结果为依据的,可以中止审查。中止原因消除后,应当恢复审查程序。

3. 商标无效宣告的时间限制规定之完善

《商标法》第 45 条明确了在先权利人可以对侵害在先权利的注册商标向商评委提出宣告该商标无效的请求,但提出时间限制在商标注册之日起五年内,超过时间不提出的丧失请求权。只有一种情况不受五年之限,即驰名商标所有人对恶意注册商标可以随时请求宣告无效。如此规定,是对驰名商标的扩大保护,但却缩小了在先权利的保护范围,欠缺合理性。且对于全国知名的商品名称或驰名商号,应该也予以同等的扩大保护,才能与国际条约的规定接轨。因此,建议将《商标法》第 45 条第 1 款修改为:"对于恶意注册的,在先权利人或者利害关系人可不受五年的时间限制。"另外,为了全面保障在先权利人的救济权,应将五年时限的起算点设为"从在先权利人或者利害关系人知道或应当知道其权利受到侵害时"更为合理。①

综合以上论述,建议将《商标法》第 45 条修改如下:"已经注册的商标,违反本法第十三条第二款和第三款、第十五条、第十六条第一款、第三十条、第三十一条、第三十二条规定的,自在先权利人或者利害关系人知道或应当知道其权利受到侵害时起五年内,在先权利人或者利害关系人可以请求商标评审委员会宣告该注册商标无效。对恶意注册的,在先权利人或者利害关系人不受五年的时间限制。"

4. 规定无效宣告申请人的实际使用义务

注册商标连续三年未使用即成为"死亡商标",这种情况下权利人不能阻止他人使用该商标。但无效宣告程序中,我国商标法并没有要求提起无效申请的人提供在先注册商标的使用证据。被申请人只能通过注册商标三年不使用撤

---

① 参见叶赟葆:《论商标权限制体系中的权利丧失——兼评我国新商标法第 45 条》,载《理论探讨》2014 年第 3 期。

销程序将在先注册商标撤销后，其对在先注册商标未实际使用的抗辩才能获得商评委或者法院的支持。这种制度安排导致了一个严重问题，即本来已经"死亡"的、应该被撤销的商标，却可以阻止他人的注册和使用，这与立法宗旨是背道而驰的。如前所述，商标的价值来自使用，长期不使用的注册商标实际上已经"死亡"，法律不应再予以保护。因此，多数国家商标法都有注册商标连续不使用超过法定期间，任何人都可以申请撤销其注册的规定。《欧盟商标条例》和《德国商标法》明确赋予被申请无效的在后注册商标人可以要求申请人提供此前五年内实际使用注册商标的证据的权利，TRIPS 协定对此也予以承认。为激活商标资源，强化注册商标权人的实际使用义务，防止囤积和单纯买卖商标，考虑到我国经营者运用法律保护自己合法权益的能力不强，直接对提出无效申请的在先商标注册人课以使用证明责任，更符合我国目前的国情。[①]

结合上述分析，建议在现行《商标法》第五章"注册商标的无效宣告"中，再增加一条："如果在先注册商标权人对他人的注册商标提出宣告无效申请，而该在先注册商标在提出无效申请前已注册满五年，应被申请人的要求，在先注册商标权人应当举证证明其在提出宣告无效申请日前三年内，已将注册商标在注册核定的商品或服务上投入了使用，或证明有不使用的正当理由。如缺乏此种证明，则其提出的无效申请应被驳回。如果在先注册商标仅在注册核定的部分商品或服务上使用的，则为了无效审查的目的，其将被视为仅在该部分商品或服务上注册。"

第四节　商标权灭失制度的现实问题及立法完善

现行《商标法》经过多次修改后，基本上实现了修法时确定的"缩短审查周期，完善确权程序，加大保护力度"的目标，对初步审定、异议审查、撤销决定，及商标评审委员会对商标局的驳回申请决定、撤销决定、无效宣告的复审等时限都作了明确的规定，但是仍存在一些问题，需要进一步完善。

一、《商标法》第 50 条设置一年过渡期规定之反思

现行《商标法》第 50 条规定："注册商标被撤销、被宣告无效或者期满不再续展的，自撤销、宣告无效或者注销之日起一年内，商标局对与该商标相同

---

① 参见张玉敏：《商标注册与确权程序改革研究》，知识产权出版社 2016 年版，第 127 页。

或者近似的商标注册申请，不予核准。"按照全国人大常委会法工委对该法条的释义，本条是"对于被撤销、被无效宣告或者被注销商标的管理规定。其本质不是仍要保护已被撤销、被无效宣告或注销的商标的权利，而主要是出于维护市场秩序和保护消费者的利益、防止消费者对商品来源产生混淆的考虑"[1]。这条规定并非 2013 年修改《商标法》时新增加的规定，它来源于 1983 年《商标法》第 32 条。前两次修法都没有修改此条，2013 年修法时该条增加了"被宣告无效"的情形，应该是因为这次修法将无效与撤销区分开来而作的技术性修改，本条的立法意图和实质内容都没有变化。该条解释看似合理，但是，在实践中却产生了一些问题，商标之所以失效或因其自始不具备合法性或注册后丧失注册的合法性（被撤销或宣告无效），或因商标注册人的主动选择（不予续展），对这些失效商标再给予一个过渡期保护缺乏合理性和必要性。[2]

目前，商标局对于违反《商标法》第 50 条的商标注册申请会一律驳回。商标申请人为了更快获取商标注册，会规避此条的限制，很多申请人会先提交商标注册申请，并提交延期审查的申请，待一年过渡期满后，便可通过审查，获得商标注册。而现行《商标法》规定了商标审查时限为九个月，如果在后申请人的商标注册申请符合《商标法》第 50 条的情形，而又没有主动提出延期审查的申请，商标局为了在审查期限内及时作出审查决定，通常会以此条理由驳回商标申请。此时，申请人可以申请驳回复审，然而驳回复审的审查时限是九个月，有特殊情况的可以延长三个月，如果申请人请求再作延期，这样一来又能拖到一年过渡期之后，这条驳回理由便不能成立，如此，商标申请人需通过申请延期审查或利用商标审查程序拖延时间，才有可能获得注册。无疑，如此规定不仅会造成申请人时间和金钱上的损失，也会造成商标确权资源的极大浪费。若这些失效商标不再造成消费者混淆，并不会损害到社会公共利益，则不应该成为阻碍在后商标申请注册的理由。

（一）一年过渡期中撤销的规定需要细化

对于无效宣告、主动注销或期满未续展而导致的商标无效，市场中原商标注册人生产的使用该注册商标的商品是可能仍在流通的，为了防止市场上同时出现带有相同或者近似的商标的商品，造成消费者的误认、误购，应当设立过渡期。但是对于被撤销的情况，应根据撤销的理由分别讨论。[3]

---

[1] 李纪刚：《对〈商标法〉第五十条设立过渡期的理解与思考》，载《中华商标》2016 年第 12 期。

[2] 参见戴山鹏：《失效商标过渡期保护之必要性探讨》，载《中华商标》2015 年第 11 期。

[3] 同上。

《商标法》第 49 条规定的导致商标被撤销的理由有三点：一是自行改变注册事项；二是注册商标成为商品通用名称；三是没有正当理由连续三年不使用。在商标权人违反规范使用注册商标义务而被撤销的情形下，市场上原商标注册人生产的使用该注册商标的商品有很大可能仍在流通，应当设立过渡期。① 注册商标被认定已经成为核定使用商品的通用名称的，证明原商标注册人的使用行为在撤销决定作出之日前已经使得该注册商标丧失显著性，成为某一范围或行业内所共用的名称，注册商标因为已经不能发挥区别商品来源的基本功能而被撤销。实际上，注册商标被撤销时，市场上可能已经存在与该商标相同或者近似的商标，但这时原标识已经不具有识别作用，不可能再造成消费者对来源的混淆。也就意味着该商标名称不为原商标注册人所有，成为社会公共资源，他人均可享有使用该注册商标的权利。而且，如果其他人申请该标识也会因为缺乏商标显著性被驳回。因此，此时再延长一年的过渡期意义不大，亦无必要性。② 如果是因为没有正当理由连续三年不使用而被撤销，则说明原商标注册人已至少连续三年未使用该商标，自然市场上也不会存在原注册人使用该商标的商品了。即使允许他人注册，也不可能造成消费者的混淆。而对于那些恶意囤积的商标，若被撤销后再给予一年的过渡期，则对其他真正需要使用该商标的人而言，无疑是不公平的。因而"对使用这些商标的原有商品提供一年的过渡期保护"的立法意图已没有实质意义。③

（二）建议增加失效商标一年过渡期的例外规定

如上所述，商标局对于违反《商标法》第 50 条的商标注册申请会一律驳回，而且该规定过于笼统，本书建议应根据具体情况灵活处理，既保证商标的来源识别功能，又高效率地利用市场为商标提供发展的空间。具体情形为：（1）注册商标被无效宣告或者期满不再续展的，自宣告无效或者注销之日起一年内，商标局对与该商标相同或者近似的商标注册申请，不予核准；（2）商标注册人在使用注册商标的过程中，自行改变注册商标、注册人名义、地址或者其他注册事项由商标局撤销其注册商标的，自撤销之日起一年内，商标局对与该商标相同或者近似的商标注册申请，不予核准；（3）单位、个人向商标局申请撤销注册商标，商标注册人在指定期限内提交了其在指定商品上使用该注册

---

① 参见李纪刚：《对〈商标法〉第五十条设立过渡期的理解与思考》，载《中华商标》2016 年第 12 期。

② 参见戴山鹏：《失效商标过渡期保护之必要性探讨》，载《中华商标》2015 年第 11 期。

③ 参见李纪刚：《对〈商标法〉第五十条设立过渡期的理解与思考》，载《中华商标》2016 年第 12 期。

商标的证据材料，但商标局经审查后认定使用证据无效的，自撤销之日起一年内，商标局对与该商标相同或者近似的商标注册申请，不予核准；（4）单位或者个人以"注册商标成为其核定使用商品的通用名称"为由，向商标局申请撤销该注册商标，商标局经审理后决定撤销的，撤销决定生效后，商标局可以核准与该商标相同或者近似的商标注册申请；（5）单位或者个人向商标局申请撤销注册商标，商标注册人在指定期限内未提交其在指定商品上使用该注册商标的证据材料，商标局经审理后决定撤销的，撤销决定生效后，商标局可以核准与该商标相同或者近似的商标注册申请。[①]

鉴于以上不同情形，建议修改《商标法》第 50 条或者在《商标法实施条例》中增加相关规定："注册商标被撤销、被宣告无效或者期满不再续展的，自撤销、宣告无效或者注销之日起一年内，商标局对与该商标相同或者近似的商标注册申请，不予核准。但注册商标因违反本法第四十九条第二款而被撤销的，自撤销决定生效之日起，商标局可以核准与该商标相同或者近似的商标注册申请。"

二、商标授权确权纠纷的性质及裁判权归属

按照现行商标确权程序的要求，一件商标取得注册或被宣告无效，一般需要经历商标局一审、商评委的二审、北京市知识产权法院行政诉讼一审、北京市高院的司法二审共四级机构的层层审理，才能最终获得该商标被核准注册或者宣告无效的结果。如此设计，一方面造成确权程序烦琐、授权效率低下，另一方面也导致"终审不终""循环诉讼"等问题产生。造成这些问题的主要原因在于，我国商标撤销之诉与无效宣告之诉都被定性为行政诉讼，法院在认定被诉行政行为不合法的情况下，只能作出撤销或者部分撤销被诉行政行为的判决，并责令商评委重新作出确权。因此类案件的性质为行政诉讼，法院依照行政案件进行审理，无法作出对商标权利归属的裁判。为解决这一问题，先比较域外相关国家和地区的做法。

（一）商标授权确权纠纷域外立法

域外国家和地区的商标法对注册商标撤销和无效程序的规定各有不同，第一类模式为先通过行政程序裁决，不服行政裁决再到法院诉讼。第二类模式可直接由法院审理，采取的是民事诉讼模式，直接赋予法院对商标权属进行裁判

[①] 参见李纪刚：《对〈商标法〉第五十条设立过渡期的理解与思考》，载《中华商标》2016 年第 12 期。

的权力。这类模式的国家或地区包括美国、德国、法国、英国、中国香港地区等。① 比如,《法国知识产权法典》第 L.714-3 条规定:(1) 违反第 L.711-1 至 L.711-4 条规定的商标注册依司法决定被判决无效。(2) 检察院可依职权依照第 L.711-1、L.711-2 及 L.711-3 条提起无效诉讼。(3) 只有在先权利人可依照第 L.711-4 条提起无效诉讼。但是,商标已依善意取得注册且已被容忍使用五年的,该诉讼不予受理。(4) 无效决定具有绝对效力。

除了上述立法外,日本的规定极具特色:其一,对专利权和商标权属的裁判采取当事人诉讼模式。《日本专利法》第 179 条规定:"在第 178 条第 1 款之下的诉讼中,特许厅官应为应诉方;但是,如果诉讼针对专利无效审判或期限延长注册无效审判或在第 171 条第 1 款之下针对此审判中的最终和有约束力的审判决定的重审中的审判决定,审判或重审中的请求人或被请求人应为诉方。"在商标权属诉讼相关方面,准用《日本专利法》。按照条文规定,在上诉规定的诸如无效情形下,特许厅不作为被告。此时,案件虽然针对的是行政裁决所确认的法律关系,但相互对抗的双方实际上是商标权人与无效宣告申请人,两者事实上在诉讼中充当着原被告的角色,案件在性质上也更倾向于是为了解决民事权益纠纷所进行的民事诉讼。其二,日本法院具有对商标权属进行裁判的权力。《日本专利法》第 104 条第 3 款之 1 规定:"如果在与侵犯专利权或独占使用许可有关的诉讼中,该专利应当通过专利无效的审判宣告无效的专利,专利权人或独占被许可人的权利不可以针对对方行使。"即在侵权诉讼中,存在无效理由的情况下,法院可以作出无效的判决。该条款的设立被评价为"专业界限的跨越"②,被认为是日本在民事程序中可以对专利有效性进行判断的标志性事件。而《日本商标法》第 39 条规定了商标法可以参照适用专利法第 104 条的规定,即意味着在商标民事侵权案件中法院也同样可以直接对商标权

---

① 美国《兰哈姆法》第 37 条规定:在涉及注册商标的诉讼中,法院可以确定注册的权利,命令撤销整个或部分商标的注册,恢复已撤销的注册,以及对注册簿上诉讼当事人的注册进行其他修改。法院应将经证明的裁定或命令送达专利商标局局长,专利商标局局长应在专利商标局的档案上作相应的记录,裁定和命令受法院控制。《德国商标法》第 55 条之 1 规定:基于撤销(第 49 条)或者由于在先权利(第 51 条)提起注销请求的诉讼应当针对注册的商标所有人或其权利继受者提出。《英国商标法》第 46 条之 4 规定:任何人可以向注册局长或法院提出撤销申请,但下列情况除外:(a) 如果有争议商标的诉讼仍处于法院审理中,撤销申请必须向法院提出;(b) 如果在任何别的情况下,撤销申请是向注册局长提出的,他可以在诉讼的任何阶段把申请提交给法院。《瑞典商标法》第 26 条规定:任何人由于一个商标的注册行为而受到了损害,都有权利向法院提出商标注册无效的诉讼。中国香港地区《商标条例》第 52 条之 1 规定:撤销商标注册的申请可由任何人向处长或法院提出。

② 〔日〕田村善之:《日本知识产权高等法院研究》,何星星、巢玉龙译,载《科技与法律》2015 年第 3 期。

效力进行审查认定。在"Asrock"案中,日本知识产权高等法院认为,特许厅认定涉案商标不适用商标法第 4 条第 1 款第 7 项的审判存在错误,涉案商标应该是无效的,因此撤销原审判,重作判决。① 在"绿健清汁"案中,日本知识产权高等法院认为涉案商标不存在证明期间被使用的事实,该商标注册应当依商标法第 50 条规定予以撤销,故驳回原告撤销原审判的诉讼请求。②

(二)建议赋予法院对商标权属的裁判权

针对我国现行商标法确权程序中存在的"循环诉讼"等问题,本书建议可以借鉴上述国家和地区的做法,当事人对于商标行政机关的无效宣告不服的,可以直接进入民事诉讼程序,由法院最终确定商标的效力。换言之,按照民事程序审理,法院可以确定当事人双方权利归属与存废,直接作出无效或有效的判决。通过司法裁判不仅明确了商标的权属问题,而且可解决商标是否存在撤销或无效事由的争议问题。事实上,目前法院在审理此类案件时,已经按照民事案件的审理要求,对商标的权属等实体问题进行调查和审理,因此,赋予法院司法变更权并不会加重法官的审理负担,具有可行性。同时,民事诉讼模式不仅可以把商标行政管理机关从被告的身份中解脱出来,而且"能够调动双方当事人的积极性,更重要的是民事诉讼能够直接确定商标权属的流向,保障当事人处分私权的自由"③。

基于上述理由,本书建议对于商标撤销和无效宣告的程序条款作以下修改:

《商标法》第 44 条新增第 4 款:"当事人依照前两款向人民法院提起诉讼的,人民法院有权就商标权属直接作出无效或有效的判决。"

修改《商标法》第 45 条第 2 款:"商标评审委员会收到宣告注册商标无效的申请后,应当书面通知有关当事人,并限期提出答辩。商标评审委员会应当自收到申请之日起十二个月内作出维持注册商标或者宣告注册商标无效的裁定,并书面通知当事人。有特殊情况需要延长的,经国务院工商行政管理部门批准,可以延长六个月。当事人对商标评审委员会的裁定不服的,可以自收到通知之日起三十日内向人民法院起诉。人民法院应当通知商标裁定程序的对方当事人作为第三人参加诉讼,并且人民法院有权就商标权属直接作出无效或有效的判决。"

修改《商标法》第 54 条:"对商标局撤销或者不予撤销注册商标的决定,

---

① 日本知识产权高等法院 2009 年(行政)第 10297 号审判撤销请求事件。
② 日本知识产权高等法院 2009 年(行政)第 10108 号审判撤销请求事件。
③ 赵克:《注册商标撤销制度研究》,西南政法大学 2016 年博士学位论文。

当事人不服的，可以自收到通知之日起十五日内向商标评审委员会申请复审。商标评审委员会应当自收到申请之日起九个月内作出决定，并书面通知当事人。有特殊情况需要延长的，经国务院工商行政管理部门批准，可以延长三个月。当事人对商标评审委员会的决定不服的，可以自收到通知之日起三十日内向人民法院起诉。人民法院有权就商标权属直接作出撤销或维持的判决。"

三、闲置注册商标清理制度的设立

闲置注册商标是指注册商标有效期尚未届满，但权利人长期不使用或者权利人消亡且无人继受的注册商标。从商标注册人的角度出发，导致注册商标"注而不用"的原因可以基本划分为两大类：一类为因客观事实而导致的商标注而不用，包括因商标专用权人的死亡或终止、经营范围的变更、企业改制或破产清算等客观事实导致原本计划使用的注册商标从来未被使用而产生的闲置商标；通常也包括无主商标（注册人已消亡且无人继受的注册商标），在企业发生这些变化之时，未主动去商标局办理变更手续，从而导致注册商标被闲置。另一类则是因商标专用权人的主观恶意而导致的商标注而不用。商标专用权人在申请注册商标之时就不具有使用意图，其注册商标的目的仅仅是进行商标恶意注册，从而实现其阻碍竞争对手，或利用商标资源进行高额商标转让、商标许可或恶意诉讼的目的。这类商标权人注册商标的目的是进行市场投机行为，恶意占用有限的商标资源。这种恶意注册行为显然违背了诚实信用原则，严重破坏了商标注册和使用的秩序，使得真正对商标有使用需求的主体无法使用商标，或必须付出高额的代价方可使用商标。

据统计，随着商标需求量上升，我国商标数量以每年20%—30%的速度高速增长。2019年我国有效商标注册量增长30.44%，2020年增长20.60%，2021年增长24.41%。截至2021年，全国注册商标已达3724万个，其中大量商标并未投入使用，闲置率超过30%，部分商标类别下闲置率甚至可达50%。① 闲置注册商标逐年上升，其带来的危害性不容小觑。闲置注册商标不仅占用和浪费了大量的商标资源，也影响了商标的功能和作用的发挥，不利于形成商标经济价值以及商标背后所蕴含的商誉，而且人为地造成大量注册商标无故囤积，妨碍他人对商标的注册和真实使用，从而影响到整体商标秩序的正常运转。本书建议，我国可设立闲置注册商标的清理制度，激活并有效利用商标资源，为遏制注而不用、囤积注册商标问题的解决寻找出路。

---

① 参见赵廷辰：《我国知识产权质押融资研究（下篇）》，载《宏观观察》2022年第32期。

(一) 设立依职权清理闲置注册商标制度的必要性和可行性

针对我国目前注册商标被大量囤积和恶意注册较为严重的现象，以及基于我国商标行政管理和行政执法所具有的高效性基础，在我国设立依职权清理闲置注册商标制度有其必要性和可行性。

毋庸讳言，知识产权固有的专有性决定了知识产权离不开公权的广泛介入和调整。商标法所肩负的保护消费者利益和促进有效竞争的使命也存在较强的公共性和社会性，从而也具有一定程度的公权属性。商标局不仅在商标权的取得和行使方面发挥了重要职能，还可以对知识产权权利归属纠纷进行调解、聆讯和裁决，以使商标权处于确定状态。[①] 对于未被使用的闲置注册商标而言，商标权所有人大多不会主动办理商标注销手续，而社会公众也不会注意到那些未被使用的注册商标。现实中，私权主体主动对闲置注册商标进行处理通常发生在其他经营者意图申请注册某商标，但是在申请该商标时其商标注册申请因存在相同或类似商品或服务上的相同或近似的引证商标而被驳回，由此发现了存在已注册商标阻碍的情况。此时，一些私权主体会向商标局申请撤销商标，引发对闲置注册商标的清理程序。由此可见，如果将闲置商标的清理完全交由私权主体来处理，无疑难以有效清理大量的闲置商标，而且会导致私权主体为商标撤销程序的开展而支付费用、拖延其商标实际的使用计划。相反，倘若由公权机构负责闲置注册商标的清理工作，则可以确保在无私权冲突的情况下，使得未发挥商标价值的商业标识可以受到合理的处置。另外，对于闲置注册商标的清理实质是对商标使用制度的落实与贯彻，旨在发挥商标本身应当具备的功能，营造公平合理的商标使用与管理的大环境。况且，对注册商标的管理以及商标使用环境的维护本身也是商标行政管理机关所担负的职责。

同时，设立依职权清理闲置商标的制度在我国具有可行性。其一，由商标局依职权清理闲置商标存在现实需求。正如上文数据显示，我国现在面临着注册商标闲置率较高的现实情况，以及注册商标未被有效利用、真正具有商标使用需求的主体却无法有效利用商标等现实问题。其二，由商标局依职权清理闲置商标拥有法律支持。我国《商标法》第49条赋予了商标局在一定条件下撤销注册商标的职权，为商标行政管理部门主导闲置注册商标的清理工作提供了法律基础。根据商标法的相关规定，我国商标行政管理部门具有管理商标、维护商标制度的职能。其三，由商标局依职权清理闲置商标具有可操作性。目前

[①] 参见冯晓青、刘淑华：《试论知识产权的私权属性及其公权化趋向》，载《中国法学》2004年第1期。

的实践中，已经存在一些行政机关与互联网企业、知识产权交易平台合作的成功先例。在这些合作项目中，行政机关充分利用技术和法律的结合，提高了行政审查的效率，取得了良好的社会效应。此外，已经发生的由行政机关发挥桥梁作用、辅助商标转让的案例，也获得了注册商标转让人和受让人的一致好评。因此，这些经验为运行由商标局主导的清理闲置商标制度提供了有益的经验借鉴，也从侧面体现了在商标局主导下的清理闲置商标制度具有可操作性。

（二）商标局依职权设立清理闲置注册商标的制度建议

通过以上分析可以得出，在我国设立依职权清理闲置注册商标制度具有重要的现实意义，对于设立该制度的具体建议如下：

1. 商标局依职权清理无主商标和撤销连续三年不使用的商标

除了存在商标权人恶意注册、囤积商标之外的情况，如前所述，在闲置商标中还存在着不少无主商标。所谓无主商标是指那些尚处在注册有效期内，但商标权人的主体资格已经消灭的注册商标。无主商标也并非真正无主，而是指商标的注册人死亡或者终止，并不是指商标不存在权利人，也有人称之为"僵尸商标"。目前，现行《商标法实施条例》第32条仅规定了移转注册商标的申请方式。对于无人继承受让的无主商标而言，只能通过"连续三年不使用"或"注册商标有效期届满未进行续展"而进行撤销或注销，这种被动式等待无疑囚禁了商标的价值发挥。根据资料统计，我国小微企业的平均寿命仅为三年，但大部分企业在注销之后并不会去主动办理商标的注销手续，也鲜有人主动对这些无主商标提出撤销申请。此外，商标局在注册商标的审查过程中也并不检索引证商标主体的状态。因此，在十年商标专用权有效期届满之前，大量的无主商标的注册状态仍都属于有效商标，由此成了对抗在后注册申请商标的引证商标，阻拦其他在相同或类似商品或服务上申请注册的相同或近似商标。

实务中，在清理无人继受的无主商标时，应当将这些无主商标的处置交由商标管理部门，由商标管理部门依托其建立的注册商标数据库和申请注册时已提交的档案资料，查找无主商标的继受人。如果无法查询到，那么就由商标管理部门在网站上进行公示，并明确一定期限的公告期，督促商标所有人、继受人在公告期内认领或处理商标。对于经公告仍无人继受的商标，将其商标权利收归国家继受，并组织商标拍卖。拍卖所取得的商标转让费则收归国有，建议将该笔费用用于国家商标管理部门日常管理商标事务、维护商标数据库。[①] 针

---

① 参见王莲峰、沈一萍：《论清理闲置注册商标制度的构建》，载《知识产权》2019年第6期。

对注册商标成为其核定使用的商品的通用名称或者没有正当理由连续三年不使用的情况，根据《商标法》第 47 条的规定，任何单位或者个人可以向商标局申请撤销该注册商标。[①] 对于连续三年不使用的闲置商标，建议加强商标注册人对商标使用的举证责任，要求商标注册人为应对商标撤销申请而提出的其使用的证据材料必须是真实的、具有实质意义的，其对商标的使用不能仅仅是象征性的使用。[②]

2. 商标局和第三方机构协作建立闲置商标档案和数据库

随着互联网技术的发展，我们已经进入了大数据时代，商标局也建立了商标查询和公告网站。因此，建议商标局利用互联网技术和大数据技术，建立闲置商标档案和数据库。目前，在一些活动中，已经有行政机关与企业开展多项合作项目的实例。例如，2017 年 12 月 25 日，广东省工商局与阿里巴巴（中国）有限公司签订合作备忘录，共同建立网络交易监管协作配合机制、网络交易服务管理合作机制。技术公司利用其大数据识别、线下溯源的能力，为工商部门开展线下执法办案提供证据、线索支持，共同形成信用治理机制。[③]

在建立闲置商标档案和数据库的初期，需要由商标局将闲置商标的清理工作下分至全国各省市的商标行政机关，由地方商标行政机关制订闲置商标清理的具体工作方案，并搜集、整合相关闲置商标。在经社会公众提交撤销申请以及商标局自查闲置商标的基础之上，按照撤销程序，对闲置商标进行撤销处理。随后，由商标局或商标局合作的第三方机构将各闲置商标及其档案信息纳入数字化闲置商标备案库，并向社会公开，以便于其他生产、经营者或商标代理机构等主体获取闲置商标信息，从而有助于生产、经营者在申请注册商标之时进行自查，推动商标注册申请程序的高效化。

[①] 另参见《商标法实施条例》第 66 条："有商标法第四十九条规定的注册商标无正当理由连续 3 年不使用情形的，任何单位或者个人可以向商标局申请撤销该注册商标，提交申请时应当说明有关情况。商标局受理后应当通知商标注册人，限其自收到通知之日起 2 个月内提交该商标在撤销申请提出前使用的证据材料或者说明不使用的正当理由；期满未提供使用的证据材料或者证据材料无效并没有正当理由的，由商标局撤销其注册商标。前款所称使用的证据材料，包括商标注册人使用注册商标的证据材料和商标注册人许可他人使用注册商标的证据材料。以无正当理由连续 3 年不使用为由申请撤销注册商标的，应当自该注册商标注册公告之日起满 3 年后提出申请。"

[②] 《商标法实施条例》第 67 条所规定的不使用的正当理由包括：不可抗力、政府政策性限制、破产清算，以及其他不可归责于商标注册人的正当事由。

[③] 参见《好消息！广东省工商局与阿里巴巴公司启动战略合作》，http://static.nfapp.southcn.com/content/201712/26/c870990.html，2023 年 2 月 16 日访问。

3. 商标局指导第三方机构搭建闲置商标的交易平台[①]

现实中，在大量闲置的注册商标之中，有不少注册商标事实上是被其他生产、经营者所迫切需要的。一些生产经营者由于对商标注册的疏忽或未能及时考虑到企业的发展需要，未能及时提交商标注册申请。等到这些主体意识到注册商标的重要性，计划提交商标注册申请之时，才会发现其想要使用的商标早已被其他主体所注册。但是，在这些被注册的商标中却有一部分商标被闲置，处于"有使用需求"但却"注而不用"的尴尬局面。

我国《商标法》允许对注册商标进行转让。[②] 事实上，申请注册商标需要一年左右的周期，而转让商标只需要6—10个月。促进闲置商标的交易是一件有利于多方的事情。一方面，对于受让人而言，可以在相对较短的时间内获得其需要进行实际使用的商标专用权；另一方面，对于闲置商标的所有人而言，其可以通过闲置商标的转让获得相对合理的对价。此外，对于整个商标注册和使用市场而言，推进闲置商标的交易，可以盘活"僵尸商标"，发挥商标的价值。因此，除了清理闲置商标之外，商标局可指导相关企业、组织机构共同搭建促进商标交易的平台。首先，闲置商标的交易平台需要与闲置商标的档案和数据库相关联，以便于推动"撤销""交易"的流程化处置。其次，建议商标交易平台的搭建仍由商标局负责战略性指导，并可由其委托的第三方机构负责平台搭建、平台运营和日常维护的具体事宜。在商标交易平台的运作上，可以参考司法拍卖的相关程序和方式。建议政府牵头相关部门组建商标转让信息中介平台，及时公布企业需要转让的商标资源和具有商标使用需求的企业信息资源，供社会公众进行查询和使用。闲置商标通过平台进行转让盘活，既可使企业双方互惠，又发挥了商标应有的价值。

在构建清理闲置注册商标制度的过程中，在搭建闲置注册商标的交易平台的情况下，可以有效利用已有的知识产权交易平台，在商标局的领导之下，由知识产权交易所等第三方机构负责闲置注册商标的具体处理，通过法律与技术的融合、行政机关与市场主体的合作，有效处理闲置注册商标，让被闲置的注册商标重新启动马达，发挥商标的价值。

[①] 闲置商标的交易方式包括商标许可和商标转让。

[②] 《商标法》第42条第1款和第2款规定："转让注册商标的，转让人和受让人应当签订转让协议，并共同向商标局提出申请。受让人应当保证使用该注册商标的商品质量。转让注册商标的，商标注册人对其在同一种商品上注册的近似的商标，或者在类似商品上注册的相同或者近似的商标，应当一并转让。"

第四章

商标侵权认定及民事救济

对商标权的保护，是各国商标立法的主要目标。商标侵权不仅要承担行政责任、民事责任，构成犯罪的，还要承担刑事责任。本章重点论述商标侵权认定及民事救济，这是商标法领域中的重点和难点问题，涉及对商标法相关法条的解说和适用。本章包括商标侵权的混淆理论及其发展、商标侵权行为的认定及侵权行为类型、商标侵权的损害赔偿及民事制裁、商标侵权行为免予赔偿责任、商标反向混淆侵权认定及赔偿等五节内容，反映出我国商标法历次修改中在商标侵权认定及民事救济方面的重大变化，以及加大民事救济的立法保护趋势。

第一节　商标侵权的混淆理论及其发展

商标是在商业活动中使用的标记，是一种在商品或服务上的符号信息，用来识别相同的商品或服务，避免产生来源的混淆。为保护商标的识别功能，商标法赋予商标所有人专有权，禁止他人在相同或类似商品或服务上使用相同或相似的商标；足以造成混淆的，即构成侵犯商标专用权。随着经济发展和驰名商标的出现，商标的功能也在不断拓展，传统的商标侵权混淆理论无法充分保护驰名商标自身的表彰功能和财产属性，逐渐出现了商标侵权的联想理论和淡化理论。

一、传统商标侵权的混淆理论

传统商标法认为，商标侵权来自混淆理论；而混淆理论的产生则是基于商标自然属性——识别商品来源的功能。但在认定商标侵权中，多以存在混淆可能性作为商标侵权的判定标准，并不以产生实际混淆来要求权利人举证。世界多数国家商标法对商标权的保护均体现了这一基本理论。无论是采用商标注册确权的国家还是采用商标使用确权的国家，其商标保护的立足点都是为了制止混淆。WTO框架下被誉为保护知识产权的圣经——TRIPS协定第16条明确规定，商标所有人有权阻止他人在交易过程中使用可能引起混淆的商标。美国则将防止消费者混淆作为制定《兰哈姆法》的主要目的，该法第2条、第3条和第43条将可能导致消费者混淆、误认作为驳回商标注册申请或构成商标侵权的必要条件。

传统商标法一般只涉及狭义上的直接混淆，即针对产品来源或出处的混淆，但随着商标侵权手段的多样化，各国商标法对商标的保护逐渐扩大到了广义的混淆范围，使得商标混淆的内涵不断扩张，商标混淆的内容和类型呈现多样化的态势。根据混淆发生的直接程度，可以将混淆分为直接混淆和间接混淆；以混淆发生的时间来分类，可以把混淆分为售前混淆、售中混淆和售后混淆；根据混淆发生的方向，可以将混淆分为正向混淆和反向混淆等类型。

（一）直接混淆和间接混淆

直接混淆，是指相关公众将不同的商品或者服务的来源误认为同一企业，即针对产品来源或出处的混淆。这种混淆又可称为"狭义上的混淆"，也是最初的商标保护理论。随着经济发展、商品种类丰富、商标侵权方式变化等因素，逐渐出现了新的混淆方式，即间接混淆。间接混淆是指，相关公众误认为不同商品或者服务的来源之间有经济上、经营上、组织上或法律上的关联关系,但实际上并不存在这种关系,这种混淆又可称为"广义上的混淆"。

(二) 售前混淆和售后混淆

传统意义上的商标混淆一般发生在消费者购物之时,即通常意义上的售中混淆,如果消费者在购买产品时不会产生混淆,那么商标使用行为就不构成侵权。但在实际生活中,混淆的时间也不一定就在实际购买的时候,而可能延伸到购买前后时期,即所谓的售前混淆和售后混淆;与此相适应,混淆的主体也不再局限于购买者,而是扩大到了包括旁观者在内的一般公众。

1. 售前混淆的立法及实践

售前混淆是指消费者在寻找特定商标所有人的商品时,由于竞争者使用相同或近似商标而使该消费者对其产品产生了兴趣,即使消费者可能最终意识到该产品并非他最初想要购买的商品,但还是有可能与竞争者发生交易。这种导致消费者对竞争者产品产生最初兴趣的混淆就是所谓的"售前混淆"(pre-sale confusion),又被称为"初始兴趣混淆"(initial interest confusion)或"初始混淆"(initial confusion)。显然,售前混淆的制造者不正当地利用了商标权人的商誉,欺骗了消费者,增加了消费者选择购物的成本,违背了市场公平竞争秩序,应当予以制止。初始兴趣混淆的原则产生于美国,这一原则的含义是,如果商标权人可以证明消费者在实际购买行为产生之初,由于侵权人的行为误导,对商品来源产生了混淆,即使在购买发生时,这一误认已经得到纠正,依然可以主张构成商标侵权。初始兴趣混淆与传统的商标混淆理论的区别就在于,传统商标混淆理论关注的是消费者在购买产品时是否对产品来源产生混淆,而初始兴趣混淆强调的则是顾客在实际购买之前是否可能发生混淆,两者强调的混淆时间点不同。那么,商标权人可否起诉售前混淆的"制造者",要求其停止相关行为,甚至请求损害赔偿呢?在美国,至少有部分法院作出了肯定的回答。

1975 年美国第二巡回法院审理的 Grotrian, Helfferich, Schulz, Th. Steinweg Nachf. v. Steinway & Sons 案[①],较早提出了售前混淆概念。该案件的被告 Heinrich E. Steinweg 从德国移民到美国后创立了一家著名钢琴制造和销售企业,拥有知名商标"Steinway & Sons"。其儿子在德国继续经营父亲留下的钢琴产业,几年后,他将在德国的公司卖给了 Grotrian, Helfferich, Schulz, Th. Steinweg Nachf.。后者在德国注册了"Grotrian-steinweg"和

---

① 523 F. 2d 1331 (2d. Cir 1975).

"steinweg"两个商标,并将产品出口到美国。后来被告向原告发出警告,不允许其在美国使用"Grotrian-steinweg"和"steinweg"商标,而原告则向法院起诉要求确认自己在美国使用前述商标不侵犯原告的商标权,也不构成不正当竞争。地方法院认为,原告使用"Grotrian-steinweg"商标容易引起消费者的混淆、误认,侵犯了被告的商标权,向原告发出了永久禁令,禁止其使用注册商标。原告不服,提起上诉,美国第二巡回法院维持原判。在审理本案过程中,第二巡回法院首次创立了初始兴趣混淆规则。地方法院认为,在该案中,原告虽然购得了被告在德国的公司,但是其注册的商标很容易与原商标混淆并产生联想,因此判决禁止原告使用该商标,上诉法院维持原判。上诉法院在传统混淆理论上往前跨越了一步,认为不应该拘泥于消费者的视觉混淆,还要考虑消费者在听到"Grotrian-steinweg"这一名称时是否会联想到知名品牌"Steinway",并进而认为两者存在隶属关系。通过调查发现,大多数消费者在听到"Grotrian-steinweg"时会认为其与"Steinway"存在关联或是同一品牌。尽管被误导的消费者在走进原告销售店购买钢琴时,能清楚辨别原告经营的产品和被告没有任何关系,但法院还是确认原告的注册商标能让消费者产生初始兴趣混淆,认为其利用了被告在美国多年经营积累的知名品牌声誉为自己赢得了商业机会,使得消费者将原告的"Grotrian-steinweg"钢琴与知名的"Steinway"钢琴的品牌相联系,造成了混淆的可能。Grotrian案被认为是售前混淆理论的起源,该案确立了一种新型的商标侵权类型,即只要行为人利用他人商标的知名度误导消费者进入自己所控制的视野范围、了解自己所提供的产品和服务,并采取营销策略激发消费者购买欲望,即使消费者在购买商品时不存在混淆的可能,也构成对他人商标的侵权。售前混淆行为的本质就是搭他人商标信誉的"便车",为自己赢取商业机会,从而商标权人的商业机会也就会相应减损。

在售前混淆理论发展过程中,另一个重要判例是 Brookfield Communications, Inc. v. West Coast Entertainment Corp 案①,这是美国法院第一次将初始兴趣混淆原则适用在网上商标侵权案件中。Brookfield 案争议的关键在于使用竞争对手的商标作为源代码是否构成商标侵权。本案原告以"moviebuff"为商标,通过其网站 moviebuffonline.com 和 brookfieldcomm.com 为其产品的购买者提供在线搜索并销售其产品。被告的网站 westcoastvideo.com 装有一个可搜索娱乐产品的数据库,以便于消费者查找租赁电影的地址,同时被告还是

---

① 174 F. 3d 1036 (9d. Cir 1999).

全美最大的影视出租店。由于被告使用"moviebuff"作为其网址的元标签和关键词，一些搜索引擎在搜索"moviebuff"时，就会将被告的网站作为搜索结果展示。在该案中，被告使用原告的商标作为其网站的元标签和关键词，虽然消费者以该商标作为关键词进行搜索时，被告的网站排在原告网站之后，且消费者打开被告网站的链接后不会对网站产生混淆，因为被告网页中很清楚地标明了被告的网址。但美国第九巡回法院还是认为，寻找原告产品的上网者有可能被带到被告的网站，并发现与原告相似的产品，许多最初意欲使用原告产品的消费者将可能使用被告提供的替代产品，虽然消费者知道他们浏览的是被告的网站而不是原告的网站，然而由于被告使用原告的商标以引导那些搜索原告产品的人浏览其网站，不正当地获取了原告凝聚在其商标上的商誉，因此构成售前混淆而承担商标侵权责任。法院基于初始兴趣混淆可能性签发了临时禁止令，禁止被告继续使用"moviebuff"一词。Brookfield案将初始兴趣混淆理论从现实领域引入到网络商标纠纷中。[①] Brookfield案确立的规则被引入网络领域，此后又被扩大适用至域名、链接式广告、弹出式广告等领域，售前混淆成为解决网络商标纠纷的重要理论根据。

上述谈到，初始兴趣混淆规则偏重于保护商标权人的利益，而传统的售中混淆规则更侧重于消费者利益的保护。正是因为存在两个侧重点的不同，初始兴趣混淆规则在互联网环境下的普遍适用性在美国也遭到很多学者的质疑和批判。[②] 对初始兴趣混淆规则的质疑和批判内容主要包括以下几个方面：（1）偏袒权利人利益但忽视了公共利益。商标法有两个主要功能，其一，是保护消费者的利益，预防因"混淆"而给消费者带来利益损失，保障交易的顺利进行；其二，是保护商标权人的信誉，优化市场竞争秩序。传统的混淆原则兼顾了权利人和消费者的利益，且偏重消费者的利益保护，而初始兴趣混淆规则的出发点是保护商标权人的商业信誉，这就会导致商标权人利益和社会公共利益失去平衡。在网络环境下，尤其是搜索引擎的应用，为"引诱推销"策略创造了更为便捷的条件，当文字商标被他人注册为关键词或设置为网页元标签后，消费者在检索时便可能产生初始兴趣混淆，但在通常情况下不会基于初始混淆导致最终混淆，即消费者在选择商品或服务时通常不会混淆。然而，即使消费者在选择具体的商品或服务时不会混淆，但不排除消费者因此转而选择性价比更高的可替代产品或找到能满足其他要求的产品的可能性。从消费者利益角度而

[①] 转引自邓宏光：《商标混淆理论的新发展：初始兴趣混淆》，载《知识产权》2007年第3期。

[②] See Michael Grynberg, The Road Not Taken: Initial Interest Confusion, Consumer Search Costs, and the Challenge of the Internet, Seattle University Law Review, Vol. 28, No. 97, 2004.

言,初始兴趣混淆并无妨碍,因为在整个交易过程中消费者的权益不仅没有受到损害,反而增加了不少选择。此外,"搭便车"的现象加速了市场竞争,可以推动权利人提高产品质量,提高产品的性价比。(2)弱化了商标权人的举证责任。商标权人只要证明在搜索结果列表中出现了非权利人的链接并且将自己的文字商标用作关键词,即可以推定存在"搭便车"的嫌疑,并依据售前混淆规则主张权利。① (3)忽视了消费者搜索成本低的特点。根据网络用户的搜索习惯,用户通常在输入关键词后,将会浏览搜索结果的第一页列表,然后再点击经过大脑初步筛选的结果的链接,最后会进入被链接网页。当发现进入的网页并非自己所要查找的目标网页时,用户通常会关闭该网页并返回搜索列表继续查找目标网页。这个过程对消费者(目标客户群)来说,无须耗费很大成本。此外,尽管消费者会因为广告主"搭便车"的行为产生初始兴趣混淆,但最终还是会理性地回归到商标所有人的网站上去查找真实的产品信息。因而,反对适用初始兴趣混淆规则者认为,鉴于消费者的搜索成本很低,初始兴趣混淆客观上既不会对权利人造成实际损害,也不会诱导消费者作出错误选择。当然,也不排除一部分网络用户会在"搭便车"的网页上逗留,甚至找到所需内容的替代信息,从而增加了"搭便车"行为人的商业机会。②

我国对售前混淆的定性、法律适用等方面也存在争议。有人撰文认为,售前混淆构成商标侵权,应适用商标法的规定。③ 也有人认为售前混淆本质上应不属于商标法意义上的混淆;该行为给在先商标所有人造成损害的,应构成不正当竞争,因而在法律适用上应适用反不正当竞争法而不是商标法。④ 还有人在提出将混淆标准纳入侵权判断标准中时认为应转变商标法的保护理念,因为强调保护注册商标专用权已经造成了过多的商标权滥用现象的出现,商标法不应只是保护注册商标专用权的法,更应当是保护公共利益即消费者的权益、避免消费者产生混淆或误认的法。但是另一方面的意见则认为,我国已经制定了专门保护消费者权益的《中华人民共和国消费者权益保护法》(以下简称《消费者权益保护法》),而《商标法》作为特别法其主要目的仍应是保护注册商标专用权,至于是否保护消费者的权益,则不属于《商标法》考虑的问题,《商

---

① See Michael Grynberg, The Road Not Taken: Initial Interest Confusion, Consumer Search Costs, and the Challenge of the Internet, Seattle University Law Review, Vol. 28, No. 97, 2004.

② 参见黄武双、李进付:《从售中"混淆"到"初始利益混淆"——利益平衡视角下的网络搜索关键词商标侵权认定》,载《中华商标》2007年第10期。

③ 参见邓宏光:《商标混淆理论之新发展:初始兴趣混淆》,载《知识产权》2007年第3期;彭学龙:《商标混淆类型分析与我国商标侵权制度的完善》,载《法学》2008年第5期。

④ 参见魏森:《商标侵权认定标准研究》,中国社会科学出版社2008年版,第75页。

标法》条文中也没有专门保护消费者权益的条款，消费者在其权益受到侵害时应当适用《消费者权益保护法》而不是《商标法》。

综上所述，售前混淆规则自产生至今也不过短短的几十年时间，尽管对其有争议，但售前混淆规则还是有存在的价值，其适用的范围有一定要求，对解决网络环境下的商标侵权问题无疑具有积极的作用。特别是在网络环境下，将他人文字商标用作元标记和关键词搜索并进行竞价排名，或将他人文字商标用作关键词并以旗帜广告形式在网上推广等，这些行为都有"搭便车"嫌疑，对商标权人的商业信誉都会有不同程度的损害。而依照传统商标法的混淆理论，对这些行为是难以规制的，因为消费者在实际购买时并没有产生混淆，对消费者没有造成损失反而增加了新的选择机会。但利用他人商标"引诱"消费者来选择自己的产品或服务的行为无疑会对商标权人造成损害，使其失去潜在的市场，因此利用商标权人的商标声誉，属于明显的不正当竞争行为，法律应当予以制止。目前在《商标法》没有明确规定的情况下，商标权人可以适用《反不正当竞争法》维护自己的权益。我国司法实践中已有这方面的判例。

2. 售后混淆的立法及实践

售后混淆又被称为"旁观者混淆"，是指消费者为了追求虚荣明知假冒他人品牌的商品而购买，消费者在"知假买假"的过程中并没有产生混淆，但该种行为的最佳效果是让其他人误以为该产品就是真品。这种购买者本身没有混淆，但购买者使用侵权产品，导致其他人产生了混淆的行为，就是所谓的售后混淆。

在售后混淆中，那些知假买假的消费者在购买他人仿制品的过程当中并没有发生混淆误认的行为，因为该行为是在消费者完全理性的情况下所积极追求之结果。通过售货环境、商品价格等因素明知该商品是赝品，但并非照买不误，而是会权衡价格和质量等后再决定是否购买。对于该消费者，无论他是否购买，都没有所谓的混淆。售后混淆的特点就在于它的向后性，即售后混淆欲达到的"混淆后果"是使这些名牌产品的潜在消费者产生误认。其他人由于无法分辨该消费者使用的商品的真伪，从而与其他标志类似的牌子相混淆。与售前混淆一样，售后混淆的行为人是"借用"他人商标的信誉和知名度，通过使用他人的商标吸引消费者并通过相应的营销手段诱使消费者购买自己的产品。这种行为不仅令真正的商标权人被剥夺了商业机会，而且会因假冒的产品充斥市场失去潜在的消费者。在售后混淆中，行为人主要表现为搭昂贵的奢侈品的"便车"，因为奢侈品的主要价值并不在于它们的物质功能，而是在于穿着者的心理满足功能。借此，穿戴者向外界表明他们是有着优雅特征或者奢华品位或者丰厚收入的人，以此宣传自己。但如果周围的普通人没法分辨产品的真伪，那奢侈品的购买者也就无法获得那种心理上的满足，购买奢侈品的动力也就大为降低。导致的结果也就是没有多少人会去买这些价格高昂的产品了。因此，对售后混淆最为深恶痛绝的也就是那些奢侈品生产厂家了。

售后混淆理论的出现也与商标功能的发展有关，商标从最初的识别功能向表彰功能转变，售后混淆正是剥夺了商标权人通过商标实现的表彰功能，即彰显其独特的品质和地位，满足不同消费者追求高档商品的需求。售后混淆最早源于美国 1944 年 G. H. Mumm Champagne v. Eastern Wine Corp. 案[1]。被告使用了美国国内生产的香槟标签，该标签在外观上与原告从法国进口的香槟标签很相似，两种不同产地和价格的葡萄酒很容易造成混淆。在该案中，美国第二巡回法院使用了非消费者混淆的规则，认定使用仿冒法国香槟标签的行为人借助法国香槟从而提升自己的身价和地位，而给其他人造成了混淆。正如汉德法官对此的评论：随着夜幕的降临，客人晃眼一看该标签，就足以相信主人的大方好客和该晚餐的丰盛和高档，使得宴会获得这种效果是非常容易的，只要不道德的餐馆老板用国内生产的香槟替换法国的香槟就可以轻松实现。[2]

在 1955 年 Mastercrafters Clock & Radio Co. v. Vacheron & Constantin-Le Coultre Watches, Inc., 一案[3]中，售后混淆的理论逐步形成。本案被告是一家生产若干知名品牌的高端电子钟表的低价仿制品的制造商，即使在购买时消费者知道其所购买的表并非真品，但是当被告的产品与真品一同出现在某一销售柜台的时候，一般的公众却无法清楚地辨认两种产品的真伪。因此原告认为被告的行为损害了其利益，于是向法院提起了诉讼。从实际情况看，在审理过程中，法官发现虽然被告对原告产品的模仿并不会造成购买仿制品消费者对产品的混淆，却足以使得一般公众对两种产品产生混淆，而这种混淆会导致原告商标信誉的流失并对其他潜在消费者的利益造成损害。因此法官判定被告的商标侵权行为成立。随后美国第二巡回法院确认了这一审判结果。在 1962 年商标法修正案中，议会采纳了关于存在售后混淆的观点并着力在修正案中扩大了混淆产生时间的范围。美国法院在 1962 年修改《兰哈姆法》后，几乎承认了售后混淆，但多数法院没有将售后混淆限于"潜在消费者"，而是扩大到购买后的一般公众。究其原因在于"潜在消费者"的含义不确切，"潜在消费者"指的是一个此后可能的购买者，其范围非常广泛，从手里拿着挑选的商品站在收银机旁等待付账的人，到刚刚出生但可能需要该产品的婴儿，都属于潜在消

---

[1] 142 F. 2d 499 (2d Cir. 1944).
[2] 参见邓宏光：《商标法的理论基础：以商标显著性为中心》，法律出版社 2008 年版，第 227 页。
[3] 221 F. 2d 464 (2d Cir. 1955).

费者。售后混淆中的"一般公众"并不是指社会的大多数人，而是看到该产品使用时可能发生混淆的观察者，尤其是那些看到该产品以为它是商标权人的产品，结果发现它质量低劣以至于不愿再购买真品的人。通过分析可见，售后混淆和售中混淆在客观上均造成了实际混淆的可能，属于商标侵权行为，法律应该制止。

我国商标法律法规和司法解释中对售后混淆是否侵权未明确规定，司法实践中出现了不同的判决。在 Gucci 诉森达商标侵权案中，原告 Gucci 为意大利著名奢侈品公司，其注册商标"GG"图形在我国获得注册。被告森达公司将自己的"森达"注册商标使用在其专柜、皮鞋内里和鞋盒上，但涉案的鞋布上带有"GG"图形标识。上海市浦东新区人民法院受理该案后认为，消费者在购买后实际穿着森达皮鞋时，旁人能清晰辨认的是鞋子外围衬布上使用的"GG"图形标识，而无法看到被脚底遮盖的被告自有商标，这将导致他人对购买者实际消费品牌产生误认；即虽然在购买该商品时，由于该商品使用了区别于权利人商标的自有注册商标"森达"，消费者不会产生误认混淆，但在购买后的使用过程中，可能导致该消费者以外的其他旁观者对该商品的实际品牌产生误认。① 在"雪花秀"案中，该法院再次旗帜鲜明地认定了售后混淆侵权成立。其认为，混淆的后果并不应当仅限于消费者购买产品时所造成的混淆后果，本案中被控侵权标识均显著标注在被告产品上，消费者在购买该产品后的使用场景中，他人看到该产品时必然会将被告产品与原告产品造成混淆，误以为是原告的产品或与原告有关联关系的产品，从而造成原告利益受损。②

上述为肯定售后混淆构成商标侵权的案例，也有法院对售后混淆侵权持明确的否定态度。在叶某和香奈儿公司商标权纠纷的案件中，针对香奈儿公司的诉讼，代理律师提出的混淆还包括来源混淆、售后混淆、关联混淆和售中混淆等观点，广州知识产权法院在判决中就指出："我国商标法第五十七条规定中涉及的'混淆'，应是指基于生产者、销售者的'误导'而使消费者产生的'直接混淆'，而不应扩大到售后混淆等范畴；如对'混淆'扩大解释，则不符合立法的本意。"③ 长春市中级人民法院在"JOY 乔氏"商标权纠纷判决中指出："在我国商标权的保护制度中，将可能导致消费者对商品的来源产生混淆作为构成商标侵权的必要条件。如果某人没有购买该商品的意愿，即使可能发生混淆，即为'旁观者混淆'（又称'售后混淆'），商标法也不予保

---

① 参见上海市浦东新区人民法院（2007）浦民三（知）初字第 78 号。
② 参见上海市浦东新区人民法院（2016）沪 0115 民初 86694 号。
③ 广州知识产权法院（2018）粤 73 民终 1530 号。

护。"① 这些否定性判例，为分析售后混淆型商标侵权问题提供了一个另外的视角。

在售后混淆的侵权构成中，要求混淆判定的主体是旁观者，却不是任意的旁观者，该旁观者应当是原告商品的潜在消费者，并且要求该潜在消费者需要对被控商品施加一定合理的注意力后仍然可能发生来源或关联关系方面的混淆。即售后混淆侵权是否成立，需要考察被告的行为是否会造成旁观者中的相关潜在消费者在通常的注意程度之下仍有可能发生混淆。当然，旁观者的范围应当结合具体案件予以界定，同样的案件中还可能受制于裁判者的主观认知。

综上所述，无论售前混淆或是售后混淆，这两种新型商标侵权的特点就在于，混淆的时间不再局限于实际购买之时，而是延伸到购买前后；混淆的主体也不再局限于购买者，而是扩大到包括旁观者在内的一般社会公众。售前混淆或售后混淆之所以构成商标侵权，原因就在于，商标标示商品来源的功能是连续的，它不仅在购物时发挥作用，而且在购物前后都具有重要意义。商标的识别功能如果被他人不当利用，商标所有人和消费者的利益都会受到损害。

（三）正向混淆和反向混淆

商标混淆理论是指原告在先商标相对被告在后使用的商标属于强势商标，制止混淆的目的是防止他人利用在先商标权人的商誉进行不正当竞争行为。与随后出现的商标反向混淆相对应，传统意义上的混淆就称为"正向混淆"。所谓"反向混淆"是指在后的生产经营者在其生产或销售的商品或提供的服务上使用的文字、图形、色彩或者其组合等标识，与在先商标相同或相似，造成或者可能造成消费者误以为在先商标所有人的商品或服务来源于该生产经营者或与其存在某种联系的行为。反向混淆是与传统意义上的混淆相对应而言的，在反向混淆的情况下，所有人拥有的在先商标则不是强势商标，在市场上的影响较小，而在后使用人则大范围、高密度地使用与在先商标相同或相似标记，以至在先商标最终被在后标记所"淹没"。实践中，在后使用人可能将他人已经注册的商标作为其商标、商号、广告语或商业名称等商业标识使用。

反向混淆并不是传统商标法律制度中的概念，其出现及规则形成来自美国的司法实践。在最初的案件中，美国法院固守以弱侵强的传统商标侵权模式，认为反向混淆于法无据，拒绝给予弱势的商标权人以保护。类似的判决招致大量非议，公众认为在具有明显的侵权意图和客观存在侵害结果的情况下，只是

---

① 吉林省长春市中级人民法院（2016）吉01民初895号。

由于原、被告在经济实力和社会影响方面存在巨大差异，侵权方式不同于一般商标侵权，法院就拒绝给予原告救济无异于鼓励弱肉强食。最终，在反向混淆理论出现多年后，第十巡回法院 1977 年在 Big O Tire Dealers, Inc. v. Goodyear Tire & Rubber Co., 一案①中，最终接受了这一理论，裁决原告胜诉。之后，美国法院不断通过相关案例进一步确立了反向混淆理论体系。

由于反向混淆作为一种新的侵权类型，其侵权认定和赔偿有其特殊性，本书对此专门研究，可详见本章第五节。

二、商标侵权理论的发展：联想理论和淡化理论

依据传统商标法理论，商标的主要功能是帮助消费者识别商品和服务来源，一切商标侵权的成立均必须建立在对消费者造成混淆的事实基础上。由此推理，"无混淆则无救济"是传统商标法理论框架下侵权认定必然遵循的原则。传统的商标保护实行相对保护主义，即禁止无权使用人将与被保护商标相同或相近的商标在与被保护商标的所有权人相同或相近似的行业中注册和使用，而在非类似商品上使用相同或近似的商标则是被允许的。

（一）传统商标混淆理论的局限

混淆理论是确定商标侵权的初始理论，它把商标视为区别不同商品的标识，仅仅将其作为一种保护手段，本身并没有特定的价值，按照混淆理论，"容易导致混淆""误导公众"被作为判断商标是否侵权的要件。这种理论对商标的保护是从保护消费者的利益、维护正常市场秩序的角度出发，而并非将商标作为商家的一项无形财产权利，即没有从保护商标所有人私权的角度出发进行界定。

随着社会生产力的提高，经济得以快速发展，商品变得丰富起来，逐渐由过去的卖方市场转变为买方市场。为了提高商品的竞争力，商家纷纷在商标上投入广告宣传，使其知名度不断提高，甚至成为家喻户晓的驰名商标，这种竞争趋势促进了商标功能的变化，使得商标的功能从单纯的识别功能向表彰功能扩张。驰名商标的出现，满足了部分追求名牌借此提高身份地位的消费者的需求，驰名商标本身已具有独立的价值。有人称驰名商标本身具有双重属性，识别属性是其自然属性，而表彰作用则构成了驰名商标的社会属性。② 现实生活中，如果有人使用了与驰名商标相同或近似的商标，用在其他类别上，但未造

---

① 408 F. Supp. 1219, 189 U.S.P.Q 17 (D. Colo. 1976).
② 参见黄晖：《驰名商标和著名商标的法律保护》，法律出版社 2001 年版，第 109 页。

成消费者混淆,是否构成侵权呢?按照传统的商标侵权混淆理论,是无法对驰名商标权人进行保护的。但他人的这种使用行为可能会损害驰名商标权人的利益,比如淡化或丑化该驰名商标等,由于传统商标混淆理论的限制,显然无法对驰名商标提供全面的保护。在此背景下,需要另辟蹊径,寻求新的保护理论和规则,对驰名商标保护范围进行相应的扩张。

(二)联想理论和淡化理论的出现

随着经济的发展和商标表彰功能的出现,驰名商标应运而生,这些驰名商标背后的巨大商业价值逐渐为人们所关注。与普通商标相比,驰名商标所承载的意义和内涵已超出了一般的商标权能,这些商标不仅用来区分不同的产品和生产者,而且象征着产品的质量,代表着企业的商誉。驰名商标权人利用其卓越的商誉引导着购买力,从而给权利人带来比一般商标所有人更大的价值。上述谈到,传统商标保护中的禁止混淆理论和规则已经不能完全维护驰名商标者的权益,从社会和市场发展的角度看,忽视商标权人的私有权利已不是主流。所以,在混淆理论的基础上,出现了商标联想理论和淡化理论。

联想理论是20世纪欧洲国家提出的商标保护发展的最新成果之一,最早是由比荷卢判例法发展而来,该理论在比荷卢理论界和法院系统居统治地位,对其他欧洲国家也产生了一定影响。联想理论认为,以一种整体和互相关联的方式来观察,并考虑到诸如商标的显著性个案的特殊情况,如该商标与其他标记在音、形、义等任何一个方面有近似,通过这一近似可产生商标与标记的联想的,即可认定两者近似。联想理论认为,因看到某一标记无意中联想到一个商标,从而造成两者之间的联想,即可将在先商标的商誉转移到该标记上。联想理论在发展过程中吸纳了混淆理论的部分内容,它不仅可以包含直接混淆和间接混淆,还包含消费者看见某标记虽不会发生混淆的结果,但可引起对某在先商标特别是驰名商标的记忆这种纯粹的联想,因而联想理论比混淆理论更能为驰名商标的特殊保护提供有力的理论支持。但由于联想理论解决的主要是近似商标侵权的判断问题,难以有效地解释对驰名商标在类似商品和非类似商品上进行保护的情形。

因联想理论自身体系的局限性,商标淡化理论逐渐受到关注。商标淡化理论突破了传统意义上的"以是否存在混淆"为保护的原则,关注于对驰名商标所形成的巨大商誉进行保护,并不考虑商标所有人与淡化行为人之间有无竞争关系和消费者混淆、误认的可能性。淡化理论对克服混淆理论的缺陷和不足,对解决商标功能的扩展及对应的保护意义重大。美国商标淡化理论的立法和实践较为先进,在其推动下,淡化理论逐渐成为现代社会驰名商标保护制度的重要发展趋势。关于驰名商标淡化理论将在本书第五章第三节介绍。

第二节　商标侵权行为的认定及侵权行为类型

为有效地保护商标权，各国商标法通常都规定，注册商标的保护范围要大于注册商标的权利范围。商标权的保护范围不仅包括核定注册的商标和核定使用的商品，而且还包括与注册商标相近似的商标和与核定使用的商品相类似的商品，其目的在于全方位地保护商标权人的商标专有权。我国《商标法》第56条和第57条也分别对核准注册商标的权利范围和保护范围作了界定。本节主要探讨商标侵权行为的认定及侵权行为的类型。

一、商标侵权行为的认定标准和考虑因素

商标侵权行为，是指他人违反商标法的规定，在相同或类似的商品或服务上，未经商标权人同意擅自使用与注册商标相同或近似的标志，造成消费者对商品来源发生混淆，损害商标权人合法利益的行为。

（一）商标侵权行为的认定标准

制止混淆是商标法保护的核心问题。将导致相关公众混淆的可能性作为认定商标侵权的标准，即在判断生产者是否构成商标侵权时，只要求存在"混淆可能性"（the likelihood of confusion），而不一定要求有实际混淆的事实。对此，国际上已达成共识。[①] 我国《商标法》自1982年颁布后，在1993年和2001年的修改中，没有明确将混淆可能性作为认定商标侵权的构成要件，导致司法实践中对此认识不一致，判决不一。2013年第三次修改后的《商标法》确立了判断商标侵权的标准，即"容易导致混淆"[②]，并引入了国际上通用的"混淆可能性"标准。由此，我国争论多年的商标侵权认定标准的问题被画上了句号。上述立法规定对解决商标纠纷的司法判决和行政保护具有重要的现实意义。

（二）认定商标"混淆可能性"参考的因素

"混淆"在《现代汉语词典》中有两种解释：其一，混杂：界限模糊（多用于抽象事物）。其二，使混淆：使界限模糊。"混淆"的第二种含义恰恰与商

[①] TRIPS协定第16条规定，商标所有人有权阻止他人在交易过程中使用可能引起混淆的商标。

[②] 《商标法》第57条规定："有下列行为之一的，均属侵犯注册商标专用权：……（二）未经商标注册人的许可，在同一种商品上使用与其注册商标近似的商标，或者在类似商品上使用与其注册商标相同或者近似的商标，容易导致混淆的；……"

标使用中所指的"使相关公众对附有不同商标的商品（或服务）的来源产生误认"的意思相符。相关公众认为商品或服务来自同一个或经济上有关联的经营者时，就存在混淆的可能。混淆包括现实混淆和可能混淆，"混淆可能性"是一个不确定的概念，应当严格界定，以免扩大化。对此，各国立法在认定"混淆可能性"时均要求需考虑相关因素。

美国法院在审理商标侵权案件过程中总结并且发展了判定消费者"混淆可能性"的参考因素，其中最为著名的就是第二巡回法院在宝利来公司诉宝利来电子公司一案（Polaroid Corp. v. Polarad Electronics Corp.①）中创造的"宝利来因素"。原告 Polaroid 公司的创立者早在 1935 年就采用了"Polaroid"这一名字。由于名字具有创意性，因此被认为是受到商标法保护的合法商标。在原告向市场推出了偏光材料、选择式台灯和光学显微镜之后，"Polaroid"逐渐成为驰名商标。而这一切都发生在 1944 年被告的公司创立之前。原告 Polaroid 公司的产品绝大部分与电子有关。1947 年到 1948 年期间，原告的生意开始下滑。随后又开始好转，从 1948 年开始，原告开始大规模地扩展其生意。到 1958 年其销售总额已经达到了 6537 万美元。被告公司成立于 1944 年。它曾经是 Polarad Electronics 公司的一个合伙公司。1948 年被告被并入了纽约一家名为"Polarad Television"的公司。合并一年之后，公司改名为"Polarad Electronics"。其主要的生意是对微波传输设备、测量工具及电视和收音机的销售。被告声称其商标来自公司的创始人 Paul Odessey 的名字及公司加盟者 Larry Jaffe 的名字。但是，Odessey 承认在为自己的公司起名时已经了解到原告对"Polaroid"商标的使用。被告的商标只被使用在了玻璃以及偏光产品上，而没有被使用在电子产品之上。早在 1945 年的 11 月，原告就了解到被告的存在，但原告并没有对被告使用商标的行为提出异议。一直到 1946 年 6 月，被告开始在一本《电子产品》杂志上为其所售的电视设备做广告。这些广告和其他一些与被告相关的通知引起了原告高层的注意，但是原告仍然没有作出任何表示。直到 1950 年原告才意识到问题的严重性。虽然此时被告的销售额已经有了极大的增长，但是原告仍旧没有动静。1953 年被告向美国专利商标局提出了商标注册的申请。直到同年申请被公布时，原告才第一次提出了异议。

Polaroid 公司向纽约东区法院提起了诉讼，声称被告使用"Polarad"作为其商标及公司名字的行为损害了原告在联邦及州商标法上所取得的商标权，并构成了不正当竞争的行为。而被告不但否认了原告所提出的诉讼理由，还提起

---

① 287 F.2d 492 (2nd Cir. 1961).

反诉，意图取得法院对自己在商业领域使用其商标权利的认可，并禁止原告在电视机电子领域使用"Polaroid"商标。法官既拒绝了原告所提起的诉讼，也拒绝了被告提出的反诉。他认为原告及被告都没有提供充分的证据证明混淆的存在，并且双方都在使用商标时存在着疏忽。双方都提起了上诉。最终上诉法院作出判决，认为被告对"Polarad"商标的使用并没有损害原告所拥有的权利，因为原告在禁止被告使用其商标时存在疏忽，同时被告的产品也远离原告主要的产品市场。判决中，联邦第二巡回法院从《美国侵权法重述》引用了若干个需要考虑的因素来决定是否存在混淆的可能。主要包括八个因素：原告商标的强度、原告和被告商标之间的相似程度、商品或者服务的近似程度、原告进入该领域的可能性、混淆的具体证据、被告采用冲突商标是否具有善意、被告商品或者服务的质量、消费者的精细辨认程度。这里的八个因素被称为"Polaroid 因素法"。虽然该因素法并非对于法院在确认混淆可能性时需要考虑因素的穷尽式列举，在不同的案件中法院需要考虑不同的因素，但它仍然具有权威性的指导作用。

欧盟法院在长期的判例过程中，也形成了判断商标混淆可能性的标准，主要包括：原告商标的显著性、原告商标的使用情况和程度、商品或服务的类似性、原被告商标在音形义上的相似性、商标的主要部分等。

从上述欧美的司法实践中可以看到，商标混淆相似性判断的因素不能一概而定，还应根据个案的情况来认定是否存在混淆可能性。我国《商标法》第三次修改前未明确规定混淆可能性及具体的考虑因素。为指导司法实践，《最高人民法院关于审理商标民事纠纷案件适用法律若干问题的解释》将该"混淆可能性"引入对商标近似和商品与服务类似的判断要素之中。对"认定商标相同或者近似"，该解释第 10 条规定了以下三个方面需考虑的因素：第一，以相关公众的一般注意力为标准；第二，既要进行对商标的整体比对，又要进行对商标主要部分的比对，比对应当在比对对象隔离的状态下分别进行；第三，判断商标是否近似，应当考虑请求保护注册商标的显著性和知名度。经过十年多的司法实践，我国法院逐渐形成了在认定混淆可能性时的判断因素：商标近似程度、商品类似程度、在先商标的显著性、在先商标的知名度、消费者的智力水平和注意程度、原被告商品的销售渠道、被告意图、消费者实际混淆（权利人无须证明，但其实际混淆的证据有利于权利人在侵权诉讼中胜诉）等。

二、商标侵权行为的类型

根据我国现行《商标法》第 57 条、《商标法实施条例》第 76 条、《最高人民法院关于审理商标民事纠纷案件适用法律若干问题的解释》第 1 条的规定，以及国家知识产权局 2020 年 6 月 15 日颁布的《商标侵权判断标准》，商标侵权行为主要表现为以下几种类型：

（一）同种商品上使用与其注册商标相同的商标[①]

使用他人的注册商标，必须经商标权人同意签订注册商标使用许可合同并在商标局备案。未经许可实施这种行为，不论主观上是出于故意还是过失，都构成对他人注册商标专用权的侵犯。这种行为会使商品的来源发生混淆，不仅损害了商标权人的利益，也损害了消费者的利益。该种行为通常称为"双相同规则"，推定容易导致混淆。商标相同，是指被控侵权的商标与原告的注册商标相比较，二者在视觉上基本无差别。从一般消费者的角度看，凭视觉判断所对比的商标大体上差别不大，就构成商标相同。商品相同，是指涉嫌侵权人实际生产销售的商品名称与他人注册商标核定使用的商品名称相同的商品，或者二者商品名称不同但在功能、用途、主要原料、生产部门、消费对象、销售渠道等方面相同或者基本相同，相关公众一般认为是同一事物的商品。服务相同，是指涉嫌侵权人实际提供的服务名称与他人注册商标核定使用的服务名称相同的服务，或者二者服务名称不同但在服务的目的、内容、方式、提供者、对象、场所等方面相同或者基本相同，相关公众一般认为是同一供给的服务。[②]

根据《商标侵权判断标准》，下列行为属于《商标法》第 57 条第 1 项规定的商标侵权行为：（1）自行改变注册商标或者将多件注册商标组合使用，与他人在同一种或者类似商品或者服务上的注册商标近似，容易导致混淆的。比如，相关当事人在电器开关类别注册了两个商标，一个是"公"字商标，另外是一个"牛"字加图形的商标，但在实际使用当中，将两个商标进行了一个组合的使用，整体上看，与知名度较高的"公牛"商标构成了近似，使相关消费者产生了混淆。（2）在同一种商品或者服务上，将企业名称中的字号突出使用，与他人注册商标相同的。[③] 2013 年《商标法》修改后，增加了第 58 条："将他人注册商标、未注册的驰名商标作为企业名称中的字号使用，误导公众，构成不正当竞争行为的，依照《中华人民共和国反不正当竞争法》处理。"但是《反不正当竞争法》中并没有明确具体的适用条款。为指导行政执法，国家

---

① 2013 年《商标法》修改后，针对 2001 年《商标法》第 52 条第 1 款第 1 项的规定，将其拆分为第 57 条第 1 款第 1 项和第 2 项的规定。据此，本书分为两种侵权行为分别予以讨论：（1）同种商品上使用与其注册商标相同的商标；（2）同种或类似商品上使用与注册商标相同或近似的商标。

② 参见《商标侵权判断标准》第 9 条。

③ 参见《商标侵权判断标准》第 22 条、第 23 条。

知识产权局在 2020 年颁布的《商标侵权判断标准》中参考了司法解释相关规定，对在企业名称当中的字号突出使用的行为，如果构成了商标法意义上的商标的使用即突出使用，就援引商标法，按照商标侵权来处理。比如，把"李宁"作为企业字号并突出使用在与体育用品关联的商品上，如果产生混淆可能则构成侵权。

（二）同种或类似商品上使用与注册商标相同或近似的商标

1.《商标法》规定的商标侵权行为

同种或类似商品上使用与注册商标相同或近似的商标，属于《商标法》第 57 条第 2 项规定的商标侵权行为。实践中，这种侵权行为主要表现为以下三种情形：（1）在同一种商品上使用与他人注册商标近似的商标；（2）在类似商品上使用与他人注册商标相同的商标；（3）在类似商品上使用与他人注册商标近似的商标。这些侵权行为具备三个特点：一是侵权人的商标所指定的商品与被侵权人的商品为类似种类；二是侵权人所使用的商标与被侵权人的注册商标近似；三是侵权人使用商标的行为容易导致混淆。如果不同时具备这三个特点，使用人的行为就不会构成商标侵权，而是正常的商标使用行为。

如何界定商标近似、商品或服务相类似？《最高人民法院关于审理商标民事纠纷案件适用法律若干问题的解释》对这些概念进行了定义。商标近似，是指被控侵权的商标与原告的注册商标相比较，其文字的字形、读音、含义或者图形的构图及颜色，或者其各要素组合后的整体结构相似，或者其立体形状、颜色组合近似，易使相关公众对商品的来源产生误认或者认为其来源与原告注册商标的商品有特定的联系。商标近似而构成侵权的情况在生活中较为普遍，上述司法解释第一次明确了商标近似的概念，统一了对商标近似的理解和适用，对指导审判实践有重要的现实意义。类似商品，是指在功能、用途、生产部门、销售渠道、消费对象等方面相同，或者相关公众一般认为其存在特定联系、容易造成混淆的商品。类似服务，是指在服务的目的、内容、方式、对象等方面相同，或者相关公众一般认为存在特定联系、容易造成混淆的服务。商品与服务类似，是指商品和服务之间存在特定联系，容易使相关公众混淆。① 由此可见，判断商品类似的要素包括商品的功能、用途、生产部门、销售渠道、消费对象等；判断服务类似的要素包括服务目的、内容、方式、对象等。同时相关公众一般认为这两者与相关对象存在特定联系，容易造成混淆的，也构成商品类似或者服务类似。这里所谓的相关公众的一般认知，是指相关市场

---

① 参见《最高人民法院关于审理商标民事纠纷案件适用法律若干问题的解释》第 11 条。

的一般消费者对商品的通常认知和一般交易观念,不受限于商品本身的自然特性。综合判断,是指将相关公众在个案中的一般认识与商品交易中的具体情形,以及司法解释规定的判断商品类似的各要素结合在一起从整体上进行考察分析,同时可以参照商品分类表的分类。应当注意的是,商品分类表的意义是在商标注册时划分类别,以便于商标注册审查和商标行政管理。因此,在判断商品是否类似时,不能仅以此为依据,只能将其作为判断商品或服务是否类似的参考。

根据《最高人民法院关于审理商标民事纠纷案件适用法律若干问题的解释》第10条,人民法院依据《商标法》第52条第1项和第2项的规定,认定商标相同或者近似按照以下原则进行:第一,以相关公众的一般注意力为标准。这里的"相关公众",包括相关消费者和特定经营者,以他们对商标相同或者近似的一般注意力为判断标准。在实际中要注意既不能以特定领域的专家所具有的注意力,也不能以粗心大意的消费者的注意力为判断标准。第二,对比的原则。在认定商标侵权时,既要进行对商标的整体比对,又要进行对商标主要部分的比对,比对应当在比对对象隔离的状态下分别进行。所谓"对商标的整体对比",是指将商标作为一个整体来进行观察,而不是仅仅将商标的各个要素抽出来分别进行对比。因为消费者对商标的形成是一个整体的印象,而不是单个要素。两个商标在各自的构成要素上有不同,但把它们集合起来作为一个整体所产生的视觉效果可能会使消费者产生误认的,就应当认定为近似商标;反之,两个商标的单个要素相同,但作为整体来看不同的,就不能认定为近似商标。所谓"对商标主要部分的比对",是指将商标中起主要识别作用的部分单独拿出来进行重点对比和分析。这种方法是对商标整体比对的补充。一般而言,消费者对商标的记忆主要是商标突出和醒目的部分,即具有区别作用的部分。如果两个商标的主要部分相同或者近似,易造成消费者的误认,就可判断这两个商标是近似商标。所谓"比对应当在比对对象隔离的状态下分别进行",是指将注册商标和被指控侵权的商标放在不同的地点在不同的时间进行分析对比,而不是把比对的两个商标放在一起进行观察对比。这是一种基本的商标比对方法。无论对商标的整体对比还是部分对比,都应当采用隔离对比方式。采用这种方式,能较真实地反映出被指控商标造成混淆的可能。第三,注册商标的显著性和知名度。商标的显著性,是商标注册的构成要件。显著性越强的商标,其识别作用就越大,从而对他人"搭便车"的行为比较容易界定。根据注册商标的知名度范围不同,可以分为驰名商标和著名商标。由于这两种商标的巨大经济价值和消费者对其的认知程度,一些行为人就设计出与他人知名度高的注册商标相近似的商标进行使用,这严重侵犯了注册商标权人的利益。因此，在判定商标近似时，应当考虑注册商标的显著性和知名度。

2.《商标法实施条例》规定的侵权行为

《商标法实施条例》第 76 条规定："在同一种商品或者类似商品上将与他人注册商标相同或者近似的标志作为商品名称或者商品装潢使用，误导公众的，属于商标法第五十七条第二项规定的侵犯注册商标专用权的行为。"这种行为会造成两个方面的后果：一是商标的显著特征容易被冲淡，从而转化为商品的通用名称；二是容易使消费者产生误解或者联想，认为不正当使用者的商品与注册商标权人的商品为同一人的商品。

有学者认为，这一条没有存在的必要，可将其吸纳到《商标法》第 57 条第 2 款中，商品名称或者商品装潢也属于商业标识，或者广义的未注册商标，商标的基本功能就是识别商品或服务的来源，避免消费者造成混淆。如果在实践中该商品名称或者商品装潢和他人的注册商标相同或近似，使用在同一种或类似商品上，就容易误导公众。因为在这种情况下，商品名称或者商品装潢具有商标意义，符合《商标法》的规定；如果将其单列出来未免显得重复，而且会导致司法实践中认定上的混乱。①

3.《商标侵权判断标准》规定的侵权行为

在行政执法实践中执法人员发现，权利人的商标是白蓝红三种颜色的多边形图形，而涉案当事人注册的商标是个五边形，没有指定颜色，但在实际使用中进行了颜色的附着，与权利人的商标是非常相近的，容易造成相关公众混淆。对此，《商标侵权判断标准》作了明确规定："不指定颜色的注册商标，可以自由附着颜色，但以攀附为目的附着颜色，与他人在同一种或者类似商品或者服务上的注册商标近似、容易导致混淆的，属于商标法第五十七条第二项规定的商标侵权行为。"对"攀附"的界定，该标准认为："注册商标知名度较高，涉嫌侵权人与注册商标权利人处于同一行业或者具有较大关联性的行业，且无正当理由使用与注册商标相同或者近似标志的，应当认定涉嫌侵权人具有攀附意图。"具体认定是否侵权，可以考虑以下几点：（1）注册商标知名度较高；（2）涉嫌侵权人与注册商标权利人处于同一行业或者具有较大关联性的行业；（3）无正当理由使用与注册商标相同或者近似标志的。如果以上三点同时具备，可认定构成商标侵权。

（三）销售侵犯注册商标专用权的商品

1.《商标法》第 57 条第 3 项规定的销售行为

1993 年我国第一次修改《商标法》时增加了一种侵权行为，即销售明知

---

① 参见孔祥俊：《商标与不正当竞争法：原理和判例》，法律出版社 2009 年版，第 198 页。

是假冒注册商标的商品的行为，主要是针对流通领域中出现的侵犯注册商标专用权行为进行规制。因为生产假冒注册商标的商品在实践中往往通过流通环节销售出去。因此，法律不仅要在生产环节上严厉打击假冒注册商标的行为，而且要在流通领域堵住假冒注册商标的商品的销售。这条规定对制裁流通领域中的商标侵权行为起到了重要的作用。但该规定与国际惯例不符，通常认定商标侵权的行为是看有无侵权的行为事实，不管侵权人主观上是明知还是不知，都是对他人商标权的侵犯，属侵权行为。但是，按照我国《商标法》的要求，这类侵权人必须主观上出于故意，即明知，才能按商标侵权行为进行处理。换言之，如果销售者主观上不明知或应知其销售的商品是假冒注册商标的商品，则不能按照商标侵权来处理。这样就把很多侵权行为排除在外了。同时，在商标执法和司法实践中，很难判定行为人的主观动机。另外，按照这条规定，假冒注册商标是指未经商标权人的同意，故意在相同商品上使用与注册商标相同的商标。而对在相同商品上使用近似商标、类似商品上使用相同商标、类似商品上使用近似商标的情况没有规定。这样，就为一些不法商人留下了侵权的漏洞。2001年我国修改《商标法》时，删除了"明知"这一侵权构成的要件，只要是客观上销售了侵犯注册商标专用权的商品，不管主观上是否明知或应知，并不影响其侵权行为的定性，要受到法律的制裁。我国《商标法》在认定侵权行为时，采用了无过错责任原则，即无论行为人主观上是否有过错，只要有侵害权利人的事实存在，在定性时均认定构成侵权。

2.《商标侵权判断标准》规定的销售商的侵权行为

根据《商标侵权判断标准》的规定，下列行为属于《商标法》第57条第3项规定的商标侵权行为：其一，在包工包料的加工承揽经营活动中，承揽人使用侵犯注册商标专用权商品的。近年来随着家装行业的迅速发展，在包工包料加工承揽经营活动当中出现了使用侵权商品的行为，如何对这种行为进行定性？现行《商标法》对"销售"没有明确的解释。对于承揽人在包工包料的加工经营活动中，既包括劳务也包括销售的这种混合销售形式，如果使用侵权商品的，在《商标侵权判断标准》中也作为一种销售商的侵权行为加以规制。因假冒伪劣产品不仅损害了商标权人的利益，也涉及消费者的人身安全，所以应该严厉打击这种侵权行为。其二，经营者在销售商品时，附赠侵犯注册商标专用权商品的。实践中，经营者为吸引消费者，在销售商品时常常做赠送活动，如果该赠品是侵权商品，那么经营者是否构成商标侵权呢？比如，商场某专柜销售热水器，同时赠送假冒某品牌的水龙头，对这种行为是否要进行规制？如何适用法律？在类似案件执法过程中对认定构成侵权达成了共识，但在法律适用上存在争议，是适用《商标法》第57条第3项的销售行为，还是适用第57条第 7 项的其他损害行为？因为经销者确实在销售商品时发生附赠品的行为，《商标侵权判断标准》最终将其归纳为销售行为，适用《商标法》第 57 条第 3 项。

（四）伪造和擅自制造及销售他人注册商标标识

伪造他人注册商标标识，是指仿造他人的商标图案和物质载体而制造出商标标识。商标标识是指由商标图案组成的、附着于商品之上的物质载体，如商标标牌、商标瓶贴、商标织带等。擅自制造他人注册商标标识，是指未经商标权人的同意而制造其注册商标标识，在自己生产的相同或类似商品上使用。销售伪造、擅自制造的注册商标标识，是指未经商标权人同意，以其注册商标标识作为买卖的对象。上述行为不仅损害了商标权人的合法利益，也为侵犯商标专用权的行为提供了便利条件。因此，我国《商标法》和《商标印制管理办法》都将此类行为视为侵权行为。

（五）更换他人注册商标后并将该更换商标的商品又投入市场的行为

本条规定是我国《商标法》2001 年修改后新增加的一项侵犯商标专用权的内容，这种行为通常被称为"商标的反向假冒"。

1. 商标的反向假冒及域外立法

商标的反向假冒（reverse passing off），[①] 是指假冒者将他人带有注册商标的商品买来后，撤掉原来的注册商标，换上假冒者自己的商标，再把商品投向市场的行为。在两大法系中，反向假冒均受到法律禁止及制裁。如《法国知识产权法典》第 L.731-2 条规定，注册商标权人享有正反两方面的权利，有权禁止他人未经许可使用与自己的注册商标相同的或近似的商标，也有权禁止他人未经许可撤换自己依法贴附在商品上的商标标记。1995 年《澳大利亚商标法》第 148 条明文规定，未经许可撤换他人商品上的注册商标或出售这种经撤换后的商品，均构成刑事犯罪。1995 年《葡萄牙工业产权法》第 264 条也有相同规定，并对反向假冒处以刑罚。1992 年《意大利商标法》第 11-12 条规定，任何售货人均无权撤换供货人商品上原有的注册商标。

美国将商标反向假冒行为分别规定在商标法与反不正当竞争法中，实行合二为一的保护方式。《兰哈姆法》第 43 条 a 款是最明确的禁止商标反向假冒的商标法条款，该款规定："凡于任何商品或服务，或者与任一商品包装的联系上，在商业中使用任一单词、术语、姓名、符号或标记，或者它们间的任一组

---

① See Hazel Carty, Inverse Passing Off: A Suitable Addition ot Passing Off? European Intellectual Property Review Vol. 15, No. 10, 1993, p. 370.

合，或者使用任一虚假的来源表示，虚假或误导的事实描述，或者使用（1）可能对该人与他人的从属关系、联系上，或者对他人提供给该人的商品、服务或者商业活动的来源、赞助关系或批准上引起混同、误解或欺骗的虚假或误导事实，或者（2）在商业广告或促销活动中诈称该人或他人的商品、服务或商业活动的性质、特征、质量或地理来源者，确信可能受到这种行为损害的任何人应对该他人提起诉讼。"值得注意的是，本条又是关于反不正当竞争的总款。《兰哈姆法》规定，反向假冒者应负的侵权责任应与假冒他人商品者相同。此外，《美国反不正当竞争法重述（第三版）》第5条中还规定了反向假冒行为，也认为其是一种不正当竞争行为。

《日本商标法》则将去除他人商标的行为区分为商品进入流通过程之前的去除行为与商品进入流通过程之后的去除行为，认为第一种情形侵犯了商标权人使用商标的权利，构成商标侵权，而第二种情形下商标的目的已达到，不构成商标侵权。我国香港地区《商标法例》第32条规定，撤换他人所提供之商品上的商标而后再出售，构成商标侵权。[1] 发展中国家的商标法里也有与上述相同的规定。如《巴西工业产权法》商标篇第189条规定，凡改换商标权人合法加贴于商品或服务上之注册商标的行为，均构成对注册商标的侵犯；1994年《肯尼亚商标法》第58条c项也有禁止反向假冒的规定。

为保护商标权人的合法权益，维护正常的竞争秩序，我国2001年修改后的《商标法》明确规定了对商标反向假冒的侵权行为的认定。现行《商标法》第57条第5项规定，"未经商标注册人同意，更换其注册商标并将该更换商标的商品又投入市场的"的行为，构成侵犯注册商标专用权。这一规定体现了商标专用权的"行"与"禁"两个方面，从而起到警示作用。

2. 商标反向假冒的构成要件及典型案例

根据《商标法》第57条第5项的规定，商标反向假冒的构成要件为：（1）未经过商标权人的同意，擅自将原来的注册商标替换为侵权人自己的注册商标；（2）侵权人将替换商标后的商品再一次投向流通领域。假冒者的目的，是想利用他人价廉质高的产品为自己开拓市场，赚取高额利润。从域外的立法和执法情况看，已经把反向假冒作为商标侵权的一种表现形式。

我国首例商标反向假冒案例是发生在1994年的"鳄鱼吞食枫叶"案。本案被告为同益公司与北京百盛购物中心。1994年4月7日，取得鳄鱼公司授权的同益公司与北京百盛购物中心签订合同，在购物中心设置鳄鱼专卖店。同

---

[1] 参见郑成思：《知识产权论》，法律出版社1998年版，第321—323页。

年 4 月 15 日，同益公司以每条 188 元价格购买原告北京京工服装工业集团服装一厂生产的"枫叶"男西裤 26 条，并将其中的 25 条男西裤上的"枫叶"商标更换为"卡帝乐"商标，在百盛购物中心鳄鱼专卖店以每条 560 元的价格进行出售，注明产地为新加坡。原告遂起诉到北京市中级人民法院，要求被告停止侵权并赔偿损失。法院直到 1998 年 6 月 10 日才对此案进行一审公开宣判，认定同益公司损害了服装一厂的商业信誉，构成侵权；百盛购物中心、鳄鱼公司没有过错，不承担侵权责任。依照《民法通则》第 4 条、第 134 条第 1 款第 7、9、10 项和《反不正当竞争法》第 2 条的规定作出判决如下：第一，开发促进会在《北京日报》上向原告赔礼道歉，消除影响；第二，开发促进会赔偿原告商业信誉损失及为本案支付的合理费用共计 10 万元整。[①] 判决书下达后，原被告双方均未上诉。该案判决书中，并未提及商标的反向假冒问题。在同年的另一起案件中，法官则明确指出反向假冒行为构成侵犯商标专用权。

原告温菲尔德公司 1998 年 5 月 14 日在国家工商局注册了由中文"温蓝得"和拼音"WENLAND"组合而成的商标，以及由拼音字母变形而成的蝴蝶状图案商标，并在其上市的真丝机绣女式短袖上衣的领部使用了"温蓝得"文字商标，在水洗标上印有蝶状图案商标。被告北方华娜公司销售的女式真丝上衣虽在其领部钉有该公司的标牌（未注册），但在衣内侧下摆处的水洗标上明显地印有原告的蝶状注册商标图形，与原告生产销售的相同款式女上衣的水洗标完全一致。该服装原告的零售价是 160 元，被告的零售价是 238 元。原告起诉要求被告停止侵权，赔礼道歉，赔偿经济损失 10 万元。北京市第二中级人民法院经审理认为，被告是将原告衣领处的商标撕掉，换上自己的标牌后出售，这种行为剥夺了原告对自己注册商标的专用权利，亦妨碍了原告在市场竞争中树立自己良好的商业信誉和竞争优势。被告的行为不仅侵害了对方的商标专用权，同时也违反了诚实信用、公平竞争的最基本的商业道德原则。法院还认为，保护商标专用权不仅是限制未经商标注册人许可，在同一种商品或者类似的商品上使用与他人注册商标相同或近似的商标，还应该包括商标注册人有权在其商品到达最终消费者之前禁止他人以商业目的将其商品与商标分离。现代商品销售的模式不是生产者直接将商品卖给消费者，而是要将经过一个复杂的销售渠道和环节，商标权只有在商品到达最终的消费者后才用尽。被告的行为造成消费者无法辨认该商品的来源，破坏了商标与商品的不可分离性，侵害了原告的商标专用权。因此，根据 1993 年《商标法》第 38 条第 4 款和《民法

---

① 参见罗东川：《审理"枫叶"诉"鳄鱼"案的几个问题》，载《中华商标》1998 年第 4 期。

通则》的相关规定，作出如下判决：判决被告北方华娜公司停止侵害原告温菲尔德公司注册商标权的行为；判决生效后 30 日内在其公司和各专卖柜、专卖店明显的位置张贴向原告的致歉声明，赔偿原告经济损失 10 万元。① 在这起案件中，北京市第二中级人民法院首次认定了反向假冒行为构成侵犯商标专用权，突破了当时《商标法实施细则》对《商标法》第 38 条第 4 款所作的列举式的解释。人民法院的这一判决得到了专家的肯定，同时为 2001 年《商标法》第二次修改时将反向假冒行为入法提供了司法判例的支持。

3. 反向假冒条款完善

对商标反向假冒进行分类：一种是显性商标反向假冒，即去掉他人的商标，换上自己的商标将商品再行销售；另一种是隐性商标反向假冒，即去掉他人的商标，在无商标的情况下进行销售。后者比如，A 公司收购了 B 印刷厂出售的"银辉"牌印刷机械后，去除其注册商标并修整后再行出售。这两种行为共同的特点，是将他人投入市场的商品上的商标去除，破坏了商标的识别功能，使注册商标与其对应的商品割裂，造成商标市场影响力、商标信誉的降低，剥夺了消费者对生产商及所生产的商品的商标认知的权利，因此均构成侵犯他人的商标权。反思我国《商标法》的现行规定，反向假冒行为仅仅包含了商标的显性反向假冒，对隐性反向假冒并未涉及，但我国的司法实践中已出现了类似的案例，应及时修改《商标法》以完善对反向假冒条款的规定。另外，《商标法》仅规定了对注册商标的反向假冒问题，如果是对未注册驰名商标的反向假冒是否应该被禁止呢？如何适用法律？这些问题有待进一步研究。

（六）帮助他人实施侵犯商标专用权行为

2013 年《商标法》修改时，第 57 条中新增了一项侵权行为：故意为侵犯他人商标专用权行为提供便利条件，帮助他人实施侵犯商标专用权行为。与上述直接侵权行为相比，这是一种帮助侵权的行为。这里所指的"提供便利条件"，不仅包括传统的从事仓储、运输、邮寄、印制、隐匿等活动，也包括提供经营场地、网络销售平台等行为。② 应当注意的是，行为人只有在故意为侵犯商标权人提供上述条件的情况下，才构成侵权。该条款源于 2002 年《商标法实施条例》第 50 条第 2 项，即故意为侵犯他人注册商标专用权行为提供仓

---

① 参见朱呈义：《浅析商标反向假冒中对商标权人的保护》，http://www.ccmt.org.cn/showexplore.php?id=249，2014 年 2 月 8 日访问。

② 《商标法实施条例》第 75 条规定："为侵犯他人商标专用权提供仓储、运输、邮寄、印制、隐匿、经营场所、网络商品交易平台等，属于商标法第五十七条第六项规定的提供便利条件。"

储、运输、邮寄、隐匿等便利条件的,属于《商标法》第 52 条第 5 项所称侵犯注册商标专用权的行为。随着大型购物场所和互联网产业的快速发展,出现了在销售场所和网络平台进行的新的商标侵权行为。这种侵权行为中,提供场所方和网络平台服务商本身虽然没有直接侵权,但从本质上对侵权行为起到了帮助作用。鉴于其危害性,为保护商标权人利益,规范提供经营场地一方和网络销售平台的行为,提高其权利意识和管理责任,2013 年《商标法》第 57 条第 6 项将其作为一种独立的侵权行为加以规定。

《商标侵权判断标准》第 30 条中对此类行为主体及责任的承担作了进一步的明确:"市场主办方、展会主办方、柜台出租人、电子商务平台等经营者怠于履行管理职责,明知或者应知市场内经营者、参展方、柜台承租人、平台内电子商务经营者实施商标侵权行为而不予制止的;或者虽然不知情,但经商标执法相关部门通知或者商标权利人持生效的行政、司法文书告知后,仍未采取必要措施制止商标侵权行为的,属于商标法第五十七条第六项规定的商标侵权行为。"该条规定也与我国侵权责任法规范相一致。

在内蒙古鄂尔多斯资源股份有限公司诉港澳中心有限公司侵害商标权纠纷案中,法院认为,虽没有证据证明被告系"鄂尔多斯精品羊绒特卖"活动的经营人并直接参与经营与销售,从经营与销售中获利,且被告主张在进行场地出租时对承租人的资质证明进行了审查,并在出租手续中以"免责声明"的方式提示了承租人应依法经营并明示了承租人自行确定宣传品内容及摆放的位置,但被告所审查的包括营业执照的材料显示,承租人呼和浩特市蒙绒羊绒制品有限公司的注册地址为内蒙古自治区呼和浩特市新城区府兴营村兴松小区,与地名"鄂尔多斯市"并无关联;即使被告辩称鄂尔多斯本身是一个地名且羊绒是其地域特产,但鄂尔多斯并非羊绒的单一产地,同时在被告所出租的场地内销售的并非"羊绒"本身;另考虑到原告主张权利的商标具有较高的知名度,而涉案侵权的标志牌位于被告酒店内非常明显之位置,被告稍加注意便会发现承租人呼和浩特市蒙绒羊绒制品有限公司所销售的品牌商品与标志牌上所标示的"鄂尔多斯"之间的不同,进而进行审查。故被告作为场地出租方和管理者,其审查行为并不严格,未履行对承租人可能存在的侵犯他人注册商标专用权的行为所负有的及时制止的注意义务,加之其与承租人的租赁协议关于法律责任的约定不能对抗协议外的第三人,故被告客观上为侵犯商标专用权的行为提供了便利条件,应承担侵权责任。[①]

[①] 参见北京市东城区人民法院(2015)东民(知)初字第 17996 号。

（七）给他人的注册商标专用权造成其他损害的行为

根据《最高人民法院关于审理商标民事纠纷案件适用法律若干问题的解释》第 1 条的规定，下列行为属于我国《商标法》第 57 条第 7 项规定的给他人的注册商标专用权造成其他损害的行为：

1. 将与他人注册商标相同或者相近似的文字作为企业的字号在相同或者类似商品上突出使用，容易使相关公众产生误认的

由于企业名称和字号由各地工商行政管理部门登记注册，因此各地区可能存在着相同或近似的名称字号。另外，现实生活中很多企业是把自己的名称字号注册为商标的，而我国的商标注册机构为国家知识产权局商标局。显然，对名称、字号的登记和商标注册分属于两个管理部门，在实践中易造成企业名称和字号与注册商标发生冲突的情况。也有一些企业和个人故意在相同或近似的商品上使用他人注册商标的文字，这种"搭便车"的行为使相关公众对商品的来源产生误认，侵害了他人的利益，也破坏了诚实信用的市场交易规则。在认定这种侵权行为时，构成要件包括：（1）使用了和他人注册商标相同或相似的文字；（2）将使用的文字作为企业的名称或字号；（3）将名称或字号在与注册商标所标识的相同或类似商品上突出醒目地使用；（4）造成了易使公众产生误认的结果。

在北京庆丰包子铺与山东庆丰餐饮管理有限公司侵害商标权与不正当竞争纠纷案中，被告庆丰餐饮公司主张其对"庆丰"文字的使用属于合理使用其企业字号，且系对其公司法定代表人徐庆丰名字的合理使用。对此，法院认为，庆丰餐饮公司的法定代表人为徐庆丰，其姓名中含有"庆丰"二字，徐庆丰享有合法的姓名权，当然可以合理使用自己的姓名。但是，徐庆丰将其姓名作为商标或企业字号进行商业使用时，不得违反诚实信用原则，不得侵害他人的在先权利。徐庆丰曾在北京餐饮行业工作，应当知道庆丰包子铺商标的知名度和影响力，却仍在其网站、经营场所突出使用与庆丰包子铺注册商标相同或相近似的商标，明显具有攀附庆丰包子铺注册商标知名度的恶意，容易使相关公众产生误认，属于给他人注册商标专用权造成其他损害的行为，其行为不属于对该公司法定代表人姓名的合理使用。因此，庆丰餐饮公司的被诉侵权行为构成对庆丰包子铺涉案注册商标专用权的侵犯。[①]

---

① 参见最高人民法院（2016）最高法民再 238 号。

2. 复制、模仿、翻译他人注册的驰名商标或其主要部分在不相同或者不相类似商品上作为商标使用，误导公众，致使该驰名商标注册人的利益可能受到损害的

我国《商标法》第 13 条第 3 款规定："就不相同或者不相类似商品申请注册的商标是复制、摹仿或者翻译他人已经在中国注册的驰名商标，误导公众，致使该驰名商标注册人的利益可能受到损害的，不予注册并禁止使用。"但在实践中，一些行为人已经违法取得了注册，而且长期使用，对驰名商标权人的利益造成了损害。《最高人民法院关于审理商标民事纠纷案件适用法律若干问题的解释》根据行政执法部门、司法实践及学者们的意见，将此种行为明确界定为商标侵权行为，以保护驰名商标权利人的利益。根据《巴黎公约》第 6 条的规定，即"在商标的主要部分构成对上述驰名商标的复制或者模仿，易于产生混淆的"，也应当适用前述的法律责任。上述司法解释也使用了"驰名商标或其主要部分"的表述。在认定这种行为时，要注意与未注册商标保护的规定相区别。这种行为的构成要件为：（1）违法行为具有阶段性，行为人首先复制、模仿和翻译他人的注册商标等，而后开始使用；（2）复制、模仿、翻译的对象是他人注册的驰名商标或驰名商标的主要部分；（3）行为人在不相同或不相类似的商品上使用；（4）造成相关公众误认，并且使驰名商标所有人的利益可能受损的。

在株式会社尼康诉浙江尼康电动车业有限公司等侵犯注册商标专用权及不正当竞争纠纷案中，经过对诉争商标进行整体比对和主要部分比对，法院认为被告浙江尼康电动车业有限公司使用的"尼康"文字与株式会社尼康注册商标"尼康"相同，使用的"NICOM"英文字母与株式会社尼康注册商标"Nikon"英文字母的组合虽不完全相同，但其读音及各构成要素的字母组合结构相近似，该使用行为足以使相关公众对其产品的来源产生误认，应认定浙江尼康的行为侵犯了株式会社尼康的注册商标专用权。[①]

3. 将与他人注册商标相同或者相近似的文字注册为域名，并且通过该域名进行相关商品交易的电子商务，容易使相关公众产生误认的

为适应计算机技术和网络经济的飞速发展，商标权的保护从线下现实生活延伸到网络世界。这种侵权行为的构成要件有：（1）有将与他人注册商标相同或者相近似的文字注册为域名的行为；（2）通过该域名进行了相关商品交易的电子商务，这里的相关商品交易，是指在同一种商品或类似商品上的交易；

---

① 参见陕西省西安市中级人民法院（2009）西民四初字第 302 号。

(3) 利用该域名进行电子商务易使相关公众产生误认。《商标侵权判断标准》第 31 条重申了该规定:"将与他人注册商标相同或者相近似的文字注册为域名,并且通过该域名进行相关商品或者服务交易的电子商务,容易使相关公众产生误认的,属于商标法第五十七条第七项规定的商标侵权行为。"

在尚杜·拉菲特罗兹施德民用公司诉深圳市金鸿德贸易有限公司等侵犯商标专用权、不正当竞争纠纷案中,被告公司使用的域名"lafitefamily.com"完整包含了原告公司第 1122916 号注册商标"LAFITE"文字,且被告在该网站中结合"Lafitefamily"、图形等标识对其葡萄酒商品进行宣传、推广,容易使相关公众误认为被告提供的商品来源于原告,被告的这一行为属于给他人注册商标专用权造成其他损害的行为,侵犯了原告公司第 1122916 号"LAFITE"注册商标专用权。①

综上所述,随着经济和科学技术的发展,还会出现新的商标侵权类型,立法不可能一一列举。在判断是否构成商标侵权行为时,可遵循商标侵权行为的判断标准和考虑因素,审查是否与在先商标权存在混淆可能性。

三、对《商标法》第 57 条商标侵权行为条款的思考

我国对于商标侵权行为的规定,经过立法历次修改逐步完善,特别是 2013 年修改《商标法》后,明确了"混淆可能性"作为判断商标侵权的标准。但在司法实践中,针对现行《商标法》第 57 条,依然存在一些问题需要进一步研究。

(一) 我国现行《商标法》第 57 条规定的争议

我国《商标法》第 57 条列举了下列商标侵权的行为:(1)未经商标注册人的许可,在同一种商品上使用与其注册商标相同的商标的;(2)未经商标注册人的许可,在同一种商品上使用与其注册商标近似的商标,或者在类似商品上使用与其注册商标相同或者近似的商标,容易导致混淆的;(3)销售侵犯注册商标专用权的商品的;(4)伪造、擅自制造他人注册商标标识或者销售伪造、擅自制造的注册商标标识的;(5)未经商标注册人同意,更换其注册商标并将该更换商标的商品又投入市场的;(6)故意为侵犯他人商标专用权行为提供便利条件,帮助他人实施侵犯商标专用权行为的;(7)给他人的注册商标专用权造成其他损害的。从文本解读上看,第 1—3 项并未要求侵权行为人主观有过错,而第 4—6 项则要求行为人主观上有过错,即只有在明知和故意情况

---

① 参见湖南省高级人民法院(2011)湘高法民三终字第 55 号。

下所为的才构成侵权;第 7 项给他人的注册商标专用权造成其他损害的规定,未明确其外延,容易带来滥用司法裁判的不利后果。

针对上述规定,有学者认为,该条立法内容和技术存在严重缺陷:没有对直接侵权和间接侵权这两种构成要件截然不同的商标侵权行为进行正确区分,而是混为一谈,并在司法实践中导致了严重的问题。[①] 有学者则将上述侵权行为表述为:商标专用权及商标侵权、特殊形式的商标侵权,其中包括反向假冒商标侵权、与商标标识有关的商标侵权、提供便利条件的商标侵权、将商标用作商品名称或者装潢的商标侵权。[②] 也有学者将上述侵权行为划分为两种基本类型:一种是核心的或基本的商标侵权行为,它直接妨碍了注册商标发挥其商标标识作用,又称"直接妨碍商标功能的侵权行为",《商标法》第 57 条第 1 项规定即属此类;另一种是外围的商标侵权行为,为核心商标侵权行为推波助澜,如扩散侵权后果、为侵权创造条件,又称"延伸的商标侵权行为",《商标法》第 57 条第 2 项、第 3 项以及《商标法实施条例》第 50 条第 2 项规定的行为即属此类,它们都不是直接损害注册商标的标识功能或者引起市场混淆的行为,而是辅助或者从属于直接侵害商标的行为。[③]

上述问题反映出学界对《商标法》第 57 条规定的不同意见,主要表现为以下问题:认定商标侵权行为是否需要考虑主观过错?如何对商标侵权行为进行类型化?分类标准是什么?不同侵权行为的构成要件是什么?何谓商标侵权意义上的使用?如何修改和完善现行立法关于侵权行为种类的规定?

按照目前的主流观点,在确认是否侵害知识产权并要求侵权人停止侵权活动时,应采用无过错责任原则;在确定是否赔偿或确定赔偿额度时,应适用过错责任原则。[④] 商标法也无例外。认定商标侵权并不考虑侵权人的主观过错,实行的是无过错责任原则,即行为人无论是否有故意或过失,是否存在恶意或善意,只要实施了《商标法》第 57 条规定所禁止的行为,即可认定构成商标侵权。但是,分析现行立法第 57 条所列的侵权行为,从文义上看,各种侵权行为的主观要求并不相同。从第 57 条第 1 项和第 2 项规定来看,未经商标注册人的许可,在同一种商品或者类似商品上使用与其注册商标相同或者近似的商标的,均构成侵权。该项没有主观过错要求,意旨只要符合上述要件即构成

[①] 参见王迁、王凌红:《知识产权间接侵权研究》,中国人民大学出版社 2008 年版,第 125—126 页。
[②] 参见黄晖:《商标法》,法律出版社 2004 年版,第 147—150 页。
[③] 参见孔祥俊:《商标与不正当竞争法:原理和判例》,法律出版社 2009 年版,第 170—172 页。
[④] 参见郑成思:《知识产权论》,法律出版社 1998 年版,第 253 页。

侵权。对于第 57 条第 3 项，销售侵犯注册商标专用权的商品构成侵权的规定，立法意图很明确，认定侵权并不考虑主观上是否有过错，只要销售者售卖了侵权商品即构成侵权。对照第 57 条第 4 项、第 5 项，这几种行为构成侵权则要求行为人主观上存在故意，或有过错。但立法并没有明确划分并免除其侵权行为的赔偿责任，仍以无过错责任原则认定侵权，显然这种规定有些自相矛盾。

针对"伪造、擅自制造他人注册商标标识或者销售伪造、擅自制造的注册商标标识的"行为，在实践中，如该标识并未用于相同或类似商品，没有导致消费者混淆的，是否构成侵权呢？按照目前规定，只要符合该要件即构成侵权。有学者指出，美国商标法并不将制造商标标识行为本身定为"直接侵权"，而是规定只有印刷商在知晓委托人没有获得商标权人授权情况下制造商标标识的，才可构成"间接侵权"。我国立法的这种规定也与欧盟国家的商标法相冲突，可以说我国商标法在这方面的保护水平大大超越了发达国家。①

也有学者认为，过错不是侵权行为的构成要件之一。过错只与责任的承担有关，而与行为的认定无关，并将商标侵权行为定义为：违反法定义务，给他人的商标专用权造成损害或损害威胁的行为。行为人主观上过错的有无对其行为是否构成侵权并无影响，只在考虑其责任承担时才有意义。我国《商标法》也没有把过错作为认定商标侵权行为的一个条件。分析第 57 条的几种法定情形，既包含无过错的也包含有过错的侵权行为。该学者认为，立法者在制定法律时，根据对各种利益的权衡，完全有可能把过错作为某一行为规定为侵权行为的要件。换言之，在侵权行为构成要件中，是否纳入过错因素，完全取决于立法政策的考虑。过错有无不能作为判断商标侵权行为的一个标准。即法院在认定某一行为是否构成侵权时不需要考虑侵权人的主观过错，而只需考虑该行为是否具有违法性。② 按照此种观点，似乎可以解释我国《商标法》第 57 条规定的逻辑。

(二) 商标侵权行为类型的划分标准

从上面的讨论可以看出，过错并不能构成不同商标侵权类型的划分标准，这也是由商标侵权行为的复杂性和多样性所决定的。之所以对商标侵权行为类型进行分类，一是因其不同行为适用的构成要件不同，二是从利益平衡角度而言，行为的划分不仅有利于保护商标权人，也可防止商标权利滥用。

本书尝试以"是否破坏商标识别功能"为标准，将商标侵权行为划分为两

---

① 参见王迁、王凌红：《知识产权间接侵权研究》，中国人民大学出版社 2008 年版，第 128 页。
② 参见魏森：《商标侵权认定标准研究》，中国社会科学出版社 2008 年版，第 54 页。

大类：基本的商标侵权行为和延伸的商标侵权行为。

1. 基本的商标侵权行为

基本的商标侵权行为是指对商标识别来源功能造成破坏的行为，导致消费者产生混淆的可能，而无论主观上是否有过错。这类侵权行为可包括生产和流通领域的侵权行为，以及商标反向假冒等行为，主要包括现行《商标法》第57条第1项、第2项、第4项、第5项。在具体条文内容的表述上，有些措辞需要进一步斟酌。比如，是否可将《商标法》第57条第1项"未经商标注册人的许可，在同一种商品上使用与其注册商标相同的商标的"中的"商标"一词，改为"标识"？因为措辞不同会影响到其适用范围的界定，标识的含义比商标更广泛，不仅包括商标，也包括商品名称、装潢、字号、域名等广义的标志。在商业活动中，只要客观上能够区分商品或服务来源的标志，无论称谓如何，均属于标识的范畴。[①] 从国际公约和相关立法来看，对于受保护的注册商标，英文使用"trade mark"或者"registered trade mark"，对构成侵权的标识使用"signs"，以示区分。比如，TRIPS协定第16条第1项对构成商标侵权的标识表述为"identical or similar signs"，《欧盟商标指令》将商标侵权标识称为"any signs"。《商标法》第57条第4项是关于商标反向假冒的规定，现行立法只规定了商标的显性假冒，而未包含隐性假冒的情况（上文已经论述）。由此看来，该条款未免欠全面，对此需要补充和完善。

综上所述，基本的商标侵权行为可列举如下："下列可能使相关公众产生混淆的行为构成商标侵权：（一）未经商标注册人的许可，在同一种商品或者类似商品上使用与其注册商标相同或者近似的标识（包括商品名称、装潢、字号、域名等）的；（二）销售侵犯注册商标专用权的商品的；（三）未经商标注册人同意，更换或去除其注册商标并将该商品又投入市场的。"

2. 扩展的商标侵权行为

这类行为并不直接损害注册商标标识功能，而是对侵权行为起到了辅助和帮助作用，在明知或应知其实施违法行为的情况下才构成侵权。对应上述的基本侵权行为，该类行为又可称"延伸的（或外围的）商标侵权行为"。具体表现为：

第一，伪造、擅自制造他人注册商标标识或者销售伪造、擅自制造的注册商标标识的行为。该款针对的主体应当是注册商标的印制者或销售者，并非伪造和擅自制造他人注册商标标识后用于自己的产品或服务，并加以出售

---

① 参见孔祥俊：《商标与不正当竞争法：原理和判例》，法律出版社2009年版，第171页。

的人,"否则这种行为足以被《商标法》第 57 条规定的前两种行为所涵盖"①。在我国,对商标印制委托人和受托人均有明确的要求。《商标印制管理办法》第 3 条和第 4 条规定:"商标印制委托人委托商标印制单位印制商标的,应当出示营业执照副本或者合法的营业证明或者身份证明。""商标印制委托人委托印制注册商标的,应当出示《商标注册证》,并另行提供一份复印件。签订商标使用许可合同使用他人注册商标,被许可人需印制商标的,还应当出示商标使用许可合同文本并提供一份复印件;商标注册人单独授权被许可人印制商标的,还应当出示授权书并提供一份复印件。"商标的印制单位应当对商标印制委托人提供的证明文件和商标图样进行核查。商标印制委托人未提供上述相关的证明文件,或者其要求印制的商标标识不符合《商标印制管理办法》第 5 条和第 6 条规定的,商标印制单位不得承接印制。② 商标印制单位违反上述规定承接印制业务,且印制的商标与他人注册商标相同或者近似的,属于《商标法实施条例》第 75 条所述的商标侵权行为。③ 显然,该种行为构成侵权需要行为人主观上有过错,故意所为,且明知委托人不是商标权人或者不是合法的授权者,其印制的商标又与他人注册商标相同或者近似。印制者主观上信赖委托人,在无过错的情况下印制注册商标的,只承担停止侵权的责任,免除赔偿。1998 年修改的《兰哈姆法》中规定,仅从事印刷标志业务的侵权者或违法者,为"无辜侵权者或无辜违法者",商标权人仅能获得禁止侵权人今后印刷侵权物的禁令。④

第二,故意为侵犯他人商标专用权行为提供仓储、运输、邮寄、隐匿、经营场所、网络交易平台等行为。本条规定显然属于帮助侵权的行为。

综上所述,根据是否侵害注册商标标识来源的功能,本书将商标侵权行为划分为基本的商标侵权行为和延伸的商标侵权行为,分类意义在于不同的侵权行为适用不同的构成要件,不同类型的行为人主观过错不同,承担的侵权责任和赔偿责任也应有所不同。同时也考虑到在商标权保护方面的利益平衡,防止对商标权给予过高保护,以与我国目前经济发展水平相适应。在具体侵权行为的列举和内容的设计上,本书提出将现行商标法律规定的六种侵权行为整合为两大类共五项侵权行为和一项弹性规定。具体列表如下:

---

① 王迁:《知识产权法教程(第六版)》,中国人民大学出版社 2019 年版,第 519 页。
② 参见《商标印制管理办法》第 7 条。
③ 参见《商标印制管理办法》第 13 条。
④ See 15 U.S.C. §1114 (2) (a) (b).

表 4-1　《商标法》第 57 条分类比较表

现行《商标法》第 57 条侵权行为类型	本书对商标侵权行为的分类
第五十七条　有下列行为之一的，均属侵犯注册商标专用权： （一）未经商标注册人的许可，在同一种商品上使用与其注册商标相同的商标的； （二）未经商标注册人的许可，在同一种商品上使用与其注册商标近似的商标，或者在类似商品上使用与其注册商标相同或者近似的商标，容易导致混淆的； （三）销售侵犯注册商标专用权的商品的； （四）伪造、擅自制造他人注册商标标识或者销售伪造、擅自制造的注册商标标识的； （五）未经商标注册人同意，更换其注册商标并将该更换商标的商品又投入市场的； （六）故意为侵犯他人商标专用权行为提供便利条件，帮助他人实施侵犯商标专用权行为的； （七）给他人的注册商标专用权造成其他损害的。	有下列行为之一的，均属侵犯注册商标专用权： 一、基本商标侵权行为 （一）未经商标注册人的许可，在同一种商品或者类似商品上使用与其注册商标相同或者近似的标识（包括商品名称、装潢、字号、域名等）的； （二）销售侵犯注册商标专用权的商品的； （三）未经商标注册人同意，更换或去除其注册商标并将该商品又投入市场的。 二、延伸商标侵权行为 （一）伪造、擅自制造他人注册商标标识或者销售伪造、擅自制造的注册商标标识的； （二）故意为侵犯他人商标专用权行为提供便利条件的。 三、给他人的商标权造成其他损害的。

（三）商标侵权使用之理解

我国《商标法》第 48 条关于商标使用的规定是否当然适用于认定构成商标侵权的使用行为？与《商标法》第 49 条第 2 款中的商标使用是否要有所区别？《商标法》及其实施条例、司法解释未对商标侵权使用进行界定。

本书认为，《商标法》第 49 条第 2 款所要解决的问题是商标"是否在使用"，其立法用意在于维护已经注册的商标，不要轻易剥夺该商标权，对此，认定商标是否在使用的标准应该宽松，尽可能避免因不使用导致该商标被撤销。而《商标法》第 57 条中的侵权行为的使用条款，要解决的是"如何使用"，和第 49 条的立法目的不同，考量使用的标准也应有所不同。

在认定侵权行为的使用时，因商标专用权行使有范围的界定，为防止权利人滥用权利，被告的使用必须是商标意义上的使用，即真实地将商标使用在对应的商品上的实际使用，才构成侵权。如果仅仅只是形式意义上的使用，比如，小规模的内部使用、广告宣传等，不能称为侵权使用，因为商标的识别功能还未实现。从商标法中使用的定义分析，该使用是在商业活动中使用，其目的在于通过使用发挥商标的基本功能，即识别商品或服务来源。由此，《商标法》第 48 条的规定当然适用于认定构成商标侵权行为的使用行为。换言之，在商业活动中使用作为限定构成商标侵权的使用行为，可以将非商业性使用商标排除在侵权行为之外，防止商标权滥用。另外，认定被控侵权人使用标识是否为商标意义上的使用，也有助于界定叙述性正当使用和指示性正当使用的情形，如果超出了正当使用的范围，引起消费者混淆或与注册商标产生联想等，则构成商标侵权。

第三节　商标侵权的损害赔偿及民事制裁

2018年国务院机构改革后，商标侵权案件的行政执法机关为国家市场监管部门。当注册商标专用权受到侵犯时，被侵权人或者任何人都可以向市场监管部门投诉或者举报；被侵权人也可以直接向人民法院起诉，要求追究侵权人的法律责任。根据《商标法》的规定，侵权人应承担的法律责任有民事责任、行政责任，侵权情节严重，构成犯罪的，要追究其刑事责任。本节重点分析商标侵权应承担的民事损害赔偿责任，以及2019年《商标法》第四次修改后增加的商标侵权的民事制裁。

一、商标侵权损害赔偿额的确定

商标侵权行为人承担民事责任的方式主要有停止侵害和赔偿损失。关于赔偿损失的数额及方法，我国现行《商标法》第63条第1款和第3款作了明确的规定："侵犯商标专用权的赔偿数额，按照权利人因被侵权所受到的实际损失确定；实际损失难以确定的，可以按照侵权人因侵权所获得的利益确定；权利人的损失或者侵权人获得的利益难以确定的，参照该商标许可使用费的倍数合理确定。对恶意侵犯商标专用权，情节严重的，可以在按照上述方法确定数额的一倍以上五倍以下确定赔偿数额。赔偿数额应当包括权利人为制止侵权行为所支付的合理开支。……权利人因被侵权所受到的实际损失、侵权人因侵权所获得的利益、注册商标许可使用费难以确定的，由人民法院根据侵权行为的情节判决给予五百万元以下的赔偿。"

2013年《商标法》对确定赔偿额的顺序作了规定，不同于立法修改前的当事人可以自主选择。根据现行立法规定，确定赔偿额的顺序依次为：权利人因被侵权所受到的实际损失；实际损失难以确定的，可以按照侵权人因侵权所获得的利益确定；权利人的损失或者侵权人获得的利益难以确定的，参照该商标许可使用费的倍数合理确定。本书认为，在每个具体的案件中，权利人应该有权选择有利于自己的损失赔偿额的计算方法，这也是意思自治原则的一种体现，立法不应对此作强制性的规定。另外，根据《最高人民法院关于审理商标民事纠纷案件适用法律若干问题的解释》第 13 条，人民法院依据《商标法》第 63 条第 1 款的规定确定侵权人的赔偿责任时，可以根据权利人选择的计算方法计算赔偿数额。一般情况下，人民法院的选择应立足于当事人的选择要求，另外，对当事人之间就上述计算方法以外的损害赔偿额计算方法达成一致的，在不违反国家法律和社会公共利益及他人合法利益的时候，人民法院应当准许。

从上述规定可以看到，2013 年修改后的《商标法》确定了五种计算商标侵权损害赔偿数额的方法：权利人损失、侵权人获利、参照商标许可使用费的倍数、惩罚性赔偿和法定赔偿。根据《商标法》和《最高人民法院关于审理商标民事纠纷案件适用法律若干问题的解释》，这五种计算方法的适用条件不一，下面分别阐释。其中，惩罚性赔偿因其特殊性，本书将单独进行论述。

（一）权利人因被侵权所受到的实际损失

因被侵权所受到的损失，可以根据权利人因侵权所造成商品销售减少量或者侵权商品销售量与该注册商标商品的单位利润乘积计算。[①] 按照民事诉讼法的要求，被侵权人的损失应当由其自己举证，证明因他人侵权所造成的商品销售量的减少额和商品的单位利润，然后计算出应当赔偿的数额。在实际生活中由于一些特殊原因，如该商品市场需求很大，也会出现侵权事实已发生，而被侵权人的商品销售量没有减少的情况，有时候还会出现上升的趋势，但这种违法行为毕竟造成了对权利人潜在的销售市场的侵害。同时，被侵权人的损失还体现在侵权人使用权利人的注册商标的非法获利上。因此，根据查明的侵权商品销售量与该注册商标商品的单位利润乘积计算被侵权人的损失，就成为可以选择的另一种计算损害赔偿额的方法。

（二）侵权人因侵权所获得的利益

侵权所获得的利益，可以根据侵权商品销售量与该商品单位利润乘积计算；该商品单位利润无法查明的，按照注册商标商品的单位利润计算。[②] 所谓"该商品单位利润"，是指每件商品的平均利润。所谓"注册商标商品的单位利润"，是指权利人享有注册商标权的每件正牌商品的平均利润。这种规定是针对实践中一些不法行为人故意作虚假陈述或者隐匿账单，让假冒商品的利润无法查明的情形而制定的。有时即使查明了假冒商品的利润，但价格很低，如果按照该价格对权利人赔偿就会不公平。

[①] 参见《最高人民法院关于审理商标民事纠纷案件适用法律若干问题的解释》第 15 条。
[②] 参见《最高人民法院关于审理商标民事纠纷案件适用法律若干问题的解释》第 14 条。

上述依据权利人损失和侵权人获利来确定损害赔偿额的两种计算方法，是根据民法损失填平原则所设计的常规性赔偿方法，符合民事侵权责任的一般原则。

（三）商标许可使用费的倍数

参照商标许可使用费的倍数确定损害赔偿的计算方法，是2013年《商标法》修订时新增的条款。只有当权利人损失或者侵权人获利两种方法都不能确定时，才考虑使用商标许可使用费的倍数来确定损害赔偿额。这是一种新的计算损害赔偿的方法，其立法目的在于寻求一种快捷确定商标侵权赔偿数额的通道，以克服权利人损失和侵权人获利两种计算方法所具有的难度。在美国司法实践中，当原告无法证明所受实际损害具体数额时，法院也经常将商标许可使用费作为原告所受实际损害的计算依据。从我国的司法实践来看，采用这种方法确定赔偿额的案例较少，因为在法律适用上存在不少难点问题，主要表现为以下几个方面：

首先，商标许可使用费的确定。司法实践中，提交许可使用费合同作为证据的案件不在少数，但真正采信为赔偿依据的并不多。主要原因有：其一，权利人提交的商标许可使用合同的真实性、与案件关联性缺乏其他证据印证。有些案件当事人提交了商标许可备案证明，以证实商标许可合同的真实性，但未提交许可使用费支付凭证，这样的证据很难证明商标许可使用费。其二，有些商标许可合同切实履行了，也提交了支付凭证，但许可合同涉及多个商标，还包括其他相关权利，本合同就难以作为该案赔偿的参照依据。其三，有些权利人提交的商标许可合同涉及行业领域、地域与侵权人经营的行业、所处地域有较大差异。在此情形下，商标许可费因行业、地域差异也不具有可参照性。① 比如，在北京同仁堂公司诉黄某某商标侵权纠纷案中，原告提供了商标许可使用合同，请求参照商标许可费用确定侵权赔偿数额。法院经审理后，认为该商标许可合同的许可使用费不能作为确定赔偿数额的参照依据。因为在本案中，该商标许可合同涉及9个商标、30种药品，如果包含数个商标的许可使用费作为计算侵权赔偿数额的依据，意味着一个权利商标因为侵权而得到了数个商标总许可使用费的倍数赔偿，这对于侵权者而言，显然有失公平。同时，在一份包含多个商标在内的许可使用合同中，无法判断每个商标许可使用费占总许可使用费的具体比重，更无法判断某一具体涉案商标的许可使用费的倍数的合

---

① 参见欧阳福生：《参照许可使用费倍数确定商标侵权赔偿的司法适用》，载《中华商标》2017年第10期。

理值范围。因而,将许可使用费总数简单除以被许可的商标数,以此获得的值也不能直接作为计算赔偿数额的参照依据。①

其次,作为计算基数的商标许可使用费的确定。商标许可使用费应当真实反映商标的实际市场价值,一般而言,可以作为赔偿基数的许可使用费需满足如下条件:(1)许可使用合同已经在商标局备案,存在真实的商标许可使用事实;(2)权利人提供了被许可人支付许可使用费的支付凭证,说明商标许可使用合同已实际履行;(3)许可使用的商标与权利人在案件中主张的商标一致,与本案直接相关;(4)商标许可使用的商品或服务领域与被控侵权商品或服务的领域一致,这是参照商标许可使用费计算赔偿的事实依据;(5)商标许可使用的地域范围和时间与侵权范围、侵权时间无明显差异,如果存在明显差异,也就不存在参照适用的可能性。② 例如,在"开心人"商标侵权纠纷案中,原告主张以"开心人大药房"商标品牌特许经营在江西省内县级市场加盟费及管理费12万元作为赔偿依据,但法院却认为,原告至今未进入宁波市场进行经营,"开心人大药房"注册商标在宁波地区尚无较高知名度,该注册商标的品牌效应以及该商标在江西地区及宁波以外其他地区已经形成的市场信誉与其在宁波区域范围内并不相同。原告提供的特许经营合同系对他人在江西省九江县内的涉案商标独家许可,除许可使用商标外,原告收取的费用中还包括协助被特许人申报药店经营许可证、提供员工培训和资料、对被特许人经营活动进行辅导和督促等内容,故原告提供的特许经营合同与该案不具有可比性,该案不宜以原告对第三人的特许经营加盟费及管理费作为标准确定赔偿数额。③ 一审判决后被告提出上诉。二审法院认为:"江西开心人公司提供的特许经营合同系对他人在江西省九江县内的涉案商标独家许可,且从特许经营协议的内容看,江西开心人公司对加盟商负有较多管理协助义务,而本案并未涉及,故特许经营协议与本案不具有可比性和关联性,原审未予采信并无不当。故江西开心人公司要求按照特许经营协议确定赔偿数额的上诉理由不能成立,本院不予支持。"④

再次,商标许可使用费的数额应明确且合理。商标许可使用费的确定,一方面要求商标权人应提供可供计算的商标许可费数额,另一方面,法院还要审

---

① 参见广州市越秀区人民法院(2016)粤0104民初1506号。
② 参见欧阳福生:《参照许可使用费倍数确定商标侵权赔偿的司法适用》,载《中华商标》2017年第10期。
③ 参见浙江省宁波市鄞州区人民法院(2015)甬鄞知初字第2号。
④ 参见浙江省宁波市中级人民法院(2015)浙甬知终字第31号。

查该许可费数额是否具有合理性,即根据该计算方法所得出的赔偿数额不会明显高于侵权者对权利人可能造成的损失。另外,根据《商标法》第 63 条,商标许可使用费也是计算商标侵权赔偿数额的基数之一,可应用于"参照商标许可使用费的倍数""惩罚性赔偿""法定赔偿"三种计算方法中。但三种计算方法对商标许可使用费准确度要求也是不一的。"参照商标许可使用费的倍数"以许可使用费直接作为计算依据,一般需要权利人提交具体、真实的许可使用费支付凭证,且许可合同涉及的行业、地域与侵权行为发生的行业、地域具有较大可比性,如果不能提供则不能参照适用。而在"惩罚性赔偿"的计算方法中,对商标许可使用费的准确度要求并不高,因为法官主要考量侵权人主观恶性及侵权情节;在"法定赔偿"计算方法中,法官会根据案情综合考虑来确定,商标许可使用费仅是参考依据之一。[①]

最后,商标许可使用费的倍数之确定。当商标许可使用费作为基数确定后,如何确定"倍数"?实践中,法官一般根据侵权者的主观恶意、侵权行为持续时间和侵权规模及造成的后果、权利人的商标知名度和显著性等情节,在个案中综合考虑各类侵权情节后酌定一个合理的"倍数"。

(四)法定赔偿

法定赔偿制度,是人民法院总结多年审判实践,为解决侵犯知识产权损害赔偿额不易计算而制定的一项制度。这种制度的实施,有利于人民法院迅速结案,防止久拖不结,以保护权利人的合法利益。2001 年修改后的《商标法》肯定了法定赔偿制度,在第 56 条第 2 款规定,"侵权人因侵权所得利益,或者被侵权人因被侵权所受损失难以确定的,由人民法院根据侵权行为的情节判决给予五十万元以下的赔偿"。2013 年修改后的《商标法》第 63 条第 3 款规定:"权利人因被侵权所受到的实际损失、侵权人因侵权所获得的利益、注册商标许可使用费难以确定的,由人民法院根据侵权行为的情节判决给予三百万元以下的赔偿。"2019 年《商标法》修改后,又将法定赔偿的上限提高到 500 万元,以加大侵权人的违法成本。

司法实践中,适用法定赔偿的条件及应注意的问题主要包括:第一,适用法定赔偿的前提是权利人因被侵权所受到的实际损失、侵权人因侵权所获得的利益、注册商标许可使用费难以确定。如果能通过证据的采信确定赔偿额的,不能适用法定赔偿额,以避免造成商标权人的经济损失不能得到充分赔偿的结

---

① 参见欧阳福生:《参照许可使用费倍数确定商标侵权赔偿的司法适用》,载《中华商标》2017 年第 10 期。

果。第二，对法定赔偿的适用，人民法院可以根据案情以职权进行，也可根据当事人的请求进行。第三，法定赔偿额的计算，应根据侵权行为的性质、期间、后果，商标的声誉，商标使用许可费的数额，商标使用许可的种类、时间、范围及制止侵权行为的合理开支等因素综合确定。第四，制止侵权行为的合理开支包括律师费，都在法定赔偿额范围内。第五，人民法院确定法定赔偿数额，既可以使用判决方式，也可使用调解方式。第六，如果后果严重的，可以突破 500 万元的上限，由法官根据案情酌定赔偿数额。

二、商标惩罚性赔偿条款及适用

针对侵权行为的救济，民法一般遵循补偿性原则（又称"损失填平原则"），其主要目的在于弥补行为人已经造成的损失，使民事关系恢复到损害发生前的状态。在侵权之诉中，通常原告的直接损失决定了赔偿数额的大小，但有时该赔偿额并不足以弥补权利人所受到的损失。特别是在侵权人出于故意或恶意，多次重复侵权并造成严重后果的情况下，需要采用惩罚性赔偿。

惩罚性赔偿是指法院判定的赔偿数额超出被告实际损害数额的赔偿，即损害赔偿金不仅是对权利人的补偿，同时也是对故意加害人的惩罚。通过判定惩罚性赔偿，使行为人衡量成本效益，从利益机制上对其行为进行遏制，而遏制侵权既是对惩罚性赔偿合理性的传统解释，也是惩罚性赔偿的根本价值取向和首要功能。[1]

（一）域外商标惩罚性赔偿的立法实践

美国《兰哈姆法》并没有针对注册商标的侵权提供惩罚性赔偿的救济。[2] 美国部分州的法律承认了惩罚性赔偿在故意侵权的情况下可以适用，但原告倘若想要获得这种赔偿需要承担相当繁重的证明被告具有故意的举证责任。[3] 第八巡回法院认为，是否给予原告这种赔偿取决于对事实的判断；这种赔偿只能在判定被告的行为出于恶意的情况下才适用；恶意可以是事实上的也可以是法律上的。法律上的恶意可以根据被告的行为来推定，比如被告无视他人权利或继续从事某种非法行为。[4] 尽管美国部分州没有成文的法律支持，但法院会通

---

[1] 参见沈强：《论商业秘密侵权损害赔偿》，载《世界贸易组织动态与研究》2009 年第 4 期。

[2] 参见《兰哈姆法》第 35 条。

[3] 比如，根据伊利诺伊州的法律，惩罚性赔偿只有在"所称的不当行为已到相当之程度，既可以是出于敌意或恶意也可以是出于对他人权利的轻率忽视"，原告不能仅仅证明"只是粗心大意，误解或者诸如判断错误之类的"。

[4] 参见孟庆法、冯义高编著：《美国专利及商标保护》，专利文献出版社 1992 年版，第 301 页。

过侵权法来判定惩罚性赔偿。实践中惩罚性赔偿的适用面临着不同的限制，如补偿性赔偿的 3 倍以内，而在一些州惩罚性赔偿则被限制在仅能补偿原告的诉讼支出，①并且原告需要承担沉重的举证责任（原告必须清楚无误地证明被告的行为应当接受惩罚性赔偿）。②其他限制还可能包括只能针对知名商标或者假冒伪造的行为。③总体而言，无论是联邦法院还是州法院，均对商标法中的加倍损害赔偿和州普通法中的惩罚性损害赔偿的适用比较谨慎，在被告的行为不是出于故意或恶意时一般不会采用这种做法。

欧盟的法律是建立在补偿性赔偿原则的基础上的，无论是欧盟的相关指令还是欧洲各国的国内立法都没有确立类似于美国的惩罚性赔偿制度。但一些国家的成文法或者判例法往往会提供在金额上超过补偿性赔偿的判决，而它们似乎可以被看作事实上的惩罚性赔偿。德国法对于知识产权侵权方面的损害赔偿通常有三种计算方法：一是根据原告所受的损害大小请求赔偿；二是根据获得使用许可的费用决定赔偿额；三是根据被告不法行为的受益决定赔偿额。第一种方法严格遵守《德国民法典》第 251 条和第 252 条的规定，是纯粹的补偿性质；而后面的两种则不然，因为受害人有可能从未试图授予使用许可或者被告人的收益远远大于受害人对于自己开发收益的合理预期，在这两种情况下，损害的赔偿都不是以受害人或者其损失为导向的，相反，是以侵权人和不法行为为导向的。这有别于德国损害赔偿法的一般理念，具有惩罚性的因素。④根据《德国民法典》，道德性和刑事性的因素是应当从损害赔偿法中严格隔离出去的，然而就知识产权方面的侵权案件，德国法院曾明确表示，对于侵权人损害赔偿的数额是基于"不得从错误行为中获利"的自然正义观念而确定的。在这种观念下，损害赔偿是具有"抑止性"作用的，同时是"强化法律运行的有效的社会心理工具"⑤。

我国台湾地区近年引进了惩罚性赔偿的观念后，在"专利法""著作权法""营业秘密法"等都有相关规定，但这些规定都没有明确将各项赔偿表述为"赔偿性惩罚金"，而是以倍数赔偿方式加以表达。比如，"著作权法"第 88 条规定："……依前项规定，如被害人不易证明其实际损害额，得请求法院依侵害情节，在新台币一万元以上一百万元以下酌定赔偿额。如损害行为属故意且

---

① See Triangle Sheet Metal Works, Inc. v. Silver, 222 A. 2d 220 (Conn. 1966).
② See Tex. Civ. Prac. & Rem. Code Ann. § 41.003 (a).
③ See Alaska Stat. § 45.50.170.
④ 参见石睿：《美德两国惩罚性赔偿之当前发展》，载《法制与社会》2007 年第 2 期。
⑤ Volker Behr, Punitive Damages in American and German Law—Tendencies Towards Approximation of Apparently Irreconcilable Concepts, Chicago Kent Law Review, Vol. 78, 2003.

情节重大者，赔偿额得增至新台币五百万元。""专利法"第 85 条规定："依前条请求损害赔偿时，得就下列各款择一计算其损害：一、依'民法'第二百一十六条之规定。但不能提供证据方法以证明其损害时，发明专利权人得就其实施专利权通常所可获得之利益，减除受害后实施同一专利权所得之利益，以其差额为所受损害。二、依侵害人因侵害行为所得之利益。于侵害人不能就其成本或必要费用举证时，以销售该项物品全部收入为所得利益。除前项规定外，发明专利权人之业务上信誉，因侵害而致减损时，得另请求赔偿相当金额。依前二项规定，侵害行为如属故意，法院得依侵害情节，酌定损害额以上之赔偿。但不得超过损害额之三倍。"

（二）我国商标侵权惩罚性赔偿法律适用难点

我国 2013 年第三次修改《商标法》时引入了商标侵权惩罚性赔偿规则，在该法第 63 条中规定，"对恶意侵犯商标专用权，情节严重的，可以在按照上述方法确定数额的一倍以上三倍以下确定赔偿数额"。2019 年第四次修改《商标法》时又将商标侵权惩罚性赔偿数额由"一倍以上三倍以下"提高到"一倍以上五倍以下"。同年，国务院发布的《优化营商环境条例》第 15 条规定要建立知识产权侵权惩罚性赔偿制度，加大对知识产权的保护力度。从国家的立法修改到国务院行政法规的政策导向表明，有效实施商标侵权惩罚性赔偿制度对保护商标权人的合法权利及优化营商环境均具有极其重要的意义。但是，自 2013 年《商标法》引入商标侵权惩罚性制度以来，司法实践中运用该规则审理的案件不是很多。为考察该条法律适用的情形，笔者在"北大法宝""OpenLaw""中国裁判文书网""无讼案例"等数据库进行了检索，以"商标侵权惩罚性赔偿"为关键词，检索范围为 2013 年至 2019 年的商标侵权纠纷裁判文书，共筛选出 123 件案例，其中，仅 7 件以惩罚性赔偿予以裁判处理或调解结案。①

在检索到的 123 件与商标侵权惩罚性赔偿有关的案件中，采用惩罚性赔偿的案件占比不足 6%。主要原因在于，商标侵权惩罚性赔偿条款法律适用方面存在诸多难点：第一，商标侵权惩罚性赔偿条款适用的条件不明晰；第二，商标侵权惩罚性赔偿的基础数额难以确定；第三，商标侵权惩罚性赔偿的基础数额的倍数确定困难。为指导和统一法律适用标准，正确实施知识产权惩罚性赔偿制度，最高人民法院 2021 年 3 月 2 日公布《最高人民法院关于审理侵害知

---

① 参见王莲峰、骞佳伶：《商标侵权惩罚性赔偿的法律适用研究》，载《电子知识产权》2020 年第 5 期。

识产权民事案件适用惩罚性赔偿的解释》(以下简称《适用惩罚性赔偿的解释》)。此后，法院审理惩罚性赔偿的案件开始增多。本书将结合上述司法解释，论述商标侵权惩罚性赔偿的法律适用问题。

(三) 商标侵权惩罚性赔偿的法律适用分析

如上所述，现行《商标法》第63条第1款规定，对恶意侵犯商标专用权，情节严重的，可以按照法定的几种方法"确定数额的一倍以上五倍以下确定赔偿数额"。但该条中的"恶意"和"情节严重"作为适用惩罚性赔偿规则的前提条件，各自认定的标准和考虑因素是什么？"恶意"和"情节严重"二者的关系如何理解？"故意"是否即为"恶意"？商标侵权惩罚性赔偿的基础数额和倍数如何确定？这些问题关乎对该条款的正确理解，但现行商标立法无明确规定。司法实践中，法官对惩罚性赔偿条款的适用条件也认识不一，由此也会带来法律适用的不统一和法官"任意"裁判的后果。

1. "恶意"和"情节严重"的认定

恶意是侵权人的主观状态，判断恶意的标准和考虑因素有哪些？《适用惩罚性赔偿的解释》第1条第2款规定：本解释所称故意，包括《商标法》第63条第1款和《反不正当竞争法》第17条第3款规定的恶意。对于侵害知识产权的故意的认定，《适用惩罚性赔偿的解释》第3条规定：人民法院应当综合考虑被侵害知识产权客体类型、权利状态和相关产品知名度、被告与原告或者利害关系人之间的关系等因素。对于下列情形，人民法院可以初步认定被告具有侵害知识产权的故意：(1) 被告经原告或者利害关系人通知、警告后，仍继续实施侵权行为的；(2) 被告或其法定代表人、管理人是原告或者利害关系人的法定代表人、管理人、实际控制人的；(3) 被告与原告或者利害关系人之间存在劳动、劳务、合作、许可、经销、代理、代表等关系，且接触过被侵害的知识产权的；(4) 被告与原告或者利害关系人之间有业务往来或者为达成合同等进行过磋商，且接触过被侵害的知识产权的；(5) 被告实施盗版、假冒注册商标行为的；(6) 其他可以认定为故意的情形。

根据上述司法解释及在对相关案例进行实证分析的基础上，法院在判断商标侵权人主观恶意程度时，需要综合考量以下因素：(1) 权利人、侵权人或第三人对涉案商标及其关联、近似标志的使用情况所反映的涉案商标知名程度、市场影响力大小；(2) 侵权人与权利人之间的合作关系、磋商历史或劳动关系、侵权营业地与权利人营业地的距离、侵权人就与涉案商标近似或相同的标志申请注册商标的历史；(3) 侵权人收到权利人通知后仍不停止侵权的行为、侵权人侵犯涉案注册商标专用权而受民事、行政、刑事处罚的历史所反映的侵权人对涉案商标的认知程度和屡罚不改的程度；（4）诉讼过程中侵权人是否尽合理努力停止侵权行为、避免侵权行为造成的损害以及是否存在举证妨碍行为所反映的侵权人认错悔过的诚实信用程度；其中，举证妨碍行为应当考虑侵权过程中，侵权人是否采取措施掩盖其侵权行为、毁灭侵权证据。需要说明的是，以上是权利人主张惩罚性赔偿时需要证明的侵权人恶意程度，但在诉讼过程中被控侵权人若能举证证明自己不存在利用他人商标商誉的意图，则不承担惩罚性赔偿责任。

情节严重是指侵权人主观状态之外给权利人造成的客观后果和影响。《适用惩罚性赔偿的解释》第 4 条规定：对于侵害知识产权情节严重的认定，人民法院应当综合考虑侵权手段、次数、侵权行为的持续时间、地域范围、规模、后果，侵权人在诉讼中的行为等因素。被告有下列情形的，人民法院可以认定为情节严重：（1）因侵权被行政处罚或者法院裁判承担责任后，再次实施相同或者类似侵权行为；（2）以侵害知识产权为业；（3）伪造、毁坏或者隐匿侵权证据；（4）拒不履行保全裁定；（5）侵权获利或者权利人受损巨大；（6）侵权行为可能危害国家安全、公共利益或者人身健康；（7）其他可以认定为情节严重的情形。根据上述司法解释及在对相关案例实证分析的基础上，法院在判断情节严重时应考虑以下几点：其一，侵权行为方式上的认定。主要包括：（1）对涉案商标的使用程度：是否除在相同或类似商品之外，还在域名、企业名称等方面使用涉案商标或与其近似的标志；（2）对涉案商标的模仿程度：是否使用复制、模仿、翻译涉案商标或与其近似的标志；（3）对涉案商标的使用方式：是否在任何商品或服务的销售、宣传过程中突出使用涉案商标或与其近似的标志；（4）对涉案商标的使用地域范围：是否在多个地域实施侵害涉案商标的行为；（5）是否为被控侵权产品的制造商，即是否为源头侵权；（6）是否同时在线上线下进行侵权行为和宣传行为；（7）对权利人涉案商标相关商业销售渠道的侵占幅度：是否与权利人对涉案商标所使用的商品或服务的销售渠道上高度重合；（8）若权利人拥有多个注册商标，对权利人所拥有的注册商标专用权的侵犯数量：是否同时侵犯权利人多个注册商标专用权；（9）除权利人商标法下的权益外，对权利人反不正当竞争法下的权益侵犯的程度：是否同时对权利人涉案商标相关的商业标识利益有所侵犯，或有其他违反反不正当竞争法的行为。其二，侵权行为次数的认定。即侵权行为被行政处罚和法院判决承担责任后，是否再次实施同类侵权行为。应当说明的是，为了防止动辄侵权，同时实现惩罚、威慑恶意侵权人的目标，司法实践中应当将"情节严重"的情形限制在两次及以上的侵权情形，不要求两次行为均针对同一客体，只要求实施两次同类型的商标侵权行为即可。其三，侵权行为影响的认定。（1）给权利人带来的经济损失大小，通常需要结合以下因素判断：涉案商标的知名度大小；被控侵权产品销售的数量和金额；侵权人经营规模、生产能力、人员设备配置程度、侵权所在地交通和经济状况；侵权行为持续的时间；侵权行为所涉行业的盈利特征、同行业利润率水平；权利人维权所在地及其成本。（2）给社会公共利益带来的负面影响大小，通常需要结合以下因素判断：被控侵权产品所涉及的领域和行业是否与消费者身体健康、公共安全（食品）、卫生（医药品）、初级农产品生产等有关。

需要注意的是，学界对于"情节严重"的探讨多局限在对权利人的损害严重程度上，但司法实践中，法院也强调侵权行为对社会公共利益带来的负面影响，毕竟《商标法》不仅涉及注册商标专用权的私权利，还涉及社会公众对标志信赖的公共利益，因此在特殊的、基础的、涉及消费者安全和健康问题的领域中，恶意侵犯注册商标权的行为将不可避免地产生情节严重的后果，进而落入需要惩罚性赔偿的范畴。比如同仁堂诉廖尧繁案中，侵权人虽然不是假药的生产者，但其作为职业药品经营者，社会公众更信赖其推销药品的能力和信用，其流通假药的能力比生产商更强，以至于社会危害性更大，因此属于"情节严重"的情形。该案侵权人作为非企业、公司的个人被判罚100万元，裁判体现了对重大公共利益的倾向性保护态度。

如何理解"恶意"与"情节严重"的关系？《商标法》第63条第1款中提到的"恶意侵犯商标权，情节严重"的文字表述，在学界产生了"情节严重的恶意侵权"和"恶意侵权且情节严重"两种观点之争，前者侧重于用主观归责原则来认定惩罚性赔偿，有语义重复之嫌，后者则强调主客观结合来认定惩罚性赔偿，更加符合立法逻辑和目的，受到广泛认可。本书认同后者的理解。因为在司法实践中，虽然法院并不会只考量侵权人主观恶意，但并不是在所有情况下都能够清晰地将"恶意"和侵权行为的"情节严重"区分开来，因为"恶意"有时候需要以"情节严重"的侵权行为来体现。同时，搭知名商标"便车"的故意强于一般"搭便车"的商标侵权行为，体现出"恶意"与"故意"的不同。

2. 惩罚性赔偿金基础数额的确定

司法实践中，法院认为要适用《商标法》第63条第1款的惩罚性赔偿条款，前提条件是能够按照该款规定的方法（即权利人实际损失、侵权人获利或商标许可使用费的倍数）确定一个基础数额，如不能确定，即排除惩罚性赔偿制度的适用。通过对已经适用惩罚性赔偿的案例分析发现，权利人都较为成功地证成了一个基础数额，之后法院才会进入判断惩罚性赔偿规则适用条件的分析中。如何确定商标惩罚性赔偿金基础数额？《适用惩罚性赔偿的解释》第5

条作了指导性规定："人民法院确定惩罚性赔偿数额时，应当分别依照相关法律，以原告实际损失数额、被告违法所得数额或者因侵权所获得的利益作为计算基数。该基数不包括原告为制止侵权所支付的合理开支；法律另有规定的，依照其规定。前款所称实际损失数额、违法所得数额、因侵权所获得的利益均难以计算的，人民法院依法参照该权利许可使用费的倍数合理确定，并以此作为惩罚性赔偿数额的计算基数。人民法院依法责令被告提供其掌握的与侵权行为相关的账簿、资料，被告无正当理由拒不提供或者提供虚假账簿、资料的，人民法院可以参考原告的主要证据确定惩罚性赔偿数额的计算基数。构成民事诉讼法第一百一十一条规定情形的，依法追究法律责任。"但法定的这三种基础数额的认定，在司法实践中也存在诸多问题，下面将对此进行分析。

在商标侵权损害赔偿案件中，实际损失是权利人填平规则下首先被考虑的损害，但通常很难举证成功。从惩罚性规则的发源地英美法体系下的实际损失的界定分析，其考察的是"若非世界"下销量减少的损失、价格侵蚀的损失、商誉的损失、许可费的损失、纠偏广告费的损失等方面。但移植到我国后，被简单概括成"正品销售减少量或侵权商品销售量与正品单位利润的乘积"，显然该公式并不能合理地体现侵害行为给权利人带来的损失的精确数额。其原因在于：其一，权利人商标对于侵权获利的贡献率没有在公式中体现，忽视了被控侵权商品本身物美价廉的可能；其二，正品销量减少可能性很多，有时权利人自身都无法达到与侵权商品销售量同等的销量；其三，考虑到成本的不同，正品单位利润不能和被控侵权商品的单位利润画等号。

正是因为实践中权利人损失通常无法计算，转而求助于通过侵权获利的计算来替代实际损失的算法，即"被控侵权商品销售量和被控侵权单位利润（无法查明时用正品单位利润替代）的乘积"，但同样存在上述问题。由于双方制造、宣传、销售等成本的不同，权利人损失和侵权人获利应看涉案商标对侵权人销售商品的贡献而不是对于其盈利数额的贡献。最重要的是，上述两公式明显将许多非由侵权人带来的损失风险转移到侵权人身上，将超过权利人实际损失的数额也计算为赔偿的基础数额。

实践中公允的商标许可费难以确定，因为会存在权利人将商标许可给关联企业、存在利害关系之人的情况，以及权利人仅将注册商标作为许可和转让使用，并未投入实质的商业交易活动，此时商标许可费的数额不能反映市场行情；同时，商标许可费并非一成不变，权利人根据地区的经济水平、商品类别等都可能调整其费用的高低。

结合上述司法解释，通过总结分析法院判决，在判定商标侵权惩罚性赔偿基础数额时需要考虑的一些共性因素包括以下几个方面：其一，针对权利人提供的证据，裁判文书中需要明确权利人提供的商品价格、利润和行业利润并非计算赔偿基数的依据，但是可以作为参考，因为在实际经营活动中，权利人、侵权人以及整个行业商品的成本、盈利能力、销售能力等并不完全相同。其二，法官主要采用因侵权所获得的利益作为基础数额。在具体案件裁判时，法官可根据已有证据剔除非由侵权人带来的损失，比如侵权获利应当关注涉案商标对侵权销售额的贡献而非将侵权利润直接当作侵权获利。其三，加强对权利人商誉的保护。法院在计算赔偿额基数的时候应考虑侵权行为对权利人涉案商标的商誉价值的损害，涉案商标商誉价值大，相应的赔偿金额也应提高。因为权利商标越具有较高经济价值，侵权人"傍名牌""搭便车"的主观恶意越强烈，应予以更高的惩罚。另外，即使侵权行为没有造成权利人销量的减少，仿冒品也会污损注册商标的商誉从而造成损失。在美国判例中，商誉损失早就有利用会计资料、侵权前后股价变化、修复商誉合理费用等方式计算的先例，值得我国司法实践参考。其四，权利人诉请以实际损失计算赔偿额基数时，采用"因销量流失而损失的利润"和"因价格侵蚀而损失的利润"两种计算方法，并且还需要考虑权利人因侵权行为而遭受的未来销售利润损失，另外注意这些计算方法之间具有互补性而非互相排斥性。销量流失的损失可以通过对比的方法证明，即侵权商品销售前后对正品销量的影响；证明价格侵蚀损失则可以举出权利人为了应对侵权行为造成的负面影响而进行的价格调整行为的证据。还要注意到权利人的销量流失影响到其价格侵蚀，同时权利人前述损失并非全部都与侵权行为有关，还要考虑到市场需求的变动、市场经济环境的变动、商品的性质和其营销规律等因素。其五，若侵权人侵犯的是注册商标权利信息因素中较高的层级，应当给予更高的赔偿额。信息因素指涉案商标中最能给消费者传递其指代的唯一来源的信息的显著部分，侵权人在侵犯注册商标时，可能采取与注册商标完全相同的标志进行使用，需要考察侵权人是以何种方式和手段侵犯注册商标权的。信息因素其实反映了涉案注册商标对侵权人的销售额贡献率大小，侵犯信息因素的程度越高，消费者越容易混淆，涉案注册商标对于侵权商品的销售贡献也就越大。其六，惩罚性赔偿计算基数不包括权利人为制止侵权行为所支付的合理开支，但该开支在充分举证的前提下应当包括在惩罚性赔偿总额之中。[①]

3. 商标侵权惩罚性赔偿条款中倍数的确定

目前，学界对倍数问题也存在不同的观点，有学者认为应当在实践中设置

[①] 参见王莲峰、蹇佳伶：《商标侵权惩罚性赔偿的法律适用研究》，载《电子知识产权》2020年第5期。

几个典型值，如 1.5 倍、2 倍、2.5 倍、3 倍，逐步具体化每个倍数需要的具体条件；有学者认为应当准许当事人申请经济学方面的专家辅助人参与庭审发表意见，以决定判赔的倍数；也有学者认为由于我国知识产权惩罚性赔偿力度较低，惩罚性赔偿与补偿性赔偿倍数应直接固定为 2 倍；还有学者认为，应当根据侵权者主观状态对倍数进行划分，"故意"侵权并且"情节严重"的，适用 2 倍惩罚性赔偿金；"恶意"侵权并且"情节严重"的，适用 3 倍惩罚性赔偿金。[①] 毋庸置疑，惩罚性赔偿最低应当能够覆盖补偿性赔偿的损失，但具体应该采用怎样的倍数，不仅法律没有细致规定，司法实践也无规律可循。目前法院裁判文书中尚未见到对倍数进行具体的论述。2019 年《商标法》第四次修改后，第 63 条第 1 款的倍数修改为"一倍以上五倍以下"，如何适用不同的倍数，还需要司法实践的进一步探索。

《适用惩罚性赔偿的解释》第 6 条第 1 款规定：人民法院依法确定惩罚性赔偿的倍数时，应当综合考虑被告主观过错程度、侵权行为的情节严重程度等因素。但该解释并未给出明确指引。在 2019 年《商标法》修改前，通过案例实证分析发现，法院采用惩罚性赔偿的案例中多采用 3 倍，《商标法》2019 年修改后法定的最高倍数修改到了 5 倍。本书认为，法院在适用商标惩罚性赔偿条款时，不宜一律在商标侵权纠纷案件中直接采用过高的倍数。数据显示，我国大部分商标侵权都是以个体商户或个人为被告的，考虑到这类侵权商品售价较为低廉、侵权商品流动的范围不大、对权利人造成的损害较小、个人承担赔偿的能力较低、涉案商标对侵权销售等行为的贡献度较小等因素，应当对这种类型化的恶意侵权行为予以特殊考虑。即不仅要体现侵权人主观心理和客观行为的恶劣影响，还应当考虑侵权行为的性质、侵权商品的性质、涉案商标的知名度、侵权行为的情节等因素，判决惩罚性赔偿的金额应当与侵权程度相适应。

另外，惩罚性赔偿金的倍数可以考虑细化，倍数不应当直接固定为几倍，可以不是整数。如何适用该规则以便充分发挥其功能价值，还需要司法实践的不断探索和学界的分析研究，以提高法律的稳定性和可预期性。既不能让市场上的经营者动辄陷入惩罚性赔偿的风险中，也不能让投机取巧之徒随意攫取他人的劳动果实。

4. 惩罚性赔偿司法实践

《适用惩罚性赔偿的解释》第 6 条第 2 款规定：因同一侵权行为已经被处

---

① 参见王莲峰、寨佳伶：《商标侵权惩罚性赔偿的法律适用研究》，载《电子知识产权》2020 年第 5 期。

以行政罚款或者刑事罚金且执行完毕，被告主张减免惩罚性赔偿责任的，人民法院不予支持，但在确定前款倍数时可以综合考虑。① 下面结合典型案例，分析我国法院对商标侵权惩罚性赔偿条款的适用。

2021年1月，杭州市中院在"惠氏"商标侵权纠纷案中适用惩罚性赔偿，全额支持美国惠氏3055万元诉讼主张。具体案情如下：1926年在美国成立的惠氏公司在研究、开发、制造和销售婴幼儿奶粉等方面处于全球领先地位，是"惠氏""Wyeth"等商标的商标权人。从20世纪80年代开始，使用惠氏商标的婴儿配方奶粉产品就已进入中国市场进行销售，并在国内许可惠氏（上海）贸易有限公司（以下简称"惠氏上海公司"）等多个关联公司使用"惠氏""Wyeth"商标。经过长期的推广使用，"惠氏""Wyeth"商标在婴幼儿奶粉等产品中取得了较高的知名度。2015年，惠氏公司旗下奶粉业务在中国市场的销售收入突破100亿元。

广州惠氏公司自2010年成立以来，长期大规模地生产、销售带有"惠氏""Wyeth""惠氏小狮子"标识的母婴洗护产品等商品，并通过抢注、从他人处受让等方式在洗护用品等类别上注册了"惠氏""Wyeth"等商标。广州惠氏公司还在宣传推广中暗示与惠氏公司相关联。此外，在广州惠氏公司受让取得的六个"惠氏""Wyeth"商标被宣告无效以及最高法判决认定广州惠氏公司使用"惠氏""Wyeth"构成商标侵权与不正当竞争后，其仍继续使用"惠氏""Wyeth""惠氏小狮子"标识销售相关母婴洗护等商品。广州正爱日用品有限公司（以下简称"正爱公司"）、杭州单恒母婴用品有限公司（以下简称"单恒公司"）、青岛惠氏宝贝母婴用品有限公司（以下简称"青岛惠氏公司"）经广州惠氏公司授权，在网店上销售广州惠氏公司委托生产的商品。其中，仅单恒公司网店的销售额就超过3000万元。陈泽英系广州惠氏公司、正爱公司的股东，其个人账户用于收款；管晓坤系正爱公司、青岛惠氏公司的股东，广州惠氏公司的股东、董事；陈泽英与管晓坤曾系夫妻；广州惠氏公司与单恒公司亦存在关联关系。管晓坤还在香港成立惠氏中国有限公司，用于转让"惠氏""Wyeth"等商标。惠氏公司、惠氏上海公司向杭州市中级人民法院起诉，要求广州惠氏公司等六被告停止商标侵权及不正当竞争行为，赔偿经济损失3000万元，以及合理费用55万元。

法院经审理后，认定六被告在其生产、销售的被诉侵权产品、产品包装及宣传册上使用"Wyeth""惠氏""惠氏小狮子"标识并在网站上进行宣传的行

---

① 《最高人民法院关于审理侵害知识产权民事案件适用惩罚性赔偿的解释》第6条第2款。

为构成在类似商品上使用与惠氏公司注册商标相同或近似的商标，容易使相关公众对商品来源产生混淆，侵害了惠氏公司"Wyeth""惠氏"注册商标专用权，并认定青岛惠氏公司在企业名称中使用"惠氏"构成不正当竞争。在判赔金额方面，法院考虑到原告的商标知名度高，被告恶意攀附惠氏公司商誉及字号的恶意侵权明显，被告的侵权行为持续时间长、涉及地域广、侵权规模大，情节严重，涉案产品关乎婴幼儿健康安全等因素，对各被告的赔偿金额采用惩罚性赔偿的方式予以计算。经过计算，无论是基于网店、经销商渠道还是广州惠氏公司大区经理自认的销售金额，所计算的被告获利均超过了 1000 万元。因此，法院按照侵权获利的三倍计算赔偿金额后，全额支持了惠氏公司、惠氏上海公司赔偿金额的诉请。①

三、对假冒注册商标行为实施民事制裁

假冒注册商标行为极大地侵害了消费者利益，严重干扰了市场环境，因而 2019 年《商标法》第四次修改时，参照《中华人民共和国民法总则》中关于承担民事责任的有关规定，以及《中华人民共和国著作权法》中关于司法机关民事制裁的规定，在《商标法》第 63 条新增第 4 款和第 5 款内容，明确了对假冒注册商标的商品以及主要用于制造假冒注册商标的商品的材料、工具的处置："人民法院审理商标纠纷案件，应权利人请求，对属于假冒注册商标的商品，除特殊情况外，责令销毁；对主要用于制造假冒注册商标的商品的材料、工具，责令销毁，且不予补偿；或者在特殊情况下，责令禁止前述材料、工具进入商业渠道，且不予补偿。假冒注册商标的商品不得在仅去除假冒注册商标后进入商业渠道。"

在此次修订《商标法》之前，理论和实务中对于商标权人在民事诉讼中请求销毁侵权商品存在不同认识。持否定意见的理由主要有以下几点：第一，在法律未有明确规定的情况下，销毁侵权商品并非民事责任的承担方式；第二，对于已经生产完成的侵权商品，只要停止销售即不进入流通领域，并不会对商标权人造成损害，并无必要销毁侵权商品；第三，侵权商品虽破坏了商标的识别功能，但其本身有经济价值，通过去除侵权商品上的商业标识，该些商品再行进入流通领域，并不侵害商标权人的利益，销毁侵权商品从经济角度并非最优的承担侵权责任的方式。②

---

① 参见杭州市中级人民法院（2019）浙 01 民初 412 号。
② 参见范静波：《新修订〈商标法〉第六十三条中"假冒注册商标的商品"的理解与适用》，载《中华商标》2019 年第 10 期。

对于上述条款的新增规定，国家知识产权局认为，对假冒注册商标的商品销毁和禁止进入商业渠道作为最主要的处置手段，大幅度提高了假冒注册商标行为人的违法成本，对其形成了有效威慑。同时，增加的规定与《商标法》现行规定的行政机关的处理手段相平衡，使商标权的保护更加全面。①

本书认为，上述新的民事制裁规定并非空穴来风，而是根据我国已经参加的TRIPS协定及相关双边协定应履行的义务。TRIPS协定第46条规定：为有效制止侵权，司法机关有权在不给予任何补偿的情况下，责令将已被发现侵权的货物清除出商业渠道，以避免对权利持有人造成任何损害，或者下令将其销毁，除非这一点会违背现有的宪法规定的必要条件。司法机关还有权在不给予任何补偿的情况下，责令将主要用于制造侵权货物的材料和工具清除出商业渠道，以便将产生进一步侵权的风险减少到最低限度。在考虑此类请求时，应考虑侵权的严重程度与给予的救济以及第三方利益之间的均衡性。对于冒牌货，除例外情况外，仅除去非法加贴的商标并不足以允许该货物放行进入商业渠道。

在中国和韩国2015年达成的《中韩自贸协定》第15.24条民事和行政程序和救济条款之六规定，各缔约方应当规定：（1）在民事程序中，经权利人请求，在适当情况下应当销毁已被认定是盗版或假冒的货物；（2）其司法机关应当有权命令，主要用于制造或制作此类盗版或假冒货物的材料和工具应当迅速予以销毁且不给予任何补偿，或以使进一步侵权的风险最小化的方式将其排除在商业渠道之外且不给予任何补偿；（3）关于假冒商标货物，除非在例外情况下，仅仅去除非法附着的商标尚不足以允许将这类货物投放商业渠道。2020年1月16日，中美双方在美国华盛顿签署《中华人民共和国政府和美利坚合众国政府经济贸易协议》，再次明确了对假冒商品的处理措施。该协议第一章第七节第1.20条之2规定，关于民事司法程序，双方应规定：（1）根据权利人的请求，除特殊情况外，应销毁认定为假冒或盗版的商品；（2）根据权利人的请求，司法部门应责令销毁主要用于生产或制造假冒或盗版的材料和工具，且不予任何补偿；或在特殊情况下，将这些商品在商业渠道之外进行处置，且不予任何补偿，以最小化进一步侵权的风险；（3）仅去除非法附着的假冒商标不足以允许该商品进入商业渠道；（4）司法部门应根据权利人的请求，责令假冒者向权利人支付因侵权所获得的利益，或支付足以弥补侵权损失的赔偿金。

从上述分析可以看到，新增对假冒注册商标商品的民事制裁，一方面与国

---

① 参见《商标法修改相关问题解读》，http://www.gov.cn/zhengce/201905/09/content_5390029.htm，2020年10月5日访问。

际公约和双边协定相衔接，另一方面大幅度提高了假冒注册商标行为人的违法成本，对其形成了有效威慑。针对假冒注册商标的商品，《商标法》第四次修改后，赋予人民法院将销毁假冒注册商标的商品和禁止其进入商业渠道作为主要的处置手段，使得法院拥有了更大的裁量权，但同时也意味着法院将承担更大的责任。在适用该条款时，应注意以下问题：

（一）假冒注册商标商品的界定

《商标法》第63条新增第4款和第5款，是针对"假冒注册商标的商品"，而非所有的侵权商品，所以，首先应明确其内涵意义，防止执法过程中对该措施的滥用。

假冒注册商标的商品，是指在同一种商品上使用与注册商标相同的商标的商品。此处所指即所谓"双相同"：商品相同和商标相同，具体指向《商标法》第57条第1项的侵权行为。本规定不适用《商标法》第57条第2项的侵权行为，即将"商标近似和商品类似的行为"排除在外。从本次修法的目的考虑，"双相同"的主观恶意更大。一般而言，假冒往往具有主观恶意，但恶意也有程度之分，如果是长期侵权、反复侵权、多次侵权的情形，主观恶意明显、情节恶劣，应当果断采用销毁侵权商品的措施，以提高其违法成本。但如果是首次侵权、小规模侵权、获利较少、对知名度较低商标的侵害等情形，情节并不严重，可以考虑不适用销毁侵权商品的规定。[①] 本规定与《商标法》第67条第1款"假冒注册商标罪"对假冒注册商标商品的概念界定保持一致。[②]

（二）法院行使民事制裁权的前提条件

根据《商标法》第63条第4款和第5款的规定，法院针对假冒注册商标商品行使销毁和禁止进入商业渠道等裁量权时，前提条件是根据商标权人的请求，换言之，如果商标权人未提出此类诉求，法院不得自行采取这种措施。该规定不仅体现了民事行为的意思自治原则，也与TRIPS协定及双边经贸协议的最低要求一致。

（三）适用销毁规则的例外情形

依据《商标法》第63条第4款的规定，法院在应权利人要求，对假冒注册商标商品责令销毁时，有"除特殊情况外"的规定；对责令禁止主要用于制

---

① 参见杨静安：《适用新商标法销毁侵权商品规定与可持续发展的审慎平衡》，载《中华商标》2020年第4期。

② 我国《商标法》第67条第1款规定："未经商标注册人许可，在同一种商品上使用与其注册商标相同的商标，构成犯罪的，除赔偿被侵权人的损失外，依法追究刑事责任。"

造假冒注册商标的商品的材料、工具进入商业渠道，且不予补偿时，有"特殊情况下"的规定。换言之，在这些"特殊情况"下，对假冒注册商标商品可以不进行销毁；或者，制造假冒注册商标的商品的材料、工具可以进入商业渠道。那么何谓"特殊情况"？有哪些具体情形？本次立法未作出明确规定，这也给司法实践带来难题。

国内有学者开始探讨本条规定的"特殊情况"，主要表现为：第一，销毁侵权商品将造成比商标侵权更大的损害，比如造成重大的财产灭失，使得社会财富减少。第二，在不会造成更大损害的情况下，如果可以通过循环利用，创造更大的社会价值，也可以不销毁。第三，不销毁侵权商品不会对商标权人造成重大的损失，且不会明显破坏社会市场秩序和损害消费者权益，也可以不销毁。第四，如能够用替代性解决方案弥补权利人的损失，也可以不销毁，比如通过增加赔偿额填补权利人的经济损失。[①] 对此，TRIPS 协定第 46 条给出了一个原则性的规定：在考虑此类请求时，应考虑侵权的严重程度与给予的救济以及第三方利益之间的均衡性。

从利益平衡视角分析，本书认为，结合《商标法》第四次修改的立法背景，非例外情况可包括下列情形：其一，多次侵权、主观恶意；其二，造成的后果严重，比如，给权利人造成重大经济损失和商誉损害，涉及重大公共事件或者涉及食品安全等；其三，给予的赔偿救济不足以遏制侵权行为发生。在上述情形下，可销毁侵权物品和禁止侵权材料工具进入流通领域，以加大侵权者的违法成本。

（四）《商标法》第 60 条第 2 款行政责任的适用

《商标法》第 60 条规定，有本法第 57 条所列侵犯注册商标专用权行为之一，引起纠纷的，由当事人协商解决；不愿协商或者协商不成的，商标注册人或者利害关系人可以向人民法院起诉，也可以请求工商行政管理部门处理。工商行政管理部门处理时，认定侵权行为成立的，责令立即停止侵权行为，没收、销毁侵权商品和主要用于制造侵权商品、伪造注册商标标识的工具，违法经营额 5 万元以上的，可以处违法经营额 5 倍以下的罚款，没有违法经营额或者违法经营额不足 5 万元的，可以处 25 万元以下的罚款。

上述规定并未明确提出对假冒注册商标的商品可以采取没收、销毁等行政处罚，而是泛指所有的商标侵权行为。从立法精神考虑，《商标法》第 60 条与

---

① 参见杨静安：《适用新商标法销毁侵权商品规定与可持续发展的审慎平衡》，载《中华商标》2020 年第 4 期。

第63条在适用结果上应尽可能保持一致，在实际操作时应进行协调。行政机关对在相同商品上使用与注册商标相同的商品，如无特殊情况应进行销毁该商品和相关制造工具等，而对于其他类型的侵权商品则可根据个案情况决定是否采取销毁等行政措施。如果行政执法部门已经采取了销毁等行政措施，法院就不必再作同样的民事制裁了。

综上所述，《商标法》第四次修改后，对假冒注册商标的商品加强了打击力度，提高了对商标权的保护水平。而且，从立法上呈现体系化的规范，既有行政责任、民事责任，又有刑事责任的规定，可有效遏制和打击假冒注册商标的行为，加大其违法成本，保护商标权人利益，维护市场经济秩序。

第四节　商标侵权行为免予赔偿责任

因商标侵权行为给他人造成损失的，应当承担赔偿责任。但在特殊情形下，法律规定可以豁免侵权人的赔偿责任。本节研究的特殊情形主要包括被控侵权人免予赔偿责任和销售商免予承担赔偿责任，这两种情形属于《商标法》第64条规定的内容。

一、被控侵权人免予赔偿责任

商标的生命和价值在于使用，但在实际生活中，出现了商标权人利用未使用的注册商标诉讼牟利的情形。为防止注册商标被囤积，鼓励商标权人使用其商标，指导司法审判中出现的问题，2009年4月21日最高人民法院颁布了《最高人民法院关于当前经济形势下知识产权审判服务大局若干问题的意见》，指出："妥善处理注册商标实际使用与民事责任承担的关系，使民事责任的承担有利于鼓励商标使用，激活商标资源，防止利用注册商标不正当地投机取巧。请求保护的注册商标未实际投入商业使用的，确定民事责任时可将责令停止侵权行为作为主要方式，在确定赔偿责任时可以酌情考虑未实际使用的事实，除为维权而支出的合理费用外，如果确无实际损失和其他损害，一般不根据被控侵权人的获利确定赔偿；注册人或者受让人并无实际使用意图，仅将注册商标作为索赔工具的，可以不予赔偿；注册商标已构成商标法规定的连续三年停止使用情形的，可以不支持其损害赔偿请求。"该意见的发布，统一了司法裁判标准，经过几年的司法实践经验的积累，2013年《商标法》修改后，肯定并明确了这一司法政策精神，新增了权利人没有实际使用其注册商标，被控侵权人免予赔偿责任的规定，具体表现为第64条第1款："注册商标专用权人请求赔偿，被控侵权人以注册商标专用权人未使用注册商标提出抗辩的，人民法院可以要求注册商标专用权人提供此前三年内实际使用该注册商标的证据。注册商标专用权人不能证明此前三年内实际使用过该注册商标，也不能证明因侵权行为受到其他损失的，被控侵权人不承担赔偿责任。"

本书认为，《商标法》第64条新增规定有利于倡导商标注册就是为了使用的理念。只有通过使用，商标的识别功能才会实现；如果没有使用行为，消费者在市场上看不到该商标和对应商品之间的联系，其识别功能无从体现，也就不会产生混淆的可能。没有使用该注册商标且并未将其对应商品投放市场，商标权人的经济利益无从产生也没有损失，即使他人使用该注册商标，商标权人的市场份额也不会受到影响，因为消费者没有产生混淆和误认的可能。未使用的注册商标的商标权人没有因侵害行为受到损害，其侵权损害赔偿请求权也就不成立。在此情形下，商标权人既无混淆可能性的后果又无实际损失的产生，何谈赔偿呢？另外，该条款在一定程度上可防止商标权人滥用权利，无使用不得请求救济。

（一）被控侵权人免予赔偿责任的条件

分析《商标法》第64条第1款的规定，被控侵权人免予赔偿责任条款的适用需要具备的条件为：

1. 被控侵权人以注册商标专用权人未使用注册商标提出抗辩

这是启动《商标法》第64条第1款的前提条件，由个案中的被控侵权人提出免予赔偿的抗辩事由，即注册商标专用权人未使用其注册商标；人民法院不能自行适用该条款，在个案审理中法官可以要求商标权人提供使用证明，但这并不是强制性规定。

2. 注册商标专用权人要提供此前三年内实际使用该注册商标的证据

该条件适用时应注意：第一，商标权人提供证据的时间范围应为指控侵权之前的三年内；第二，商标权人应提供在此三年期间实际使用该注册商标的证据。这里强调的是"实际使用"，即必须是把商标用于商品、商品包装、容器、服务场所以及交易文书上，或者将商标用于广告宣传、展览以及其他商业活动中，用以识别商品或者服务来源的行为。具体而言，商标用于商品、商品包装、容器以及商品交易文书上的具体表现形式包括但不限于：（1）采取直接贴附、刻印、烙印或者编织等方式将商标附着在商品、商品包装、容器、标签等上，或者使用在商品附加标牌、产品说明书、介绍手册、价目表等上；（2）商标使用在与商品销售有联系的交易文书上，包括商品销售合同、发票、票据、收据、商品进出口检验检疫证明、报关单据等。商标用于广告宣传、展览以及其他商业活动中的具体表现形式包括但不限于：（1）商标使用在广播、电视、电影、互联网等媒体中,或者使用在公开发行的出版物上,或者使用在广告牌、邮寄广告或者其他广告载体上;(2)商标在展览会、博览会上使用,包括在展览会、博览会上提供的使用商标的印刷品、展台照片、参展证明及其他资料;(3)商标使用在网站、即时通信工具、社交网络平台、应用程序等载体上;(4)商标使用在二维码等信息载体上;(5)商标使用在店铺招牌、店堂装饰装潢上。① 商标用于服务场所以及服务交易文书上的具体表现形式包括但不限于:(1)商标直接使用于服务场所,包括介绍手册、工作人员服饰、招贴、菜单、价目表、名片、奖券、办公文具、信笺以及其他提供服务所使用的相关物品上;(2)商标使用于和服务有联系的文件资料上,如发票、票据、收据、汇款单据、服务协议、维修维护证明等。

上述使用方式均可作为商标权人实际使用该商标的证据,如果仅有许可和转让行为,或者少量的展览、赠品等方式,不能认为属于商标的实际使用。

3. "双不能"条件

所谓"双不能"是指,注册商标专用权人不能证明此前三年内实际使用过该注册商标,也不能证明因侵权行为受到其他损失,这是构成《商标法》第64条第1款免除赔偿责任的一个重要条件。具体而言,有两点要求:第一,商标权人无法提供此前三年内实际使用过该注册商标的证据,或者提供的证据不是此前三年的,或者经法院认定不属于实际使用的证据的;第二,商标权人也无法举证因被控侵权行为导致自己利益等受到损失的。这两个要求应同时满足。

只有同时满足了上述三个条件,被控侵权人才可以不承担赔偿责任。

(二)被控侵权人免予赔偿责任的法律适用及典型案例

在"红河"商标侵权案中,一审和二审法院均认为被告侵犯了原告的商标权,并以被告的获利作为认定原告赔偿数额的依据,判决被告支付巨额赔偿金1000万元。但最高人民法院再审后认为,两级法院未充分注意到该案件中原告的注册商标一直没有使用的事实,商标权人也未提供其使用"红河"商标生产、销售产品的有关证据以及能够反映其商誉的证据。而被告的利润所得是被告自己的广告宣传投入、产品质量及售后服务等综合因素决定的,并没有搭原告注册商标的便车,也未影响到原告的市场销售。在原告商标未实际使用的情况下,仅以被告获利作为赔偿数额有失公允。最高人民法院明确指出,侵犯未实际投入商业使用的注册商标,侵权人应该承担停止侵权的民事责任并赔偿权

---

① 参见《商标侵权判断标准》第3—7条。

利人制止侵权的合理支出,但可以不判决承担赔偿损失的民事责任。最高人民法院认为,对于不能证明已实际使用的注册商标而言,确定侵权赔偿责任要考虑该商标未使用的实际情况。被申请人没有提交证据证明其"红河"注册商标的实际使用情况,也没有举证证明其因侵权行为受到的实际损失,且被申请人在一审时已经明确放弃了其诉讼请求中的律师代理费的主张,对于其诉讼请求中的调查取证费未能提供相关支出的单据,但是,被申请人为制止侵权行为客观上会有一定的损失,法院综合考虑本案的情况,酌定申请再审人赔偿两被申请人损失共计2万元。最高人民法院再审判决未支持一、二审法院赔偿原告的请求,纠正了原审判决在认定事实和适用法律方面均存在的错误。[①]该案因其典型性,入选《最高人民法院知识产权案件年度报告(2009)》。

最高人民法院对该案件的判决对于同类案件具有导向作用,旨在鼓励注册商标的使用。因为只有使用才会发挥商标的价值和功能,彰显其显著性,才能受到强保护,包括停止侵权、赔偿损失等;对未实际投入使用的注册商标,因消费者看不到该商标对应的商品,商标本身的识别商品来源的功能并未发挥,因而不会造成商品或服务来源混淆的后果。基于此,对该类未实际使用的注册商标保护力度相对较弱,判断赔偿数额时仅支付原告因该案的合理支出,赔偿金的诉求一般不予支持。该判决对防止一些人注而不用、抢占商标资源也有一定的现实意义。该案也为2013年第三次修改后的《商标法》第64条第1款提供了司法案例的支撑。

(三)三年不使用中注册商标实际使用的认定

在注册商标三年不使用抗辩中,商标的实际使用是适用该项规则的关键。下面,结合"minksheen"商标侵权纠纷案,分析法院是如何认定注册商标的实际使用。

原告是美国DermacLabs,Inc.公司("minksheen"系列生产商)在中国的唯一代理商,享有"minksheen"注册商标权。被告在淘宝天猫商城以宠博宠物用品专营店的名义,长期大量销售印有"minksheen"商标的系列商品,且销售价格远低于原告的进货价格。原告诉称,被告在网上销售的产品涉嫌假冒,同时也侵犯了原告的商标专有权,对原告造成了重大经济损失,也对"minksheen"商标的系列产品的声誉造成负面影响,故要求被告停止侵权、销毁印有"minksheen"商标的库存商品及宣传资料、关闭侵权产品的销售网页、赔偿原告经济损失10万元、赔偿原告为制止侵权行为而产生的购买侵权产品

[①] 参见最高人民法院(2008)民提字第52号。

的费用 50 元、律师费 5000 元、公证费 2000 元。被告则辩称其是正规销售商，不是原告主张的涉案商品的生产者，其销售涉案商品的行为未构成商标侵权；原告注册商标后未实际使用。

一审法院经审理查明：2011 年 12 月 14 日，原告经商标局核准注册了第 8900670 号"Mink-Sheen"商标，核定使用商品为第 3 类肥皂、消毒皂、洗面奶、洗涤剂、动物用化妆品、宠物用香波等，注册有效期限至 2021 年 12 月 13 日。2013 年 8 月 6 日，原告代理人向被告购买了涉案的"雪貂"貂油洗毛精一瓶，售价 50 元。诉讼中，原告陈述，其仅在宠物用香波类产品上使用涉案商标，只销售不生产，产品是直接从美国进口，进口时产品包装上已标有涉案商标。一审法院认为，首先，根据原告陈述，其自身并不生产产品，其销售的产品来自境外，且进口时产品包装上已印有涉案商标，而原告在其宣传单上使用"MinkSheen"标识亦非指向其自身产品或与之相关的商业活动；其次，原告虽提供了对案外人的授权书，但未明确授予案外人的"Minksheen"品牌系针对自身商标还是境外商品，且原告未提供案外人对涉案商标实际使用的相应证据；最后，原告虽主张其在京东网开设网店且向法院提交了相关合同，但亦未提交涉案商标在京东网实际使用的相应证据。因此，法院难以认定原告对涉案商标进行了实际的商业使用，故对原告该项诉讼请求不予支持。对于原告主张的合理费用，购买侵权产品的费用 50 元及公证费 2000 元，确系原告为本案诉讼产生的实际支出，法院对此予以支持；律师费项目应属为制止侵权行为所支付的合理开支，但原告主张的数额过高，法院结合案件性质、律师工作量等因素酌情支持。一审法院据此判决：被告立即停止侵犯原告注册商标专用权的行为；被告赔偿原告合理费用 6000 元；驳回原告其余诉讼请求。① 一审判决后，原告提起上诉。二审法院审理后驳回上诉，维持原判。

二审法院指出，根据查明的事实，上诉人未在我国实际生产宠物用香波，更未在宠物用香波商品上使用涉案商标。上诉人提交的证据仅能证明其在我国境内销售了从美国原装进口的涉案商品，但该商品系由美国方公司生产，上诉人在庭审中亦明确承认涉案商品从美国进口时即贴有"MinkSheen"商标，而现无证据证明该商品上的商标系由上诉人授权美国方公司使用。因此，对于相关公众而言，该商品上的"MinkSheen"商标所指示的商品来源为美国方公司而非上诉人，该商标与上诉人之间并未建立对应关系。商标权人对商标的使用应当有积极、明确的意思表示，并且使用具有一定的商业规模，如果没有实际

---

① 参见上海市闵行区人民法院（2014）闵民三（知）初字第 168 号。

使用注册商标，仅有转让或许可行为，或者仅有商标注册信息的发布或者对其注册商标享有专有权的声明等的，均不是法律意义上的商标使用。上诉人在销售含有"MinkSheen"商标的商品时以"中国总代理"身份出现，并标明"美国雪貂"字样，可见其亦认可该商品及商标是美国方公司的，鉴于其销售和宣传的商品都是他人的商品，而非自己的产品，故其实施的销售行为并不能代表其对自己注册的商标已经进行了实际的商业使用。二审法院认为，无论是修订前的商标法还是现行商标法，就经济损失赔偿方式的确定并无实质性变化，均将权利人的实际损失作为赔偿的第一顺位，而查明权利人是否对其注册商标进行实际使用正是为了确定权利人是否因侵权行为遭受了实际损失；一件商标只有使用后才能产生实际的市场利益，如果商标未经实际使用，则其无法与商品相联系，即使他人使用该商标也不会挤占权利人的市场份额，其损害结果也就无从发生。①

我国商标法在侵权损害赔偿方面遵循填平原则，只在特定情况下适用惩罚性赔偿。因此，只有权利人因侵权行为遭受了实际的损失，法院才会支持原告的赔偿请求。商标的注册取得只是商标生命的开始，注册权利人只有将商业标识真正投入市场，进行商业性使用，商标的识别功能才能够有所发挥。本案中注册权利人没有积极地进行商标使用，仅有一些转让、许可行为，并没有在商品来源和权利人之间形成稳定的对应关系，因此商标的功能并未发挥。三年不使用不得主张赔偿的制度设计，一方面在于敦促商标权人注册后要积极、实际地使用其注册商标，发挥识别功能；另一方面也是为了防止商标权滥用，规制那些仅依靠起诉他人商标侵权获得收益而怠于使用其注册商标的行为。

（四）三年不使用免予赔偿的效力：阻却侵权责任还是赔偿责任

上文讨论了注册商标三年不使用丧失请求赔偿权的司法政策、法律依据及理由，分析了司法裁判案例，一般情形下，请求保护的注册商标未实际投入商业使用的，如果确无实际损失和其他损害，则法院不会根据被控侵权人的获利确定赔偿；民事责任承担方式主要包括：责令被控侵权人停止侵权行为、支付权利人为维权而支出的合理费用。可以看到，在此语境下，被控侵权人提出的权利人三年不使用抗辩仅能阻却赔偿责任。比如，在格力公司与美的公司关于"五谷丰登"商标纠纷一案中，法院认为："在商标权人拥有注册商标而且该注册商标未被撤销或者被宣告无效的情形下，就应当拥有该商标完整的权利，商标权人享有在核定使用的商品上使用核准注册的商标的专有使用权和在相同或

---

① 参见上海市第一中级人民法院（2014）沪一中民五（知）终字第110号。

类似商品上禁止他人使用相同或近似商标的排斥权,即使商标权人未实际使用其注册商标,但他人的使用行为会妨碍商标权人对其商标权的行使,妨碍商标权人拓展市场的空间。因此,商标权人有权依照法律的规定制止他人的侵权行为,由此所支付的合理开支可以作为因侵害行为所受的损失,商标权人有权请求侵害人予以赔偿,即商标权人享有以'合理开支'为内容的损害赔偿请求权。"①

毋庸置疑,商标使用是判断商标侵权的重要考量因素,如果他人在市场上使用相同或近似商标不会导致相关公众误认商品来源的可能性,混淆可能性即不存在。如果被告未进行产生混淆可能性的使用,就不构成商标侵权意义上的"商标使用",此时,被告并不构成侵权,此抗辩阻却的应该是侵权责任。因为,三年不使用的注册商标是可以被撤销的,已经成为"死亡商标",权利人丧失停止侵权请求权。

从域外立法分析,美国《兰哈姆法》第45条规定,商标停止使用满三年,且没有继续使用的意思,视为放弃商标权。《德国商标法》第25条第1款规定,在主张请求权的最近五年内,未在相应商品或服务上使用的注册商标所有人得不到任何法律救济,即长期不使用的注册商标已在事实上失去效力,不仅无权主张损害赔偿请求权,也无权要求停止侵害、销毁以违法方式标示的物品或要求提供信息。《法国知识产权法典》第L.714-5条规定,无正当理由连续五年没有在注册指定的商品或服务上实际使用商标时,其所有人丧失商标权利,失效自五年期满之日起算,失效具有绝对效力。《俄罗斯商标、服务标记和原产地名称法》第22条规定,商标的法律保护可以因其注册后,任何连续三年未使用在全部或部分商品上而提前终止。

由于我国实行商标民事侵权程序与行政撤销程序二元分立体制,司法机关不可宣告商标权的效力,也不能在民事侵权诉讼中对商标权的效力进行审查。在现行体制下,即便法官在民事侵权程序中认定注册商标权人连续三年未使用注册商标,亦无权将其撤销。其他市场主体要想使用三年不使用的注册商标,就必须先申请撤销该注册商标。而要走完一个完整的撤销程序,将耗去大量的时间。根据《商标法》的规定,单位或者个人申请撤销一个三年不使用的注册商标,首先由商标局作出撤销或者不予撤销注册商标的决定,当事人不服的,可以向商标评审委员会申请复审。当事人对商标评审委员会的决定不服的,还可以向法院起诉。诉讼程序又分为一审、二审和再审。可谓过程繁复,周期

---

① 广东省高级人民法院(2015)粤高法民三终字第145号。

冗长。[1]

本书认为，针对注册商标三年不使用情形，可借鉴域外立法，将目前的阻却赔偿责任再往前一步，改为可以阻却侵权责任。从立法层面，可达到与三年不使用撤销制度相同的法律效果；从司法层面，法官可在判决书中根据证据认定该注册商标三年未使用，法律不再保护其专有权，驳回原告的诉讼请求。换言之，注册商标三年不使用抗辩，既能对抗权利人的停止侵权请求权，也能对抗其损害赔偿请求权，从而在制度层面，高效地引导和激发注册商标的使用价值和活力，另外也有利于节约司法成本，防止不必要的循环诉讼。

二、销售商免予承担民事和行政责任的条件

按照《商标法》第 57 条第 3 项规定，销售侵犯注册商标专用权的商品的行为构成侵犯他人商标权，在这种情形下，无论行为人主观上是否知晓其销售的商品是侵权商品，均可认定侵权。但行为人是否应承担赔偿责任？如果一律让行为人承担赔偿责任，则对善意销售，即不知道也不应当知道其经销的商品是侵犯注册商标专用权的商品的行为人将有失公允，不利于商品流通和市场繁荣；同时，也与我国民法中的赔偿原则的构成要件不符合。

为协调和解决上述问题，2001 年修改后的《商标法》第 56 条第 3 款规定了销售侵犯注册商标专用权的商品的行为人的免责条件，即"销售不知道是侵犯注册商标专用权的商品，能证明该商品是自己合法取得的并说明提供者的，不承担赔偿责任"。换言之，如果不能证明该商品是自己合法取得且不能说明提供者的，就要承担赔偿责任。2013 年《商标法》修改后将该条调整到第 64 条第 2 款，2019 年第四次修改《商标法》时该条款未发生变化。

（一）销售商免予承担民事赔偿责任的条件

1. 销售商主观不知情

销售者不承担赔偿责任的前提，首先必须满足销售商对于所销售的系侵犯注册商标专用权的商品不知情这一主观要件，其次，才可以进一步探究是否满足所销售的商品是否具有合法来源这一客观要件。在认定赔偿责任时，我国商标法采用了过错责任原则，即行为人主观上有过错的，才承担赔偿责任。

销售商主观上不知道销售的是侵犯注册商标专用权的商品，即为善意销售；但如果是明知或应知销售的是侵犯注册商标专用权的商品的，要承担赔偿责任。比如，商标权人通过律师函告知销售商销售的是侵权商品，要求其停止

---

[1] 参见刘春林：《商标三年不使用抗辩制度研究》，载《中华商标》2014 年第 10 期。

销售，销售商在已经知晓的情况下继续销售，即由最初的善意转化为恶意，此时，就要承担赔偿责任了。实践中如何举证说明销售商主观上不知道呢？销售商作为市场经营主体，其在进货过程当中应当尽到合理的注意义务。这一合理注意义务已成为一种商业惯例，当违背了该义务时，即视其为"应当知道而不知道"。销售商的合理注意义务可从以下四个方面认定：第一，审查销售商的资质。规模大的销售商资金雄厚，人力充裕，掌握着更多的商品信息资源，对于自己是否侵犯他人商标专用权应有更高的注意义务。对于批发商审查注意义务的要求要高于零售商；而对于商场柜台承租人和个体工商户，其进货、出货手续普遍比较简单，交易额小，可不要求其承担较重的注意义务。第二，商品进货价格审查。如果被诉侵权商品的进货价格和同类商品的正常价格相比存在较大的差异，即在销售商购入被诉侵权商品价格远低于同类商品的通常价格时，一般可推定销售商未尽到合理注意义务。第三，销售商与权利人是否属于同行业经营，存在潜在的竞争关系，如是，则应尽到合理注意义务。第四，涉案商标的知名度。知名度高的商标，往往对销售者审查注意义务的要求也高，反之，要求则相应较低。

2. 销售商能够证明经销的商品是其合法取得并说明提供者的

如何认定合法来源？本书认为，合法来源重在"合法"。实践中，对于销售者主观上的认识很难考量，但对其商品来源合法性的考量，为认定销售者主观上是否具有过错提供了依据。确定商品来源的合法性，也有利于促使销售者尽到审慎的审查及注意义务，从而维护市场交易的稳定和健康发展。按照"谁主张，谁举证"的原则，销售商负有证明其销售的被控侵权商品具有合法来源的证明责任。从具体案件审理情况来看，在诉讼中，销售商通常提供侵权商品的相应商业发票、购货合同、付款凭证、供货商的主体资格、收款收据、记账凭证、送货单、证人证言等证据材料，以证明其所售商品具有合法来源。《商标法实施条例》第79条规定，下列行为属于能证明该商品是自己合法取得的情形：（1）有供货单位合法签章的供货清单和货款收据且经查证属实或者供货单位认可的；（2）有供销双方签订的进货合同且经查证已真实履行的；（3）有合法进货发票且发票记载事项与涉案商品对应的；（4）其他能够证明合法取得涉案商品的情形。

综上，只有满足了销售者主观不知情、能够提供合法来源这两个条件，销售商才可以免除侵权的赔偿责任。在"五粮液"商标纠纷中，四川省宜宾五粮液集团有限公司经批准获得"五粮液"的文字及拼音字母组合商标专用权后，将该商标授权原告五粮液公司进行品牌管理和维护。原告发现被告A百货店在家鑫购物广场宜阳店销售印有"五粮液"字样标签的白酒，经查，该白酒来源自被告香香批发部。原告认为，两被告均未经许可销售印有其专用商标的商品的行为构成商标侵权，诉请要求被告停止侵权并赔偿损失。被告B百货店针对原告的诉讼主张提出了其所售涉案产品是合法购得，不知道该酒是侵权商品的抗辩意见。被告香香批发部辩称涉案商品并非由其提供。法院审理后认为，涉案白酒使用了与原告的注册商标相同的标识，但未经合法授权，系侵犯原告注册商标专用权的商品。被告B百货店销售侵犯原告注册商标专用权的商品，亦构成侵权。我国《商标法》第64条第2款规定，销售不知道是侵犯注册商标专用权的商品，能证明该商品是自己合法取得并说明提供者的，不承担赔偿责任。被告B百货店提供了相应证据证明涉案商品系由香香批发部向其提供，有合法来源，且没有证据证明其明知是侵犯注册商标专用权的商品而进行销售，故依照《商标法》第64条第2款规定，不承担赔偿责任，但仍应承担停止侵权的民事责任。被告香香批发部提供的证据不足以证明其供给B百货店的三件"五粮液"酒并非涉案产品，故其依法应当对销售侵犯原告注册商标专用权的商品的行为承担停止侵权、赔偿损失的民事责任。根据本案的裁判观点，关于合法来源抗辩，销售不知道是侵犯注册商标专用权的商品，能证明该商品是自己合法取得并说明提供者的，不承担赔偿责任。在实务中，应综合合法来源抗辩的构成要件进行考量，包括商标侵权人的主观状态、取得渠道的合法性，并要求其能够说明具体来源。

（二）销售商免予承担行政责任的例外规定

上述谈到销售商免予赔偿民事责任的法律适用，为保持立法的一致性，《商标法》又增加了销售商免予承担行政责任的例外规定，具体体现在《商标法》第60条第2款第3句："销售不知道是侵犯注册商标专用权的商品，能证明该商品是自己合法取得并说明提供者的，由工商行政管理部门责令停止销售。"近年来执法部门发现，一些销售商利用该免责规定，以主观不知情为由并提供虚假的供货来源等来规避法律责任。为加强商标执法指导工作，统一执法标准，强化商标专用权保护，2020年国家知识产权局颁布了《商标侵权判断标准》，对《商标法》第60条第2款规定作了细化，明确了具体执法标准。

1. 善意销售的例外情形

有下列情形之一的，不属于《商标法》第60条第2款规定的"销售不知道是侵犯注册商标专用权的商品"：（1）进货渠道不符合商业惯例，且价格明显低于市场价格的；（2）拒不提供账目、销售记录等会计凭证，或者会计凭证弄虚作假的；（3）案发后转移、销毁物证，或者提供虚假证明、虚假情况的；

(4) 类似违法情形受到处理后再犯的；(5) 其他可以认定当事人明知或者应知的。①

2. "说明提供者" 的含义

《商标法》第 60 条第 2 款规定的 "说明提供者" 是指涉嫌侵权人主动提供供货商的名称、经营地址、联系方式等准确信息或者线索。对于因涉嫌侵权人提供虚假或者无法核实的信息导致不能找到提供者的，不视为 "说明提供者"。②

3. 具体处罚措施

涉嫌侵权人 "销售不知道是侵犯注册商标专用权的商品" 的，对其侵权商品责令停止销售，对供货商立案查处或者将案件线索移送具有管辖权的商标执法相关部门查处。对责令停止销售的侵权商品，侵权人再次销售的，应当依法查处。③

第五节　商标反向混淆侵权认定及赔偿

商标反向混淆不是传统商标法中的术语，有其特殊性。本节重点论述商标反向混淆理论及规则的发展、反向混淆带来的危害、反向混淆侵权认定特殊性、构成要件及赔偿。

一、商标反向混淆理论的提出及其发展

商标反向混淆（reverse confusion）是与传统意义上的混淆（正向混淆）相对而言的一个概念，是指商标在后使用人对商标的使用使之具有较高的知名度，以至于相关公众误认为商标在先使用人的商品来源于商标在后使用人或二者之间存在某种赞助或认可的联系。

（一）反向混淆理论在美国的起源和发展

"反向混淆" 一词最早由美国著名的大法官霍姆斯在 1918 年在一份评论中提出，其认为反向混淆属于商标的混淆行为，可以使用传统的侵权规则，应该受到严格限制。美国第七巡回法院在 1968 年的 "野马" 商标案中，对反向混淆进行了正面分析。

---

① 参见《商标侵权判断标准》第 27 条。
② 参见《商标侵权判断标准》第 28 条。
③ 参见《商标侵权判断标准》第 29 条。

美国第十巡回法院 1977 年终审的 "Big Foot" 案①系反向混淆较早的案例，该案中法官确立了禁止反向混淆的诉讼基础。原告与被告公司都生产和销售轮胎。原告自 1974 年 2 月开始在其轮胎上使用 "Big Foot" 商标，同年 7 月被告也在同样的商品上使用该商标。被告曾与原告洽谈该商标转让事宜但遭拒绝。尽管如此，被告继续使用 "Big Foot" 商标，并投入千万美元的资金进行广告战。诉讼中争论的焦点就在于，当原告既未主张也没有任何证据证明被告企图利用原告的商誉或者将其商品假冒为原告商品时，原告是否有权提起商标侵权之诉。法院指出，可以对反向混淆提起诉讼。因为有可靠证据表明，证人在看过被告公司的广告片后，误以为原告的轮胎源于被告公司。法院强调，放任反向混淆无异于向人们昭示，大公司可以名正言顺地窃取小企业的在先商标，凭借雄厚的经济实力进行密集的广告宣传后将其据为己有。法院判决中首次认可了反向混淆理论，此后，反向混淆得到美国多数巡回法院的认可。

在 1987 年的亚美技术案中，法官从财产法理论的角度，阐述了反向混淆的危害，论证了制止反向混淆的必要性。判决书指出："尽管商标保护从普通法开始，一直是针对欺诈，但是在过去的 150 多年里，商标保护已经将重心转移到了保护商标本身所具有的财产权利益。这一转变是承认商标在现代非人格经济中所起作用的结果。商标是确定某一产品来源的，或与某一特定来源相关联的手段（尽管这一来源可能是不知名的），也是诱导消费者购买的手段。"在此基础上，判决书论述了反向混淆对在先商标人的损害："反向混淆的侵权主张，不同于通常的来源混淆或认可混淆的侵权主张。在后商标人不是寻求从在先商标人的商誉中获取利益，而是以一个相似的商标对市场进行饱和轰炸，并且淹没在先商标人。公众开始认为，在先商标人的产品确实是在后商标人的，或者在先商标人在某种程度上与在后商标人相关。结果则是在先商标人丧失了其商标的价值，也即它的产品的身份、企业的身份，它对自己商誉和名誉的控制，以及它进入新的市场的能力。"②

反向混淆理论随后被美国司法判例所接受，并逐渐形成反向混淆侵权认定的规则和标准。美国法院认为，反向混淆不仅会导致消费者混淆，而且会损害在先商标所有人的商誉，因而在后使用人应承担侵权责任。实际上，反向混淆不仅降低在先使用商标的价值，而且还可能导致在先使用者丧失对其商标的控制权。如果反向混淆不是商标所有人获得法律救济的充足理由，那么大公司就

---

① See Big O Tire Dealers, Inc. v. Goodyear Tire & Rubber Co., 408 F. Supp. 1219, 189 U. S. P. Q 17 (D. Colo. 1976).

② 转引自李明德：《美国商标法中的"反向混淆"》，载《中华商标》2002 年第 6 期。

可以不受惩罚地侵犯小公司在先使用的商标。这与现代法制公平正义的观念明显不合。

反向混淆理论也被《美国反不正当竞争法重述（第三版）》和之后的美国联邦商标授权确权程序所采纳。在美国，如果发生了反向混淆，权利人可以依据各州的普通法提起诉讼，因为普通法的商标保护宗旨不仅包括防止对于消费者的欺诈和混淆，也包括保护商标本身具有的财产性权益；同时，权利人也可以依据联邦商标法提起诉讼，甚至可以依据《兰哈姆法》第 43 条第 1 款提起诉讼，因为该法的目的是通过让公众免予混淆而保护权利人的利益，并且确保公平竞争。由此，美国商标法已经发展了仿冒（palming off）和反向混淆等多种侵权诉因。

美国学者 Leah L. Scholer 结合商标法的宗旨详细论述了规制反向混淆的正当性，其认为在后使用者通常是一家拥有更多营销资源的大公司，其目的并非为了攫取在先使用者的商誉，而是希望以自己的相似产品使市场饱和并淹没在先使用人的声誉。由此，在先使用人的商标不再具有其任何指代功能。反向混淆会破坏在先使用人控制自己品牌（商标、声誉和商誉）以及进入新产品市场的能力，这是商标法不能允许的。美国学界和司法判例普遍认为，在反向混淆案件中，应当更加关注混淆的事实而不是混淆的方向。可以借鉴判例中已经广泛使用的各种多因素测试来确定是否存在混淆可能性，主观意图因素并不能作为判断反向混淆侵权的构成要件，主观故意存在与否只会影响损害赔偿的判给。对于反向混淆侵权，美国学界更关注的是其责任的承担方式，例如禁令救济和损害赔偿的可适用性。

（二）反向混淆理论和实践在我国的发展

我国现行的商标法律法规中没有关于反向混淆的明确规定。随着此类案件的增多，司法实践中，法官们开始探索反向混淆理论和规则的适用，学界也开始对此加以关注和研究。总结反向混淆理论和实践在我国的发展，主要经历了以下几个时期：

1. 2002 年起始的反向混淆的早期实践

我国第一例反向混淆案例为 2002 年的"冰点"案。[①] 在本案中，法院支持了原告的诉请，认为被告使用"冰点"商标的行为使相关公众产生来源误认，使消费者误认为原告的"冰点水"与被告青岛公司有特定联系，属于侵犯商标专用权的行为。判决书中并未直接出现"反向混淆"这一概念，法院在将

---

① 参见重庆市第一中级人民法院（2002）民初字第 533 号。

混淆的定义扩展至反向混淆的情形下,并未对相应的构成要件进行分析,只是提出了反向混淆理论的基本内涵。但在之后的几年中,法院对反向混淆的认定一直处于谨慎甚至回避的态度,在具体司法适用时,仍然具有较大的模糊性。

这一时期,学界出现了对反向混淆这一侵权动因的讨论和研究。例如,有学者认为,在反向混淆的情况下,在后商标使用人可能让那些一开始就熟知在后商标的消费者产生一种错误印象,认为在先商标使用人所提供的商品或服务是来源于在后商标使用人,从而认定在先商标使用人是侵权者。这种反向混淆不仅会使消费者混淆,而且会损害在先商标使用人的信誉。在先商标使用人无法将自己的产品正确展示给消费者,等于被剥夺了名誉和商誉,也被剥夺了在市场上的公平竞争机会,因此,反向混淆在事实上构成了不正当竞争。① 也有学者认为,反向假冒是一种不折不扣的侵权行为,是在未经许可的情况下人为割裂他人商标与商品之间的密切联系,意在无偿占有他人为建立商誉而付出的努力,从中获利并获得本不应属于自己的商标信誉。②

2. 2007年后进入反向混淆的探索时期

反向混淆真正走入公众视线则是 2007 年的"蓝色风暴"案,③ 此案涉及美国饮料巨头百事可乐公司,也是第一个获得 300 万元高额赔偿的反向混淆案件。法院在一审判决中提出了"反向混淆"概念,二审虽然撤销了一审的判决,但在评述被告百事可乐公司使用的"蓝色风暴"标识与原告"蓝色风暴"注册商标是否构成近似时,也是将混淆的定义扩展至反向混淆,即"是否会使相关公众对商品的来源产生误认或混淆的判断,不仅包括相关公众误认为后商标使用人的产品来源于在先注册的商标专用权人,也包括相关公众误认在先注册的商标专用权人的产品来源于后商标使用人"。

由于《商标法》第三次修改前,法律并没有明确将"混淆可能性"作为认定商标侵权的构成要件,司法实践中对这一侵权判断要件也存在争议。因此针对反向混淆案件,更多的是将其视同为混淆的一种类型,基于反向混淆现象的描述来概述其定义,法院在判决中会尽量避免直接出现"反向混淆"这一概念,而且在对是否构成侵权进行分析时仍然受正向混淆案件构成要件的影响,即仍然从商标使用行为、商品的相同或类似、商标的相同或近似、混淆可能性

---

① 参见钟广池、林昊:《"威百"与"威白"究竟谁侵害了谁?》,载《大经贸》2003 年第 10 期。
② 参见练玲君:《我国商标反向假冒问题初探——基于文献综述的分析》,载《广东科技》2006 年第 12 期。
③ 参见浙江省高级人民法院(2007)浙民三终字第 74 号。

上来判断是否构成商标侵权。

自 2007 年后，由于反向混淆的案件数量开始逐渐增多，学界对其理论的关注也逐渐精细化和具体化。这一阶段，学界对反向混淆是否构成商标侵权也存在不同的意见。持反对意见的学者认为，从经济学角度分析，在先使用人所持有的商标并没有市场影响力，其所含有的经济价值偏低，在后使用人使用与其相同或近似的商标，并没有对其经济利益造成实质性的损害，而在后使用人投入了大量成本，使得该相同或近似的商标所蕴含的经济价值得以提高，在先使用人的商标的价值也随之提升。在先使用人不但没有损失，反而获利。① 而大多数学者认为，商标反向混淆也是混淆的类型之一。虽然不同于传统的正向混淆，但却具有相同的本质，只是在司法适用时需要考虑不同的侧重点和因素，合理界定个案，不能一味地认定反向混淆行为构成侵权，也不能单单考虑效率原则而否认侵权。尽管反向混淆确实属于商标侵权行为，但是不应该给予其无限的保护，法院应该平衡各方利益，尽可能实现社会整体效益的公平与合理。在处理商标反向混淆案件时，法院不能够一刀切，尤其要注意比例原则的适用，避免让商标反向混淆成为商标注册人反向劫持诚实经营者的武器和收割他人劳动果实的镰刀。也有学者提出，我国商标立法和司法实践应该充分借鉴美国经验，商标法对反向混淆不能作排除性规定，需要在实施条例中对构成要件予以明确，谨慎地进行法律适用。② 在之后的"G2000"案中，法院认为被告公司使用的商标与原告"2000"商标构成近似，在部分被诉侵权产品包装上使用"G2000"商标的行为足以造成混淆，因此侵犯商标权，并根据被告获利情况计算出 1257 万元赔偿额。③

3. 2013 年后进入反向混淆的发展时期

2013 年《商标法》经过第三次修改，在第 57 条中正式引入了混淆可能性理论，并将其作为商标侵权的认定标准，④ 但"反向混淆"概念未正式纳入立法。随着反向混淆案件的增多，部分法院明确将反向混淆理论作为判断商标侵

---

① 参见彭学龙、张奕峰：《"蓝色风暴"考量"反向混淆"》，载《中华商标》2006 年第 11 期；张爱国：《商标"反向混淆"理论初探——以案例为视角》，载《电子知识产权》2007 年第 8 期。

② 参见张小琳：《美国商标反向混淆误认的判定及其对中国的启示》，载《国际贸易》2013 年第 5 期；邓宏光：《商标反向混淆的司法应对》，载《人民司法》2017 年第 10 期；杜颖：《商标反向混淆构成要件理论及其适用》，载《法学》2008 年第 10 期。

③ 参见浙江省高级人民法院（2008）浙民三终字第 108 号。

④ 参见王莲峰：《商标法学（第三版）》，北京大学出版社 2019 年版，第 125 页。

权的依据。① 这一阶段，学者们和法官们开始探索反向混淆纠纷的构成要件和赔偿标准，反向混淆理论在我国进入了发展时期。

二、商标反向混淆造成的危害及禁止的必要性

针对反向混淆纳入立法的正当性，美国法院通常通过结合《兰哈姆法》的保护宗旨以及财产权理论阐述制止反向混淆的必要性。在 Banff, Ltd. v. Federated 案中，第二巡回法院指出，《兰哈姆法》的目的是通过让公众免予商标来源上的混淆而保护商标所有人的利益，同时确保公平竞争。这一目的在反向混淆案件中十分重要。因此，如果不制止反向混淆行为，则有悖于商标法的立法目标。在 Ameritech Inc. v. American Information 一案中，美国第六巡回法院则是从财产权的角度进行正当性的论证。其认为，商标法在防止欺诈等不正当竞争行为的同时，也保护商标权的财产性利益。在反向混淆的侵权主张中，在后商标使用人不是意图从在先商标使用人处获取利益，而是希望以一个相似商标对市场秩序进行轰炸，淹没在先商标使用人，最后在先商标使用人会失去对商誉的控制和进入新市场的能力。因此，为了保护商标本身的价值和维持其特性，有必要对反向混淆行为进行规制。

我国主流观点认为，应当对反向混淆行为进行规制。"市场经济主体享有平等的受法律保护的地位，在商标法中也不应该留下任何口子，如果对这种情况不予以规制，就会严重破坏商标法的秩序价值，动摇商标法保护的根基——禁止在相同或类似商品上擅自使用与商标权人相同或近似的商标。因此应该在商标法中增加禁止反向混淆的规定。"② 反向混淆不仅会使消费者发生混淆，同时也会损害在先商标及在先商标代表的信誉和商誉，应当依据商标法予以制止。③

本书认为反向混淆不仅构成商标侵权，也构成不正当竞争。反向混淆会带来三重危害，有加以制止的必要性。

其一，破坏商标的识别功能，造成商标之间存在混淆可能性的后果。这是反向混淆构成商标侵权主要的法理基础。这里的混淆既包括直接混淆，也包括授权或合作等间接混淆。正如法院在"MIKA 米家"商标纠纷案中所指出的：

---

① 例如，法国卡思黛乐兄弟简化股份有限公司与李某侵害商标权纠纷案，最高人民法院（2014）民提字第 25 号民事判决书；新百伦贸易（中国）有限公司与周乐伦侵害商标权纠纷案，广东省高级人民法院（2015）粤高法民三终字第 444 号民事判决书；金阿欢与江苏省广播电视总台、深圳市珍爱网信息技术有限公司侵害商标权纠纷案，广东省高级人民法院（2016）粤高法再 447 号民事判决书。

② 冯晓青：《商标法第三次修改若干问题》，载《中华商标》2007 年第 4 期。

③ 参见李明德：《美国知识产权法（第二版）》，法律出版社 2014 年版，第 589 页。

"小米科技公司和小米通讯公司对被诉侵权'米家'标识的大量宣传和使用，势必会使得相关公众将'米家'标识与小米科技公司或小米通讯公司形成联系，进而割裂该标识与其注册商标权利人联安公司之间的联系，影响该商标本应具有的表征作为商品来源的联安公司的作用的发挥，损害该商标的最基本、最本质的功能。"[①]

其二，反向混淆行为会挤压直至淹没在先小企业的生存发展空间，因为在后企业的优势地位和巨大的市场及品牌影响力，会导致小企业在相同商品领域失去竞争优势，从而被排挤出市场，造成"大鱼吃小鱼"的恶劣竞争环境。正常的市场竞争规则是优胜劣汰，适者生存，但在反向混淆情形下，正因为在后大企业将相同或近似的标识使用在与在先的注册商标相同或类似的商品或服务上，不仅触犯商标法保护的商标权利，从而构成其发展的权利屏障，也容易造成不正当竞争。《反不正当竞争法》第2条第1、2款规定："经营者在生产经营活动中，应当遵循自愿、平等、公平、诚信的原则，遵守法律和商业道德。本法所称的不正当竞争行为，是指经营者在生产经营活动中，违反本法规定，扰乱市场竞争秩序，损害其他经营者或者消费者的合法权益的行为。"本书认为反向混淆也构成不正当竞争。鉴于反向混淆对在先商标权人利益的损害，本书认为，反向混淆不应当仅仅局限于商标之间，在注册商标与其他商业性标识之间也可以适用。反向混淆对商标权人的利益损害主要体现在，在先商标使用人注册商标的价值因他人的大肆使用而被抑制。在现代商业中，商号、商品名称等商业性标识都具有表彰之功能，通过大量使用均能使企业与其产品或服务建立特定联系。在正向混淆情况下，商标与其他商业性标识能够产生冲突，在反向混淆情况下也能产生冲突。因此，在商标与商号、商品名称冲突中可以适用反向混淆。比如，在鲍某诉北京慧之眼公司侵犯商标权纠纷案中，法院认为企业字号与他人的在先商标相似构成反向混淆。根据查明的事实，慧之眼公司主要在以下三个方面使用"慧之眼"字样：（1）将"慧之眼"用于企业字号；（2）将"慧之眼"用于组合商标之中；（3）将"慧之眼"用于宣传。法院认为，慧之眼公司使用与涉案商标近似的文字作为企业字号，在经营中使用企业字号作为简称，属于突出使用的方式，且用于相同的服务项目，足以造成相关公众误认为慧之眼公司与使用"慧眼"商标的经营者属于同一主体或存在一定的关联。慧之眼公司辩称该公司投入大量资金用于宣传，"慧之眼"的影响力大于"慧眼"，相关公众会将"慧眼"误认为"慧之眼"。对此法院认为，商标的功

---

① 浙江省高级人民法院（2020）浙民终264号。

能之一是区分经营者之间的商品或服务，以便消费者在众多竞争者中进行选择。由于慧之眼公司的宣传或经营规模大，导致公众误认"慧眼"商标由慧之眼公司所有或使用，即使原告通过自身努力使"慧眼"商标具备了一定的营业信誉，其亦无法享受相应的利益，实际上限制了原告今后的发展空间，这种现象亦是一种混淆，即反向混淆。① 慧之眼公司辩称其企业名称已经过工商管理部门核准，系合法使用。对此法院认为，慧之眼公司作为经营主体，有权依据相关法律法规命名企业名称并进行使用，但不应侵犯鲍某享有的在先权利，故对其辩解不予采纳。最终法院判定，慧之眼公司的上述行为侵犯了鲍某的商标专用权。

其三，反向混淆会破坏我国的商标注册制度。我国商标权取得的原则是申请在先，注册确权，该原则不同于美国的商标权使用取得原则。由此看出，在先申请制下，无论企业大小，只要在先申请并获得了一个注册商标，就会获得法律的保护，他人未经许可不得使用。在其之后的任何企业只要使用相同或近似的商业标识，就算知名度高的大企业，也不能损害在先的商标权益，因为在先注册者已经取得了受法律保护的商标专用权。如果因为该商标是经过在后企业使用而获得了知名度就认定在后使用行为不构成侵权，则会损害我国的商标注册取得制度，破坏在先申请原则，从而对我国的商标注册秩序造成破坏。

三、商标反向混淆侵权认定及构成条件

反向混淆这一概念是美国判例法确立的，在侵权认定和构成要件上，并不认为其与传统的正向混淆有区别，要更加关注混淆的事实而不是混淆的方向。同时，美国学界和司法界已经基本接受了反向混淆理论，虽未形成统一规则，但都已经有了分析的基本框架。特别是在"混淆可能性"的判断上，更关注多因素测试法在个案中的适用。比如，可以参考 Polaroid 案②确定的正向混淆八要素：商标强度、商标的相似程度、商品或服务的相似程度、在先权利人跨越产品距离的可能性、是否实际混淆、被告的主观状态、被告产品的质量和消费者的成熟程度。

我国《商标法》2013 年第三次修改后，尽管确立了商标侵权判断的"混淆可能性"标准，但并没有针对反向混淆的规定。在反向混淆侵权认定和救济方面，学界和司法界经过不断探索，逐渐达成部分共识。

---

① 参见北京市海淀区人民法院（2007）海民初字第 4917 号。
② See Polaroid Corp. v. Polarad Electronics Corp.，287 F. 2d 492（2d Cir. 1961）.

（一）商标反向混淆侵权认定标准

多数学者认为，反向混淆和正向混淆都属于混淆，因此在判断时仅仅需要在正向混淆确定的多因素检测标准基础上进行适度的调整即可。同时，学者们认为，反向混淆理论与传统的正向混淆理论侧重保护的目的不同，正向混淆理论主要立足于对商标权利人在先积累的商誉的保护，而反向混淆理论则更倾向于对注册商标本身的保护，保护的是在先注册商标的可期待利益和进入市场的空间和能力。① 但也有学者指出，认定是否构成反向混淆时，应该区别于正向混淆，传统混淆理论中的"类似商品或服务"不再适用。由于反向混淆的目标是确保在先的弱商标不丧失基本的识别功能从而保障在先弱商标所有人的发展空间，因此应当限定在"相同服务"而不应扩大到"类似服务"上。②

本书认为，反向混淆和正向混淆都属于"混淆"，没有本质的区别，只要造成了混淆可能性的后果，均可构成商标侵权。分析已有的反向混淆商标侵权案例可见，双方当事人的市场地位不同，实力悬殊较大。一般而言，在先商标权人规模较小，而在后使用该标识的企业规模较大，知名度较高，宣传力度强。这也是反向混淆的一个特点。当然，也不排除规模小的被控侵权人利用反向混淆侵权。鉴于反向混淆造成的上述危害，对其行为应该加以规制。所以，传统混淆理论及其法律规制可以适用于反向混淆，但因后者的特殊性，在认定侵权构成和损害赔偿责任时会有一些特殊的地方。

（二）反向混淆侵权特殊性

在认定商标反向混淆的判断标准和考量要素时，学界基本达成了共识：混淆理论确定的混淆性标准和多因素测试法同样适用于反向混淆的案件中。但实践中，要注重反向混淆与正向混淆的三点差异：一是侵权目的的差异性；二是侵权主体的特殊性；三是损害后果的多样性。在反向混淆的侵权案件中，商标的侵权行为不仅会割裂商标权人事先建立起来的在一定消费者心中的稳定认知，而且会剥夺其进一步开拓市场的空间和能力。③ 由于正向和反向混淆追求的利益目标不同，在具体的考察要素上要进行不同角度的转换和衡量。对此，学界也存在不同观点。

---

① 参见张今：《反向混淆之"本土化"思考》，载《中国专利与商标》2016年第3期；姚鹤徽：《商标法售后混淆规则适用范围之反思与界定》，载《东方法学》2016年第2期。

② 参见杨静安：《认定反向混淆需以服务相同为前提》，http://mp.weixin.qq.com/s?__biz=MjM5NzU5ODEzNw==&mid=406373252&idx=5&sn=a02da876daff97fa7d766bbcda578c6c&3rd=MzA3MDU4NTYzMw==&scene=6#rd，2016年1月6日访问。

③ 孙松：《论商标反向混淆侵权判定的司法适用》，载《电子知识产权》2016年第3期。

1. 商标的显著性的考虑

有学者认为在这一要素的考察上，正向混淆案件应该与反向混淆案件的侧重点有所区别，不仅仅要考虑原告商标的强度，更要考虑被告商标的强度，衡量被告是否能够完全吸收原告的商标。

2. 商标的近似和商品的类似程度

大多数学者都认为可以遵照传统正向混淆的"整体观察、隔离比对"的基本原则，但也有学者指出，传统混淆理论中的"类似商品或服务"不再适用，由于反向混淆的目标是确保在先的弱商标不丧失基本的识别功能从而保障在先弱商标所有人的发展空间，因此应当限定在"相同服务"而不应扩大到"类似服务"上。本书认为，应遵循混淆可能性的判断标准，即可能存在相关公众混淆，而不应局限适用的范围。

3. 在先使用人拓展市场的可能性

有学者认为，由于反向混淆的侵权主张不是在后使用人企图从在先使用人的商誉中获利，而是希望通过挤占在先使用人的市场来达到淹没商标权人的目的，因此，保护的是原告商标拥有的市场地位和身份，若原告几乎没有拓展新市场的可能性，就缺乏认定反向混淆侵权的意义。本书认为，该观点失之偏颇，从商标识别功能出发，根据混淆理论，反向混淆也是混淆的一种类型，应定性为商标侵权。何况，对于在先使用人是否有拓展市场的能力，实践中没有统一标准，法院难以界定。我们不能轻易剥夺商事主体的发展空间，而应该给予小企业充分的激励和保护。

4. 双方是否存在竞争关系以及在后使用人的主观意图

有学者认为，竞争关系以及在后使用人的主观意图也应该纳入反向混淆可能性判断要素中，若双方不存在竞争关系，在先使用者的消费群体很少能接触到在后使用者的广告和营销，则反向混淆不太可能发生。①

5. 其他因素

比如，双方的质量和价格要素。大多数学者认为，当原被告产品质量或价格差距悬殊时，发生反向混淆的可能性就会降低。再如，是否发生了实际混淆，通常认定反向混淆也只要证明具有混淆可能性即可，实际混淆的存在只能起到让侵权更快地被认定的作用。

（三）商标反向混淆侵权构成要件

随着商标反向混淆案件的增多，学界对于商标反向混淆侵权构成要件的讨

---

① 参见李琛：《对非诚勿扰商标案的几点思考》，载《知识产权》2016年第1期。

论十分热烈。有学者指出，对商标反向混淆的认定，应该充分考虑竞争市场，再结合侵权的基本构成四要件——行为的违法性、主观的过错程度、损害后果以及因果关系进行分析。① 有学者认为，发生商标反向混淆首先要满足两大前提：存在混淆可能性以及消费者发生混淆的次序与正向混淆不同。借鉴美国司法实践经验，总结我国案例实践，判断商标反向混淆的构成要件有：其一，在后使用人的市场地位与经济实力强于在先使用人；其二，在后使用人的主观状态并不影响反向混淆侵权的成立；其三，消费者误以为原告产品来源于被告或者误以为两者存在关联关系，即存在混淆可能性。② 当然也有学者对这一构成要件框架提出疑问，认为被告的实力和地位远超过原告作为构成要件的观点值得商榷，即使两者缺乏这种实力的差距，也不能排除反向混淆的适用。③ 当然，就司法应对而言，反向混淆也属于商标侵权的一种，也需要满足与正向混淆侵权一样的条件，比如需要存在一个受保护的在先商标、被控侵权人对涉案商标进行了商标性使用等等。④

总结上述观点，本书认为，商标反向混淆的构成要件有以下几点：

1. 存在合法受保护的在先商标权

反向混淆中，首先要有依然受保护的在先注册商标，而且其申请时间要早于被控侵权人实际使用该相同标识的时间。这是启动反向混淆规则进行保护的前提条件。一般而言，因在先商标权人生产规模较小，商品销售量和范围有限，该商标没有知名度或知名度较低。

2. 被控侵权人对涉案商标进行了不当的商标性使用

被控侵权人（在后使用人）对在先商标使用方式不当，这是造成侵权的实质要件。从使用方式看，有的是商品名称，有的是装潢，有的是宣传标语等，但其共同点是突出使用，从而落入了商标侵权意义上的使用范围，破坏了在先商标的识别商标出处的功能，均构成商标侵权。在认定是否构成侵权时，并不考虑在后使用人主观状态是善意或者恶意，主观状态只在判定赔偿时加以考虑。

3. 被控侵权人的商业标识与使用类别与在先商标权人近似和类似

《商标法》第57条第1项和第2项规定，未经商标注册人的许可，在同一

---

① 参见黄武双：《反向混淆理论与规则视角下的"非诚勿扰"案》，载《知识产权》2016年第1期。
② 参见杜颖：《商标反向混淆构成要件理论及其适用》，载《法学》2008年第10期。
③ 参见邓宏光：《商标反向混淆的司法应对》，载《人民司法》2017年第10期。
④ 参见张耕、游楠：《商标反向混淆研究》，载《重庆理工大学学报》2012年第5期。

种商品上使用与其注册商标相同的商标的，或者在同一种商品上使用与其注册商标近似的商标，或者在类似商品上使用与其注册商标相同或者近似的商标，容易导致混淆的，均构成商标侵权行为。本书认为，反向混淆是混淆行为的一种表现形式，在考察被控侵权人的使用范围时，不能仅仅局限于在相同商品上使用相同的商标，因为被控侵权人如果在类似商品或服务上使用了与在先商标近似的标识，也会导致混淆可能性。

4. 其他要件

涉案双方当事人的企业规模、商标或商业标识的显著性、知名度等因素也需要考虑。一般而言，反向混淆情形下，在后使用者的生产规模较大、商标的知名度较高，主观上没有攀附在先商标权商誉并获取利益的动机，其目的在于利用其商业竞争优势淹没、吞并在先商标，挤压其生存发展的空间，使得拥有在先商标权的企业要么退出市场，要么转让或许可其商标，从而失去对其商标权的自主处分权。这也是反向混淆不同于正向混淆的一大特点。至于主观是否有过错，是否存在故意或过失，并不影响侵权行为构成，只在决定保护力度和赔偿时需要加以考虑。但如果被告主观上存在恶意，比如，收到原告律师函已经知晓其使用了他人的注册商标，非但没有停止反而更加突出使用或宣传的，则可能要承担惩罚性赔偿责任。

综合上述要件或者因素，在反向混淆案件中，因为被告（在后使用人）对与原告在先商标相同或近似的标识的突出在相同或类似产品的使用，以及被告强势的宣传，会使相关消费者误以为原告（在先商标权人）的产品来源于被告或者误以为两者存在关联关系，导致混淆可能性的后果发生，构成商标侵权。

（四）我国反向混淆司法实践及发展

2013年后我国反向混淆案件的数量开始增多，法院在认定反向混淆侵权标准、构成要件及考虑因素时开始向精细化发展。在"MK"案中，法院指出，认定反向混淆应该与认定正向混淆遵循相同的评判标准，除了考虑诉争标识使用的强度外，对于商标权的保护强度仍应与涉案商标的显著性、知名度成正比。在"奥普"案中，法院提出反向混淆保护的折中和比例原则，即"基于知识产权保护激励创新的目的和比例原则，知识产权的保护范围和强度要与特定知识产权的创新和贡献程度相适应。只有使保护范围、强度与创新贡献相适应、相匹配，才能真正激励创新、鼓励创造，才符合比例原则的要求。对于商标权的保护强度，应当与其应有的显著性和知名度相适应。"[①] 因此在判断是

---

① 最高人民法院（2016）最高法民再216号。

否会造成相关公众混淆误认时，既要考虑被诉侵权标识的实际使用情况，也要考虑注册商标的显著性和知名度，同时还应考察在后使用人的主观意图以及商标注册人的主观状态。

本书以"MIKA 米家"商标反向混淆案为例，分析法院对反向混淆侵权的认定。2012 年，杭州联安公司注册了"MIKA 米家"商标，使用在网络通信设备、摄像机、录像机、扬声器音箱、扩音器喇叭、电线、防盗报警器、报警器、声音警报器等商品上，注册有效期限自 2012 年 12 月 7 日至 2022 年 12 月 6 日。联安公司发现，小米通讯公司和小米科技公司在多功能网关、无线开关、对讲机、智能摄像机云台版、智能摄像机 1080P、小白智能摄像机、行车记录仪、烟雾传感器报警器、门窗传感器、天然气报警器等共计十款商品上、销售网页中使用了"米家"标识，遂提起诉讼，主张总计 7800 万元的赔偿。被告除了上述两家公司，还有京东电子商务等电子销售平台以及销售方。

杭州市中院审理后认为，被控侵权"米家"标识与"MIKA 米家"注册商标标识构成近似，认定小米通讯公司、小米科技公司使用"米家"商标的行为构成侵权。该院认为：我国实行商标注册取得制度，在商标权人取得商标注册的行为本身不具有任何恶意，符合商标注册制度本意的前提下，当在后的经济实力较强者未经许可自行加以宣传使用，使得相关公众在该注册商标与该使用人之间形成联系时，如果以该使用者的行为不会令相关公众误认为该使用人的商品来源于注册商标专用权人为由而不加以禁止，不仅直接有损于该商标在先注册人的权利，不利于为在先注册者营造公平的竞争环境，也不利于倡导先获权再使用的做法，而且会为无视他人在先权利、掠夺已是他人权利客体的商标、破坏注册商标与其注册人之间唯一的来源识别联系的行为正名，形成不好的价值导向，最终将有悖于商标注册制度的本义。[1]

上述案件中，一审并未明确提出反向混淆理论，二审法院则在判决书中提出了反向混淆的概念：商标法意义上的混淆包括正向混淆与反向混淆，正向混淆是指在后被诉标识的使用使得相关公众误认为该标识使用人的商品或服务来源于在先商标权人；反向混淆是指在后被诉标识的使用使得相关公众误认为在先商标权人的商品或服务来源于在后被诉标识的使用者，或两者之间存在某种特定的联系。本案中，二审法院认为，在认定混淆可能性时应秉承基本相同的裁量标准，考虑涉案商标的显著性与知名度、被诉侵权标识的使用强度等因素，给予其相匹配的保护强度。就本案而言，第一，被诉侵权标识完整包含涉

---

[1] 参见浙江省杭州市中级人民法院（2017）浙 01 民初 1801 号、浙江省高级人民法院（2020）浙民终 264 号。

案商标的主要识别部分"米家",二者呼叫、记忆方式相似,若使用在同一种或类似商品上,相关公众施以一般注意力,容易对商品来源产生混淆误认。第二,小米通讯公司在被诉侵权商品和外包装以及网店销售页面使用"米家"标识,通过网络店铺、实体专卖店和微信公众号等渠道持续、广泛销售和宣传,特别是将"米家"标识与小米科技公司的"MIJIA"等商标组合使用,足以使相关公众认为"米家"标识与两上诉人具有特定联系,进而容易误认为两上诉人的商品或与联安公司使用"MIKA米家"商标的商品之间存在某种联系。上述行为割裂了联安公司与涉案注册商标之间的固有联系,妨碍涉案商标发挥识别商品来源的基本功能。第三,两上诉人在小米科技公司申请注册"米家"商标被驳回时已经知道或应当知道联安公司的涉案商标,并且对于两者构成近似、存在混淆可能性应有所认知,但其仍加大对"米家"商标的宣传使用力度,主观上放任混淆结果的发生。第四,联安公司注册涉案商标在先,不存在刻意接近两上诉人、主动寻求混淆的故意,联安公司在经营过程中通过真实、善意、正当地使用注册商标,积累企业商誉的行为应得到肯定。故一审法院认定两上诉人使用"米家"标识容易导致消费者混淆误认并无不当。

四、商标反向混淆侵权赔偿

关于商标反向混淆侵权赔偿的方式及考虑因素等方面,与商标正向混淆的认定有所不同,美国司法实践在不断探究,我国司法实践中也存在不同意见。

(一)美国反向混淆侵权赔偿的方式及考虑因素

在认定损害赔偿数额方面,法院在评估损害赔偿时面临挑战。因为反向混淆带来的损害主要是在先使用人失去了对在先商标的控制,在后使用人并非借助在先商标声誉而攫取利益。尽管计算上存在困难,但法院仍必须找到某种计量方法,以补偿在先使用人的损失和裁判故意侵权者的不当利益。

美国《兰哈姆法》对商标侵权的责任形式进行了规定:"如果在后商标使用者盗用或者侵犯在先商标使用者的商标,在先商标使用者可以依本法申请禁令或者提起损害赔偿的诉讼。"可见,美国反向混淆案件中主要有禁令和损害赔偿两种责任形式。其中,禁令又分为临时禁令和永久禁令。针对损害赔偿,法院的依据是《兰哈姆法》中对侵权的赔偿条款,包括(1)收益、损害和诉讼费;律师费;(2)使用仿冒商标的三倍损害赔偿;(3)使用仿冒商标的法定损害赔偿等。[1] 结合相关案例分析,美国法院对于反向混淆侵权的损害赔偿数

---

[1] 15 U.S.C. § 1117 (a).

额计算方式多样化，通常会结合衡平原则，对利润和损失金额进行估算，考量当事人的销售额、成本等数额来确定补偿金。同时，根据被告主观恶性，考量是否适用惩罚性赔偿金。在某些例外情况下，法院还可以判予胜诉一方合理的律师费用。比如，在前述"Big Foot"案中，地区法院根据原告的产品范围、被告的广告费用等因素认定纠正性广告费用作为补偿性赔偿金。同时，考虑到被告的主观恶意，以补偿性赔偿金的三倍计算出最终的损害赔偿金。

在反向混淆侵权损害赔偿的计算上，美国部分法院通常会采用商标许可使用费来计算损害赔偿额，同时配合禁令救济。法院会在原告和被告之间设定一个强制许可使用合同关系，假设这种关系能够成立的情况下，计算被告应该支付给原告的许可使用费，以此确定损害赔偿额。① 但也有法院反对采用此种方法。比如，在"A&H"案中，美国第三巡回法院撤销了地区法院利用特许权使用费计算损害赔偿的初始裁定，原因是特许权使用费的计算包含了双方均未要求或谈判的许可，并且先前侵权的特许权使用费裁决通常用于专利和商业秘密案件，而不是商标案件。同时，上诉法院在判决中指出六项针对判给损害赔偿金不合理的理由，前三项针对法院的无辜侵权裁定，后三项则涉及损害的后果。②

对于将侵权获利作为判赔依据，上诉法院指出，被告的泳衣所获利润与"A&H"商标的价值无关，地区法院裁定利润判给是不适当的，被告侵犯的是 Miracle Bra 泳衣的生产线，其获利主要来源于其本身的销售能力，而不是"A&H"商标的实力或所造成的混淆。因此，被告的利润不应作为衡量侵权造成的损害的依据。同时，法院指出原告并没有因此遭受任何金钱损失，甚至因为混淆而获得了潜在销售额的增长，而原告因此失去的是权利商标区分和指示的能力，任何金钱损害赔偿并不能弥补这种伤害。目前，美国大多数法院尝试以商标许可费为标准综合考虑计算赔偿额。此外，在认定侵权赔偿额时通常会考虑被告的主观意图，主观恶意明显的，也会采用惩罚性赔偿。美国学界在讨论反向混淆的侵权赔偿时十分注重衡平原则的适用，在救济途径的选择上，对原告造成损害或对被告带来利益的情况微不足道的，仅凭禁令就可以了。如果禁令能够满足案件的公平性，法院将判决不予赔偿。

---

① 参见杜颖：《商标反向混淆构成要件理论及其适用》，载《法学》2008年第10期。
② See A&H Sportswear, Inc. v. Victoria's Secret Stores, Inc., Civil Action No. 94-cv-7408, 2002 U.S. Dist. LEXIS 233, 61 U.S.P.Q. 2D（BNA）1637.

(二)我国反向混淆侵权赔偿的认定及考虑因素

1. 损害赔偿的认定标准

2013年修改后的《商标法》第63条确定了损害赔偿的方式和路径，但在反向混淆情形下是否适用，学界对此还存在不同意见。其一，制定新的特殊赔偿标准。该观点认为，传统的填平原则在反向混淆案件中并无适用空间，此时受害人受到的实际损失情况根本无法确定，特别是在证明因果关系的问题上存在很大的适用难度。① 现阶段确定的以填平原则为核心的三种赔偿数额计算方式在规制商标反向混淆侵权问题时存在诸多不适，甚至会导致反向混淆案件的泛化，应该基于反向混淆行为制订新的特殊赔偿标准。② 其二，按照正向混淆侵权赔偿标准。该观点认为，反向混淆相比一般侵权行为在计算侵权赔偿数额方面并不享有"特殊照顾"，原告主张依侵权所得计算并提供相应证据的情形完全符合法律规定。③ 根据《最高人民法院关于审理商标民事纠纷案件适用法律若干问题的解释》第13条的规定，人民法院可以根据权利人选择的计算方法计算赔偿数额。在实际损失和侵权获利均无法得到量化与满足时，可以遵循《商标法》的顺位规定，适用"商标许可使用费的倍数"这一标准进行认定。其三，法定赔偿标准。该观点认为，由于法定的前三种判赔依据在反向混淆案件中均难以证明，法院更应该依职权适用法定赔偿标准，酌定损害赔偿的数额。不能充分证明实际损失或侵权获利，但能证明该损失或获利明显超过法定赔偿最高限额的，可以在最高限额以上合理确定赔偿额。同时，应该细化影响法定赔偿金额认定的相关因素及权重，并将其作为审理的重点。④ 其四，支付消除影响所需的费用。该观点认为，在计算反向混淆损害赔偿时，不应该适用侵权获利的赔偿模式，重点应该关注如何消除影响。其认为，在反向混淆侵权案件中，原告累积的商誉几乎没有或者很低，而商标作为一个工具符号，对其保护的最终目的是保护商誉，在后使用人几乎不可能从所谓的侵权行为中获利，《商标法》第63条缺乏适用的条件。在后使用人赔偿的更倾向于一种消除影响所需的费用。

2. 判赔数额的影响因素

虽然《商标法》第63条规定了不同的赔偿金计算方法，但是在具体适用

---

① 参见袁博：《浅析"新百伦"商标案的侵权赔偿数额》，载《中华商标》2015年第6期。
② 参见李亚楠：《小议商标反向混淆的损害赔偿》，载《法制与社会》2012年第10期。
③ 参见袁博：《浅析"新百伦"商标案的侵权赔偿数额》，载《中华商标》2015年第6期。
④ 参见刘小鹏：《从新百伦案看我国商标侵权赔偿原则的司法适用》，载《知识产权》2015年第10期。

时由于证据较难取得，通常采用法定赔偿方式。在确定法定赔偿的数额时法院通常会考虑以下方面：（1）侵权行为的持续时间；（2）侵权行为的性质及范围；（3）侵权产品的利润率；（4）侵权产品的销售总额。

结合来看，确定商标反向混淆赔偿数额需额外考虑以下几个方面：（1）商标权人自身的经营状况，包括使用商标的时间、产品的销量和地域等，如果商标权人自身经营状况较差，商标使用较少，在确定赔偿额时应该适当减少；（2）在后使用人自身获利能力，若在后使用人本身具有良好的企业声誉，其投入的获利贡献较大，在确定赔偿额时应当予以考虑；（3）涉案双方的主观意图，商标权人恶意抢注，或者故意延迟起诉以谋取高额赔偿的，法院在判决时应该适当降低赔偿额度；在后使用人故意使用或者虽然起初为过失但经提醒后仍继续使用的，应该提高赔偿金额度。在赔偿金额难以确定时还可以引入评估机构进行评估。

（三）我国反向混淆侵权损害赔偿的司法实践

对于反向混淆侵权损害赔偿的计算标准和考量因素，在司法实践中还未形成一致观点。目前正向混淆情形下的侵权赔偿计算方法较为明确，即按照权利人损失、侵权人获利、许可费倍数、法定赔偿的顺序依次进行计算。《商标法》第63条没有明确其不适用于反向混淆情形，但在反向混淆的情形下，上述计算方法是否能照搬适用一度成为争议焦点。总结现有案例，在反向混淆侵权损害赔偿中，法院采用的计算方式通常表现为以下几点：

1. 以权利人损失作为判赔方式的较少

从现有反向混淆案例初步分析的结果来看，采用权利人损失作为判赔依据的较少，举证难度更大，实践中几乎没有找到先例。因为，采用该方式需要在先商标权人提供因反向混淆侵权所受到的实际损失作为损害赔偿数额的计算依据，但反向混淆往往不会给在先商标权人造成实际的财产利益损失，反而由于商标在后使用人的大量投入，赋予了注册商标更有价值的商誉，提高了注册商标的价值。

2. 采用侵权人获利作为判赔方式的较多

在司法判例中，几乎都是以侵权人获利作为判赔方式的。随着对反向混淆理论探讨的深入，法官也逐渐意识到，采用侵权人获利作为判赔计算方式，关键在于被告获利与侵权行为之间的因果关系的认定，并且要通过事实和举证说明原告商标在被告获利中的比例或贡献率，通过一定方式计算出侵权数额，而不能一味将被告获利作为判赔额。

比如，在"新百伦"商标纠纷案中，一审法院认为，原告周某某的"百伦""新百伦"注册商标合法有效,其注册商标专用权应受法律保护。被告新百伦公司在类似商品上使用与原告"百伦""新百伦"注册商标相同或者近似的"新百伦"标识,导致相关公众的混淆,侵害了原告的注册商标专用权,应承担停止侵权、赔偿经济损失、消除影响等责任。被告新百伦公司在原告所主张的侵权期间获利共约1.958亿元,酌情确定新百伦公司向原告赔偿的数额应占其获利总额的1/2,即9800万元(含合理支出)。新百伦公司不服,提起上诉。二审广东省高院经审理认为:新百伦公司通过广告宣传和产品销售使用涉案标识,导致公众误认,侵权行为割裂了原告和注册商标之间的密切关系,挤占了原告的发展空间,但是对获利与侵权行为之间的因果关系提出了疑问。二审法院认为,消费者购买新百伦公司商品更多地考虑"N""NB""NEW BALANCE"商标较高的声誉及其所蕴含的良好的商品质量,新百伦公司的经营获利并非都来源于对原告的侵害,原告无权以被告自身商标的价值获取的利润为依据进行索赔。此外,新百伦公司侵权主观故意明显,可适用惩罚性赔偿。综合相关证据,二审法院以侵权行为与利润之间无直接因果关系为由予以改判,对原审判决以新百伦公司被诉侵权期间销售获利总额的1/2作为计算赔偿损失的数额,予以纠正。最终,二审法院以被告自认的140万元获利为依据,确定新百伦公司应赔偿周某经济损失及为制止侵权行为所支付的合理开支共计500万元,即酌定赔偿500万元。①

在"MIKA米家"商标纠纷案中,一审法院也同样采取了以被告侵权获利为判赔依据的做法,认为需要扣除侵权人获利中非基于侵权行为产生的利益,在计算时还需要考虑营业利润率和侵权行为对利润的贡献率,最终确定损害赔偿的金额。但二审法院审理后认为,以侵权人的获利计算赔偿数额时,应当注重被诉侵权商品销售利润与侵权行为之间的因果关系。在反向混淆的情况下,侵权人的经营能力、品牌知名度、营销推广能力明显强于商标权人,特别在商标权人对注册商标的使用和宣传有限的情况下,侵权人的销售利润往往远高于商标权人的损失,对于侵权人基于其自身的商标商誉或者商品固有价值获得的利润,商标权人无权进行索赔。二审法院认为,就"米家"标识而言,其对于被诉侵权商品利润的贡献主要来源于该标识经过两上诉人的宣传和使用积累的商誉,该部分商品利润与被诉侵权行为之间欠缺直接因果关系,故一审判决以侵权人的获利计算赔偿数额依据不充分,侵权获利的计算方法有误,一审判赔1200万元应予纠正。由于联安公司因被侵权受到的实际损失、两上诉人因侵

---

① 参见广东省高级人民法院(2015)粤高法民三终字第444号。

权所获得的利益均难以确定，涉案商标亦无合理的许可使用费可供参考，本案应当适用法定赔偿。最终二审综合考虑涉案注册商标的显著性和知名度，两上诉人侵权行为的规模、性质、后果，以及侵权人的主观恶意等因素确定赔偿数额为 300 万元。①

"MIKA 米家"案二审形成的裁判要旨为：在反向混淆构成商标侵权的案件中，确定侵权赔偿数额时，应当注重权利人损失与侵权人获利之间的平衡，以及损害赔偿与侵权行为之间的因果关系。一方面，在商标权人对注册商标的使用和宣传有限、商标知名度较低的情况下，其因侵权受到的损失主要是利用该商标建立、扩大商誉的机会被剥夺，以及后续拓展市场的能力受阻。另一方面，侵权人基于其自身企业声誉、技术力量、市场规模等优势，侵权产品的销量和利润往往远高于商标权人的实际损失。在侵权人自身的品牌知名度明显高于商标权人的情况下，侵权商品的品牌附加值主要来源于其自身商标积累的商誉，而非来源于权利人商标的商誉，故侵权人因生产、销售侵权商品获取的利润与侵权行为之间欠缺直接的因果关系，不宜将侵权商品利润直接作为计算侵权获利的依据。

3. 酌定赔偿的方式

当获利与侵权行为之间的因果关系无法认定时，法院常常会采取酌定赔偿的方式，在认定构成商标侵权后，会综合考虑被告的市场声誉、营销能力、生产销售时间、销售范围、被告企业整体利润及权利人注册、使用商标及维权费用等因素，确定赔偿数额。比如，在"卡斯特"商标纠纷案中，一审根据被告的侵权获利判决赔偿 3373 万元，二审予以维持。再审中，最高人民法院认为侵权与获利之间无因果关系予以改判，酌情确定赔偿数额为 50 万元。② 该案中，最高人民法院认为，赔偿数额的具体确定需要通盘考虑当事人双方的历史纠葛及谈判过程、法国 CASTEL 被诉侵权行为表现形式及其是否具有恶意、"卡斯特"商标的使用及知名度情况、法国 CASTEL 生产的葡萄酒的知名度情况、"卡斯特"商标许可费等情况。

在损害赔偿的考量因素上，反向混淆案件通常重点考量双方商标的价值和双方的主观过错，尽可能使得损害赔偿额与侵权人过错程度相当。比如，在上述"卡斯特"案中，法院认为侵权人的使用是否存在恶意是重点考察因素，"在二审判决后，卡斯特公司即停止了对该标识的使用，在我院作出驳回再审裁定后，法国公司放弃了对卡斯特中文企业名称的使用，因此从使用时间期间

---

① 参见浙江省高级人民法院（2020）浙民终 264 号。
② 参见最高人民法院（2014）民提字第 25 号。

上难以认定法国公司和深圳公司有侵害'卡斯特'商标权的故意,同时根据现有的证据,难以认定法国公司、深圳公司在其生产销售的葡萄酒标签上使用'卡斯特'标识具有恶意。"在"新百伦"案中,二审法院也考虑到原告注册商标对被告公司利润贡献率、被告的侵权主观恶意、原告被侵权所遭受的经济损失、被告侵权标识使用方式、规模、持续时间等方面因素。

为使反向混淆纠纷尽快解决,除了诉讼之外,当事人之间也可协商或者仲裁解决,同时,还可采用非财产责任的方式制止侵权,比如申请禁令等。

综上所述,反向混淆行为构成商标侵权,应该承担损害赔偿责任。尽管我国商标法未明确加以规定,但反向混淆也是混淆行为的一种,可以适用正向混淆的基本理论及损害赔偿责任的规定。司法实践中已有大量案例,逐渐丰富反向混淆侵权认定及其责任方式的承担规则。而反向混淆中拥有商标权的在先小企业也应该清醒地认识到:商标对于企业来说是一种重要的经济资源,不能够随便与他人共享。反向混淆看似搭了大企业"便车",实则不仅会制约自身的发展,无法再创造出属于自己的品牌价值,还存在巨大的商业风险。对大企业而言,则应事先对已有注册商标进行检索,防患于未然,排除存在侵权风险的商业标识的使用。一旦发现与他人注册商标相同或近似,应立即停止使用,防止侵权风险及赔偿损失发生。

第五章

驰名商标的认定和保护

鉴于驰名商标所蕴含的巨大经济价值和市场影响力，各国纷纷通过立法对其进行维护。驰名商标已成为一个国家的名片，驰名商标的多寡成为衡量该国经济文化发展的一个重要标志。为了保护好这张名片，各国通过立法和司法实践的不断探索，逐渐形成了驰名商标保护的特殊规则：跨类保护和反淡化保护等。本章主要研究驰名商标特殊保护的理论基础、驰名商标的认定、驰名商标的特殊保护、我国对驰名商标的保护及其边界等，并提出完善我国驰名商标保护制度的建议。

第一节　驰名商标特殊保护的理论基础

何谓驰名商标？为何要对其进行特殊保护？采用传统的混淆理论是否足以保护驰名商标？这些问题将在本节进行讨论。

一、驰名商标及其特殊性

驰名商标一词来自英文"well-known trademark"或"well-known mark"。首先在国际公约中提出这一概念的是《巴黎公约》，该公约1925年的海牙文本中第6条之2款规定了对驰名商标的保护。1994年世界贸易组织的TRIPS协定拓展了对驰名商标的保护。尽管驰名商标已成为一个国际通用的法律术语，但迄今为止，国际上还未对驰名商标有一个公认的定义。不同国家对驰名商标的表述也不尽相同，有声誉商标、周知商标、著名商标或高信誉商标等不同的表述。

我国关于驰名商标保护的立法几经修改后，驰名商标的定义在逐步完善。为规范驰名商标的认定和保护，2009年4月22日最高人民法院公布的《最高人民法院关于审理涉及驰名商标保护的民事纠纷案件应用法律若干问题的解释》（以下简称《驰名商标解释》）第1条规定："本解释所称驰名商标，是指在中国境内为相关公众广为知晓的商标。"[①] 2014年7月3日国家工商行政管理总局公布的《驰名商标认定和保护规定》第2条指出："驰名商标是在中国为相关公众所熟知的商标。"同时，对"相关公众"作了界定："相关公众包括与使用商标所标示的某类商品或者服务有关的消费者，生产前述商品或者提供服务的其他经营者以及经销渠道中所涉及的销售者和相关人员等。"上述司法解释和行政规定对驰名商标的定义比较接近，且都对地域范围作了要求，即在中国境内。我国2013年修正后的《商标法》第13条第1款新增规定："为相关公众所熟知的商标，持有人认为其权利受到侵害时，可以依照本法规定请求驰名商标保护。"此条款中"为相关公众所熟知的商标"的表述并没有限定在中国境内。这样的表述既符合《巴黎公约》的最低要求，也与我国《商标法》第14条认定驰名的要素相吻合。因此，本书认为，驰名商标是指为相关公众所熟知的商标。随着电子商务、跨境贸易的蓬勃发展及海外旅游产业的兴旺，消费者对驰名商标的认知不会仅仅拘泥于在中国境内使用。

---

① 2020年12月23日最高人民法院审判委员会对该司法解释进行了修改，修正后的新法第1条规定："本解释所称驰名商标，是指在中国境内为相关公众所熟知的商标。"

与普通商标相比，驰名商标的特殊性主要表现为：

（1）驰名商标使用的时间比较长。驰名商标不论注册与否，其使用一般会有较长的历史，如"ADIDAS 阿迪达斯"1920 年创建于德国、"COCA-COLA 可口可乐"1886 年创建于美国亚特兰大、"LEVI'S 李维斯"1850 年发端于美国旧金山、"BERCEDES-BENZ 梅赛德斯—奔驰"1926 年设立于德国斯图加特、"NIVEA 妮维雅"1911 年创立于德国汉堡、"RENAULT 雷诺"1898 年建立于法国，这些商标品牌均有上百年历史。相对于欧美发达国家对商标使用的重视，我国对商标品牌使用和保护的理念形成较晚。早期多是以字号形式出现，比如"张小泉""同仁堂""雷允上"等企业都有百年的历史和良好的声誉。

（2）驰名商标在市场上享有较高信誉。驰名商标的商品一般是质量稳定和可靠的、消费者认知程度很高的商品。商品的质量高，附着在商品上的商标自然为人们所称颂。比如"海尔"电器，不仅商品本身质量优异，而且售后服务很及时，有很高的市场占有率。

（3）驰名商标为相关公众所熟知。由于驰名商标所有者经营的商品或提供的服务信誉卓著，其产品或服务质量优异，具有较高的知名度，深得消费者信赖。人们会逐渐了解、熟知该商品的商标，并逐渐形成一个相对稳定的消费群体。

（4）驰名商标的构成要素具有显著性。驰名商标的设计一般比较突出、醒目，消费者易认易记，有很强的识别性。如用在体育用品的商标"NIKE（耐克）"，是希腊神话中胜利女神的意思，在其字母下面有一个对勾，共同组成了耐克的商标，很形象，使人印象深刻。

（5）驰名商标的保护有其特殊性。各国立法都对驰名商标实行特殊保护，不论驰名商标是否注册，商标所有人都有禁止他人使用和注册的权利。此外，对已注册的驰名商标实行跨类和反淡化保护。

我国 20 世纪 90 年代至 21 世纪初，曾出现过大部分省、市和自治区对著名商标的认定评比现象，一般是由政府有关部门结合企业和商品的知名度、产品质量和销售情况、企业经营情况、纳税情况、遵纪守法情况等多方面因素进行评比和认定，并给予一定的奖励、扶持和保护。但是著名商标并不是一个法律概念和法律术语，而且，这种政府认定行为的实质是将著名商标作为一种荣誉称号来对待，存在着利用政府公信力为企业背书、对市场主体有选择地给予支持、扭曲市场公平竞争关系等问题。所以，从 2019 年起，国家市场监管总局已经明确要求停止地方政府对著名商标的认定，著名商标至此退出我国历史舞台。

二、商标混淆理论对驰名商标保护的不足

毋庸讳言，最初的商标保护主要针对商标的识别功能。商标本身是一个符号，其并不具有任何保护意义，而当这个符号被用来指定使用在某一特定商品时，为了避免他人在相同或类似商品上使用相同或类似的符号所造成的商品来源的混淆，法律才赋予该符号的在先使用人或注册人独占的权利。另外，鉴于当时社会经济发展的情况，消费者首先关注的是买到自己认为合适的产品，而相同产品因生产厂家不同存在产品质量参差不齐的现象。为避免消费者在购买相同商品时发生出处的混淆或误认，也为了保障商标所有人的利益，各国均把制止混淆作为确定商标权利范围的基础。判断混淆的标准为在相同或类似的商品上使用相同或近似的商标，因而避免来源混淆或出处混淆就成了商标保护的核心问题。由此推理，"无混淆则无救济"成为传统商标法理论框架下侵权认定必然遵循的原则。只要消费者无法区别或可能错误地认为商品或服务来自同一个或经济上有关联的企业，就存在混淆的可能。

混淆理论是确定商标侵权的初始理论，它把商标视为区别不同商品的标识，商标本身并没有特定的价值。按照混淆理论，"容易导致混淆""误导公众"就被作为判断商标侵权的标准。这种理论对商标的保护是从保护消费者的利益、维护正常市场秩序的角度出发，而非将商标作为商家的一项无形财产权利，即没有从保护商标所有人私权的角度出发进行界定。

相对于传统的混淆理论而言，起源于欧洲的联想理论与创立于美国的淡化理论均体现出对驰名商标的特殊保护理念，这两种理论的实质在于对商标权利人自身利益的保护，即对驰名商标所体现的商誉和商标本身显著性的保护。这种商标保护理论的变化，反映了现代商标功能的逐步拓展。联想理论是20世纪欧洲国家提出的商标保护发展的最新成果之一，最早由比荷卢判例法发展而来，该理论在比荷卢理论界和法院系统居统治地位，对其他欧洲国家也产生了一定影响。联想理论认为，以一种整体和互相关联的方式来观察，并考虑到诸如商标的显著性个案的特殊情况，如该商标与其他标记在音、形、义等任何一个方面有近似，通过这一近似可产生商标与标记的联想时，即可认定两者近似。联想理论认为，因看到某一标记无意中会想到一个商标，从而会认为两者之间有联系，即将在先商标的商誉转移到该标记上。

联想理论在发展过程中吸纳了混淆理论的部分内容，它不仅可以包含直接混淆和间接混淆，还包含消费者看见某标记虽不会发生混淆的结果，但可引起对某在先商标特别是驰名商标的记忆这种纯粹的联想，因而联想理论比混淆理论更能为驰名商标的特殊保护提供有力的理论支持。基于联想理论，在国际上

探索对驰名商标保护的过程中,逐渐形成了跨类保护规则,而基于淡化理论,形成了弱化和丑化规则,并成为现代社会驰名商标保护制度的发展趋势。

三、商标表彰功能及其保护规则

在本书第一章商标本质及功能中谈到,随着社会发展,商标功能在不断丰富和发展,从最初识别商品来源功能逐渐演变出品质保证和广告宣传的功能。伴随着社会财富的急剧增长,消费者的购物心理和需求也在悄然发生变化,从单纯的物质需要逐渐转向对有个性和有品位的商品和商标品牌的精神追求。商标权人也顺应市场变化,在提高商品质量的同时,对其商标赋予更多的文化内涵,通过商标进行广告,引导人们消费。特定的商标体现了特定的品位,选择带有某种商标的商品可以向世人展示使用者的身份,彰显其地位。特别是随着经济的发展,驰名商标应运而生。商标尤其是驰名商标的功能开始发生变化,商标开始成为该产品质量的代表,成为个人身份和生活方式的象征,此时的商标不仅具有识别功能,同时兼备表彰功能。识别功能不仅在于防止商品来源的直接混淆,还在于防止包括企业关联误认在内的间接混淆,而表彰功能则重在体现商品使用人的身份和地位。[①]

与传统的商标功能相比,商标的表彰功能具有以下特点:其一,产生的社会基础不同。识别功能产生于商业社会初期,品质保证功能和广告功能则是工业社会进一步发展的结果。而商标的表彰功能是后工业社会或者现代消费社会的产物,此阶段消费者更加认同商标的符号意义和表彰功能。其二,商标属性不同。传统的商标功能侧重反映商标的工具属性,即使用价值。而表彰功能体现了消费者追求商标所蕴含的文化象征意义。其三,功能产生及运作机理不同。商业社会中,只要在商品上使用了商标,其识别功能等会自动发挥作用。而表彰功能的产生及运作需要在生产经营者和消费者的双向互动下才能形成,如果缺失了消费者的积极参与,商标蕴含的符号象征意义将无法得到公众认可,该商标表彰功能的发挥也势必成为商标权人的一厢情愿。[②] 正是因为商标表彰功能的存在,消费者会倾向于主动选择该商标所指代的商品,从而也会为该商标持有人带来更多的经济利益,激励其赋予该商品更高的品质,因为此时的商标也承载着该企业的信誉。"而这也是可能被竞争者利用的对象"[③],有的竞争者会利用他人商标知名度,进行不劳而获的行为。比如,把该商标使用在

[①] 参见徐俊:《知名商标的功能不仅在于识别而且在于表彰》,载《人民司法》2008年第12期。
[②] 参见徐聪颖:《论商标的符号表彰功能》,法律出版社2011年版,第60页。
[③] 郑其斌:《论商标权的本质》,人民法院出版社2009年版,第15页。

其他商品或服务上，或者把知名度高的商标使用在低端商品，使其低俗化等等。

根据商标法的基本理论，"商标本质与功能决定了商标法律制度的基本构造和具体制度设计，商标本质与功能的演变则引导着商标法律制度演变的方向"①。商标表彰功能的出现和发展，给传统商标保护的混淆理论带来挑战。按照混淆理论，只有存在混淆的前提下，即在相同或类似的商品上使用相同或近似的商标，法律才禁止他人使用并对商标权人进行保护。但在有些条件下，尽管并不存在混淆，但同样会给商标权人带来损害。比如，在非类似的商品或服务上使用他人的驰名商标，如将"柯达"用在自行车上、将"百威"用于洗涤用品等行为，因为"柯达""百威"自身在胶卷、啤酒上的显著性和驰名度并不会使消费者造成混淆，但这种行为会给权利人带来不利的后果：一是会引发消费者的联想，认为使用者和商标权人有联系或者授权关系，二是会淡化或丑化该商标的显著性及美誉度，对商标权人造成侵害。显然，依照传统的混淆理论和规则无法实现对驰名商标表彰功能的有效保护，需要采用更先进和更完善的理论来支撑和构筑对驰名商标的特殊保护制度。商标侵权理论也从禁止商品混淆原则向驰名商标的跨类保护和防止淡化原则方向发展。关于商标跨类保护和淡化理论，参见本章第三节。

第二节 驰名商标认定及法律适用

驰名商标的认定，包括驰名商标的认定机构、认定环节、认定原则以及认定因素等方面，涉及对《商标法》第13条、第14条及相关司法解释和行政规定的理解及适用。

我国1982年颁布的《商标法》中没有关于驰名商标的规定。自1985年加入《巴黎公约》以后，在我国的商标管理实务工作中，商标主管机关对《巴黎公约》成员国的驰名商标给予了应有的保护。从1989年起，国家工商行政管理局开始对国内的驰名商标进行认定。1995年2月，国务院知识产权办公会议制定了《有效保护及实施知识产权的行动计划》，正式对驰名商标的保护作出了明确的规定。为了规范驰名商标的认定与保护，国家工商行政管理局在1996年8月14日发布了《驰名商标认定和管理暂行规定》，其第2条将驰名商标定义为："在市场上享有较高声誉并为相关公众所熟知的注册商标"。这条

---

① 王太平：《商标法：原理与案例》，北京大学出版社2015年版，第425页。

规定显然把未在中国注册的驰名商标排除在保护范围之外。根据《巴黎公约》的要求，对驰名商标的保护并不以其是否注册为前提条件，其他国家的立法也作了相同的规定。2001年修改后的《商标法》及其实施条例增加了对驰名商标认定和保护的内容。2003年4月17日国家工商行政管理总局发布了《驰名商标认定和保护规定》，该规定自2003年6月1日起施行，同时废止了《驰名商标认定和管理暂行规定》。为推进商标战略的实施，进一步规范驰名商标的认定工作，国家工商行政管理总局于2009年4月21日颁布了《驰名商标认定工作细则》。2014年7月3日为配合《商标法》的修改，国家工商行政管理总局公布了新的《驰名商标认定和保护规定》。

为指导驰名商标案件的审理，最高人民法院于2001年7月17日公布了《关于审理涉及计算机网络域名民事纠纷案件适用法律若干问题的解释》，2002年10月12日公布了《关于审理商标民事纠纷案件适用法律若干问题的解释》等。为进一步总结审判经验，完善人民法院对驰名商标的司法保护制度，最高人民法院于2009年4月23日公布了《驰名商标解释》。综上，通过各界的不断努力，目前我国对驰名商标的保护体系逐渐完备。

一、驰名商标认定机构

对驰名商标的认定机构，《巴黎公约》作了原则性规定，即驰名商标的认定必须由国家法律规定的机关进行。根据商标法的规定，我国目前对驰名商标的认定机构有国家知识产权局商标局、最高人民法院指定的人民法院。这种认定模式通常又可称为行政认定和司法认定。

（一）国家知识产权局商标局对驰名商标的认定

2002年颁布的《商标法实施条例》第5条规定，"在商标注册、商标评审过程中产生争议时，有关当事人认为其商标构成驰名商标的，可以相应向商标局或者商标评审委员会请求认定驰名商标，驳回违反商标法第十三条规定的商标注册申请或者撤销违反商标法第十三条规定的商标注册。有关当事人提出申请时，应当提交其商标构成驰名商标的证据材料。商标局、商标评审委员会根据当事人的请求，在查明事实的基础上，依照商标法第十四条的规定，认定其商标是否构成驰名商标。"由此可见，在我国驰名商标的行政认定机关是国家知识产权局商标局[①]，其他任何组织和个人不得认定或采取其他变相方式认定

---

① 2018年国务院机构改革前，我国驰名商标的行政认定机关是国家工商行政管理总局商标局、商标评审委员会。

驰名商标。通过民间组织或行业主管部门评选出来的"驰名商标",在我国没有法律效力,也得不到法律的特别保护。

根据国家工商行政管理总局 2003 年发布的《驰名商标认定和保护规定》的要求,"驰名商标"称号从 2003 年 6 月 1 日起不再由商标行政主管部门进行"批量"的评比认定,今后企业"驰名商标"称号的唯一作用是按照"个案认定""被动保护"的原则更好地解决商标侵权纠纷。2014 年修改后的《驰名商标认定和保护规定》第 4 条重申了驰名商标认定遵循个案认定、被动保护的原则。同时,在第 3 条中明确了商标局、商标评审委员会根据当事人请求和审查、处理案件的需要,负责在商标注册审查、商标争议处理和工商行政管理部门查处商标违法案件过程中认定和保护驰名商标。这里所谓"个案认定、被动保护的原则",是指纠纷发生后,当事人一方向有权认定的机关主张自己的商标是驰名商标,相应的机关对该商标是否符合驰名商标的条件进行审查,并确定其是不是驰名商标,从而适用不同法律规则对其进行保护,定分止争。该原则不同于以往的行政或司法主动认定原则,而是当事人有需求时才申请认定,即所谓按需认定原则。按照新的规定,一个企业即使以前没有申请和获得过"中国驰名商标"的称号,当商标被他人抢注、复制、模仿或者被登记成企业名称时,如果企业能够证明自己的商标驰名,企业就可以向商标局申请认定自己的商标为驰名商标,撤销侵权方的注册商标或者登记的企业名称,从而保护自己的合法权益。可见,驰名商标的认定,只是针对某被侵权企业的商标纠纷未获得特殊保护进行的认定,而不是针对全社会的一种荣誉称号。因为驰名商标实质上是商品的客观市场声誉的表现和载体,它有许多量化的内在指标,如销售量、市场占有率等。《驰名商标认定和保护规定》的修改实施将进一步明确政府的职能,即政府退出市场竞争领域,不再干预企业的市场行为,而是全力去创造一种保护驰名商标的法律环境。

(二)法院对驰名商标的认定

法院在个案中对驰名商标作出认定,是国际上通常的做法。如法国法院 1974 年至 1991 年间通过判决方式认定以下商标为驰名商标:"COCA-COLA"(饮料)、"Michelin"(橡胶产品、旅游指南及地图)、"Bulgari"(珠宝首饰)、"Guerlain"(香水)、"Foker"(果酱)、"SONY"(视听产品)、"Chteau Latour"(葡萄酒)、"Chanel"(皮包、香水、手表等)、"Wrangler"(牛仔裤)、"Chteau Margaux"(葡萄酒)、"Anne de Solne"(布类)。[①]

[①] 参见郑成思:《知识产权法(第二版)》,法律出版社 2003 年版,第 186 页。

在我国的司法实践中，人民法院对驰名商标的认定问题随着计算机网络域名案件的审理而日益凸显出来。2000年6月20日，北京市第二中级人民法院对荷兰英特艾基公司诉北京国网信息有限责任公司商标侵权及不正当竞争纠纷案作出一审判决：国网公司注册的域名"ikea.com.cn"无效。这是我国人民法院首次在审判中对驰名商标进行认定和保护的涉外域名和商标纠纷案件。[①] 2001年7月17日，最高人民法院公布了《最高人民法院关于审理涉及计算机网络域名民事纠纷案件适用法律若干问题的解释》（以下简称《域名解释》），其中第6条规定："人民法院审理域名纠纷案件，根据当事人的请求以及案件的具体情况，可以对涉及的注册商标是否驰名依法作出认定。"

对驰名商标的认定，实质上是对变化中的案件事实的确认，也是人民法院行使审判权查明案件事实的组成部分。《域名解释》出台于中国加入世界贸易组织前夕，因为按照TRIPS协定的要求，将司法裁判作为知识产权争议的最终解决方法，是该组织的一项基本规则。所以，赋予司法机关对驰名商标的确认权也是我国加入世界贸易组织后的一项义务。《最高人民法院关于审理商标民事纠纷案件适用法律若干问题的解释》第22条规定："人民法院在审理商标纠纷案件中，根据当事人的请求和案件的具体情况，可以对涉及的注册商标是否驰名依法作出认定。认定驰名商标，应当依照商标法第十四条的规定进行。当事人对曾经被行政主管机关或者人民法院认定的驰名商标请求保护的，对方当事人对涉及的商标驰名不持异议，人民法院不再审查。提出异议的，人民法院依照商标法第十四条的规定审查。"

为配合《商标法》的修改，2009年最高人民法院颁布了《驰名商标解释》，对驰名商标的认定又作了一些补充。原告以被诉商标的使用侵犯其注册商标专用权为由提起民事诉讼，被告以原告的注册商标复制、模仿或者翻译其在先未注册驰名商标为由提出抗辩或者提起反诉的，应当对其在先未注册商标驰名的事实负举证责任。[②] 被诉侵犯商标权或者不正当竞争行为发生前，曾被人民法院或者国务院工商行政管理部门认定驰名的商标，被告对该商标驰名的事实不持异议的，人民法院应当予以认定。被告提出异议的，原告仍应当对该商标驰名的事实负举证责任。[③] 上述规定加强了对认定商标驰名事实的举证责任。对于在中国境内为社会公众广为知晓的商标，原告已提供其商标驰名的基

[①] 参见《（2000年）知识产权大事记》，载《电子知识产权》2001年第1期。
[②] 参见《驰名商标解释》第6条。
[③] 参见《驰名商标解释》第7条第1款。

本证据，或者被告不持异议的，人民法院对该商标驰名的事实予以认定。①

根据上述司法解释，本书认为：第一，人民法院有权认定驰名商标。上述司法解释打破了只有行政机关才有权认定驰名商标的格局，符合国际惯例，而且有利于保护商标权人的合法利益。商标是否驰名，属于人民法院根据其职权需要对案件进行查明的事实问题。第二，人民法院认定驰名商标采取被动和个案认定的原则。人民法院在审理具体的商标纠纷案件过程中，根据当事人的请求和案件的具体情况，对涉案的商标是否驰名进行认定。这种认定属于被动和个案认定，不同于行政机关曾采用的对驰名商标主动和批量的认定方式。第三，人民法院认定驰名商标的标准。人民法院认定驰名商标时，应当按照《商标法》第14条的规定，对各项要素进行逐一审查，符合条件的，可以认定为驰名商标。第四，对驰名商标是否要重新审查和认定。即对已被认定为驰名商标的，在商标侵权诉讼中，是否需要重新认定？实践中，商标是否驰名和商标注册人的经营状况及市场竞争密不可分，它是动态的，不是一成不变的，因此需要对该驰名商标进行再次认定。为方便当事人诉讼和人民法院审判，《最高人民法院关于审理商标民事纠纷案件适用法律若干问题的解释》第22条规定，"对方当事人对涉及的商标驰名不持异议，人民法院不再审查。提出异议的，人民法院依照商标法第十四条的规定审查。"这简化了一部分认定程序，避免了重复劳动；同时也充分尊重了当事人的意思，有利于提高办案效率。第五，认定驰名商标的效力。根据上述司法解释的精神，驰名商标的司法和行政认定的效力仅存在于个案中，且行政机关的认定和人民法院的认定效力相同。当事人对已经认定为驰名商标的商标有异议的，人民法院还要依照《商标法》第14条的规定进行审查。第六，对申请方认定商标驰名证据的审查。为防止当事人在驰名商标认定中串通造假，《驰名商标解释》第7条第2款规定："除本解释另有规定外，人民法院对于商标驰名的事实，不适用民事诉讼证据的自认规则。对方当事人对于驰名商标的认可，并不免除原告的举证责任。"而针对我国境内众所周知的驰名商标，《驰名商标解释》第8条有限度地引入了司法认知规则，不再要求当事人进行烦琐的举证，原告已提供其商标驰名的基本证据，或者被告不持异议的，人民法院就对该商标驰名的事实予以认定。第七，商标驰名的认定不写入判决文书。《驰名商标解释》第13条规定人民法院对于商标驰名的认定，仅作为案件事实和判决理由，不写入判决主文；以调解方式审结的，在调解书中对商标驰名的事实不予认定。

---

① 参见《驰名商标解释》第8条。

二、驰名商标认定原则和认定环节

（一）驰名商标的认定原则

通过总结多年行政和司法认定的经验，根据《商标法》及相关行政法规和司法解释的精神，国家知识产权局商标局和最高人民法院指定的人民法院在认定驰名商标时应遵循以下原则：

1. 个案认定原则

首先，请求驰名商标保护的当事人，只有在具体的商标案件中，认为系争商标构成对其已为相关公众所熟知商标的复制、模仿、翻译并且容易导致混淆或者误导公众，致使其利益可能受到损害时才可以提起驰名商标认定。其次，在需要认定驰名商标的案件中，驰名商标的认定结果只对本案有效。曾被认定为驰名商标的，在本案中可以作为驰名商标受保护的记录予以考虑。

2. 被动保护原则

在具体的商标案件中应当事人的请求，商标注册部门和法院可以就其商标是否驰名进行认定，并在事实认定的基础上作出决定或裁决。当事人未主张驰名商标保护的，商标注册部门和人民法院不予主动认定。

3. 按需认定原则

当事人商标确需通过认定驰名商标依据《商标法》第13条予以保护的，商标注册部门和人民法院可就其商标是否驰名进行认定。如果根据在案证据能够适用《商标法》其他条款对当事人商标予以保护的，或系争商标的注册使用不会导致混淆或者误导公众，致使当事人利益可能受到损害的，商标注册部门和法院无须对当事人商标是否驰名进行认定。

4. 诚实信用原则

诚实信用原则是2021年11月16日国家知识产权局公布的《商标审查审理指南》（下编第一章第10.3条）中新增加的一个原则。诚实信用原则的具体含义和要求为："当事人请求驰名商标保护应当遵循诚实信用原则，对所述事实及所提交证据材料的真实性、准确性和完整性负责，并书面承诺依法承担不实承诺的法律责任。当事人若在国家企业信用信息公示系统和'信用中国'网站被列入异常经营名录、严重违法失信名单、失信联合惩戒对象名单，以及近三年存在股权冻结、欠税、刑事犯罪等情形的，不再对当事人商标是否驰名进行认定。"

诚实信用原则是我国商标法的基本原则之一，《商标法》2013年修改后，在第7条增加了"申请注册和使用商标，应当遵循诚实信用原则"，重在强调在商标申请确权阶段应该提供真实材料，不得弄虚作假；该原则也贯穿于商标使用过程中，包括驰名商标认定中当事人应提交商标真实使用证据。分析《商标审查审理指南》在认定驰名商标原则方面新增的诚实信用原则，在对当事人提交证据材料真实性及承诺作出要求之外，还对当事人诚信和运营行为的合法合规性作了限定和要求。换言之，如果当事人曾发生过违法经营、被处罚等行为，或者有被列入异常经营名录等情形之一的，即丧失驰名商标认定资格。因为该指南"把驰名商标认定资格与企业经营合规性之间人为设置了对应关系，实质上是将商标驰名认定道德化，其底层逻辑仍认为驰名商标属于一种高度稀缺性资源，只有'干净'的公司才配拥有。这在一定意义上，将驰名商标再次'荣誉化'，是2013年商标法修法之后的观念回潮"①。

本书认为，《商标审查审理指南》新增的"诚实信用原则"及其相关规定，出发点在于引导企业诚信经营、避免出现违法违纪等行为，但如果将此规定作为认定驰名商标的条件，则人为地抬高了认定门槛，不仅会使企业的发展受到某种程度的制约、徒增维权的成本，同时，也与《商标法》第14条规定存在冲突，违背了驰名商标认定和保护的初衷。从实际操作层面看，因国家知识产权局在授权确权案件中对驰名商标的认定不具有终局性，如进入诉讼程序，则由人民法院最终裁决。而司法认定驰名商标依据为《商标法》第13条和第14条，只要当事人举证证明其商标达到"相关公众所熟知的"程度，即可认定驰名，通常法院较少考虑该企业的处罚记录、刑事犯罪等因素，因为在个案中，认定驰名商标目的在于获得特殊保护。如果行政机关在认定驰名商标时坚持上述原则对当事人进行限定，无疑会导致在驰名商标认定问题上，国家知识产权局与法院存在重大分歧，出现执法（司法）不一的局面。

（二）驰名商标的认定环节

为防止驰名商标制度异化和滥用，我国《商标法》2013年第三次修改后，第14条对驰名商标的认定环节作了明确规定，驰名商标的认定主要发生在商标异议申请和无效、查处违法案件、民事及行政纠纷的环节。

（1）在商标注册审查、行政管理部门查处商标违法案件过程中，当事人依照《商标法》第13条规定主张权利的，商标局根据审查、处理案件的需要，可以对商标驰名情况作出认定。

（2）在商标争议处理过程中，当事人依照《商标法》第13条规定主张权

---

① 汪涌、杨振中：《〈商标审查审理指南〉对驰名商标认定的重要影响》，载"知产力"微信公众号，2022年4月27日。

利的，国家知识产权局根据处理案件的需要，可以对商标驰名情况作出认定。

（3）在商标民事、行政案件当事人不服国家知识产权局作出的裁定，向北京知识产权法院提起行政诉讼。审理过程中，当事人依照《商标法》第 13 条规定主张权利的，最高人民法院指定的人民法院根据审理案件的需要，可以对商标驰名情况作出认定。

在我国，只要是行政认定的驰名商标，人们的惯性思维就会和荣誉称号联系在一起，会形成一种不公平竞争，驰名商标不再是企业的私权，而是成为政府控制的一种资源，其间极易发生权力寻租现象。为此，本书建议与国际惯例相衔接，在目前我国已有司法认定驰名商标的情况下，修改我国现行的《驰名商标认定和保护规定》，淡化行政认定。国务院机构改革后，各级市场监管部门的职责应重点突出对驰名商标的保护，充分发挥商标行政执法网络健全、程序简便、快捷高效的优势，在切实提高执法水平上加强力度，以有效保护驰名商标权利人的合法权益，切实维护消费者的合法权益，保障公平竞争、统一有序的市场经济秩序。

三、驰名商标认定应考虑的因素

关于驰名商标的认定因素，《巴黎公约》未作明确规定，TRIPS 协定对驰名商标的认定只作了原则性规定。为了协调各国关于驰名商标的认定，一些国际组织制定了认定驰名商标的考虑因素。

（一）国际商会对驰名商标认定的考虑因素

国际商会 1996 年 9 月 18 日通过了《驰名商标保护决议案》，为认定驰名商标提供了参考因素：（1）该商标在当地或国际的认知程度；（2）该商标固有的或获得的显著程度；（3）该商标在当地或国际的使用和广告宣传时间及地域范围；（4）该商标在当地或国际的商业价值；（5）该商标在当地或国际获得的质量形象；（6）该商标所获得的在当地或国际的使用和注册的专有性。上述这些内容基本反映了各国认定驰名商标的标准，也得到了大多数国家的认可。

（二）世界知识产权组织对驰名商标认定的参考因素

鉴于驰名商标的保护迫在眉睫，世界知识产权组织曾组织各国专家先后六次专门讨论驰名商标的保护问题，1999 年 9 月，保护工业产权巴黎联盟及世界知识产权组织大会通过了《关于驰名商标保护规定的联合建议》（以下简称《联合建议》）。该建议给各成员国提供了认定驰名商标的一个基本原则："主管机关在认定一个商标是否驰名时应考虑可能推导出商标驰名的任何因素。"①《联合建议》有几点内容值得重视：第一，重申了对驰名商标的认定只需要有较大的知名度，而并不要求在有关国家实际使用；第二，规定对驰名商标的保护同样适用于服务商标；第三，它在某些方面突破了《巴黎公约》对驰名商标保护的规定。《联合建议》对认定驰名商标的参考因素提出了以下要求：(1)明确了驰名的地域应是要求保护的国家。其第2条第3款第2项规定，不得要求该商标在除该成员国以外的任何管辖范围驰名。长期以来，商标应在哪个成员国驰名是一个争议颇多的问题。这一规定以否定的方式给出了答案。(2)将驰名的范围限定在相关的公众领域内。《联合建议》进一步细化了"相关公众"的范围，其第2条第2款第1项规定，相关公众应包括但不必局限于使用该商标的那些商品或服务的实际或潜在的顾客、使用该商标的那些商品或服务的销售渠道中所涉及的人员，以及经营使用该商标的那些商品或服务的商业界。(3)可以考虑和商标有关的价值。《联合建议》第一次明确提出在认定驰名商标时可以考虑和商标有关的价值。如果商标的价值可以得到准确的评估和量化，则对于认定和保护驰名商标有积极的意义。因为价值和知名度之间是相辅相成的关系，知名度越高，其商标价值就会越大。《联合建议》的内容基本反映了国际上对驰名商标认定的参考因素。

（三）美国对驰名商标认定的参考因素

按照1992年美国《州立商标示范法》的规定，认定驰名商标的因素有：(1)有关商品固有的或通过使用而产生的识别性；(2)有关商标在既定商品或服务上已经使用的时间及范围；(3)有关商标在广告宣传上出现的时间及范围；(4)带有该商标的商品或服务被提供的地域；(5)带有该商标的商品或服务被提供的渠道；(6)其他商品或服务领域中，对该商标的知晓程度；(7)其他人使用该商标的状况。②

美国《兰哈姆法》第43条第3款以列举而非排他的形式规定了认定驰名的八个因素。如果一个商标被联邦消费大众广泛认为代表了商标权人的产品或者服务的来源，则为驰名商标。在判断一个商标是否具有必需的认知度时，法院应该考虑下列因素：(1)该商标所具有的内在显著性或已获得的显著性的程度；(2)该商标在相关商品或服务上使用的期间和程度；(3)该商标所作广告和向公众宣传的时间和程度；(4)使用该商标之贸易所涉及的地理区域之大

---

① 《联合建议》第2条第1款第1项。
② 参见郑成思：《世界贸易组织与贸易有关的知识产权》，中国人民大学出版社1996年版，第146页。

小；（5）使用该商标的商品或服务的贸易渠道；（6）在特定的贸易区域和渠道中，公众对该商标的认可程度；（7）第三方对相同或相似商标使用的期间及程度；（8）商标是否已经依据联邦商标法在主注册簿上取得有效注册。

（四）我国对驰名商标认定应考虑的因素

驰名商标的认定因素源于对驰名商标定义的扩展解释，正如上文所言，我国对驰名商标的定义经历了一个不断修正的过程。1993 年《驰名商标认定和管理暂行规定》对驰名商标的定义是"驰名商标是指在市场上享有较高声誉并为相关公众所熟知的注册商标"，后该规定被 2003 年《驰名商标认定和保护规定》所替代，将驰名商标的定义修改为"驰名商标是指在中国为相关公众广为知晓并享有较高声誉的商标"。2009 年最高人民法院《驰名商标解释》在对驰名商标进行定义时删除了"并享有较高声誉"的表述，改为"驰名商标，是指在中国境内为相关公众广为知晓的商标"。2013 年《商标法》修改时，又删除了"在中国境内"的限定语，将驰名商标的定义改为"为相关公众所熟知的商标"。尽管驰名商标的定义越来越精简，但是关于驰名商标的认定因素却一直都不甚清晰，争议点主要集中在判断主体、地域范围及知名程度这三个方面。依据我国《商标法》第 14 条，认定驰名商标应当考虑的因素有：

1. 相关公众对该商标的知晓程度

相关公众对商标的知晓程度构成认定驰名商标最基本的条件和要素，该条内容不仅包括对驰名商标判断主体和地域范围的规定，也对知名度提出了要求。根据 2014 年《驰名商标认定和保护规定》，第一，相关公众，包括与使用商标所标示的某类商品或者服务有关的消费者，生产前述商品或者提供服务的其他经营者以及经销渠道中所涉及的销售者和相关人员等。第二，驰名商标是指在中国为相关公众广为知晓并享有较高声誉的商标。在外国驰名的商标如果不为中国的相关公众知晓，不能认定为驰名商标。第三，驰名商标要享有较高声誉。一个商标的知名度越高，其信誉越高，对消费者的吸引力越大，其市场占有率也就越高。2019 年《北京市高级人民法院商标授权确权行政案件审理指南》再一次重申了下列情形不能认定在先商标已经达到驰名状态：（1）当事人自身具有较长经营历史和较高知名度，但无法证明在先商标已为中国境内相关公众所熟知的；（2）在先商标在其他国家、地区等具有较高知名度，但依据诉争商标申请日前的实际使用情况，不能为中国境内相关公众所熟知的。尽管我国在 2013 年修改《商标法》时删除了在"在中国境内"的限定，但依然坚持本国地域性原则，同时规定了国外的知名度证据可以作为参考因素。

毋庸讳言，互联网产业的快速崛起和跨国贸易的发展进一步促进了跨境电子商务交易，消费者可以足不出户就能买到世界各地的商品，销售者在境外，而产品的终端消费者在境内，这两端处在同一个交易市场中。商标使用行为与销售商品的行为时常发生混同，跨境电子交易模糊了交易市场的地理界线，冲击了商标权的地域性特征。而且，伴随着网络自媒体和网络视频直播的发展，跨境电子贸易已经由起初的B2B模式发展为更加灵活多样的B2C和C2C模式。一场"带货达人"的网络直播足以让一个名不见经传的产品在一夜之间成为"爆款"，中国的公众足不出户就可以通过"播主"直播"带货"买到来自世界各国的产品。消费者对于品牌的了解早就不以该商标在本国使用为前提，有的商标甚至也不需要商标所有人大量的广告投入，"网红"本身的"圈粉"能力足以把一个商标"捧红"。跨境电子贸易改变了人们的消费认知，也改变着商标权的产生方式。在国外的驰名商标可能在我国完全没有使用甚至也没有主动进行广告宣传，但是我国的相关公众仍然有熟知的可能，这种情况下是否可以认定为在我国相关公众对该商标已达到知晓程度，从而认定为驰名商标呢？这就涉及商标权的产生方式。注册制和使用制是两种获得商标的基本方式，各国对此基本无异议。那么除此之外，驰名是否可以作为商标产生的第三种方式呢？这一问题的争议也决定了在驰名商标认定案件中，是否要求须有本国的实际使用以及这种使用在各种参考因素中所占权重的大小。

本书认为，法律规则的设计应该与时俱进，不仅要反映时代变化和适应技术发展，而且要根据现实需求和变化进行修改和完善。《联合建议》对驰名商标的保护并不要求在有关国家实际使用，只需要有较大的知名度即可。同时，我国《商标法》第三次修改后，在第13条中已经明确表述了驰名商标是"为相关公众所熟知的商标"，并未提出必须是在"中国境内"的地域性要求。笔者建议行政机关和最高人民法院及时修改《驰名商标认定和保护规定》及相关司法解释，取消或者弱化地域性要求，与《商标法》保持一致。只要能够证明中国相关公众已经高度知晓该商标，该商标并不一定必须在中国境内使用，也可认定为中国驰名商标。

就知名度而言，争议焦点在于驰名商标是否要求有"较高声誉"。肯定说认为既然商标是商誉的载体，商誉顾名思义就是商业信誉、荣誉、声誉等正面的价值取向，是商标持有人付出努力所追求的积极结果，所以驰名商标理应是有"较高声誉"的商标，这是由驰名商标的形成基础所决定的。声誉平平甚至是因负面消息而广为人知的商标是不能被认定为驰名商标的。否定说认为，驰名商标制度的本质内涵在于从事实上确信某商标是否为相关公众广为知晓，属于事实判断，应当说商标知名可能源于其良好的声誉，但如果商标的声誉一般且价格低廉,其同样可能被相关公众广为知晓,从而受到驰名商标制度的保护。① "较高声誉"可以作为认定驰名商标的重要参考因素而非本质要求。本书认为,驰名商标的认定应是该商标知名度的一种事实状态,基于现行《商标法》第 13 条第 1 款和第 14 条的立法精神,并未强调必须是有"较高声誉",只要举证说明该商标能够为相关公众所知晓即可。同时,考虑到我国经济发展水平现状,为引导和保护中小企业商标品牌向更高质量发展,不一定必须是享有"较高声誉"的商标才能获得认定和保护。

2. 该商标使用的持续时间

商标使用的时间越长,越证明该商标所标示的商品或服务质量优异,为广大消费者所认可。世界驰名商标的持续使用历史均较长。如"可口可乐""万宝路"等已使用几十年甚至上百年。在其他国家的案例中,也把商标使用的时间作为认定驰名商标的因素之一。例如,巴黎上诉法院在 1984 年的判例中,认定"Liberty"商标为驰名商标,主要根据之一就是该商标自 1893 年就成功地获得了注册,并且从未中断过续展,从 1962 年起就在法国有名的商标事典上被记载。② 但随着互联网时代的到来,信息传播速度加快,商标使用可能无须太久,就会被相关公众所熟知,并产生强大的市场影响力和知名度。比如,在"抖音"商标纠纷案中,法院对于驰名商标认定中"持续使用时间"的要素进行了突破,适应了现今互联网经济快速扩张的发展特点。

"抖音"短视频是由"今日头条"公司孵化的一款音乐创意短视频社交软件,该软件于 2016 年 9 月 20 日上线,是一个面向全年龄的音乐短视频社区平台。不到一年时间,抖音短视频迅速蹿红,受到年轻族追捧。2019 年 12 月,"抖音"入选 2019 中国品牌强国盛典榜 100 品牌。在该案中,法院认为,"抖音"是否构成驰名商标,可从三方面论证:第一,涉案"抖音"商标客观上已具有较高的知名度,为公众所熟知。本案中,请求进行驰名商标保护的"抖音"商标尽管注册时间较晚,但是互联网行业本身所具有的信息快速传播的特点以及在移动互联网时代,用户时间碎片化、智能手机软硬件技术日臻成熟、短视频通过动态视觉和立体听觉直观传播信息,迎合当代年轻人凸显个性、需要平台展现自我从而获得关注和认可的需求等内外部条件,客观上促使短视频在当下移动互联网时代能够以几何级数量进行快速、大量的传播和扩散。至 2018 年 6 月,"抖音"日活用户已突破 1.5 亿,月活用户超过 3 亿,足可见抖音短视频在当时已累积了极高的市场知名度,为广大消费者所熟知。第二,

---

① 参见祝建军:《驰名商标的司法保护》,载《人民司法》2011 年第 7 期。
② 参见郑成思:《知识产权法》,法律出版社 2003 年版,第 185 页。

"抖音"商标为臆造词汇，本身具有较强的显著性，被诉侵权产品使用"爱抖音"标识，其中发挥识别作用的部分为"抖音"二字，与涉案主张保护的"抖音"商标相同，即使从"爱抖音"标识整体而言，亦与涉案"抖音"商标属高度近似；且两者消费对象存在大量重合，消费者看到该标识即容易联想到"抖音"商标及其权利人，其行为主观上属不正当地利用和搭载了"抖音"商标事实上所具有的强大市场声誉和市场影响力，从而达到其吸引消费者关注和消费的目的，客观上亦会割裂"抖音"商标与权利人之间所建立的唯一指向性联系，进而损害两原告作为"抖音"商标的权利人所享有的合法权益。第三，抖音短视频的成功不仅依托于强大的技术背景，也有赖于后续成功的商业运营，软件产品本身和后续提供网络服务两者不可分割，共同推动了抖音短视频在短期内快速获得市场知名度和公众认同。

"抖音"案裁判的意义在于：充分考虑了移动互联网时代品牌影响力的传播速度，突破了传统意义上驰名商标认定商标注册和使用年限的规则，综合考量商标法规定的各项驰名因素，在全国首次认定了"抖音"商标为驰名商标；并且在驰名商标认定过程中，详细又开拓性地论述了此种社交平台类 APP 产品，无论从商业运营模式还是消费者认知角度来看，下载软件仅仅为获取进入平台的途径或媒介，在本质上而言，其所提供的是网络社交服务，并且也主要是通过后续的网络社交服务进行营利。因此，对于原告主张在计算机软件以及社交服务类别上认定驰名商标均予以支持。①

3. 该商标的任何宣传工作的持续时间、程度和地理范围

对商标进行宣传，是广大消费者知晓该商标及商品或服务的有效手段。宣传的力度越大，范围越宽，消费者熟知的程度越高，商品的销售和覆盖面就越广泛，商标的信誉和知名度也就越高。如中国的"华为"手机、日本的"SONY"电器、美国的"麦当劳"快餐、德国的"大众"汽车等，因行销世界多国而闻名，其商标和商品的宣传程度和覆盖的地理范围是生产同类商品的其他企业无法比拟的。世界上一些国家或地区也把商标的广告宣传以及宣传的地域范围和强度作为认定驰名商标的条件之一。

4. 该商标作为驰名商标受保护的记录

一个商标曾被行政机关认定为驰名商标，或者在诉讼中被人民法院认定为驰名商标而受到保护的，可以作为认定驰名商标的因素之一来考虑。

5. 该商标驰名的其他因素

这里的其他因素，是指除上述因素之外的情形，如产品质量、同行排名、

---

① 参见江苏省苏州市中级人民法院（2018）苏 05 民初 1268 号。

销售量和区域、获得各种荣誉奖励等证明。

根据最高人民法院《驰名商标解释》以及《驰名商标认定和保护规定》第4条、第10条的精神,人民法院和商标局在认定驰名商标时,应当综合考虑上述各项因素,但不以该商标必须满足上述规定的全部因素为前提。换言之,只要具备其中任一因素,即可认定为驰名商标。在司法实践和行政认定过程中,针对当事人主张商标驰名的,应当根据案件具体情况,提供下列证据,证明被诉侵犯商标权或者不正当竞争行为发生时,其商标已属驰名:(1)使用该商标的商品的市场份额、近三年的销售量、销售收入、利税、销售区域等;(2)该商标的持续使用时间;(3)该商标的宣传或者促销活动的方式、持续时间、程度、资金投入和地域范围;(4)该商标曾被作为驰名商标受保护的记录;(5)该商标享有的市场声誉;(6)证明该商标已属驰名的其他事实。对于商标使用时间长短、行业排名、市场调查报告、市场价值评估报告、是否曾被认定为著名商标等证据,人民法院应当结合认定商标驰名的其他证据,客观、全面地进行审查。

本书结合我国首例认定"惠尔康"未注册商标为驰名商标案[①],针对上述驰名商标认定因素进行分析。"惠尔康"是厦门惠尔康食品有限公司(以下简称"惠尔康公司")自1992年12月就开始使用的字号。早在争议商标申请注册日期1997年8月20日之前,申请人及其"惠尔康"牌饮料等商品就获得了有关部门授予的多种奖项与荣誉称号。1996年,惠尔康公司曾向国家商标局申请注册"惠尔康"商标,但当时第30类豆乳商品上的"惠尔康"商标属于天津惠尔康科技公司,申请未果。福州维他龙营养食品有限公司(以下简称"维他龙公司")自1995年也开始申请注册"惠尔康"商标。1997年6月,维他龙公司抢先和1996年就已经注销的天津惠尔康科技公司共同向商标局提出转让注册申请,办理了受让该商标的手续。2000年,虽然遭到惠尔康公司的异议,维他龙公司还是成功注册了"惠爾康"商标。2002年12月惠尔康公司就该商标提出商标争议裁定申请。在这份申请中,惠尔康公司提出其在第32类商品上使用的"惠尔康"商标已经具备驰名商标的条件。2003年8月,商标局作出撤销维他龙公司的"惠尔康HEK"商标的决定。

2004年7月,商评委作出的商评字〔2004〕第3239号关于第1267138号"惠爾康"商标争议裁定书中认定:维他龙公司从已经注销的天津市惠尔康科技公司受让第701244号"惠尔康HEK"商标行为存在明显瑕疵。因第

[①] 参见北京市高级人民法院(2005)高行终字第31号。

701244 号商标已经被撤销，故维他龙公司对第 701244 号商标已不享有合法权利。维他龙公司明知"惠尔康"是惠尔康公司的字号，且是在先使用于饮料等商品并享有较高知名度的商标，却采用抄袭、复制的不正当手段在类似商品上进行注册，其主观上具有明显地进行不正当竞争、牟取非法利益的恶意。因此，第 1267138 号"惠爾康"商标应予撤销。维他龙公司不服商评委的裁定，于 2004 年 8 月将商评委起诉至北京市第一中级人民法院，请求撤销商评委的第 3239 号裁定。惠尔康公司作为本案有利害关系的第三人参加了诉讼。

北京市一中院经审理认为：虽然惠尔康公司没有注册"惠尔康"商标，但惠尔康公司为该商标做了大量的、各类型的广告宣传。"惠尔康"品牌的各种产品与惠尔康公司形成了特定联系。同时，"惠尔康"品牌获得了包括中国食品工业协会、中国轻工协会和中国保护消费者基金会在内多家业内权威机构的认可，赢得了商业信誉和产品声誉。与此同时，惠尔康公司的产量、利润等在 1997 年就在众多同行业企业中名列前茅，并在此后一直呈上升趋势。因此，"惠尔康"作为惠尔康公司的产品品牌，符合驰名商标的认定条件。北京市一中院还认为，维他龙公司在相同商品上申请注册"惠爾康"商标属于模仿惠尔康公司未在中国注册的驰名商标，其主观恶意明显，如予注册容易导致消费者混淆，故不应予以注册。商评委裁定"惠爾康"商标注册予以撤销是正确的。

以上是我国首例司法认定的未注册商标为驰名商标的案件，本案件历时九年，被称为"厦门知识产权界历时最长的纷争、中国商标保护的'教科书'"，最终"惠尔康"被认定为未注册驰名商标。我国是实行注册商标制的国家，《商标法》规定了注册商标的专用权，同时也规定了对未注册驰名商标的保护。在有关驰名商标认定和保护的法律法规中，并没有以商标是否注册作为驰名商标认定的限制条件，关键是看相关公众对该商标的认知程度。

商标的生命在于使用，商标是否驰名是一种客观存在的事实，其知名度是在市场竞争中形成的，并不是由是否注册来决定。如果未注册商标事实上已经驰名而法律并不保护，那么其不公平性是不言而喻的。因为未注册的驰名商标凝聚了经营者的智力创造和经营成果，从设计使用到广告推广，其所有人为之付出了艰辛的劳动，从而才使该商标拥有了良好的商业信誉，成为消费者信赖的商品品质的保证，这些也正是知识产权法及其他相关法律所保护的客体。如果允许他人通过注册而轻易获取独占和排他的权利，剥夺原使用人继续使用的资格，或者允许他人通过仿冒"搭便车"获取不正当的利益，则有违公平、诚信的原则。为此，有必要对未注册驰名商标提供相应的法律保护，但前提是要获得驰名商标的认定。

第三节　国际上对驰名商标的特殊保护

鉴于驰名商标的巨大经济价值，为保护驰名商标权人的合法利益，防止不正当竞争行为，国际公约和大部分国家先后通过立法和司法裁判对驰名商标给予跨类和反淡化的特殊保护。

一、驰名商标的跨类保护

驰名商标的跨类保护，是指未经商标权人许可，他人不得在其他类别上使用和注册与驰名商标相同或近似的标识。前面谈到，由于传统的混淆规则和理论无法对被侵害的驰名商标提供有效救济，一些国家基于联想理论，开始探索将商标保护范围扩张到非类似商品上的途径。经过多年司法实践总结和学者理论研究的推动，逐渐达成共识：对驰名商标提供扩大保护，即禁止他人在不类似商品和服务上使用和注册与驰名商标相同或近似的标志。

（一）国际公约对驰名商标的跨类保护

1.《巴黎公约》对驰名商标的跨类保护未予以明确

在国际公约中最早对驰名商标进行保护的是 1883 年缔结的《巴黎公约》。《巴黎公约》第 6 条之 2 要求任何成员国，在本国法律允许的条件下，对于其他成员国主管机关认定的驰名商标有义务给以保护。该条还专门规定了对驰名商标保护的三项内容：第一，未注册的驰名商标的使用人享有禁止他人使用的权利。即未注册的驰名商标使用人有权禁止他人在相同或类似的商品上使用与该驰名商标相同或近似的商标。第二，商标主管机关对抢注的商标可以拒绝或撤销注册。凡是被成员国认定的驰名商标，其使用人未注册而他人在先申请注册的，商标注册国或使用国的商标主管机关可以依职权或者利害关系人的请求，拒绝对该商标给予注册；如果已经注册的，应宣告该商标的注册无效。第三，提出注册商标无效的最低期限。驰名商标所有人对他人已注册的商标，自注册之日起至少 5 年内可以提出该注册商标无效；如果该商标注册是恶意的，则请求无效的时间不受限制。但《巴黎公约》并未明确对驰名商标的跨类保护，仅禁止他人在相同或类似的商品上使用与该驰名商标相同或近似的商标。

2. TRIPS 协定对驰名商标的跨类保护

1994 年生效的 TRIPS 协定明确提到了对驰名商标的跨类保护，主要表现在：第一，将驰名商标的保护范围扩大到驰名的服务商标。该协定规定，"巴黎公约第六条之二应比照适用于服务商标"。第二，拓展了驰名商标权人的权利范围。把驰名商标所有人禁止权的范围扩大到不相类似的商品或服务上，引入了商标跨类保护的理论和规则。该协定规定，"巴黎公约第六条之二应比照适用于与注册商标的商品或服务不相类似的商品或服务"。第三，对认定驰名商标的标准作了原则性规定。"在确定一项商标是否驰名时，各成员应考虑相关部门公众对该商标的知晓程度，包括该商标因宣传而在有关成员为公众知晓的程度。认定驰名商标的要素为：相关公众对该商标的知晓程度、商标的宣传程度等。"[①]

（二）多边区域性协定对未注册驰名商标的跨类保护

1. 欧盟（欧共体）对驰名商标的扩大保护

经过多方努力，1988年欧共体《缩小成员国商标差异的理事会一号指令》第5条（2）明确了对声誉商标的扩大保护："成员国可以规定，注册商标所有人应被授权禁止第三方未经其同意在贸易过程中，在与注册商标不相类似的商品上使用与注册商标相同或近似的标志，只要该商标在成员国享有声誉，并且标志的使用没有正当理由，而从该商标的显著性或声誉中获得不正当的利益，或对其造成损害。"该条适用的条件包括：**保护对象是声誉商标，对声誉的要求不需要全国范围广为知晓，其知名度要求低于《巴黎公约》所包含的驰名商标**；**被控商标应与声誉商标相同或近似**；**保护范围限定在非类似商品或服务上，类似商品不在扩大保护之列**。[②] 同时，该指令第4条（4）（a）针对与声誉商标相关的注册审查和撤销程序规定了和第5条（2）相同的内容。

2. CPTPP协定对驰名商标的跨类保护

2002年，智利、新加坡、新西兰三国领导人在第10次亚太经合组织领导人非正式峰会举行期间，倡议发起《跨太平洋战略经济伙伴协定》（Agreement for Trans-Pacific Partnership，简称TPP协定）的谈判，旨在提高知识产权保护力度和经济贸易合作的自由开放度。经过多轮的谈判协商，2016年2月4日，包含知识产权等30个章节在内的TPP协定签署完毕。2017年，美国宣布退出TPP协定，其他11国在原来协定的基础上达成新的国际贸易协定，称为《全面且先进的跨太平洋伙伴关系协定》（Comprehensive and Progressive Agreement for Trans-Pacific Partnership，简称CPTPP协定）。CPTPP协定依旧保留了TPP协定关于驰名商标的条款。

CPTPP协定第18.22条第1项规定："缔约方在确定商标是否驰名时均不

---

① 参见TRIPS协定第16条第2款、第3款规定。
② 参见文学：《商标使用与商标保护研究》，法律出版社2008年版，第146页。

得要求将该商标在该缔约方或其他管辖区域内已经注册、列入驰名商标名单或已获得驰名商标的认可作为条件。"依据该协定，认定驰名商标不以注册为前提，只要以该商标与该商品或服务相关之使用，将显示该商品或服务与商标权人之关联，且商标权人将因该使用而有受损害之虞为要件。该条款借鉴了《联合建议》的相关意见。《联合建议》只是世界知识产权组织对成员国关于驰名商标保护的建议性文件，对于世界知识产权组织成员国并不具有约束力，而CPTPP协定中该条款的规定直接将未注册驰名商标的跨类保护上升为区域性条约的保护规则，将未注册驰名商标的保护水平提升到了新高度。

CPTPP协定明确提出了对未注册驰名商标给予同注册驰名商标一样的跨类保护，但该协定只是一个区域性的条约，影响范围有限，仅适用于日本、加拿大、澳大利亚、智利、新西兰、新加坡、文莱、马来西亚、越南、秘鲁、墨西哥这11个国家。世界主要大国，如中国、美国、德国、英国和法国未达成这样的共识，甚至在这些大国的国内，是否要对未注册驰名商标给予跨类保护仍有分歧。CPTPP协定反映了世界部分国家在保护未注册驰名商标方面不断加强的趋势，中国如要与该协定的成员国加大贸易往来，则很有可能会因商标保护水平不一致而产生阻碍。2020年11月20日，中国国家主席习近平在APEC领导人非正式会议上表示，中方将积极考虑加入CPTPP协定，再次申明了我国坚持多边主义和自由贸易，促进经济全球化的一贯立场。2021年9月16日，据商务部消息，我国已正式申请加入CPTPP协定，并就加入后的相关工作进行沟通。[①] 审视我国对未注册驰名商标保护的规则，与CPTPP协定的要求存在较大差距，应尽早研究并采取应对措施。

（三）德国对驰名商标的跨类保护

在欧共体《缩小成员国商标差异的理事会一号指令》未颁发之前，欧共体一些国家如德国和法国，通常采用反不正当竞争法对驰名商标进行保护，制止他人在非类似商品上使用。但也发生了一些非竞争行为给驰名商标带来的损害，如行为人与受害人之间不存在竞争关系，由此带来执法困惑。德国在1994年新的商标法实行以前，其民法典、商法典、商标法和反不正当竞争法等多部法律都可用来保护经营者的商业标记。其中，《德国民法典》第12条保护自然人、法人或其他组织的姓名权或名称权；《德国商法典》第37条保护商号，禁止他人使用；《德国商标法》第15条、第24条、第25条和第31条保

---

① 参见《中国正式申请加入CPTPP，有何重要意义？》http://m.thepaper.cn/baijiahao14550780，2022年1月16日访问。

护商标权,禁止擅自使用与权利人商标相同或近似的标志;《德国反不正当竞争法》第 16 条则对商标以外的其他商业标志提供保护,包括姓名、商号、特殊标记、作品等。针对跨类使用他人驰名商标的案件,法院多采用《德国反不正当竞争法》第 1 条之一般任务条款来保护驰名商标的声誉免遭侵害。因为法院认为,冒用他人驰名商标声誉以及弱化该著名商标的识别功能,属于阻碍竞争对手的不正当竞争行为,违反了《德国反不正当竞争法》第 1 条。随着案件不断增多,法院发现在许多类似案件中,行为人与受害人之间并不存在竞争关系,如将著名的威士忌商标"White Horse"用于化妆品、将著名香水商标"4711"用于清洁公司的电话号码等,原被告之间并不存在竞争关系,此时再适用《德国反不正当竞争法》第 1 条存在理论上的障碍。此后,法院便以《德国民法典》第 12 条、第 823 条为依据,对驰名商标的所有人提供侵权法上的保护。①

直到 1994 年德国商标法作了重大修改,将商标、商业标记、地理标志均在商标法中作统一保护,新法名称为《商标和其他标志保护法》(以下简称新《德国商标法》),由此,《德国反不正当竞争法》第 16 条规定即丧失了存在的必要性。司法实践中,商标法作为特别法优先使用,但新的商标法并不排除其他法律对商业标记的保护。在新《德国商标法》第 14 条第 2 款和第 3 款中,明确规定对在德国境内的驰名商标提供特别保护。虽然该法未对"境内驰名商标"给出定义,但在该法的立法理由中作了说明:一个境内驰名商标应具备数量和质量方面的要求,即该商标不仅要被相当数量的民众所知晓,还要有较高的经济价值和良好声誉。②

新《德国商标法》第 14 条第 2 款和第 3 款分别对商标的混淆性和驰名商标受侵害作了规定,并通过大量判例总结出:混淆可能性是认定商标侵权的重要依据;对驰名商标的特别保护,不要求商标近似或商品类似,也不要求混淆可能性的存在,只要行为人的标志不公平地利用或损害了德国境内驰名商标的显著性和声誉,即可认定侵权。德国商标法对上述两种侵权行为规定的法律后果是一样的。下面分析德国法院依据新《德国商标法》判决的一则案例。

原告德国电信股份公司是"T-Online"文字商标所有人。1995 年原告提出商标注册申请,同年 11 月 8 日获得注册,该商标用于电信和数据处理领域中的多种商品和服务。被告自称是"全方位服务提供者",提供移动通信、官方和工业电信系统、固定网络电话等商品和服务以及相关技术等。

---

① 参见邵建东:《德国反不正当竞争法研究》,中国人民大学出版社 2001 年版,第 254 页。
② 参见韩赤风等:《中外商标法经典案例》,知识产权出版社 2010 年版,第 26 页。

"DONLINE"商标由被告于1998年提出注册申请,并于同年7月30日获得商标权,注册范围是数据处理器、计算机、在线和电信服务等。原告认为被告商标与其商标相似,使用的服务也类似,容易造成公众混淆,特别是原告商标知名度高,注册在先,被告存在利用原告声誉的行为,请求法院判令被告停止侵害并赔偿损失。一审慕尼黑地区法院驳回起诉后,原告又向慕尼黑高等法院提起上诉,二审法院作出了驳回上诉的判决。原告又向德国联邦最高普通法院提起上诉。一审和二审法院均认为,尽管原告商标具有很强的识别性,原被告的商品和服务也存在类似性,但对于混淆性而言,两者还缺少足够的商标近似性。但德国联邦最高普通法院则认为,原告商标"T-Online"的知名度会对业内产生影响,特别是该单词的构成风格会影响到业内的习惯。"T-Online"是由字母"T"和"online"组成,同样,被告商标"DONLINE"也是由字母"D"和"ONLINE"组成,区别仅仅是后者采用的是大写。即使混淆性被否认,也可依据新《德国商标法》第14条第2款第3项认定被告行为使原告商标的名誉受到损害或被告利用了原告商标的名誉。最终作出如下判决:发回二审法院重审。① 本案体现了法院依据新《德国商标法》对驰名商标给予扩大保护。

二、驰名商标的反淡化保护

驰名商标特殊保护不仅体现在权利人有跨类别的禁止权,也体现在对驰名商标淡化行为的制止上。

(一)商标淡化理论的起源

淡化(英文"dilution"),是指减弱驰名商标的显著性、贬损或不正当利用驰名商标的市场声誉,导致驰名商标对相关公众吸引力降低或者其价值受到损害的行为。淡化概念最早由德国法院在1924年"Odol"案中提出:"Odol"是使用在牙刷上的驰名商标,该商标所有人要求撤销他人在钢铁制品上注册的"Odol"商标。德国法院认为,即使在非竞争商品上使用其商标也是违反诚信的行为,存在借助他人声誉之嫌。原告最重要的利益是使其商标免遭淡化:如果多个人都使用该商标来指示自己的商品,它就会丧失其销售能力。随后,美国法学家斯凯特(Frank Schechter)在《哈佛法学评论》上发表了《商标保护的理性基础》② 一文。他在这篇论文中提出了不同于传统的商标理论。他认

---

① 参见韩赤风等:《中外商标法经典案例》,知识产权出版社2010年版,第23页。
② Frank I. Schechter, The Rational Basis of Trademark Protection, Harvard Law Review, Vol. 40, 1926.

为，商标的功能绝不仅仅是为消费者区别来源，更是作为商标权人的财产。虽然斯凯特教授在这篇论文中并没有直接提出淡化的概念，但是提出了直接导致淡化最根本的原因是削弱商标的显著性，指出对商标财产权的真正损害在于通过把商标频繁使用在不同类或者非竞争的商品上，从而逐渐削弱和降解商标在公众中的独特个性和形象，最终结果是该商标的销售力受到损害，损害商标的销售力就是侵犯商标权人的财产权。

（二）美国商标淡化立法与实践

美国对商标淡化理论的发展和完善作出了重要的贡献，是采用反淡化规则典型的国家。20 世纪 40 年代，随着人们对商标作为一种财产权理念的认识，特别是受到谢希特商标淡化理论的影响，美国法院开始在相关案例中运用反淡化规则保护驰名商标。如，1932 年美国纽约州的 Tiffany Co. v. Tiffany Productions 一案，通常被认为是美国历史上最早的淡化案件之一。该案原告是一家成立于 1868 年的老字号珠宝商，在全球范围内享有盛誉，并在纽约、伦敦、巴黎等地设有分店。被告是一家成立于 1921 年的动画片制造商和销售商。被告在其广告宣传以及电影片头中频繁使用发光的宝石和"Tiffany"标识，以及"Tiffany 推出""Tiffany 控制""Tiffany 全球性组织"等内容。不少证人证实，被告的上述动画片、宣传片和电子标志等给他们造成了混淆，使其认为原告与被告的动画片生产有关。因此，法院禁止了被告继续使用该标识。法院在判决书中指出："被告使用该商标的唯一原因是想借用原告的声誉，并且从公众将被告误认为原告存在关系中谋取利益……在非竞争性产品上使用他人商标真正伤害的是商标在公众中的形象和地位……一个商标的显著性越强，越是独特，它在公众的潜意识中的印象就越深，也就更需要得到保护，以防止它与被使用的特定商品之间的联系被损害或切断。"

1947 年，马萨诸塞州率先制定了商标淡化法，随后各州纷纷仿效。1996 年美国国会通过了《联邦商标淡化法》（Federal Trademark Dilution Act, FTDA），该法主要对 1946 年的《兰哈姆法》第 43 条进行了修改，将淡化作为一个新的诉因，以保护驰名商标的显著性，避免其识别对应商品或服务的能力减弱，而不论是否存在混淆的可能或竞争关系，该法还规定了驰名商标所有人有权获得禁令和赔偿等救济。《联邦商标淡化法》分别于 1999 年和 2006 年作了两次修订，逐步完善了商标淡化的理论和规则。第一，明确了禁令救济的标准为淡化的可能性，即不要求确实造成损失，只要有损害商标声誉的可能性即可。不论是否存在混淆可能性，也不论有无竞争关系或实际经济损失，只要他人对商标或商业名称的使用可能致使该驰名商标淡化的，驰名商标所有人就有权请求法院禁止。第二，将淡化明确为弱化和丑化两种情形。第三，淡化可以作为商标异议和无效宣告的事由。第四，明确了受保护的驰名商标的定义及认定因素。驰名应为美国一般消费者所广泛认可。认定因素包括：该商标广告宣传的持续时间、地理范围，不论该宣传是商标所有人还是第三方所为；使用该商标的商品或服务的销售量及地理范围；该商标的实际认知程度；该商标是否注册或者在主簿上获准注册。第五，增加了三类不受《联邦商标淡化法》追诉的行为：（1）在比较广告或促销中指示性商标的正当使用；（2）非商业目的使用；（3）新闻报道和评论，如滑稽模仿、批评和评论等。[①]

毋庸讳言，法律为经济基础服务，并不断改变自身以适应经济基础的变化，这是永恒的规律。淡化理论的应运而生和对传统混淆理论的革命性突破，使商标法在新的社会经济背景下获得了新的发展。传统商标法理论无法解决的问题在新理论的构架中找到了新的规则。正如美国《联邦商标淡化法》立法报告人所言："淡化是一种同传统侵权完全不同的商标侵害，即使没有混淆，商标的活力仍可能因他人的使用而受损，这才是淡化的本质所在。混淆导致直接的损害，淡化则是一种感染，如果任其发展，最后必然会破坏商标的广告价值。"[②]淡化理论并没有把造成混淆作为构成侵害商标权的要件，而是直接把淡化认定为侵害商标权的行为。换言之，淡化即为侵权，淡化就是损害。[③] 即使没有被消费者混淆，只要商标权人通过巨额投入苦心塑造的商标形象被模糊和借用，商标权人就有权主张救济。显然，淡化理论所关注的是驰名商标权人自身利益，而混淆理论重在防止相关公众的混淆，间接保护商标权人利益。

（三）商标淡化的形式

根据美国商标淡化理论和司法实践，淡化有两种形式：弱化和丑化。

弱化是一种典型的淡化形式。弱化也称"暗化"，是指将他人具有一定知名度的商标使用在不相同、不相类似的商品或服务上，从而模糊、冲淡了该商标与它原来所标志的商品或服务之间的联系，削弱了该商标的显著性和识别性，进而对该商标所承载的商誉造成损失的行为。例如，"法拉利"汽车已成为人们追求高品质生活的象征，如果允许他人将该驰名商标注册或使用在其他商品如胶卷、服装和食品上，就会淡化该商标的显著性，割裂该商标与所用商品之间的特定联系。再如，"可口可乐"是驰名的饮料商标，人们一提起"可

[①] 参见文学：《商标使用与商标保护研究》，法律出版社2008年版，第130页。

[②] 转引自黄晖：《商标法》，法律出版社2004年版，第263页。

[③] See David V. Radack, Federal Trademark Anti-Dilution Law—A Powerful New Tool for Owners of Famous Trademarks, at http://www.tms.org/pubs/journals/JOM/matters/matters-9904.html.

口可乐"就会想到与之相联系的该名牌饮料。但是，如果他人未经许可而擅自将该商标用于服装、汽车等商品上，就会冲淡该商标与饮料的唯一对应性，势必会导致商标标识的商品与特定生产者的联系淡化，驰名商标对消费者独有的吸引力也会因此而大大降低。

丑化是指将他人具有一定知名度的商标不正当使用，导致对该商标的良好信誉产生贬低、污损作用的行为。玷污他人商标，是对他人商标的歪曲、损毁性使用，不仅会降低该商标的品质，还会污损该商标的美誉度。商标丑化的具体表现形式为：第一，将他人驰名商标用于非法或不道德的商品或服务上。"CANDYLAND"案①中，原告是一家儿童玩具制造商，起诉被告将其知名的商标"CANDYLAND"作为被告的色情网站域名。法院认为，任何对"CANDYLAND"商标的直接或者间接使用都会可能造成对原告商标价值的减损，因而同意了原告申请的禁令，取消或终止任何先前购买的暗含"CANDYLAND"广告或继续使用"candyland.com"作为其互联网域名。第二，将他人驰名商标用于质量低劣或价格低廉的商品或服务上，容易使得相关公众产生负面的或令人不快的联想。比如他人将商标权人使用在钢琴上的驰名商标"Steinway"用于啤酒罐开启把手，必然会损害商标权人只生产和销售高品位、高质量的产品的声誉和形象，属于丑化行为。

实际生活中，由于商标、商号和商品特有名称等使用不当，逐渐演变为商品的通用名称而失去识别功能，这种现象一般称为"退化"。退化无疑是最严重的商标淡化。退化一旦发生，商业标识将彻底丧失识别性，不再具有区别功能。如"凡士林"原是美国一家化妆品公司的商标，后来成了润肤油的通用名称。再如，"摩卡"曾是一家公司在咖啡上的注册商标，但因其使用和宣传不当，逐渐被消费者认为是一种咖啡的口味，从而沦为该商品的通用名称，失去了商标的识别功能。

美国作为判例法国家，一方面采用立法对驰名商标进行保护，另一方面，通过大量的判例形式对驰名商标予以保护。如"罗尔斯·罗伊斯"汽车商标禁用于无线电视②、Bulova钟表商标禁止使用在鞋类上。③ 法院对此类案件提供了禁令救济并指出，"被告商标的使用，即使在非竞争商品上，也会对原告的声誉造成损害并淡化原告商标的品质。"实践证明，淡化理论较之于混淆和联

---

① See Hasbro, Inc. v. Internet Entertainment Group, Ltd, 40 U.S.P.Q 2d 1479 (W.D. Wash. 1996).
② See Wall v. Rolls-Royce of America, 4F. 2d 333 (3d Cir. 1925).
③ See Bulova Watch Co. v. Stolzberg, 69F. Supp. 543, 545 (D. Mass. 1947).

想理论，能够更全面地保护驰名商标。

总之，美国的淡化理论经过立法和司法实践的不断完善，"在传统的商标混淆理论保护范围之外另辟路径，现已成为美国扩张驰名商标保护范围的重要理论"①。商标淡化理论突破了传统意义上的以"是否存在混淆"为保护规则，关注于驰名商标所形成的巨大商业价值不为他人所侵害，并不考虑商标所有人与淡化行为人之间有无竞争关系和消费者混淆、误认的可能性。禁止他人在非类似商品上使用驰名商标是淡化理论的重要组成部分。淡化理论对克服混淆理论的缺陷和不足，对解决商标功能的扩展造成的保护规则的缺失有着重要的意义。

综上所述，为保护驰名商标所有人的利益，欧盟国家对驰名（声誉）商标提供跨类的扩大保护，美国则发展出了淡化理论。但欧洲法院似乎不喜欢使用"淡化"这个词，更不愿提及淡化的概念、历史和逻辑基础。② 如果用淡化理论来称呼欧盟国家商标保护的扩张理论，会显得比较勉强。但无论如何，跨类保护的联想理论和淡化理论分别提供了独立于混淆理论的保护基础，从制止混淆到跨类保护和制止淡化的制度实践，为驰名商标保护提供了不同规则。尽管各国法律文化传统不同，但两种跨类保护和理论殊途同归，共同担负起保护驰名商标的职责。

第四节 我国对驰名商标的特殊保护

我国 2001 年修改《商标法》时，参照《巴黎公约》和 TRIPS 协定的规定，增加了对驰名商标的保护。2003 年国家工商行政管理总局颁布了《驰名商标认定和保护规定》（2014 年修改），2009 年最高人民法院颁布了审理驰名商标案件的司法解释。

至此，我国对驰名商标的保护体系逐渐完善，并基本与国际公约保持一致。我国对驰名商标的特殊保护表现为以下几个方面：

一、驰名商标的特殊保护

（一）注册驰名商标的跨类保护

为了体现对注册驰名商标的特殊保护，《商标法》第 13 条第 3 款规定了对注册驰名商标的保护范围扩大到"不相同或者不相类似商品上"，只要是复制、

---

① 文学：《商标使用与商标保护研究》，法律出版社 2008 年版，第 117 页。

② J. Thomas McCarthy, Dilution of A Trademark: European and United States Law Compared, Trademark Reporter, Vol. 94, 2004.

模仿或者翻译他人已在中国注册的驰名商标，误导公众，使该驰名商标注册人的利益可能受到损害的，不予注册并禁止使用。对这种侵权行为，侵权人应承担包括赔偿在内的各种民事责任。① 显然，我国立法对已在我国注册的驰名商标的保护力度要大于未注册的驰名商标，其保护范围可以延伸到相关联的其他商品或服务类别上。

驰名商标的跨类保护，在商标确权无效和侵权过程中均有体现，行政机构和人民法院在不断总结经验的基础上，逐渐形成了认定驰名商标跨类保护应考虑的相关因素。

1. 商标宣告无效和侵权中驰名商标的跨类保护

在彪马欧洲公司商标权无效宣告请求行政纠纷案中，引证商标为英文"puma"，核定使用的商品为"运动衣、运动裤、运动鞋"等；诉争商标为英文"sweet puma"，核定使用在"咖啡馆、酒吧服务"等服务上，国家知识产权局裁定对诉争商标予以维持，一审北京知识产权法院判决驳回彪马公司的诉讼请求，其共同理由认为诉争商标的申请注册未违反2013年《商标法》第13条第3款的规定。二审北京市高级人民法院改判此案，认定"彪马"构成驰名商标，予以跨类保护。二审法院认为，根据彪马公司提交的在案证据，诉争商标申请日前，引证商标在中国申请注册已经近四十年，使用引证商标的"运动衣、运动裤、运动鞋"的商品在中国境内获得了广泛销售和持续宣传，形成了极高的市场知名度。因此，诉争商标申请日前，引证商标在"运动衣、运动裤、运动鞋"商品上为相关公众所熟知，已达到驰名程度。本案中，诉争商标为英文"sweet puma"，引证商标为英文"puma"，诉争商标完整包含引证商标文字，二者在文字构成、呼叫、整体认读效果等方面相近。尽管诉争商标还包括其他英文词汇，但是整体上未形成明显区别于引证商标的显著特征。因此，诉争商标构成对引证商标的模仿。诉争商标核定使用的"咖啡馆、快餐馆、酒吧服务"等服务虽然与引证商标核定使用的"运动衣、运动裤、运动鞋"商品不属于类似商品，但是由于引证商标核定使用的"运动衣、运动裤、运动鞋"商品的消费对象、销售渠道、使用场景广泛，其在日常宣传推广中有可能与"咖啡馆、酒吧服务"等服务产生一定关联，相关公众存在一定的重合度。在引证商标具有极高的知名度的情况下，二者在市场上共存容易使相关公

---

① 根据《最高人民法院关于审理商标民事纠纷案件适用法律若干问题的解释》第1条第2项，复制、模仿、翻译他人注册的驰名商标或其主要部分在不相同或者不相类似商品上作为商标使用，误导公众，致使该驰名商标注册人的利益可能受到损害的行为，属于《商标法》第57条第7项规定的给他人注册商标专用权造成其他损害的行为。

众认为诉争商标与引证商标具有相当程度的联系，从而误导公众，损害彪马公司的合法利益。因此，诉争商标的注册违反了《商标法》第 13 条第 3 款的规定，判决撤销北京知识产权法院（2020）京 73 行初 2113 号行政判决、撤销国家知识产权局商评字〔2019〕第 252030 号关于第 19051535 号"sweet puma"商标无效宣告请求的裁定，就彪马欧洲公司针对第 19051535 号"sweet puma"商标提出的无效宣告请求重新作出裁定。①

在"碧桂园"商标无效宣告案中，引证商标由"碧桂园 COUNTRY GARDEN"文字与图案构成，核定使用在"不动产出租；不动产管理"服务上。诉争商标由"碧桂园"构成，核定使用在"烧酒；开胃酒；白兰地"等商品上。法院根据现有证据认为，在诉争商标申请日之前，引证商标通过碧桂园公司长期、广泛、持续的宣传和使用，已经在中国境内为相关公众广泛知晓并享有较高的声誉，构成驰名商标。本案中，诉争商标与引证商标的汉字部分均为"碧桂园"，两商标在文字构成、呼叫、含义、整体外观、视觉效果等方面接近，两个注册商标虽不属于同一种或类似商品与服务，但相关公众存在较大范围的重叠和交叉。考虑到引证商标的知名度、诉争商标注册人在多个类别的商品上申请或受让多个"碧桂园"商标等因素，本案诉争商标注册人在主观上难谓善意，因此认定诉争商标已构成对引证商标的复制、模仿。诉争商标申请人在明知引证商标在"不动产出租；不动产管理"服务上已达到驰名程度的情形下，采用复制、模仿等手段，使用在"烧酒；开胃酒；白兰地"等商品上，易导致相关公众误认为诉争商标与引证商标具有相当程度的联系，进而减弱、淡化引证商标的显著性或者不正当地利用其市场声誉，致使碧桂园公司对已经驰名的引证商标享有的利益可能受到损害。因此，诉争商标的注册违反了《商标法》第 13 条第 3 款的规定，应予无效宣告。②

在"Nikon"商标纠纷案中，原告日本株式会社尼康在中国先后申请并获得"Nikon""尼康"注册商标专用权，核定使用商品为《类似商品和服务区分表》第 9 类的"照相机（摄影）、数码相机"等。被告为浙江尼康，经营范围为"电动自行车、电瓶助动车制造和销售"。被告在其网站的页面、店堂装饰图稿等处分别使用了"尼康""NICOM"文字；其中网站的"产品介绍"栏目介绍了浙江尼康生产的包括"尼康天王二代""尼康金牛""尼康小鹰号""尼康世纪公主"等以"尼康"命名的产品。产品图像显示浙江尼康生产的电动自行车和电动三轮车车体上使用了"尼康""NICOM"文字。浙江尼康在其

---

① 参见北京市高级人民法院（2021）京行终 210 号。
② 参见北京市高级人民法院（2022）京行终 5371 号。

公司门口、大楼外部、公司车辆的车身、广告资料、《尼康报》上使用了"尼康车业""尼康电动自行车""尼康"字样。法院经审理后认为,"Nikon""尼康"注册商标在照相机上使用的时间历史悠久,在消费者中产生了较高的知名度,相关公众对"Nikon""尼康"品牌照相机的知晓程度是众所周知的事实,即"Nikon""尼康"注册商标已经达到驰名状态。在裁判文书中,法院认为,被控侵权人在不相同或者不相类似的商品上使用驰名商标,足以使相关公众认为被诉商标与驰名商标具有相当程度的联系,减弱驰名商标的显著性,应对驰名商标给予跨类保护。最终判决被告立即停止侵犯原告"尼康""Nikon"注册商标专用权的行为,并赔偿损失人民币 20 万元。①

2. 驰名商标跨类保护的认定要素

分析上述案例可以看到,驰名商标跨类保护并不等于全类保护,跨越的类别有多宽,考量因素主要取决于被保护商标的知名度和显著性,注册商标的知名度越高、显著性越强,其跨类保护的范围就越大。司法实践中,跨类保护的其他考量因素还包括:驰名商标核定使用的商品与被控侵权产品之间的关联性、消费者误认的可能性、诉争商标申请人的主观状态是否恶意等,需要综合考虑各类因素,推导出可能损害驰名商标注册人利益的后果,从而决定是否给予跨类保护。比如,在"奥妙"商标争议案中,引证商标为"奥妙"注册商标,是联合利华旗下的织物洗涤剂品牌,核定在第 3 类洗涤等用品上,经过几十年的宣传使用,已成为中国消费者所熟知的驰名商标。诉争商标"奥妙"商标于 2013 年由无锡某公司申请,2014 年 9 月获得注册,核定使用在第 11 类"电加热装置;加热元件;加热板;固体、液体、气体燃料加热器;燃烧器;杀菌燃烧器;水加热器;蒸发器;加热装置"商品上。2018 年 2 月,联合利华对诉争商标提出无效宣告申请,主张诉争商标构成对其核定在第 3 类"奥妙"商标的复制、模仿或翻译,违反《商标法》第 13 条第 3 款的规定。商评委认为,诉争商标核定使用的"电加热装置"等商品与原告主张驰名的"洗衣粉、洗衣(用剂)剂和物料"等差异较大,诉争商标的注册使用不易误导公众,致使原告利益可能受到损害,故诉争商标的申请注册未构成《商标法》第 13 条第 3 款所指情形。原告不服,诉至北京知识产权法院。法院在确认引证商标已达驰名状态的基础上,认定诉争商标构成对引证商标的模仿,诉争商标的使用易使相关公众联想到原告的引证商标,不正当地利用了原告经过长期宣传使用而建立起的知名度,从而使原告驰名商标利益受到损害。故诉争商标的

---

① 参见陕西省西安市中级人民法院(2009)西民四初字第 302 号。

注册违反了《商标法》第 13 条第 3 款。① 二审上诉至北京高院，法院最终维持了一审判决，并指出：争议商标核定的"电加热装置、加热板"等商品与"洗衣剂"虽不属于类似商品，但在销售渠道、消费群体等方面存在较大范围的重叠和交叉，易使相关公众误认为争议商标与引证商标具有相当程度的联系，减弱联合利华驰名商标的显著性。此外，二审法院指出，争议商标被实际使用在电蚊香加热器产品上，与电热蚊香液包装在一起销售。此产品包装中关于争议商标的使用采用了深蓝色加粗倾斜的字体，与引证商标"奥妙"的字体一致，背景图案也同样采用水滴四溅的花图形的背景，主观难谓善意。② 针对恶意对注册人申请注册时主观判断的影响，最高人民法院在 2016 年"威仕达玉兰"案中指出："判断争议商标的注册是否具有恶意，不能仅仅考虑（引证）商标是否已经达到驰名的程度，即只要是驰名商标，就推定申请注册人具有恶意，而应该根据案件具体情形，从主观意图、客观表现等方面综合判断。"③ 最高法认为威士达公司在实际使用争议商标的过程中具有攀附宝洁公司商标商誉的意图，从而佐证了威仕达公司申请注册争议商标具有恶意。结合本案，争议商标存在主观恶意通过其实际使用也表现出来，由此存在损害驰名商标权利人的后果。通过该案件裁判可以看出注册商标知名度和"恶意注册"等因素对驰名商标跨类保护边界的影响。

关于驰名商标核定使用商品与被控侵权产品之间的关系，也是影响跨类保护的一个因素，对此如何判定？在"奥特曼"商标案中，法院指出，应主要从驰名商标核定使用或实际使用的商品与被控侵权产品之间的关联性进行判定，以确定能否进行跨类保护。该案中，法院认定了原告在第 9 类与第 28 类申请注册（指定的商品范围分别为动画与玩具类）的"奥特曼"商标在中国长期、持续的使用，已建立起较高的市场知名度，构成驰名商标。被控侵权商品为第 21 类的儿童电动牙刷，虽然两者属于不相同也不相似的商品，但两者在商品的生产、流通及消费人群上存在较大的重合度，容易造成消费者的混淆或误认。通过消费者在被控侵权产品销售网页评论区的留言，也可以反映出部分消费者购买该产品是与奥特曼相关宣传存在一定关联，从而导致消费者产生混淆或误认，属于《商标法》第 13 条第 3 款所称的"误导公众，致使该驰名商标注册人的利益可能受到损害的"的情形。④

---

① 参见北京知识产权法院（2019）京 73 行初 9177 号。
② 参见北京市高级人民法院（2020）京行终 4272 号。
③ 最高人民法院（2016）最高法行再 12 号。
④ 参见北京市高级人民法院（2022）京民终 538 号。

随着我国对驰名商标司法保护经验的积累，2019年4月24日北京市高院发布《北京市高级人民法院商标授权确权行政案件审理指南》，在11.3规定了"驰名商标的保护范围"，可以综合考虑商标的显著性、知名度、商标标志的近似程度、指定使用的商品情况、相关公众的重合程度及注意程度、诉争商标申请人的主观状态等因素。驰名商标的跨类保护范围是动态的，应在具体案件中结合证据综合认定。

（二）注册驰名商标的反淡化保护

驰名商标的反淡化保护在工业发达国家已经成熟，我国《商标法》对此未加明确，但在司法实践中，随着最高人民法院《驰名商标解释》的公布，反淡化规则在驰名商标民事案件的判决中得到确认。依据该解释，淡化包括三种类型：减弱驰名商标的显著性、贬损驰名商标的市场声誉，或者不正当利用驰名商标的市场声誉。

1. 减弱驰名商标显著性

虽然该司法解释针对的是民事案件，但鉴于商标民事侵权案件与商标确权案件中对于驰名商标的保护应适用相同的原则，因此，该原则亦应同时适用于商标确权案件。此处的减弱驰名商标显著性，通常称为"弱化"。

（1）商标确权纠纷中弱化规则的适用

在"妮维雅""NIVEA及图"商标异议纠纷案中，商评委经审理认为：根据查明的事实，申请人提交的证据可以证明引证商标于被异议商标注册申请日前，在第3类化妆品商品上经过长期使用和广泛宣传，已为中国相关公众广为知晓并享有较高声誉。依据《商标法》第14条的相关规定，商评委认定"妮维雅""NIVEA及图"商标为化妆品商品上的驰名商标。被异议商标指定使用的家具、木或塑料梯等商品虽然与引证商标赖以驰名的化妆品等商品不属于相同或者类似商品，但被异议商标与引证商标具有较强显著性的汉字构成相同，结合被申请人同时申请注册了与引证商标英文相同的"NIVEA"商标这一事实，可以推定被申请人有不正当利用驰名商标的市场声誉之嫌，且被异议商标的注册使用容易减弱引证商标的显著性，从而损害申请人利益，已构成《商标法》第13条第3款所述情形，因此裁定被异议商标不予核准注册。"妮维雅"商标异议复审案体现了在商标评审案件中对驰名商标提供反淡化保护的理念。

（2）商标侵权纠纷中弱化规则的适用

在2009年之前的司法审判中，已有一些生效的判决书中引入了商标淡化的理论。① 例如，美国杜邦公司诉北京某信息公司计算机网络域名纠纷案中，北京市第一中级人民法院和北京市高级人民法院均认定，被告无正当理由将原告的驰名商标"DUPONT"注册为域名，淡化了原告的驰名商标，构成对原告商标权的侵犯和不正当竞争。北京市第一中级人民法院依据《商标法》《反不正当竞争法》相关条款，判决该公司撤销其注册的"dupont.com.cn"域名，北京市高级人民法院维持了一审判决。②

在"老干妈"商标纠纷中，法院认为，被告在其产品上使用"老干妈""原味""香辣"等名称的行为，会减弱原告"老干妈"驰名商标的显著性，认定被告构成商标侵权。具体案情为：原告贵阳老干妈公司在其生产的豆豉、辣椒酱（调味）、炸辣椒油商品上申请注册了"老干妈"商标。被告涉案商品为牛肉棒，其在宣传过程中，在涉案商品包装正面使用"老干妈"字样，并将"老干妈"作为与"原味""香辣"等并列的口味名称。法院经审理后认为，涉案商品牛肉棒与豆豉、辣椒酱（调味）、炸辣椒油商品虽然在商品原料、功能用途等方面存在差异，但二者均属日用食品，在销售渠道和消费群体方面存在一定重合，被告在涉案商品包装正面使用"老干妈"字样，并将"老干妈"作为与"原味""香辣"等并列的口味名称的行为，足以使相关公众在看到涉案商品时直接联想到原告的"老干妈"商标，进而破坏该商标与贵阳老干妈公司所生产的豆豉、辣椒酱（调味）、炸辣椒油商品之间的密切联系和对应关系，减弱该商标作为驰名商标的显著性。被告明知"老干妈"商标在豆豉、辣椒酱（调味）、炸辣椒油商品上具有较高知名度，仍然在涉案商品上使用"老干妈"字样，意图利用该商标的市场声誉吸引相关公众的注意力，从而获取不正当的经济利益。被告行为构成《商标法》第13条第3款所指"误导公众，致使该驰名商标注册人的利益可能受到损害的"之情形，侵犯了贵阳老干妈公司的商标权，判决侵权并赔偿损失。③

针对驰名商标弱化行为的判定，商标确权机关和法院通常的做法是：首先，认定在先使用注册的商标驰名且显著性强；其次，考察在后商标使用的商品或服务类别上，和在先的注册商标使用类别不相同也不相类似；最后，在后使用者使用的商品或服务类别与在先驰名商标使用的商品或服务类别有一定关联性，比如相关公众的重合因素等，进而认为在后使用者的行为会引起相关公

---

① 参见李友根：《"淡化理论"在商标案件裁判中的影响分析——对100份驰名商标案件判决书的整理与研究》，载《法商研究》2008年第3期。

② 参见北京市高级人民法院（2001）高知终字第47号。

③ 参见北京市高级人民法院（2017）京民终76号。

众混淆,减弱和降低涉案驰名商标显著性。在"路易威登"商标侵权纠纷案中,法院经审理后认为,被告城市路易威登酒吧在其酒吧现场招牌、内部装潢、酒吧器具、微信公众号推广的酒吧名称等使用"LV"标识,会降低涉案驰名商标的显著性,判决被告构成商标侵权。具体案情为:原告路易威登马利蒂系在法国设立的公司,其在第18类毛皮、兽皮购物袋、(肩)挎包、女用阳伞、手杖、拐杖架等商品类别上注册取得了"LOUIS VUITTON"和"路易威登"商标专用权,经过在中国各地多年对上述商标的使用,已被认定为驰名商标。城市路易威登酒吧在其提供的酒水调制及销售等服务上,包括在酒吧名称上使用"路易威登",并在其酒吧现场招牌、内部装潢、酒吧器具、微信公众号推广的酒吧名称等使用"LV"标识。法院认为虽然被告是在第43类酒吧服务上使用"LV"标识,与原告商标所注册的商品类别不同,但是原告提供的商品与被告提供的服务同属普通消费领域,并非特定行业,涉及相关公众也都是一般生活领域的消费者,两者所涉及的相关公众有一定的重合、交叉。因此,被告的商标使用行为会使公众误认为该服务来源于原告,或者其与原告存在关联经营、许可关系或其他特定联系,并且这种误认和混淆会减弱和降低涉案驰名商标的显著性,使原告的利益可能受到损害,故判决被告停止侵权、赔偿损失。①

2. 贬损驰名商标的市场声誉

贬损驰名商标市场声誉行为,通常称为"丑化"。我国丑化规则的适用体现在商标异议复审和注册商标无效宣告及侵权纠纷中。

(1) 商标申请和异议复审中丑化规则的适用

在杭州娃哈哈集团有限公司诉国家工商行政管理总局商标评审委员会异议复审案中,法院认为:引证商标为"娃哈哈"文字商标,没有证据证明该文字搭配为现实生活中固有的词语,故"娃哈哈"具有较强的显著性;"娃哈哈"商标经过娃哈哈公司的长期大量使用,在"无酒精饮料"商品上具有极高的知名度,足以达到驰名商标的程度,更增强了"娃哈哈"文字作为商标的显著性。远东化工建材公司亦未向法院提交充分证据证明其被异议商标选择"娃哈哈"的合理理由,故被异议商标构成对引证商标的复制。被异议商标指定使用的"染料、木材防腐剂"等商品为不可食用甚至对身体有毒有害的商品,被异议商标的注册可能造成对核定使用在饮料商品上的引证商标的丑化。② 同样,在"劳斯莱斯"商标争议案中,商评委认为,"劳斯莱斯"商标是为相关公众

---

① 参见广东省惠州市中级人民法院(2017)粤13民初113号。
② 参见北京市第一中级人民法院(2014)一中知行初字第2570号。

普遍知晓的商标,核定使用在第 7 类非陆地车辆类别上,争议商标"劳丝来丝"使用在第 11 类"空气净化用杀菌灯、龙头、抽水马桶"等商品上,易误导公众或贬损引证商标市场声誉,并致使申请人的利益可能受到损害,因此不予注册。①

(2)商标无效宣告中丑化规则的适用

随着社会对丑化规则的逐步了解,在商标无效宣告中,驰名商标权人利用丑化理论进行维权的案件逐渐增多。比如,在"报喜鸟"商标无效宣告案中,引证商标为使用在服装商品上的"报喜鸟"商标,争议商标为"報喜鳥 Baoxiniao 及图",核定使用在国际分类第 16 类卫生纸、纸餐巾商品上。根据原告提交的证据,在争议商标申请注册前,引证商标在服装商品上经过原告的大量宣传和使用,已经构成驰名商标。法院认为,争议商标的文字读音、含义与引证商标的文字读音、含义相同。虽然引证商标除文字之外还有拼音和图形,但文字部分属于引证商标的显著部分,争议商标已构成对引证商标的复制、模仿。争议商标核定使用在"卫生纸"商品上,已经构成对原告上述驰名商标的贬损,损害原告利益。因此,争议商标核定使用在"卫生纸、纸餐巾"商品上,违反了《商标法》第 13 条第 3 款的规定,依法应当不予注册。② 在"金典"注册商标无效宣告案中,证据显示,引证商标"金典"自 2017 年以来构成使用在牛奶等商品上的驰名商标,诉争商标"金典"核定使用商品为第 5 类医用保健袋、失禁用护垫、卫生内裤、成人尿布等。法院认为,诉争商标与引证商标均为"金典"文字商标,文字构成和呼叫完全相同,二者在整体外观方面高度相似,诉争商标构成了对引证商标的模仿。诉争商标核定使用的失禁用护垫、卫生内裤、成人尿布等商品,相对于引证商标核定使用的牛奶等商品而言,其使用亦会产生一定的丑化、贬损原告驰名商标市场声誉的影响,进而会损害原告的相关利益。③ 在"LOUIS13"商标无效宣告请求行政纠纷上诉案中,法院在判决书中指出:原告埃·雷米马丹公司在第 33 类含酒精饮料上注册的"人頭馬路易十三 LOUIS XIII DE REMY MARTIN"认定为驰名商标,而第三人在第 11 类抽水马桶、坐便器、卫生器械和设备等注册了"LOUIS13"商标,原告向商评委提出了无效宣告请求,因不服商评委的裁定故向法院起诉。北京知识产权法院认为两商标在文字构成、含义等方面较为接近,此外,虽然两商标核定使用的商品在功能用途、消费对象和销售渠道等方面差别较

---

① 参见商评字〔2015〕第 0000026411 号。
② 参见北京知识产权法院(2017)京 73 行初 861 号。
③ 参见北京知识产权法院(2021)京 73 行初 8051 号。

大，不属于同一种或类似商品，但考虑到原告商标的显著性等可以证明第三人有借助他人商标的恶意，从而构成对原告商标显著性和知名度的淡化，且第三人的注册商标使用在"抽水马桶、坐便器"上，相对于原告驰名商标核定使用的酒类商品而言具有一定的丑化，进而会损害驰名商标权利人的利益。因此第三人的注册商标违反了《商标法》第 13 条第 3 款的规定，故判决撤销商评委的裁定。①

（3）商标侵权中丑化规则适用

自最高法 2009 年颁布审理驰名商标案件的司法解释后，法院认定驰名商标被丑化而构成侵权的案例开始出现。在"LV"商标侵权案中，涉案酒吧的字号与"路易威登"没有任何关联，其使用"路易威登"作为企业字号、使用"LV"宣传其酒吧为"欧洲顶级夜店品牌 CLUBLV"并在微信公众号的链接中使用带有色情内容的照片和描写。法院经审理后认为，被告行为有丑化本案驰名商标的商誉，侵权恶意明显，应立即停止使用并承担民事责任。被告不服上诉，二审法院维持原判。②

3. 不正当利用驰名商标市场声誉

在最高法 2009 年《驰名商标解释》中，提到了"不正当利用驰名商标市场声誉"行为构成商标侵权。所谓"不正当利用驰名商标市场声誉"，通常是指未经驰名商标权利人许可，擅自将与驰名商标相同或近似的标志使用在其他商品或服务类别上的行为。本书认为，此行为属于攀附他人商誉，如不禁止，则会导致驰名商标的显著性逐渐丧失直至退化，损害驰名商标权利人利益，此行为也属于广义的商标淡化行为。

（1）不正当利用驰名商标声誉行为的表现

不正当利用驰名商标声誉的行为，通常发生在商标确权和侵权过程中。

在上海黑人实业发展有限公司诉国家工商行政管理总局商标评审委员会不予注册复审案中，法院认为，诉争商标为中文"黑人实业"，"实业"通常指代实业公司，显著性较低，故诉争商标的显著识别部分为"黑人"，诉争商标的显著识别部分与第三人在先驰名商标的"黑人"牙膏商标在文字构成上完全相同，认定诉争商标系对第三人"黑人"商标的抄袭，原告并未对该目的进行合理解释。基于通常认知，原告在得知第三人"黑人"商标构成驰名商标的情况下，可推定该行为目的在于利用引证商标的市场声誉，从而为原告获得不正当利益。基于此，诉争商标的注册符合"不正当利用驰名商标的市场声誉"这一

---

① 参见北京知识产权法院（2017）京 73 行初 3721 号。
② 参见广东省高级人民法院（2018）粤民终 570 号。

情形的主观要件。第三人"黑人"商标驰名的"牙膏"商品的相关公众是社会普通大众,其可最大限度地覆盖诉争商标核定使用的"刀;剪刀"等商品的相关公众,对于该部分相关公众而言,在诉争商标与第三人"黑人"商标极为近似的情况下,其在看到诉争商标时会联想到第三人"黑人"商标,这一情形足以使原告获得不当利益,亦会导致第三人"黑人"商标的显著性淡化。据此,诉争商标的注册虽不会造成相关公众混淆,但符合"不正当利用驰名商标的市场声誉"情形及商标淡化的要件,故其属于《商标法》第 13 条第 3 款所禁止情形,不应予以核准注册。①

在"今日头条鱼"商标侵权纠纷案中,原告为北京字节跳动科技有限公司,被告为湖南永和公司和北京永和志达公司。原告享有"计算机程序(可下载软件)"商品上的"今日头条"商标(即涉案商标)专用权,用于"今日头条"手机应用 App 上,在全国范围内具有较高影响力,并获得众多荣誉。原告发现,被告在其生产销售的"今日头条系列休闲鱼肉制品"的包装袋、包装盒等上突出使用"今日头条""今日头条鱼"等标志,在其官方网站以及多家销售平台宣传销售其多款鱼肉制品时均使用上述标志,并将"今日头条"标注为该商品的品名,永和志达公司大量批发销售永和公司生产的上述商品。原告遂诉至法院,要求二被告停止侵权、消除影响,并赔偿其经济损失及合理开支共计 1000 万元。北京知识产权法院一审认为,综合在案证据,原告系全国知名移动互联网公司,其通过对"今日头条"手机应用 App 的经营,使"今日头条"商标成为公众广为知晓的驰名商标。永和公司在涉案商品上突出使用与鱼类图形相结合的文字"今日头条鱼",且在整体视觉上突出文字"今日头条"。同时,永和公司在其天猫网店"食为先旗舰店"的产品介绍中突出使用文字"今日头条无'鱼'伦比",在产品名称中使用文字"今日头条小鱼仔"。相关公众在看到"今日头条鱼""今日头条小鱼仔"时,易与涉案商标"今日头条"相联系。永和公司的被诉行为,一方面不正当利用了驰名商标"今日头条"的商业信誉来推销其商品,另一方面在原有商标文字"今日头条"的基础上增添其他词汇从而产生新含义的使用方式,不但削弱了涉案商标的显著性,更贬损了涉案商标的市场声誉,侵害了原告的涉案商标权。综上,一审法院判决两被告停止侵权、消除影响,并赔偿原告经济损失 100 万元及合理开支 348802 元。永和公司不服一审判决,向北京市高级人民法院提起上诉。北京市高院二审判决驳回上诉,维持原判。② 该案在扩大驰名商标保护范围方面具

---

① 参见北京知识产权法院(2018)京 73 行初 7302 号。
② 参见北京市高级人民法院(2021)京民终 89 号。

有典型性，入选"2021年度北京法院知识产权司法保护十大案例"。毋庸讳言，保护驰名商标意在保护其所具有的较强显著性以及良好的市场声誉，不仅对驰名商标进行适度跨类和反淡化保护，同时，也禁止他人在不同类别商品上故意模仿使用他人驰名商标的不劳而获的"搭便车"行为。

(2) 不正当利用驰名商标声誉行为的认定

通过分析相关案例可以看到，不正当利用驰名商标声誉行为的认定，考虑的因素主要包括：其一，在后使用者主观故意。明知他人在先的商标知名度高，有广泛的市场认可度，存在"搭便车"的主观意图。其二，客观上有商标性使用行为，比如，在不同类别商品或服务上突出使用他人在先的驰名商标，攀附他人商誉、误导公众。其三，容易给驰名商标造成损害的可能性后果。比如，在"小米"驰名商标侵权案中，原告小米科技公司享有的"小米"商标经核准注册后持续使用，原告及其关联公司投入大量资金对小米品牌进行宣传，并获得了众多荣誉，可以认定涉案商标属于驰名商标。被告周某某在其开设的店铺中销售浴霸、暖风机、平板灯、凉霸四种被诉侵权商品时，在商品名称、商品图片、商品详情页面多处，以及产品机身、外包装、说明书等多处突出使用"小米""小米家浴霸""小米家风暖""小米家用平板灯""小米家用凉霸"等标识。该些标识使用了涉案"小米"商标，属于在不相同或者不相类似商品上复制、模仿原告注册的涉案"小米"驰名商标。被告明知"小米"商标的知名度极高，依然在其商品上突出使用，不仅误导公众，也损害了权利人的利益，上述行为就属于不正当地利用"小米"驰名商标的市场声誉，法院认定被告行为构成商标侵权。[①]

(三) 已注册驰名商标的同类反淡化保护

驰名商标反淡化保护规则能否适用于相同或类似商品？法律规定并不明确，因为《商标法》第13条第3款在表述上采用的是"不相同或者不相类似商品"，该规则可否适用于相同或类似商品目前仍存在分歧，导致对驰名商标的保护执法不一。本书认为，从商标法对驰名商标保护的本意来看，反淡化保护规则可以适用于相同或类似商品上，主要基于以下几点理由：

1. 商标法本意是对驰名商标提供强保护

我国首次通过立法对驰名商标进行保护的是2001年修改的《商标法》，当时基于加入世贸组织的需要以及为了履行《巴黎公约》的义务，在该法新增第十三条规定："就相同或者类似商品申请注册的商标是复制、摹仿或者翻译他

---

① 参见上海知识产权法院（2021）沪73民初450号。

人未在中国注册的驰名商标，容易导致混淆的，不予注册并禁止使用。就不相同或者不相类似商品申请注册的商标是复制、摹仿或者翻译他人已经在中国注册的驰名商标，误导公众，致使该驰名商标注册人的利益可能受到损害的，不予注册并禁止使用"。由此看到，我国对驰名商标保护的范围和强度，因其是否注册而有所区分，究其原因，和我国商标法规定的注册确权原则有关。对未注册的驰名商标保护范围有限、力度较弱，仅禁止在同类商品上的混淆性注册和使用，未有民事赔偿救济；而对注册驰名商标，不仅保护范围大，而且保护力度也更强：既可以跨类保护，也可采用反淡化规则（司法解释），同时，可主张侵权赔偿等民事救济。之所以通过立法指引行政执法和司法对驰名商标提供特别保护，正是在于驰名商标本身蕴含的巨大的商业价值和美誉度，及其在市场经济中独特的法律地位和自身的吸引力，为保护这种"竞争优势"，防止他人破坏驰名商标的声誉和不劳而获搭便车，需要通过设置不同于一般注册商标的特殊的法律规则对驰名商标进行保护。

上面谈到，商标的基本功能为识别商品来源，随着商标知名度提升，驰名商标的表彰功能应运而生，如果说传统的混淆理论是保护商标的识别功能，防止消费者混淆误认，淡化理论则重在保护驰名商标的表彰功能（彰显该商标所蕴含的独特品质和尊贵身份），保护驰名商标的显著性和商品之间唯一的对应性不被弱化、丑化和不正当被利用。《商标法》第13条第3款和《驰名商标解释》均对此作出了确认，给予了注册驰名商标较大的保护范围，即在"不相同或者不相类似商品"上适用反淡化规则，既然反淡化规则可适用于较大范围的跨类别的商品或服务，那么小范围的同类的商品或服务当然也可以适用反淡化规则进行保护，换言之，在不类似的商品和服务上注册驰名商标权人都可行使禁止注册和使用权，那么，在同类或类似商品和服务上行使权利更是当然，虽然商标法对此未作明确规定，但从商标法对驰名商标保护的本意而言，反淡化保护规则当然可适用于相同或类似商品，这也是注册驰名商标享受较大范围和较强保护的应有之义。

现实生活中，一些市场主体为了傍名牌搭便车，通过对他人驰名商标复制、模仿和翻译等行为进行使用的情形很多。比如，在同类或类似商品或服务上使用和注册商标相同或近似的文字或图形，从法律规制的角度看，如果存在混淆的可能性，可根据商标法认定侵权。但如果混淆的可能性不大，是否应当给予制止呢？或者说，在后使用的注册商标没有造成相关公众混淆，但确实存在弱化在先注册驰名商标显著性或丑化其美誉度或者不正当利用等情形，是否可以适用《商标法》第13条第3款进行保护呢？此时，如果仅从法条文义解释，在后注册者不属于"不相同或者不相类似商品"上使用而拒绝保护，是否公平合理呢？我国对未注册驰名商标提供同类保护，对注册驰名商标提供跨类和反淡化保护，如果注册驰名商标在此情形下既无法获得同类保护，也无法获得跨类和反淡化保护，显然，有违商标法对驰名商标保护的本意，在法律条文逻辑上也难以自洽。驰名商标跨类保护具有天然的反淡化色彩，既然已经在非相同类似商品上进行保护，当然不能再囿于相同类似商品上的市场混淆标准，必然是对于混淆性的突破，否则无法达成驰名商标保护的目的。[①]

2. 域外同类反淡化规则的立法和实践

从域外反淡化规则的立法和司法实践来看，美国对驰名商标保护的经验相对成熟，其反淡化规则也并未局限于不相同或不相类似商品或服务上。

2015 年修改的《欧盟商标指令》和《欧盟商标条例》对驰名商标的保护援引《巴黎公约》的规定，即对驰名商标不区分注册与否，只在相同或类似商品上提供防止混淆的保护。在此基础上，对于欧盟范围或成员国享有一定声誉的"声誉商标"（mark with reputation）提供防止损害或者不正当利用其声誉和显著性的跨类保护。[②] 不过，欧盟仅对已经注册的声誉商标提供跨类保护，声誉商标的认定和保护不考虑商品是否相同或类似，即使在相同或类似商品上仍可进行声誉商标的认定和保护。实践中，欧盟则通过 Davidoff 案[③]，对《欧盟商标指令》第 5 条第 2 款作了解释，基于保护驰名商标目标，当与驰名商标相同或近似的标志被用于相同或类似商品时，同样可以适用第 5 条第 2 款，不能仅仅根据法条字面的规定，由此确立了驰名商标的反淡化保护可以在同类商标上适用的规则。

德国为了回应 2015 年通过的《欧盟商标指令》，2019 年开始对 1994 年《德国商标法》进行修改，纠正了原先针对驰名商标跨类保护在法律表述上的错误。1994 年《德国商标法》第 14 条第 2 款第 3 项为了强调驰名商标的跨类保护，特意规定"在不相同或者不相类似的商品或服务上，使用与在本国驰名的商标相同或相似的标志……属于侵权行为"，从法条文义上来看，侵权使用范围仅包含不相同或不相类似的商品或服务，但未明确包含相同或类似的商品或服务的范围。因此，修改后的《德国商标法》采纳了之前法院对驰名商标保护范围的解释，[④] 将表述方式修改为"在商品或服务上，使用与在本国驰名的商标相同或相似的标志……属于侵权行为"，取消了商品或服务范围的限制，

[①] 孔祥俊：《商标法适用的基本问题》，中国法制出版社 2012 年版，第 23 页。
[②] 参见《欧盟商标条例》第 8 条之 5。
[③] See Davidoff & Cie and Zino Davidoff v. Gofkid, Court of Justice, Case C-292/00, paras, 22—30.
[④] 参见孙靖洲：《德国商标法的最新修订及其对我国的启示》，载《知识产权》2019 年第 6 期。

同时包含了同类和跨类的保护。

3. 我国驰名商标的同类反淡化保护的司法实践

通过近年司法实践的不断总结和探索，尽管《商标法》第 13 条第 3 款对已注册驰名商标的同类反淡化保护未明确作出规定，但基于"举重以明轻"的解释方法，多数法院在审判实务（民事侵权和行政确权纠纷）中开始把反淡化规则适用于同类已注册驰名商标的保护。① 这体现了我国司法对驰名商标强保护的理念和价值观，不仅弥补了法律规定的不足，也积极回应了社会对注册驰名商标强化保护的需求。

最高人民法院在（香港）德士活有限公司与国家工商行政管理总局商标评审委员会、广东苹果实业有限公司商标撤销行政纠纷一案的判决中指出："在德士活公司同时拥有非类似商品上已注册的驰名商标和类似商品上的在先注册商标的情况下，不仅应该将争议商标与权利人在类似商品上在先注册的商标进行比对，还应该考虑驰名商标跨类保护的因素，而不应该出现权利人除了拥有驰名商标之外，还拥有在相同或类似商品上在先注册商标的情况下，所得到的保护反而弱于仅在非类似商品上的驰名商标而没有在类似商品上在先注册商标的情况。"② 最高法通过该案对同类淡化的问题解读，意味着在相同或类似商品上并不排除反淡化规则的适用，该判决理念也符合《商标法》第 13 条的立法精神。随后，最高人民法院在宝洁公司与国家知识产权局、汕头市威仕达化妆品有限公司商标争议行政纠纷再审案中，对此问题作了进一步阐述："商标法第十三条的规定旨在给予驰名商标较之于一般注册商标更强的保护，一般注册商标权利人享有专用权以及禁止他人在相同或者类似商品上使用相同或者近似商标的权利；驰名商标权利人除享有上述权利外，还享有禁止他人在不相同或者不相类似商品上使用相同或者近似驰名商标的权利。因此，虽然商标法第十三条第二款（2001 年商标法）仅规定了对'不相同或者不相类似商品申请注册的商标是复制、摹仿或者翻译他人已经在中国注册的驰名商标'之行为予以禁止，根据商标法对驰名商标强保护的立法本意，在'相同或者类似商品'上复制、摹仿、翻译他人已经在中国注册的驰名商标申请注册商标的行为，亦属该条所调整的对象。"③

在"约翰迪尔"商标纠纷案中，北京知识产权法院和北京市高级人民法院

---

① 参见广州知识产权法院课题组：《新发展格局下驰名商标的司法认定和保护》，载《中国审判》2022 年第 21 期。
② 最高人民法院（2009）行提字第 3 号。
③ 最高人民法院（2016）行再 12 号。

通过法院裁判，明确了两个注册商标发生纠纷时的处理方法，即在相同或者类似商品上的注册驰名商标与一般注册商标发生纠纷时，法院可以直接依据《驰名商标解释》第 11 条的规定进行审理。二审中，北京市高院还针对已注册驰名商标的同类反淡化保护明确指出：虽然 2001 年《商标法》第 13 条第 2 款及 2013 年《商标法》第 13 条第 3 款规定的字面解释均是对在中国已经注册的驰名商标给予不相同或者不相类似商品上的保护，但是基于法律规定的"举重以明轻"的原则，从目的解释的视角，显然与已经注册的驰名商标核定使用商品构成相同或者类似的近似商标，亦应当纳入驰名商标保护的范畴中。2013 年《商标法》第 13 条第 3 款规定中明确载明了在他人注册商标构成驰名的情况下，其他主体不得注册并禁止使用。在该案二审判决书中，北京市高院还特别论述了在相同或者类似商品上认定驰名商标的两种情形及其必要性：特别在侵害商标权民事纠纷中，对于上述法律所规定的"禁止使用"在相同或者类似商品的民事纠纷，至少存在两种适用情形，均为产生民事权利冲突时所启动：第一种情形为被控侵权主体使用的商标系经依法核准注册，并在其核定使用商品范围内规范进行的使用，即注册商标专用权之间产生的权利冲突，此时因上述法律中已经存在具体禁止性规定，基于诚实信用的商业经营道德，即使他人使用的为已经获准注册的商标，但是由于驰名商标更高、更强、更宽保护范围与程度的考量，此时只要不超过商标法所规定撤销期限及被控侵权人的注册商标申请，在先要求保护的商标已经构成驰名，此时人民法院可以据此解决不同注册商标之间的权利冲突问题，并根据在案情况认定是否构成驰名；第二种情形为被控侵权主体将他人驰名商标通过复制、模仿、翻译的形式，作为企业名称中的字号予以使用，但并不属于突出使用的，此时为了解决商标专用权与企业名称权益之间产生的权利冲突，从规制有序、公平市场竞争秩序的视角，根据反不正当竞争法及商标法关于认定驰名商标的基本要件，对在先商标是否构成驰名予以认定。[1] 在丹麦格兰富公司商标权及不正当竞争案中，北京知识产权法院再次重申：《商标法》第 13 条第 3 款规定的字面解释虽然是对在中国已经注册的驰名商标给予不相同或者不相类似商品上的保护，但"举重以明轻"，对驰名商标的保护范畴理应包括相同或类似商品。对于驰名商标的保护，强度应当更强，范围应当更宽。[2]

随着对驰名商标保护的认识提高，对已注册驰名商标反淡化保护，不仅体现在民事侵权纠纷中，在商标确权和无效宣告中也有体现。2019 年发布的

---

[1] 参见北京市高级人民法院（2017）京民终 413 号。
[2] 参见北京知识产权法院（2016）京 73 民初 1192 号。

《北京市高级人民法院商标授权确权行政案件审理指南》第 11.8 条明确提到对已注册驰名商标在同类商品的保护:"诉争商标自注册之日起超过五年的,驰名商标所有人依据商标法第十三条第三款的规定请求对在相同或者类似商品上的诉争商标宣告无效的,可以予以支持。"

在成都客车诉重庆小康案中,原告成都客车公司拥有" "注册商标专用权,核定使用商品为第 12 类"汽车、公共汽车、(长途)公共汽车",商标专用权期限经续展自 2013 年 11 月 14 日起至 2023 年 11 月 13 日止。成都客车公司在其生产销售的蜀都牌公交客车使用该商标。被告重庆某康公司拥有" "图形商标,该商标注册日为 2016 年 1 月 28 日,核定使用的商品为第 12 类"汽车、电动运载工具"等。同时,2015 年 4 月以来,该公司及其全资子公司在其生产销售的系列电动汽车车头、方向盘、轮毂盖等位置使用了" "标识。成都客车公司认为被告在电动汽车上使用" "标识和在汽车等商品上及相关商业活动中使用" "注册商标的行为侵犯了其注册商标专用权,遂诉至法院。重庆市第一中级人民法院经审理,认定被告的行为不构成商标侵权,驳回成都客车公司的全部诉讼请求。成都客车公司不服,向重庆市高级人民法院提起上诉。重庆市高级人民法院认为:"原告以他人使用在核定商品上的注册商标与其在先的注册商标相同或者近似为由提起诉讼的,人民法院一般不受理。但是,如果被诉侵权行为是复制、模仿、翻译在先驰名商标的,则被诉侵权行为虽为注册商标,人民法院亦可受理。"但很遗憾的是,本案中,由于原告在一审审理期间未请求人民法院认定其注册商标" "为驰名商标,重庆市高级人民法院裁定驳回成都客车公司的起诉。① 本案中,如果原告注册商标被认定为驰名商标,按照上述《北京市高级人民法院商标授权确权行政案件审理指南》的规定,则有可能通过宣告被告的注册商标无效达到其禁止使用的目的,只要后者的使用是复制、模仿或翻译他人已经注册的驰名商标,误导公众,致使该驰名商标注册人的利益可能受到损害的。

类似的案例如"海底捞"诉"河底捞"商标侵权纠纷。原告为四川海底捞餐饮股份有限公司,其在第 42 类餐饮服务上享有"海底捞"商标专用权,被告为长沙市某区河底捞餐馆。原告认为,被告擅自在其开设饭店的牌匾以及服务用品上使用"河底捞"标识、在企业名称中使用"河底捞"字号的行为,侵犯其商标专用权,遂起诉至法院。法院认为,无论从字体的字形、读音、构

---

① 参见重庆市高级人民法院(2018)渝民终 65 号之一。

图、颜色,还是从原告、被告经营的菜品来看,均不会使一般的消费者对河底捞餐饮服务的来源产生误认,故判决驳回原告全部诉讼请求。① 此案宣判后引起业界关注以及不同意见。因为原告并未主张其在先的注册商标驰名,法院从混淆理论视角进行判定从而驳回了原告起诉。本书以为,原告海底捞公司成立于2001年4月16日,2011年,其第43类餐馆服务上的"海底捞"注册商标曾被国家工商总局商标局认定为驰名商标。本次纠纷中,如果原告注册在先的"海底捞"商标再次申请认定并被法院确认为驰名商标,则有可能赢得胜诉。该案也属于在同类商品或服务上使用与在先驰名商标相同或近似的商标,虽然可能不会发生混淆,但被告使用"河底捞"标识是否会削弱"海底捞"注册商标的显著性呢?当然,如果适用《商标法》第13条第3款,前提是在先注册的商标必须符合驰名商标的条件。

我国《商标法》第13条第3款对注册驰名商标提供的保护规则,既可以在不相同或者不相类似商品上适用,也可在同类或类似商品或服务上适用,禁止在后商标的注册和使用,彰显我国对驰名商标强保护。为更好地指引商标执法和司法,建议今后在《商标法》修改中,对现行立法规定进行完善。

综上所述,对注册驰名商标适用反淡化规则进行保护,行政机关与司法机关已就此基本达成共识。本书认为,适用反淡化规则需要满足下列条件:第一,在先已注册的商标驰名度高,为相关公众所熟知;第二,在先驰名商标有较强的显著性,不是现有词汇或用语;第三,系争商标与在先驰名商标标识相同或复制、模仿、翻译了涉案驰名商标或其主要部分,并在不相同或者不相类似商品上作为商标使用;第四,系争商标或被控侵权商品的商标使用行为可能会弱化驰名商标显著性、贬损或不正当利用驰名商标声誉,存在给驰名商标带来损害的可能性,但并不要求造成实际损失。

(四)未注册驰名商标的同类保护

上述谈到,我国商标法对注册驰名商标提供强保护,而对未注册驰名商标则禁止同类混淆,在相同或者类似商品上申请注册的商标,是通过复制、模仿或者翻译他人未在中国注册的驰名商标,容易造成混淆的,国家知识产权局商标局将不给予注册并禁止其使用。《最高人民法院关于审理商标民事纠纷案件适用法律若干问题的解释》第2条规定:复制、模仿、翻译他人未在中国注册的驰名商标或其主要部分,在相同或者类似商品上作为商标使用,容易导致混

---

① 参见湖南省长沙市天心区人民法院(2019)湘0103民初7568号。

淆的，应当承担停止侵害的民事法律责任，但并不承担其他民事责任，比如赔偿责任等。可见，对未注册驰名商标的保护力度较低：一是保护范围有限，只是禁止他人在相同或类似商品上使用；二是侵权人承担法律责任的后果只是停止侵害，权利人无法主张民事赔偿等责任。驰名商标注册与否，决定了驰名商标的保护范围和力度不同，究其原因，和我国采用的商标注册确权制度有关。而在近年的一些司法裁判中，未注册驰名商标呈现了扩大保护的趋势。

1. 未注册驰名商标禁止同类混淆并给予民事赔偿

经济生活中，对经过长期宣传和使用达到较高知名度的未注册商标，在个案中，当事人可请求国家知识产权局商标局或最高人民法院指定的人民法院依法认定为未注册驰名商标并予以保护，禁止他人在相同或类似商品上注册和使用相同或近似标识。在近年的司法裁判中，针对当事人主张民事救济的请求，法院也给予了支持。

在"新华字典"案中，原告商务印书馆诉被告某出版社侵犯商标权及不正当竞争，认为被告生产、销售《新华字典》辞书侵害了未注册驰名商标"新华字典"，还因使用商务印书馆《新华字典》（第11版）的特有包装装潢而构成不正当竞争。北京知识产权法院经审理认为：《新华字典》属于识字类辞书，名称为"新华字典"的辞书自1957年以来均由商务印书馆独家出版发行，虽历经多家主体参与修订，但唯有商务印书馆将"新华字典"作为品牌进行维护和推广，并将"新华字典"与商务印书馆结合使用，事实上已经产生了"新华字典"辞书商品来源于商务印书馆的客观联系，并在相关消费者认知习惯中形成了稳定的对应关系。由此可见，"新华字典"在作为辞书书名使用的同时也发挥了辞书来源的识别作用，具备商标的显著特征。商务印书馆关于"新华字典"作为未注册商标符合驰名商标保护要件的主张具有事实和法律依据。被告出版社在其出版的第16类字典商品上使用"新华字典"标识，已经使消费者在购买和使用字典的过程中将其出版的《新华字典》误认成商务印书馆出版的《新华字典》，被告行为已经导致相关公众发生混淆和误认，构成在相同商品上复制他人未在中国注册的驰名商标，容易导致混淆，违反了《商标法》第13条第2款的规定，禁止注册和使用。① 针对原告主张的民事赔偿，法院指出，《商标法》明确规定未注册驰名商标应受到法律的保护，且根据侵权责任法规定侵害他人民事权益的，应当承担侵权责任，加之，未注册驰名商标之所以获

---

① 参见北京知识产权法院（2016）京73民初277号。

得保护是因为其经过长期大量使用而获得较高知名度,他人在与未注册驰名商标使用商品相同或类似商品上进行使用属于"搭便车"行为,获得了不当利益且损害了未注册驰名商标的利益。因此,针对未注册驰名商标的侵害行为亦应承担赔偿的侵权责任。关于侵害未注册驰名商标的赔偿数额计算,可以参照侵犯商标专用权的损害赔偿额的方法进行。法院根据本案案情和侵权人主观状态和造成的后果,适用惩罚性赔偿原则对实行侵权行为的某出版社进行判罚。[①] 该案成为我国首例判决侵害未注册驰名商标承担赔偿责任的案件,对未注册驰名商标的保护具有典型的指导意义。

上述谈到,尽管我国商标法及相关司法解释对未注册驰名商标受侵害时获得赔偿未作规定,但在司法实践中,法院通过个案对恶意使用未注册驰名商标的行为人,采用类推适用《商标法》第36条第2款恶意使用应当赔偿的规定,判决其承担赔偿责任。在"拉菲"商标纠纷中,原告法国拉菲罗斯柴尔德酒庄是世界闻名的葡萄酒制造商。1997年10月在葡萄酒商品上申请注册的"LAFITE"商标在中国获准注册。2015年5月,原告发现A公司作为专业的葡萄酒进口商和销售商,在进口、销售拉菲酒庄所产葡萄酒的同时,自2011年起持续进口、销售带有"CHATEAU MORON LAFITTE""拉菲特庄园"标识的葡萄酒,并由B公司负责物流和仓储。原告认为,该葡萄酒瓶贴正标上使用的"CHATEAU MORON LAFITTE"标识与"LAFITE"商标构成近似;瓶贴背标上使用的"拉菲特庄园"标识中的"拉菲特",与中国消费者广为知晓的"LAFITE"商标的音译"拉菲"构成近似。鉴于侵权行为发生时"拉菲"还未被核准注册,故"拉菲"应被认定为未注册驰名商标,两家公司的行为构成商标侵权。因此,拉菲罗斯柴尔德酒庄向法院提起诉讼,请求认定"拉菲"为未注册驰名商标,判令被告两公司停止侵权、消除影响,并赔偿经济损失及合理支出共计500万元。上海知识产权法院经审理认为,本案被诉侵权行为发生的时间早于拉菲罗斯柴尔德酒庄取得"拉菲"商标专用权的时间,故有必要对当时"拉菲"是否属于未注册驰名商标予以认定。根据本案相关事实,足以证明我国相关公众通常以"拉菲"指代"LAFITE"商标,"拉菲"已与"LAFITE"商标之间形成稳定的对应关系,在被诉侵权行为发生前"拉菲"可以被认定为未注册驰名商标。针对两被告的侵权行为,法院认为,被诉侵权葡萄酒瓶贴正标上突出使用的"MORON LAFITTE"标识侵犯"LAFITE"注册商标专用权,瓶贴背标上使用的"拉菲特"标识侵犯了未注

---

① 参见北京知识产权法院(2016)京73民初277号。

册驰名商标"拉菲"的商标权利。A公司进口并销售侵权葡萄酒的行为构成商标侵权，且主观恶意明显。B公司明知A公司进口并销售侵权葡萄酒的事实，仍为其提供物流、仓储等便利条件，构成帮助侵权，遂判决两公司停止侵权、消除影响，并共同赔偿原告经济损失及合理费用共计200万元。① 本案系上海法院首例认定未注册驰名商标的案件，其典型意义在于：通过类推适用《商标法》第36条关于恶意使用未准予注册商标应当赔偿的规定，判决恶意使用未注册驰名商标的行为人承担民事赔偿责任，弥补了法律和司法实践对未注册驰名商标损害赔偿规定的缺失，对于司法实践中未注册驰名商标侵权案件的审理具有一定的指导作用和借鉴意义。该案先后入选2017年中国法院50件典型知识产权案例、2018年度上海法院十大典型案例。②

实践中侵犯未注册驰名商标的行为主要有以下几类：（1）抢注未注册驰名商标的行为。未注册驰名商标往往成为他人的抢注目标，此类抢注行为一般具有主观上的恶意，即注册人明知是他人未注册的商标。（2）仿冒未注册商标的行为。行为人的主要目的是通过仿冒他人品牌销售商品、提供服务，利用他人的商誉牟取不正当的利益和竞争优势。（3）抢先进行商标领域以外其他注册的行为，如域名、企业名称等的注册登记。抢注者的目的在于用其依法获得的其他权利来对抗未注册商标所有人的侵权指控，造成两种权利的冲突。为有效遏制和打击上述行为，本书建议应对未注册的驰名商标提高保护力度，具体建议参见本章第五节。

2. 未注册驰名商标的适度扩大保护

根据现行《商标法》第32条的规定，对于抢注在先使用并具有一定影响的商标，可采用宣告无效方法进行救济，但当适用该条款时，当在先使用有一定影响商标无法覆盖诉争商标指定或核定的全部商品或服务时，当事人可否通过申请认定驰名商标来进行保护？其诉求是否可以得到法院支持？在"酷狗"商标争议案中，二审法院对此问题作了回应。广州酷狗公司针对汕头某公司注册在第41类"安排和组织音乐会；提供卡拉OK服务；节目制作；娱乐；夜总会；培训；流动图书馆；图书出版；健身俱乐部；为艺术家提供模特"服务上的第7583066号"酷狗KuGou"商标提出无效宣告，商标评审委员会认为争议商标是对酷狗公司在先未注册驰名商标的复制、模仿，同时争议商标的注册侵害了酷狗公司的在先商号权益，因此对争议商标在全部核定服务上的注册予以撤销。一审法院则认为，没有必要认定"酷狗"商标在"提供在线音乐

---

① 参见上海知识产权法院（2015）沪知民初字第518号。
② 参见《"拉菲"未注册驰名商标认定及商标侵权纠纷案》，载《上知案例洞察》2017年第5期。

(非下载)"服务上是否构成未注册驰名商标,仅认定争议商标在"安排和组织音乐会;提供卡拉 OK 服务;节目制作;娱乐;夜总会"五项服务上违反 2001 年《商标法》第 31 条,判决维持争议商标在部分服务上的注册。二审法院认为,基于 2001 年《商标法》第 31 条规定的"在先使用有一定影响商标"与 2001 年《商标法》第 13 条第 1 款规定的未注册驰名商标保护范围存在差异,故在适用 2001 年《商标法》第 31 条无法覆盖诉争商标指定或核定的全部商品或服务时,仍需对 2001 年《商标法》第 13 条进行审查。对于争议商标在所核定的其他五项服务("培训;流动图书馆;图书出版;健身俱乐部;为艺术家提供模特")上是否违反 2001 年《商标法》第 13 条第 1 款规定仍有审查的必要,最终认为争议商标亦构成对"酷狗"未注册驰名商标的复制与模仿,并支持了商标评审委员会的裁定。[①] 该案例的典型意义在于,对恶意抢注他人使用在先有一定知名度的商标时,如该未注册商标无法覆盖诉争商标指定或核定的全部商品或服务时,可通过当事人申请认定未注册驰名商标的方式适度扩大范围保护,如果已注册商标是复制、模仿使用在先的驰名商标,无效宣告则可覆盖该类别所有商品或服务。这不仅体现了保护在先使用商标者获得的利益,对防止混淆误认和扰乱市场秩序也具有现实意义。

我国对未注册驰名商标的适度保护,还体现在突破了驰名商标认定中要求必须在中国使用的地域范围,即使未在中国直接使用,也可通过认定为未注册驰名商标获得保护。特别是对于英文注册商标对应的中文标识,经过长期宣传使用已为相关公众所熟知。为了保护中文标识积累的巨大商业价值,即便中文标识未在中国作为商标直接使用,法院也认为有认定为未注册驰名商标的必要性。在"奔富"商标纠纷案中,原告南社布兰兹有限公司系知名葡萄酒品牌"Penfolds"注册商标的权利人。20 世纪 90 年代"Penfolds"葡萄酒进入中国后,南社布兰兹公司将"奔富"作为"Penfolds"葡萄酒的中文名称一直沿用至今。经过南社布兰兹公司长时间、大范围、持续的宣传、销售和推广,"奔富"葡萄酒获得了较高的知名度和影响力,被广大消费者所熟悉。英文"Penfolds""PENFOLDS"与中文"奔富"在相关公众中已形成对应关系。2018 年,原告在酒类展销会上发现被告某公司生产的葡萄酒商品及相关宣传材料上印有"Penfunils 奔富尼澳""奔富"等标识,原告分别在京东、淘宝网通过公证购买了该公司生产的"Penfunils 奔富尼澳"葡萄酒商品。南京中院一审认为,结合相关公众对"奔富"商标的知晓程度、"奔富"商标使用的持续时间、

---

① 参见北京市高级人民法院(2017)京行终 248 号。

"奔富"葡萄酒的销售数量、原告相关宣传所持续的时间、程度和地理范围以及"奔富"商标受保护记录等多方面因素，应当认定"奔富"为未注册驰名商标。最终，法院在认定"奔富"为未注册驰名商标的基础上，认定被告公司销售的被控侵权商品侵害涉案商标专用权，应当承担停止侵权并赔偿损失的民事责任。①

（五）无效宣告制度对驰名商标的保护

为了保护驰名商标所有人的合法权益，履行我国参加的国际公约义务，2001年和2013年《商标法》修改后，根据《巴黎公约》的要求，不仅在其第13条第2款和第3款增加了对驰名商标保护的条款，而且还在《商标法》第45条规定对复制、模仿或者翻译他人的驰名商标可以提出无效宣告，体现了我国对驰名商标保护的立法体系化。

1.《商标法》第45条第1款解读

《商标法》第45条第1款规定，就相同或者类似商品已注册的商标是复制、模仿或者翻译他人未在中国注册的驰名商标，容易导致混淆的，以及就不相同或者不相类似商品已注册的商标是复制、模仿或者翻译他人已经在中国注册的驰名商标，误导公众，致使该驰名商标注册人的利益可能受到损害的，自该商标注册之日起5年内，在先权利人或者利害关系人可以请求商标评审委员会宣告该注册商标无效。对恶意注册的，驰名商标所有人不受5年的时间限制。这种规定，符合国际公约的要求，加大了对驰名商标保护的力度。

对驰名商标无效宣告制度的规定，体现了我国对驰名商标的强保护。结合《商标法》第45条第1款规定，本书认为，无效制度对驰名商标的保护有以下特点：第一，无论注册与否，只要是复制、模仿或者翻译他人在中国的驰名商标的均可向国家知识产权局商标局提起无效宣告。第二，要产生对驰名商标造成危害的可能性，如误导公众，或者存在淡化、不正当利用等情形，并不要求造成实际损害。第三，对无效宣告的主体和时间有特殊要求，申请无效的主体只能是在先权利人或利害关系人，时间为自他人商标注册之日起五年内。此处的"自他人商标注册之日起五年内"，是指自诉争商标注册公告之日的次日起五年内，该期间不适用中止、中断等情形。② 五年时间的要求来自《巴黎公

---

① 参见南京市中级人民法院（2018）苏01民初3450号。
② 《北京市高级人民法院商标授权确权行政案件审理指南》第18.2条规定："商标法第四十五条第一款规定的'自商标注册之日起五年内'，是指自诉争商标注册公告之日的次日起五年内，该期间不适用中止、中断等情形。自诉争商标注册公告之日的次日起，方可依据商标法第四十五条第一款的规定提起商标权无效宣告申请。"

约》。这一方面意在敦促在先权利人或利害关系人及时行使权利,"法律不保护躺在权利上睡觉之人",如果怠于行使权利,超过规定时限,确权机构将不再受理;另一方面,有利于注册商标权人安心利用商标进行生产经营活动,五年之后,法律天平将向注册方倾斜。该规定也是利益平衡原则的体现。第四,针对他人恶意注册行为,驰名商标所有人可不受五年时间限制,随时可以申请无效宣告程序。第五,宣告无效的注册商标,视为自始即不存在,如果因恶意注册给他人造成损失,还应当给予补偿。

现实中,如何适用《商标法》第13条、第45条对驰名商标进行保护?其前提是判断引证商标是否构成驰名商标。根据我国《商标法》第14条,驰名商标的认定应当考虑相关公众对商标的知晓程度、商标使用的持续时间、商标的任何宣传工作的持续时间及程度和地理范围、商标作为驰名商标受保护的记录、商标驰名的其他因素等。比如,在"TOEFL"商标权无效宣告请求纠纷案中,商评委认为,申请人美国教育考试服务中心的"托福""TOEFL"商标于1981年开始在中国使用并一直进行持续不断的宣传及推广,考试网点遍及全国大部分省市及地区,其考试网点不断增加且报考人数不断增长,影响力及知名度持续不断提高,基于此可以认定"托福""TOEFL"商标于争议商标"TOEFL"申请注册日前已为相关公众所熟知,构成驰名商标。[①]

2. 恶意注册判定

对上述条款适用的另外一个难点是对"恶意注册"的判定。《最高人民法院关于审理商标授权确权行政案件若干问题的规定》第25条规定:"人民法院判断诉争商标申请人是否'恶意注册'他人驰名商标,应综合考虑引证商标的知名度、诉争商标申请人申请诉争商标的理由以及使用诉争商标的具体情形来判断其主观意图。引证商标知名度高、诉争商标申请人没有正当理由的,人民法院可以推定其注册构成商标法第四十五条第一款所指的'恶意注册'。"为统一司法,《北京市高级人民法院商标授权确权行政案件审理指南》第18.4条规定,对认定《商标法》第45条第1款规定的"恶意注册",可以综合下列因素:(1)诉争商标与在先驰名商标近似程度较高;(2)在先驰名商标具有较强显著性和知名度;(3)诉争商标指定使用商品与在先驰名商标的商品关联程度较高;(4)诉争商标申请人与在先驰名商标所有人曾有贸易往来或者合作关系;(5)诉争商标申请人与在先驰名商标所有人营业地址临近;(6)诉争商标申请人与在先驰名商标所有人曾发生其他纠纷,足以知晓该驰名商标;(7)诉

---

① 参见商评字〔2019〕第0000264931号。

争商标申请人与在先驰名商标所有人曾有内部人员往来关系；（8）诉争商标申请人申请注册该商标后，具有攀附在先驰名商标商誉的行为，比如，误导宣传，或胁迫驰名商标所有人与其进行贸易合作、索要高额转让费、许可费或侵权赔偿金等行为；（9）诉争商标申请人大量注册他人具有较强显著性和知名度的商标。国家知识产权局颁布的《商标审查审理指南》中，对恶意注册的判定也有与上述内容相同的规定。比如，某一香水行业的在先商标知名度高，诉争商标的注册人也为同一行业的生产商，其注册的商标具有明显的"搭便车"、攀附他人声誉、牟取不当利益等主观恶意，此种情形下，对诉争商标提出无效宣告可不受5年期限的限制。

在"水星家纺"商标无效案中，上海水星家纺公司针对他人核准注册在第11类"热水器"等商品上已经超过五年的" "商标提起无效宣告，国家知识产权局认为，虽然争议商标注册已经超过五年，但考虑到引证商标" "核定使用在"被子、床单、被罩"等商品上，经过长期、广泛的使用与宣传，已经为相关公众所熟知。争议商标与引证商标在整体外观、构图要素、设计细节及含义方面相近，原注册人对申请人商标的情况理应知晓，故其申请注册争议商标难谓善意，系对申请人商标的翻译、模仿，争议商标的注册和使用容易误导公众，可能损害到申请人的合法权益。另外，原注册人除了申请注册本案争议商标，还申请注册了多个与他人具有一定知名度的商标高度近似的商标，足以见得原注册人具有抢注知名商标的一贯恶意。因此，国家知识产权局认定争议商标的注册已经构成"就不相同或者不相类似商品申请注册的商标是复制、摹仿或者翻译他人已经在中国注册的驰名商标"的情形，对争议商标予以无效宣告。①

在"蒙娜丽莎"无效宣告行政纠纷案中，深圳市蒙娜万娜公司在第11类澡盆、桑拿浴设备、浴室装置等商品类别上受让了由潮州陶瓷厂注册的"蒙娜万娜MONAWAN"商标，而蒙娜丽莎公司在此之前已在第19类非金属地板砖、瓷砖、建筑用非金属墙砖等商品类别上注册了"蒙娜丽莎""MONAL-ISA"商标。蒙娜丽莎公司在诉争商标注册5年后以诉争商标的注册违反了《商标法》第13条第2款的规定向国家知识产权局请求宣告无效，国家知识产权局裁定维持注册。蒙娜丽莎公司因不服国家知识产权局的裁定故向法院起诉。在该案中，北京市高级人民法院认为，蒙娜万娜公司经营的"澡盆、桑拿

---

① 参见商评字〔2019〕第262000号。

浴设备、浴室装置"等商品与引证商标核定使用的借以驰名的"瓷砖"商品存在较强关联，引证商标在诉争商标申请日前已达到驰名程度；此外，潮州陶瓷厂与蒙娜丽莎公司同位于广东省，理应知晓引证商标及其在市场上的使用情况，本应对引证商标予以避让，但其仍在与引证商标核定使用的商品关联度较高的商品上申请注册了与引证商标文字相近的诉争商标，主观上难谓善意。故深圳市蒙娜万娜公司的上述行为构成恶意注册驰名商标，蒙娜丽莎公司作为驰名商标所有人请求宣告诉争商标无效不受5年的限制。①

（六）禁止将他人的驰名商标作为企业名称和域名使用

因为驰名商标的较高声誉，一些企业"搭便车"使用他人驰名商标作为其字号或名称使用的行为常常发生。为制止这种侵害驰名商标权商誉的"傍名牌"现象，《商标法》第58条规定，将他人注册商标、未注册的驰名商标作为企业名称中的字号使用，误导公众，构成不正当竞争行为的，依照《反不正当竞争法》处理。

在"宝马"商标侵权案中，法院指出，在明知他人企业字号具有较高知名度的情况下，仍将该文字组合登记为企业名称中的字号进行商业使用，明显违背诚实信用原则和公认商业的道德，有意误导公众，属于典型的不正当竞争行为。同样，在上文提及的"路易威登"商标纠纷案中，法院认为城市路易威登酒吧使用"路易威登"文字作为其个体工商户字号，且在酒吧招牌、装潢、广告宣传、纸巾盒、灯具、名片及微信公众号推广的酒吧名称上使用"LV"英文字母标识的行为构成不正当竞争行为，原因在于"路易威登"系"LOUIS VUITTON"的唯一对应中文译名，且该译名由路易威登马利蒂公司主动创设并长期持续使用，路易威登马利蒂公司在中国境内设立的机构也都以"路易威登"作为企业字号。城市路易威登酒吧擅自使用"路易威登"文字作为其个体工商户字号，并在经营中突出使用，足以使相关公众误以为城市路易威登酒吧及其提供的服务、商品来源于路易威登马利蒂公司或与其存在某种关联，足以产生市场混淆，可能损害路易威登马利蒂的合法利益，故构成不正当竞争。②

现实中，有些公司为"搭便车"，将他人的驰名商标在互联网上注册为域名进行相关电子商务行为，对此，也应给予制止。在"冰轮"域名侵权纠纷案中，原告冰轮公司诉称是"冰轮及图"注册商标权人，2006年原告在网络中发现被告某公司注册使用了"冰轮在线.cn""冰轮在线.中国"域名，同时，

---

① 参见北京市高级人民法院（2020）京行终7359号。
② 参见广东省惠州市中级人民法院（2017）粤13民初113号。

被告所经营的业务范围包括了与原告产品相同的制冷设备及配件的销售安装，易使相关公众误认为被告与原告的经营活动有某种关联，进而损害了原告"冰轮及图"注册商标的合法权益。法院经审理判定，依照《商标法》第 14 条和《最高人民法院关于审理涉及计算机网络域名民事纠纷案件适用法律若干问题的解释》第 6 条的规定，结合本案的实际情况及原告的诉讼请求，本院依法认定本案原告注册并使用在商品分类表第 11 类制冷、冷藏设备上的注册号为 683565 的"冰轮及图"商标为驰名商标。被告在网上注册"冰轮在线.cn""冰轮在线.中国"两个中文域名的行为明显有"搭便车"的故意，侵犯了原告冰轮公司已经驰名的"冰轮及图"注册商标专用权，判决停止侵权、赔偿损失。[1]

综上所述，我国对驰名商标的保护呈现出范围广和力度大的趋势，不仅对完善我国商标法制积累了经验，也对落实国家商标品牌战略、提升我国营商环境意义重大。

二、驰名商标保护的边界

上面谈到，驰名商标依法获得跨类保护，但注册商标的跨类保护范围到底多大？就我国《商标法》第 13 条第 3 款的规定来看，跨类保护的核心要件是"误导公众，致使该驰名商标注册人的利益可能受到损害"，换言之，我国对驰名注册商标的保护并非无条件地延伸到所有不相同或不相类似商品上，而是有所限制。

（一）驰名商标跨类保护不等于全类保护

为防止驰名商标所有人滥用和不适当地扩张权利，指导和规范司法实践，《驰名商标解释》第 10 条、第 11 条和第 12 条规定，原告请求禁止被告在不相类似商品上使用与原告驰名的注册商标相同或者近似的商标或者企业名称的，人民法院应当根据案件具体情况，综合考虑以下因素后作出裁判：（1）该驰名商标的显著程度；（2）该驰名商标在使用被诉商标或者企业名称的商品的相关公众中的知晓程度；（3）使用驰名商标的商品与使用被诉商标或者企业名称的商品之间的关联程度；（4）其他相关因素。被告使用的注册商标违反《商标法》第 13 条的规定，复制、模仿或者翻译原告驰名商标，构成侵犯商标权的，人民法院应当根据原告的请求，依法判决禁止被告使用该商标，但被告的注册商标有下列情形之一的，人民法院对原告的请求不予支持：（1）已经超过《商

---

[1] 参见山东省烟台市中级人民法院（2006）烟民三初字第 88 号。

标法》第 45 条第 1 款规定的请求宣告无效期限的；(2) 被告提出注册申请时，原告的商标并不驰名的。当事人请求保护的未注册驰名商标，属于《商标法》第 10 条、第 11 条和第 12 条规定不得作为商标使用或者注册情形的，人民法院不予支持。司法解释的规定体现了社会利益和权利人利益平衡的原则。

上述解释作出的这些限定因素便于在审判实践中准确把握跨类保护的范围，避免使驰名商标的跨类保护成为"全类保护"。因为不同驰名商标的驰名程度有所差异，对其依法获得跨类保护的范围只能根据个案的具体情况进行考虑，而无法对此作出统一规定。

实践中，驰名商标的保护范围如何把握？下面结合"六福"商标权无效宣告案进行分析。六福集团成立于 1991 年，1995 年 4 月 26 日提交注册申请"六福 LIUFU"商标，1997 年 2 月 14 日被核准注册，使用在宝石、贵重金饰品（首饰）等第 14 类商品上。诉争商标"六福"由台州六福机电有限公司于 2014 年 4 月 8 日提交注册申请，经过商标驳回、驳回复审和异议程序后，最终被核准注册使用在矿井排水泵、水族池通气泵等第 7 类商品上。2018 年 1 月，六福集团以诉争商标的注册使用会淡化自己已注册驰名商标，诉争商标的申请注册违反了诚实信用原则，侵犯了其在先字号权为由，向商评委提出无效宣告请求。

商评委经审理认为，六福集团提交的证据可以证明"六福"商标于诉争商标申请注册日前在核定使用的宝石、贵重金饰品（首饰）等商品上具有较高知名度和影响力，但诉争商标核定使用的矿井排水泵、水族池通气泵等商品与上述商品在功能、用途、销售场所等方面差异较大，关联性不强，诉争商标的注册使用并不会误导公众，进而使六福集团的利益受到损害。同时，六福集团提交的证据不足以证明在诉争商标申请注册日前，"六福"字号在矿井排水泵、水族池通气泵等商品上已具有一定知名度，不能认定诉争商标的注册会使消费者将之与六福集团的字号相联系，进而对商品来源产生混淆、误认。综上，商评委作出对诉争商标予以维持的裁定。六福集团不服上述裁定，继而向北京知识产权法院提起行政诉讼。

北京知识产权法院经审理认为，诉争商标与引证商标核定使用商品在功能、用途、消费对象、消费渠道等方面差别较大，二者在各自核定使用的商品上共存于市场，并不至于导致消费者产生混淆、误认，也不至于导致原告的利益受损，诉争商标的申请注册亦未损害六福集团的在先字号权。综上，法院一审判决驳回六福集团的诉讼请求。六福集团不服一审判决，向北京市高级人民法院提起上诉。

北京市高级人民法院经审理认为，该案中，虽然六福集团有限公司能够证明第 944398 号"六福"商标在宝石、贵重金饰品（首饰）等核定使用商品上于诉争商标申请注册日前已具有较高知名度，但鉴于诉争商标核定使用的矿井排水泵、水族池通气泵等核定使用商品与引证商标核定使用商品在功能、用途、消费对象、消费渠道等方面差异明显，故诉争商标的注册和使用不易导致相关公众对商品来源产生误认，亦不会致使引证商标显著性淡化、知名度受损。综上，北京市高院认为北京知识产权法院的判决和商评委的裁定结果无误，终审驳回了六福集团的上诉请求，维持一审判决。①

从该案审理可以看到，法院明确指出了驰名商标保护的边界：驰名商标跨类保护不等于全类保护，给予其跨类保护的基础应与驰名商标的知名度和显著性相当，避免损害驰名商标权利人的合法权益。为防止驰名商标权利滥用和扩张，只有在与驰名商标所用商品或服务类别关联度紧密、有可能损害权利人利益的类别上才能获得一定的保护，如果没有关联性的类别无法获得当然的保护。结合本案，若他人在宝石、金属加工制作等商品或服务类别上申请注册"六福"商标，六福集团请求对他人的商标不予注册，则有可能获得支持。

再来分析"沃尔玛"商标侵权纠纷案。1996 年，原告（美国）沃尔玛百货有限公司在中国国家工商总局商标局注册了中文"沃尔玛"商标，核定服务项目为第 35 类进出口业务、推销等，有效期自 1996 年 7 月 14 日至 2006 年 7 月 13 日。此后，原告陆续在其余商品或服务类别上申请注册中文"沃尔玛"商标，共涉及 31 个类别，但不包括第 11 类灯等商品。2000 年，案外人广东顺德某电器厂在国家商标局申请注册了"沃尔玛 WOERMA 及图"商标，核定商品项目为第 11 类商品，即灯、日光灯支架，有效期限自 2001 年 12 月 28 日至 2011 年 12 月 27 日。被告童某为中山沃尔玛灯饰厂的业主。2003 年 9 月 17 日，原告在广东省中山市某商业楼购买到一支灯具，该灯具的包装箱上标有"制造商：中山市沃尔玛灯饰厂"字样，中山沃尔玛灯饰厂作为出卖人出具了收款收据。2003 年 9 月 24 日，原告在被告深圳某灯饰公司购买了吊灯一盏，该吊灯灯头有冲压的"沃尔玛"字样，吸顶底座上贴有"中山沃尔玛灯饰厂"的标贴。被告童某认可上述两种灯具是由其经营的中山沃尔玛灯饰厂生产销售的。2002 年 10 月 11 日，中山沃尔玛灯饰厂以"沃尔玛"汉语拼音大写"WOERMA"为主要部分，向中国互联网络信息中心申请注册了域名"www.woerma.com.cn"。

基于上述事实，原告认为，原告注册的"沃尔玛"商标为驰名商标，被告

---

① 参见王晶：《驰名商标的保护范围有多大？》，载《中国知识产权报》2020 年 8 月 7 日。

童某经营的中山沃尔玛灯饰厂使用"沃尔玛"商标作字号,并注册与"沃尔玛"商标读音相同的域名"www.woerma.com.cn",还在灯类商品上使用"沃尔玛"商标标识,侵犯了原告对"沃尔玛"驰名商标的合法权益,要求:第一,被告童某停止使用"沃尔玛"商标作字号;第二,注销"www.woerma.com.cn"域名;第三,停止生产、销售标识"沃尔玛"商标的灯饰产品;第四,赔偿原告经济损失 30 万元;第五,被告深圳某灯饰公司赔偿原告经济损失 3 万元。

深圳市中级人民法院经审理认为,原告提供的证据表明,原告在中国市场逐步形成了以"沃尔玛"商标为核心的企业品牌和信誉,在社会公众中具有较高的知名度,应认定原告所持有的中文"沃尔玛"服务类商标为驰名商标这一事实状态,判决被告童某立即停止在其经营的企业名称中使用"沃尔玛"字样,注销"www.woerma.com.cn"域名,赔偿原告经济损失 12 万元;被告深圳某灯饰公司赔偿原告经济损失 3 万元;驳回原告其他诉讼请求。一审宣判后,童某不服,向广东省高级人民法院提出上诉,二审维持原判。①

本案是广东省首例驰名商标司法认定案,而本案与其他驰名商标侵权纠纷案相比,有一个值得关注的问题:人民法院判决支持了原告的其他诉讼请求,但却未支持其第三项请求,即认定被告生产、销售的标示"沃尔玛"商标之灯饰产品,未侵犯原告对"沃尔玛"驰名商标享有的合法权益。认定驰名商标的目的就是要体现法律对其特殊保护即跨类保护,既然原告注册的"沃尔玛"服务类商标被认定为驰名商标,则其"沃尔玛"服务类商标将获得跨类别保护,那么,为什么法院没有判定被告童某经营的中山沃尔玛灯饰厂在灯类产品中使用"沃尔玛"商标侵犯了原告"沃尔玛"驰名商标的合法权益呢?在具体的案件中,一个商标一旦被认定为驰名商标,就可自然实现跨类保护吗?跨类保护就等同于"全类保护"吗?换言之,驰名商标的保护范围是有限制的吗?

本案中,广东顺德某电器厂在灯类产品上注册了"沃尔玛 WOERMA 及图"商标,即依法享有该商标的专用权和禁止权。根据商标法的规定,其保护范围即为在灯类产品上自己使用和禁止他人使用"沃尔玛 WOERMA 及图"注册商标。结合本案,尽管原告享有的"沃尔玛"商标被认定为驰名商标,可以得到跨类保护,但该驰名商标在第 11 类灯类产品的保护上受到限制,因为在认定该商标为驰名商标之前,广东顺德某电器厂已在灯类产品上申请注册了"沃尔玛 WOERMA 及图"商标,换言之,只有广东顺德某电器厂才享有在灯

---

① 参见祝建军、汪洪:《驰名商标圈地有禁区——评"沃尔玛"商标侵权纠纷案》,载《中华商标》2007 年第 10 期。

类产品上的注册商标专用权。被告在灯类产品上使用"沃尔玛"商标标识的行为，侵犯的是广东顺德某电器厂的商标专用权，并未侵犯原告涉案驰名商标专用权。如果承认原告注册的"沃尔玛"服务类驰名商标，可以跨类别禁止被告在第 11 类"灯、日光灯支架"等商品中使用"沃尔玛"商标的话，则意味着广东顺德某电器厂和原告，均享有禁止被告在灯类产品上使用"沃尔玛"商标标记的禁止权，这样，不仅广东顺德某电器厂在灯类产品上注册的"沃尔玛 WOERMA 及图"商标禁止权可以由原告享有，而且广东顺德某电器厂的商标专用权的独占性和排他性也将受到质疑。

基于以上分析，法院没有支持原告试图在灯类产品上实现"沃尔玛"服务类驰名商标跨类别保护的诉请。该案例表明，驰名商标的跨类保护不是"全类保护"，不能将驰名商标保护的范围过于放大。平衡驰名商标权利人和社会公众的利益，是审理驰名商标侵权纠纷案必须考虑的首要因素。基于该案的影响力，该案入选 2004 年全国十个驰名商标认定案之一。[①]

（二）禁止驰名商标做广告等宣传

如上所述，驰名商标的认定本质上是对某种商标知名度的事实认定，以提供特殊保护为目的，并不体现商品质量和品牌美誉度。驰名商标代表的品牌价值要通过市场认可来体现，而非政府部门的认定，驰名商标是法律概念而不是荣誉称号。但在现实中，不少企业将获得驰名商标作为提高产品知名度和竞争力的捷径，甚至利用广告宣传误导消费者。

针对上述情形，2013 年修改《商标法》时在第 14 条作出了一项特别规定："生产、经营者不得将'驰名商标'字样用于商品、商品包装或者容器上，或者用于广告宣传、展览以及其他商业活动中。"这将意味着 2013 年《商标法》禁止以"驰名商标"的名义进行广告宣传。如违反上述规定，将由地方行政管理部门责令改正，处 10 万元罚款。[②] 该规定将有效遏制驰名商标被"异化"和"神化"的现象，有利于市场竞争有序发展，使驰名商标的认定和保护回归到应有的轨道上来，起到正本清源的作用，有利于防止个别企业利用驰名商标进行不公平竞争，也有利于保护消费者合法权益。

毋庸置疑，保护驰名商标是我国《商标法》的重要内容，也是国际通行做法，对于规制商标恶意申请注册、维护公平竞争秩序和商标权利人合法权益具有重要作用。为了更好地提升驰名商标保护水平，在执法办案工作中，要注意

[①] 参见祝建军、汪洪：《驰名商标圈地有禁区——评"沃尔玛"商标侵权纠纷案》，载《中华商标》2007 年第 10 期。

[②] 参见 2013 年《商标法》第 53 条。

区分驰名商标正当使用与违法宣传的界限。若企业在经营活动中对自己商标获得驰名商标保护的记录作事实性陈述,没有突出使用"驰名商标"字样行为的,属于正当使用;若企业在经营活动中将"驰名商标"字样突出使用,用以宣传企业或推销企业经营的商品或服务,则超出正当使用范畴,构成《商标法》第14条第5款所规定的违法行为。[①]

第五节 完善我国驰名商标保护制度的建议

我国《商标法》自1982年颁布后,历经四次修改,已经构建了驰名商标保护制度,但随着国际经贸发展和国际公约的变化,我国驰名商标法律制度也面临着新的挑战,需要进一步完善现行商标法的规定。

一、明确驰名商标反淡化规则及适用

我国2001年《商标法》修改后,在第13条中增加了对驰名商标的保护,但主要是基于防止混淆的理论,并未建立完全的驰名商标反淡化制度,或者说仅仅是部分吸收了淡化理论的内容。从现行《商标法》第13条第3款的内容来看,并未明确区分淡化和混淆这两个基本概念及其对应规则,建议《商标法》应明确驰名商标反淡化规则及其适用的范围。

(一)商标法应明确反淡化规则与混淆规则的区别

上述谈到,传统的"混淆"保护理论将商标视为消费者与经营者沟通的媒介,保护商标的识别来源功能,避免消费者误认,将保护消费者与保护商标权人并重。但淡化理论则是源于现代品牌延伸的经济基础,保护商标的表彰功能及声誉,同时,将商标视为一种财产权,因此侧重于保护驰名商标权人。两种理论保护的基础不同,其构成要素也有区别。域外立法也从不将"误导误认""混淆"作为商标淡化的构成要件。美国《联邦商标淡化法》虽历经修改,但关于淡化与混淆关系的认识则一直不变:"淡化"完全独立于"混淆",构成商标侵权的诉因,淡化的保护不以造成消费者的混淆误认为前提,也不管当事人间是否存在竞争关系。[②] 同样,《欧盟商标条例》[③] 将商标淡化保护条款与商标

[①] 参见国家知识产权局印发的《关于加强查处商标违法案件中驰名商标保护相关工作的通知》(国知发保函字〔2019〕229号)。

[②] 1995年的FTDA和2006年的TDRA都规定,只要使用可能导致商标权人驰名商标的弱化或丑化,权利人都可主张淡化侵权,而不管消费者是否存在实际或者可能的混淆。

[③] 《欧盟商标条例》第9条(a)项是假冒侵权规定,(b)项是以混淆可能性为前提的仿冒侵权规定,(c)项则是不以混淆可能性为前提的淡化侵权规定。

侵权保护条款并列，明确将商标淡化作为一种独立于商标混淆的行为类型。可见，商标反淡化规则的适用并不需要考虑混淆误认，只要存在减弱驰名商标显著性、贬损驰名商标市场声誉，或者不正当利用驰名商标的市场声誉的行为，可能给驰名商标权利人造成损害的即可成立。

反观我国《商标法》第13条第3款的规定，在"不相同或者不相类似商品"上的跨类保护是以"误导公众"为要件和前提，这种规定不仅与商标淡化理论完全不相符合，也会产生适用上的两难，由此带来司法解释的"言不由衷"和逻辑混乱及司法实践中出现的尴尬局面。① 如何改变这一局面？本书认为，一是要从理论上厘清混淆和淡化的区别及相关对应规则的适用要件，明确混淆和淡化是两种不同的侵权行为的诉因；二是修改《商标法》第13条第3款所设定的限制，删除"误导公众"这一要件，明确将商标淡化作为一种独立于商标混淆的侵权行为类型，从立法源头上改变淡化对商标"混淆理论"的路径依赖，还"淡化"以独立的法律地位。②

（二）反淡化的保护范围不应局限于不相同或不相类似的商品或服务

针对《商标法》第13条第3款的规定，不是只能适用于"不相同或者不相类似商品"上的跨类保护，根据商标法对驰名商标强保护的立法本意，通过"举重以明轻"的法律解释方法，在反淡化规则的适用范围上，不仅可适用于"不相同或不相类似商品"，也适用于相同或类似商品。对此，在本章上述内容中已有论述。司法实践中的一些案例均认可反淡化规则可适用于相同或类似商品。建议《商标法》修改时对此事实应予以积极回应，明确驰名商标反淡化保护可适用于相同或类似商品。

（三）明确驰名商标反淡化规则的例外规定

为防止反淡化规则的滥用，建议商标法对驰名商标反淡化规则作出权利限制规定，从社会公共利益角度，也可作为特殊的侵权抗辩事由。上述谈到，驰名商标反淡化保护具有扩张至不类似商品范围的强大效力，其保护范围的界定亦具有较大的模糊性。为体现利益平衡原则，建议商标法明确驰名商标反淡化保护的侵权抗辩事由，如非商业使用、比较广告、新闻报道、评论或滑稽模仿使用及其他正当使用的例外情形。具体立法可参考美国《联邦商标淡化法》中的免予追诉的规定。

综上所述，鉴于淡化理论的域外经验及我国司法实践，本书建议将淡化规

---

① 参见杜颖：《商标淡化理论及其应用》，载《法学研究》2007年第6期。
② 参见黄汇、刘丽飞：《驰名商标反淡化构成要件的分析与检讨（以欧美相关理论为借鉴）》，载《知识产权》2015年第8期。

则在我国《商标法》中予以明确，同时，完善现有的立法表述，指明反淡化规则适用的范围和侵权例外规定，具体修法建议是将《商标法》第13条第3款修改为："在商品或服务上，复制、摹仿或者翻译他人已经在中国注册的驰名商标，存在减弱驰名商标显著性、贬损驰名商标的市场声誉，或者不正当利用驰名商标市场声誉，致使该驰名商标注册人的利益可能受到损害的行为，不予注册并禁止使用。以非商业目的使用或比较广告等行为，驰名商标所有人无权禁止他人正当使用。"另外，此处适用"被淡化可能性"标准，而非"已造成淡化"，以此减轻驰名商标所有人举证的难度。

二、强化对未注册驰名商标的保护及救济[①]

我国对于驰名商标的保护以是否注册为标准，实行有差别的保护，与注册驰名商标的保护程度相比，我国对未注册驰名商标的保护体现出明显的弱保护色彩，导致了未注册驰名商标在实际保护中所面临的窘境。

（一）我国未注册驰名商标保护面临的问题及挑战

我国作为一个奉行商标注册主义的国家，对未注册驰名商标的立法保护存在较多的被动性，未注册驰名商标入法最初也是为了履行《巴黎公约》等国际公约义务，而之后尽管法律条款不断完善，但对于未注册驰名商标的保护一直秉承谦抑的原则，并且始终与注册的驰名商标实行区别对待。伴随全球竞争一体化，恶意抢注外国驰名商标的问题日益突出，如"蝶翠诗""梦特娇""喜来登""爱马仕""三叶草""拉夫·劳伦""兰芝LANEIGE"等外国驰名商标均曾被抢注。恶意抢注行为不仅阻碍外国商业主体进入中国，而且扰乱日益开放的国内市场，损害国内相关公众和消费者利益，滋生大量授权确权纠纷，浪费行政和司法资源，损害国家创新能力和营商环境。[②] 与国际上对于未注册驰名商标保护的大趋势相比，我国对于未注册驰名商标的保护存在以下问题：

1. 对未注册驰名商标的保护尚未突破地域性原则的限制

未注册驰名商标的国际保护趋势是对商标权的地域性原则的不断突破，《联合建议》明确提出成员国可以保护在他国已经驰名但是在本国尚未达到驰名程度的驰名商标。我国在2001年《商标法》中首次确定驰名商标制度时，规定"就相同或者类似商品申请注册的商标是复制、摹仿或者翻译他人未在中

[①] 本部分参见王莲峰、曾涛：《国际视角下我国未注册驰名商标保护制度的完善》，载《知识产权》2021年第3期。

[②] 参见杨静：《商标授权确权中地域性原则的重构——基于中美实践的比较》，载《知识产权》2020年第3期。

国注册的驰名商标,容易导致混淆的,不予注册并禁止使用",此处强调了须是中国境内的未注册驰名商标。《驰名商标解释》和《驰名商标认定及保护规定》均明确驰名商标系在中国为相关公众所熟知的商标。我国在驰名商标的认定上坚持驰名发生地须为本国境内,表明了我国在未注册驰名商标保护问题上的鲜明立场。但跨境电子商务的快速发展,对商标权地域性带来较大冲击。据艾媒咨询的数据显示,2016 年中国进出口跨境电商整体交易规模达到 6.3 万亿元,中国海淘用户规模达到 0.41 亿人。跨境电商已经成为一个巨大的市场,吸引着无数的企业与消费者。与此同时,我们也清楚地看到,在 2020 年年初全球经济受新冠疫情影响持续走低的情况下,互联网跨境业务仍然表现出了增长的强劲态势。在跨境电商蓬勃发展的同时,其所涉及的商标权保护问题非常突出。跨境电子交易使得消费者可以足不出户就能买到世界各地的商品,销售者在境外,产品的终端消费者在境内,而这两端却处在同一个交易市场中,商标使用行为与销售商品的行为时常发生混同。跨境电子交易模糊了交易市场的地理界线,冲击了商标权的地域性特征,而且也使得商标侵权行为的认定变得更加复杂。

2. 未注册驰名商标的认定坚持本国使用标准

TRIPS 协定明确提出,相关公众"因促销该商标而获得的了解程度"可以作为认定驰名的条件,不再强调驰名商标的认定必须以使用作为前提。我国对未注册商标提供有限的保护是基于未注册商标因使用而产生的利益,《商标法》第 32 条、第 59 条第 3 款对未注册商标的保护均以使用为前提。未注册的驰名商标归根结底也是未注册商标,在我国商标法的语境之下,其与"有一定影响"的商标仅在知名度上有别,但是商标获得保护的基础应是相同的。我国作为 TRIPS 协定的成员国,虽然在法律上并未明确规定驰名须经实际使用,但是从法律用语的逻辑关系可以推知,我国是坚持"本国使用"标准的,或者至少"本国使用"在认定商标驰名与否时占有较大的权重。

3. 区域性国际双边或多边经贸合作的外在挑战

从《巴黎公约》确立对未注册驰名商标保护到《联合建议》进一步提高未注册驰名商标保护水平的几十年间,增强未注册驰名商标的跨类保护,已成为开展区域性双边或多边经贸合作的外在要求。未注册驰名商标能否在国际经贸合作中得到充分有效的保护,已直接影响到国际经济贸易的正常进行。驰名商标的价值和作用在国际贸易中表现得尤为突出。在商品的跨境流通过程中,驰名商标好比一把"开路斧",可以凭借商标的知名度和影响力助力企业迅速打开海外市场,极大地减少跨境贸易的阻力。正因为如此,越来越多的国家通过签订区域性国际条约的方式来加强对驰名商标的保护。2018 年 3 月 8 日,日本等 11 国经过长期的磋商正式签署 CPTPP 协定，其中一项重要的内容是对未注册的驰名商标提供跨类保护。我国作为一个商标大国和贸易强国，与周边贸易国家甚至一些贸易欠发达国家在未注册驰名商标保护上的差距已成为中国在国际贸易中时时遇到的一个棘手问题。

（二）国际上未注册驰名商标保护制度的新发展

1. 国际条约及区域合作协定对未注册驰名商标保护的新进展

与未注册驰名商标保护相关的三个主要的国际公约是《巴黎公约》、TRIPS 协定和《联合建议》。这三个国际公约对于未注册驰名商标的保护基本呈现出依次递进的关系，由此反映国际上所倡导的未注册驰名商标的保护标准在不断提升，并呈现以下特点：

第一，国际条约不断推进对未注册驰名商标的保护。《巴黎公约》自 1883 年签订以来，共经历了六次修订，其中 1967 年斯德哥尔摩文本最终形成了关于未注册驰名商标保护的第 6 条之 2 规定，即在本国使用的未注册商标也可以获得驰名商标保护，这既是对商标权注册原则的突破，也是对商标权地域性原则的突破，因为其使得在他国注册但未在本国注册的商标具有获得保护的可能。然而该条款对于未注册驰名商标的保护还是限于相同或类似的商品上，保护的目的还是在于防止混淆。1994 年 TRIPS 协定在第 2 部分第 2 节专门规定了驰名商标保护的相关制度。TRIPS 协定并非替代《巴黎公约》，而是对《巴黎公约》的继承与发展。TRIPS 协定将服务商标纳入保护范围，扩展了驰名商标保护的客体；在修订驰名商标条款时，充分考虑到了时代发展的大背景：互联网的普及发展拓宽了公众的认知视野，商标的知名度不必然通过商标的实际使用而获得，借助于互联网等宣传推广活动，商标也可以被相关公众所熟知。因此 TRIPS 协定将《巴黎公约》未纳入保护的"未在成员方注册使用"的商标也纳入了未注册驰名商标的保护范围，这是驰名商标保护在地域性原则上的进一步突破。1999 年《联合建议》体现了国际条约的倾向性或鼓励性立场。《联合建议》指出，商标只要在成员国驰名就可受到保护，没有将已经使用的商标是否驰名、商标是否已经注册或者申请注册作为条件。其第 2 条第 2 款规定相关产品的特定公众群体熟悉即可满足"驰名"条件，"特定公众"包括实际或潜在消费者、销售渠道的群体或其他相关商业圈，而不要求普通消费者公众的熟知。其第 4 条第 1 款第 2 项的规定并未区分注册商标与未注册商标，对于未注册的驰名商标同样给予了反淡化保护。《联合建议》虽然只是倡议性的文件，对各国没有强制约束力，但其对未注册驰名商标的认定和保护的规定，为各国设定本国驰名商标的保护标准提供了参考和借鉴。第二，区域多边经贸合作协定对未注册驰名商标保护的新发展。上面谈到，CPTPP 是一个重要的多边经贸协定，该协定对未注册驰名商标的规定有如下特色：首先，重申了驰名商标的认定不以注册为前提，也不得以商标之前的驰名情况作为认定条件。其次，首次明确提出对未注册驰名商标提供跨类保护，该协定第 18.22 条规定，无论是否在成员国国内注册，驰名商标的保护范围都应扩展至不相同或不相类似的产品或服务。① 最后，对于"驰名"的认定标准，未区分注册商标与未注册商标，均采用与驰名商标相关的产品或服务方面交易的"相关公众"标准。CPTPP 协定的签署意味着未注册驰名商标的国际保护标准跃上新的台阶。尽管它只是一个区域性的国际条约，影响范围有限，仅适用于缔约国，但是反映了世界部分国家在保护未注册驰名商标方面的探索正在向实践转变，也反映了对未注册驰名商标加大保护力度在国际上逐步达成共识，而这种转变对于仍然坚持 TRIPS 协定规定的最低限度的国际义务的国家而言已经形成一定程度的压力。

2. 域外立法对未注册驰名商标保护的新变化

国际条约只是对驰名商标保护规定了最低的保护要求，不同国家可以在此基础上作出不同选择。比如欧洲国家遵循国际条约对驰名商标提供了差异化保护，美国则超出国际条约要求的保护水平，为所有的驰名商标提供反淡化保护。虽然各国语言表述、历史传统有差异，但在驰名商标跨类保护的实质内容方面却是一致的。

第一，大陆法系主要国家及地区对未注册驰名商标保护的新发展。2015年 12 月 15 日，欧盟通过了对《欧盟商标指令》和《欧盟商标条例》的修改方案，新《欧盟商标指令》要求成员提供对于国内享有一定声誉的商标的特别保护。对于未注册的驰名商标和声誉商标，均提供国际公约所赋予的最低标准的同类保护，即禁止他人在相同或类似商品或服务上使用或注册与未注册驰名商标和声誉商标相同或近似的商标。如前所述，德国作为欧盟成员国，对未注册驰名商标保护的立法规定也是如此，但德国立法对同时在德国境内享有一定声誉的驰名商标，则不区分注册与否给予跨类保护。

日本与韩国立法对于未注册驰名商标的保护分为周知商标和著名商标两类，后者知名度要高于前者。对于未注册的著名商标，提供禁止"以获取不正当利益、给权利人带来损害等目的"的使用行为的跨类保护。日本与韩国还为外国的驰名商标提供了同等的保护，前提是该外国驰名商标在本国为他人以不

---

① 参见宋锡祥：《TPP 关于商标权的最新规制及其对中国的影响》，载《东方法学》2015 年第 4 期。

正当目的注册或使用。同时，日本在《不正当竞争防止法》中为著名商标不区分注册与否提供了反淡化的保护。此外，日本也建立了防止著名商标发生混淆的防御商标制度。防御商标存在的目的就是确保周知商标和著名商标不被不相类似商品上的同一商标所混淆，毕竟由特许厅或者权利人被动去拒绝注册或撤销过于麻烦，不如提前将相关近似商标进行防御性注册。同时，防御商标中的其他商品或服务与该商标注册人的主要商品或服务同属一个商标，该商标权人只要将商标使用于其主要商品或服务，就不会造成该商标因长期不使用而被撤销的风险。[①]

第二，美国未注册驰名商标保护的新进展。美国虽然有驰名商标保护的成文法，但同时也是一个普通法国家，美国将驰名商标描述为"famous mark"。美国对驰名的门槛要求很高，采取了"普通公众熟知"的标准，而不是"特定商品或服务的相关公众熟知"的标准。美国关于驰名商标的保护制度主要体现在《兰哈姆法》和《联邦商标淡化法》中，在立法上对驰名商标并不区分注册与否而提供包含冲淡和玷污的反淡化保护。只有在美国国内通过使用而驰名的商标才能获得反淡化的跨类保护，且不需以注册为前提。当然，在美国未经实际使用的商标无法获得最终的注册，注册后闲置也会被撤销，因此获得注册的驰名商标也是实际使用而驰名的。可见，在美国的商标法体系下，驰名商标获得保护无关注册而仅与使用有关。这种尊重事实的理念符合商标显著性产生的本质，也体现了商标知名度的实际产生规律。美国对未注册驰名商标的保护不仅符合《巴黎公约》和TRIPS协定等国际公约的要求，同时对未注册驰名商标提供反淡化保护也符合国际上对驰名商标加强保护的趋势。同时，美国法律对于未注册驰名商标的保护区分非故意与故意侵权，前者仅能获得扣押侵权有关物品的禁令保护，而故意侵权则能获得不超过实际损害3倍的赔偿以及销毁侵权工具等救济，这也体现出美国立法对规制恶意仿冒、侵害他人驰名商标行为的重视。

（三）我国未注册驰名商标保护制度的完善

综上所述，我国对未注册驰名商标的保护只是达到了国际公约规定的最低标准，与当前国际上所倡导的强化未注册驰名商标的保护趋势并未同步；与美国、日本等商标强国相比，我国在未注册驰名商标的保护问题上也存在着差

[①] 参见王勇：《中日商标法主要内容之比较及其对中国修改商标法的启示》，载《山东社会科学》2013年第4期。

距。因此，建议尽快完善我国未注册驰名商标保护制度，修改立法，强化对未注册驰名商标的保护。

1. 确立未注册驰名商标的法律地位

鉴于未注册驰名商标的巨大价值和使用产生的商誉，在立法中应明确其法律地位。本书建议将驰名作为一种取得商标权的方式和注册取得并列，共同纳入商标权注册取得体制中，为未注册驰名商标保护尤其是侵权救济提供商标法依据；同时，将《商标法》第七章"注册商标专用权的保护"改为"商标权的保护"，使得现行立法能涵盖未注册驰名商标的保护。换言之，通过立法规定驰名产生商标权，从而可以享受商标法提供的更多保护：不仅仅局限于现行立法规定的"不予注册并禁止使用"，可以纳入侵犯商标专用权而得到行政、民事等救济。但因涉及我国商标确权制度的改革，未注册驰名商标在确权、管理和保护等方面还会面临更多的困难。

2. 确认对侵犯未注册驰名商标的民事赔偿责任

毋庸讳言，未注册驰名商标同已注册的驰名商标一样，凝聚了经营者长期诚信经营积累的良好商业信誉和市场价值，理应得到商标法的同等保护，但由于我国《商标法》未明确驰名也可产生商标权，导致未注册驰名商标得不到应有的法律地位和足够的保护。《商标法》第13条第2款仅就相同或者相类似商品申请注册的商标是复制、模仿、翻译他人未在中国注册的驰名商标不予注册并禁止使用，对未注册驰名商标的救济仅以停止侵害为限，不能依据商标法有关注册商标专用权保护的规定适用其他民事责任，如消除影响、赔偿损失等。① 由此造成对未注册驰名商标保护偏弱的局面，不仅难以对侵权人形成威慑，甚至在某种程度上容易变相成为促使他人对未注册驰名商标实施侵权的"动力"；而且未注册驰名商标权利人因侵权受到的损失、维权支付的合理开支等不能得到法律支持，显然有违公平原则。

在驰名商标侵权救济方面，从《巴黎公约》第6条之2有关驰名商标的保护、TRIPS协定第2条、第16条之2和3分析，是以将商标驰名与商标注册并列的方式作为授予商标权利的专门条款加以规定，并非仅作为商标注册的禁止事由。既然授予未注册驰名商标与注册商标同等地位，当然可以获得商标法

---

① 《商标法》只在第13条第2款对未注册驰名商标给予"不予注册并禁止使用"的保护，不能获得如同注册商标一样的其他诸如侵权民事赔偿救济等。同样，《商标法》第57条所列商标侵权行为均以注册商标为保护对象，并不包含未注册驰名商标。尽管《商标法》第63条"赔偿数额"使用的是"侵犯商标专用权的赔偿数额"的表述，但毕竟该条款隶属第七章"注册商标专用权的保护"，法律逻辑上也讲不通。

对商标权利的全面保护，包括停止侵权、损害赔偿、支付合理开支等民事责任。对此现象，有学者撰文认为，"注册"在《商标法》上居于中心地位，决定了"使用"而产生的未注册驰名商标保护只能屈居次要地位，侵犯未注册驰名商标民事责任限于停止侵害，这是对未注册驰名商标"适度保护"的表现。① 但是，如果侵犯未注册驰名商标的民事责任仅限于停止侵害而不包括赔偿损失，对未注册驰名商标的民事救济则会残缺不全，不仅违背商标法基本理论，也缺乏实践支撑。事实上，在未注册驰名商标保护司法实践中，人民法院已经开始探索侵权人承担相应民事赔偿责任。"拉菲"纠纷案中，上海知识产权法院结合案情，大胆探索，在我国商标法及相关司法解释并未规定未注册驰名商标受侵害时可以获得赔偿的情况下，类推适用《商标法》第36条关于恶意使用未准予注册商标应当赔偿的规定，判决恶意使用未注册驰名商标的行为人承担赔偿责任。② 这弥补了法律和司法实践对未注册驰名商标损害赔偿规定的缺失，对于司法实践中未注册驰名商标侵权案件的审理具有一定的指导作用和借鉴意义。比如，2020年4月南京市中级人民法院根据《商标法》第14条，结合案件事实，认定原告南社布兰兹有限公司使用的"奔富"为未注册驰名商标，同时判令被告淮安某公司赔偿原告经济损失100万元。③ 再如，2017年12月北京知识产权法院依法认定涉案商标"新华字典"经过原告商务印书馆的使用，已经达到驰名商标的程度，给予其未注册驰名商标保护，判令被告某公司赔偿经济损失300万元。④ 为加强对未注册驰名商标的保护，建议立法对司法实践的成果予以确认，增加对未注册驰名商标侵权的民事救济方式。

3. 赋予未注册驰名商标跨类保护的效力

商标法的立法目的是保护商标识别功能和商誉。从商标持有人角度来看，无论是注册商标还是未注册商标的主体都是市场平等的经营者，注册驰名商标和未注册驰名商标的唯一区别是是否完成了商标的注册程序，二者背后所承载的经营者通过付出和努力所赢得的商业是一样的，其商标利益应获得平等保护，而且从某种意义上而言，对未注册驰名商标提供的保护明显低于注册的驰名商标甚至是未实际使用的注册商标，缺乏实质正义。对于驰名商标是否实行跨类保护应当取决于驰名与否而非注册与否。也有学者通过对现行《商标法》

---

① 参见冯晓青、罗宗奎：《未注册驰名商标的法律保护研究——以未在中国注册的外国驰名商标保护为视角》，载《黑龙江社会科学》2016年第4期。
② 参见上海知识产权法院（2015）沪知民初字第518号。
③ 参见江苏省南京市中级人民法院（2018）苏01民初3450号。
④ 参见北京知识产权法院（2016）京73民初277号。

第 13 条第 3 款注册驰名商标的跨类保护推导出法律实际上是承认未注册驰名商标跨类保护的，认为该款尽管保护的是注册驰名商标，但涉及商标权人未注册的领域，即"不相同或者不相类似的商品"。在这一商标权人未注册的领域，应当属于"未注册驰名商标"，理由是《商标法》第 56 条规定注册商标专用权以核准注册的商标和核定使用的商品为限。①

当然，未注册驰名商标可以获得跨类保护，并不意味着所有的未注册驰名商标都能获得跨类保护，获得跨类保护的未注册驰名商标须满足特定的条件，达到特定的标准。同样，跨类保护也不是全类保护，未注册驰名商标的跨类保护并不意味着在全部类别商品或服务上的保护，其跨类保护的范围应考虑其驰名程度及主张保护的商品或服务的特点、商标使用情况、相关公众的认知、商标的显著性等因素综合判断和个案衡量，对未注册驰名商标跨类保护范围设定严格的条件和作出相应的合理限制，防止未注册驰名商标保护的异化。其中，能够获得跨类保护的未注册驰名商标标准或范围是未注册驰名商标跨类保护制度的关键和核心。对此，本书建议，驰名商标可以根据知名程度细分为"相关公众熟知"和"社会公众熟知"两种类型，对"相关公众熟知"的未注册驰名商标提供防止混淆的同类保护，对"社会公众熟知"的驰名商标提供防止驰名商标持有人利益受损的跨类保护。而认定未注册驰名商标是否属于"社会公众熟知"，不是要求全国范围所有公众广为知晓，而应根据该驰名商标使用的商品特点、主张保护的商品或服务的特点、商标使用情况、公众的认知、商标的显著性等因素综合判断，特别是使用在特定商品上的驰名商标是否为驰名商标持有人主张跨类保护商品的相关公众所熟知，如果主张跨类保护的驰名商标为跨类商品的相关公众所熟知，其知名度范围和程度显然已经突破了本身使用而驰名的特定商品类别，为其他类别商品的相关公众所熟知，而其他类别商品的相关公众与驰名商标本身使用的商品的相关公众两者可能存在交叉或包含关系，但也可能范围不同，而且也不存在特定关联。所以，就驰名商标及其本身使用商品而言，跨类保护商品所涉相关公众可能与其并不相关，而是"社会公众"，难以统称为"相关公众"。当然，虽然不同的商品属性和经营渠道有差异，但驰名商标标识商品的相关公众与主张跨类保护的不相同或不相类似商品的相关公众可能存在交叉或包含关系，此时主张跨类保护的商品的相关公众具有同时接触驰名商标持有人商品和商标的可能性，在驰名商标的知名度较高的情况下，不相同或不相类似商品的相关公众应当知晓驰名商标的存在，在不相

---

① 参见杨叶璇：《保护商标权的精髓是保护合法使用》，载《中华商标》2005 年第 1 期。

同或不相类似商品上使用与他人驰名商标相同或近似的商标,容易导致不相同或不相类似商品的相关公众误认,损害驰名商标持有人利益。

综上所述,现行立法对未注册驰名商标的规定诞生于知识产权适度保护时代,已不能适应目前严格知识产权保护制度的要求。未注册驰名商标与注册驰名商标除了在注册形式上的不同之外,在影响力上并无根本差别,未注册驰名商标应享有与注册驰名商标一样的跨类保护效力。本书建议,商标法应明确将商标驰名作为商标权产生的独立方式,在赋予未注册驰名商标的商标权法律地位基础上,给予未注册驰名商标与注册商标专用权保护同等的保护,加强对未注册驰名商标侵权救济,尤其是完善侵害未注册驰名商标损害赔偿救济,充分考虑驰名商标的市场价值确定损害赔偿责任,对故意侵犯未注册驰名商标适用惩罚性赔偿,增强对侵犯未注册驰名商标行为的震慑,为未注册驰名商标提供更加周全、更高强度的商标法律保护。这不仅符合驰名商标的功能和商标价值保护内在要求,也有利于遏制商标恶意抢注和"搭便车"行为,营造良好的营商环境。

三、设立联合商标和防御商标制度

为保护驰名商标的表彰功能,商标法不仅可以对驰名商标提供特殊保护,而且可借鉴日本商标法,设计两个特殊的保护制度,分别为联合商标和防御商标制度。不同于传统商标识别来源的功能,设置这两种商标制度的目的是通过预先扩大注册的商标内容和商品类别,保护知名度高的商标,防止他人不正当利用驰名商标的声誉,损害驰名商标所有人和消费者的利益。我国现行《商标法》未对联合商标和防御商标作出明确规定,但在商标管理实务中,一些企业为保护驰名商标这一无形资产,纷纷申请和注册了这两类商标。

(一)立法明确联合商标可以注册使用

联合商标(associated mark),是指同一个商标所有人在同一种商品或类似商品上注册使用的若干个近似商标。在这些近似商标中,首先注册的或者主要使用的商标为主商标,其他的商标为该主商标的联合商标。例如杭州娃哈哈集团公司拥有中国驰名商标"娃哈哈",为防止他人侵权,该公司又注册了"哈娃哈""哈哈娃""娃娃哈""Wahaha"等商标。其中,"娃哈哈"为主商标,其他的商标为"娃哈哈"的联合商标。再如,红桃K集团为保护"红桃K"不受侵害,对"红心K""黑桃K""红桃A""黑桃Q"等33个容易使消费者误认的商标进行了联合注册。

联合商标具有如下特点:第一,联合商标不得分开转让。由于联合商标是相近似的若干商标的群体，它们只能属于一个商标所有人，因此，联合商标不得分开转让或分开许可使用，必须整体处分。第二，联合商标不受 3 年不使用规定之限。在要求商标必须注册和使用的国家里，通常都规定只要使用了联合商标中的某一个商标，就可视为整个联合商标都符合使用的要求。这样，就不至于发生商标停止使用 3 年被撤销的问题。第三，联合商标的注册可起到积极的防卫作用。通过申请注册联合商标，可以阻止他人注册和使用与联合商标中的主商标相近似的商标，使商标侵权者无机可乘。第四，联合商标可起到商标储备作用。联合商标具有储备功能，一旦市场需要，可调整商标策略，把备用商标调出来使用，如出口商品商可使用已注册的汉语拼音商标等。

一些国家的立法对联合商标进行了保护。如 1938 年《英国商标法》第 23 条第 1 款规定："注册为联合商标或依据本法属于联合商标的一些商标，只能作为整体而不能分开转让或转移。"该法第 30 条还规定："任何注册的联合商标中，只要有一个商标在贸易活动中未中止使用．整个联合商标就都符合'使用'要求都能保持有效。"目前，在为联合商标提供注册保护的国家，大都不是不加区别地允许一切注册商标所有人取得这种特殊商标的注册。一般而言，只有驰名商标的权利人才会获准注册这种商标。近年来，为减少"注而不用"的商标，一些国家取消了联合商标制度。如英国在 1992 年取消了联合商标，日本在 1996 年修订《日本商标法》时，也取消了联合商标。

联合商标在新中国成立前就有人使用。如当时的"永安堂"生产的万金油使用的是"虎"牌商标。为了防止他人侵权，该厂就将猪、马、牛、羊、猫、兔、狗、熊、豹、狼等 14 种动物作为"虎"牌的联合商标申请注册。在我国商标的实践中，不少企业已意识到联合商标的价值，开始申请和注册联合商标。如山东海尔集团申请注册的"琴岛—利勃海尔""琴岛海尔""利勃海尔""QINGDAO-LIBHL""Haier 海尔"等商标即为联合商标。再如金利来公司的所有人，在申请了"金利来"商标后，又申请了"银利来""铜利来"等商标作为联合商标。尽管《商标法》对联合商标未作明确规定，但本书认为，《商标法实施条例》对联合商标作了间接规定。该条例第 31 条第 2 款规定："转让注册商标，商标注册人对其在同一种或者类似商品上注册的相同或者近似的商标未一并转让的，由商标局通知其限期改正；期满不改正的，视为放弃转让该注册商标的申请，商标局应当书面通知申请人。"这种商标的转让的规定和联合商标的特点很吻合，可以视为联合商标。然而，根据《商标法》规定，注册商标连续满 3 年不使用，商标局有权撤销该商标的注册。显然，在实际生活中已注册的联合商标有可能因不使用而被撤销。如何解决这个矛盾？本书建议修改《商标法》时应增加对联合商标的规定，允许企业申请和注册联合商标。在现行法律没有被修改之前，企业可以采取广告的方式对这些商标加以"使用"。根据商标局的解释，只要在国家批准的正式出版刊物上刊登了广告，则该注册商标就视同已被"使用"。

注册联合商标的目的不是为了识别商品的来源，也不是为了使用每一个商标，而是在于保护主商标，防止他人注册或使用与主商标近似的商标。联合商标的出现，是因为商标的近似或商品的类似往往不很明确，也没有严格的判断认定标准，而且随着时间、地点的不同而变化，因此难以防止他人在类似商品上注册或使用近似的商标，而一旦出现这种情况，要取消他人的注册或禁止他人的使用往往是很困难的，而且成本更高。所以，人们通过注册联合商标来防止出现这种情况，起到预防的作用。有的也是因为出现了利用近似商标侵权的情况，才迫使厂家注册联合商标。至于联合商标的一并转让问题，只是这种商标的一个特点，可以通过立法条款的设置来解决。我国商标法制的历史不长，针对假冒他人驰名商标和"搭便车"的情况，权利人通过预先扩大注册防止侵权可能比一旦产生纠纷进行维权的成本更低。另外，为了适应企业发展和新产品开发的需要，在业务往来时需要在与旧商品类似的新商品上，使用与原注册商标有一定近似的商标。这样既可以利用主商标促销，又展示了新产品的风采，可谓一举多得。联合商标恰恰能满足这种需要。

（二）增加防御商标

防御商标（defensive mark），是指驰名商标所有人在不同类别的商品或者服务上注册若干个相同的商标。原来的商标为主商标，注册在其他类别的商品或服务上的同一个商标为防御商标。例如，青岛海尔集团不仅在冰箱、空调等产品上注册了"海尔"商标，在《商品和服务分类表》中的其他商品类别和服务类别上都申请注册了"海尔"商标。还有美国的"可口可乐"商标，虽然只在饮料上使用，但可口可乐公司也在其他商品和服务上申请注册了防御商标。注册防御商标的目的是保护其主商标（一般为驰名商标）。驰名商标会产生巨大的波及作用，给所有人带来可观的利益。但一般消费者不知驰名商标所有人的经营范围，如果他人在不同类别的商品上使用驰名商标，消费者会因慕驰名商标之名，对产品来源发生误认，驰名商标所有人的信誉可能会受到影响。如美国柯达公司的"柯达"商标是世界驰名的商标，主要用在柯达公司的照相机、胶卷和摄影器材上。而印度一家公司在自行车上申请注册了"柯达"商标，并以"柯达自行车公司"的名义进行经营活动。显然，该公司的做法是一种"搭便车"的行为。建立防御商标制度就是为了保护驰名商标，维护消费者利益，防止他人在不同类别的商品或服务上使用其商标，导致消费者就商品的来源产生误认。

防御商标具有以下特点：第一，防御商标的注册人一般为驰名商标的所有人。相对而言，只有驰名商标所有人才有权申请注册防御商标，而那些不够驰名的商标要想超出其经营范围申请注册防御商标则要受到种种限制。第二，防御商标的构成要素应特别显著。一般图形和名称的商标在各个类别的商品和服务项目上都已注册，只有特别新颖显著的商标才能获得注册。如日本索尼电气公司的商标"SONY"，设计独特，具有很强的识别性，该公司不仅在电器上申请注册了"SONY"商标，还在自行车、食品等商品上注册了"SONY"商标。第三，防御商标的注册较困难。按照国际惯例，此种商标一般难以注册。一经注册，则不因其闲置不用而被国家商标主管机关撤销。只要主商标在使用，防御商标也视为在使用。

由以上分析可知，防御商标和联合商标尽管功能相同，均为保护驰名商标不受侵害，防止他人影射，但两者存在着很大的区别。其一，防御商标与其主商标为相同的商标；而联合商标则是与其主商标不同却近似的商标群。其二，防御商标的注册范围一般与主商标所核定使用的范围不相同，是在其他的商品类别和服务项目上；而联合商标的注册范围则是在与主商标核定使用的商品相同或类似的商品上。其三，防御商标的注册人一般为驰名商标的所有人，而且申请较难获准；而联合商标的注册人不一定是驰名商标所有人。

目前世界上有一些国家或地区的商标法对防御商标给予保护。例如，日本商标制度的特色之一是防御商标注册制度。根据《日本商标法》第64至68条，如果一个防御商标通过申请取得注册，则他人在所注册的该防御商标核定使用的范围内，使用与之相同商标的行为将被视为对主商标专用权的侵权行为。商标权利人可以就其所受到的侵害，提出申请停止侵权的临时禁令和赔偿的请求。[①] 我国香港地区的商标法也提供对防御商标的保护。该法规定的可申请注册的商标包括商品商标、服务商标、防御商标和证明商标，并规定防御商标指的是不以使用为目的，而在与其注册商标指定商品非类似的商品上注册的相同商标，只要主商标在使用，防御商标也视为使用。但也有一些国家或地区考虑到操作难度，如注册人身份的认定、注册成本的增加、驰名商标的稳定性、市场变化等因素，难以有效发挥防御商标的作用，在修改商标法时删除了这种商标。如牙买加自2001年9月3日起开始施行新的商标法，该法代替1958年的商标法，增加和修改了一些内容，其中就包括对防御商标的删除。

---

① 参见陆普舜主编：《各国商标法律与实务（修订版）》，中国工商出版社2006年版，第89页。

尽管我国现行《商标法》未对防御商标加以规定，但对防御商标的注册和保护在商标行政管理实践中早已开始，如上述提到的"海尔"商标和"可口可乐"商标等。从保护商标的国际公约来看，《巴黎公约》和 TRIPS 协定中均规定了对驰名商标的特殊保护。凡是参加了上述两个公约的成员国，即使其国内法不保护防御商标，也必须给予其他成员国的驰名商标以适当保护，但这种保护远不如注册为防御商标的保护力度大。本书认为，在市场竞争日趋激烈的今天，为防止他人无偿利用驰名商标带来的声誉，赚取非法利益，有效保护我国企业的驰名商标，履行国际公约的义务，在修改我国《商标法》时应增加对防御商标的规定，允许企业申请和注册防御商标。因为注册防御商标的目的在于"禁"而不在于"用"，用来保护主商标，使主商标的保护范围得以明示，属于一种事前的救济措施。当然，为防止防御商标注册泛滥，立法可设定一定的适用条件，如对申请主体限定为驰名商标所有人、向国家知识产权局商标局备案等。

四、完善驰名商标的刑事特别保护

因为驰名商标通常具有良好的市场声誉、较高的消费吸引力和较强的市场竞争力，在民事诉讼和行政执法中，涉及驰名商标案件易发多发。据统计，2014—2020 年工商总局和知识产权局累计发布的 70 个年度"商标侵权十大典型案例"和"商标行政保护十大典型案例"中，有 38 个案例涉及驰名商标保护，占比高达 54%。[①] 近年来，假冒驰名商标的产品获取暴利已成为侵犯知识产权犯罪案件的一个显著特点。据最高人民检察院 2019 年 4 月 25 日通报，侵犯商标权犯罪案件占侵犯知识产权犯罪案件的 90% 以上，涉及烟酒、食品等多个领域。其中，高档烟酒、知名品牌服饰等由于利润高、门槛低，成为制假售假者的首选。犯罪分子采取各种手段蒙蔽经销商和消费者，如利用假许可文件、假包装、假批号、假海关证明等，侵权产品极具迷惑性，难以辨别。[②] 这些行为不仅严重侵害了驰名商标权人利益，也侵害了消费者权益，破坏了市场经济秩序。

（一）我国刑法未对驰名商标提供特别保护

目前，《中华人民共和国刑法》（以下简称《刑法》）中涉及商标权的罪名

---

① 参见《国家知识产权局对十三届全国人大四次会议第 4411 号建议答复的函》，https://view.inews.qq.com/a/20210728A0CFS100，2023 年 2 月 21 日访问。

② 参见曾金秋：《侵犯知识产权犯罪案件九成为侵犯商标权，最高检：主要是烟酒服饰》，https://www.jiemian.com/article/3074384.html，2019 年 4 月 25 日访问。

只规定了假冒注册商标罪、销售假冒注册商标商品罪以及非法制造、销售非法制造的注册商标标识罪，这些规定与《商标法》第 67 条相衔接，但从《刑法》和《商标法》的内容来看，并未涉及对驰名商标的刑事特别保护。

2001 年 4 月 18 日发布的《最高人民检察院、公安部关于经济犯罪案件追诉标准的规定》第 61 条曾规定，"未经注册商标所有人许可，在同一种商品上使用与其注册商标相同的商标，涉嫌假冒他人驰名商标的，应予追诉"。而 2004 年 12 月公布的《最高人民法院、最高人民检察院关于办理侵犯知识产权刑事案件具体应用法律若干问题的解释》中，不仅大幅度降低了对侵犯商标专用权犯罪行为的追诉标准，而且对驰名商标保护也未作专门规定。同时，该解释第 17 条规定："以前发布的有关侵犯知识产权犯罪的司法解释，与本解释相抵触的，自本解释实行后不再适用。"这也意味着 2001 年发布的追诉标准对驰名商标的特别规定已经失效。显然，我国刑事立法是把驰名商标和普通注册商标进行同等保护，但是否有必要对驰名商标作出刑事保护的特殊规定？相对于普通商标而言，驰名商标因其较高知名度和信誉度而具有更高的价值，更容易受到侵害并给权利人造成更大的损失。仅给予驰名商标与一般注册商标同等之保护，并不足以震慑侵犯驰名商标的犯罪活动。从国际范围来看，英国、德国、日本等国已经将驰名商标的保护纳入了刑事立法中，除了对"在同一种商品上使用与他人驰名商标相同商标"的混淆行为进行刑事规范外，有些国家如英国还将其刑事保护的触角延伸到了"在非类似商品或服务上使用与他人驰名商标相同或近似商标的行为"，[①] 即将对驰名商标的淡化行为也纳入刑法。

（二）未注册驰名商标暂不宜适用刑法保护

我国商标法采用注册确权体制，对未注册的驰名商标保护力度较低，仅限于同类商标或服务禁止注册和使用，也没有明确规定民事赔偿救济和其他民事责任，更无从谈起刑事责任保护。有人从保护驰名商标的市场价值视角考虑，主张将未注册驰名商标规定为假冒注册商标的犯罪对象。本书认为，虽然未注册的驰名商标具有较高的经济价值，但经济价值不足以成为其受刑法保护的充分条件。上述谈到，刑法的主要功能为惩治和预防犯罪、维持社会秩序，如果商标未经注册，不仅权利难以确定和公示，也不能构成商标管理秩序的一部分，如果给予刑法保护，有违刑法的立法目标和价值取向。如果对未注册驰名

[①] 参见《英国商标法》第 92 条第 4 款 b 项、第 6 款，《德国商标法》第 143 条第 1 款第 2 项、第 5 项、第 143a 条第 1 款第 3 项，《日本商标法》第 78 条之 2、第 79 条、第 82 条。尽管《日本商标法》中未有驰名商标侵权入刑的明确规定，但可以推定适用其第 64 条有关防御商标之规定，因为防御商标的前提是广大消费者所熟知。

商标进行刑事保护，可能会对我国注册原则产生一定冲击。特别是驰名商标认定非常专业，目前只有国家知识产权局商标局和最高人民法院指定的人民法院分别在商标确权、无效宣告和侵权纠纷中，根据当事人需要请求按照"个案认定、被动保护"的原则进行，其他机关认定不具有法律效力。在商标法未赋予未注册驰名商标专有权之前，作为定罪量刑的刑法不宜对未注册驰名商标提供保护。①

（三）完善驰名商标刑事特别保护的建议

刑法的主要功能在于惩治和预防犯罪、维持社会秩序。随着社会的发展、文明程度的提高，民法应当扩张，而刑法则应谦抑，这样才能更好地保护公民的合法权益，并确保将以刑法为代表的公权力限制在合理的范围之内。从立法视角分析，法律修改要与一个国家的经济发展水平相适应，如果现有立法和司法解释可以解决的，或许没必要再单独增加一个罪名。鉴于驰名商标对国家、企业和消费者的重要价值，本书以为，可以在现有刑法框架内，根据罪刑法定原则，完善现行立法和相关司法解释，对驰名商标提供特别保护。

1. 侵犯注册驰名商标可作为犯罪的"从重情节"考虑

我国现行刑法对相关商标犯罪已经规定了最高十年的法定刑，② 根据"罪刑相适应"的原则，如果在此基础上再加重法定刑则有悖法律规定，因此建议将侵犯注册驰名商标作为"从重情节"，在现有各罪状项下进行规定。例如，在假冒注册商标罪及非法制造、销售非法制造的注册商标标识罪中，行为人所假冒、制造的商标如果是驰名商标，则可以作为认定其行为是否"情节严重""情节特别严重"的参考标准之一。另外，在违法所得数额或非法经营数额的认定标准方面，没有达到司法所要求的"情节严重""情节特别严重"的数额的，如果被侵害的是驰名商标，也可以依据司法解释中"其他情节严重""其他情节特别严重"的兜底条款进行认定，以此体现出对驰名商标予以特殊保护的精神。③

2. 驰名商标淡化行为的刑法规制

许多国家对驰名商标提供特殊救济，包括跨类和反淡化。根据我国驰名商

---

① 参见武勇：《驰名商标国际保护制度研究——兼论我国驰名商标制度与国际接轨问题》，华东政法大学 2008 年硕士学位论文。

② 2021 年《中华人民共和国刑法修正案（十一）》发布，将注册服务商标纳入刑法保护范围。同时，对于注册商标相关犯罪，其刑事处罚最高刑从 7 年增加到了 10 年。

③ 参见高铭暄、张杰：《国际法视角下商标犯罪刑法适用若干疑难问题探析》，载《政治与法律》2008 年第 7 期。

标的司法解释,淡化行为包括弱化驰名商标的显著性、丑化驰名商标的市场声誉或不正当利用其知名度的情形,不仅发生在不相同或不相类似的商品或服务上,也可发生于相同或类似的商品或服务上,未经许可使用与驰名商标相同或近似的商标。显然淡化属于一种侵权行为,如情节严重,可否构成刑法中的假冒注册商标罪?目前我国刑事法律尚未对驰名商标淡化行为作出规制,而假冒驰名商标的犯罪仅仅限于"在相同商品和服务上使用相同商标"的行为,对于其他三种仿冒行为(类似商品和服务上使用相同商标、近似商标使用在相同商品和服务上)没有涉及,更没有将刑事保护扩展到不相同的商品或服务上。本书认为,针对情节严重的行为,对已注册驰名商标的刑事保护范围可适度拓宽,突破目前的"双相同原则",这样有助于加强驰名商标的刑法保护。从法经济学的视角分析,这无疑可加大假冒商标行为的犯罪成本,因为理性的市场主体会经过利弊权衡进行选择,对遏制违法行为应当具有显著的效果。[①] 观察域外立法可知,对于商标的保护范围,基本上不会限于"双相同"行为,如英国;德国商标犯罪的对象包括未注册驰名商标,并且规制驰名商标淡化行为;日本则将对驰名商标的刑事保护纳入反不正当竞争法中。由此可见,我国对于驰名商标的保护范围相对较为狭窄和薄弱。

3. 未注册驰名商标暂不宜适用刑法保护

我国商标法采用注册确权体制,对未注册的驰名商标保护力度较低,仅限于同类商标或服务禁止注册和使用,也没有明确规定民事赔偿救济和其他民事责任,更无从谈起刑事责任保护。有学者从保护驰名商标的市场价值视角考虑,主张将未注册驰名商标规定为假冒注册商标的犯罪对象。本书认为,未注册的驰名商标确实具有较高的经济价值,但经济价值不足以成为其受刑法保护的充分条件。上述谈到,刑法的主要功能为惩治和预防犯罪、维持社会秩序,如果商标未经注册,不仅权利难以确定和公示,也不能构成商标管理秩序的一部分,如果给予刑法保护,则有违刑法的立法目标和价值取向。如果对未注册驰名商标进行刑事保护,可能会对我国的商标注册原则产生一定冲击。特别是驰名商标认定非常专业,目前只有国家知识产权局商标局和最高人民法院指定的人民法院分别在商标确权、无效宣告和侵权纠纷中,根据当事人请求按照"个案认定、被动保护"的原则进行,其他机关认定不具有法律效力。在商标法未赋予未注册驰名商标专有权之前,作为定罪量刑的刑法,不宜对未注册驰名商标提供保护。

[①] 参见雷山漫:《国际化背景下驰名商标刑法保护探析》,载《武汉大学学报(哲学社会科学版)》2010 年第 6 期。

第六章

商标侵权抗辩

"商标法的修改史几乎完全是商标所有人权利的扩张史。"① 为了防止商标权人滥用权利,需要对权利进行限制。商标法规定,在满足相关条件下,他人正当或在先使用了含有注册商标的文字和图形不构成侵权,可以成为商标侵权的抗辩事由。抗辩事由包括:商标正当使用抗辩、三维标志功能性抗辩、商标在先使用抗辩、权利用尽和平行进口抗辩、商标滑稽模仿抗辩、在先权利和注册商标无效抗辩等。本章结合《商标法》第 59 条的立法宗旨进行阐释和研究。

---

① Robert P. Merges, Peter S. Menell and Mark A. Lemley, Intellectual Property in the New Technological Age, 2nd ed., Aspen, 2000, p. 558.

第一节 商标正当使用抗辩

商标正当使用（fair use），是指以叙述、说明或者指示自己的商品或服务的性质为目的，以非突出的方式善意使用他人商标中包含的文字的行为。许多国家的商标法中对正当使用均有规定，如《法国知识产权法典》《欧盟商标条例》《德国商标法》《意大利商标法》《日本商标法》等。以《欧盟商标条例》为例，其中第14条规定，商标所有人无权制止第三方在商业中使用自己的名称或地址，或者有关品种、质量、数量、价值、原产地等特点的标志，只要上述使用符合工商业中的诚实惯例。

我国《商标法》在2001年修改前未明确规定商标权的正当使用问题，为指引和统一执法标准，国家工商行政管理局根据多年的实践经验，于1999年12月29日发布了《关于商标行政执法中若干问题的意见》。其中第9条规定了商标正当使用的内容，明确指出下列行为不属于商标侵权：（1）善意地使用自己的名称或者地址；（2）善意地说明商品或者服务的特征或者属性，尤其是说明商品或者服务的质量、用途、地理来源、种类、价值及提供日期。为明确正当使用的规定，2002年8月3日颁布的《商标法实施条例》第49条专门规定："注册商标中含有的本商品的通用名称、图形、型号，或者直接表示商品的质量、主要原料、功能、用途、重量、数量及其他特点，或者含有地名，注册商标专用权人无权禁止他人正当使用。"至此，我国商标立法中对商标正当使用有了明确的规定，但该规定的法律位阶较低。2013年《商标法》第三次修改后，对正当使用作了规定。① 但遗憾的是，《商标法》只是简单地把《商标法实施条例》的内容放入其中，同时，缺乏商标指示性正当使用的情形。下面结合立法分析正当使用抗辩的构成要件和抗辩事由。

一、商标正当使用抗辩的构成要件

关于商标正当使用的构成要件，目前学界和司法界观点不一。北京市高级人民法院曾在2004年作出了《关于审理商标民事纠纷案件若干问题的解答》，其中第26条规定了构成正当使用商标标识的行为要件：（1）使用出于善意；（2）不是作为自己商品的商标使用；（3）使用是为了说明或者描述自己的商

---

① 《商标法》第59条第1款规定：注册商标中含有的本商品的通用名称、图形、型号，或者直接表示商品的质量、主要原料、功能、用途、重量、数量及其他特点，或者含有的地名，注册商标专用权人无权禁止他人正当使用。

品；(4) 未造成相关公众混淆。该解答颁布的意义在于，首次明确了商标正当使用的构成要件，对法官审理案件统一认识起到了重要的作用。但其法律效力仅限于北京地区，不能在全国范围内适用，另外，该解答仅适用于叙述性正当使用的构成要件，未就商标指示性正当使用进行规定，影响了正当使用规则的整体性。2006 年，北京市高级人民法院在印发《关于审理商标民事纠纷案件若干问题的解答》的通知时，对前述第 26 条进行修正，不再将"未造成相关混淆"作为商标正当使用的构成要件。本书认为，商标正当使用的构成要件主要包括以下几方面：

（一）主观善意

使用人主观上善意，没有"搭便车"或侵权的动机，这是认定正当使用的主观因素。是否善意，还要根据具体条件进行判断。即在商业活动中使用者善意，并未突出使用自己的名称或者地址，主观上没有"搭便车"或侵权的动机。此处的善意主要是指使用人虽明知为他人已注册商标，但并未以恶意使用，即使用时并不具有不正当竞争的意图，此种主观意图通常要通过一系列的客观行为表现出来。如在自己商品包装的背面或以较小的字体使用他人的注册商标来描述自己的商品，则不认定为恶意；如果在包装正面以放大的特殊字体进行强调，则难以认定为善意。对于主观善意标准应结合个案进行认定。

（二）客观上合理使用

使用者客观上是以善意的、正常的方式说明或表示自己的商品或服务的名称、种类、质量、产地等特点，不可避免地使用注册商标所含的文字、词语等，没有将其作为商标使用，或者说使用目的不是标识商品或服务来源，或者在销售商品时，为说明来源、指示用途等在必要范围内使用他人注册商标标识的，属于客观上合理使用。

（三）正确标注自己的商标

在善意使用他人注册商标时，使用者同时要正确标注自己的商标。比如，一家位于青岛的啤酒企业拥有自己的注册商标，同时在其产品的包装和厂址中含有"青岛"字样，在宣传使用"青岛"一词时并未突出使用他人注册商标"青岛"，而只是用于告知消费者其产品的来源地，并在醒目位置上标注本企业的商标。

以上三个商标正当使用的条件应当同时具备，在认定主观是否善意时，可根据其他客观标准来综合考察和认定，比如，是否标注了自己的商标并真实和实际使用、是否在商标意义上使用他人的注册商标、是否故意凸显他人商标等。下面结合"千禧龙"商标纠纷案件，分析商标正当使用构成要件的适用。

1998年12月，原告汉都公司经向国家工商行政管理局商标局申请注册，依法取得了"千禧龙 QIANXILONG"文字商标的专用权，该商标核定使用商品为第9类，包括计算机、电视机、照相机等商品，注册有效期自1998年12月14日至2008年12月13日。后汉都公司对该商标进行了大量的广告宣传，但并未生产标有该商标的电视机。1999年12月18日至2000年1月30日，为促进TCL王牌彩电的销售，TCL集团公司及其下属TCL电器销售有限公司在全国一些城市开展了以"千禧龙大行动"为主题的促销宣传活动。TCL集团公司在徐州百货大楼的宣传促销活动以及上海《新民晚报》的广告宣传中，在其TCL王牌彩电的宣传品、广告横幅和报纸广告中使用了"千禧龙大行动"字样及龙形图案。销售公司在南宁、南昌、杭州、南京等地对"千禧龙大行动"进行了宣传。原告认为，TCL集团公司在销售推广TCL王牌彩电活动中使用"千禧龙"文字构成对汉都公司商标权的侵权，遂向法院起诉。

一审法院认为，TCL公司的行为构成商标侵权，应当承担侵权责任。二审法院则认为TCL集团公司在销售推广TCL王牌彩电活动中使用"千禧龙"文字的行为不构成对汉都公司商标权的侵权，一审法院认定TCL集团公司构成商标权侵权不当，改判驳回汉都公司的诉讼请求。二审法院认为，2000年正值中国的龙年，同时又逢千禧年。TCL集团公司为迎接2000年龙年的到来，在1999年12月18日至2001年1月30日这一特定的时间段内开展以"千禧龙大行动"命名的TCL王牌彩电宣传促销活动，主观上是善意的。从使用方式上看，TCL集团公司仅将"千禧龙"作为描述性词汇使用，既未在商品或商品包装上使用"千禧龙"文字，也未将"千禧龙"作为商标使用，而只是在TCL王牌彩电促销活动中将"千禧龙"文字作为宣传用语使用，且在相关的广告宣传中，TCL集团公司在显著位置突出使用了自己公司的注册商标"TCL"，客观上不会使相关公众将"千禧龙"误认为是商品商标。汉都公司虽然对"千禧龙"商标享有专用权，但其本身未生产过"千禧龙"电视机，也未许可他人在电视机上使用过该商标。因此TCL集团公司在广告宣传中使用"千禧龙"文字，不会造成相关公众对商品来源的误认，也不存在TCL集团公司借用汉都公司"千禧龙"商标为自己牟取不正当利益的情形，故TCL集团公司在销售推广TCL王牌彩电活动中使用"千禧龙"文字的行为不构成对汉都公司商标权的侵权，是一种正当使用行为。[①]

司法实践中，对商标禁止权的范围解释也常常体现了法官对案件的认知水

[①] 参见江苏省高级人民法院（2003）苏民三终字第025号。

平,比如,商标显著性的认定、知名度的保护范围等。根据最高人民法院对《关于对 TCL 集团公司在产品促销活动中使用与汉都公司"千禧龙 QIANXILONG"文字商标相近的"千禧龙"文字是否构成侵犯汉都公司商标权问题的请示》的答复意见,判断在产品促销活动中使用与他人注册商标相同或者相近似的文字是否侵犯商标专用权,应当以这种使用行为是否容易造成相关公众对商品和服务的来源产生混淆,是否借用他人注册商标的信誉为自己牟取不正当利益,或者是否对注册商标专用权造成其他损害为标准进行。由于在产品促销活动中使用与他人注册商标相同或者相近似的文字,不同于在商品和服务中直接使用他人注册商标,因此,在认定是否造成"混淆""借用""损害"等事实时,应当特别注意两点。第一,要考虑注册商标的知名度与显著性。商标的显著性,即能够起到区别作用的特性的强弱,是商标侵权判断中确定商标专用权权利范围以及确认是否构成侵权的重要因素之一。知名度高、显著性强的商标,被"混淆""借用"的可能性就大,而知名度低、显著性弱的商标,被"混淆""借用"的可能性就小。第二,要对产品促销活动中使用他人商标的具体情形进行分析,如行为人是否将他人商标作为自己的商标或者自己的商品名称使用,是否在使用他人商标的方式、时间等方面容易使相关公众混淆商品或者服务的来源,或者误认商品、服务的提供者存在特殊的关系等。

关于商标正当使用的构成要件是否包含"混淆可能性",学界和司法界均有不同的观点。美国是商标正当使用制度起源的国家,考察其商标保护的实践,对构建我国正当使用制度具有积极意义。继 2004 年美国最高法院对 KP 案[1]终审判决后,在 2005 年 21 世纪不动产案[2]中,法院延续了美国最高法院在 KP 案中的观点,即被告的使用只要符合一定的标准,就可认为是正当使用,而不论混淆与否。在 2009 年 Hensley 案[3]中,主审法官进一步肯定了美国最高法院的立场,并指出在衡量被告是否构成正当使用时,法院只需考虑两点:被告是否在描述性意义上使用系争标识;被告是否善意使用。在阐述正当使用抗辩时,法院认为"即使原告在诉讼中证明存在混淆可能,被告仍能以正当使用抗辩阻却商标侵权"。

本书认为,"混淆可能性"不应纳入正当使用的构成要件。美国《兰哈姆法》对商标正当使用的立法目的是限制商标权人将某一描述性的短语独占使

---

[1] See KP Permanent Make-Up, Inc., v. Lasting Impression I, Inc., 543 U.S. 111, 124 (2004).
[2] See Century 21 Real Estate Corp. v. Lendingtree, Inc., 425 F.3d 211 (3rd Cir. 2005).
[3] See Hensley Mfg., Inc. v. ProPride, Inc., 622 F. Supp. 2d 554 (E.D. Mich. 2008).

用，避免剥夺他人对其商品进行准确描述的权利，也就是说立法限制的是商标权人，而非正当使用人。在叙述性商标正当使用中，使用人使用的对象并非他人的注册商标，而是使用人自己拥有一定权利的字号或者公共领域的词汇或地名等。如果原告的注册商标显著性较弱或者属于公用领域的词汇，他人当然可以善意、正当地使用，特别是在该词的第一含义上使用；被告也无须证明存在混淆的可能；即使事实上造成混淆，也应当允许存在，因为该商标权人不可能垄断一个公用领域中的词汇。比如，地名商标"宁波""金华"，或者现有词汇"大白兔""光明"等，因这些词语显著性较弱，相应的排他性也会较弱。只要他人不是在商标意义上使用，即未起到识别商品来源的作用，或者在销售中不可避免地使用了注册商标中的文字，即使造成一定的混淆，这也是商标权人申请注册这些文字商标的对价，在这样的情况下，他人使用自己拥有的标识或者公共领域的词汇应当被允许。正如有学者指出的："商标正当使用，并非正当使用他人商标，而是使用人在特定条件下对其拥有使用权利与自由的标志，即使与他人的注册商标相冲突，也不构成商标侵权。商标法中的正当使用解决的是使用人对于自己拥有权利的标识或者公共领域中的标识，在与他人商标相同或者近似时，是否可以继续使用而不是构成侵权问题。"① 本书同意该观点，故此认为，在判断商标正当使用的构成要件时不应以存在"混淆可能性"为构成要件之一。另外，商标侵权的认定和抗辩应为两个不同的范畴，其构成条件和判断标准也应不同。美国关于商标正当使用构成要件的司法判例对我国商标审判实践也产生了影响，上述谈到的2006年北京市高级人民法院印发《关于审理商标民事纠纷案件若干问题的解答》的通知时，对2004年印发的解答中的第26条进行修正，不再将"不会造成混淆"作为商标正当使用的构成要件。这也是继2004年美国"KP"案后，国内司法界首次对"混淆可能性"与商标正当使用的关系进行明确的回应。

二、商标正当使用抗辩的事由

商标正当使用是一种重要的侵权抗辩事由，根据商标法理论和规则，结合《商标法》第59条第1款，商标正当使用抗辩的事由主要包括以下几种：

（一）商品通用名称、图形和型号抗辩

因商品通用名称、图形和型号是为国家或某一行业或相关消费者所共用

---

① 李友根：《论商标合理使用制度的适用前提——基于公报案例的整理与分析》，http：//www.al365.net/show.php?contentid=1380，2010年11月29日访问。

的，反映一类商品与另一类商品之间根本区别的规范化称谓、形状和型号，属于公共资源，不得为他人所垄断；同时，也因商品通用名称不具备显著特征无法满足商标注册的条件。关于商品通用名称的类型和认定，本书在第二章第五节中有详细的论述，不再赘述。实践中，如果商标所有人对其注册商标使用不当，也会逐渐丧失其显著性，演变为该类商品的通用名称。如果注册商标成为其核定使用的商品通用名称，则商标权人无权禁止他人正当使用。换言之，在商标侵权诉讼中，被告可以原告的注册商标已经成为通用名称为由进行抗辩。

在"QQ炫舞"案中，腾讯公司是"炫舞""QQ炫舞"的商标权人，"炫舞""QQ炫舞"系列注册商标核定使用在"教育信息；培训；安排和组织会议；（在计算机网络上）提供在线游戏、娱乐；计算机游戏软件"上。掌娱公司经营《唱吧炫舞》游戏。腾讯公司认为掌娱公司对于这款游戏的使用会使相关公众产生混淆，侵犯其商标权。掌娱公司抗辩认为游戏显著识别部分在"唱吧"，并且"炫舞"为音乐舞蹈类游戏的通用名称。一审法院审理后认为，尽管掌娱公司主张腾讯公司的注册商标中含有通用名称"炫舞"，但其提出的"炫舞"多次在出版物中使用、"炫舞"多项在音乐舞蹈类游戏名称中使用及商标局核准注册了多件含有"炫舞"文字的商标的理由，证据不足。首先，掌娱公司仅提交"百度百科"中关于"炫舞"的查询结果等证据，尚不足以证明其所主张的内容；其次，即便上述情况均属实，亦与"炫舞"是否构成"提供在线游戏"等服务和"计算机游戏软件"商品的通用名称无关。掌娱公司未能举证证明依据法律规定或者国家标准、行业标准，"炫舞"已经属于商品或服务的通用名称，亦未能举证证明"炫舞"已被相关公众普遍认为能够指代一类商品或服务的某一名称而成为约定俗成的通用名称。因此，腾讯公司的注册商标相对于核定使用商品或服务具有显著特征，未构成《商标法》第59条第1款规定情形，掌娱公司对"炫舞"构成音乐舞蹈类游戏通用名称的抗辩不成立。二审维持一审的判决。①

在"3两3"案中，泸州大世界公司是"泸德3两3"商标的商标权人，其核定使用范围为第33类商品，含果酒（酒精）、酒等。蜀国春酒厂在其生产的酒类产品上突出使用"3两3"标志。大世界公司认为"3两3"与其商标构成近似，容易引起消费者混淆。蜀国春酒厂则认为"3两3"是酒的容量，属于通用名称。本案一审判决认为，蜀国春酒厂的通用名称抗辩不成立，其使用

---

① 参见北京知识产权法院（2018）京73民终991号。

行为构成商标侵权。二审则认为蜀国春酒厂使用"3两3"标志作为食品名称，是一种对商品特性的描述性和说明性使用，其使用方式和结果不会与涉案注册商标相混淆，被诉侵权商品上使用"3两3"标志属于正当使用，故撤销一审判决。本案再审法院则认同一审的观点，认为蜀国春酒厂的"3两3"不是酒商品的通用名称，故裁定撤销二审判决，维持一审判决。本案中，再审法院认为，判断蜀国春酒厂使用"3两3"标志的行为是否为正当使用，必须证明相关商标是否属于法定的或者约定俗成的通用名称。但蜀国春酒厂提交的证据不足以证明"3两3"属于酒类商品的通用名称，故二审法院关于"3两3酒"属于酒商品的食品名称的认定错误。关于"3两3"是否描述和指代了酒商品的容量和规格，再审法院认为，"3两3"中的"3"为自然数，"两"为通常指代酒容量的计量单位，具有一定的描述性。如果被诉侵权商品的容量为3两3，生产者出于说明或者客观描述商品容量的目的，以善意方式在必要的范围内予以标注，不会导致相关公众对其商品来源混淆的，可以认定为正当使用。但是，本案中，蜀国春酒厂在被诉侵权商品的包装装潢显著位置上突出使用"3两3"标志，该标志明显大于蜀国春酒厂自己的注册商标"泸坪"，也明显大于标贴上同样表明酒容量的"净含量165ml"字样，这样的使用就属于商标性使用。而且，如前所述，被诉侵权商品的形状大小及包装装潢均与大世界公司的酒商品外观十分近似。因此，蜀国春酒厂在被诉侵权商品的包装装潢上突出使用"3两3"商标，主观上具有攀附大世界公司商誉的恶意，其行为不存在合理使用的基础，也不构成对酒类商品容量和规格的正当使用。① 综上，再审法院判决认为，蜀国春酒厂关于"3两3"是酒类商品容量的通用名称的抗辩不成立。

从上述案例分析，司法实践中，注册商标是否具有显著性对界定禁止权范围起着重要作用。如果商标标志只是或者主要是描述、说明所使用商品的质量、主要原料、功能、用途、重量、数量、产地等的，一般情况下，法院会认定其属于《商标法》第11条第1款第2项规定的情形（仅直接表示商品的质量、主要原料、功能、用途、重量、数量及其他特点的标志不得作为商标注册），即该标志丧失显著性，已不再具备识别功能，进入共有领域，可以作为正当使用的抗辩事由。但如果该商标标志或者其构成要素暗示商品的特点，但

---

① 参见最高人民法院（2018）最高法民再53号。

不影响其识别商品来源功能的,依然受到法律保护。①

(二)描述性正当使用抗辩

描述性使用,是指经营者为描述自己所提供商品或服务的基本信息,善意合理地使用了直接表示商品质量、主要原料、功能、用途、重量、数量及其他特点的标志。因这些标志是使用人自己拥有一定权利的字号或者公共领域的词汇或地名等,即使这些标志与他人的注册商标相同或近似,也不侵犯他人注册商标专用权。比如,金华地区当地企业在其生产的火腿上加注产地"金华"字样,就属于对地名的描述性正当使用。根据《商标法》第59条的规定,当注册商标属于描述性文字时,他人出于说明或者客观描述商品特点的目的,以善意方式在必要的范围内予以标注,不会导致相关公众将其视为商标而导致来源混淆的,构成正当使用;判断是否属于善意和必要,可以参考商业惯例等因素。实务中,应综合考量的因素包括主观上是否善意、客观上是否具有正当性等。

在"85度C"商标纠纷中,原告美食达人公司经批准获得"85度C""85℃"等注册商标的专用权后,经过长时间的使用、品牌管理和维护,在相关领域和公众中具有相当高的知名度。原告发现被告某公司在市场上销售的"光明优倍鲜牛奶"包装上突出印有"85℃"的字样,涉嫌侵害其商标专用权。被告则认为,其标注"85℃"意在描述产品的加工工艺和新鲜特色,并非区分商品来源的商标意义上的使用,属于善意、合理的使用,并未侵犯原告的注册商标专用权。一审法院审理后判定被告构成商标侵权。二审法院认为,根据被告某公司在涉案被控侵权商品外包装上使用涉案标识及标语的事实,可以认定被告的行为仅是为了向相关公众说明其采用的巴氏杀菌技术的工艺特征,仍属于合理描述自己经营商品特点的范围,并非对原告注册商标的使用,而是对温度表达方式的正当使用。与此同时,原告从未生产过被控侵权商品(牛奶),也未在牛奶商品上使用过涉案商标,故在牛奶商品上相关公众不存在混淆可能。而被告在牛奶等乳制品商品上享有的"光明"商标为驰名商标,因此,即使对涉案注册商标熟知的相关公众,对于被控侵权商品外包装予以一般注意,亦自然会认为被控侵权商品外包装上标注的85℃是采用的巴氏杀菌技术的温度,而不会产生被控侵权商品来源于原告的混淆和误认。故二审法院判决撤销

---

① 《最高人民法院关于审理商标授权确权行政案件若干问题的规定》第11条规定:"商标标志只是或者主要是描述、说明所使用商品的质量、主要原料、功能、用途、重量、数量、产地等的,人民法院应当认定其属于商标法第十一条第一款第(二)项规定的情形。商标标志或者其构成要素暗示商品的特点,但不影响其识别商品来源功能的,不属于该项所规定的情形。"

一审判决，驳回原告所有诉讼请求。①

（三）地名抗辩

地名商标是指将行政区划的地理名称或其他地理区域的名称、历史地名作为文字商标的内容或主要内容进行使用或予以注册的商标。地名属于公共资源，不能被个人垄断使用，加之大部分地名缺乏显著性，不符合商标注册条件。我国《商标法》第10条第2款规定，县级以上行政区划的地名或者公众知晓的外国地名，不得作为商标。但是，地名具有其他含义或者作为集体商标、证明商标组成部分的除外；已经注册的使用地名的商标继续有效。由此可见，地名在我国申请注册商标是受到限制的。根据上述法律规定，我国禁止使用县级以上的地名或者公众知晓的外国地名作为商标，但有几种不受限制的情形：(1)县级以下的地名。如"道口烧鸡"中的"道口"。(2)地名具有其他含义。所谓"其他含义"，一般包括两种情况：一是文字本身所具有的多重含义，比如朝阳等；二是该文字地名经过长期在对应商品上使用产生了识别商品来源的功能，比如茅台酒、西湖龙井等。(3)地名作为集体商标、证明商标组成部分。比如舟山带鱼、信阳毛尖等。上述地名商标如果申请注册，同样要符合商标法规定的注册条件。

1. 地名商标的正当使用

2001年的利源公司诉金兰湾公司商标侵权纠纷案（通常称为"百家湖"案）被媒体誉为中国房地产商标第一案。② 该案有关地名商标的正当使用以及商标权利限制问题引发理论界和实务界的广泛关注和讨论。该案原告为南京利源物业发展有限公司，被告为南京金兰湾房地产开发有限公司。"百家湖"系地名名称，原告开发了百家湖花园，并于2000年取得了"百家湖"注册商标专用权。2001年10月10日，被告将其新开发的高层住宅楼冠名为"百家湖·枫情国度"，并以这个名称进行广告宣传。原告认为被告在该住宅楼名称中使用"百家湖"文字，侵犯了原告的注册商标专用权，请求判令被告立即停止侵权行为，公开赔礼道歉，赔偿经济损失100万元。在该案中，原告与被告争执的焦点为"百家湖"地名的使用问题。原告已经将其申请为注册商标，而被告开发的楼盘位于百家湖地区，对于被告在楼盘名称中使用了"百家湖"文字的行为是否构成商标侵权，审理该案的各级法院看法不一。一审法院认为，被告的使用行为是对将"百家湖"作为地理位置的指示，属正当使用。而二审

---

① 参见上海知识产权法院（2018）沪73民终289号。
② 参见江苏省高级人民法院（2004）苏民三再终字第001号。

法院认为，被告的行为是突出使用，会造成相关公众的混淆，构成商标侵权。被告向江苏省高级人民法院提起再审。江苏省高级人民法院就此案如何审理向最高人民法院请示。2004年，在最高法给予答复的基础上，江苏省高院对此案进行了再审，南京市中院的一审判决被重新予以肯定，被告的行为被认为是对地理名称的正当使用。由于地名属于公有领域的词汇，不宜为某一个生产者专用，以此作为商标注册其权利应受到一定的限制，商标权人不能限制公众或者善意使用人对地名正当合理的使用。使用人使用地名商标仅是表明产地或地理来源的，该行为不应被当成商标侵权行为而被禁止。另外，由于地名本身缺乏显著性，法律对地名商标的保护相对较弱。其他人在一定情况下可以正当使用，上述"百家湖"中的被告就属于正当使用的情况。

2. 知名地名商标的正当使用

在地名被注册为商标后，经过大量使用和宣传，具有一定知名度，且已与某种商品建立紧密联系的情况下，他人再使用该地名商标是否可以主张正当使用构成侵权抗辩事由呢？在"玖龍窠"商标纠纷案中，林某系"玖龍窠"注册商标专用权人，该注册商标核定使用的商品包括茶叶代用品、茶饮料等（第30类）。林某发现，A公司未经许可，擅自生产并通过电子商务网站销售与其注册商标相同的"九龍窠"肉桂茶叶，认为其行为侵犯了"玖龍窠"注册商标专用权，构成商标侵权，遂提起诉讼。法院经审理后认为，A公司在本案中未提供证据证明被控侵权商品产自武夷山"九龙窠"岩茶山场，亦无证据证明该公司及被控侵权商品与"九龙窠"地名存在关联因素，在被控侵权商品的包装上使用"九龍窠"标识，违反了诚实信用原则。该公司如仅是为了说明被控侵权商品与"九龙窠"地名之间的联系，完全可以以正常的商业惯例予以标注。但A公司在涉案商品包装显著位置突出标明"九龍窠"字样，该标识明显大于A公司自己的商标及其他标注，已经超出了说明或客观描述商品产地或地理来源的界限，使用方式上非合理与必要。A公司作为武夷山当地茶企，理应知情，但其却在被控侵权商品包装上突出使用"九龍窠"标识，存在利用普通茶叶消费者对武夷山"九龙窠"山场的认可度或攀附他人已具有较高知名度的地名商标的故意，主观上并非善意。A公司在涉案商品包装中使用"九龍窠"标识的行为，符合"在同一种或者类似商品上，将与他人注册商标相同或者近似的标志作为商品名称或者商品装潢使用"的规定。在原告的"玖龍窠"注册商标具备一定的显著性后，A公司在其生产的商品使用"九龍窠"标识，会造成公众对商品来源的混淆，亦符合"易误导公众"的构成，不予认定为正当使用。故判决A公司在涉案商品中使用"九龍窠"标识构成侵犯原告"玖龍寨"注册商标专用权。①

3. 地理标志和证明商标的正当使用

地理标志一般是以"具体地名＋产品通用名称"作为其表现形式，如"霍山黄芽""祁门红茶"等，以凸显来自该地区的此类产品的特殊品质。在我国，地理标志可申请注册证明商标和集体商标获得保护。因此，地理标志和证明商标在一定意义上是将公用资源纳入了商标专用权的范围，在确定此类商标专用权的保护范围时，应当考虑公共利益和商标权利之间的平衡。实务中，如果他人未经商标权人许可，擅自使用了集体商标、证明商标中的地名，是否构成商标侵权？使用地名者如何抗辩？在"五常"大米商标纠纷中，法官对此作了较好的裁判。

原告五常市大米协会系"五常大米"证明商标注册人。2015年五常市大米协会发现甲公司生产、销售的大米包装上突出使用了与其注册商标近似的"五常"标识，造成混淆，侵害了其注册商标专用权，故向法院提起诉讼。一审法院认为，被告甲公司在其生产、销售的大米包装袋上所标识的"五常"文字用了较显眼的红色字体，处于包装袋正面的显著位置，属于大米包装袋上的主要识别部分，构成商标意义的使用，与原告两个涉案注册商标构成近似。被告未经证明商标权人许可，在同一种商品上使用了与该证明商标相近似的标识，容易导致消费者对其商品与证明商标使用者的商品发生混淆，其行为侵犯了原告的商标专用权，应承担停止侵权并赔偿损失的民事责任。二审法院维持了原判。② 本案涉及证明商标侵权认定和抗辩问题，如果他人使用，不仅需向五常市大米协会提出申请并获得许可，而且，其生产的大米需符合证明商标特定的品质要求，比如，使用者生产和销售的大米商品必须来自黑龙江省五常市特定区域范围内且产品品质特征、加工制造符合特定要求与条件。结合本案，被告甲公司如果同时满足上述条件，并且提供相应证明，则可避免商标侵权。但因被告并未提供相应证据，并在商标包装上突出使用"五常"文字，被法院认定擅自在相同或类似商品上，使用与五常市大米协会注册商标相同或近似的商标，侵害了五常市大米协会注册商标专用权。

再来分析两例"西湖龙井"地理标志侵权案。在第一例案件中，北京市朝阳区人民法院认为被告A公司在其销售的涉案茶叶礼盒上使用了"西湖龙井"，如果该茶叶确实来自西湖龙井茶保护基地，则原告龙井茶协会不能剥夺

---

① 参见福建省南平市中级人民法院（2019）闽07民初46号。
② 参见山东省济南市中级人民法院（2015）济民三初字第923号、山东省高级人民法院（2016）鲁民终812号。

其在该茶叶礼盒上用"西湖龙井"来标识商品产地的权利。被告 A 公司提交的证据能够初步证明其销售的涉案茶叶来自西湖龙井茶保护基地。法院根据此证据确认被告销售的涉案茶叶来自西湖龙井茶保护基地，其在礼盒上使用"西湖龙井"属于标明该茶叶产地的行为，具有合理理由，不会造成相关公众对该茶叶原产地等特定品质产生误认，因此不构成侵权。[①] 从上述判决可知，法院认定非地理标志协会会员使用地理标志是否具有合法性的依据，在于涉案商品是否源于地理标志保护的产区，非协会会员如果能证明涉案商品来源于地理标志保护的产区，则对地理标志中的地域名称的使用行为合法。而在另外一例涉及"西湖龙井"地理标志侵权案件中，二审广州知识产权法院认为，"本案被告侵害地理标志商标权的行为状态表现为在其制造并销售的被诉侵权产品的包装上使用了与龙井茶协会享有商标权的'西湖龙井'地理标志证明商标相近似的商标。即使被告所称的茶叶的来源地属实，其亦无权未经权利人许可擅自使用与'西湖龙井'相同或相似的证明商标"。显然，广州知识产权法院对地理标志合理性使用的认定严于北京朝阳法院，其认为对地理标志的使用未经地理标志权利人的许可，即使涉案产品的真实产地源于地理标志保护的区域，其使用行为也不具有正当性和合法性。[②]

上述两个案件的不同判决，实际反映了地理标志正当使用的一个特殊问题，即除了确实来源于地理标志产区的条件外，是否还需考量其他条件才能使用。根据地理标志法律规定[③]及其本身属性[④]，地理标志的正当使用不仅仅要求涉案产品源于地理标志产品产地、得到地理标志权利人许可等形式要件，更要考量涉案商品在实质上是否符合地理标志产品所要求具备的特性和相关标准。地理标志保护的实质内涵是受特殊自然、人文、气候等因素作用所形成的

---

① 参见北京市朝阳区人民法院（2015）朝民（知）初字第 33892 号。
② 参见广州知识产权法院（2015）粤知法商民终字第 260 号。
③ 《商标法实施条例》第 4 条第 2 款规定："以地理标志作为证明商标注册的，其商品符合使用该地理标志条件的自然人、法人或者其他组织可以要求使用该证明商标，控制该证明商标的组织应当允许。以地理标志作为集体商标注册的，其商品符合使用该地理标志条件的自然人、法人或者其他组织，可以要求参加以该地理标志作为集体商标注册的团体、协会或者其他组织，该团体、协会或者其他组织应当依照其章程接纳为会员；不要求参加以该地理标志作为集体商标注册的团体、协会或者其他组织的，也可以正当使用该地理标志，该团体、协会或者其他组织无权禁止。"《集体商标、证明商标注册和管理办法》第 18 条第 2 款规定："实施条例第六条第二款中的正当使用该地理标志是指正当使用该地理标志中的地名。"
④ 《商标法》第 16 条规定："商标中有商品的地理标志，而该商品并非来源于该标志所标示的地区，误导公众的，不予注册并禁止使用；但是，已经善意取得注册的继续有效。前款所称地理标志，是指标示某商品来源于某地区，该商品的特定质量、信誉或者其他特征，主要由该地区的自然因素或者人文因素所决定的标志。"

特定的商品质量、信誉、性能。只有在形式上和实质上均满足地理标志产品的要求，才能认定为是对地理标志的正当使用。换言之，即使是来源于地理标志产品所保护的地域范围，但在实质上达不到地理标志产品的质量要求，也应落入地理标志商标禁用权的范围，不具有使用的正当性。因此，地理标志虽然对地域名称不具有独占性，但地理标志保护的是社会的公共利益，依据利益平衡和诚实信用原则，地理标志商品产区的非会员虽有在商品包装上标明产地的权利，但对产地名称的使用应出于善意，应尽到合理的注意义务和避让义务，同时，要保证地理标志产品特有的品质和美誉度。[①] 因为地理标志商标在一定意义上是将公用资源纳入了商标专用权的范围，故在确定此类商标专用权的保护范围时，必须充分考虑公共利益和商标权利之间的平衡。

（四）指示性正当使用抗辩

指示性使用（nominative fair use），是指经营者在商业活动中善意合理地使用他人注册商标，客观地说明自己商品或者服务来源于他人的商品或服务，或者客观地指示自己商品的用途、服务对象以及其他特性与他人的商品或服务有关。在实际生活中，商标指示性使用的方式很多，如汽车生产商保留其采购的发动机的原有商标，比较广告中用他人的商标来说明被比较的产品等。例如，戴尔公司生产的电脑内置英特尔的CPU，并在电脑机身上标注"Intel inside"。这种使用商标的目的在于说明该电脑使用了英特尔公司的CPU，消费者并不会误认为该电脑是由英特尔公司生产的，戴尔公司的这种行为也不会侵犯英特尔公司的商标权。指示性使用他人注册商标，直接指向的是商标注册人的商品或服务，但最终目的仍是为了说明使用人自己的商品或服务。比如，宝马汽车维修商在其购进的宝马汽车配件上标注"BMW"标志，指明该配件来自宝马公司，专供于维修宝马汽车使用等。因这种使用是非商标专有权人为指示自己的商品或服务用途而使用他人的注册商标，故这种使用行为不构成商标侵权。商标指示性使用又称商标连带使用。

1. 指示性正当使用规则的缘起与发展

指示性正当使用是美国法官在实践中为弥补描述性正当使用的不足，在判例中确定的一种正当使用抗辩规则。美国《兰哈姆法》对指示性正当使用并未作出明确规定，该规则由普通法发展而来，并在之后的司法实践中不断得到修正和完善。比如，在比较性的广告中使用他人商标以说明自己商品的质量或特

[①] 参见马腾飞：《对地理标志证明商标正当使用认定的探析——以两起"西湖龙井"地理标志侵权案为例》，载"万慧达知识产权"微信公众号，2017年6月16日。

性，不构成商标侵权。在"香奈尔5号"与"第二机会"香水的商标纠纷案①中，原告拥有"香奈尔5号"品牌香水，被告仿造了原告的产品，并在市场上以"第二机会"的商标低价销售。被告在广告中宣称自己的香水是世界上最精美香水的仿制品，并请顾客找出"香奈尔5号"与"第二机会"两种香水的区别。由于被告在广告中提到"香奈尔5号"，原告诉被告侵犯了自己的商标权。法院认为，被告在比较性的广告中使用他人商标，目的是说明自己商品的质量或特性，不会造成相关公众的混淆，属于正当使用的情形。在1992年New Kids 一案②中，美国第九巡回法院的法官第一次确立了指示性正当使用规则。

"Coty"案是美国法院保护商标指示性使用的典型案例。原告拥有香粉和香水的注册商标"Coty"。被告普里斯特尼茨购买了"Coty"香粉后，将其重新包装成块放在小盒子中销售；随后又购买了"Coty"的大瓶香水，分装在小瓶中销售。由于被告的再销售行为中连带使用了原告的商标，原告提起诉讼要求被告停止使用其商标。联邦地方法院裁定，被告可以使用"Coty"商标，但前提是被告要在产品标签上说明自己与"Coty"无关，自己仅从事了该产品的压缩和重新包装产品的行为。此案一波三折，第二巡回法院推翻了地方法院的判决，下令被告不得在重新包装的商品上使用原告的商标。而最高法院则恢复了地方法院的裁定，认为"当商标的使用方式没有欺骗公众时，我们看不到相关的字眼具有这样的神圣性，以至于不能用它来说明真实情况。它不是禁忌"。③"Coty"案确立了一个"说明真实情况（telling the truth）"的标准，这一标准影响到后来的关于商标指示性使用的一系列判例。

目前，很多国家和地区的商标法中均有对指示性使用的规定。例如，《欧盟商标条例》第14条规定，"欧盟商标所有人无权制止第三方在贸易过程中使用……：(c) 需要用来表明商品或服务用途的标志，特别是用来表明商品零部件用途的商标；……只要上述使用符合工商业务中的诚实惯例"。《法国知识产权法典》第 L.713-6 条规定，"商标注册并不妨碍在下列情况下使用与其相同和近似的标记：……2. 说明商品或服务用途，尤其是作为附件或者零部件的用途时必需的参照说明，以便不导致产源误认。但是，这种使用损害注册人权

---

① See Smith v. Chanel, Inc., 159 U.S.P.Q. 388 (9th Cir. 1968).
② See New Kids on the Block v. News America Publishing, Inc., 971 F.2d 302 (9th Cir. 1992). 原告是一支乐队，拥有"The New Kids"商标，被告是两家报社，它们在各自出版的报纸上刊登了"New Kids on the Block"的照片并发起"谁是 The New Kids 成员中最受欢迎偶像"的电话投票活动，原告遂对被告提起商标侵权之诉。
③ 参见李明德：《美国知识产权法》，法律出版社 2003 年版，第 310 页。

利的，注册人得要求限制或禁止其使用"。

2. 我国商标指示性使用抗辩的实践

我国商标立法对指示性正当使用没有明确规定。生活中，常见一些汽车零售商店和维修点未经商标权人许可，擅自在其门面招牌上使用某些中外汽车的注册商标，如"××专卖""××专营""××专修"等字样，使消费者误认为其与某些汽车制造商有某种关联，这种行为就超出了商标指示性正当使用的范围。同时，由于货源、专有技术、经营水平及店堂布局等方面的原因，其商品的真伪优劣及服务质量等也难以保证。这给商标注册人的商标专用权造成了一定损害。为了解决这个问题，国家工商行政管理局分别于1995年7月下发《国家工商行政管理局关于禁止汽车零部件销售商店、汽车维修点擅自使用他人注册商标的通知》，1996年6月10日下发《关于禁止擅自将他人注册商标用作专卖店（专修店）企业名称及营业招牌的通知》。这两份通知指出：（1）未经商标注册人允许，他人不得将其注册商标作为专卖店、专营店、专修店的企业名称或营业招牌使用。（2）商品销售网点和提供某种服务的站点，在需要说明本店经营商品及提供服务的业务范围时，可使用"本店修理××产品""本店销售××西服"等叙述性文字，且其字体应一致，不得突出其中商标部分。可以看到，汽车零部件销售店和汽车维修商为了说明自己提供对哪些车型的汽车部件销售和维修服务，可以在店外使用他人的注册商标，这种行为属于商标的指示性使用，不构成侵权。但如果未经商标权人许可，擅自使用"特约维修点""指定专营店"等字眼，就超出了商标指示性使用的范围，因为使用的结果容易使消费者对服务来源产生误认，认为这些店面取得了商标权人同意，有业务上的联系。但上述两个通知因效力层级不高，在操作上也存在一定困难。2006年发布的《北京市高级人民法院关于审理商标民事纠纷案件若干问题的解答》提到，"在销售商品时，为了说明来源、指示用途等在必要范围内使用他人注册商标标识"的行为，是一种正当使用商标标识的行为。2011年公布的《江苏省高级人民法院侵犯商标权纠纷案件审理指南》指出，商标指示性合理使用是指："为说明经营范围、指明商品或服务的来源、用途，他人可以正当使用（商标权人的注册商标）。"上述行政规定和法院解答等在《商标法》缺位时为执法者提供了一定的指导。

司法实践中，法官开始运用指示性正当使用规则进行裁判，并在判决书中有一定的说明阐述。在"维多利亚的秘密"商标纠纷中，被告以商标指示性正当使用为由进行抗辩，并未得到法院支持。原告维多利亚公司系全球著名内衣品牌"VICTORIA'S SECRET"（维多利亚的秘密）的所有人，涉案商标"VICTORIA'S SECRET""维多利亚的秘密"已在中国注册为商品、服务商标，并有一定知名度。原告发现，被告未经许可，擅自在其经营的店铺招牌、员工胸牌、VIP 卡、时装展览等处及推广宣发活动、商业运作过程中使用涉案商标，并以品牌运营商身份开展特许加盟销售活动，构成商标侵权和不正当竞争，诉请法院要求被告停止侵权并赔偿损失。被告认为，其销售的维多利亚商品来源于原告母公司，被告对原告注册商标的使用系在商品销售过程中的合理使用，不构成商标侵权和不正当竞争。本案一审法院认定被告构成商标侵权，被告上诉。二审法院认为，被告在广告宣传过程中对"VICTORIA'S SECRET"和"维多利亚的秘密"标识的使用，足以使相关公众产生混淆，该种使用方式系对服务商标的使用，与"VICTORIA'S SECRET"和"维多利亚的秘密"（第 35 类）商标核定使用的服务类别相同，属于在同一种服务上使用与其注册商标相同的商标，构成商标侵权。证据表明，在宣传过程中被告虚构事实攀附原告的主观意图明显，且实施了虚假宣传的客观行为，获得了不正当竞争利益，致使原告利益受到侵害，应当认定构成不正当竞争。原审法院的认定并无不妥，故判决驳回上诉，维持原判。① 本案法院裁判认为，被告宣传使用他人注册商标的行为超出了正当使用的范围，构成商标侵权。

如何界定正当使用的范围？认定指示性使用的标准和条件有哪些呢？在"立邦"商标纠纷中，原告立邦公司诉称，其是"立邦"注册商标的所有权人，亦是众多平面、媒体广告的著作权人。其经营的立邦漆系列产品以其优秀、稳定的品质和完善的服务享誉全球，在中国及亚洲地区涂料市场中连续多年占据前列，"立邦"在中国已为社会公众广泛知晓和熟悉的涂料品牌。2011 年 3 月，原告发现被告某公司未得到其许可或授权，在淘宝网上开设的店铺中，肆意使用原告上述商标标识、平面广告来装饰其店铺页面，其行为足以使消费者误认为被告与原告存在关联，系原告授权许可的销售网点，其行为侵害了原告的商标权及广告著作权，造成了重大经济损失，应承担相应的赔偿责任。被告辩称，该公司确实在淘宝网站上开设店铺销售立邦漆，但有合法的进货渠道，网站上的商品图片是自行拍摄，在销售原告经营的立邦漆时，使用相应的涉案注册商标亦不违反法律规定，不存在侵权行为，要求法院驳回原告立邦公司所有的诉讼请求。

一审法院经审理后认为，本案主要争议焦点即在于被告在淘宝网上销售原告商品时使用上述注册商标进行宣传，是否侵害了原告享有的商标专用权。而该问题的关键在于被告在销售原告商品过程中使用原告注册商标时，是否超出

---

① 上海市高级人民法院（2014）沪高民三（知）终字第 104 号。

合理使用的范围、是否符合商业惯例。对此，法官作了阐述。首先，被告在其网络店铺中销售多种品牌油漆，对部分品牌的油漆进行了促销宣传，其在促销宣传中使用原告注册商标的目的在于告知消费者其所宣传商品指向的具体品牌，促使消费者了解欲购买油漆品牌的特点，以区别于其经营的其他油漆品牌，由此可见，被告使用原告注册商标属于向消费者说明其销售商品来源的描述性使用；其次，被告使用原告注册商标促销宣传时并没有宣传其自身，不足以导致一般社会公众误认被告与原告立邦公司存在关联关系；最后，被告在销售原告商品时，促销宣传中使用涉案注册商标的方式合理，符合一般商业惯例。若限制被告等销售商合理使用所销售商品的注册商标，则会不当地限制销售商宣传自己经销商品的方法，直接损害商品在市场自由流转这一市场经济赖以存在的基本原则，故对于原告要求被告承担侵害原告商标专用权赔偿责任的诉讼请求法院不予支持。一审判决后，原告立邦公司不服判决，提起上诉。二审法院经审理后认为，如果被控侵权行为人使用立邦商标仅为指示其所销售商品的信息，未造成相关公众混淆，亦未造成商标利益损害，则不应被认定为商标侵权行为。本案中，被上诉人在其淘宝网络店铺中销售立邦公司产品时使用了多幅与立邦相关的图片，其中涉及涉案两个立邦商标。从商标使用方式、网站的页面设置、被控侵权使用行为是否会使相关公众对服务来源产生混淆和误认角度来分析，被上诉人为指示其所销售商品的信息而使用上诉人立邦公司的注册商标，未造成相关公众的混淆，也不存在其他商标利益的损害，故上诉人指控被上诉人构成商标侵权的主张不能成立。判决驳回上诉，维持原判。[①]

从上述案例看到，合法取得销售商品权利的经营者，可以在商品销售中对商标权人的商品商标进行指示性使用，但应当仅仅限于指示商品来源，如超出了指示商品来源所必需的范围，则会对相关的商标专用权构成侵害。如果销售商对他人注册商标的使用行为可能导致相关公众误认为销售服务系商标权人提供或者与商标权人存在商标许可等关联关系的，应认定已经超出指示所销售商品或服务来源所必要的范围而具备了指示、识别商品或服务来源的功能。如在本案中，被告某公司不得使用"立邦专卖""立邦代理"等字样。

综上所述，本书认为，商标指示性正当使用抗辩应满足以下条件：第一，使用的目的是说明其经营范围，指明商品或服务的来源、用途等，如不使用该注册商标，就无法对其商品或服务的来源、构成等真实情况加以表明。第二，使用动机要出于善意，不具有"傍名牌""搭便车"等不正当竞争的目的。第

[①] 参见上海市第一中级人民法院（2012）沪一中民五（知）终字第64号。

三，使用的方式合理，未突出使用，只是为了说明产品或服务的真实情况。如果突出使用他人注册商标，则超出了正当使用的界限。

3. 我国商标指示性使用规则完善的建议

鉴于商标指示性使用是正当使用抗辩规则的一个组成部分，且我国的行政立法和司法实践中均有指示性正当使用的规定和案例，本书建议应对《商标法》第59条第1款规定进行修改，进一步完善该条款。

其一，《商标法》第59条第1款应涵盖指示性使用的内容。具体立法条款可表述为："注册商标中含有的本商品的通用名称、图形、型号，或者直接表示商品的质量、主要原料、功能、用途、重量、数量及其他特点，或者含有的地名，或者为了说明指示商品或者服务来源的真实信息而使用他人商标的，注册商标专用权人无权禁止他人正当使用。"

其二，立法模式修改为列举加概括式模式。分析域外商标立法，正当使用规定可分为三种立法模式：第一，列举式，即将商标正当使用的各种情形加以罗列，但并未对整个制度进行高度抽象概括。第二，概括式，仅对正当使用进行概括而未列举具体情形，例如，TRIPS协定第17条规定，"成员方可规定商标权的有限例外，诸如对说明词汇的正当使用之类，只要这种例外符合商标所有人及第三方的利益"。第三，列举加概括式，比如，我国台湾地区"商标法"第23条第1项规定："凡以善意且正当使用之方式，表示自己姓名、名称或其商品之名称、形状、质量、功用、产地或其他有关商品本身之说明，附记于商品之上，非作为商标使用者，不受他人商标专用权之效力所拘束。"对比上述三种立法模式，列举式模式的优点是清晰明了，但不能穷尽所有类型。概括式模式虽定义明确但缺乏具体情况指示，在实践中操作性偏弱。列举加概括式模式则兼具前两者模式之长，既能避免列举之不足，又增加了具体情况的列举，便于实践中操作。基于此，建议我国商标法关于正当使用的立法模式可采用列举加概括式的模式。

其三，细化正当使用标识行为的表现形式。为规范和指导商标正当使用的司法实践，建议细化正当使用标识行为的表现形式，并可考虑在《商标法实施条例》中进行规定，或由最高人民法院以司法解释的形式作出规定。关于善意使用标识行为的表现形式，可参照《北京市高级人民法院关于审理商标民事纠纷案件若干问题的解答》第27条，具体包括以下情形：（1）使用注册商标中所含有的本商品的通用名称、图形、型号的；（2）使用注册商标中直接表示商品或者服务的性质用途、质量、主要原料、种类及其他特征的标识的；（3）在销售商品时，为说明来源、指示用途等在必要范围内使用他人注册商标标识的；（4）规范使用与他人注册商标相同或者近似的自己的企业名称及其字号的；（5）使用与他人注册商标相同或者近似的自己所在地的地名的；（6）其他属于正当使用商标标识的行为。只要上述使用是正当善意的，均不构成侵权。

第二节　三维标志的功能性抗辩

现行《商标法》第 12 条对立体商标的申请注册进行了规定，将"含有商品自身的性质产生的形状、为获得技术效果而需要的商品形状或者使商品具有实质性价值的形状"挡在了商标注册大门之外，换言之，这些形状不仅具有功能性，而且属于公共领域的三维图形，申请人当然不能获得商标专用权。实际生活中，如果他人使用的三维标志中含有上述带有功能性形状的，是否构成商标侵权？2013 年修改后的《商标法》第 59 条第 2 款作了明确规定："三维标志注册商标中含有的商品自身的性质产生的形状、为获得技术效果而需要的商品形状或者使商品具有实质性价值的形状，注册商标专用权人无权禁止他人正当使用。"显然，这是对立体商标权的限制，他人可依据该条款进行三维标志的功能性抗辩。司法实践中，如何认定三维标志的形状具有功能性？此功能性可否和专利法中的实用性画等号？对三维标志注册商标权利限制的尺度如何把握？这些问题依然是三维标志认定权利归属和侵权抗辩的难点所在。

一、商标法上的功能性界定

从《商标法》规定的商标正当使用情形来看，描述性正当使用是对商标中的通用词汇原有含义的使用，不具有识别商品来源的作用。同理，功能性正当使用亦是使用了立体商标中的功能性部分，没有发挥区分商品来源的作用。所谓商标法意义上的功能性是指三维标志由商品自身的性质产生的形状、获得技术效果而需要的商品形状或者使商品具有实质性价值的形状。这些形状所具有的功能性属于技术领域的范畴，可申请专利进行保护。如果作为商标申请，因商标续展可获得永久保护，不利于技术的推广且容易造成垄断。因此，各国商标法均规定，带有功能性的立体商标无法获得注册，立体商标权人也不得禁止他人正当使用这些带有功能性的三维标志。下面结合"黄色小鸭"立体商标案，分析法院如何对商标法上的功能性进行界定。

原告的公司成立于 1988 年，并在 1991 年推出"黄色小鸭"品牌系列婴幼儿产品。2000 年起，原告即开始进军中国市场，并于 2002 年和 2007 年先后在上海成立了两家关联公司。经过原告及关联公司的多年营销，"黄色小鸭"品牌在中国的婴童用品领域已为社会公众所广泛知晓和熟悉。原告系"黄色小鸭"图文商标、立体商标、图形商标的商标权人。被告系生产、销售婴儿用品的企业，其在天猫平台和京东平台上分别开设旗舰店，销售奶瓶奶嘴、水杯餐具等产品，其中一款其生产制造的"小黄鸭奶瓶"产品上装有黄色小鸭形象的可拆卸硅胶保护套，与奶瓶配合一体使用，亦可拆卸后作为儿童玩具使用。该款奶瓶在被告的天猫旗舰店和京东旗舰店上非常热销。原告认为，被告上述使用原告注册商标标识的行为侵犯了原告的注册商标专用权，应当承担相应的法律责任。在该案审理过程中，被告以被诉侵权奶瓶产品具有商品必不可少的实用性为抗辩理由，并称其已经获得实用新型专利授权，根据《商标法》第59条的规定，原告无权禁止其正当使用。

法院针对被告提出的抗辩理由，指出专利法意义上的实用性是指发明或实用新型能够在产业上制造或使用，并且能够产生积极效果。商标法意义上的非功能性是指三维标志并非由商品自身的性质产生的形状、为获得技术效果而需要的商品形状或者使商品具有实质性价值的形状。两者并非同一含义。本案中，被告公司的实用新型专利说明书中明确记载，瓶体外套设有各种小鸡或小鸭卡通脸型结构的瓶套。可见，被诉侵权奶瓶产品的硅胶保护套并非只有小黄鸭造型一种，也可选择其他卡通脸型，故涉案小黄鸭造型并非由商品自身的性质产生的形状、为获得技术效果而需要的商品形状或者使商品具有实质性价值的形状，不属于《商标法》第59条规定的注册商标专用权无权禁止他人正当使用的情形，构成商标侵权。[①]

根据商标权限制理论及《商标法》第59条第2款的立法本意，商标法上的功能性既有事实上的实用性，也有基于公平竞争考虑的功能性，但这并不等同于专利法上的实用性。三维标志获得商标注册，其显著性一般是需要通过使用获得；如果该标志的显著性较低，或者作为产品的部分特征，就不能阻碍其他的经营者、生产商使用该特征的第一含义。在上述"黄色小鸭"案件中，被告以获取实用新型专利为由，证明产品具有实用性，进而使用《商标法》第59条第2款的抗辩事由，并没有法律上的逻辑性。

二、立体商标的保护范围

权利的行使都是有限度的。商标权同其他知识产权一样，不仅有地域性、时间性、专有性等限制，而且应当在权利内容方面也要加以限制。因为权利有不断扩张的本性，商标权的行使也不例外。那么，如何界定立体商标的保护范围？下面分析一起案例。

---

① 参见上海知识产权法院（2019）沪73民终368号。

原告是瑞典的巧克力公司，在第 30 类糖果等商品上注册了木马形状的立体商标。该形状源于瑞典传统的"达拉木马"。① 原告起诉被告公司生产和销售的糖果造型侵犯了其立体商标，并要求法院颁发禁令。被告则抗辩认为，达拉马是知名的传统标志，原告的注册并不能使它保护到一切有关达拉马的造型，甚至马本身的造型上。法院认为，被诉产品是糖果，与引证商标注册使用的商品相同。但达拉木马是瑞典（达拉纳省）历史悠久的著名的象征符号；原告注册时，第 30 类商品上已经有多个形式不一的达拉马商标，瑞典知识产权局允许引证商标的注册，不是说它可以保护到整个达拉马的形状，它获得保护的范围限于它有显著性的部分，也就是它的轮廓、色彩以及装饰的特定组合；此外，涉案商标是立体商标，立体的形状本来就比较难让一般消费者识别为商品来源，也没有证据证明原告的标记经过使用增强了显著性，因此，从这个角度看，涉案引证商标的保护范围也很有限。虽然本案涉案的形状有一定近似，但考虑到引证商标显著性较低，被诉形状并没有使用体现引证商标显著性的部分——轮廓、颜色和装饰，其共同之处是引证商标不受保护的部分，因此被诉形状与引证商标不构成近似。

"达拉木马"案的裁判价值在于，其一，明确了立体商标的保护范围是有一定限制的，法律只保护该立体商标的显著部分，即显著部分的图形或颜色、花纹的组合，这部分才具有排他性，未经许可不得使用；其二，立体商标的其他不具有显著性的部分，法律不予保护，或者保护力度很低，相关公众可以正当使用，不构成商标侵权。法院的裁判显现了利益平衡原则在该案的适用。

第三节　商标先用权抗辩

我国 2013 年修改后的《商标法》第 59 条第 3 款规定了商标先用权规则："商标注册人申请商标注册前，他人已经在同一种商品或者类似商品上先于商标注册人使用与注册商标相同或者近似并有一定影响的商标的，注册商标专用权人无权禁止该使用人在原使用范围内继续使用该商标，但可以要求其附加适当区别标识。"该规定具有非常重要的价值，宣示了商标先用权规则首次在我国《商标法》中得到确立，在一定意义上确认了在先使用的未注册商标的法律地位及其相应的权益，对学界和司法界一直争议不断的对未注册商标的保护给

---

① 公元 17 世纪前后的瑞典达拉纳省地区，人们多以伐木为生。长期野外工作的伐木工人就用木头雕刻一些礼物送给家人和朋友。这种木马造型十分流行，不仅是馈赠佳品，甚至一度成为货币的替代品。

予了肯定的回应，承认了我国现阶段未注册商标在市场经济条件下的存在有其客观必然性，较好地平衡了商标注册权人和在先使用的未注册商标所有人之间的利益。该条款的规定，吸纳和借鉴了其他国家的立法内容，不仅完善了我国的商标权限制制度，防止权利滥用，也为司法审判提供了依据。但商标先用权规则在我国确立时间不长，还无具体的司法解释，加之《商标法》第 59 条第 3 款的规定比较抽象，法条中存在着一些弹性较大的内容，如"有一定影响的商标""原使用范围内继续使用""附加适当区别标识"等，对这些问题的理解和把握对于司法和执法实践中正确理解和适用先用权规则有着重要的现实意义。

一、商标先用权的性质

商标先用权又可称为未注册商标在先使用，是指在他人获得商标权之前已经使用该商标的所有人，享有在原有范围内继续使用该商标的权利。但该权利不同于一般的所有权，更不能和注册商标同日而语，无禁止权和民事权益。一般情况下，先用权不能转让和许可他人使用，其行使的范围也十分有限，需要满足相关条件。从商标法的历史发展来看，商标经历了由使用产生权利到注册产生权利的变迁。商标先用权制度主要存在于只认可商标权注册产生的国家和地区，如法国、日本和我国台湾地区。根据这些国家和地区的法律，商标的使用不会产生商标权。在实践中如果没有商标先用权制度，在先商标使用人使用多年的商标就有可能被他人抢注。可见，商标先用权规则的设计是商标法为克服登记注册制度的缺陷，弥补申请在先原则的不足而设计的一种补救措施，目的在于平衡商标注册人和商标在先使用人之间的利益。如果把商标注册原则的适用绝对化，在先使用人仅仅因为自己在先使用的商标与在后注册商标相同或者近似，就不能正常使用，这对在先使用人是不公平的。

从我国《商标法》的设计及其逻辑结构上分析，第七章主要是规定注册商标专用权的保护及其权利限制，其中，第 59 条就是针对权利人限制的条款；从第 59 条自身规定来看，该条有三款内容，分别规定了叙述性的正当使用、功能性的正当使用及在先权的正当使用。可以看到，立法是把先用权作为正当使用的行为之一，在满足相关条件下，在先使用人可以继续使用其商标，体现了立法者对在先使用者权益的关怀和尊重。

二、商标先用权的构成要件

未注册商标的在先使用人主张侵权抗辩时，应满足哪些条件呢？如何适用《商标法》第 59 条第 3 款？下面结合案例分析商标先用权的法律适用问题。

原告系"清境原舍"注册商标专用权人，核定使用服务项目为第 43 类。

2017年10月，原告发现被告未经许可，擅自以"清境·原舍""清境原舍·依田"等商标使用在其开发运营的莫干山相关民宿酒店的门牌、酒店用品上，并在"百度"搜索、"携程"等网络媒体上宣传使用上述商标，故诉至法院。法院经审理后认为，被告于2012年6月12日成立时以"清境"为企业字号。庭审中，被告确认其开发运营的"清境原舍"民宿于2014年2月开业。双方提交的公证书亦可证实早在2014年，网络上就有关于被告"清境原舍"民宿的游客点评及相关报道介绍。结合被告早在2015年7月7日于相同大类上经核准注册第14171305号"原舍"组合商标的事实，可见被告并无攀附原告涉案注册商标的意图。鉴于原告涉案注册商标申请日为2015年11月12日，故被告早于原告涉案注册商标申请日，即在其民宿对外经营活动及网络宣传中使用被控侵权标识的行为可以认定为在先使用行为。结合被告提交的有关其"清境原舍"民宿的游客点评、网络媒体报道的网页打印件、杂志、公证书及所获荣誉等，足以证明被告民宿及其所使用的被控侵权标识在涉案权利商标申请注册之前已具有一定影响。在涉案权利商标核准注册后，被告未超出原有范围使用上述标识。综上，法院认为被告所主张的商标先用权抗辩成立，被告使用被控侵权标识的行为不构成对原告享有的"清境原舍"注册商标专用权的侵害。①依据《商标法》第59条第3款规定，结合上述案件，本书认为，主张商标先用权抗辩应同时符合以下构成要件：

（一）在先并连续使用

在他人申请商标注册以前，在先使用人已经连续使用了该商标，这是构成商标先用权的首要条件，如果没有时间上的先用事实，就不会产生相关的权利。另外，在先使用人对该商标的使用应是连续性的，如果无正当理由而中断使用的，在他人注册后则不得继续使用，否则会破坏商标的注册原则，不利于对注册权利人的保护。当然，这里的"使用"应是强调商标在商品或服务上的实际使用和投放市场，是连续一定时期的使用并产生了商标的识别功能，而不是象征性地使用。② 如果连续三年停止使用的，则原使用人不得再继续使用。

在"小肥羊"商标纠纷案中，法院通过裁判明确了商标的连续使用要件。其基本案情为：内蒙古小肥羊公司成立于1999年9月13日，其拥有"小肥

---

① 参见德清县人民法院（2018）浙0521民初5294号。
② 日本学界认为：一是并不要求在先使用者的营业处于持续不断的状态，如果由于季节性的原因而中断，或由于经营者一时的困境或其他原因中断使用，也应当认为在先使用的商标处于继续使用状态；二是如果在先使用者将自己的在先使用的商标和营业进行了分开转让或进行了许可使用，在这种情形下，在先使用者不得主张在先使用权。

羊"文字或图文组合商标,均核定使用于第 43 类的饭店、餐厅(馆)等服务上,并曾被认定为餐厅、饭店服务上的驰名商标。深圳市周一品小肥羊餐饮公司在门店招牌、服务员的胸牌及点菜单上使用了"一品小肥羊"标识;在门店指示牌上使用"周一品小肥羊"等标识;在餐具和火锅电磁炉上使用含有"小肥羊"的商业标识;同时在域名为"www.zypxfy.com"的网站上,除使用上述标识外,还注明版权所有为深圳市一品小肥羊餐饮连锁集团,该网站提供"一品小肥羊餐饮连锁"加盟登记表,并介绍"一品小肥羊"特许连锁店加盟程序。小肥羊公司以周一品公司的上述行为构成侵害商标权及不正当竞争为由,向广东省深圳市中级人民法院提起诉讼。周一品公司以商标先用权为由进行抗辩。一审法院认定,周一品公司的先用权主张不能成立。周某曾于 1995 年在兰州使用了"周一品小肥羊"的字号,但次年即告中断,二十年后再次使用,未达到连续使用这一条件,对其先用权主张不予支持。同时,法院指出,周一品公司即使享有先用权,现行商标法对这种先用权的行使和容忍也是有限度的。商标法意义上的先用权存在两个要件,不仅要求在先使用的标识在注册商标申请注册前业已存在,还要求该标识在一定范围内具有一定影响。对此,法律规定,该标识只能由原使用人在原使用范围内继续使用,而不得超出该范围许可或转让给他人使用。一审法院判决周一品公司使用的商业标识及企业名称侵犯了小肥羊公司的注册商标专用权及企业名称权,判决周一品公司立即停止侵权行为并赔偿小肥羊公司经济损失 90 万元及合理支出 10 万元。周一品公司不服,提起上诉。广东省高级人民法院二审判决驳回上诉、维持原判。① 该案对商标先用权的规则适用、先用权制度与注册商标制度之间的位次关系和利益平衡、地域范围等问题进行了探讨,对商标法实施后涉及先用权抗辩案件的审理进行了积极而有益的探索,特别是指出了商标使用条件的要求,应该是连续性使用,而非断断续续的不连贯使用行为。该案因其典型性,被列为 2014 年度广东省知识产权审判十大案例。

(二)在他人申请日之前已经使用

在先使用行为的时间节点应为在他人申请注册商标申请日之前,而非注册商标核准公告日;在先使用人应提供早于他人注册申请日前已经使用该商标的证据并加以说明。如上述"清境原舍"案中,被告证明该民宿于 2014 年 2 月开业并作宣传,原告申请"清境原舍"商标时间为 2015 年 11 月,晚于被告使用的时间。

---

① 参见广东省高级人民法院(2014)粤高法民三终字第 27 号。

（三）在先使用的商标与注册商标相同或近似，并且使用在同类或类似商品或服务上

注册商标专用权的保护范围是以核准注册的商标和核定使用的商品为限。如果在先使用的商标与注册商标不构成相同或者近似，或者使用的商品不是同类或类似商品，那么商标在先使用人当然有权继续使用，甚至可以申请注册取得商标权。换言之，只有当在先使用人的商标与他人注册商标相同或近似，并且使用在同类或类似商品或服务上时，才会产生争议和纠纷。

（四）在先使用的商标有一定影响

《商标法》第 59 条第 3 款对在先使用商标附加了"有一定影响"的要求，即具有一定的市场知名度，但并没有要求必须达到驰名的程度，因为《商标法》第 13 条第 2 款已经规定了对未在中国注册的驰名商标给予相应的保护。

本书认为，这种规定挤压了未注册商标行使和保护的空间，过度保护了注册商标权，与设立商标先用权规则的本意背道而驰。在先使用人是首次使用该标志的人，并未搭借在后注册人的声誉，其使用该商标并产生了相关商品或服务识别功能的事实状态。注册本身只是一种对在后申请者权利的确认。法律不仅要维护自然形成的秩序，而且要尊重在先使用人的劳动成果。在坚持注册原则的情况下，应注意到商标在先使用人和在后注册人的利益平衡，不能对先用权人过于苛求，要求其使用的商标必须有一定影响和知名度。换言之，不能仅仅以他人申请商标注册在先为由，对抗在先使用人在先使用商标的客观事实和形成的商誉及识别功能，从而禁止该使用人在原有范围内继续使用该商标，进而否定在先使用人的利益。从法律规定的连续性和逻辑性考虑，我国《商标法实施条例》对与他人在相同或者类似的服务上已注册的服务商标相同或者近似的，允许继续使用，并未要求在先使用的服务商标"必须有一定影响"，才能继续使用。① 另外，如何判断"有一定影响"的商标？是指全国地域内的驰名商标还是部分区域内有知名度的商标？这些问题也会遇到实际操作中的困难。本书以为，《商标法》第 59 条第 3 款对在先商标继续使用的要求不可太高，只要有在先使用的事实即可，因为该条立法设计的目的不同于《商标法》第 13 条和第 32 条，不能对在先使用人过于苛求，应该取消对先用商标"有一定影响"的要求。

---

① 《商标法实施条例》第 92 条第 1 款规定："连续使用至 1993 年 7 月 1 日的服务商标，与他人在相同或者类似的服务上已注册的服务商标相同或者近似的，可以继续使用；但是，1993 年 7 月 1 日后中断使用 3 年以上的，不得继续使用。"

三、商标先用权行使的限制

本书认为,《商标法》第 59 条应包括两部分内容：其一,是对商标先用权构成要件的规定；其二,是对商标先用权行使限制的规定。在具体适用时,应首先判断在先使用人是否满足了先用权的要件,其次,再分析该先用权的行使是否超出了法律规定。因为此处的商标先用权并不是一种独立的民事权利,在行使时会受到一定限制,而且,先用权不能对抗注册商标权,不具有禁止权和其他相应的民事权利。

上述谈到,在满足了以上条件后,未注册商标在先使用人才有权继续使用该商标,但在使用过程中会受到一定范围的限制,如果超出了一定范围,则有可能构成侵权,不能以先用权为由进行抗辩。由于立法规定过于抽象,司法实践中对上述先用权构成要件及限制的解释和适用标准不尽相同。直到 2019 年 9 月 3 日,最高法在林某诉富运家具经营部等商标侵权一案的判决中,明确了《商标法》第 59 条中在先使用抗辩的相关限制条件,指出该抗辩只适用于先使用人本身,且其使用不仅应先于权利商标的申请日,亦应先于注册人本身的使用；最高法还首次明确提出"地域范围"是考虑原有范围的重要因素。该案具体案情见下：

原告林某享有涉案"理想空间"商标专用权,使用在第 20 类的家具等商品上。原告起诉被告富运家具经营部在名片、店招等多处使用涉案标志,侵犯其商标权。被告辩称其使用被诉侵权商标系经过案外人富运公司授权,"理想空间"商标是富运公司在先使用并具有一定影响力的商标,其只是在原有范围内继续使用。一审法院认为,案外人富运公司在原告商标申请日和注册日前已经在先使用"理想空间""I&D 理想空间"标识,并在特定地区有一定影响力。同时,一审法院确认了富运经营部并没有在原告商标申请前使用被诉侵权商标、被诉侵权商标与富运公司在先使用的标识有所区别、富运经营部并没有按合同的授权使用"理想空间"品牌等事实。二审法院经审理后认为,案外人富运公司对诉争标识使用在先,并有一定影响力,在其已附加适当区别标识的情形下,林某无权禁止其在原使用范围内继续使用；富运经营部从富运公司处获得授权使用涉案标志,与原告商标不相同,无恶意攀附,无混淆误认；二被告均不构成侵权。但在此案件再审过程中,最高人民法院撤销了二审判决,维持了一审的侵权认定。① 该案中,最高法否定了富运经营部具有提起该抗辩的

---

① 参见最高人民法院（2018）最高法民再 43 号。

资格，认为在先使用人之外的其他人，无论是否取得在先使用人的同意，均无权依据《商标法》第 59 条第 3 款提出不侵权抗辩。另一方面，最高法明确了在先使用抗辩的适用条件：第一，在先使用人对相关标志的使用，应当早于该商标注册人申请商标注册的时间，同时亦必须早于该商标注册人使用该商标标志的时间；第二，在相同或者类似商品上在先使用；第三，在先使用相同或者近似的标志；第四，在先使用人对该未注册商标的使用，必须在商标注册人申请商标注册日和使用日之前，就已经具有一定影响；第五，在原有范围内使用。在确定原有范围时，应当主要考量商标使用的地域范围和使用方式。最高法认为，根据本案的证据，即便是案外人富运公司自身的使用，在涉案引证商标的申请注册日前都没有达到"有一定影响"，也不满足在先抗辩的时间条件。本案是最高法对适用《商标法》第 59 条第 3 款规定的在先使用抗辩较全面的一次回应。

结合商标法规定和司法裁判实践，商标先用权行使的限制表现为以下几个方面：

（一）先用权抗辩主体的限制

在上述"理想空间"商标侵权案中，最高法认为能提出该抗辩的只能是在先使用人本身。从字面理解，这是一个比较严格的限制。之前，有的法院对此没有严格要求，如江苏省高院在"蒋有记"商标侵权案中认为，鉴于夫子庙饮食公司的奇芳阁菜馆在"蒋有记"商标申请之前一直使用该商标，即使奇芳阁菜馆后来撤销，只要仍在原址贡院西街 12 号成立奇芳阁公司并得到夫子庙饮食公司的授权，同样可以主张在先使用抗辩。[①] 如果对抗辩主体资格界定，司法实践中还需根据具体案情具体解读。比如，在先使用是依赖被许可人的使用而实现的、关联公司的使用，以及在时间上应以谁的使用时间为准进行界定等。

（二）在先使用的时间限制

最高法在上述"理想空间"商标侵权案中认为，在先使用及达到"有一定影响"均应先于权利商标申请日，亦应先于商标注册人自身的使用，即"双先原则"。显然，对在先使用人抗辩提出了更高的要求。但如何举证商标注册人自身的使用及使用的时间，还存在一定困难，应该由商标注册人自行举证证明。

---

① 参见江苏省高级人民法院（2013）苏知民终字第 37 号。

（三）在先使用范围的限制

商标先用权制度的设立只是保护在先商标使用人使用的既存状态，所以，在他人商标注册后，在先使用人只能在原有范围内继续使用该商标，先用权人使用的范围应有所限制。如何界定"原有范围"？参考国家工商行政管理总局1994年发布的《关于服务商标继续使用问题的通知》，[①] 本书以为，使用范围的限制可从以下几方面考虑：一是只能在原来的商品或服务上使用，不得扩大使用的类别和范围，比如，不得扩大使用在类似的商品或服务上。二是不得改变原来使用的商标的图形、文字、色彩、结构、书写方式等内容，但以同他人注册商标相区别为目的而进行的改变除外。三是借鉴专利法中先用权限制的规定，商标先用人只能在原有生产规模和销售区域内使用，不可进一步拓展市场规模和使用地域，从而挤压并侵占商标权人的市场利益。[②] 实践中，如何把握还需要进一步研究。比如，对服务商标而言，跨不同的区域相对容易控制，如不同航空公司的服务商标覆盖的区域等，但对商品商标而言，由于电子商务和网购的普及和发展，商品流通渠道通畅，很难对销售的区域加以控制。

（四）附加区别标识的要求

为防止商品来源的混淆，保护注册商标权人利益，商标权人可要求先用权人在相同的商品或服务上附加适当区别的标识，以表明该商品来源于不同的生产厂家。适当的标识可以是不同的包装、企业的字号或者名称、产地等。比如，针对服务商标的继续使用人，如果与注册人的使用发生实际混淆，造成消费者误认的，先用人应"增加地理名称标志"，以便于与注册人使用的服务商标相区别。如果不附加适当区别标识，与他人注册的商标相同或近似的，且使用在同种或类似的商品或服务项目上，造成混淆的，可按侵犯商标专用权行为处理。

（五）在先使用权转移的限制

商标先用权是对在先使用商标的事实的确认，法律维护的是一种既存的状态，即先用人自身在现有范围内使用。另外，从所有权的角度分析，先用权也

[①] 《关于服务商标继续使用问题的通知》第3条规定："服务商标继续使用时，使用人须遵守下列规定：1. 不得扩大该服务商标的使用地域；2. 不得增加该服务商标使用的服务项目；3. 不得改变该服务商标的图形、文字、色彩、结构、书写方式等内容，但以同他人注册的服务商标相区别为目的而进行的改变除外。"

[②] 《专利法》第75条第2项规定，"有下列情形之一的，不视为侵犯专利权：……（二）在专利申请日前已经制造相同产品、使用相同方法或者已经作好制造、使用的必要准备，并且仅在原有范围内继续制造、使用的"。

是一种有限的权利,不享有完全的处分权,一般情况下,不得将该商标转让或者许可他人使用,但在继承关系或者企业发生分立或者合并时,则应当允许在先使用权的移转。①

四、先用权中的商标可延伸到其他商业标识

先用权的对象是否仅指商标,还是广义的商业标识?本书认为,先用权中的商标应包括其他商业标识,下面分析两起案例:

2004年9月,四川泸州千年酒业有限公司以四川江口醇酒业(集团)有限公司在白酒商品上使用"诸葛酿"商品名称侵犯其"诸葛亮"注册商标专用权为由提起商标侵权诉讼。江口醇酒业公司则认为其"诸葛酿"商品名称为知名商品特有名称,其行为不构成商标侵权,并同时提起反诉。湛江市中院一审判决:注册商标"诸葛亮"对知名商品名称"诸葛酿"构成侵权。广东省高级人民法院二审认为,对于知名商品名称与注册商标的冲突及保护问题,尽管现行法律、行政法规并无明确规定,但是应当考虑的一个标准是权利在先原则。江口醇酒业公司在1999年就开始使用"诸葛酿"作为所开发产品的商品名称,在该商品名称形成一定知名度和影响力之后,诸葛酿酒公司才于2003年正式生产"诸葛亮"酒,本案显然是知名商品的名称使用在先,故应当保护在先使用的权利。据此,广东省高院最终认定诸葛酿酒公司、千年酒业公司存在搭江口醇酒业公司"诸葛酿"知名商品名称"便车"的行为,遂驳回上诉,维持原判。②该案因其典型意义,成为广东省法院的指导案例。在该案件的裁判要旨中,广东省高院认为,商业标记的保护并不绝对以注册作为必要条件,主要取决于某一具体的商业标记自身的独创性和显著性的强弱。未注册的知名商品名称、包装、装潢与注册商标之间的权利冲突与保护,尽管现行法律、行政法规并无明确规定,但是首先应当考虑的标准是权利在先原则,以及诚实信用原则和公平竞争原则。

在"狗不理"商标纠纷中,狗不理集团的前身于1994年10月7日注册了"狗不理"文字商标,核定服务项目为第42类,即餐馆、备办宴席、快餐馆、自动餐馆。1999年12月29日,该商标被认定为驰名商标。天丰园饭店开业日期为1973年,主营猪肉灌汤蒸包,并于1986年9月、11月增加狗不理猪肉灌汤包等经营项目。自80年代以来,天丰园饭店一直持续经营狗不理风味猪肉灌汤包。1990年8月出版的《济南老字号》一书记载济南的狗不理包子

---

① 《日本商标法》第32条规定:商标先用权人的业务继受人也可以享有商标的先用权。
② 参见广东省高级人民法院(2006)粤高法民三终字第95号。

从 40 年代初开始经营，到 1948 年济南解放，一直畅销不衰。天丰园饭店一直在其门口悬挂经营狗不理猪肉灌汤包的牌匾，其主打品牌也是狗不理猪肉灌汤包。2006 年 10 月 16 日，狗不理集团提起诉讼，认为天丰园饭店的行为侵犯其"狗不理"注册商标专用权，请求判令天丰园饭店停止侵权，消除影响并赔偿损失。山东省济南市中级人民法院一审驳回狗不理集团的诉讼请求。狗不理集团提起上诉。山东省高级人民法院二审认为，天丰园饭店使用"狗不理"文字作为其提供的一种菜品的名称，并在济南这一特定地域经营狗不理猪肉灌汤包的历史由来已久。天丰园饭店提供狗不理猪肉灌汤包这一食品，并非在狗不理集团商标注册并驰名后为争夺市场才故意使用"狗不理"三字，没有违背市场公认的商业道德，也不存在"搭便车"利用"狗不理"服务商标声誉的主观恶意，属于在先使用。但天丰园饭店将"狗不理"三字用于宣传牌匾、墙体广告和指示牌，并且突出使用"狗不理"三字或将"狗不理"三字与天丰园饭店割裂开来使用的行为，容易使消费者混淆。为规范市场秩序，体现对"狗不理"驰名商标的充分保护，天丰园饭店不得在企业的宣传牌匾、墙体广告中等使用"狗不理"三字，但仍可保留狗不理猪肉灌汤包这一菜品。遂判决撤销一审判决，判令天丰园饭店停止在宣传牌匾、墙体广告等其他广告形式中使用"狗不理"三字进行宣传；驳回狗不理集团的其他诉讼请求。狗不理集团不服二审判决，向最高人民法院申请再审。最高人民法院裁定驳回其再审申请。最高法认为，考虑到在狗不理集团注册"狗不理"服务商标之前，天丰园饭店持续使用狗不理猪肉灌汤包这一菜品名称的历史因素，天丰园饭店仍可保留狗不理猪肉灌汤包这一菜品名称，但根据公平原则，天丰园饭店不得作其他扩张性使用。[①]

上述案例中涉及的在先使用的标识，不仅有未注册商标，还有商品名称、菜品名称、服务标识和企业字号等。这些标识经过使用，产生了识别同类商品或者服务来源的功能，而且主观上并没有利用注册商标的恶意，客观上属于在先使用。本书认为，对《商标法》第 59 条第 3 款关于先用权的客体应作广义的理解，使之延伸到相应的商业标识，如此在实践中有利于妥善解决商标权和其他权利的冲突，更好地平衡注册商标权人和在先使用人的合法利益。

第四节 商标权用尽和平行进口抗辩

随着经济贸易的全球化，为保障商品的自由流通和国际贸易的顺利发展，多数国家规定在商标权用尽和平行进口情形下，商标权人无权禁止他人正当使

---

① 参见最高人民法院（2008）民三监字第 10-1 号。

用带有注册商标商品的行为，换言之，在满足商标权用尽和平行进口规定的条件时，使用人可分别将之作为商标侵权抗辩的事由。

一、商标权用尽抗辩

商标权用尽理论最早由现代德国知识产权之父科勒于19世纪末提出，在美国，权利用尽理论也被称为"首次售卖理论"。所谓商标权用尽，是指经商标所有人同意将带有商标的产品首次投放市场后，任何人使用或销售该产品的，商标权人无权禁止。权利用尽理论的基础是"获得报酬说"，即当商标权人将其生产的产品首次投放市场后，商标权能中的获得报酬权已经得到实现，因而商标权人也就丧失了对商品的控制权。该制度的意义一方面在于防止商标权人利用商标控制市场，垄断价格，另一方面有利于促进贸易的顺利发展，保障商品的正常流通。

无须讳言，知识产权的客体具有非物质性，需要通过物质载体才能体现，商标权同样如此。商标附着于商品之上，此时的商品同时承载了两项权利：商标权、物权。而带有注册商标的商品投入市场进行销售，合法购得商品者属于物权人，取得了购得商品的所有权，有权对商品进行处分。但销售带有注册商标商品的行为属于商标法意义上的使用行为，未经许可销售该商品会侵犯商标权利人享有的权利，而转售行为会引起物权人与商标权利人之间权利的冲突。为了保证商品的自由流通，此时需要对商标权进行限制，即经商标权利人许可向公众提供的商品，该商品上的商标权视为用尽，商标权利人不能再阻止物权人再次流转。①

（一）商标权用尽抗辩的要件

社会生活中，商标权利用尽规则通常体现在商品的分装再售过程。分装或改装再售是指买受人购买了商标权人的商标商品，将其分成小袋装，进行重新包装后再次投入流通市场。在商品的再销售中，包装人在重新包装的商品上会对该分装行为作出明确的说明，且在重新包装上同样会使用原始商标来说明分装物的真实成分和来源。享有商标权的商品分装或改装后，其商品的性质基本上未发生变化。司法实践中，在商标权用尽的情形下，对于商品的分装再售行为是否构成商标侵权、被告可否以权利用尽原则进行抗辩，还存在不同的认识。商标权用尽抗辩的构成要件，学界也存在不同观点。本书认为商标权用尽的前提是发生在销售环节。一方面，有利于带有商标的商品自然流通；另一方

---

① 参见刘榕：《浅析平行进口与商标权的地域性》，载《中国知识产权报》2020年9月11日。

面,又能够使商标功能更好地发挥,同时实现商标商品的商誉。商标权用尽抗辩适用的条件为:其一,再售的商品来源于合法渠道,比如,通过正规合法的批发商取得,如果是非法销售则排除适用;其二,再售的商品仍然是正品,而非假冒伪劣商品;其三,商标的使用没有损害该注册商标的识别功能和显著性,产品的品质没有发生变化。

(二)我国商标权用尽抗辩的实践

在"老凤祥"商标纠纷中,苏果超市从其供应商文兴商贸有限公司处购买了带有老凤祥公司注册商标的铅笔,而文兴公司系老凤祥下属的特约经销商,苏果超市的采购渠道合法。随后,苏果超市对铅笔进行了分装,并在新包装上加了吊牌,同时,标明了老凤祥公司的注册商标后再次投入市场销售。老凤祥公司认为苏果超市造成市场混淆,构成商标侵权。一审法院认为,苏果超市的分包装并未对涉案商标造成贬损,也未对商品来源的生产者信息进行更改,亦未对铅笔本身作任何改变,商品仍然是正品,故商品的质量未受影响。分包装保留商品生产者信息能够充分说明商品的来源属于合理使用,不存在消费者对于商品来源认知的混淆、误认,也不会造成涉案注册商标的淡化,因此不构成商标侵权。① 二审南京市中院认为,识别商品或服务来源是商标的主要功能,应避免消费者对商品或服务来源产生混淆,同时保护商标权人的合法权益。本案中,经过苏果超市分装的铅笔本身为正品,将与涉案注册商标相同的标识使用在新包装上,并已明确标注了该商品的生产厂家,这些都足以表明商品的来源,故维持了一审判决。该案中经过分装的铅笔因为品质未发生改变,所以仍然是正品,不存在消费者混淆的可能。由此推导出的逻辑是:只要商品品质未发生改变,商品就是正品,否则就不再是正品;如果添加了合理的指示商品来源的说明就不会存在混淆的可能,如果未添加合理的说明就导致存在混淆的可能,进而构成商标侵权。

另一起典型的案例是"不二家"案。株式会社不二家拥有"不二家""poko""Peko"等商标,其将这些商标授权许可给不二家(杭州)食品有限公司使用并进行相关维权事宜。钱某某是一个体工商户,同时经营着一家网店,他从别处购买了不二家的散装糖果以及一些带有不二家商标的铁盒(规格分别为138g及258g)及纸盒(规格为100g)。钱某某在未经不二家公司许可的情况下,擅自将购得的散装糖果分别装入这些带有不二家商标的包装盒中,并在自己经营的实体店及网店中进行再次销售。不二家公司遂以其销售的糖果虽为正

---

① 参见江苏省淮安市中级人民法院(2014)淮中知民初字第0007号。

品但三种规格的糖果分装盒并非株式会社不二家及其被许可人的产品为由起诉至法院，认为被告侵犯了其商标权。而钱某某则主张糖果来源于不二家公司，其仅仅是更换商品外包装，且包装上标有原告的信息即涉案商标，这是一种商品来源的指示，并未损害涉案商标的识别来源功能及其商标价值，不构成商标侵权。法院经审理后认为，商标具有识别商品来源的基本功能，也具有质量保障、信誉承载等衍生功能。商标的功能是商标赖以存在的基础，对于商标的侵权足以达到损害其功能的程度的，不论是否具有市场混淆的后果，均可以直接认定构成商标侵权行为。本案中，虽然被告分装、销售的三种规格的涉案产品中的糖果本身系来源于原告，且其使用的三种规格的外包装上也附着了与涉案商标相同或相近似的标识，从相关公众的角度来看，并未产生商品来源混淆的直接后果，但是商品的外包装除了发挥保护与盛载商品的基本功能外，还发挥着美化商品、宣传商品、提升商品价值等重要功能，而被告未经原告许可擅自将其商品分装到不同包装盒，且该些包装盒与原告对包装盒的要求有明显差异，因此，被告的分装行为不仅不能达到美化商品、提升商品价值的作用，反而会降低相关公众对涉案商标所指向的商品信誉，从而损害涉案商标的信誉承载功能，属于《商标法》第57条第7项规定的"给他人的注册商标专用权造成其他损害的行为"，构成商标侵权。①

上述"不二家"案中争议的焦点在于被告分装正品后转售的行为是否属于商标侵权行为，是否适用权利用尽原则进行抗辩。本书同意上述法院的阐述：商标具有识别商品来源的基本功能，也具有质量保障、信誉承载等衍生功能。但本书认为，商标的基本功能为识别商品来源的功能，主要在于防止相关公众产生混淆，但品质功能来源于识别功能，其本身并不是一种独立的商标功能，商标不是商品质量的保证书，商标质量也不能和商品品质画等号。根据上述商标权权利用尽抗辩适用的条件分析：第一，如果被告再售的商品来源合法，则属于正规渠道购进；第二，查证被告再售的商品是不是正品；其三，被告分装后是否对商品品质有所损害，是否标注有原告的注册商标？如果没有证据显示被告分装再售的行为破坏了注册商标的识别功能，造成相关公众的混淆，且商品的品质也没有发生改变，则要慎重对待，因为被告分装行为并没有破坏原告注册商标的来源功能。

在商品重装再售过程中，商品自身的性质是否稳定，也是一个重要的考虑因素。结合上述"老凤祥"和"不二家"商标纠纷案，分装再售的商品分别为

---

① 参见杭州市余杭区人民法院（2015）杭余知初字第416号。

铅笔和散装的糖果，其质量相对稳定，而一些性质特殊的商品，比如红酒、香水、白酒等，在重装过程中容易导致商品品质发生变化，此行为如果不加说明标识，就会损害商标识别功能，使商标权人的商誉受损，同时也会损害消费者的利益，有可能构成商标侵权。

（三）域外商标权用尽抗辩的司法实践

在美国的"Coty"案[①]中，原告拥有香粉和香水的注册商标"Coty"。被告普利斯特尼茨（Prestonettes）公司购买了"Coty"香粉和香水后，将其重新包装，分别放在小盒子和小瓶子中再次销售。由于被告使用了原告的商标，原告提起诉讼要求停止使用其商标。地方法院裁定，允许被告公司使用"Coty"商标，但要在新包装上贴附说明标签，表明被告公司与原告公司不存在商业上的联系，其本身仅从事该产品的压缩和重新包装行为。但联邦巡回上诉法院却推翻了地方法院的判决，指出被告公司不应当在重装后的新包装上采用"Coty"涉案商标，并且禁止以任何其他方式使用"Coty"商标。最终，联邦最高法院支持了地区法院的观点，认为普利斯特尼茨公司只要使用一个自己的附属商标告知消费者贴附该商标的商品是经过重装的，就不会构成商标侵权。该案确立了一个披露真实情况的规则。后来的 Enesco Crop. v. Price/Costco Inc. 案[②]中法院还将该披露规则进一步细化，要求转售者对以下几项内容进行披露：（1）在新包装上贴附"经过重新包装"字样；（2）重装者与原厂家是完全独立的，二者之间并不存在任何商业上的关联；（3）重新包装的名称；（4）没有采用突出的样式、颜色或尺寸来强调原厂家的商标。只要能够符合上述披露原则的要求，转售者就无须承担商标侵权责任。

上述案例说明了美国法院对商品重装干扰商标权人的品质控制的态度，即重装者只要告知消费者商品经过重装的事实并贴附一定的标识加以区分就不构成侵权，其关键点还在于重装者是否对重装行为进行了披露和说明，以防止消费者对商品来源产生混淆。在重装经过充分披露、产品的最终责任人成为重装者的情形下，可以排除侵权的可能性。如果仅凭借商品重装行为就认定破坏了商标的品质保证功能，从而判定商标侵权，显然是不符合商标法基本原理的。

日本的司法实践中，对商品重装行为的商标侵权认定也仍以商标的识别功能是否被侵害，也即是否造成消费者混淆为主，在商品质量不会发生改变，不妨碍商标的识别功能发挥的情况下，不认为构成商标侵权。

---

① See Prestonettes, Inc. v. Coty, 264 U.S. 359 (1924).
② 146 F. 301 1083, 1085 (9th Cir. 1998).

《欧盟商标条例》第 15 条有明确的规定，欧盟商标所有人或经其同意的人，将带有商标的商品在欧盟内投放市场后，商标所有人的权利不得用来禁止在该商品上使用商标。商标所有人有正当理由反对商品的进一步流通，尤其是商品在投放市场后商品质量有变化或损坏的，不适用前述规定。① 如果他人在流通过程中改变了商品或包装，则会损害商标的指示来源和保证质量的功能，同时也不利于消费者选择自己熟悉的商品。

二、平行进口抗辩

世界贸易组织在其官网上把平行进口定义为：没有经过知识产权权利人同意，将国外合法生产的产品进口到国内的行为。平行进口是国际贸易领域中出现的知识产权问题，由于国内外市场之间存在的价差，使得进口商有利可图，因此，从这个角度而言，平行进口行为也是经济利益驱动的结果。随着全球经济的一体化，以及互联网技术所带来的跨境电子商务和营销模式的新变化，知识产权的地域性规则也面临挑战。是否允许知识产权产品平行进口，不仅取决于各国的立法，也与不同国家经贸政策的价值取向有关。

（一）商标领域的平行进口及特点

商标领域的平行进口，是指在国外生产的带有本国商标的商品，未经本国商标权人的同意而输入本国的行为。② 平行进口中的商品是通过合法的渠道进来的货真价实的正品，由于其不同于一般的假冒产品和走私商品，因此被称为"灰色市场"或"灰色市场产品"。

分析平行进口的含义，可见商标领域平行进口的特点主要有：第一，平行进口行为是产品在两个不同国家市场之间的转移，涉及进口国和出口国两个不同的知识产权保护区域；第二，平行进口的对象是通过购买等合法手段获得的合法制造并使用合法商标的商品，而不是假冒注册商标的商品；第三，平行进口同类商品的行为，是同类商品的内部竞争；第四，平行进口所涉及的商标权或商标使用权在进口国已受到法律保护，且平行进口商的进口行为未得到本国商标权人的授权或许可，存在瑕疵，故它不是完全合法的市场，又非完全非法的市场，而是介于二者之间的"灰色市场"；第五，平行进口的商品已经在国际市场上销售，平行进口商所进行的是一种分销或转销行为；第六，从价格上看，在进口国，同一商标商品由商标权人或独家经销商经营，价格较高，而进

---

① 参见吴汉东主编：《知识产权法学》，法律出版社 2004 年版，第 223 页。
② 参见李明德主编：《知识产权法》，社会科学文献出版社 2007 年版，第 368 页。

口转售的商品价格较低，容易占领市场。① 从商标权角度看，商标授权来自同一主体，即权利同源。平行进口的商品与出口国商品上的商标权人一般为同一主体或有关联关系，但平行进口行为未取得进口国商标权人同意，这也是平行进口商品与一般商品销售最大的不同点。由于进口商品是由商标权人或经其授权之人投放于出口国市场，进口商从出口国市场上合法购买之后再输入到进口国的，所以平行进口的商品是合法购得的。同时，进口商履行了合法的入境报关手续，不是通过走私等非法渠道获得。平行进口的商品是否构成商标侵权以及可否作为侵权抗辩的事由，与商标权用尽理论及本国贸易政策、市场竞争等密切关联。

(二) 平行进口和商标权用尽

如上所述，商品的平行进口是经济全球化发展不平衡所带来的问题，按照经济学的观点，商品总是从低价位国家向高价位国家流动。只要存在价格差异，"灰色市场"就会存在，但如果允许"灰色市场"或平行进口，可能会造成国内市场的混乱。比如，国外质次价廉的合法产品大量流向商品质优价高的国家，就会冲击该国的市场，使商标权人或商标独占许可方遭受重大损失。另外，由于各国的营销方式和广告投入不同，同一商标在各国的声誉也会有很大差别。如果允许平行进口，平行进口商会无偿利用商标所有人在该国的宣传投入和其创建的该商标的声誉，不利于公平竞争。平行进口问题关系到商标权人和消费者利益的平衡，从法律角度讲，就是如何解决商标的地域性和全球化贸易的冲突问题，换言之，一旦商标权国际用尽理论被普遍承认，商品平行进口就自然合法。

商标权用尽分为国内用尽和国际用尽两种。由于商标权具有地域性的特征，是依照各国商标法独立产生，故各国对商标权的国内用尽不存在争议。关于商标权的国际用尽，各国分歧较大。赞成国际用尽的一方认为，商标首次使用后，权利人不得再干涉合法投放市场的商品的继续流通，包括进出口，这样有利于贸易的自由流转并可使消费者获益；反对商标权国际用尽的一方认为，商标权在一国用尽并不导致在另一国当然用尽，商标权人对商品的跨国流通拥有控制权，未经许可的进出口行为仍可构成商标侵权，只要商品还处于流通领域尚未到达最终用户手中。由于对此问题争执不下，TRIPS 协定第 6 条规定："就本协定项下的争端解决而言，在遵守第 3 条和第 4 条规定的前提下，本协

---

① 参见盛洁：《商标平行进口是否构成不正当竞争——论商标权保护与竞争保护的协调》，https://www.chinacourt.org/article/detail/2009/11/id/381298.shtml，2021 年 3 月 6 日访问。

定的任何规定不得用于处理知识产权的权利用尽问题。"Frederick M. Abbott 在其于 1997 年 4 月提交的一份关于平行进口的报告中指出，该条款表达了三层意思：一是知识产权用尽问题并未因疏忽而被忽视；二是未能就该问题达成一致意见；三是 WTO 各成员可以自行决定权力用尽政策，并保留以合适的方式控制平行进口的权利。① 可见，TRIPS 协定对知识产权的权利用尽问题并未作明确规定，而是留给各成员自行解决。在其他区域性协议如《北美自由贸易区协议》《跨太平洋伙伴关系协定》中，由于不同国家意见不一，最终文本也没有关于平行进口方面的规定，而是留由成员国的国内法来决定。

（三）域外国家和地区商品平行进口抗辩的实践

由于各国和地区经济发展水平不一，进出口贸易政策不同，对平行进口也采取了不同的做法。根据欧盟法院裁判实践和《缩小成员国商标差异的理事会一号指令》，成员国适用区域用尽原则，即贴附商标的产品由权利人自己或经其同意被投入欧盟市场销售后，就该特定产品而言，权利人即不再有权禁止他人对商标的使用。但是，如果权利人具有合法理由可以反对他人对该商标产品的进一步销售，尤其是在该产品被投放市场后其状况已经改变或受到损害的情况下，权利人有权禁止他人对商标的使用。②

美国对平行进口的立场是：未经美国商标所有人同意，任何人不得进口带有其商标的物品，除非存在"共同控制"的例外。③ 美国最早涉及商标领域平行进口问题的联邦法律条款是《关税法》第 526 条：未经美国注册商标所有人的同意，不得进口带有该商标的物品。但美国海关对该条解释时认为该条存在三个例外：一是外国的和本国的商标或商号为同一人所有；二是外国的和本国的商标或商号的所有人是父子公司，或者从属于某一共同的所有人或控制者；三是外国厂商在有关物品上使用登记过的商标或商号，获得了美国所有人的授权。前两种被称为"同一控制例外"，后一种被称为"授权使用例外"。④ 但在 1989 年，美国哥伦比亚特区联邦巡回上诉法院在 Lever Brothers Co. v. Uni-

---

① 转引自王春燕：《平行进口法律规制的比较研究》，中国人民大学出版社 2012 年版，第 75—76 页。
② 参见 1988 年欧洲理事会通过的《缩小成员国商标差异的理事会一号指令》第 7 条第 1 款、第 2 款。
③ 参见李明德：《美国知识产权法（第二版）》，法律出版社 2014 年版，第 557 页。
④ 同上书，第 555 页。

ted States 案①中又确立了同一控制例外的例外，即"实质性差异例外"。法院认为，在进口产品和国内产品有实质性差异时，不得适用《关税法》第 526 条的例外。换言之，对贴有相同商标但却与美国同样产品有实质性差异的外国产品，一律禁止进口到美国，而不管该外国产品上的商标的真实性及美国商标权人与生产者的关联关系。美国权利人对存在产品质量差异的平行进口的商品，可以根据《兰哈姆法》获得救济。1999 年 2 月 24 日，美国海关签发了一项实施 Lever 案规则的新规则，规定了实质性差异例外的"标签例外"规则。该规则规定，平行进口商如果在平行进口商品上贴上符合海关规则规定的标签，那么亦可被放行。该标签应当满足以下条件：（1）该标签应当显著而清晰，并且牢固地贴附在该商品或包装上，以便在该商品被销售给美国的第一个消费者时，该标签仍然存在；（2）该标签应当包括如下内容：本商品不是美国商标权所有人授权进口的商品，本商品与授权的商品具有物理上和实质上的差异；（3）该标签必须紧邻商标，贴附在该商品本身或者其零售包装的包装纸或容器的显著位置上；（4）如果有其他信息能够避免消费者混淆，那么该标签亦应包括此类信息。②从上述立法和司法实践分析，美国对平行进口的政策也在不断发生变化和调整，以适应国际国内市场的需求。

日本在 20 世纪 60 年代的司法判例中，认为平行进口构成商标侵权。但在近年的案例中，逐渐转向允许商品的平行进口。比如，在"Parker"商标纠纷案中，法院的态度发生了转变，判决作为平行进口商的原告不构成商标侵权。法院认为，原告从香港进口的 Parker 公司的钢笔与被告进口并在日本销售的 Parker 公司的钢笔并无差别，不会引起消费者对商品来源产生混淆，也不会损害商标的功能。③但如果平行进口商对商品进行了重新包装，商品质量发生改变，那么仍很可能构成商标侵权。

《新加坡商标法》对商标权利国际用尽规则予以认可：注册商标权人自己或他人获得其允许，将贴附商标的商品在国内或国外市场投放后，其他人对于该商品的使用不形成对注册商标权人的侵权。新加坡商标领域的平行进口制度同时对国内外商标权人为同一所有人、共同控制关系及授权关系的情况规定了

---

① 877 F. 2d 101 (D. C. Cir. 1989).
② 转引自尹锋林：《平行进口知识产权法律规则研究》，知识产权出版社 2012 年版，第 153 页。
③ See Christopher Heath, Exhaustion and Parallel Imports in Japan, in Christopher Health (ed.), Parallel Imports in Asia, Kluwer Law International, 2004, pp. 59-61.

商标权用尽。换言之，新加坡允许商标领域的平行进口。①

从上述国家或地区的立法和司法实践中可以看到，对商标领域的平行进口是否构成侵权的态度并未统一，但随着多数国家或地区对外贸易的自由化和便利化政策的变化，对平行进口的态度也呈现日渐宽松的趋势。

（四）我国商标平行进口抗辩的实践

我国商标法对平行进口行为是否构成商标侵权并无明确规定，司法裁判的认识和结果也不相同。早期司法实践中，法官判断是否满足商品平行进口的要件之一，是看商标权人或者商标权的独占许可人是否同意，若是同意即认为是合法的平行进口行为，不构成商标侵权。但在近年的裁判中，法院转而回归到商标侵权认定标准上，即是否构成混淆可能性。结合平行进口，还要考察该进口商品是否构成实质性改变，这里的"实质性改变"，包括是否改变商品的质量、包装是否有变化、是否有商标标注说明等，从而综合作出是否侵权的判定。

在大西洋C公司与四海致祥公司侵害案中，法院认为，争议商品与商标权人的商品系同一商品，且我国现行法律并未明确禁止商标平行进口，故被告将国外市场上合法流通的商品进口至我国销售，并不违反我国现行法律之规定。并且，该行为亦不会使消费者混淆，也不会损害商标权人之商誉，故该行为不应当视作商标侵权行为。② 同样，在大酒库公司与慕醍公司商标权纠纷案中，法院认为，被告从国外进口的商品与原告在我国销售的商品，在质量、等级和品质上并不存在实质性的差异，也不会使消费者产生混淆，故不是商标侵权行为。③ 即产品性质与质量没有发生实质性改变，没有使消费者产生混淆的，不认为平行进口侵犯了商标权。

针对平行进口方实质性改变了进口商品的行为，法院裁判相对一致，认为侵犯了商标权。在"米其林"轮胎案中，法院认为，商标具有保证商品质量和表明商品提供者信誉的作用。对于上述功能和作用的损害，即构成商标侵权。本案中，尽管原告承认被控侵权产品是由其日本工厂生产，产品上标注的"MICHELIN"系列商标也是在日本标注的，但该产品未经原告许可和质量认证即在中国境内销售。因被告从日本进口的正品轮胎产品缺乏中国的强制性认

---

① 《新加坡商标法》第29条规定："一、尽管有第27条，注册商标权人或经其明示或默示同意而将商品投入国内或者国外市场，则与该货物相关商标的使用不损害注册商标；二、当商品投放市场后发生变化或损坏，与该货物相关商标的使用有损商标特性或其商誉时不适用上述第一款。"
② 参见北京市高级人民法院（2015）高民（知）终字第1931号。
③ 参见天津市高级人民法院（2013）津高民三终字第0024号。

证，其以低档次轮胎假冒高档次的轮胎，这种产品在我国境内的销售已属违法，且可能存在性能和安全隐患，破坏了原告商标保证商品质量和商品提供者信誉的作用，对原告注册商标专用权已造成实际损害，故认定被告的销售行为属于侵犯原告注册商标专用权的行为。① 类似的还有"绝对伏特加"商标纠纷案，法院经审理后认为，被告公司擅自随意加贴了与瓶体商标、装潢不相称的标签，以及磨去原商品识别码的行为，不仅影响了商标的识别功能，会让消费者混淆，而且会影响商标权人对该商品质量的跟踪管理，故该行为构成对商标权之侵犯。②

通过以上案例可以看出，在平行进口原样商品销售纠纷中，法院均要对行为人的进口及销售行为本身的合法性进行裁判。在商品为正品且保持商品原产性的情况下，法院趋向于认定权利人无权阻止来源合法的进口及销售行为。在销售行为致商品产生差异的平行进口纠纷中，被告对平行进口商品或其中某一要素的改动主要包括磨毁标识码、加贴中文标签以及重新包装等行为，这种情况下，此种改动是否会导致消费者产生混淆可能以及损害商标权人商誉、是否割裂了商标与商品的对应关系，成为商标侵权认定的关键。如果实质性改变了进口商品与国内商标权利人销售的商品之间的联系，比如商品信息、包装装潢、商标标识、产品质量等原有状态被改变，使消费者无法获知进口商品的真实来源，足以影响消费者购买商品的意愿或者对商标权益造成其他损害的情形，则国内商标权人可以行使禁止权。目前我国司法裁判的态度是：允许平行进口，认定侵权为例外。这种变化顺应了中国开放国内市场、自贸区发展等经贸政策的变化。对于进口商品与国内商标权利人销售的商品存在实质性改变的事实，根据民事诉讼法"谁主张，谁举证"的基本原则，应由原告承担举证责任。

综上所述，经过多年实践探索和发展，法院对于商标平行进口及销售行为合法性问题的认定趋于一致，对进口商品具有实质性差异从而影响商标声誉而构成侵权的裁判观点日趋明朗。因此，权利人的维权方向也从阻止平行进口及销售行为本身，转变为开始针对平行进口商或销售商在营销过程中的商标使用等行为提出诉请，即商品在平行进口后商标是否得到正当使用正逐渐成为权利人关注的新焦点。因商品进入进口国市场后在转售过程中难免会用到权利人的商标，但并非所有使用他人商标的行为都会构成侵权，描述性使用与指示性使用可阻却侵权责任。在商品销售过程中的商标使用行为引发的平行进口纠纷

---

① 参见湖南省长沙市中级人民法院（2009）长中民三初字第 0072 号。
② 参见江苏省苏州市中级人民法院（2013）苏中知民初字第 0175 号。

中，主要涉及的是商标的指示性使用，但因我国商标法尚无指示性正当使用的明确规定，对于其使用的合理边界如何把握，需要个案进行认定。在下述"芬迪"商标纠纷案中，法院对此进行了阐释。

2015年9月，由首创奥特莱斯运营的昆山首创奥特莱斯商场盛大开业，其租给益朗公司的9间店铺开始销售"FENDI"（中文"芬迪"）"LOEWE"等品牌商品。益朗公司经营的"FENDI"店铺招牌、折扣信息牌、商品包装、销售票据、购物袋等处，均使用了"FENDI"商标；商场的楼层指示牌、宣传册、微信公众号上也使用了"FENDI""芬迪"商标和字号。微信公众号在"品牌荟萃"一栏中涵盖了"FENDI"等品牌，并刊登了名为《大牌驾到-FENDI》的文章，宣称"形象高贵的意大利品牌芬迪终于来到昆山"等。早在20世纪80年代，芬迪公司在中国境内注册了"FENDI"商品商标、服务商标。后来，芬迪公司又将上述商标及中英文字号"FENDI""芬迪"用于高级皮革产品、服装等，通过长期的经营和推广，该中英文字号已经获得了极高的知名度，为广大消费者所熟知。2016年4月，芬迪公司向法院提起了诉讼，认为益朗公司在商品、店招等处单独、突出使用"FENDI"商标，构成了对其商标专用权的侵犯，首创奥特莱斯明知其侵权而不制止，构成帮助侵权；两公司在商场宣传册、微信公众号等处使用"FENDI"商标和"芬迪"字号，侵犯了芬迪公司的商标专用权，并构成了擅自使用企业名称的不正当竞争；两公司在微信公众号中刊登的《大牌驾到-FENDI》一文是虚假宣传。芬迪公司指出，两公司的上述行为会让消费者产生误认，以为涉案店铺是芬迪公司的直营店或品牌折扣店，进而从中非法获利，故要求两公司连带赔偿100万元。益朗公司辩称，其销售的芬迪商品均为正品，来源于法国公司生产和销售，也经过了我国的出入境检验，属于平行进口商品；益朗公司仅在店招处使用了"FENDI"商标，目的是告诉消费者商品来源于芬迪公司，这是合理范围内的使用。首创奥特莱斯辩称，益朗公司使用"FENDI"标识是正当使用行为，首创奥特莱斯不构成帮助侵权；首创奥特莱斯在楼层指示牌等处使用"FENDI""芬迪"标识，在微信公众号刊登宣传文章，是在适当范围内告知消费者商品的来源，不构成虚假宣传及不正当竞争，而且公司收到诉讼材料后，已经删除了微信公众号中的内容，因此无须再承担赔偿责任。

一审法院认为，就商品商标而言，由于益朗公司购买的是来自法国的正品，根据商标权用尽原则，再次转售时，可以不经芬迪公司同意，并且能够基于善意的目的合理使用"FENDI"商标。判断是否构成商标合理使用，需要从是否出于善意和合理、是否必要、是否使相关公众产生混淆和误认三方面考量。本案中，益朗公司在店招等处使用涉案商标，目的是告诉消费者商品来源于芬迪公司，方便他们在大商场里购物，不会造成混淆和误认，属于商品商标的合理使用范围。就服务商标而言，芬迪公司的服务商标被核定使用在第35类服务，根据《商标注册用商品和服务国际分类表》和《关于国际分类第35类是否包括商场、超市服务问题的批复》，第35类服务是"为他人销售商品（服务）提供建议、策划、宣传、咨询等服务"，并不包括"商品的批发、零售"。益朗公司提供的销售服务，与其既不相同也不相类似，不构成服务商标侵权。另外，一审法院还认为，两公司使用涉案字号，是为了指示商品来源，不构成擅自使用企业名称的不正当竞争，微信公众号文章是在合理使用范畴内，不构成虚假宣传。故驳回了芬迪公司的诉讼请求。

二审法院指出，涉案店铺上使用"FENDI"商标，是告诉消费者涉案店铺的经营者是芬迪公司，或者与芬迪公司存在关联关系，这已经超过了说明或者描述自己经营商品的必要范围，并且造成了混淆和误认，不属于基于善意目的的合理使用。该使用方式与第35类服务"企业经营、企业管理"的服务类别相同，构成服务商标的侵权。芬迪公司提供的证据足以证明其字号已经具有一定的市场知名度、为相关公众所知悉，可以作为反不正当竞争法中的"企业名称"进行保护。益朗公司在店招上使用该字号，并且已经致使相关公众产生混淆和误认，构成擅自使用企业名称的不正当竞争。首创奥特莱斯作为商场管理者，明知益朗公司除了销售"FENDI"商品之外，与芬迪公司之间并无其他授权关系，却没有制止益朗公司的侵权行为，还在楼层指示牌等处使用涉案标识，刊登涉案文章，构成帮助侵权行为。在确定赔偿数额时，二审法院认为，益朗公司的上述行为既构成商标侵权，又构成不正当竞争，属于侵权竞合，不应重复计算。本案中，芬迪公司没有证据证明其损失，也无法证明益朗公司的获利，所以，综合涉案标识的知名度，益朗公司的主观过错，侵权行为的性质、期间、后果，以及芬迪公司的维权合理支出等，酌情确定益朗公司赔偿芬迪公司35万元，首创奥特莱斯承担连带赔偿责任。益朗公司不服，认为二审判决将使平行进口行业无法生存，于是向上海市高级人民法院提出了再审，要求撤销二审法院判决，改判驳回芬迪公司所有诉讼请求。

上海市高级人民法院经审理后认为，在内容和方式上，益朗公司的商品销售服务与第35类服务具有一定的关联，两者是类似服务。益朗公司在店招上使用"FENDI"商标属于《商标法》列举的商标侵权行为，不构成服务商标的合理使用。一审、二审法院认为评判的标准包括是否善意合理、是否必要、是否造成相关公众混淆误认三个方面。上海市高院则表示，"相关公众不会混淆误认"并非商标合理使用的要件之一，即使使用行为可能导致混淆，也应当从目的是否善意、方式是否合理、是否符合诚信的商业惯例三方面进行商标合理使用的判断。根据在案证据，被诉行为发生时，芬迪公司的字号可以认定为企业名称，从而获得反不正当竞争法的保护。益朗公司在店招上使用芬迪公司的字号，引人误认其店铺与芬迪公司具有关联关系，构成擅自使用他人企业名称的不正当竞争行为。最终，上海市高院作出再审宣判，维持二审法院的判决。[1]

从上述案例可看到，在平行进口案件中，法院依然遵循商标侵权判定标准和考虑因素，结合平行进口案件特点，综合作出是侵权还是属于正当使用不构成侵权的裁判。虽然我国法律未明确禁止平行进口行为，但平行进口商为了指示说明商品的真实来源或者描述自己经营的商品而使用他人商标时，一定要采取合理、正当的方式标注他人注册商标，不能在店招上直接使用他人的注册商标，否则容易导致消费者混淆误认或产生有关联的联想，构成商标侵权。如果销售的平行进口商品为合法取得的正品，并且为了客观说明自己商品来源而善意使用他人的商标，不足以使消费者产生混淆的，构成指示性正当使用，商标权人则无权禁止。

第五节　商标滑稽模仿抗辩

当商标从一个区别商品或服务来源的符号发展成为大众文化中的一个具有丰富含义的象征时，它所具有的社会文化属性使得其成为人们思想交流的工具和媒介，甚至成为人们调侃和嘲弄的对象。滑稽模仿者往往通过对原商标所承载的某种文化内涵进行调侃和讽刺，传达一种与商家或企业花重金打造的品牌文化截然不同的思想观念。滑稽模仿通常被描述为文化领域内一种言论自由的表达形式，而言论自由是国际上普遍承认的一项宪法权利。滑稽模仿具有强烈的文艺批评和社会批评的功能，从本质上讲是人们行使言论自由权利的体现，绝对禁止商标滑稽模仿行为，无疑是对思想交流的严重限制。因此，商标滑稽模仿作为人们行使言论自由权的体现，商标权人在没有充分法律依据的情况下是无权禁止的，当然，商标滑稽模仿必须在法律允许的范围内，否则有可能构成商标侵权。

一、商标滑稽模仿及其特点

所谓滑稽模仿（parody），是指通过讽刺、调侃、嘲弄等形式反映社会生

---

[1] 参见上海市高级人民法院（2019）沪民再5号。

活,达到幽默的效果。滑稽模仿来源于著作权法领域,在一些国家的著作权法中,滑稽模仿被认为是对作品的合理使用,只要这类作品不与原作品混淆并不损害其声誉。随着商标功能的拓展和文化概念的注入,商标作为一种消费者认知的符号,其内涵逐步丰富,消费符号逐渐成为消费者社会地位、经济地位、个人品质和生活情趣的体现。社会上开始出现针对知名度高的商标进行创造性的戏谑模仿,在唤起受众对原商标符号形象记忆的同时传达新的信息,并通过对比形成反差,以达到主观上所追求的调侃、嘲弄、讽刺的幽默或娱乐效果。这种表现方式被称为"商标的滑稽模仿"。

美国的"Jordache"案[①],是1987年由第十巡回法院判决的商标滑稽模仿的一个典型判例。原告是一家著名的牛仔裤制造商和销售商,使用并注册了"Jordache"文字商标,其具体设计是印刷体的"Jordache"与一个醒目的马头相配。被告是一家小作坊,制造和提供大号女性牛仔裤,选取了"Lardache"的商标与一个大笑的猪头图案相配。在原告提起的侵权诉讼中,地方法院裁定不构成商标侵权,认为被告的商标是滑稽模仿。第十巡回法院肯定了地方法院的判决,并指出,本案的被告是故意模仿了原告的商标,但是这种模仿属于滑稽模仿,没有造成消费者的混淆。或者说,被告以滑稽模仿现有商标的方式,选择与猪头图形相配的"Lardache"商标,其意图并不必然是混淆公众,而是为了娱乐公众,其目的是制造幽默而非混淆。美国法院有一个不成文的传统,认为幽默本身不能被禁止,而不论商标所有人是否愿意。

在另一起"Barbie"(芭比)娃娃纠纷案[②]中,法院裁定"Barbie Girl"属于滑稽模仿,不构成商标侵权。原告Mattel是特拉华州的一家公司,生产著名的"Barbie"(芭比)娃娃及其他系列玩具,并拥有"Barbie"注册商标。被告为加利福尼亚州的MCA音像公司以及其他几家美国国内和国外的音像公司。丹麦的一个乐队"Aqua"在欧洲发行了一张名为"Aquarium"(水族馆)的专辑,其中一首歌就叫"Barbie Girl",并且在歌曲中,两名歌手分别模仿了芭比娃娃中的Barbie和Ken两个人的形象。"Barbie Girl"在欧洲很快成为流行歌曲并通过被告开始在美国销售。原告Mattel向加州一家地方法院起诉被告,认为在其歌曲中使用了"Barbie"的字样,容易造成公众混淆,并且被告的歌词中含有一些与原告的"Barbie"所代表的形象不相吻合的成分,会对其商标造成一定的贬低和污损。被告则以"Barbie"已构成美国文化中的一个代表形象为由,主张对其滑稽模仿应受到宪法第一修正案言论自由的保护。加

---

① See Jordache Enterprised, Inc. v. Hogg Wyld, Ltd., 828 F. 2d 1482 (10th Cir. 1987).
② See Mattel, Inc. v. MCA Records, Inc., 296 F. 3d 894 (9th Cir. 2002).

利福尼亚中心区法院和第九巡回法院先后裁定，被告行为不构成商标侵权与淡化。法院明确了"Barbie"一直标示着理想的美国女人和花花公主，它是美国美少女的象征。Mattel创造出的"Barbie"不仅是一个玩具，而是一个文化偶像。因此，它已经从商标所有人私有的商标转变成了公共形象的标志，不仅仅只是一件商标标识。

从上述案例中，可以梳理出商标滑稽模仿的主要特点：第一，被模仿的对象主要是知名度高的驰名商标。因为驰名商标的影响力广泛，大众关注度高，一般的普通商标很少成为滑稽模仿的对象，如上述"Barbie"案。第二，他人使用该商标的主观目的是评论、批判、讽刺，而非借助商标知名度获利的"搭便车"行为。一般情形下，使用者通过对原商标所代表的社会文化进行嘲讽和评判，向公众呈现一种与之截然相反的思想观点，而不是借原商标的知名度和影响力，吸引消费者，推广自身的商品或服务，以获取商业利益，若是后者则可能构成商标侵权。第三，使用者的行为不仅是复制模仿，还有创造性地转化和改变原商标的部分构成要素，使公众看到滑稽模仿的商标时，既能够联想到原商标，也能将二者区别开来，意识到这是对原商标的滑稽模仿。比如，上述"Jordache"牛仔裤案中，原告商标是"Jordache"与马头相配，而被告选择与大笑的猪头相配。法院认为被告是以滑稽模仿现有商标的方式使用，两者既有联系也可加以区别，不构成商标侵权。第四，表达方式的喜剧性。[①] 比如，动画片《商标的世界》由法国一家名为"H5"的工作室制作。短片表达方式极具戏剧性，采用2000多个世界驰名商标，从一个小点到最后拉出到宇宙视角，组成了一部合格的好莱坞式的电影风格，让人眼前一亮。第五，模仿者兼有嘲讽和获利的双重目的。个案中商标使用者是否能够构成合法的滑稽模仿，具有不确定性，一般要综合使用者的客观行为、是否造成混淆可能性及淡化的后果等要素综合判断。

二、商标滑稽模仿与言论自由

分析美国以往的商标滑稽模仿判例可以看出，法院通常将滑稽模仿描述为文化领域内一种言论自由的表达形式。在 L. L. Bean, Inc. v. Drake Publishers, Inc. 一案[②]中，法院认为商标作为无形财产，其本身与有形财产存在很大的区别。如果权利人行使这种无形财产权时会损害或者妨碍公众言论自由的

---

① 参考郑悦迪：《论商标滑稽模仿——言论自由与商标权的冲突与协调》，载《中华商标》2017年第10期。

② 811 F. 2d 26 (1st Cir. 1987).

权利，那么这种无形财产权应当作出让步。因为言论自由本身存在的价值就是要排除公权力对私权利的过度干涉，商标本身存在的价值和意义都是来源于私权利的让步，如果在其后续使用中依旧对私权利进一步干涉和打压，那么将出现公私权利的不平衡。

言论自由是国际上普遍承认的一项宪法权利，而滑稽模仿则是一种受宪法保护的表达形式，因为滑稽模仿具有强烈的文艺批评和社会批评的功能，从本质上讲是人们行使言论自由权利的体现。正如有学者所言，"滑稽模仿权如果需要经过被模仿作品作者的事先授权才能行使，这就等于不公正地判处了一个文学种类的一大部分内容的死刑，同时也判处了一种批评自由形式的死刑"①。这一观点其实也适用于商标的滑稽模仿行为。

滑稽模仿的本质特征是它融合了被模仿商标的某些可识别的特征，同时改变其他特征，以嘲弄对象，达到幽默或挑衅的效果。尽管滑稽模仿必定包含了被模仿对象的要素，但它也传达了自己独特的信息。对商标的滑稽模仿可以轻视商标本身、商标所有者、商标所代表的产品或者商标所象征的文化现象。模仿者嘲笑一个商标的欲望经常与商标所有者保持其正面公众形象的利益冲突。有时，这两种利益之间的冲突导致商标所有者在法庭上寻求补救，通常是禁止滑稽模仿作为对商标的非法侵犯。实践中，法院如何平衡双方利益呢？下面分析一起典型的商标滑稽模仿案件。

法国路易威登马利蒂公司（简称 LV 公司）是著名的奢华皮草商，其持有的"LOUIS VUITTON""LV"交叉字母等商标在全球驰名，该公司主要经营价格昂贵的皮包，另外还经营高端的宠物饰品，主要包括宠物狗的颈圈、衣领、狗绳，但这一业务所占公司整体业务比例极小。LV 包则代表着高贵优雅，以彰显使用者较高的社会地位、生活品位，但其高端形象受到一家为宠物狗制作玩具的公司的挑战。在该案②中，被告 Haute Diggity Dog 公司（简称 HDD 公司）是一家位于内华达州的小公司，专门为宠物狗制作玩具。该公司推出了一款和 LV 经典手提包外形一样的玩具小包，并标上 Chewy Vuiton（CV）的字样，是狗狗们的专属玩具。这款狗狗玩具包一经推出便受到狗主人们的喜爱，纷纷为自己的爱狗下单购买，给自家的狗狗玩耍，然后拍出各式各样的搞笑照片放到网上。网友们对这种新奇的玩具很感兴趣，纷纷为狗主人们点赞。LV 公司也看到了这些照片，随即以商标侵权为由将 HDD 公司告上了

---

① 〔西〕德利娅·利普希克：《著作权与邻接权》，联合国教科文组织译，中国对外翻译出版公司 2000 年版，第 85 页。

② See Louis Vuitton Malletier S. A. v. Haute Diggity Dog, LLC, 507 F. 3d 252 (4th Cir. 2007).

法庭。弗吉尼亚州东区地方法院驳回了 LV 公司的诉求，LV 公司不服，上诉至联邦第四巡回法院。上诉法院维持了一审判决。上诉法院首先判断 HDD 公司的行为属于商标戏仿，其使用"CV"字样是以滑稽模仿的手段，以不屑的态度对富人和名人进行讽刺的行为。其次，HDD 公司的行为不会造成消费者对"LV"商标和"CV"商标的混淆，因为二者经营商品类别、销售广告渠道等均不同，且"LV"商标知名度太高，HDD 公司只是想达到一个讽刺目的并不想造成混淆。"LV"商标也不会因"CV"商标而弱化，更不会因此而臭名昭著，所以 HDD 公司的行为不构成商标侵权。本案中，上诉法院认为 HDD 公司的狗玩具中结合了"LV"的商标及装潢设计，其主要目的并不是提高自己标识和商品的知名度，而是为了滑稽模仿，使消费者看到"CV"宠物包时会心一笑，从而达到评论讽刺的效果，让消费者从中获得乐趣。"LV"的商品极为昂贵，做工考究，而"CV"的商品主要是狗玩具，价格便宜，体形较小，外观设计相对粗糙，二者的市场定位差异很大，不会造成相关公众混淆。因此，HDD 公司不构成商标侵权，属于对原告商标的滑稽模仿。

三、商标滑稽模仿侵权判断与抗辩

如上所述，滑稽模仿是模仿者对原商标符号提出的一种思想和观点，应当受到言论自由的保护；商标权兼具财产属性和文化属性，在社会生活中可能会存在与言论自由的冲突，而言论自由应当是商标权行使的限制因素，其中商标滑稽模仿就是其中之一。① 换言之，正当的滑稽模仿可作为商标侵权的抗辩事由。对商标滑稽模仿与表达自由之间的关系，有人认为，一方面，商标所有人希望凭借专有权利以防止他人对其标志的擅自使用；另一方面，戏仿人又希望借助商业表达自由的保护，对他人商标进行最大限度的利用。② 可见，受到商业表达自由保护的商标滑稽模仿，必须具备以下两个条件：一是主观上模仿人无替代使用之目的，即没有将他人商标作为商标使用的意图。正当的商标模仿行为不是表达原有标记的信息，而是意欲通过该商标传达某种含有戏谑调侃的幽默的商业信息。二是客观上消费者无产生混淆之可能。模仿者在模仿他人商标的同时亦有宣传自己商品之意思，如果属于真实性言论，可受到商业表达自由的有限保护；反之，如果使消费者产生混淆，则应认定为误导性的商业言论而受到法律规制。

按照商标法的原理，市场上的后来者应当承担回避的义务，尽可能选择不

---

① 参见邓宏光：《论商标权与言论自由的冲突》，载《内蒙古社会科学》2006 年第 1 期。
② 李雨峰：《企业商标权与言论自由的界限》，载《环球法律评论》2011 年第 4 期。

与在先商标相同或者近似的标记,尽可能不要利用在先商标的声誉。然而滑稽模仿的思维方向正好与此相反,就是要利用现有的商标,以滑稽模仿的方式形成自己的商标,一方面利用了他人商标的声誉,另一方面又没有产生消费者混淆的可能。然而在很多情况下,滑稽模仿者会在滑稽模仿的同时,造成消费者混淆的可能或弱化商标的显著性或造成商誉损害,进而构成商标侵权或者淡化。在美国"Mutual of Omaha"案①中,原告从1952年开始,获得了与其保险服务相关的商标注册,包括"Indian head"(印第安头像)和"Mutual of Omaha""Mutual of Omaha's Wild Kingdom"标志。1983年,被告诺瓦克制作了一个让人联想到原告商标的设计,他使用"Mutant of Omaha"一词,绘制了一个戴着羽毛状、消瘦的人头部的侧视图。诺瓦克最初把设计放在T恤上,上面写着"Nuclear Holocaust Insurance"。还把设计放在运动衫、帽子、纽扣和咖啡杯上,并在零售商店、展览会和集市上出售。此外还在电视和报纸杂志上宣传这类商品。原告以商标侵权和商誉诋毁对被告提出诉讼。第八巡回法院认为滑稽模仿可适用于一般的非商业性的自由言论中,但在一个商业性产品上对一个公司的商标进行贬损性滑稽模仿则应当被禁止。

综上所述,判定滑稽模仿抗辩是否成立的标准仍然是判定商标侵权的标准,即有关商标标识的使用是否有可能导致商品或服务来源上的混淆;对于驰名商标侵权认定,还可根据淡化理论判定是否对原告知名度高的商标造成弱化和丑化贬损的结果。例如,在1972年的"Coca-Cola"案②中,原告可口可乐公司通常在自己的产品上使用一种红色的设计图案,并配有以白色条纹写成的文字"Enjoy Coca-Cola"(享受可口可乐)。被告在自己经销的气体饮料上几乎原样复制了原告的设计图案,只是将文字改成了"Enjoy Cocaine"(享受可卡因),并主张这是滑稽模仿。联邦地方法院判决,由于被告的图案与原告的图案相似,文字上也只有三个字母不同,因而侵犯了原告的商标权。更重要的是把可口可乐商标和毒品相联系,其声誉会受到损害。在这种情况下,商标权人有权禁止他人使用。而在前述"Barbie"案中,美国法院认定被告的歌曲是对原告商标的滑稽模仿,因而可以豁免被告淡化原告商标的责任。

我国立法中目前没有对商标滑稽模仿的规定,但在司法实践中,已有法官开始探讨商标滑稽模仿的合理使用和抗辩问题。以"米其林"商标侵权案为例。原告米其林集团总公司成立于1863年,是世界著名的轮胎生产商和全球500强企业之一,原告出版的《米其林红色指南》每年为法国的餐馆评定星

---

① See Mutual of Omaha Ins. Co. v. Novak, 836 F. 2d 397 (8th Cir. 1987).
② See Coca-Cola Co. v. Gemini Rising, Inc., 346 F. Supp. 1183 (E.D.N.Y. 1972).

级，推出米其林星级评定体系。近年来，《米其林红色指南》的中文版也在中国出版发行，该指南使用了包含米其林轮胎人和"MICHELIN"字样的图文组合商标。原告先后将轮胎人、"MICHELIN"和"米其林"等商标及组合注册在第 12 类（车轮胎）、第 16 类（印刷品、期刊、书籍、指南、放在咖啡桌上的精装图文书籍等）、第 35 类（广告宣传等）、第 39 类（旅游服务）商品或服务上。2010 年，原告发现被告在其《城市漫步》杂志的第 38、39 页登载了名为《2010 年 Micheling 上海指南》的文章，该文章篇头提到"就上海所有的法式餐厅，我们新推出了山寨版的 Micheling 评级指南……"文章介绍了上海十余家法式餐厅，对餐厅标注了星级，从 1 级到 3 级不等，并标明了各自的地址，其中大部分还标明了联系电话和网站。文章中使用了轮胎人手持餐具的大幅图片，并使用了"MICHELING"文字与轮胎人图形组合。原告认为被告所使用的上述标识侵犯了其注册商标权，遂诉至法院，要求判令被告停止侵权并赔偿损失。本案中，尽管被告采用商标滑稽模仿进行抗辩，但却并未得到法院的支持。法院认定，被告使用原告商标的目的是识别服务来源，这种使用方式容易造成消费者误认，并且没有幽默讽刺的意味，不属于滑稽模仿，因此判定被告侵犯了原告的商标专用权。

本案是我国为数不多的比较典型的商标滑稽模仿案例。该案审理法官认为，裁量滑稽模仿是否构成商标合理使用时须从滑稽模仿应为非商业性使用、滑稽模仿不能构成混淆、滑稽模仿要达到幽默效果三个方面来认定。尽管被告在被控侵权杂志文章篇头提到"就上海所有的法式餐厅，我们新推出了山寨版的 Micheling 评级指南……"这种表述看似戏谑模仿，但其对"米其林"商标的模仿使用主要是为了吸引消费者和提高知名度。被告的涉案月刊《城市漫步》的发行量为 6 万册，发放于全国各地的酒店、餐厅、酒吧等，虽然大部分系免费发放，但在多处使用与"米其林"图文商标高度相仿标识的页面上介绍了上海十余家法式餐饮店铺，而且列明了各自的地址，其中大部分还列明了联系电话和网站，这就在客观上构成了对上述店铺的商业推介，使得对"米其林"商标的模仿使用构成了一种商业意义上的利用。同时，被告使用的标识与原告的商标整体均构成近似，且在涉案杂志的相应文章页面上大量使用与原告商标高度相仿的图文标识，使得消费者产生了强烈的混淆，不仅未达到滑稽模仿的目的，让公众对于被模仿商标的文化象征产生新的理解，反而会有搭他人商誉"便车"的嫌疑。故此，认定被告行为构成商标侵权。[①] 本案的判决书对

[①] 参见李国泉、袁博：《合理把握商标滑稽模仿的判断标准》，http：//www.iprchn.com/Index_NewsContent.aspx? newsId=57895，2021 年 5 月 2 日访问。

商标滑稽模仿的合理使用及侵权认定进行了详细的分析，对以后同类案件具有一定的借鉴意义。

第六节 在先权利和商标权无效的抗辩

商标法规定申请商标注册不得损害他人现有的在先权利，该准则不仅是申请注册商标时的要求，也赋予了在先权利人对申请人注册成功之后的抗辩权。侵权诉讼中被告提起的商标权无效是最具威胁力的抗辩，一旦被裁定机关认定为存在商标权无效的理由，则被告不构成侵权并免除赔偿责任，但因不同国家立法规定不同，裁定机构和程序也有所不同。

一、在先权利抗辩

（一）在先权利的界定

《商标法》中有"在先权利"一词，但何谓"在先权利"，《商标法》及其实施条例中并没有明确规定。根据国家知识产权局发布的《商标审查审理指南》，在先权利是指在系争商标申请注册日之前已经取得的，除商标权以外的其他权利，包括字号权、著作权、外观设计专利权、姓名权、肖像权、地理标志以及应予保护的其他合法在先权益。

在先权利的特点如下：第一，在先权利的时间节点是在注册商标申请日前，而非注册公告日。第二，申请日前的在先权利已经合法存在，受法律保护。第三，在先权的范围不仅包括在先的权利，也涵盖在先的权益。根据《商标法》第32条，此时的在先权益指向的是已经使用并有一定影响的商标。当注册商标权人起诉侵权时，满足条件的在先权益人可进行侵权抗辩。在先权利是当事人合法的民事权益，理应受法律保护。除法律另有规定之外，民事权利一律平等。当一方主张权利时，享有在先权利的另一方当然可以其对抗前者的主张，这也是诚实信用基本原则的必然要求。

（二）在先权利抗辩的司法实践

最高人民法院在"武当红"等五个注册商标侵权纠纷再审案中明确指出，注册商标本身符合商标法的要求是合法权利获得法律保护的前提，如果注册商标是抢注他人在先使用并有一定影响的商标而获得的，在先使用人有权依据商标法的规定，在一定的期限内对商标本身的注册行为提出异议或者无效请求，其同样可以在民事侵权诉讼中以此为由提出不侵权的抗辩，并由法院作出不侵权判决。①

在"赛克思 SAIKESI"侵权纠纷再审案②中,最高人民法院认为涉案注册商标是以违反诚实信用原则利用职务上的便利或业务上的优势恶意取得,不应受到法律保护,原告对在先使用企业字号的权利人提起侵权之诉,不具有正当性,确认在先权利的抗辩理由成立,维持了一审法院"驳回诉讼请求"的判决。该案提出的抗辩事由为在先权利的正当使用,一审法院和再审的最高人民法院均审查了构成"在先权利"的相关证据及事由,并作出不侵权的判决。根据该案事实,注册商标"赛克思 SAIKESI"的取得系违反《商标法》第 32 条规定的"不得损害他人现有的在先权利"的情形,该情形构成注册商标无效宣告的相对理由,如果以"注册商标无效宣告"进行抗辩,法院审查的证据、事实、法律适用等并无不同,得出不侵权的结论亦符合法律规范。

在另一起案件中,庆鹏公司系"Secretcharm"注册商标专用权人,核定使用商品为第 3 类。后庆鹏公司将该商标授权斯科塞斯公司进行品牌管理和维护,并授权其以自己的名义对侵权者提起诉讼和索赔。斯科塞斯公司发现吉诗美公司在上海来福士商场销售来源于万事达公司进口的标有"SECRETC-HARM"标识的"维多利亚的秘密"的化妆品,并对上述情况进行了公证证据保全。经查,涉案商品标签均标有"代理商:万事达商贸(深圳)有限公司"字样。斯科塞斯公司认为,吉诗美公司和万事达公司进口、销售的涉案商品上使用的"SECRETCHARM"标识与涉案商标"Secretcharm"相比,仅存在字母大小写的区别,属于商标相同,其行为共同构成商标侵权。另经原告调查发现,吉诗美公司在杭州萧山机场、广州天河城商城、广州太古汇商城、深圳益田假日广场等地均存在由万事达公司进口的带有被控侵权标识化妆品的展示及销售行为。故诉至法院。法院受理后认为,根据本案查明的事实,已有相关法院作出生效判决认定维密公司于 2010 年 6 月前完成"SecretCharm 产品包装设计"美术作品的创作,而庆鹏公司于 2010 年 10 月 20 日才申请注册"Secretcharm"商标。"SECRETCHARM"系具有特定含义的外文词汇,并非固定组合,将其使用在化妆品等产品的包装设计上具有一定创意,而维密公司创作使用在先,庆鹏公司申请注册商标在后。此外,原告及庆鹏公司等还在 2001 至 2016 年间向国家商标局申请注册"Secretcharm""sheerlove 十分爱"等大量商标,其中部分商标在文字组成、排列顺序、呼叫或是构图、线条、设计上均与国外化妆品、香水、服装等品牌相同或近似,而其又无法对在不同类

---

① 参见最高人民法院(2014)民申字第 1234 号。
② 参见最高人民法院(2014)民提字第 168 号。

别上大量注册商标的意图及相关商标的设计创作来源作出合理解释说明,其行为亦难谓善意。最终法院裁定,根据诚实信用、维护公平竞争和保护在先权利等原则,两被告的在先权利抗辩成立。①

本案两被告提出的在先权利抗辩就是对包含"SECRETCHARM"在内的产品包装美术设计享有的在先著作权抗辩。商标权与著作权同属于知识产权范畴,但分别保护不同的法益,当两者产生权利冲突时,应当遵循诚实信用、维护公平竞争和保护在先权利等原则处理。

二、商标权无效的抗辩

商标权无效抗辩是指对形式合法而实质内容不合法的权利的不保护。在侵权诉讼中,对被告而言,主张原告的商标权无效是最具有攻击力的抗辩,该抗辩一旦被采纳,被告即无须承担任何侵权责任。当然,向法院提出商标权无效之抗辩的,应当提供诸如商标局作出的撤销注册商标的决定之类的有效证据。②

(一)宣告商标权无效的机构及实践

商标侵权诉讼中当事人以注册商标无效作为抗辩理由时,有些国家和地区规定由法院直接裁决知识产权无效,有些国家和地区则要求先由行政确权机构作出无效认定。具体模式有三种:第一,仅由商标行政管理机关行使,包括原审核注册的行政机关或专门设置的行政机构,如我国的国家知识产权局商标局、俄罗斯的专利争议局。第二,由司法机关行使,如法国、意大利和埃及等。比如,《法国知识产权法典》L.714-3条规定,违反L.711-1条至L.711-4条规定的商标注册依司法决定被判决无效。检察院可依职权依照L.711-1条、L.711-2条及L.711-3条提起无效诉讼,只有在先权利人可依照L.711-4条提起无效诉讼。但是商标已依善意获得注册且已被容忍使用5年的,该诉讼不予受理。第三,法院和行政机关均可宣告注册商标无效,如英国、巴西③、南非④和美国等。《英国商标法》第47(2F)(3)(a)条规定:如果有争议商标的诉讼仍处于法院审理中,无效申请必须向法院提出。美国商标法认为商标权无效

---

① 参见上海市普陀区人民法院(2015)普民三(知)初字第401号。
② 刘期家:《商标侵权抗辩事由研究》,载《法制与经济》2014年第5期。
③ 《巴西工业产权法》第173条规定:在司法程序中,法官可以在满足相关条件的情况下,中止注册的效力以及中止商标的继续使用。
④ 《南非商标法》第52条第1款规定:在任何诉讼中,商标注册行为的有效性存在争议的,法院如果认定注册行为有效,可以对此出具证明。

可以抗辩商标侵权，即当被控侵权人证明原告的注册商标无效时，原告的侵权主张则丧失依据而不能成立。《兰哈姆法》第 14 条指出，用欺骗手段取得了标志注册的可以申请撤销。第 33 条指出"以欺骗手段取得"可以作为拥有不可争辩的独占权的抗辩理由。在上述三种模式中，在实行后两种模式的国家和地区，法院有权直接判决注册商标无效，当然可对当事人提出的注册商标无效事由进行审查。我国台湾地区有关商标的规定或条例中①也确立了法院对当事人提出的知识产权废止抗辩自为判断的规则。②

在法国的一宗仿冒商标和不正当竞争案中，原告 SA Setric Biologie 公司注册了"LALVIN 522 Davis"和"LALVIN 2056"两个商标，而被告 SA Oeno Fance 公司认为由于缺乏显著性，因此原告在任何情况下都不能对两个涉案商标主张据为己有的权利，并据此提出宣告注册商标无效的反诉。法国南特大法院在全面分析当事人双方的请求、理由、所争议商标是否满足法律规定的注册条件及相关证据的基础上，判决驳回诉讼请求，并直接宣告已注册商标无效。凡尔赛上诉法院同样判决商标应宣告无效，只是将理由改为了注册是通过欺诈取得的。③

（二）我国商标权无效抗辩的困境

我国商标权的取得采取注册确权原则，但因审查失误等原因而导致的不当注册的现象并不少见，这便需要商标的无效宣告制度。"学说上对商标无效多是从商标权确权和异议的视角出发，而把实质无效作为侵权抗辩事由的则极为鲜见。"④ 究其原因，主要在于制度设计面临的困境。

在我国，违反禁止注册绝对无效理由的，由国家知识产权局商标局宣告该注册商标无效；其他单位或者个人可以请求国家知识产权局商标局宣告该注册商标无效。违反禁止注册相对无效理由的，在先权利人或者利害关系人可以请求国家知识产权局商标局宣告该注册商标无效。可见，我国注册商标无效宣告的权力归属于行政机构。

---

① 我国台湾地区"智慧财产案件审理法"第 16 条规定："当事人主张或抗辩知识产权有应撤销、废止之原因者，法院应就其主张或抗辩有无理由自为判断，不适用民事诉讼法、行政诉讼法、商标法、专利法、植物品种及种苗法或其他法律有关停止诉讼程序之规定。前项情形，法院认有撤销、废止之原因时，知识产权人于该民事诉讼中不得对于他造主张权利。"

② 参见张耘：《知识产权无效程序的反思与重构——以诉讼效益为视野》，载《学术论坛》2005 年第 11 期。

③ 参见陈锦川：《法国工业产权授权、无效的诉讼制度对我国的启示》，载《电子知识产权》2004 年第 9 期。

④ 参见史新章：《商标争议制度的反思与完善》，载《政治与法律》2010 年第 1 期。

当事人提出注册商标无效宣告申请后，通常由国家知识产权局商标局作出维持注册或宣告无效的裁定。当事人不服裁定结果的，向法院提出行政诉讼，由北京知识产权法院、北京市高级人民法院分别进行一审、二审。如法院判决撤销国家知识产权局商标局裁定并令其重新作出裁定，对依据新的事实和理由重新作出的裁定当事人仍不服的，上述程序可能会循环往复地进行。另外我国《商标法》第 45 条规定，商标评审委员会对无效宣告请求审查时，所涉及的在先权利的确定必须以人民法院正在审理或者行政机关正在处理的另一案件的结果为依据的，可以中止审查，待中止原因消除后即在先权利确定后再恢复审查程序。即审理侵权纠纷的法院中止审理，等待国家知识产权局商标局对注册商标无效宣告的裁定结果时，国家知识产权局商标局可能也处于中止审查状态而在等待其他法院或行政机关对在先权利的处理结果。[1] 民事诉讼、行政诉讼、行政裁定、行政确权等司法与行政程序相互渗透，导致周期无限延长。如此复杂的制度设计使得注册商标无效问题也许要用几年时间方能尘埃落定，这种"环节过多、费时耗力"的弊病一直饱受学者诟病。[2]

在法院无权直接对注册商标无效宣告抗辩事由进行审理时，等待注册商标无效宣告结果的处理方式将过多地占据行政与司法资源，大大增加民事纠纷解决的经济成本和时间成本，造成商标侵权案件"审理周期长"以及形成新的商标秩序导致问题复杂化的社会问题，影响市场交易的效率。而无视当事人的注册商标无效抗辩时，一旦作出侵权判决而涉案的注册商标又被宣告无效，法院判决的公正性和权威性将受到无端质疑，事实上承受了制度的"负效应"（negative externality）。[3] 商标侵权诉讼中存在"程序烦琐冗长、行政资源和其他社会资源被不合理地耗费等弊端"，其原因在于我国知识产权诉讼制度中民事诉讼与注册商标无效宣告程序严重脱节的程序性缺陷。[4]

（三）商标权无效抗辩的改革思路及问题

在不突破注册商标无效宣告的行政权力唯一归属的框架内，尝试制度改良或许是一种思路。为减少程序环节、提高解决侵权纠纷的效率，商标侵权诉讼

---

[1] 参见王广震：《注册商标无效抗辩司法审查问题初探》，载《西南政法大学学报》2017 年第 1 期。

[2] 参见李明德：《专利权与商标权确权机制的改革思路》，载《华中科技大学学报（社会科学版）》2007 年第 5 期。

[3] 参见王广震：《注册商标无效抗辩司法审查问题初探》，载《西南政法大学学报》2017 年第 1 期。

[4] 参见张耘：《知识产权无效程序的反思与重构——以诉讼效益为视野》，载《学术论坛》2005 年第 11 期。

中当事人以注册商标无效作为抗辩时，可借鉴南非、英国、巴西等国商标法的规定，对诉讼中的注册商标，法院有权决定其注册的效力，即法院可直接审查注册商标无效抗辩事由，并根据自己的判断审理侵权案件，而无须认定在后注册商标无效，也无须等待商标行政确权程序的结果。① 在这方面，法国、美国的司法实践经验也值得我们研究学习。

第一，法院对被控侵权人提交证明注册商标无效的证据进行审查、判断后，认为确有注册商标无效宣告事由情形的，在判决书中作出明确陈述，认定当事人的抗辩符合法律规定；对商标侵权之诉，可直接判决驳回原告的诉讼请求（包括构成侵权、要求赔偿、停止注册商标使用等）。但不宜直接认定注册商标权无效，毕竟根据现有商标法规定，无效宣告的机关是行政机构。

第二，在当事人无法证明或法院判断不属于拒绝注册无效事由的，按民事诉讼程序继续对侵权纠纷进行审理。在当事人未启动注册商标无效宣告程序的情形下，法院不应中止案件的审理，而必须审查当事人提交的证据，并对涉案注册商标是否存在拒绝注册的事由，即构成注册商标无效宣告的事由进行审查。

第三，审判期间当事人已经向国家知识产权局商标局提起注册商标无效宣告申请的，因注册商标专用权的效力问题已经进入行政程序，属于"必须以另一案的审理结果为依据，而另一案尚未审结"的情形，法院应中止审判等待注册商标无效宣告的最终结果。②

上述改革思路的核心在于商标侵权诉讼中直接引入无效抗辩规则，由法院根据证据直接认定该注册商标的效力，有利于尽快解决纠纷，节省行政和司法资源，提高效率。但随之面临的问题是：全国范围内管辖商标侵权民事案件的法院非常多，而商标授权确权行政案件的一、二审管辖权仅仅在北京，如果引入商标权无效抗辩，如何保障审理标准的统一？③ 由于商标权效力的最终确认需要行政机关作出，司法裁判无法直接宣告商标权无效或者确认商标权有效，因此，如果民事裁判和行政裁判的审理标准有差异，将可能造成商标权效力难以确定的情况。即便只考虑民事程序，不同法院对于相同的事实亦可能作出不同认定。因涉案商标是否属于注册不当的情形存在分歧，既影响裁判的稳定性和公信力，也将使行为人无所适从。在现行法律框架下，关于我国商标权无效抗辩，还需要作深入研究，既需要理论探析和借鉴他国经验，也需要司法实践的进一步探索。

---

① 参见冯术杰：《论注册商标的权利产生机制》，载《知识产权》2013年第5期。
② 参见王广震：《注册商标无效抗辩司法审查问题初探》，载《西南政法大学学报》2017年第1期。
③ 参见周丽婷：《对商标权滥用相关民行二元程序的思考》，载《中华商标》2019年第10期。

余 论

中国商标法律制度的
成就与发展方向

拥抱未来：商标法治的美好前景①

秘书处：您认为目前我国《商标法》历次修改过程中，有哪些突出成就呢？

王莲峰教授：新中国《商标法》从1982年颁布，经历了1993年、2001年、2013年、2019年四次修正，成就斐然。可以说每一次修法，都在推动着商标法的进步，不断引入的新规则，使商标法立法水平再上新高。例如，2013年《商标法》率先规定了惩罚性赔偿条款、新增了商标侵权抗辩规则，特别是明确了商标使用的概念，是对商标价值的回归。我个人认为，商标使用的理念与规则，贯穿于商标法始终。《商标法》第三次修改反映出立法机构对商标使用的重视程度有所提升。明确商标使用的目的，有利于打击商标恶意注册行为，增强注册商标的使用义务。

秘书处：2019年4月23日，第十三届全国人民代表大会常务委员会第十次会议审议通过《关于修改〈中华人民共和国商标法〉的决定》。您认为我国《商标法》第四次修正中，哪些问题值得我们重点关注呢？

王莲峰教授：2019年《商标法》第四次修正主要关注两个方面：其一，规制商标的恶意注册。例如，2019年《商标法》第4条新增加"不以使用为目的的恶意商标注册申请，应当予以驳回"的条文，明确了商标局可在申请阶

---

① 本文为北京知识产权法研究会2021年年会期间，研究会秘书处对笔者进行专访的访谈内容。原文载"北京知识产权法研究会"微信公众号年会系列推送特辑第19期。此处文字稍有修改，仍以访谈形式呈现。

段驳回恶意抢注者的申请，将规制手段前移，即使取得注册也可根据第 4 条作为无效宣告的绝对理由；新增了代理机构恶意申请商标注册的法律责任。其二，加大商标权保护力度。例如，2019 年《商标法》再次提高了惩罚性赔偿的倍数和法定赔偿额的上限；对假冒注册商标的商品的处理作了明确规定，比如，销毁、不得再次进入商业渠道等。本次修法显著提高了侵权者的违法成本，充分发挥了法律的威慑作用。

应当说，商标法的每次修改和进步离不开社会各方面的推动，比如，立法者法律理念的提升、执法者经验的积累、司法裁判者的积极探索、学界的研究成果等，当然也包括知识产权法研究会、律师协会等同行们的智慧和贡献。在这样的合力之下，我国的商标法律制度才会得到逐步的完善。

秘书处：您认为今后我国商标法发展方向将会如何？

王莲峰教授：尽管我国《商标法》历经四次修订取得了较大进步，但随着国际经贸关系的变化和市场经济的发展，商标法依然面临许多问题，亟待进一步完善。据悉，国家知识产权局条法司已于 2020 年启动新一轮的全面修订《商标法》的工作。

商标法的发展可以概括为两个方向：一是完成与商标法相关的多边和双边协议的对接。比如，CPTPP 协定中所涉及的非传统商标保护、加大未注册驰名商标保护等；还有 2020 年年初达成的中美经贸协议中所涉及的地理标志保护、假冒商标处罚、恶意注册规制等商标法律制度相关问题的衔接等。二是结合中国国情逐步完善商标法律制度。比如，商标注册确权程序的完善、商标异议制度的改革等问题均是立法机关下一步修法关注的重点内容。目前，我正在主持国家社科基金重点项目"商标注册审查制度改革研究"的工作，旨在助力我国商标注册便利化改革、提高商标审查效率。

为适应市场经济发展，我国商标法保护的客体范围应该是扩大的趋势。我认为，商标法的上位法是商业标志法，商标法不仅要保护商标，还应当将地理标志、企业字号、域名等商业标志纳入保护的对象当中。目前司法实践中许多难解的注册商标和其他商业标志引发的纠纷冲突，多与商标与商业标志之间保护边界不明确有关。我认为《德国商标法》是世界上最先进的商标法的代表，其商标权利的产生既可来源于注册和使用，也可来源于驰名，对驰名商标提供了全面的保护；同时，对商标之外的其他标记，如作品名称、企业名称等提供保护，并通过立法体系化将商标和这些商业标志融合在一部法律中。当然，要构建我国的商业标志法还需要一个漫长的过程，这也是我个人的学术梦想，当继续努力前行。

附录一　关于《中华人民共和国商标法修订草案（征求意见稿）》的说明

一、修改《中华人民共和国商标法》（以下简称《商标法》）的必要性

党中央、国务院高度重视知识产权工作。二十大报告指出，要"加强知识产权法治保障，形成支持全面创新的基础制度"。习近平总书记在十九届中央政治局第二十五次集体学习时指出，"要提高知识产权保护工作法治化水平。要在严格执行《民法典》相关规定的同时，加快完善相关法律法规，统筹推进《商标法》等修订工作，增强法律之间的一致性"。《知识产权强国建设纲要（2021—2035）》中要求"建设面向社会主义现代化的知识产权制度，构建门类齐全、结构严密、内外协调的法律体系，根据实际及时修改《商标法》"。《"十四五"国家知识产权保护和运用规划》中要求"健全知识产权法律法规。统筹推进《商标法》等相关法律法规的修改完善"。

2016年11月，中共中央、国务院发布《关于完善产权保护制度依法保护产权的意见》，提出"必须加快完善产权保护制度，完善物权、合同、知识产权相关法律制度"。2021年施行的《民法典》确立了保护知识产权的重大法律原则。商标是知识产权的保护客体之一，民事主体可以依法享有专有的权利。《商标法》作为保护商标权的专门法律，有必要在遵循《民法典》确立的原则和精神的基础上进一步修改完善。

《商标法》不仅是知识产权领域重要的单行法，也是规范市场主体商业活动秩序的重要法律之一，自1983年3月1日施行以来，在保障消费者和生产、经营者的利益，维护市场秩序等方面发挥了重要作用。我国现行《商标法》于1993年、2001年、2013年、2019年先后经过四次修改。随着社会主义市场经济的深入发展，市场主体知识产权意识增强，更加重视品牌建设，产生了庞大商标需求的同时也带来了一系列问题，具体表现为：商标"注而不用"现象比

较常见,"囤积商标""闲置商标"阻碍了有正常经营需求的市场主体获取商标注册;商标恶意抢注依然存在,特别是抢注公共资源、热点、突发事件特有词汇、名人姓名等频频出现,"傍名牌""搭便车""蹭热点"屡禁不止;商标权保护仍然困难,程序空转、循环注册等问题导致当事人维权成本高;不当行使和滥用权利现象时有发生,借诉讼牟利甚至恶意诉讼问题日益突出。虽然2019年《商标法》进行了个别条款修改,在打击商标囤积注册和强化商标权保护等方面取得积极成效,但由于修改涉及的内容非常有限,未能全面解决商标领域存在的问题。

上述现象的出现反映了《商标法》已经不能适应实践发展的需要,主要体现在:一是商标制度设计"重注册、轻使用",注册前对使用意图强调不足,注册后对于使用义务关注不够;二是打击商标恶意注册的范围和力度仍然偏弱,全流程管控和严厉打击的措施还不够有效;三是商标授权确权程序较为复杂,相互之间缺少协调,遏制程序滥用和保障当事人程序利益的规范仍需完善;四是加强商标权保护的规定有待充实,对互联网商标侵权行为规制不足,驰名商标保护规则不够健全;五是商标法律制度滞后于"高质量发展"的时代要求,促进商标运用和完善公共服务的法治支撑不足,需要完善法律法规以更好落实国务院"放管服"改革精神。

商标与市场经济活动紧密关联,社会各界高度关注《商标法》修改工作。近五年来,全国人大代表和政协委员提出修改《商标法》的议案、提案和建议达40多件。

因此,为贯彻落实习近平总书记重要指示精神,实现知识产权强国建设目标,进一步完善产权保护制度,解决当前商标领域存在的突出问题,及时回应社会关切,有必要进一步修改《商标法》。在立足国内实际需要的基础上,借鉴国外立法与实践经验,围绕现实问题完善商标法律制度,保障商标的依法注册、有序使用、严格保护,助力优化营商环境,促进社会主义市场经济高质量发展。

二、《商标法》修改的基本思路

以习近平新时代中国特色社会主义思想为指导,以习近平法治思想为根本遵循,全面贯彻党的二十大精神,认真落实党中央、国务院关于知识产权工作的决策部署,坚持正确的政治方向,构建具有中国特色、符合国际潮流、适应未来发展、惠及亿万市场主体的高水平商标法律制度,助力知识产权强国建设和经济社会高质量发展。一是坚持守正创新,面向未来,准确把握经济社会发展规律,提高立法前瞻性;二是坚持问题导向,从实际出发,有效解决实践中暴露出的体制性、衔接性和操作性问题，积极回应社会关切；三是坚持立足国情，放眼世界，密切跟踪国际商标法律制度发展趋势，夯实制度基础，构建更加互惠、包容、平衡的商标法律制度；四是坚持科学立法、民主立法、依法立法，加强立法论证、立法调研、立法评估，增强法律的可执行性；五是坚持稳中求进，在扎实推进《商标法》修改相关准备工作的同时，积极推进立法进程。

本次修改《商标法》，将秉持人民至上，维护社会公平正义和公平竞争市场秩序，服务经济社会高质量发展的理念，更加注重权利保护与公共利益、社会效果、在先权利的平衡，厘清权利行使的边界，解决公共利益维护不足的问题；继续强化商标使用义务，在坚持现有注册制度的基础上弥补其缺陷；着力优化商标授权确权程序，促进商标审查审理、运用管理、行政执法、司法审判各环节高效、协同；全面顺应科技进步与经济社会发展需要，助力商标行业数字化转型升级，支持商标品牌运用促进，提升公共服务水平。

三、起草过程

2018 年，《商标法》修改准备工作正式启动。2019 年，为了有效规制恶意申请和囤积注册行为，加强对商标专用权的保护，《商标法》进行了个别条款的修改。同时国家知识产权局持续推进《商标法》全面修改的调研论证工作，先后开展了 14 项课题研究，组织对地方知识产权管理部门、企业和商标代理机构的调研 20 余次，并召开座谈会、专家研讨会听取相关部委、司法机关、专家学者意见和建议。2022 年国家知识产权局成立专项工作组，着力推进《商标法》及其实施条例修改工作，对《商标法》修改涉及的重点问题进行深入论证，开展走访调研和意见征集，在综合各方意见的基础上形成《中华人民共和国商标法修订草案（征求意见稿）》（以下简称征求意见稿）。

四、修改的主要内容

征求意见稿进一步理顺体系，将《商标法》扩充为 10 章 101 条。其中，新增 23 条，从现有条文中拆分形成新条文 6 条，实质修改条文 45 条，基本维持现有法条内容 27 条。修改的主要内容如下：

（一）顺应时代发展要求，服务经济社会高质量发展

顺应科技进步和经济社会发展需要，为市场主体提供更大的便利。一是更新理念，完善立法宗旨，突出产权保护，将促进社会主义市场经济高质量发展作为制度目标（第一条）；强调商标工作坚持中国共产党的领导（第二条）。二

是适应机构改革后政府部门职能变化，明确商标主管部门和地方知识产权管理部门的职责，提升商标领域协同治理能力（第三条）。三是明确商标概念，开放商标构成要素（第四条）。四是优化《商标法》体系结构，精简总则部分，增加"商标注册的条件"和"促进商标使用、服务与商标品牌建设"两章（第二章、第九章）。五是实施商标品牌战略，加强公共服务体系建设（第九十一条）；充分发挥商标制度对品牌建设的法治保障作用，鼓励各方主体积极实施推进商标品牌建设各项措施，促进区域和产业经济发展（第九十二条至第九十四条）；提升业务办理的电子化和便利化程度，引导和促进商标信息的有效利用，提高商标注册档案管理规范化水平（第九十五条至第九十七条）。

（二）维护社会公平正义，营造公平竞争的市场秩序

一是进一步规制商标恶意注册，强调申请注册的商标不得违背公序良俗（第十四条）；明确恶意申请商标注册的具体情形（第二十二条）；将"有悖于社会主义核心价值观""有害于中华优秀传统文化""公众知晓的国内地名"纳入禁用禁注范围（第十五条）；明确仅有本商品的通用名称、图形、型号、技术术语的，不得注册，也不能经过使用取得显著特征（第十六条）；建立恶意抢注商标强制移转制度（第四十五条至第四十七条）；明确恶意注册的商标被宣告无效后应当对注册后、宣告无效前的侵权行为承担法律责任（第四十八条）；提高对商标恶意注册的罚款数额（第六十七条）；规定恶意申请商标注册给他人造成损失应当给予民事赔偿，对恶意申请商标注册损害国家利益、社会公共利益或者造成重大不良影响的，由检察机关提起诉讼（第八十三条）。二是加强商标领域诚信建设，明确以欺骗或者其他不正当手段申请商标注册属于商标恶意注册申请，并作为驳回和异议的理由（第二十二条第二项）；对虚构、隐瞒重要事实或者故意提供虚假材料等不诚信行为给予处罚（第三十二条）；强化信用监管和信用惩戒（第八十七条）。三是规范权利行使，防止权利滥用，增加不得滥用商标权损害国家利益、社会公共利益或者他人合法权益的原则性规定（第九条）；对于不正当行使商标专用权严重损害公共利益，造成重大不良影响的，可以撤销其注册商标（第四十九条）；明确商标专用权的行使边界，完善描述性使用的规定，增加善意使用自己的姓名、名称、地址和指示性使用等正当使用情形（第六十二条）；引入恶意诉讼反赔制度（第八十四条）等。四是强化商标审查审理工作社会属性，保障公共利益，规定对在受理阶段发现明显具有重大不良影响的，可以不予受理（第二十七条）；对在初步审定后发现违反禁用规定的，可以依职权撤销初步审定公告（第三十七条）。五是加强商标代理行业监督管理，明确商标代理机构准入要求，提高商标代理服务质量

（第六十八条）；强化商标代理机构及从业人员的责任义务，规范商标代理行为（第六十九条）；健全商标代理行业组织职责义务，更好发挥行业自律作用（第七十条）；进一步明确商标代理违法行为，增加对违法商标代理机构的负责人、直接责任人以及负有管理责任的股东新任职务的限制性要求（第八十六条）。

（三）完善商标授权确权程序，固化"放管服"改革成果

一是提升商标审查质效和争议化解效率，缩短提起异议申请的期限（第三十六条）；在优化异议审查模式基础上取消不予注册复审程序，降低当事人获权、维权成本（第三十九条）。二是促进程序间协调，避免程序空转和行政资源浪费，规定办理商标注册申请未缴纳费用的，该商标注册申请视为未提交（第二十七条）；对程序中止进行统一规定，增加人民法院审理商标授权确权行政案件不适用情势变更原则的规定（第四十二条）；增加禁止重复注册相关规定（第十四条、第二十一条）；完善同日申请程序，仅对不能辨别申请时间先后的才进一步考察使用在先情况（第二十五条）；明确商标被撤销、注销或未续展后一年隔离期的适用情形和起止时间（第五十条）。三是增加撤回申请（第四十一条）和商标注销（第五十八条）相关规定。

（四）强化商标使用义务，引导商标注册回归制度本源

一是完善商标使用概念，突出使用的基础地位，新增对服务商标和互联网环境下商标使用行为的规定（第五十九条）。二是在申请阶段增加商标使用或者使用承诺的要求（第五条）；建立商标注册后每 5 年主动说明商标使用情况制度，对未说明使用情况或正当理由的，视为放弃其注册商标专用权，对经抽查发现说明不真实的，可以撤销其注册商标（第六十一条）。三是完善撤销制度，在保留原有商标连续三年不使用撤销制度的基础上，基于更好维护公共利益的考虑，增加"注册商标的使用导致相关公众对商品或者服务的质量、产地或者其他特点产生误认""注册商标的使用或者行使注册商标专用权严重损害公共利益，造成重大不良影响""集体商标、证明商标管理或者使用不当，造成消费者损害或社会不良影响"三种撤销情形，对于后两种损害公共利益的情形可以依职权撤销注册商标（第四十九条）。

（五）加强商标专用权保护，打击商标侵权行为

一是加强商标专用权保护，打击通过电子商务活动实施侵犯注册商标专用权的行为（第七十二条）；健全商标纠纷多元化解机制，增加仲裁、行政裁决和确认不侵权之诉等规定（第七十四条）；加强行刑衔接，明确查处商标侵权行政案件和刑事案件的双向移送机制（第七十五条）；完善查处商标违法的执法措施（第七十六条）；优化商标侵权赔偿数额的计算方法，明确赔偿数额还

应当包括权利人的合理开支，将适用惩罚性赔偿的条件由"恶意"修改为"故意"，与《民法典》保持一致（第七十七条）；引入商标侵权公益诉讼，打击损害国家利益或者社会公共利益的商标侵权行为（第七十八条）。二是加强驰名商标保护，打击"傍名牌""搭便车"等妨碍公平竞争的行为，将"驰名商标认定"改为"确认商标驰名情况"，进一步淡化行政认定色彩，给予驰名商标与其显著性和知名度相适应的保护范围和强度（第十条）；加强对未注册驰名商标的保护，对为广大公众所熟知的驰名商标给予反淡化保护（第十八条）。

（六）加强商标监督管理，规制商标违法行为

一是明确商标违法行为及其法律后果，新增自行改变注册商标的罚款和构成商标侵权的处理规定（第六十四条）。二是加强地理标志保护，增加使用的未注册商标中有商品的地理标志，而该商品并非来源于该标志所标示的地区，误导公众的行政处罚，同时对销售违法商品和为商标违法提供帮助的行为予以追究（第六十五条）。三是根据执法实践情况和过罚相当的原则，将违法使用驰名商标字样的罚款幅度由固定的十万元修改为十万元以下（第六十六条）。四是加强对集体商标、证明商标注册人的监督管理，规定集体商标、证明商标转让的限制性要求（第五十七条）；明确集体商标和证明商标注册人不履行管理义务或者不正当行使权利的法律责任（第六十三条）。

（七）其他修改

一是加强对从事商标注册、管理、复审及审理工作的公职人员和有关人员的监督检查（第八十八条至九十条）。二是增加官方标志备案相关规定（第九十九条）。三是依据《民法典》，将关于民事主体的表述由"自然人、法人或者其他组织"统一修改为"自然人、法人或者非法人组织"。

五、主要制度设计及考虑

（一）规制商标恶意注册的具体举措

商标恶意注册是商标领域最受关注的问题，2019年《商标法》修改已对商标恶意囤积注册现象予以有力打击。此次修改将重点加大对恶意抢注公共资源、他人在先权利、损害社会主义核心价值观等行为的打击力度，实现申请人权利与他人权益、社会公共利益的平衡。通过提高罚款数额、建立强制移转制度、明确民事赔偿责任、构建知识产权公益诉讼制度等强有力的制度措施、严格商标注册申请的行为规范要求，引导市场主体"注册有德"，有效维护权利人合法权益，提高商标争议化解效率，也让抢注者付出更高代价，狠刹抢注之风。在《商标法实施条例》中还将进一步细化草案中关于商标恶意注册申请

"情节严重"以及商标强制移转制度中"移转容易导致混淆"的具体情形等，并在相关部门规章和规范性文件的配套修改中予以落实，明确操作规则。

（二）确立禁止重复注册的基本原则

商标作为识别和区分商品或者服务来源的标志，在维护商品交易和市场活动秩序方面发挥着重要作用。同一申请人就相同的标志在相同的商品或者服务上重复申请注册，不仅不能强化商标识别商品或者服务来源的作用，反而可能给消费者造成困惑。近年来，重复申请商标注册的现象日益增多，一些商标注册人为防止商标因连续三年不使用被撤销，甚至采取了就相同商标每三年重复申请注册的"接力式申请"策略，还有一些商标注册人为防止商标被异议或者宣告无效，频繁重复申请注册。重复注册不仅成为了逃避法律责任、增加在先权利人维权难度的手段，也无谓消耗着有限的商标审查资源，扰乱商标注册和管理秩序。本次《商标法》修改，参考物权法的"一物一权"原则，借鉴《专利法》重复授权的规定，强调注册商标"一标一权"的价值导向，确立禁止重复申请原则，对在原商品服务上恶意重复申请注册原商标以及在商标失效后立即重新申请注册等不正当行为予以规制，但需要明确的是企业商标品牌升级优化以及出于其他正当目的商标注册申请，不纳入规制范围，同时加强对相关审查标准和操作规则的研究论证。

（三）优化商标审查审理程序的制度安排

行政机关作出行政决定后，在行政程序内通常应该给予当事人一次救济机会，这也是行政机关的自我纠错机制，既保障了公平合理也兼顾了行政效率。在机构改革前，商标异议案件由商标局负责审查，异议后的不予注册复审由原商标评审委员会负责审理。但机构改革后，商标实质审查、异议、不予注册复审的决定均以国家知识产权局名义作出，出现了同一争议在同一行政机关经过三道行政程序的情况，不仅不符合行政两审的通常做法，增加了程序的复杂性，也使当事人对复议程序的实际作用和审查标准的一致性产生了质疑。为减轻当事人获权、维权成本，提高争议化解的效率，此次《商标法》修改，拟取消商标异议后的不予注册复审程序。同时，着力优化异议审查模式，将从增加简易审查程序，实现异议案件繁简分流，论证对复杂案件引入质证环节和口头审理方式等方面进行探索，全面提升商标异议审查质量和效率，让各方争议在行政程序中得到有效化解，更好发挥异议程序的价值和作用。

（四）继续强化商标使用义务的制度设计

截至2022年11月，我国有效商标注册量达到4233.7万件，其中有大量的商标"注而不用"，既占用过多的资源，也使创新创业主体取得商标注册的难度越来越大。为引导商标注册回归"注册为了使用"的制度本源，及时清理"僵尸"商标，释放闲置商标资源，让真正需要建立自有品牌取得商标注册的市场主体能够得到商标保护，拟新设商标申请时的使用承诺配合商标存续期间主动提交使用情况说明的制度，并配套增加对使用情况说明的抽查制度以及经抽查不实后撤销注册商标的规定。通过从申请注册之初到商标注册后，持续关注商标是否真正在经营活动中实际使用，营造按需申请、适量持有、注重使用、清除闲置的商标注册和使用秩序。在执行中也会特别注意不增加商标注册人过多负担，拟采取使用承诺书、使用情况说明表等简便且易于操作的方式，更好发挥制度效用。

（五）设置商标代理执业准入要求的主要考虑

2003年国务院下发文件取消了商标代理机构和商标代理人资格两项行政审批，取消了商标代理行业的准入门槛，只要工商登记就可开展商标代理业务。随着经济社会的快速发展和商标注册申请量持续增长，商标代理市场规模迅速扩大，行业发展无序、监管缺乏依据的问题日益突出，滋生了大量破坏市场秩序的不诚信行为。部分代理机构长期从事恶意商标抢注、囤积和不正当维权等违法失信行为，损害委托人利益和商标代理市场秩序。一些机构在代理海外商标注册申请过程中故意伪造证据、提供虚假材料，造成恶劣的国际影响，后果严重，对中国商标品牌在国外获得保护和国家形象造成了重大负面影响。本次《商标法》修改，拟对商标代理机构的准入要求作出规定，并进一步规范商标代理行为。

附录二 《中华人民共和国商标法修订草案（征求意见稿）》修改对照表

现行规定	征求意见稿
第一章　总　则	第一章　总　则
第一条【立法宗旨】　为了加强商标管理，保护商标专用权，促使生产、经营者保证商品和服务质量，维护商标信誉，以保障消费者和生产、经营者的利益，促进社会主义市场经济的发展，特制定本法。	**第一条【立法宗旨】**　为了**保护商标权人的合法权益，维护消费者权益和社会公共利益**，保障生产者、经营者的利益，促使其保证商品和服务质量、维护商标信誉，加强商标管理、**使用和品牌建设**，促进社会主义市场经济**高质量**发展，特制定本法。
新增	**第二条【党的领导】**　商标工作坚持中国共产党的领导。 国家推进知识产权强国建设，全面提升知识产权创造、运用、保护、管理和服务水平，充分发挥商标制度优化营商环境的重要作用，推动中国产品向中国品牌转变。
第二条【主管部门】　国务院工商行政管理部门商标局主管全国商标注册和管理的工作。 国务院工商行政管理部门设立商标评审委员会，负责处理商标争议事宜。	**第三条【主管部门】**　国务院**知识产权**行政部门主管全国商标注册、管理**和商标品牌**工作，并负责处理商标争议事宜。 **县级以上知识产权管理部门负责本区域内的商标管理工作。**
第八条【商标构成要素】　任何能够将自然人、法人或者其他组织的商品与他人的商品区别开的标志，包括文字、图形、字母、数字、三维标志、颜色组合和声音等，以及上述要素的组合，均可以作为商标申请注册。 **第四条第三款**　本法有关商品商标的规定，适用于服务商标。	**第四条【商标】**　**本法所称商标，包括商品商标和服务商标，是指**能够用以**识别和区分**商品或者服务**来源**的标志，包括文字、图形、字母、数字、三维标志、颜色组合、声音**或者其他要素**，以及上述要素的组合，可以**依法**作为商标申请注册。 本法有关商品商标的规定，**除另有规定外**，适用于服务商标。

（续表）

现行规定	征求意见稿
第四条第一款 自然人、法人或者其他组织在生产经营活动中，对其商品或者服务需要取得商标专用权的，应当向商标局申请商标注册。不以使用为目的的恶意商标注册申请，应当予以驳回。	**第五条【商标注册申请】** 自然人、法人或者非法人组织在生产经营活动中，对其商品或者服务上使用或者承诺使用的商标需要取得商标专用权的，应当向国务院知识产权行政部门申请商标注册。
第三条第一款 经商标局核准注册的商标为注册商标，包括商品商标、服务商标和集体商标、证明商标，商标注册人享有商标专用权，受法律保护。	经国务院知识产权行政部门核准注册的商标为注册商标，商标注册人享有商标专用权，受法律保护。
第三条第二款至四款 本法所称集体商标，是指以团体、协会或者其他组织名义注册，供该组织成员在商事活动中使用，以表明使用者在该组织中的成员资格的标志。 本法所称证明商标，是指由对某种商品或者服务具有监督能力的组织所控制，而由该组织以外的单位或者个人使用于其商品或者服务，用以证明该商品或者服务的原产地、原料、制造方法、质量或者其他特定品质的标志。 集体商标、证明商标注册和管理的特殊事项，由国务院工商行政管理部门规定。	**第六条【集体商标和证明商标】** 集体商标，是指以行业协会或者其他社会团体、非法人组织名义注册，供该组织成员在商事活动中使用，以表明使用者在该组织中的成员资格的标志。 证明商标，是指由对某种商品或者服务具有监督能力的组织所控制，而由该组织以外的单位或者个人使用于其商品或者服务，用以证明该商品或者服务的原产地、原料、制造方法、质量或者其他特定品质的标志。 地理标志可以作为证明商标或者集体商标申请注册。
第五条【共同申请】 两个以上的自然人、法人或者其他组织可以共同向商标局申请注册同一商标，共同享有和行使该商标专用权。	**第七条【共同申请】** 两个以上的自然人、法人或者非法人组织可以共同向国务院知识产权行政部门申请注册同一商标，共同享有和行使该商标专用权。
第六条【强制注册】 法律、行政法规规定必须使用注册商标的商品，必须申请商标注册，未经核准注册的，不得在市场销售。	**第八条【强制注册】** 法律、行政法规规定必须使用注册商标的商品，必须申请商标注册，未经核准注册的，不得在市场销售。
第七条【诚实信用原则】 申请注册和使用商标，应当遵循诚实信用原则。 商标使用人应当对其使用商标的商品质量负责。各级工商行政管理部门应当通过商标管理，制止欺骗消费者的行为。	**第九条【诚实信用与禁止权利滥用原则】** 申请注册商标和行使商标权，应当遵循诚实信用原则。 商标权人不得滥用商标权损害国家利益、社会公共利益或者他人合法权益。 商标使用人应当对其使用商标的商品或者服务的质量负责。各级知识产权管理部门应当通过商标管理，制止欺骗消费者的行为。

（续表）

现行规定	征求意见稿
第十三条第一款 为相关公众所熟知的商标，持有人认为其权利受到侵害时，可以依照本法规定请求驰名商标保护。 **第十四条第一款** 驰名商标应当根据当事人的请求，作为处理涉及商标案件需要认定的事实进行认定。认定驰名商标应当考虑下列因素： （一）相关公众对该商标的知晓程度； （二）该商标使用的持续时间； （三）该商标的任何宣传工作的持续时间、程度和地理范围； （四）该商标作为驰名商标受保护的记录； （五）该商标驰名的其他因素。	**第十条【驰名商标及其保护原则】** 为相关公众所熟知的商标，持有人认为其权利受到侵害时，可以依照本法规定请求驰名商标保护。 **驰名商标保护遵循个案确认、被动保护和按需确认的原则。** **驰名商标的保护范围和强度应当与其显著特征和知名度相适应。** **商标驰名情况**应当根据当事人的请求，作为处理涉及商标案件需要认定的事实进行**确认**。**确认商标驰名情况**应当**综合**考虑下列因素： （一）相关公众对该商标的知晓程度； （二）该商标使用的持续时间、**方式和地域范围**； （三）该商标的任何宣传工作的持续时间、程度和地理范围； （四）**该商标在国内和国外的申请及注册情况**； （五）**该商标受保护的记录，尤其是作**为驰名商标受保护的记录； （六）**该商标的价值**； （七）该商标驰名的其他因素。
第十七条【对等原则】 外国人或者外国企业在中国申请商标注册的，应当按其所属国和中华人民共和国签订的协议或者共同参加的国际条约办理，或者按对等原则办理。	**第十一条【对等原则】** 外国人或者外国企业在中国申请商标注册的，应当按其所属国和中华人民共和国签订的协议或者共同参加的国际条约办理，或者按对等原则办理。
第十八条【委托代理】 申请商标注册或者办理其他商标事宜，可以自行办理，也可以委托依法设立的商标代理机构办理。 外国人或者外国企业在中国申请商标注册和办理其他商标事宜的，应当委托依法设立的商标代理机构办理。	**第十二条【委托代理】** 申请商标注册或者办理其他商标事宜，可以自行办理，也可以委托依法设立的商标代理机构办理。 **在中国没有经常居所或者营业所的外国自然人、法人和非法人组织**在中国申请商标注册和办理其他商标事宜的，应当委托依法设立的商标代理机构办理。
第二十一条【国际注册】 商标国际注册遵循中华人民共和国缔结或者参加的有关国际条约确立的制度，具体办法由国务院规定。	**第十三条【国际注册】** 商标国际注册遵循中华人民共和国缔结或者参加的有关国际条约确立的制度，具体办法由国务院规定。

（续表）

现行规定	征求意见稿
新增	第二章　商标注册的条件
第九条第一款　申请注册的商标，应当有显著特征，便于识别，并不得与他人在先取得的合法权利相冲突。	第十四条【注册条件】　申请注册的商标，应当有显著特征，便于识别，**不得违背公序良俗**，并不得与他人在先取得的合法权利**或者权益**相冲突。 　　除另有规定外，同一申请人在相同商品或者服务上应当只注册一件相同商标。
第十条【禁用标志】　下列标志不得作为商标使用： 　　（一）同中华人民共和国的国家名称、国旗、国徽、国歌、军旗、军徽、军歌、勋章等相同或者近似的，以及同中央国家机关的名称、标志、所在地特定地点的名称或者标志性建筑物的名称、图形相同的； 　　（二）同外国的国家名称、国旗、国徽、军旗等相同或者近似的，但经该国政府同意的除外； 　　（三）同政府间国际组织的名称、旗帜、徽记等相同或者近似的，但经该组织同意或者不易误导公众的除外； 　　（四）与表明实施控制、予以保证的官方标志、检验印记相同或者近似的，但经授权的除外； 　　（五）同"红十字"、"红新月"的名称、标志相同或者近似的； 　　（六）带有民族歧视性的； 　　（七）带有欺骗性，容易使公众对商品的质量等特点或者产地产生误认的； 　　（八）有害于社会主义道德风尚或者有其他不良影响的。 　　县级以上行政区划的<u>地名</u>或者公众知晓的外国地名，不得作为商标。但是，地名具有其他含义或者作为集体商标、证明商标组成部分的除外；已经注册的使用地名的商标继续有效。	第十五条【禁用标志】　下列标志不得作为商标使用： 　　（一）同中华人民共和国的国家名称、国旗、国徽、国歌、军旗、军徽、军歌、勋章等相同或者近似的，以及同中央国家机关的名称、标志、所在地特定地点的名称或者标志性建筑物的名称、图形相同的； 　　（二）同外国的国家名称、国旗、国徽、军旗等相同或者近似的，但经该国政府同意的除外； 　　（三）同政府间国际组织的名称、旗帜、徽记等相同或者近似的，但经该组织同意或者不易误导公众的除外； 　　（四）与表明实施控制、予以保证的官方标志、检验印记相同或者近似的，但经授权的除外； 　　（五）**同重要传统文化符号名称及标志相同或者近似的，但经授权的除外；** 　　（六）同"红十字"、"红新月"的名称、标志相同或者近似的； 　　（七）带有民族歧视性的； 　　（八）带有欺骗性，容易使公众对商品的质量等特点或者产地产生误认的； 　　（九）**有悖于社会主义核心价值观**，有害于社会主义道德风尚，**中华优秀传统文化**，或者有其他不良影响的。 　　县级以上行政区划**名称**或者公众知晓的**国内和**国外地名，不得作为商标。但是，地名具有其他含义或者作为集体商标、证明商标组成部分的除外；已经注册的使用地名的商标继续有效。

（续表）

现行规定	征求意见稿
第十一条【显著特征】 下列标志不得作为商标注册： （一）仅有本商品的通用名称、图形、型号的； （二）仅直接表示商品的质量、主要原料、功能、用途、重量、数量及其他特点的； （三）其他缺乏显著特征的。 前款所列标志经过使用取得显著特征，并便于识别的，可以作为商标注册。	**第十六条【显著特征】** 下列标志不得作为商标注册： （一）仅有本商品的通用名称、图形、型号、**技术术语**的； （二）仅直接表示商品的质量、主要原料、功能、用途、重量、数量及其他特点的； （三）其他缺乏显著特征的。 前款**第二项、第三项**所列标志经过使用取得显著特征，并便于识别的，可以作为商标注册。
第十二条【三维标志非功能性】 以三维标志申请注册商标的，仅由商品自身的性质产生的形状、为获得技术效果而需有的商品形状或者使商品具有实质性价值的形状，不得注册。	**第十七条【三维标志非功能性】** 以三维标志申请注册商标的，仅由商品自身的性质产生的形状、为获得技术效果而需有的商品形状或者使商品具有实质性价值的形状，不得注册。
第十三条第二款、第三款 就相同或者类似商品申请注册的商标是复制、摹仿或者翻译他人未在中国注册的驰名商标，容易导致混淆的，<u>不予注册并禁止使用</u>。 就<u>不相同或者不相类似</u>商品申请注册的商标是复制、摹仿或者翻译他人<u>已经在中国注册</u>的驰名商标，误导公众，致使该驰名商标<u>注册</u>人的利益可能受到损害的，<u>不予注册并禁止使用</u>。	**第十八条【驰名商标保护】** 在相同或者类似商品**上使用**、申请注册的商标是复制、摹仿或者翻译他人未在中国注册的驰名商标，容易导致混淆的，**禁止使用并不予注册**。 在不相类似商品**上使用**、申请注册的商标是复制、摹仿或者翻译他人驰名商标，误导公众，致使该驰名商标**持有**人的利益可能受到损害的，**禁止使用并不予注册**。 使用、申请注册的商标是复制、摹仿或者翻译他人为广大公众所熟知的驰名商标，足以使相关公众认为该商标与该驰名商标具有相当程度的联系，而减弱驰名商标的显著特征、贬损驰名商标的市场声誉，或者不正当利用驰名商标的市场声誉的，禁止使用并不予注册。

（续表）

现行规定	征求意见稿
第十五条【代理人、代表人、利害关系人抢注】 未经授权，代理人或者代表人以自己的名义将被代理人或者被代表人的商标进行注册，被代理人或者被代表人提出异议的，不予注册并禁止使用。 就同一种商品或者类似商品申请注册的商标与他人在先使用的未注册商标相同或者近似，申请人与该他人具有前款规定以外的合同、业务往来关系或者其他关系而明知该他人商标存在，该他人提出异议的，不予注册。	第十九条【代理人、代表人、利害关系人抢注】 未经授权，代理人或者代表人以自己的名义将被代理人或者被代表人的商标进行注册，被代理人或者被代表人提出异议的，不予注册并禁止使用。 就同一种商品或者类似商品申请注册的商标与他人在先使用的未注册商标相同或者近似，申请人与该他人具有前款规定以外的合同、业务往来关系或者其他关系而明知该他人商标存在，该他人提出异议的，不予注册。
第十六条【地理标志保护】 商标中有商品的地理标志，而该商品并非来源于该标志所标示的地区，误导公众的，不予注册并禁止使用；但是，已经善意取得注册的继续有效。 前款所称地理标志，是指标示某商品来源于某地区，该商品的特定质量、信誉或者其他特征，主要由该地区的自然因素或者人文因素所决定的标志。	第二十条【地理标志保护】 商标中有商品的地理标志，而该商品并非来源于该标志所标示的地区，误导公众的，不予注册并禁止使用；但是，已经善意取得注册的继续有效。 前款所称地理标志，是指标示某商品来源于某地区，该商品的特定质量、信誉或者其他特征，主要由该地区的自然因素或者人文因素所决定的标志。
新增	第二十一条【禁止重复注册】 申请注册的商标不得与申请人在同一种商品上在先申请、已经注册或者在申请日前一年内被公告注销、撤销、宣告无效的在先商标相同。但有下列情形或者申请人同意注销原注册商标的除外： （一）因生产经营的需要，在已实际使用的在先商标基础上做细微改进，申请人能够说明区别的； （二）因不可归责于申请人的原因，导致在先商标未能续展的； （三）因未及时提交商标使用说明，导致在先注册商标被注销，但该在先商标已实际使用的； （四）因不可归责于申请人的原因，导致在先商标因未能在连续三年不使用撤销程序中提供使用证据而被撤销，但该在先商标已经实际使用的； （五）在先商标因与他人在先权利或者权益相冲突而被宣告无效，但该在先权利或者权益已不复存在的； （六）有其他重复或者重新申请商标注册的正当理由的。

(续表)

现行规定	征求意见稿
新增	第二十二条【商标恶意注册申请】申请人不得恶意申请商标注册，包括： （一）不以使用为目的，大量申请商标注册，扰乱商标注册秩序的； （二）以欺骗或者其他不正当手段申请商标注册的； （三）申请注册有损国家利益、社会公共利益或者有其他重大不良影响的商标的； （四）违反本法第十八条、第十九条、第二十三条规定，故意损害他人合法权利或者权益，或者谋取不正当利益的； （五）有其他恶意申请商标注册行为的。
第三十二条【保护在先权利】 申请商标注册不得损害他人现有的在先权利，也不得以不正当手段抢先注册他人已经使用并有一定影响的商标。	第二十三条【保护在先权利】 申请商标注册不得损害他人现有的在先权利或者权益，也不得以不正当手段抢先注册他人已经使用并有一定影响的商标。 他人已经登记使用并有一定影响的企业名称（含简称、字号、集团名称等）、社会组织名称属于前款所称他人现有的在先权利或者权益。
第三十条【注册在先】 申请注册的商标，凡不符合本法有关规定或者同他人在同一种商品或者类似商品上已经注册的或者初步审定的商标相同或者近似的，由商标局驳回申请，不予公告。	第二十四条【注册在先】 申请注册的商标**不得同**他人在同一种商品或者类似商品上已经注册或者初步审定的商标相同或者近似。
第三十一条【申请在先】 两个或者两个以上的商标注册申请人，在同一种商品或者类似商品上，以相同或者近似的商标申请注册的，初步审定并公告申请在先的商标；同一天申请的，初步审定并公告使用在先的商标，驳回其他人的申请，不予公告。	第二十五条【申请在先】 两个或者两个以上的商标注册申请人，在同一种商品或者类似商品上，以相同或者近似的商标申请注册的，初步审定并公告申请在先的商标；同一天申请**不能辨别申请时间先后**的，初步审定并公告使用在先的商标，驳回其他人的申请，不予公告。
第十九条第四款 商标代理机构除对其代理服务申请商标注册外，不得申请注册其他商标。	第二十六条【代理机构申请商标限制】商标代理机构除对其代理服务申请商标注册外，不得申请注册其他商标，**也不得以其他方式变相从事上述行为。**

(续表)

现行规定	征求意见稿
第三章　商标注册的申请	第三章　商标注册的申请
第二十二条【申请的要求】　商标注册申请人应当按规定的商品分类表填报使用商标的商品类别和商品名称，提出注册申请。 　　商标注册申请人可以通过一份申请就多个类别的商品申请注册同一商标。 　　商标注册申请等有关文件，<u>可以以书面方式或者数据电文方式提出</u>。	**第二十七条【申请的要求】**　商标注册申请人应当按规定的商品分类表填报使用商标的商品类别和商品名称，提出注册申请。 　　商标注册申请人可以通过一份申请就多个类别的商品申请注册同一商标。 　　**办理商标注册申请未缴纳费用的，该商标注册申请视为未提交。** 　　商标注册申请等有关文件，应当以书面方式或者数据电文方式提出。 　　**商标注册申请手续齐备、按照规定填写申请文件的，国务院知识产权行政部门予以受理并通知申请人；国务院知识产权行政部门发现申请注册的商标明显具有重大不良影响的，不予受理。**
第二十三条【另行申请】　注册商标需要在核定使用范围之外的商品上取得商标专用权的，应当另行提出注册申请。	**第二十八条【另行申请】**　注册商标需要在核定使用范围之外的商品上取得商标专用权的，应当另行提出注册申请。
第二十四条【重新申请】　注册商标需要改变其标志的，应当重新提出注册申请。	**第二十九条【重新申请】**　注册商标需要改变其标志的，应当重新提出申请。
第二十五条【优先权】　商标注册申请人自其商标在外国第一次提出商标注册申请之日起六个月内，又在中国就相同商品以同一商标提出商标注册申请的，依照该外国同中国签订的协议或者共同参加的国际条约，或者按照相互承认优先权的原则，可以享有优先权。 　　依照前款要求优先权的，应当在提出商标注册申请的时候提出书面声明，并且在三个月内提交第一次提出的商标注册申请文件的副本；未提出书面声明或者逾期未提交商标注册申请文件副本的，视为未要求优先权。	**第三十条【优先权】**　商标注册申请人自其商标在外国第一次提出商标注册申请之日起六个月内，又在中国就相同商品以同一商标提出商标注册申请的，依照该外国同中国签订的协议或者共同参加的国际条约，或者按照相互承认优先权的原则，可以享有优先权。 　　依照前款要求优先权的，应当在提出商标注册申请的时候提出书面声明，并且在三个月内提交第一次提出的商标注册申请文件的副本；未提出书面声明或者逾期未提交商标注册申请文件副本的，视为未要求优先权。

(续表)

现行规定	征求意见稿
第二十六条【展会优先权】 商标在中国政府主办的或者承认的国际展览会展出的商品上首次使用的，自该商品展出之日起六个月内，该商标的注册申请人可以享有优先权。 依照前款要求优先权的，应当在提出商标注册申请的时候提出书面声明，并且在三个月内提交展出其商品的展览会名称、在展出商品上使用该商标的证据、展出日期等证明文件；未提出书面声明或者逾期未提交证明文件的，视为未要求优先权。	第三十一条【展会优先权】 商标在中国政府主办的或者承认的国际展览会展出的商品上首次使用的，自该商品展出之日起六个月内，该商标的注册申请人可以享有优先权。 依照前款要求优先权的，应当在提出商标注册申请的时候提出书面声明，并且在三个月内提交展出其商品的展览会名称、在展出商品上使用该商标的证据、展出日期等证明文件；未提出书面声明或者逾期未提交证明文件的，视为未要求优先权。
第二十七条【材料要求】 为申请商标注册所申报的事项和所提供的材料应当真实、准确、完整。	第三十二条【材料要求】 为申请商标注册或者办理其他商标事宜所申报的事项和所提供的材料应当真实、准确、完整。 当事人违反前款规定，虚构、隐瞒重要事实或者故意提交虚假材料，应当在对应程序中承担不利后果；负责商标执法的部门可以根据情节给予警告并处以十万元以下罚款；造成他人损失的，应当予以赔偿。
第三章 商标注册的审查和核准	第四章 商标注册的审查和核准
第二十八条【审查期限】 对申请注册的商标，商标局应当自收到商标注册申请文件之日起九个月内审查完毕，符合本法有关规定的，予以初步审定公告。	第三十三条【审查期限】 对申请注册的商标，国务院知识产权行政部门应当自收到商标注册申请文件之日起九个月内审查完毕，符合本法有关规定的，予以初步审定公告。
第二十九条【审查意见书】 在审查过程中，商标局认为商标注册申请内容需要说明或者修正的，可以要求申请人做出说明或者修正。申请人未做出说明或者修正的，不影响商标局做出审查决定。	第三十四条【审查意见书】 在审查过程中，国务院知识产权行政部门认为商标注册申请内容需要说明或者修正的，可以发送审查意见书，要求申请人作出说明或者修正。申请人未作出说明或者修正的，不影响国务院知识产权行政部门作出审查决定。
新增	第三十五条【驳回申请】 申请注册的商标，凡不符合本法有关规定或者经审查发现已受理的商标注册申请不符合受理条件的，由国务院知识产权行政部门驳回申请，不予公告。

(续表)

现行规定	征求意见稿
第三十三条【商标异议】 对初步审定公告的商标，自公告之日起<u>三个月内</u>，在先权利人、利害关系人认为违反本法<u>第十三条第二款和第三款、第十五条、第十六条第一款、第三十条、第三十一条、第三十二条</u>规定的，或者任何人认为违反本法<u>第四条、第十条、第十一条、第十二条、第十九条第四款</u>规定的，可以向<u>商标局</u>提出异议。公告期满无异议的，予以核准注册，发给商标注册证，并予公告。	第三十六条【商标异议】 对初步审定公告的商标，自公告之日起<u>二个月内</u>，在先权利人、利害关系人认为违反本法<u>第十八条、第十九条、第二十条第一款、第二十三条、第二十四条、第二十五条</u>规定的，或者任何人认为违反本法<u>第十五条、第十六条、第十七条、第二十一条、第二十二条第一项和第二项、第二十六条</u>规定的，可以向<u>国务院知识产权行政部门</u>提出异议。公告期满无异议的，予以核准注册，发给商标注册证，并予公告。
新增	第三十七条【初步审定公告的撤销】 商标核准注册前，国务院知识产权行政部门发现已初步审定公告的商标注册申请违反本法第十五条规定的，可以撤销该公告，重新进行审查。
第三十四条【驳回复审】 对驳回申请、不予公告的商标，<u>商标局</u>应当书面通知商标注册申请人。商标注册申请人不服的，可以自收到通知之日起十五日内向<u>商标评审委员会</u>申请复审。<u>商标评审委员会</u>应当自收到申请之日起九个月内做出决定，并书面通知申请人。有特殊情况需要延长的，经<s>国务院工商行政管理部门</s>批准，可以延长三个月。当事人对<s>商标评审委员会的</s>决定不服的，可以自收到通知之日起三十日内向人民法院起诉。	第三十八条【驳回复审】 对驳回申请、不予公告的商标，<u>国务院知识产权行政部门</u>应当书面通知商标注册申请人。商标注册申请人不服的，可以自收到通知之日起十五日内向<u>国务院知识产权行政部门</u>申请复审。<u>国务院知识产权行政部门</u>应当自收到申请之日起九个月内作出决定，并书面通知申请人。有特殊情况需要延长的，经批准，可以延长三个月。当事人对<u>驳回申请的复审</u>决定不服的，可以自收到通知之日起三十日内向人民法院起诉。
第三十五条【异议审查】 对初步审定公告的商标提出异议的，<u>商标局</u>应当听取异议人和被异议人陈述事实和理由，经调查核实后，自公告期满之日起十二个月内做出是否准予注册的决定，并书面通知异议人和被异议人。有特殊情况需要延长的，经<s>国务院工商行政管理部门</s>批准，可以延长六个月。 <u>商标局做出准予注册决定的，发给商标注册证，并予公告。异议人不服的，可以依照本法第四十四条、第四十五条的规定向商标评审委员会请求宣告该注册商标无效。</u> 商标局做出不予注册决定，被异议人不	第三十九条【异议审查】 对初步审定公告的商标提出异议的，<u>国务院知识产权行政部门</u>应当听取异议人和被异议人陈述事实和理由，经调查核实后，自公告期满之日起十二个月内作出是否准予注册的决定，并书面通知异议人和被异议人。有特殊情况需要延长的，经批准，可以延长六个月。 国务院知识产权行政部门作出准予注册决定的，发给商标注册证，并予公告。异议人不服的，可以依照本法第四十四条、第四十五条的规定向<u>国务院知识产权行政部门</u>请求宣告该注册商标无效。

(续表)

现行规定	征求意见稿
服的，可以自收到通知之日起十五日内向商标评审委员会申请复审。商标评审委员会应当自收到申请之日起十二个月内做出复审决定，并书面通知异议人和被异议人。有特殊情况需要延长的，经国务院工商行政管理部门批准，可以延长六个月。被异议人对商标评审委员会的决定不服的，可以自收到通知之日起三十日内向人民法院起诉。人民法院应当通知异议人作为第三人参加诉讼。 商标评审委员会在依照前款规定进行复审的过程中，所涉及的在先权利的确定必须以人民法院正在审理或者行政机关正在处理的另一案件的结果为依据的，可以中止审查。中止原因消除后，应当恢复审查程序。	国务院知识产权行政部门作出不予注册决定，被异议人不服的，可以自收到通知之日起三十日内向人民法院起诉。人民法院应当通知对方当事人作为第三人参加诉讼。
第三十六条【决定的效力】 法定期限届满，当事人对商标局做出的驳回申请决定、不予注册决定不申请复审或者对商标评审委员会做出的复审决定不向人民法院起诉的，驳回申请决定、不予注册决定或复审决定生效。 经审查异议不成立而准予注册的商标，商标注册申请人取得商标专用权的时间自初步审定公告三个月期满之日起计算。自该商标公告期满之日起至准予注册决定做出前，对他人在同一种或者类似商品上使用与该商标相同或者近似的标志的行为不具有追溯力；但是，因该使用人的恶意给商标注册人造成的损失，应当给予赔偿。	第四十条【决定的效力】 法定期限届满，当事人对国务院知识产权行政部门作出的驳回申请决定不申请复审，或者对不予注册决定、驳回复审决定不向人民法院起诉的，驳回申请决定、不予注册决定或者驳回复审决定生效。 经审查异议不成立而准予注册的商标，商标注册申请人取得商标专用权的时间自初步审定公告二个月期满之日起计算。自该商标公告期满之日起至核准注册决定作出前，对他人在同一种或者类似商品上使用与该商标相同或者近似的标志的行为不具有追溯力；但是，因该使用人的恶意给商标注册人造成的损失，应当给予赔偿。
第三十七条【及时审查】 对商标注册申请和商标复审申请应当及时进行审查。	第四十一条【及时审查及撤回申请】 对商标注册申请、商标复审申请或者当事人申请办理的其他商标事宜，国务院知识产权行政部门应当及时进行审查和处理。 当事人对前款规定的事宜可以申请撤回。国务院知识产权行政部门经审查认为可以撤回的，程序终止。

(续表)

现行规定	征求意见稿
第三十五条第三款 商标评审委员会在依照前款规定进行复审的过程中，所涉及的在先权利的确定必须以人民法院正在审理或者行政机关正在处理的另一案件的结果为依据的，可以中止审查。中止原因消除后，应当恢复审查程序。	**第四十二条【程序中止】** 国务院知识产权行政部门在商标审查审理过程中，所涉及的在先权利的确定必须以人民法院正在审理或者行政机关正在处理的另一案件的结果为依据的，可以中止审查审理。中止原因消除后，应当及时恢复审查审理程序。 人民法院审理国务院知识产权行政部门依据本法第二十四条、第二十五条作出的驳回复审决定、不予注册决定或者无效宣告裁定，应以被诉决定、裁定作出时的事实状态为准。被诉决定、裁定作出后相关商标状态发生变化的，不影响人民法院对被诉决定、裁定的审理，但明显违反公平原则的除外。
第三十八条【明显错误的更正】 商标注册申请人或者注册人发现商标申请文件或者注册文件有明显错误的，可以申请更正。商标局依法在其职权范围内作出更正，并通知当事人。 前款所称更正错误不涉及商标申请文件或者注册文件的实质性内容。	**第四十三条【明显错误的更正】** 商标注册申请人或者注册人发现商标申请文件或者注册文件有明显错误的，可以申请更正。国务院知识产权行政部门依法在其职权范围内作出更正，并通知当事人。 前款所称更正错误不涉及商标申请文件或者注册文件的实质性内容。
第五章　注册商标的无效宣告	**第五章　注册商标的无效宣告和撤销**
第四十四条【绝对理由无效宣告】 已经注册的商标，违反本法第四条、第十条、第十一条、第十二条、第十九条第四款规定的，或者是以欺骗手段或者其他不正当手段取得注册的，由商标局宣告该注册商标无效；其他单位或者个人可以请求商标评审委员会宣告该注册商标无效。 商标局做出宣告注册商标无效的决定，应当书面通知当事人。当事人对商标局的决定不服的，可以自收到通知之日起十五日内向商标评审委员会申请复审。商标评审委员会应当自收到申请之日起九个月内做出决定，并书面通知当事人。有特殊情况需要延长的，经国务院工商行政管理部门批准，可以延长三个月。当事人对商标评审委员会的决定不服的，可以自收到通知之日起三十日内向人民法院起诉。	**第四十四条【绝对理由无效宣告】** 已经注册的商标，违反本法第十五条、第十六条、第十七条、第二十一条、第二十二条第一项和第二项、第二十六条规定的，由国务院知识产权行政部门宣告该注册商标无效。 国务院知识产权行政部门作出宣告注册商标无效的决定，应当书面通知当事人。当事人不服的，可以自收到通知之日起十五日内申请复审。国务院知识产权行政部门应当自收到复审申请之日起九个月内作出决定，并书面通知当事人。有特殊情况需要延长的，经批准，可以延长三个月。当事人对复审决定不服的，可以自收到通知之日起三十日内向人民法院起诉。 有本条第一款所列情形的，其他自然人、法人或者非法人组织可以请求国务院

（续表）

现行规定	征求意见稿
其他单位或者个人请求商标评审委员会宣告注册商标无效的，商标评审委员会收到申请后，应当书面通知有关当事人，并限期提出答辩。商标评审委员会应当自收到申请之日起九个月内做出维持注册商标或者宣告注册商标无效的裁定，并书面通知当事人。有特殊情况需要延长的，经国务院工商行政管理部门批准，可以延长三个月。当事人对商标评审委员会的裁定不服的，可以自收到通知之日起三十日内向人民法院起诉。人民法院应当通知商标裁定程序的对方当事人作为第三人参加诉讼。	知识产权行政部门宣告该注册商标无效。国务院知识产权行政部门收到申请后，应当书面通知有关当事人，并限期提出答辩。国务院知识产权行政部门应当自收到申请之日起九个月内作出维持注册商标或者宣告注册商标无效的裁定，并书面通知当事人。有特殊情况需要延长的，经批准，可以延长三个月。当事人对国务院知识产权行政部门的裁定不服的，可以自收到通知之日起三十日内向人民法院起诉。人民法院应当通知商标裁定程序的对方当事人作为第三人参加诉讼。
第四十五条【相对理由无效宣告】 已经注册的商标，违反本法第十三条第二款和第三款、第十五条、第十六条第一款、第三十条、第三十一条、第三十二条规定的，自商标注册之日起五年内，在先权利人或者利害关系人可以请求商标评审委员会宣告该注册商标无效。对恶意注册的，驰名商标所有人不受五年的时间限制。 商标评审委员会收到宣告注册商标无效的申请后，应当书面通知有关当事人，并限期提出答辩。商标评审委员会应当自收到申请之日起十二个月内做出维持注册商标或者宣告注册商标无效的裁定，并书面通知当事人。有特殊情况需要延长的，经国务院工商行政管理部门批准，可以延长六个月。当事人对商标评审委员会的裁定不服的，可以自收到通知之日起三十日内向人民法院起诉。人民法院应当通知商标裁定程序的对方当事人作为第三人参加诉讼。	第四十五条【相对理由无效宣告及商标移转】 已经注册的商标，违反本法第十八条、第十九条、第二十条第一款、第二十三条、第二十四条、第二十五条规定的，自商标注册之日起五年内，在先权利人或者利害关系人可以请求国务院知识产权行政部门宣告该注册商标无效。对违反本法第十八条、第十九条规定，或者违反本法第二十三条规定以不正当手段抢先注册他人已经使用并有一定影响的商标的，在先权利人可以请求将该注册商标移转至自己名下。对恶意注册的，驰名商标所有人不受五年的时间限制。 国务院知识产权行政部门收到宣告注册商标无效或者移转注册商标的申请后，应当书面通知有关当事人，并限期提出答辩。国务院知识产权行政部门应当自收到申请之日起十二个月内作出维持注册商标、移转注册商标或者宣告注册商标无效的裁定，并书面通知当事人。有特殊情况需要延长的，经批准，可以延长六个月。当事人对国务院知识产权行政部门的裁定不服的，可以自收到通知之日起三十日内向人民法院起诉。人民法院应当通知商标裁定程序的对方当事人作为第三人参加诉讼。

(续表)

现行规定	征求意见稿
新增	第四十六条【商标移转的处理】 国务院知识产权行政部门经审理，认为请求移转注册商标的理由成立，且不存在其他应当宣告注册商标无效的事由，移转也不容易导致混淆或者其他不良影响的，应当作出移转注册商标的裁定；认为还存在其他应当宣告无效的事由，或者虽然请求移转注册商标的理由成立，但商标移转容易导致混淆或者其他不良影响的，应当作出宣告该注册商标无效的裁定。 移转注册商标的裁定作出后、生效前，商标注册人不得处分该商标，但为维持该注册商标有效所作出的处分除外。
第四十六条【无效决定、裁定的生效】 法定期限届满，当事人对商标局宣告注册商标无效的决定不申请复审或者对商标评审委员会的复审决定、维持注册商标或者宣告注册商标无效的裁定不向人民法院起诉的，商标局的决定或者商标评审委员会的复审决定、裁定生效。	第四十七条【无效决定、裁定的生效】 法定期限届满，当事人对国务院知识产权行政部门宣告注册商标无效的决定不申请复审或者对复审决定、维持注册商标、移转注册商标或者宣告注册商标无效的裁定不向人民法院起诉的，国务院知识产权行政部门的决定、裁定生效。 移转注册商标的裁定生效后，予以公告，移转申请人自公告之日起享有商标专用权。
第四十七条【无效宣告的效力】 依照本法第四十四条、第四十五条的规定宣告无效的注册商标，由商标局予以公告，该注册商标专用权视为自始即不存在。 宣告注册商标无效的决定或者裁定，对宣告无效前人民法院做出并已执行的商标侵权案件的判决、裁定、调解书和工商行政管理部门做出并已执行的商标侵权案件的处理决定以及已经履行的商标转让或者使用许可合同不具有追溯力。但是，因商标注册人的恶意给他人造成的损失，应当给予赔偿。 依照前款规定不返还商标侵权赔偿金、商标转让费、商标使用费，明显违反公平原则的，应当全部或者部分返还。	第四十八条【无效宣告的效力】 依照本法第四十四条、第四十五条的规定宣告无效的注册商标，由国务院知识产权行政部门予以公告，该注册商标专用权视为自始即不存在。 宣告注册商标无效的决定或者裁定，对宣告无效前人民法院作出并已执行的商标侵权案件的判决、裁定、调解书和负责商标执法的部门作出并已执行的商标侵权案件的处理决定以及已经履行的商标转让或者使用许可合同不具有追溯力。但是，因商标注册人的恶意给他人造成的损失，应当给予赔偿。 商标核准注册后、被宣告无效前，使用该商标侵犯他人注册商标专用权，商标注册人或者被许可人存在恶意的，依照本法第七十四条第二款规定处理。 依照本条第二款规定不返还商标侵权赔偿金、商标转让费、商标使用费，明显违反公平原则的，应当全部或者部分返还。

（续表）

现行规定	征求意见稿
第四十九条【注册商标的撤销】 商标注册人在使用注册商标的过程中，自行改变注册商标、注册人名义、地址或者其他注册事项的，由地方工商行政管理部门责令限期改正；期满不改正的，由商标局撤销其注册商标。 注册商标成为其核定使用的商品的通用名称或者没有正当理由连续三年不使用的，任何单位或者个人可以向商标局申请撤销该注册商标。商标局应当自收到申请之日起九个月内做出决定。有特殊情况需要延长的，经国务院工商行政管理部门批准，可以延长三个月。	第四十九条【注册商标的撤销】 存在下列情形之一的，任何自然人、法人或者非法人组织可以向国务院知识产权行政部门申请撤销该注册商标，但不得损害商标注册人的合法权益或者扰乱商标注册秩序： （一）注册商标成为其核定使用的商品的通用名称的； （二）注册商标没有正当理由连续三年不使用的； （三）注册商标的使用导致相关公众对商品的质量等特点或者产地产生误认的； （四）集体商标、证明商标注册人违反本法第六十三条规定，情节特别严重的； （五）注册商标的使用或者行使注册商标专用权严重损害公共利益，造成重大不良影响的。 注册商标有前款第四项、第五项所列情形的，国务院知识产权行政部门可以依职权撤销该注册商标。 国务院知识产权行政部门应当自收到撤销申请之日起九个月内作出决定。有特殊情况需要延长的，经批准，可以延长三个月。
第五十条【商标注册隔离期】 注册商标被撤销、被宣告无效或者期满不再续展的，自撤销、宣告无效或者注销之日起一年内，商标局对与该商标相同或者近似的商标注册申请，不予核准。	第五十条【商标注册隔离期】 注册商标因存在本法第四十九条第一款第三项至五项所列情形或者因违反本法第六十四条规定被撤销，因违反本法第六十一条规定被撤销或者注销，或者期满不再续展，自撤销或者注销公告之日起一年内申请注册的商标与该商标相同或者近似的，国务院知识产权行政部门不予核准。
第五十四条【撤销复审】 对商标局撤销或者不予撤销注册商标的决定，当事人不服的，可以自收到通知之日起十五日内向商标评审委员会申请复审。商标评审委员会应当自收到申请之日起九个月内做出决定，并书面通知当事人。有特殊情况需要延长的，经国务院工商行政管理部门批准，可以延长三个月。当事人对商标评审委员会的决定不服的，可以自收到通知之日起三十日内向人民法院起诉。	第五十一条【撤销复审】 对国务院知识产权行政部门撤销或者不予撤销注册商标的决定，当事人不服的，可以自收到通知之日起十五日内向国务院知识产权行政部门申请复审。国务院知识产权行政部门应当自收到申请之日起九个月内作出决定，并书面通知当事人。有特殊情况需要延长的，经批准，可以延长三个月。当事人对复审决定不服的，可以自收到通知之日起三十日内向人民法院起诉。

(续表)

现行规定	征求意见稿
第五十五条【撤销的效力】 法定期限届满，当事人对商标局做出的撤销注册商标的决定不申请复审或者对商标评审委员会做出的复审决定不向人民法院起诉的，撤销注册商标的决定、复审决定生效。 被撤销的注册商标，由商标局予以公告，该注册商标专用权自公告之日起终止。	第五十二条【撤销的效力】 法定期限届满，当事人对国务院知识产权行政部门作出的撤销注册商标的决定不申请复审或者对复审决定不向人民法院起诉的，撤销注册商标的决定、复审决定生效。 被撤销的注册商标，由国务院知识产权行政部门予以公告，该注册商标专用权自公告之日起终止。
第四章 注册商标的续展、变更、转让和使用许可	第六章 注册商标的续展、变更、转让和注销
第三十九条【注册商标有效期】 注册商标的有效期为十年，自核准注册之日起计算。	第五十三条【注册商标有效期】 注册商标的有效期为十年，自核准注册之日起计算。
第四十条【注册商标的续展】 注册商标有效期满，需要继续使用的，商标注册人应当在期满前十二个月内按照规定办理续展手续；在此期间未能办理的，可以给予六个月的宽展期。每次续展注册的有效期为十年，自该商标上一届有效期满次日起计算。期满未办理续展手续的，注销其注册商标。 商标局应当对续展注册的商标予以公告。	第五十四条【注册商标的续展】 注册商标有效期满，需要继续使用的，商标注册人应当在期满前十二个月内按照规定办理续展手续；在此期间未能办理的，可以给予六个月的宽展期。每次续展注册的有效期为十年，自该商标上一届有效期满次日起计算。期满未办理续展手续的，注销其注册商标。 国务院知识产权行政部门应当对续展注册的商标予以公告。
第四十一条【变更事项】 注册商标需要变更注册人的名义、地址或者其他注册事项的，应当提出变更申请。	第五十五条【变更事项】 注册商标需要变更注册人的名义、地址或者其他注册事项的，应当提出变更申请。
第四十二条【商标转让】 转让注册商标的，转让人和受让人应当签订转让协议，并共同向商标局提出申请。受让人应当保证使用该注册商标的商品质量。 转让注册商标的，商标注册人对其在同一种商品上注册的近似的商标，或者在类似商品上注册的相同或者近似的商标，应当一并转让。 对容易导致混淆或者有其他不良影响的转让，商标局不予核准，书面通知申请人并说明理由。 转让注册商标经核准后，予以公告。受让人自公告之日起享有商标专用权。	第五十六条【商标转让】 转让注册商标的，转让人和受让人应当签订转让协议，并共同向国务院知识产权行政部门提出申请。受让人应当保证使用该注册商标的商品质量。 转让注册商标的，商标注册人对其在同一种商品上注册的近似的商标，或者在类似商品上注册的相同或者近似的商标，应当一并转让。 对容易导致混淆或者有其他不良影响的转让，国务院知识产权行政部门不予核准，书面通知申请人并说明理由。 转让注册商标经核准后，予以公告。受让人自公告之日起享有商标专用权。

(续表)

现行规定	征求意见稿
新增	第五十七条【集体商标和证明商标转让的限制】 申请转让集体商标、证明商标或者集体商标、证明商标发生移转的，受让人或者权利继受人应当具备相应的主体资格和监督能力。
新增	第五十八条【商标注销】 商标注册人申请注销其注册商标或者注销其商标在部分指定商品上的注册，经国务院知识产权行政部门核准注销的，予以公告；该注册商标专用权或者该注册商标专用权在该部分指定商品上的效力自公告之日起终止。
新增	第七章 商标的使用与管理
第四十八条【商标使用】 本法所称商标的使用，是指将商标用于商品、商品包装或者容器以及商品交易文书上，或者将商标用于广告宣传、展览以及其他商业活动中，用于识别商品来源的行为。	第五十九条【商标使用】 本法所称商标的使用，是指将商标用于商品、商品包装或者容器以及商品交易文书上，**将商标用于服务场所或者与服务有关的载体上**，或者将商标用于广告宣传、展览以及其他商业活动中，用于识别商品**或者**服务来源的行为。 前款所列行为，包括通过互联网等信息网络实施的行为。
第四十三条【商标的使用及许可使用】 商标注册人可以通过签订商标使用许可合同，许可他人使用其注册商标。许可人应当监督被许可人使用其注册商标的商品质量。被许可人应当保证使用该注册商标的商品质量。 经许可使用他人注册商标的，必须在使用该注册商标的商品上标明被许可人的名称和商品产地。 许可他人使用其注册商标的，许可人应当将其商标使用许可报商标局备案，由商标局公告。商标使用许可未经备案不得对抗善意第三人。	第六十条【商标的使用及许可使用】 商标注册人可以**自己使用商标，也可以通过**签订商标使用许可合同，许可他人使用**其注册商标**。许可人应当监督被许可人使用其注册商标的商品质量。被许可人应当保证使用该注册商标的商品质量。 经许可使用他人注册商标的，必须在使用该注册商标的商品上标明被许可人的名称和商品产地。 许可他人使用其注册商标的，许可人应当将其商标使用许可报**国务院知识产权行政部门**备案，由**国务院知识产权行政部门**公告。商标使用许可未经备案不得对抗善意第三人。 许可人、被许可人违反本条第一款规定，对消费者造成损害的，由负责商标执法的部门责令限期改正，违法经营额五万元以上的，可以处违法经营额百分之二十以下的罚款；没有违法经营额或者违法经营额不足五万元的，可以处一万元以下的罚款。

(续表)

现行规定	征求意见稿
新增	**第六十一条【说明商标使用情况】** 商标注册人应当自商标核准注册之日起每满五年之后的十二个月内，向国务院知识产权行政部门说明该商标在核定商品上的使用情况或者不使用的正当理由。商标注册人可以对上述期限内的多件商标的使用情况集中作出说明。 　　期满未说明的，由国务院知识产权行政部门通知商标注册人，商标注册人自收到通知之日起六个月内仍未说明的，视为放弃该注册商标，由国务院知识产权行政部门注销该注册商标。 　　国务院知识产权行政部门应当对说明的真实性进行随机抽查，必要时可以要求商标注册人补充相关证据或者委托地方知识产权管理部门进行核查。经抽查说明不真实的，由国务院知识产权行政部门撤销该注册商标。
第五十九条【无权禁止的情形】 注册商标中含有的本商品的通用名称、图形、型号，或者直接表示商品的质量、主要原料、功能、用途、重量、数量及其他特点，或者含有的地名，注册商标专用权人无权禁止他人正当使用。 　　三维标志注册商标中含有的商品自身的性质产生的形状、为获得技术效果而需有的商品形状或者使商品具有实质性价值的形状，注册商标专用权人无权禁止他人正当使用。 　　商标注册人申请商标注册前，他人已经在同一种商品或者类似商品上先于商标注册人使用与注册商标相同或者近似并有一定影响的商标的，注册商标专用权人无权禁止该使用人在原使用范围内继续使用该商标，但可以要求其附加适当区别标识。	**第六十二条【无权禁止的情形】** 注册商标专用权人无权禁止他人实施下列符合商业惯例的行为： 　　（一）善意使用自己的姓名、名称、地址的； 　　（二）为描述商品的种类、性质、质量、功能、用途、重量、数量、价值、地理来源及其他特点，使用注册商标中含有的地名、本商品的通用名称、图形、型号、技术术语或者其他与该描述相关的标志的； 　　（三）仅为指示商品的用途、适用对象或者应用场景，使用其注册商标的，但误导公众的除外。 　　三维标志注册商标中含有的商品自身的性质产生的形状、为获得技术效果而需有的商品形状或者使商品具有实质性价值的形状的，注册商标专用权人无权禁止他人正当使用。 　　商标注册人申请商标注册前，他人已经在同一种商品或者类似商品上先于商标注册人使用与注册商标相同或者近似并有一定影响的商标的，注册商标专用权人无权禁止该使用人在原使用范围内继续使用该商标，但可以要求其附加适当区别标识。

现行规定	征求意见稿
新增	第六十三条【集体商标、证明商标注册人义务】 集体商标、证明商标注册人有下列行为之一的，由负责商标执法的部门责令限期改正，有违法所得的，没收违法所得；拒不改正的，有违法所得的，处以十万元以下的罚款，没有违法所得的，处以一万元以下的罚款；情节特别严重的，国务院知识产权行政部门可以依照本法第四十九条规定撤销该商标： （一）怠于行使商标管理职责，致使使用该商标的商品未达到使用管理规则的要求，对消费者造成损害的； （二）恶意阻止他人正当使用商标中含有的地名、商品名称或者种类，扰乱商标管理秩序的； （三）其他对社会造成不良影响的。
第四十九条第一款 商标注册人在使用注册商标的过程中，自行改变注册商标、注册人名义、地址或者其他注册事项的，由地方工商行政管理部门责令限期改正；期满不改正的，由商标局撤销其注册商标。	第六十四条【自行改变注册商标的法律责任】 商标注册人在使用注册商标的过程中，自行改变注册商标、注册人名义、地址或者其他注册事项的，由负责商标执法的部门责令限期改正，并可处以十万元以下罚款；期满不改正的，由国务院知识产权行政部门撤销其注册商标。 商标注册人违反前款规定，侵犯他人注册商标专用权的，依照本法第七十四条第二款、第八十五条第一款规定处理。
第五十一条【冒充注册商标和违反禁用规定的法律责任】 将未注册商标冒充注册商标使用的，或者使用未注册商标违反本法第十条规定的，由地方工商行政管理部门予以制止，限期改正，并可以予以通报，违法经营额五万元以上的，可以处违法经营额百分之二十以下的罚款，没有违法经营额或者违法经营额不足五万元的，可以处一万元以下的罚款。	第六十五条【冒充注册商标、违反禁用规定和使用含地理标志的商标误导公众的法律责任】 将未注册商标冒充注册商标使用，或者使用未注册商标违反本法第十五条、第二十条第一款规定的，由负责商标执法的部门责令限期改正，违法经营额五万元以上的，可以处违法经营额百分之二十以下的罚款；没有违法经营额或者违法经营额不足五万元的，可以处一万元以下的罚款。 销售明知是违反本法第十五条、第二十条第一款规定的商品，或者故意为违反本法第十五条、第二十条第一款规定的行为提供仓储、运输、邮寄、印制、隐匿、经营场所、网络商品交易平台等便利条件的，依照前款规定处理。

(续表)

现行规定	征求意见稿
第十四条第五款 生产、经营者不得将"驰名商标"字样用于商品、商品包装或者容器上,或者用于广告宣传、展览以及其他商业活动中。 **第五十三条** 违反本法第十四条第五款规定的,由地方工商行政管理部门责令改正,处十万元罚款。	**第六十六条【违法使用驰名商标字样的法律责任】** 生产、经营者不得将"驰名商标"字样用于商品、商品包装或者容器上,或者用于广告宣传、展览以及其他商业活动中。 违反前款规定的,由负责商标执法的部门责令改正,并处十万元以下罚款。
第六十八条第四款 对恶意申请商标注册的,根据情节给予警告、罚款等行政处罚;对恶意提起商标诉讼的,由人民法院依法给予处罚。	**第六十七条【商标恶意注册申请的处罚】** 申请人违反本法第二十二条规定,恶意申请商标注册的,由负责商标执法的部门给予警告或者五万元以下罚款;情节严重的,可以处五万元以上最高不超过二十五万元的罚款。有违法所得的,应当予以没收。
新增	**第六十八条【商标代理机构】** 商标代理机构是经市场主体登记机关依法登记从事商标代理业务的公司或者合伙企业的,其三分之二以上的股东或者合伙人应当是具有三年以上从业经历的商标代理从业人员,或者具有法律职业资格、专利代理师职业资格或者知识产权师中级以上职称,并应当向国务院知识产权行政部门备案。商标代理机构是律师事务所的,应当向国务院知识产权行政部门备案。 商标代理机构违反前款规定的,由国务院知识产权行政部门责令改正;拒不改正,情节严重的,由负责商标执法的部门给予警告,处一万元以上五万元以下罚款,国务院知识产权行政部门可以决定停止受理其商标代理业务,予以公告。
第十九条第一款至第三款 商标代理机构应当遵循诚实信用原则,遵守法律、行政法规,按照被代理人的委托办理商标注册申请或者其他商标事宜;对在代理过程中知悉的被代理人的商业秘密,负有保密义务。 委托人申请注册的商标可能存在本法规定不得注册情形的,商标代理机构应当明确告知委托人。	**第六十九条【商标代理机构义务】** 商标代理机构应当遵循诚实信用原则,遵守法律、行政法规,按照被代理人的委托办理商标注册申请或者其他商标事宜;对在代理过程中知悉的被代理人的商业秘密,负有保密义务。 委托人申请注册的商标可能存在本法规定不得注册情形的,商标代理机构应当

(续表)

现行规定	征求意见稿
商标代理机构知道或者应当知道委托人申请注册的商标属于本法第四条、第十五条和第三十二条规定情形的，不得接受其委托。	明确告知委托人。 商标代理机构知道或者应当知道委托人申请注册的商标属于**本法第二十二条**规定情形的，不得接受其委托。 **商标代理从业人员应当遵纪守法，有良好的信用状况，品行良好，熟悉商标法律法规，具备依法从事商标代理业务的能力。商标代理从业人员不得同时在两个以上商标代理机构从事商标代理业务。**
第二十条【商标代理行业组织】 商标代理行业组织应当按照章程规定，严格执行吸纳会员的条件，对违反行业自律规范的<u>会员</u>实行惩戒。商标代理行业组织对其吸纳的会员和对<u>会员</u>的惩戒情况，应当及时向社会公布。	第七十条【商标代理行业组织】 商标代理行业组织**是商标代理行业的自律性组织。** 商标代理行业组织应当按照章程规定，严格执行吸纳会员的条件，**严格行业自律，制定行业自律规范和惩戒规则，加强业务培训和职业道德、职业纪律教育，组织引导商标代理机构和商标代理从业人员依法规范从事商标代理业务，不断提高行业服务水平**，对违反行业自律规范的**商标代理机构和商标代理从业人员**实行惩戒。商标代理行业组织对其吸纳会员和**实行惩戒的**情况，应当及时向社会公布。
第八章 注册商标专用权的保护	第八章 注册商标专用权的保护
第五十六条【注册商标专用权】 注册商标的专用权，以核准注册的商标和核定使用的商品为限。 第九条第三款 商标注册人有权标明"注册商标"或者注册标记。	第七十一条【注册商标专用权】 注册商标的专用权，以核准注册的商标和核定使用的商品为限。 商标注册人有权**在商标的右上角或者右下角**标明"注册商标"或者注册标记Ⓡ和®。
第五十七条【侵犯注册商标专用权的行为】 有下列行为之一的，均属侵犯注册商标专用权： （一）未经商标注册人的许可，在同一种商品上使用与其注册商标相同的商标的； （二）未经商标注册人的许可，在同一种商品上使用与其注册商标近似的商标，或者在类似商品上使用与其注册商标相同或者近似的商标，容易导致混淆的；	第七十二条【侵犯注册商标专用权的行为】 有下列行为之一的，均属侵犯注册商标专用权： （一）未经商标注册人的许可，在同一种商品上使用与其注册商标相同的商标的； （二）未经商标注册人的许可，在同一种商品上使用与其注册商标近似的商标，或者在类似商品上使用与其注册商标相同或者近似的商标，容易导致混淆的；

(续表)

现行规定	征求意见稿
（三）销售侵犯注册商标专用权的商品的； （四）伪造、擅自制造他人注册商标标识或者销售伪造、擅自制造的注册商标标识的； （五）未经商标注册人同意，更换其注册商标并将该更换商标的商品又投入市场的； （六）故意为侵犯他人商标专用权行为提供便利条件，帮助他人实施侵犯商标专用权行为的； （七）给他人的注册商标专用权造成其他损害的。	（三）未经商标注册人的许可，在同一种商品或者类似商品有关的电子商务中使用与他人注册商标相同或者近似的标志，误导公众的； （四）销售侵犯注册商标专用权的商品的； （五）伪造、擅自制造他人注册商标标识或者销售伪造、擅自制造的注册商标标识的； （六）未经商标注册人同意，更换其注册商标并将该更换商标的商品又投入市场的； （七）故意为侵犯他人商标专用权行为提供便利条件，帮助他人实施侵犯商标专用权行为的； （八）给他人的注册商标专用权造成其他损害的。
第五十八条【不正当竞争行为】 将他人注册商标、未注册的驰名商标作为企业名称中的字号使用，误导公众，构成不正当竞争行为的，依照《中华人民共和国反不正当竞争法》处理。	第七十三条【不正当竞争行为】 将他人注册商标、未注册的驰名商标作为企业名称中的字号使用，误导公众，构成不正当竞争行为的，依照《中华人民共和国反不正当竞争法》处理。
第六十条【商标侵权纠纷的处理】 有本法第五十七条所列侵犯注册商标专用权行为之一，引起纠纷的，由当事人协商解决；不愿协商或者协商不成的，商标注册人或者利害关系人可以向人民法院起诉，也可以请求工商行政管理部门处理。 工商行政管理部门处理时，认定侵权行为成立的，责令立即停止侵权行为，没收、销毁侵权商品和主要用于制造侵权商品、伪造注册商标标识的工具，违法经营额五万元以上的，可以处违法经营额五倍以下的罚款，没有违法经营额或者违法经营额不足五万元的，可以处二十五万元以下的罚款。对五年内实施两次以上商标侵权行为或者有其他严重情节的，应当从重处罚。销售不知道是侵犯注册商标专用权的商品，能证明该商品是自己合法取得并说明提供者的，由工商行政管理部门责令停止销售。	第七十四条【商标侵权纠纷的处理】 有本法第七十二条所列侵犯注册商标专用权行为之一，引起纠纷的，由当事人协商解决；也可以根据当事人达成的书面仲裁协议，向仲裁机构申请仲裁；不愿协商、协商不成或者没有书面仲裁协议的，商标注册人或者利害关系人可以向人民法院起诉，也可以请求负责商标执法的部门处理。 负责商标执法的部门处理时，认定侵权行为成立的，责令立即停止侵权行为，没收、销毁侵权商品和主要用于制造侵权商品、伪造注册商标标识的工具，没收违法所得，违法经营额五万元以上的，可以处违法经营额五倍以下的罚款，没有违法经营额或者违法经营额不足五万元的，可以处二十五万元以下的罚款。销售不知道是侵犯注册商标专用权的商品，能证明该商品是自己合法取得并说明提供者的，由

（续表）

现行规定	征求意见稿
对侵犯商标专用权的赔偿数额的争议，当事人可以请求进行处理的工商行政管理部门调解，也可以依照《中华人民共和国民事诉讼法》向人民法院起诉。经工商行政管理部门调解，当事人未达成协议或者调解书生效后不履行的，当事人可以依照《中华人民共和国民事诉讼法》向人民法院起诉。	负责商标执法的部门责令停止销售，没收侵权商品，并可以将案件情况通报侵权商品提供者所在地负责商标执法的部门处理。 　　对五年内实施两次以上商标侵权行为或者其他商标违法行为，拒绝、阻挠执法，或者有其他严重情节的，负责商标执法的部门应当从重处罚。 　　对侵犯商标专用权的行为是否成立或者对赔偿数额存在争议的，当事人可以向知识产权管理部门请求行政裁决或者调解，也可以依照《中华人民共和国民事诉讼法》向人民法院起诉。经知识产权管理部门调解，达成协议的，可以由人民法院进行司法确认；未达成协议的，知识产权管理部门可以就侵权行为是否成立作出行政裁决。当事人不服行政裁决的，可以依照《中华人民共和国行政诉讼法》向人民法院起诉。 　　相关当事人与商标注册人或者利害关系人因注册商标专用权产生纠纷的，可以向人民法院起诉，请求就其行为是否侵犯注册商标专用权作出判决。
第六十一条【商标侵权行为的查处】 对侵犯注册商标专用权的行为，工商行政管理部门有权依法查处；涉嫌犯罪的，应当及时移送司法机关依法处理。	第七十五条【商标违法行为的查处】 对商标违法行为，负责商标执法的部门有权依法查处；对侵犯注册商标专用权涉嫌犯罪的，应当及时移送司法机关依法处理。 　　对依法不需要追究刑事责任或者免予刑事处罚，但应当给予行政处罚的，司法机关应当及时将案件移送负责商标执法的部门依法处理。
第六十二条【商标执法措施】　县级以上工商行政管理部门根据已经取得的违法嫌疑证据或者举报，对涉嫌侵犯他人注册商标专用权的行为进行查处时，可以行使下列职权： 　　（一）询问有关当事人，调查与侵犯他人注册商标专用权有关的情况； 　　（二）查阅、复制当事人与侵权活动有关的合同、发票、账簿以及其他有关资料； 　　（三）对当事人涉嫌从事侵犯他人注册商标专用权活动的场所实施现场检查；	第七十六条【商标执法措施】　负责商标执法的部门根据已经取得的违法嫌疑证据或者举报投诉，对涉嫌商标违法行为进行查处时，可以行使下列职权： 　　（一）询问有关当事人，要求其说明有关情况或者提供与被调查行为有关的资料； 　　（二）查阅、复制与涉嫌商标违法行为有关的合同、发票、账簿、单据、文件、记录、业务函电、视听资料、电子数据和其他资料；

（续表）

现行规定	征求意见稿
（四）检查与侵权活动有关的物品；对有证据证明是侵犯他人注册商标专用权的物品，可以查封或者扣押。 工商行政管理部门依法行使前款规定的职权时，当事人应当予以协助、配合，不得拒绝、阻挠。 在查处商标侵权案件过程中，对商标权属存在争议或者权利人同时向人民法院提起商标侵权诉讼的，工商行政管理部门可以中止案件的查处。中止原因消除后，应当恢复或者终结案件查处程序。	（三）对当事人涉嫌从事**商标违法行为**的场所实施现场检查； （四）检查与**涉嫌商标违法行为**有关的物品； （五）**在证据可能灭失或者以后难以取得的情况下，可以先行登记保存；** （六）对有证据证明**涉嫌商标违法行为**的物品，可以查封或者扣押； （七）查询**涉嫌商标违法行为**的当事人的银行账户。 采取前款第五项至七项规定的措施，应当经负责商标执法的部门负责人批准。 **负责商标执法的部门**依法行使**本条第一款**规定的职权时，当事人应当予以协助、配合，不得拒绝、阻挠。 在查处商标侵权案件过程中，对商标权属存在争议或者权利人同时向人民法院提起商标侵权诉讼的，**负责商标执法的部**门可以中止案件的查处。中止原因消除后，应当恢复或者终结案件查处程序。
第六十三条【商标侵权的民事责任】 侵犯商标专用权的赔偿数额，按照权利人因被侵权所受到的实际损失确定；实际损失难以确定的，可以按照侵权人因侵权所获得的利益确定；权利人的损失或者侵权人获得的利益难以确定的，参照该商标许可使用费的倍数合理确定。对恶意侵犯商标专用权，情节严重的，可以在按照上述方法确定数额的一倍以上五倍以下确定赔偿数额。赔偿数额应当包括权利人为制止侵权行为所支付的合理开支。 人民法院为确定赔偿数额，在权利人已经尽力举证，而与侵权行为相关的账簿、资料主要由侵权人掌握的情况下，可以责令侵权人提供与侵权行为相关的账簿、资料；侵权人不提供或者提供虚假的账簿、资料的，人民法院可以参考权利人的主张和提供的证据判定赔偿数额。 权利人因被侵权所受到的实际损失、侵权人因侵权所获得的利益、注册商标许可使用费难以确定的，由人民法院根据侵权行为的情节判决给予五百万元以下的赔偿。	**第七十七条【商标侵权的民事责任】** 侵犯商标专用权的赔偿数额，按照权利人因被侵权所受到的实际损失**或者**侵权人因侵权所获得的利益确定；权利人的损失或者侵权人获得的利益难以确定的，参照该商标许可使用费的倍数合理确定。对**故意**侵犯商标专用权，情节严重的，可以在按照上述方法确定数额的一倍以上五倍以下确定赔偿数额。 人民法院为确定赔偿数额，在权利人已经尽力举证，而与侵权行为相关的账簿、资料主要由侵权人掌握的情况下，可以责令侵权人提供与侵权行为相关的账簿、资料；侵权人不提供或者提供虚假的账簿、资料的，人民法院可以参考权利人的主张和提供的证据判定赔偿数额。 权利人因被侵权所受到的实际损失、侵权人因侵权所获得的利益、注册商标许可使用费难以确定的，由人民法院根据侵权行为的情节判决给予五百万元以下的赔偿。 赔偿数额**还**应当包括权利人为制止侵权行为所支付的合理开支。

(续表)

现行规定	征求意见稿
人民法院审理商标纠纷案件，应权利人请求，对属于假冒注册商标的商品，除特殊情况外，责令销毁；对主要用于制造假冒注册商标的商品的材料、工具，责令销毁，且不予补偿；或者在特殊情况下，责令禁止前述材料、工具进入商业渠道，且不予补偿。 假冒注册商标的商品不得在仅去除假冒注册商标后进入商业渠道。	人民法院审理商标纠纷案件，应权利人请求，对属于假冒注册商标的商品，除特殊情况外，责令销毁；对主要用于制造假冒注册商标的商品的材料、工具，责令销毁，且不予补偿；或者在特殊情况下，责令禁止前述材料、工具进入商业渠道，且不予补偿。 假冒注册商标的商品不得在仅去除假冒注册商标后进入商业渠道。
新增	**第七十八条【商标侵权公益诉讼】** 侵犯注册商标专用权的行为损害国家利益或者社会公共利益，注册商标专用权人或者利害关系人不提起诉讼，负责商标执法的部门也未处理的，检察机关可以依法对侵犯注册商标专用权的行为向人民法院提起诉讼。
第十四条第二款至第四款 在商标注册审查、工商行政管理部门查处商标违法案件过程中，当事人依照本法第十三条规定主张权利的，商标局根据审查、处理案件的需要，可以对商标驰名情况作出认定。 在商标争议处理过程中，当事人依照本法第十三条规定主张权利的，商标评审委员会根据处理案件的需要，可以对商标驰名情况作出认定。 在商标民事、行政案件审理过程中，当事人依照本法第十三条规定主张权利的，最高人民法院指定的人民法院根据审理案件的需要，可以对商标驰名情况作出认定。	**第七十九条【商标驰名情况的确认】** 在商标注册审查、**商标争议处理或者**查处商标违法案件过程中，当事人依照本法**第十八条**规定主张权利的，**国务院知识产权行政部门**根据处理案件的需要，可以对商标驰名情况作出**确认**。 在商标民事、行政案件审理过程中，当事人依照本法**第十八条**规定主张权利的，最高人民法院指定的人民法院根据审理案件的需要，可以对商标驰名情况作出**确认**。
第六十四条【免赔抗辩】 注册商标专用权人请求赔偿，被控侵权人以注册商标专用权人未使用注册商标提出抗辩的，人民法院可以要求注册商标专用权人提供此前三年内实际使用该注册商标的证据。注册商标专用权人不能证明此前三年内实际使用过该注册商标，也不能证明因侵权行为受到其他损失的，被控侵权人不承担赔偿责任。 销售不知道是侵犯注册商标专用权的商品，能证明该商品是自己合法取得并说明提供者的，不承担赔偿责任。	**第八十条【免赔抗辩】** 注册商标专用权人请求赔偿，被控侵权人以注册商标专用权人未使用注册商标提出抗辩的，人民法院可以要求注册商标专用权人提供此前三年内实际使用该注册商标的证据。注册商标专用权人不能证明此前三年内实际使用过该注册商标，也不能证明因侵权行为受到其他损失的，被控侵权人不承担赔偿责任。 销售不知道是侵犯注册商标专用权的商品，能证明该商品是自己合法取得并说明提供者的，不承担赔偿责任。

(续表)

现行规定	征求意见稿
第六十五条【诉前临时措施】 商标注册人或者利害关系人有证据证明他人正在实施或者即将实施侵犯其注册商标专用权的行为，如不及时制止将会使其合法权益受到难以弥补的损害的，可以依法在起诉前向人民法院申请采取责令停止有关行为和财产保全的措施。	第八十一条【诉前临时措施】 商标注册人或者利害关系人有证据证明他人正在实施或者即将实施侵犯其注册商标专用权的行为，如不及时制止将会使其合法权益受到难以弥补的损害的，可以依法在起诉前向人民法院申请采取责令停止有关行为和财产保全的措施。
第六十六条【诉前证据保全】 为制止侵权行为，在证据可能灭失或者以后难以取得的情况下，商标注册人或者利害关系人可以依法在起诉前向人民法院申请保全证据。	第八十二条【诉前证据保全】 为制止侵权行为，在证据可能灭失或者以后难以取得的情况下，商标注册人或者利害关系人可以依法在起诉前向人民法院申请保全证据。
新增	第八十三条【恶意抢注的民事赔偿】 违反本法第二十二条第四项规定，恶意申请商标注册给他人造成损失的，该他人可以向人民法院起诉，请求赔偿损失。赔偿数额应当至少包括该他人为制止恶意申请商标注册行为所支付的合理开支。 违反本法第二十二条第三项规定，恶意申请商标注册损害国家利益、社会公共利益或者造成重大不良影响的，检察机关依法对恶意申请商标注册的行为向人民法院提起诉讼。
第六十八条第四款 对恶意申请商标注册的，根据情节给予警告、罚款等行政处罚；对恶意提起商标诉讼的，由人民法院依法给予处罚。	第八十四条【恶意诉讼反赔】 对恶意提起商标诉讼的，由人民法院依法给予处罚。给对方当事人造成损失的，应当予以赔偿；赔偿数额应当包括对方当事人为制止恶意商标诉讼所支付的合理开支。
第六十七条【刑事责任】 未经商标注册人许可，在同一种商品上使用与其注册商标相同的商标，构成犯罪的，除赔偿被侵权人的损失外，依法追究刑事责任。 伪造、擅自制造他人注册商标标识或者销售伪造、擅自制造的注册商标标识，构成犯罪的，除赔偿被侵权人的损失外，依法追究刑事责任。 销售明知是假冒注册商标的商品，构成犯罪的，除赔偿被侵权人的损失外，依法追究刑事责任。	第八十五条【刑事责任】 未经商标注册人许可，在同一种商品上使用与其注册商标相同的商标，构成犯罪的，除赔偿被侵权人的损失外，依法追究刑事责任。 伪造、擅自制造他人注册商标标识或者销售伪造、擅自制造的注册商标标识，构成犯罪的，除赔偿被侵权人的损失外，依法追究刑事责任。 销售明知是假冒注册商标的商品，构成犯罪的，除赔偿被侵权人的损失外，依法追究刑事责任。

（续表）

现行规定	征求意见稿
第六十八条【商标代理违法行为及法律责任】 商标代理机构有下列行为之一的，由工商行政管理部门责令限期改正，给予警告，处一万元以上十万元以下的罚款；对直接负责的主管人员和其他直接责任人员给予警告，处五千元以上五万元以下的罚款；构成犯罪的，依法追究刑事责任： （一）办理商标事宜过程中，伪造、变造或者使用伪造、变造的法律文件、印章、签名的； （二）以诋毁其他商标代理机构等手段招徕商标代理业务或者以其他不正当手段扰乱商标代理市场秩序的； （三）违反本法第四条、第十九条第三款和第四款规定的。 商标代理机构有前款规定行为的，由工商行政管理部门记入信用档案；情节严重的，商标局、商标评审委员会并可以决定停止受理其办理商标代理业务，予以公告。 商标代理机构违反诚实信用原则，侵害委托人合法利益的，应当依法承担民事责任，并由商标代理行业组织按照章程规定予以惩戒。 对恶意申请商标注册的，根据情节给予警告、罚款等行政处罚；对恶意提起商标诉讼的，由人民法院依法给予处罚。	第八十六条【商标代理违法行为及法律责任】 商标代理机构有下列行为之一的，由**负责商标执法的**部门责令限期改正，给予警告，处一万元以上十万元以下的罚款；对直接负责的主管人员和其他直接责任人员给予警告，处五千元以上五万元以下的罚款；构成犯罪的，依法追究刑事责任： （一）办理商标事宜过程中，伪造、变造或者使用伪造、变造的法律文件、印章、签名的； （二）以诋毁其他商标代理机构等手段招徕商标代理业务或者以其他不正当手段扰乱商标代理市场秩序的； （三）违反本法**第二十二条第一项、第二十六条、第六十九条第三款**规定的。 商标代理机构有前款规定行为的，由**国务院知识产权行政部门**记入信用档案；情节严重的，**国务院知识产权行政部门**并可以决定停止受理其办理商标代理业务，予以公告。 商标代理机构违反诚实信用原则，侵害委托人合法利益的，应当依法承担民事责任，并由商标代理行业组织按照章程规定予以惩戒。 **商标代理机构被停止受理商标代理业务的，在停止受理业务期间，或者未妥善处理未办结商标代理业务的，该商标代理机构负责人、直接责任人员以及负有管理责任的股东、合伙人不得在商标代理机构新任负责人、股东、合伙人。**
新增	第八十七条【信用监管】 违反本法规定受到行政处罚的，由作出处罚的部门记入信用记录，并依照有关法律、行政法规的规定予以公示。

(续表)

现行规定	征求意见稿
第六十九条【国家机关工作人员的行为要求】 从事商标注册、管理和复审工作的国家机关工作人员必须秉公执法,廉洁自律,忠于职守,文明服务。 商标局、商标评审委员会以及从事商标注册、管理和复审工作的国家机关工作人员不得从事商标代理业务和商品生产经营活动。	第八十八条【相关工作人员的行为要求】 从事商标注册、管理、复审和审理工作的公职人员和有关人员必须秉公执法,廉洁自律,忠于职守,文明服务。 国务院知识产权行政部门、司法机关以及从事商标注册、管理、复审和审理工作的公职人员和有关人员不得从事商标代理业务和商品生产经营活动。
第七十条【内部监督和检查】 工商行政管理部门应当建立健全内部监督制度,对负责商标注册、管理和复审工作的国家机关工作人员执行法律、行政法规和遵守纪律的情况,进行监督检查。	第八十九条【内部监督和检查】 国务院知识产权行政部门和司法机关应当建立健全内部监督制度,对负责商标注册、管理、复审和审理工作的公职人员和有关人员执行法律、行政法规和遵守纪律的情况,进行监督检查。
第七十一条【国家机关工作人员的法律责任】 从事商标注册、管理和复审工作的国家机关工作人员玩忽职守、滥用职权、徇私舞弊,违法办理商标注册、管理和复审事项,收受当事人财物,牟取不正当利益,构成犯罪的,依法追究刑事责任;尚不构成犯罪的,依法给予处分。	第九十条【相关工作人员的法律责任】 从事商标注册、管理、复审和审理工作的公职人员和有关人员玩忽职守、滥用职权、徇私舞弊,违法办理商标注册、管理、复审和审理事项或者枉法裁判,收受当事人财物,牟取不正当利益,构成犯罪的,依法追究刑事责任;尚不构成犯罪的,依法给予处分。
新增	第九章 促进商标使用、服务与商标品牌建设
	第九十一条【品牌战略与公共服务】 国家实施商标品牌战略,推进商标品牌建设,推动培育知名商标品牌,促进品牌经济发展。 国家加强商标公共服务体系建设,推动商标信息传播利用,持续提升商标公共服务能力。
新增	第九十二条【政府责任】 县级以上人民政府应当将商标品牌工作纳入国民经济和社会发展相关规划,制定科学合理的政策措施,积极引导商标品牌的培育、保护和运用,并予以必要保障。

(续表)

现行规定	征求意见稿
新增	第九十三条【商标品牌建设措施】国家鼓励商标品牌各方主体实施下列措施推进商标品牌建设： （一）提升社会公众商标品牌意识，强化商标使用导向； （二）提升商标品牌管理能力，促进商标品牌价值实现； （三）挖掘商标品牌文化内涵，推介展示优秀商标品牌； （四）加强商标品牌人才培养，提高品牌服务机构和从业人员专业能力； （五）加强对商标品牌的研究、评价、监测，建立科学的商标品牌评价体系； （六）组织实施其他推进商标品牌建设的措施。
新增	第九十四条【区域品牌】 国家鼓励推进区域品牌建设，发挥集体商标、证明商标制度作用，打造特色鲜明、竞争力强、市场信誉好的区域品牌，促进区域和产业经济发展。
新增	第九十五条【加强智能化建设、商标信息共享】 国务院知识产权行政部门应当加强信息化、智能化建设，推动商标信息共享，完善电子申请、电子送达、电子证据、电子注册证、电子文书、电子档案（电子注册簿）相关规则，提升商标业务办理的电子化和便利化程度。
新增	第九十六条【信息公开义务】 国务院知识产权行政部门应当加强商标公共服务平台建设，完整、准确、及时发布商标信息，提供商标基础数据，引导和促进商标信息的有效利用。
新增	第九十七条【商标档案】 国务院知识产权行政部门应当加强商标注册档案工作，不断提高商标注册档案管理规范化水平。

(续表)

现行规定	征求意见稿
第八章　附　则	第十章　附　则
第七十二条【费用的缴纳】　申请商标注册和办理其他商标事宜的，应当缴纳费用，具体收费标准另定。	**第九十八条【费用的缴纳】**　申请商标注册和办理其他商标事宜的，应当缴纳费用，具体收费标准另定。
新增	**第九十九条【官方标志备案】**　中央国家机关、武装力量、政党、全国性人民团体等使用的下列标志，可以向国务院知识产权行政部门进行官方标志备案；申请注册的商标与已备案的官方标志相同或者近似的，应当依照本法第十五条的规定予以驳回并禁止使用： （一）机关名称、标志、所在地特定地点的名称或者标志性建筑物的名称、图形等； （二）表明实施控制、予以保证的官方标志、检验印记等。 国务院知识产权行政部门遵循中华人民共和国缔结或者参加的有关国际条约处理国际间官方标志的保护事务。
新增	**第一百条【审查审理指南制定】**　国务院知识产权行政部门根据本法和商标法实施条例制定商标审查审理指南。
第七十三条【施行与效力】　本法自1983年3月1日起施行。1963年4月10日国务院公布的《商标管理条例》同时废止；其他有关商标管理的规定，凡与本法抵触的，同时失效。 本法施行前已经注册的商标继续有效。	**第一百零一条【施行与效力】**　本法自1983年3月1日起施行。1963年4月10日国务院公布的《商标管理条例》同时废止；其他有关商标管理的规定，凡与本法抵触的，同时失效。 本法施行前已经注册的商标继续有效。

参考文献

一、中文图书

1. 〔荷〕查尔斯·吉伦等编辑：《简明欧洲商标与外观设计法》，李琛等译，商务印书馆2017年版。
2. 《德国商标法（德国商标与其他标志保护法）》，范长军译，知识产权出版社2013年版。
3. 邓宏光：《商标法的理论基础——以商标显著性为中心》，法律出版社2008年版。
4. 杜颖：《社会进步与商标观念：商标法律制度的过去、现在和未来》，北京大学出版社2012年版。
5. 《法国知识产权法典（法律部分）》，黄晖、朱志刚译，郑成思审校，商务印书馆2017年版。
6. 冯术杰：《商标注册条件若干问题研究》，知识产权出版社2016年版。
7. 黄晖编：《郑成思知识产权文集：商标和反不正当竞争卷》，知识产权出版社2017年版。
8. 黄武双：《商标共存：原理与判例》，法律出版社2013年版。
9. 〔日〕江口俊夫：《日本商标法解说》，魏启学译，专利文献出版社1982年版。
10. 〔英〕杰里米·菲利普斯：《商标法：实证性分析》，马强主译，中国人民大学出版社2014年版。
11. 孔祥俊：《商标法适用的基本问题（第二版）》，中国法制出版社2014年版。
12. 孔祥俊：《商标法与不正当竞争法：原理和判例》，法律出版社2009年版。
13. 郎胜主编：《中华人民共和国商标法释义》，法律出版社2013年版。
14. 李明德：《美国知识产权法（第二版）》，法律出版社2014年版。
15. 李明德等：《欧盟知识产权法》，法律出版社2010年版。
16. 李雨峰主编：《侵害商标权判定标准研究》，知识产权出版社2016年版。
17. 刘春田主编：《知识产权法（第二版）》，高等教育出版社、北京大学出版社2003年版。
18. 刘茂林：《知识产权法的经济分析》，法律出版社1996年版。

19. 刘铁光：《商标法基本范畴的界定及其制度的体系化解释与改造》，法律出版社 2017 年版。

20. 陆普舜主编：《各国商标法律与实务（修订版）》，中国工商出版社 2006 年版。

21. 〔美〕罗伯特·P. 墨杰斯等：《新技术时代的知识产权法》，齐筠等译，中国政法大学出版社 2003 年版。

22. 孟庆法、冯义高编著：《美国专利及商标保护》，专利文献出版社 1992 年版。

23. 《日本商标法》，李扬译，知识产权出版社 2011 年版。

24. 《十二国商标法》，《十二国商标法》翻译组译，清华大学出版社 2013 年版。

25. 汪泽：《中国商标法律现代化——理论、制度与实践》，中国工商出版社 2017 年版。

26. 王莲峰：《商业标识立法体系化研究》，北京大学出版社 2009 年版。

27. 王迁：《知识产权法教程（第六版）》，中国人民大学出版社 2019 年版。

28. 王太平：《商标法：原理与案例》，北京大学出版社 2015 年版。

29. 文学：《商标使用与商标保护研究》，法律出版社 2008 年版。

30. 吴汉东：《无形财产权基本问题研究（第四版）》，中国人民大学出版社 2020 年版。

31. 吴汉东：《知识产权法》，法律出版社 2021 年版。

32. 吴汉东：《知识产权基础问题研究》，中国人民大学出版社 2019 年版。

33. 吴汉东：《知识产权前沿问题研究》，中国人民大学出版社 2019 年版。

34. 吴汉东：《知识产权应用问题研究》，中国人民大学出版社 2019 年版。

35. 吴汉东：《知识产权总论（第四版）》，中国人民大学出版社 2020 年版。

36. 〔美〕谢尔登·W. 哈尔彭等：《美国知识产权法原理》，宋慧献译，商务印书馆 2013 年版。

37. 曾陈明汝：《商标法原理》，中国人民大学出版社 2003 年版。

38. 张玉敏：《商标注册与确权程序改革研究——追求效率与公平的统一》，知识产权出版社 2016 年版。

39. 郑成思：《世界贸易组织与贸易有关的知识产权》，中国人民大学出版社 1996 年版。

40. 郑成思：《知识产权论（第三版）》，法律出版社 2003 年版。

41. 郑成思主编：《知识产权法教程》，法律出版社 1993 年版。

42. 郑成思主编：《知识产权文丛（第四卷）》，中国政法大学出版社 2000 年版。

43. 钟鸣编著：《商标与不正当竞争裁判规则》，法律出版社 2020 年版。

44. 周云川：《商标授权确权诉讼：规则与判例》，法律出版社 2014 年版。

二、中文论文

1. 曹博：《商标注册无效制度的体系化研究》，载《知识产权》2015 年第 4 期。

2. 曹怀顺：《我国商标恶意抢注之成因与对策研究》，载《上海法治报》2017 年 11 月 7 日第 A07 版。

3. 崔国斌：《商标挟持与注册商标权的限制》，载《知识产权》2015 年第 4 期。

4. 丁丁、文平：《商标价值形成的动因及其评估》，载《金融经济（学术版）》2011年第11期。

5. 杜颖：《通用名称的商标权问题研究》，载《法学家》2007年第3期。

6. 冯术杰：《未注册商标的权利产生机制与保护模式》，载《法学》2013年第7期。

7. 冯晓青：《商标法第三次修改若干问题》，载《中华商标》2007年第4期。

8. 何怀文：《"商标性使用"的法律效力》，载《浙江大学学报（人文社会科学版）》2014年第2期。

9. 孔祥俊：《论商标可注册性要件的逻辑关系》，载《知识产权》2016年第9期。

10. 孔祥俊：《我国现行商标法律制度若干问题的探讨》，载《知识产权》2010年第1期。

11. 李明德：《商标、商标权与市场竞争——商标法几个基本理论问题新探》，载《甘肃社会科学》2015年第5期。

12. 李扬：《注册商标不使用撤销制度中的"商标使用"界定》，载《法学》2009年第10期。

13. 李雨峰：《企业商标权与言论自由的界限》，载《环境法律评论》2011年第4期。

14. 刘海虹：《欧盟商标法改革方案评析》，载《知识产权》2015年第8期。

15. 刘铁光、吴玉宝：《"商标使用"的类型化及其构成标准的多元化》，载《知识产权》2015年第11期。

16. 刘铁光：《规制商标"抢注"与"囤积"的制度检讨与改造》，载《法学》2016年第8期。

17. 彭学龙：《寻求注册与使用在商标确权中的合理平衡》，载《法学研究》2010年第3期。

18. 孙靖洲：《〈德国商标法〉的最新修订及其对我国的启示》，载《知识产权》2019年第6期。

19. 田晓玲、张玉敏：《商标抢注行为的法律性质和司法治理》，载《知识产权》2018年第1期。

20. 王芳：《我国注册商标权利行使上的使用要求之制度构建——以欧盟相关立法为鉴》，载《法学家》2015年第4期。

21. 王莲峰、黄璟：《商业标识权利属性及其保护探析》，载《学术交流》2016年第8期。

22. 王莲峰、沈一萍：《论清理闲置注册商标制度的构建》，载《知识产权》2019年第6期。

23. 王莲峰、曾涛：《国际视角下我国未注册驰名商标保护制度的完善》，载《知识产权》2021年第3期。

24. 王莲峰：《驰名商标异化的法律规制》，载《河南省政法管理干部学院学报》2010年第6期。

25. 王莲峰：《规制商标恶意注册的法律适用问题研究》，载《中州学刊》2020年第1期。

26. 王莲峰：《海关应慎重认定涉外定牌加工货物的商标侵权——基于对近年〈中国海关知识产权保护状况〉的分析》，载《知识产权》2015 年第 1 期。

27. 王莲峰：《论对善意在先使用商标的保护——以"杜家鸡"商标侵权案为视角》，载《法学》2011 年第 12 期。

28. 王莲峰：《论我国商标法使用条款之完善——以 iPad 商标纠纷案为视角》，载《知识产权》2012 年第 4 期。

29. 王莲峰：《论我国商业标识立法的体系化》，载《法学》2007 年第 3 期。

30. 王莲峰：《论移动互联网 App 标识的属性及商标侵权》，载《上海财经大学学报》2016 年第 1 期。

31. 王莲峰：《商标的实际使用及其立法完善》，载《华东政法大学学报》2011 年第 6 期。

32. 王莲峰：《商标法第三次修改的相关问题探讨——兼谈〈商标法修改草稿〉》，载《知识产权》2008 年第 4 期。

33. 王莲峰：《商标合理使用规则的确立和完善——兼评〈商标法（修改稿）〉第六十四条》，载《政治与法律》2011 年第 7 期。

34. 王莲峰：《商标许可合同使用者利益之保护——王老吉与加多宝商标利益纷争之思考》，载《社会科学》2013 年第 4 期。

35. 王莲峰：《我国〈商标法〉名称的修改与选择》，载《政治与法律》2010 年第 1 期。

36. 王莲峰：《我国商标权利取得制度的不足与完善》，载《法学》2012 年第 11 期。

37. 王莲峰：《我国商标权限制制度的构建——兼谈〈商标法〉的第三次修订》，载《法学》2006 年第 11 期。

38. 王莲峰：《我国商业标识立法体系的模式选择——基于我国〈商标法〉第三次修改的思考》，载《华东政法大学学报》2009 年第 5 期。

39. 王莲峰：《新〈商标法〉第四条的适用研究》，载《政法论丛》2020 年第 1 期。

40. 王太平：《我国未注册商标保护制度的体系化解释》，载《法学》2018 年第 8 期。

41. 翁慧明、邹志雅：《浅析闲置商标的成因及盘活对策》，载《江苏经济报》2014 年 11 月 18 日第 B03 版。

42. 张德芬：《商标侵权中"使用"的含义》，载《知识产权》2014 年第 9 期。

43. 张德芬：《香港与内地注册商标撤销制度比较研究》，载《公民与法》2010 年第 5 期。

44. 张玉敏：《注册商标三年不使用撤销制度体系化解读》，载《中国法学》2015 年第 1 期。

45. 赵建蕊：《商标注册所依赖的商标使用研究——从 TRIPS 第 15 条第 3 款谈起》，载《比较法研究》2014 年第 2 期。

46. 周汉民、黄骅：《中国加入 CPTPP 之必要性与可行性分析》，载《上海对外经贸大学学报》2021 年第 3 期。

47. 周丽婷：《商标恶意注册的司法规制实践》，载《中华商标》2017 年第 7 期。

48. 祝建军：《囤积商标牟利的司法规制——优衣库商标侵权案引发的思考》，载《知识产权》2018 年第 1 期。

三、外文文献

1. Annette Kur, Well-Known Marks, Highly Renowned Marks and Marks Having a (High) Reputation—What is it All About? IIC 1992, pp. 218-231.

2. Barry S. Wilson, Registration of Trademarks by the Intent-to-Use Application, 12 Journal of Contemporary Legal Issues 110 (2001).

3. Barton Beebe, Trademark Law: An Open-Source Casebook, Version 6.0, Summer 2019.

4. Bruce R. Parker, "Intent to Use": On the Road Toward Adoption of a Registration-Based System of Trademark Protection, 79 Trademark Reporter 319 (1989).

5. Danguolė Klimkevičiūtė, The Legal Protection of Well-known Trademarks and Trademarks with a Reputation: The Trends of the Legal Regulation in the EU Member States, 3 Social Science Studies 229 (2010).

6. David Gurnick, Nuts and Bolts of Trademark Registration, 11 Franchise Law Journal 24 (1991).

7. Ellen P. Winner, Trademark Registration—What's the Use, 23 IDEA 49 (1982).

8. Frank I. Schechter, The Rational Basis of Trademark Protection, 40 Harvard Law Review 813 (1926).

9. Henry W. Leeds, Intent to Use—Its Time Has Come, 79 Trademark Reporter 269 (1989).

10. J. Thomas McCarthy, McCarthy on Trademarks and Unfair Competition, 5th ed., Thomson Reuter, 2017.

11. John Gladstone Mills Ⅲ, Donald Cress Reiley Ⅲ and Robert Clare Highley, Patent Law Fundamentals, Thomson Reuters, 2018.

12. Louis Altman and Malla Pollack, Callmann on Unfair Competition, Trademarks and Monopolies, 4th ed., Thomson Reuters, 2018.

13. Mark P. McKenna, 82 The Normative Foundations of Trademark Law, Notre Dame Law Review, 1858 (2007).

14. Martin Senftleben, The Trademark Tower of Babel—Dilution Concepts in International, US and EC Trademark Law, 40 IIC 45 (2009).

15. Peter C. Christensen and Teresa C. Tucker, The "Use in Commerce" Requirement for Trademark Registration after Larry Harmon Pictures, 32 IDEA 327 (1992).

16. Robert N. Klieger, Trademark Dilution: The Whittling Away of the Rational Basis for Trademark Protection, 58 University of Pittsburgh Law Review 789 (1997).

17. Robert P. Merges, Peter S. Menell and Mark A. Lemley, Intellectual Property in the New Technological Age, 2nd ed., Aspen, 2000.

18. Sandra Edelman, Proving Your Bona Fides—Establishing Bona Fide Intent to Use

under the U. S. Trademark (Lanham) Act, 99 The Trademark Reporter 763 (2009).

19. Traci L. Jones, Remedy Holes and Bottomless Rights: A Critique of the Intent-To-Use System of Trademark Registration, 59 Law and Contemporary Problems 159 (1996).

20.〔日〕茶园成树:《商标法》,有斐阁 2014 年版。

21.〔日〕角田政芳:《知识产权法(第八版)》,有斐阁 2017 年版。

22.〔日〕青木博通:《新型商标与商标权侵害》,青林书院 2015 年版。

23.〔日〕小野昌延:《新商标法概说(第二版)》,青林书院 2014 年版。

后 记

　　自大学毕业，在高校从事法学教育和研究工作已逾 38 个年头。一路走来，朝花夕拾，笔者已经深深热爱上了自己选择的职业和专业！

　　新中国《商标法》颁布至今已有 40 年历史，商标法治建设取得了不凡的成就。但商标法的实务和理论中仍有许多如雾里看花、不甚明了的问题。英国 Barton Beebe 教授曾言，"在整个知识产权法律体系中，商标法最难理解，其适用结果也最难预测。"笔者在 2012 年主持并完成了国家社科基金项目"我国商标注册原则的反思与改进"的研究报告，指出了当下商标法存在的"轻注册重使用"的问题，建议在商标立法中增加商标使用的概念和规则，相关研究成果部分内容被 2013 年修改的商标法所吸纳，商标法中开始引入商标使用的概念和规则。2018 年至 2020 年，笔者又分别主持完成了国家工商总局商标局和国家知识产权局委托的立法课题"探索增强注册商标使用义务研究""商标恶意注册法律规制研究""未注册驰名商标保护制度研究"等工作，提出了进一步明确和提高商标使用法律地位、并在商标法总则中予以规定的建议；针对商标恶意注册，在借鉴域外经验基础上，提出了恶意申请可作为禁止注册的绝对事由，并对恶意情形进行了总结。这些建议也为 2019 年商标法修改提供了理论依据和可以借鉴的域外立法例。

　　商标法不仅是实体法，也是程序法。但学界对商标程序问题的研究成果比较少，也许是重视不够吧。近年来，随着我国商标申请量的大幅增长，面对国家对商标注册便利化的要求，如何解决目前商标注册周期长效率低的问题提到议事议程。其中，主要涉及对我国商标注册全面审查原则的审视、异议制度的定位和异议前置及后置的制度安排、商标确权程序中的撤销和无效等制度的衔接等等，上述问题看似简单，深入研究后，发现其涉及的领域已经远远超出商标法范畴，需要研究行政法、立法学、民事诉讼法等方面的规则；这些部门法与现行商标法审查程序的改革有很大的关联性，而且无法绕开，对上述问题仍需要深入研究和探索。

　　学术研究永无止境，就在本书交稿之际，国家知识产权局2023年1月13日发布了新的《中华人民共和国商标法修订草案（征求意见稿）》，笔者有幸受邀参加了国家知识产权局条法司、商标局和中华商标协会分别组织的多场专家论证会，就该修订草案提出了个人意见。本次修改基于《知识产权强国建设纲要（2021—2035年）》的要求，根据《民法典》确立的保护知识产权的重大法律原则，以解决目前商标领域存在的问题为目标，进行了多方面的修改，主要包括：商标法总则和结构体系的变化、进一步规制商标恶意注册的相关措施、完善商标授权确权程序、强化商标使用义务、加强商标专用权保护和监督管理等内容。从体例上将现有《商标法》的8章73条扩充为10章101条。其中，新增23条，从现有条文中拆分形成新条文6条，实质修改条文45条，基本维持现有法条内容27条。鉴于本次修改的重要性，书后附有"关于《中华人民共和国商标法修订草案（征求意见稿）》的说明"和《中华人民共和国商标法修订草案（征求意见稿）》修改对照表，便于读者进行比较研究。

　　时光荏苒，情意永存！本书的撰写历经多年方得完成，借此，由衷感谢一路支持和帮助我的师长、朋友、亲人们！感谢我任职的华东政法大学对于科研工作提供的帮助和支持！感谢知识产权学科对于本书出版提供的资助！感谢北京大学出版社的鼎力支持！由衷感谢我的博士和硕士研究生们帮助查找相关案例、校对书稿内容，他们是杨凯旋、曾涛、杨立新、黄安妮、胡丹阳、章子旋、庄楠、苏佳伟、张露、顾希雅、包雪颖等；为弟子们的优秀表现和认真负责感到骄傲和自豪！

　　闲暇之余，走近自然；背起行囊，心向远方！

　　愿历经山河，仍觉得人生值得！

王莲峰
2023年2月于上海苏州河畔